Internationale marketing

Ook verschenen bij Pearson Education:

Ton Borchert en Loes Vink, *Marketing: modellen en berekeningen*
Courtland L. Bovée en John V. Thill, *Business, een inleiding tot de bedrijfskunde*
Marian Burk Wood, *Het marketingplan*
Pieter Klaas Jagersma en Haico Ebbers, *Internationale bedrijfskunde*
Philip Kotler en Gary Armstrong, *Marketing, de essentie*
Philip Kotler en Gary Armstrong, *Marketingmanagement, de essentie*
Philip Kotler, Gary Armstrong, John Saunders en Veronica Wong, *Principes van marketing*
Joris Leeman, *Export planning*
Michael R. Solomon, Greg W. Marshall en Elnora W. Stuart, *Marketing, een reallife-perspectief*

Internationale marketing
Eerste editie

Svend Hollensen

Nederlandse bewerking:
Angelo Mulder
Hans Engbers

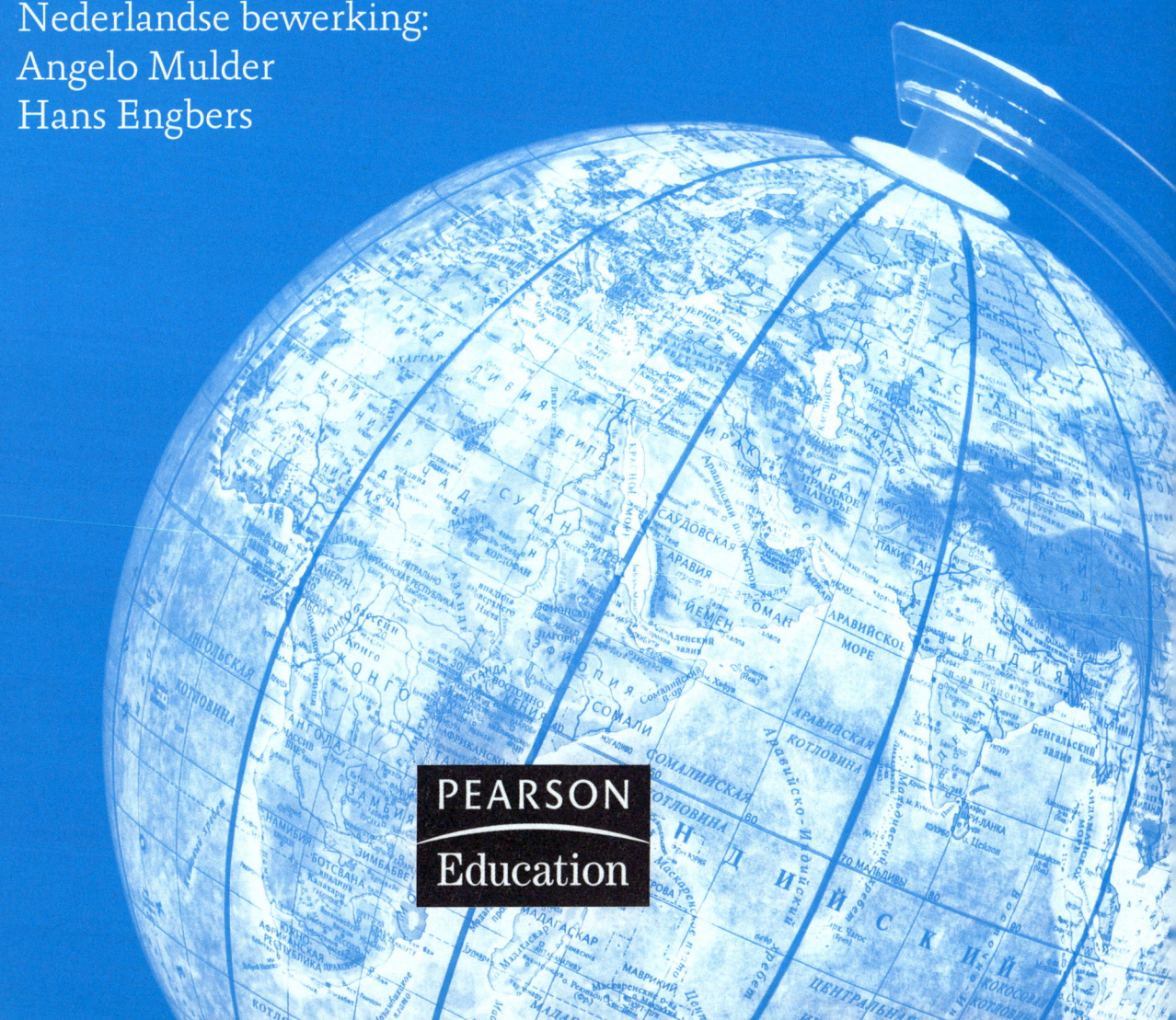

PEARSON Education

ISBN: 978-90-430-1836-4
NUR: 163
Trefw.: marketing

Vertaling: Mirjam Bonné-Nollen, Amersfoort
Binnenwerk: Goedhart Ontwerp, Aarlanderveen
Omslag: Kok Korpershoek, Amsterdam
Vakinhoudelijke beoordeling: Luuk van Leeuwen, INHolland en Maurice Straatmans, Hogeschool van Arnhem en Nijmegen

Dit boek is gedrukt op een papiersoort die niet met chloorhoudende chemicaliën is gebleekt. Hierdoor is de productie van dit boek minder belastend voor het milieu.

© Copyright 2010 Pearson Education Benelux, Amsterdam voor de Nederlandstalige editie.

This translation of *Essentials of global marketing* 1st Edition is published by arrangement with Pearson Education Limited, United Kingdom. Copyright © Pearson Education Limited 2008.

All rights reserved. No part of this book may be reproduced or transmitted in any form or by any means, electronic or mechanical, including photocopying, recording or by any information storage retrieval system, without permission from Pearson Education, Inc. Dutch language edition published by Pearson Education Benelux BV, Copyright © 2010.

Alle rechten voorbehouden. Niets uit deze uitgave mag worden verveelvoudigd, opgeslagen in een geautomatiseerd gegevensbestand, of openbaar gemaakt, in enige vorm of op enige wijze, hetzij elektronisch, mechanisch, door fotokopieën, opnamen, of enige andere manier, zonder voorafgaande toestemming van de uitgever.

Voor zover het maken van kopieën uit deze uitgave is toegestaan op grond van artikel 16B Auteurswet 1912 j° het Besluit van 20 juni 1974, St.b. 351, zoals gewijzigd bij Besluit van 23 augustus 1985, St.b. 471 en artikel 17 Auteurswet 1912, dient men de daarvoor wettelijk verschuldigde vergoedingen te voldoen aan de Stichting Reprorecht. Voor het overnemen van gedeelte(n) uit deze uitgave in bloemlezingen, readers en andere compilatie- of andere werken (artikel 16 Auteurswet 1912), in welke vorm dan ook, dient men zich tot de uitgever te wenden.
Ondanks alle aan de samenstelling van dit boek bestede zorg kan noch de redactie, noch de auteur, noch de uitgever aansprakelijkheid aanvaarden voor schade die het gevolg is van enige fout in deze uitgave.
De uitgever heeft zich alle moeite getroost de rechthebbenden van de in deze uitgave gebruikte afbeeldingen te achterhalen. Zij die menen alsnog rechten te kunnen doen gelden worden verzocht contact op te nemen met de uitgever.

Inhoud

Voorwoord	XII
Dankwoord	XIV
Over de auteur	XVI
Over de bewerkers	XVI
Dank van de uitgever	XVII

Deel I — De beslissing een bedrijf te internationaliseren — 1

Inleiding deel I — 2

Hoofdstuk 1 — Internationale marketing in bedrijven — 4

1.1	Ontwikkeling van het internationale marketingplan	5
1.2	Globalisering: een introductie	10
1.2.1	Sectormondialiteit	10
1.2.2	Gereedheid om te internationaliseren	10
1.3	De ontwikkeling van het concept 'internationale marketing'	11
1.4	Krachten die een rol spelen bij 'internationale integratie' en 'marktresponsiviteit'	14
1.4.1	Krachten die een rol spelen bij 'internationale coördinatie/integratie'	15
1.4.2	Krachten die een rol spelen bij de marktresponsiviteit	16
1.5	De waardeketen als raamwerk voor het bepalen van het internationale concurrentievoordeel	18
1.5.1	Het concept 'waardeketen'	18
1.5.2	Internationalisering van de waardeketen	25
	Samenvatting	26
	Discussievragen	27
	Competentietraining	27
	Casestudy hoofdstuk 1	27

Hoofdstuk 2 — De invoering van internationalisering — 30

2.1	Inleiding	31
2.2	Strategisch management en internationalisering	31
2.3	Motieven voor internationalisering	32
2.3.1	Proactieve motieven	33
2.3.2	Reactieve motieven	36
2.4	Triggers voor de invoering van internationalisering (veranderingsinstrumenten)	39
2.4.1	Interne triggers	40
2.4.2	Externe triggers	42
2.4.3	Zoeken naar informatie en vertalen van die informatie	43
2.5	Belemmeringen voor internationalisering	44
2.5.1	Belemmeringen voor de invoering van internationalisering	44
2.5.2	Belemmeringen voor het verdere	
	Samenvatting	49
	Discussievragen	49
	Competentietraining	49
	Casestudy hoofdstuk 2	50

Hoofdstuk 3	Internationaliseringstheoriën	52
	3.1 Inleiding	53
	3.1.1 De historische ontwikkeling van de internationalisering	53
	3.2 Het Uppsala-internationaliseringsmodel	56
	3.2.1 Het fasemodel	56
	3.3 Born globals	58
	3.3.1 Inleiding	58
	3.1.2 Born globals stellen traditionele theorieën op de proef	58
	Samenvatting	60
	Discussievragen	62
	Competentietraining	62
	Casestudy hoofdstuk 3	62
Hoofdstuk 4	Ontwikkeling van het internationale concurrentievermogen	64
	4.1 Inleiding	65
	4.2 Analyse van het nationale concurrentie-vermogen (het diamantmodel van Porter)	67
	4.1.1 Individueel concurrentievermogen en 'op tijd gebaseerde' concurrentie	67
	4.2.1 Factorcondities	68
	4.2.2 Vraagcondities	68
	4.2.3 Gerelateerde en ondersteunende sectoren	69
	4.2.4 Bedrijfsstrategie en -structuur en mate van onderlinge concurrentie	70
	4.2.5 Overheid	70
	4.2.6 Toeval	71
	4.2.7 Samenvatting	71
	4.3 Analyse van de concurrentie in een sector	72
	4.3.1 Concurrenten op de markt	73
	4.3.2 Toeleveringsbedrijven	73
	4.3.3 Afnemers	74
	4.3.4 Substituten	74
	4.3.5 Nieuwe toetreders	75
	4.3.6 Het 'vijfbronnenmodel'	75
	Samenvatting	77
	Discussievragen	78
	Competentietraining	78
	Casestudy hoofdstuk 4	79
Casestudy deel I		84

Deel II De beslissing een bedrijf te internationaliseren 87

Inleiding deel II		88
Hoofdstuk 5	De politieke en economische omgeving	90
	5.1 Inleiding	91
	5.2 De politieke/juridische omgeving	92
	5.2.1 De omgeving in het thuisland	92
	5.2.2 De omgeving in het gastland	96
	5.2.3 Handelsbarrières vanuit thuis- naar gastland	98
	5.3 De economische omgeving	102
	5.2.4 De algemene internationale omgeving	102
	5.3.1 Hoe wisselkoersen bedrijfsactiviteiten beïnvloeden	103
	5.3.2 De wet van de unieke prijs	103

	5.3.3	Classificering naar inkomen	105
	5.3.4	Regionale economische integratie	106
	5.4	Maatschappelijk verantwoord ondernemen	108
	5.3.5	Uitbreiding van de EU	108
	5.5	Bedrijfs- of organisatie-ethiek	109
	5.6	De Europese Economische en Monetaire Unie en de euro	109
	5.6.1	De belangrijkste handelsblokken	110
		Samenvatting	112
		Discussievragen	114
		Competentietraining	114
		Casestudy hoofdstuk 5	115

Hoofdstuk 6 De sociaal-culturele omgeving 116

	6.1	Inleiding	117
	6.2	Cultuurlagen	119
	6.3	Culturen met een hoge en lage context	121
	6.4	Cultuurelementen	123
	6.4.1	Taal	123
	6.4.2	Gewoontes en gebruiken	126
	6.4.3	Technologie en de materiële cultuur	126
	6.4.4	Sociale instituties	126
	6.4.5	Scholing	127
	6.4.6	Waarden en opvattingen	127
	6.4.7	Esthetiek	128
	6.4.8	Religie	128
	6.5	Omgaan met cultuurverschillen	130
	6.6	Het effect van cultuuraspecten op het nemen van ethische beslissingen	131
		Samenvatting	133
		Discussievragen	135
		Competentietraining	135
		Casestudy hoofdstuk 6	135

Hoofdstuk 7 Internationale marktselectie 138

	7.1	Inleiding	139
	7.2	Internationale marktselectie: MKB-bedrijven versus grote bedrijven	140
	7.3	Een model voor internationale marktselectie	141
	7.3.1	Een model voor marktscreening	143
	7.3.2	Stap 1 en 2: criteria definiëren	143
	7.3.3	Stap 3: De screening van markten/landen	146
	7.3.4	Stap 4: De ontwikkeling van subsegmenten in landen en over landsgrenzen heen	149
	7.4	SWOT-analyse	153
	7.5	Marktexpansiestrategieën	154
	7.6	Het internationale product-/marktportfolio	156
		Samenvatting	158
		Discussievragen	159
		Competentietraining	159
		Casestudy hoofdstuk 6	159

Casestudy deel II 162

Deel III — Entreestrategieën — 169

Inleiding deel III — 170

Hoofdstuk 8 — Het kiezen van een entreestrategie — 174

- 8.1 Inleiding — 175
- 8.2 De transactiekostenbenadering — 176
- 8.2.1 Opportunistisch gedrag van tussenpersonen voor de export — 176
- 8.2.2 Opportunistisch gedrag van producenten — 176
- 8.3 Factoren die de keuze van een entreestrategie beïnvloeden — 177
- 8.3.1 1. Interne factoren — 178
- 8.3.2 2. Externe factoren — 180
- 8.3.3 3. Gewenste kenmerken van de methode — 181
- 8.3.4 4. Transactiespecifieke factoren — 182
- Samenvatting — 183
- Discussievragen — 183
- Competentietraining — 183
- Casestudy hoofdstuk 8 — 184

Hoofdstuk 9 — Exportmethoden, tussenvormen en hiërarchische methoden — 188

- 9.1 Inleiding — 189
- 9.2 Exportmethoden — 190
- 9.2.1 Partner mindshare — 190
- 9.2.2 Indirecte exportmethoden — 192
- 9.2.3 Directe exportmethoden — 196
- 9.2.4 Coöperatieve exportmethoden/exportmarketinggroepen — 200
- 9.3 Tussenvormen — 201
- 9.3.1 Contract manufacturing — 202
- 9.3.2 Licentieverlening — 204
- 9.3.3 Joint ventures/strategische allianties — 209
- 9.4 Hiërarchische methoden — 211
- 9.4.1 Binnenlandse verkopers — 213
- 9.4.2 Buitenlandse verkopers/verkoopdochters/verkoopfilialen — 213
- 9.4.3 Verkoop- en productiedochter — 214
- 9.4.4 De transnationale organisatie — 219
- 9.4.5 Het opzetten van volle dochterbedrijven – acquisitie of greenfield — 219
- 9.4.6 Afstoting van buitenlandse faciliteiten: terugtrekking uit een buitenlandse markt — 220
- Samenvatting — 222
- Discussievragen — 226
- Competentietraining — 227
- Casestudy hoofdstuk 9 — 227

Casestudy deel III — 230

Deel IV — Het internationale marketingprogramma ontwerpen — 233

Inleiding deel IV — 234

Hoofdstuk 10 — Beslissingen over product en prijsstelling — 240

- 10.1 Inleiding — 241
- 10.2 De dimensies van het internationale productaanbod — 242
- 10.3 Het ontwikkelen van internationale strategieën voor diensten — 243
- 10.3.1 Kenmerken van diensten — 243

10.3.2	De internationale marketing van diensten	244
10.3.3	Dienstencategorieën	244
10.3.4	Categorieën supplementaire diensten	244
10.3.5	Diensten in de business-to-businessmarkt	246
10.4	De product/communicatiemix	247
10.4.1	'Rechte' extensie	248
10.4.2	Promotieaanpassing	248
10.3.4	Productaanpassing	249
10.3.5	Tweeledige aanpassing	249
10.5	Productpositionering	250
10.3.6	Productuitvinding	250
10.5.1	Het 'land van herkomst'-effect	251
10.6	Merkmeerwaarde	252
10.6.1	De definitie van 'merkmeerwaarde'	254
10.7	Merkbeslissingen	255
10.7.1	Merk versus merkloos	256
10.7.2	Eigen merk detailhandelaar/cobranding/eigen merk producent	256
10.7.3	Eigen merk detailhandelaar	258
10.7.4	Eigen merk van de producent	260
10.7.5	Cobranding/ingrediëntbranding	260
10.7.6	Eén merk versus verschillende merken (één markt)	262
10.7.7	Lokale merken versus een mondiaal merk (verschillende markten)	262
10.8	De implicaties van internet voor de samenwerking met klanten op het gebied van productbeslissingen	263
10.8.1	Maatwerkproducten en nauwere banden	264
10.8.2	De dynamische maatwerkproductie van goederen en diensten	266
10.8.3	Hoe kan internet in de toekomst in de innovatie van producten worden geïntegreerd?	266
10.8.4	Merken via internet ontwikkelen	268
10.9	Groene marketingstrategieën	269
10.9.1	Strategische opties	270
10.9.2	Groene allianties tussen bedrijven en milieuorganisaties	271
10.10	Factoren die internationale prijsbeslissingen beïnvloeden	272
10.10.1	Factoren op bedrijfsniveau	272
10.10.2	Productfactoren	274
10.10.3	Omgevingsfactoren	275
10.10.4	Marktfactoren	276
10.11	Internationale prijsstrategieën	277
10.11.1	Afroming (skimming)	277
10.11.2	Marktprijsstelling	277
10.11.3	Penetratieprijsstelling	278
10.11.4	Prijsveranderingen	278
10.11.5	Landenbrede prijsstelling (standaardisering versus differentiatie)	280
10.11.6	Een classificering van internationale prijsstellingpraktijken	281
10.11.7	Interne verrekenprijzen	286
10.11.8	Valutakwesties	287
10.12	Betalingsvoorwaarden	288
10.12.1	Financiële risico's	291
10.12.2	Keuze van betalingsvoorwaarde	291
10.13	Leveringsvoorwaarden	292
10.14	De implicaties van internet voor de landenbrede prijsstelling	293
	Samenvatting	295
	Discussievragen	296
	Competentietraining	296
	Casestudy hoofdstuk 10	227

Hoofdstuk 11	Beslissingen over distributie en communicatie	298
	11.1 Inleiding	299
	11.2 Externe bepalende factoren bij kanaalbeslissingen	301
	11.2.1 Klantkenmerken	301
	11.2.2 Aard van het product	301
	11.2.3 Aard van de vraag/locatie	301
	11.2.4 Concurrentie	302
	11.2.5 Juridische bepalingen/lokale handelspraktijken	302
	11.3 De structuur van het kanaal	303
	11.3.1 Marktdekking	303
	11.3.2 Kanaallengte	304
	11.3.3 Controle/kosten	304
	11.3.4 Mate van integratie	305
	11.4 Distributiekanalen managen en controleren	306
	11.4.1 Het screenen en selecteren van tussenpersonen	308
	11.4.2 Het afsluiten van een contract (distributieovereenkomst)	310
	11.4.3 Motiveren	311
	11.4.4 Controleren	311
	11.5 Fysieke distributiebeslissingen	312
	11.4.5 Ontbinden	312
	11.6 Implicaties van internet voor distributiebeslissingen	313
	11.5.1 Transport	313
	11.5.2 Verpakking	313
	11.6.1 Het verschil tussen e-marketing en m-marketing	313
	11.6.2 Voordelen van m-marketing	314
	11.7 Exportdocumenten	315
	11.8 Douane	316
	11.9 Het communicatieproces	317
	11.9.1 Hoofdkenmerken van effectieve communicatie	317
	11.9.2 Andere factoren die de communicatiesituatie beïnvloeden	318
	11.10 Communicatie-instrumenten	320
	11.10.1 Reclame	320
	11.10.2 Public relations	321
	11.10.3 Sales Promotions	323
	11.10.4 Direct marketing	324
	11.10.5 Persoonlijke verkoop	324
	11.11 Internationale reclamestrategieën in de praktijk	327
	11.11.1 Voorbeelden van aanpassingsstrategieën	328
	11.12 Implicaties van internet voor communicatiebeslissingen	331
	11.12.1 Virale marketing	332
	Samenvatting	335
	Discussievragen	336
	Competentietraining	337
	Casestudy hoofdstuk 11	337
Casestudy deel IV		**340**

Deel V Het mondiale marketingprogramma implementeren en coördineren 343

Inleiding deel V		344
Hoofdstuk 12	**Interculturele verkooponderhandelingen**	**346**

	12.1	Inleiding	347
	12.2	Interculturele onderhandelingen	349
	12.2.1	Het interculturele onderhandelingsproces	349
	12.2.2	Het kloofmodel bij internationale onderhandelingen	352
	12.3	Interculturele voorbereiding	356
	12.2.3	Onderhandelingsstrategieën	356
	12.3.1	Algemene interculturele voorbereiding	356
	12.3.2	De evaluatie van de interculturele communicatie- en onderhandelingscompetenties van een partner	357
	12.4	Omgaan met expats	358
	12.4.1	De beslissing een expat als verkoper in te zetten	358
	12.4.2	Selectie van expats	358
	12.4.3	Training	359
	12.4.4	Ondersteuning	359
	12.5	Transnationale omkoping bij interculturele onderhandelingen	360
	12.4.5	Repatriëring	360
		Samenvatting	362
		Discussievragen	363
		Competentietraining	363
		Casestudy hoofdstuk 12	363
Hoofdstuk 13		**Het organiseren en controleren van het internationale marketingprogramma**	**366**
	13.1	Inleiding	367
	13.2	Het organiseren van internationale marketingactiviteiten	367
	13.2.1	De functionele structuur	368
	13.2.2	De internationale divisiestructuur	369
	13.2.3	De productdivisiestructuur	369
	13.2.4	De geografische structuur	370
	13.2.5	De matrixstructuur	372
	13.3	De organisatie van het global account management (GAM)	374
	13.3.1	De implementering van GAM	375
	13.3.2	De dyadische ontwikkeling van GAM	377
	13.3.3	De organisatorische structuur bij global account management	381
	13.4	Het controleren van het internationale marketingprogramma	386
	13.4.1	Ontwerp van een controlesysteem	387
	13.4.2	Feedforward-controle	390
	13.4.3	Belangrijke controlegebieden bij marketing	391
	13.5	De internationale marketingbegroting	393
	13.6	Het ontwikkelen van een internationaal marketingplan	396
		Samenvatting	397
		Discussievragen	397
		Competentietraining	398
		Casestudy hoofdstuk 13	398

Casestudy deel V   **404**

	Afkortingen	413
	Begrippenlijst	414
	Referentielijst	418
	Index	424

Voorwoord

Door de groeiende wereldhandel, de toenemende integratie van 's werelds grootste economieën en de opmars van de globalisering blijft de internationale marketingstrategie van bedrijven een belangrijk onderwerp. Binnen een relatief korte tijd zijn globalisering en internationale marketing onderzoeksdisciplines geworden, zodat zowel professionals als academici op het gebied van internationale marketing nu de stelling van de Griekse filosoof Socrates waar kunnen maken. Deze zei: 'Ik ben een burger, niet van Athene of Griekenland, maar van de wereld.'

Het belangrijkste argument van de voorstanders van globalisering is gebaseerd op de homogenisering van de wereldwijde vraag. Deze homogenisering van de vraag komt tot uitdrukking in een wereldwijde consumentenvraag naar hoge kwaliteit en lage kosten als gevolg van de invloed van technologie. Daarnaast stelt Levitt (1983)[1] dat bedrijven hun voordeel kunnen doen met technologie door een gestandaardiseerde aanpak toe te passen die resulteert in hoogwaardige producten voor de wereldmarkt tegen lage kosten. Andere onderzoekers hebben erop gewezen dat de internationale markten ondanks de kracht van de globalisering van elkaar zullen blijven verschillen. Zij stellen dat er weinig bewijs voor standaardisering is en het niet noodzakelijk is een strategie te standaardiseren om op de wereldmarkten te kunnen concurreren. Zelfs op markten of in landen die in cultureel opzicht ogenschijnlijk op elkaar lijken, zoals de Europese Unie, blijven verschillen in consumentbehoeften bestaan. Ook zien we nog steeds verschillen in de criteria die consumenten gebruiken om beslissingen te nemen. Daarnaast bestaan er te veel verschillen tussen landen en te veel beperkingen op verschillende markten om een gestandaardiseerde aanpak haalbaar te maken.

Het managen van internationale marketing is al complex als een bedrijf op één buitenlandse markt opereert. Het is nog veel complexer als dat bedrijf in verschillende landen gaat opereren. In dit soort situaties moeten marketingprogramma's worden aangepast aan de behoeften en voorkeuren van klanten met verschillende koopkrachtniveaus die in verschillende klimaten en culturen leven en verschillende talen spreken. Bovendien verschillen concurrentiepatronen en manieren van zakendoen van land tot land en soms ook binnen landen zelf. Ondanks de vele verschillen is het echter belangrijk de overeenkomsten tussen landen in het oog te houden. Het is nodig internationale activiteiten in zekere mate te coördineren, maar tegelijkertijd zullen bedrijven grensoverschrijdend samenwerkingsvoordeel bereiken als de ervaring en kennis die in het ene land zijn opgedaan in een ander land worden toegepast.

Doelen

De waardeketen van dit boek biedt de lezer een analytisch, beslissingsgericht kader voor de ontwikkeling en realisatie van internationale marketingprogramma's. De lezer wordt in staat gesteld de juiste conceptuele kaders voor de aanpak van de vijf belangrijkste managementbeslissingen in het internationale marketingproces te analyseren, selecteren en evalueren.

Na het bestuderen van dit boek zal de lezer beter in staat zijn te begrijpen hoe een bedrijf internationaal concurrentievermogen kan opbouwen door marktresponsieve programma's te ontwerpen en implementeren.

Doelgroep

Dit boek is geschreven voor mensen die effectieve en beslissingsgerichte internationale marketingprogramma's willen ontwikkelen. Het kan gebruikt worden als studieboek aan hbo-instellingen en universiteiten en bij cursussen aan niet-universitaire instellingen. Ten

[1] Levitt, T. (1983) 'The Globalization of Markets', Harvard Business Review, mei-juni, pag. 92-102

slotte is dit boek van speciaal belang voor managers die op de hoogte willen blijven van de meest recente ontwikkelingen op het gebied van mondiale marketing.

Belangrijkste kenmerken

Dit boek is geschreven vanuit het perspectief van bedrijven die op internationale markten concurreren, ongeacht hun thuisland. Dit zijn de belangrijkste kenmerken:
- het is een boek over 'echte' internationale marketing, met cases en voorbeelden uit zowel Nederland als andere delen van de wereld;
- de theorie wordt toegelicht met up-to-date voorbeelden en cases om de praktische toepassing ervan te laten zien. Voorbeelden van de toepassing van internationale marketing door bestaande bedrijven worden door het hele boek heen gegeven. Bovendien eindigen elk hoofdstuk en deel met cases voor studenten;
- het boek is gericht op MKB-bedrijven als spelers op het gebied van internationale marketing;
- een beslissings- en 'actie'-gerichte aanpak;
- uitgebreide aandacht voor born globals en global account management (GAM) als aanvulling op het traditionele key account management (KAM);
- geeft een volledig en gecomprimeerd overzicht van het totale planningsproces voor internationale marketing.

Leerhulpmiddelen

Een van de sterke kanten van dit boek is de pedagogische ondersteuning die het biedt.
- Aan het begin van elk hoofdstuk staan de **leerdoelen** vermeld, dat wil zeggen de zaken die de lezer na het bestuderen van het betreffende hoofdstuk moet kunnen en kennen.
- De belangrijkste termen van elk hoofdstuk worden in **definities in de marge** nader toegelicht. Aan het einde van het boek vind je een verklarende woordenlijst.
- De theorie wordt toegelicht met **voorbeelden** uit het bedrijfsleven, zodat de lezer verband kan leggen tussen de marketingmodellen en de realiteit.
- Aan het eind van elk hoofdstuk worden de belangrijkste concepten kort **samengevat**.
- Elk hoofdstuk eindigt met een **casestudy**, wat het studenten makkelijker maakt het verband te zien tussen de modellen die in het hoofdstuk aan de orde zijn gekomen en specifieke bedrijfssituaties.
- Door de **discussievragen** aan het eind van elk hoofdstuk worden studenten in staat gesteld belangrijke onderwerpen verder uit te diepen.
- Aan het eind van elk hoofdstuk vind je ook **competentievragen**. Deze zijn bedoeld om de behandelde theorie toe te passen.
- Elk deel van het boek eindigt met een **casestudy** over de thema's die in het betreffende deel aan de orde zijn gekomen. De casestudy's zijn gebaseerd op bestaande bedrijven in verschillende landen.
- De bronnen in de lijst **referenties** – boeken, artikelen uit vakbladen en websites – helpen je de stof beter te begrijpen en kunnen zelfstandig bestudeerd worden.

Bewerking

Export is de meest gehanteerde entreestrategie in het midden- en kleinbedrijf en het is ook voor de Nederlandse MKB-sector van groot belang. Bovendien leert de ervaring dat export in de alledaagse praktijk van internationale marketing een grote rol speelt. De bewerkers hebben zich daarom naast internationale marketing ook gericht op een aantal exportgerelateerde aspecten als betalingsvoorwaarden, incoterms, douane en exportdocumenten. Daarnaast is een aantal aansprekende Nederlandse cases toegevoegd en is er aandacht voor instanties die ondersteuning kunnen verlenen aan het Nederlandse MKB.

Engelstalige editie
Van dit boek is ook een Engelstalige editie beschikbaar, *Essentials of Global Marketing*.

Supplementair materiaal

Ondersteunend materiaal voor studenten
Internationale marketing gaat vergezeld van een vrij toegankelijke website. Op www.pearsoneducation.nl/hollensen kan met meerkeuzevragen de opgedane kennis getoetst worden en er zijn extra Engelstalige cases te vinden.

Op de Engelstalige website www.pearsoned.co.uk/hollensen staan relevante weblinks, meer cases en een extra hoofdstuk over e-marketing.

Ondersteunend materiaal voor docenten
Voor docenten die het boek verplicht voorschrijven zijn powerpointdia's beschikbaar en een Engelstalige docentenhandleiding. Ook kunnen zij via de Engelstalige website een databank met extra meerkeuzevragen raadplegen.

Dankwoord

Het schrijven van een boek is een langetermijnproject dat veel tijd en moeite kost. Of een schrijver een boek succesvol kan afronden hangt af van de steun en grootmoedigheid van veel mensen, en de verwezenlijking van dit boek is daar zeker geen uitzondering op. Ik wil de vele wetenschappers bedanken die de artikelen, boeken en andere materialen hebben geschreven waaruit ik heb geciteerd of die ik anderszins heb gebruikt. Het is echter niet mogelijk iedereen bij name te noemen. Ik ben vooral de volgende mensen en organisaties veel verschuldigd. Ik dank jullie allemaal voor jullie hulp en bijdragen:

De Universiteit van Zuid-Denemarken
- Het management van de Universiteit van Zuid-Denemarken heeft me de allerbeste omgeving geboden om dit project te schrijven en af te ronden.
- Tijdens het schrijfproces hebben collega's me bemoediging en steun geboden.

Beoordeling door vakgenoten
- Vakgenoten hebben suggesties gedaan die nuttig waren voor het verbeteren van vele delen van de tekst. Dit waren met name Alexandra Murcsan (London Metropolitan), John Thomson (Napier), Chris Rock (Greenwich), Graeme Stephen (Aberdeen), Joel Arnott (Sunderland), Sten Söderman (Stockholm) and Jonathan Wilson (Anglia).
- Bij de ontwikkeling van deze tekst zijn een aantal vakgenoten betrokken geweest, die ik wil bedanken voor hun belangrijke en waardevolle bijdrage: Henrik Agndal, Jönköping International Business School; Grahame Fallon, University College Northampton; Ronald Salters, Fontys Eindhoven; Ola Feurst, Universiteit van Gotland.
- Professor Alkis Magdalinos heeft noodzakelijke correcties in de tekst aangebracht en veel suggesties aangedragen om de verschillende delen van het boek te verbeteren.

Mensen en bedrijven die een bijdrage aan de casestudy's hebben geleverd

- Wim Wilms, Fontys Eindhoven, aan de case over Philips Lighting (hoofdstuk 7).
- Sjoerd Drost, productmanager bij Philips Scheerapparaten, aan case V: Scheerapparaten van Philips.

Ook wil ik de volgende bedrijven bedanken, omdat hun managers waardevol materiaal hebben aangeleverd op basis waarvan ik de volgende casestudy's kon schrijven. Met de meeste van de volgende bedrijven heb ik rechtstreeks persoonlijk contact gehad, en ik dank de managers die me geholpen hebben voor hun zeer nuttige opmerkingen.

Cases in hoofdstukken:

- IKEA, Zweden, voor de case in hoofdstuk 6 over de IKEA-catalogus
- Arcus AS, Oslo, Noorwegen, voor de case in hoofdstuk 9 over Lysholm Linie Aquavit

Cases bij de verschillende delen van het boek:

- Philips Scheerapparaten, Eindhoven, Nederland, voor case V: Scheerapparaten van Philips

Bovendien wil ik graag de Madame Tussaud Group bedanken, en dan in het bijzonder Global Marketing Director Nicky Marsh uit Londen en Cathy Wong, External Affairs Consultant uit Shanghai, voor hun bijdrage aan voorbeeld 10.2.

Ik ben de volgende internationale reclamebureaus heel dankbaar. Zij hebben me voorbeelden gegeven van gestandaardiseerde en/of locaal gerichte advertentiecampagnes:

- J. Walter Thompson (JWT Europe), Londen, die een bijdrage leverde in de vorm van Europese reclame voor LUX-zeep.
- Hindustan Thompson (HTA), Bombay, India, die een bijdrage leverde in de vorm van reclame voor Basmati Flakes van Kellogg's in India en reclame voor LUX-zeep in India.

Ook bedank ik LEGO hun bijdrage in het boek.

Ik ben mijn uitgever, Pearson Education, dankbaar. Graag wil ik Acquisitions Editor David Cox en Desk Editor Georgina Clark-Mazo bedanken voor hun hulp met deze uitgave.

Mijn collega's aan de Universiteit van Zuid-Denemarken ben ik uitermate dankbaar voor hun voortdurende hulp en inspiratie.

Ten slotte bedank ik mijn gezin voor hun steun tijdens het proces. Met genoegen draag ik deze versie op aan Jonna, Nanna en Julie.

Svend Hollensen
Universiteit van Zuid-Denemarken, Sønderborg, Denemarken
Juni 2008
svend@sam.sdu.dk

Over de auteur

Svend Hollensen is als docent Internationale Marketing verbonden aan de Universiteit van Zuid-Denemarken. Ook is hij gasthoogleraar aan de London Metropolitan University. Hij heeft een MSc-graad van de Aarhus Business School. Hij heeft praktische ervaring opgedaan als coördinator Internationale Marketing bij een grote Deense multinational en als manager Internationale Marketing bij een bedrijf dat landbouwmachines produceert.

Na in de industrie gewerkt te hebben, ontving Svend een PhD-graad van de Copenhagen Business School.

Hij heeft artikelen in vakbladen gepubliceerd en is de auteur van twee boeken over algemene marketing en internationale marketing (uitgegeven door de Copenhagen Business School Press).

Bij Pearson Education heeft hij drie boeken uitgebracht, *Global Marketing* (de vierde editie is in april 2007 uitgegeven), *Marketing Management - A Relationship Approach* (een tweede editie staat gepland voor 2009) en *Marketing Research - An International Approach* (mei 2006) samen met Marcus Schmidt.

Svend heeft ook als bedrijfsconsultant gewerkt voor verschillende multinationals en mondiale organisaties als de Wereldbank.

Je kunt contact opnemen met de auteur via:

Universiteit van Zuid-Denemarken
Alsion 2
DK-6400 Sønderborg
Denemarken
e-mail: svend@sam.sdu.dk

Over de bewerkers

Drs. Hans Engbers studeerde Economie, met als specialisatie commerciële economie, aan de Rijksuniversiteit Groningen. Hij is werkzaam geweest in marketing en exportfuncties in de agrarische industrie. Hierbij lag de focus op Latijns Amerika, Zuidoost Azië en Spanje. Tegenwoordig is hij verbonden aan de Saxion Hogeschool Enschede als docent Internationale Marketing.

Drs. Angelo Mulder ronde zijn HEAO Commerciële Economie aan de Hogeschool Brabant te Breda af met als specialisatie export marketing. Daarnaast behaalde hij een doctoraal Bedrijfskunde aan de Universiteit van Nijmegen. Hij leverde succesvolle bijdragen aan het ontwikkelen van commerciële activiteiten bij middelgrote, technisch georiënteerde organisaties. Tegenwoordig gebruikt hij zijn expertise in de dagelijkse praktijk bij Syntens, waar hij werkzaam is als innovatieadviseur. Daarnaast doceert hij aan de Academie voor Deeltijd van de Avans Hogeschool te Breda.

Dankwoord van de uitgever

We zijn de volgende mensen/organisaties dankbaar voor hun toestemming auteursrechtelijk beschermd materiaal te gebruiken:

Figuur 1.2 uit 'A framework for analysis of strategy development in globalizing markets', *Journal of International Marketing*, 5(1), hier afgedrukt met toestemming van de American Marketing Association (Solberg, C.A. 1997); Figuur 1.6 (bewerkt) uit *Competitive Advantage: Creating and Sustaining Superior Performance*, hier afgedrukt met toestemming van The Free Press, onderdeel van de Simon & Schuster Adult Publishing Group (Porter, M.E. 1985); Tabel 2.1 (bewerkt) uit *International Marketing and Export Management*, tweede editie, Addison-Wesley, hier afgedrukt met toestemming van Pearson Education Ltd. (Albaum, G. et al. 1994); Figuur 3.1 (bewerkt) uit *International føretagsekonomi*, Norstedts, hier afgedrukt met toestemming van Mats Forsgren (Forsgren, M. and Johanson, J. 1975); Figuur 3.2 (bewerkt) uit *Internationalization Handbook for the Software Business*, hier afgedrukt met toestemming van Centre of Expertise for Software Product Business (Äijö, T. et al. 2005); Tabel 4.1 uit 'Composite strategy: the combination of collaboration and competition', *Journal of General Management* 21(1), hier afgedrukt met toestemming van The Braybrooke Press Ltd (Burton, J., 1995); Figuur 5.2 uit *Global Marketing*, eerste editie, hier afgedrukt met toestemming van South-Western, onderdeel van Cengage Learning, Inc. (Czinkota, M.R. and Ronkainen, I.A. 1996); Tabel 6.2 (bewerkt) uit *International Marketing Strategy: Analysis, Development and Implementation*, Thomson Learning, hier afgedrukt met toestemming van Thomson Publishing Services (Phillips, C. et al. 1994); Tabel 6.4 uit *Going International: How to Make Friends and Deal Effectively in the Global Marketplace*, Random House, hier afgedrukt met toestemming van The Sagalyn Agency (Copeland, L. and Griggs, L. 1985); Figuur 7.5 uit *European Business: An Issue-Based Approach*, derde editie, Pitman, hier afgedrukt met toestemming van Pearson Education Ltd (Welford, R. and Prescott, K. 1996); Casestudy II tabel 1 uit Red Bull GmbH – Softdrink – World, Global Company Profile, *Euromonitor International*, maart, © Euromonitor International 2007 (Euromonitor 2007); Figuur 9.7 (bewerkt) uit *Strategiske allianser i globale strategier,Norges Eksportråd*, hier afgedrukt met toestemming van Index Publishing/Norwegian Trade Council (Lorange, P. and Roos, J. 1995); Figuur 9.10 uit 'Toward a theory of international new ventures', *Journal of International Business Studies*, 25(1), hier afgedrukt met toestemming van Macmillan Publishers Ltd (Oviatt, B. M. and McDougall, P. P. 1994); Figuur 9.11 uit 'Organisational dimensions of global marketing', *European Journal of Marketing*, 23(5), hier afgedrukt met toestemming van Emerald Publishing Ltd (Raffée, H. and Kreutzer, R. 1989); Figuur 9.12 uit 'Regional headquarters: the spearhead for Asian Pacific markets', *Long Range Planning*, 29(1), hier afgedrukt met toestemming van Elsevier (Lasserre, P. 1996); Figuur 9.13 uit 'Why are foreign subsidiaries divested? A conceptual framework' in *The Nature of the International Firm*, onder redactie van I. Björkman and M. Forsgren, Handelshøjskolens Forlag/Copenhagen Business School Press, hier afgedrukt met toestemming van de auteur (Benito, G.R.G. 1997); Inleiding deel IV Figuur 3 uit 'Marketing mix standardisation: an integrated approach to global marketing', *European Journal of Marketing*, 22(10), hier afgedrukt met toestemming van Emerald Group Publishing Ltd (Kreutzer, R. 1988); Tabel 10.2 (bewerkt) uit 'The international dimension of branding: strategic considerations and decisions', *International Marketing Review*, 6(3), hier afgedrukt met toestemming van Emerald Publishing Ltd (Onkvisit, S. and Shaw, J.J. 1989); Figuur 10.4 (bewerkt) uit *International Marketing: Analysis and Strategy*, tweede editie, Macmillan, hier afgedrukt met toestemming van Sak Onkvisit (Onkvisit, S. and Shaw, J.J. 1993); Tabel 10.3 uit 'The future of consumer branding as seen from the picture today', *Journal of Consumer Marketing*, 12(4), hier afgedrukt met toestemming van Emerald Group Publishing Ltd (Boze, B.V. and Patton, C.R. 1995); Figuur 10.11 uit 'Pricing conditions in the European Common Market', *European Management Journal*, 12(2), hier afgedrukt met toestemming van Elsevier (Diller, H. and Bukhari, I. 1994); Figuur 10.13 uit 'The European pricing bomb – and how to cope with it', *Marketing and Research Today*, februari, hier afgedrukt met toestemming van ESOMAR (Simon, H. and Kucher, E. 1993); Figuur 11.2 uit 'US–Japan distribution channel cost structures: is there a significant difference?', *International Journal of Physical Distribution and Logistics Management*, 27(1), hier afgedrukt met toestemming van Emerald Group Publishing Ltd (Pirog III, S.F. and Lancioni, R. 1997); Figuur 11.3 uit *Marketing Management: An Overview*, The Dryden Press, hier afgedrukt met toestemming van Dale M. Lewison (Lewison, D.M. 1996); Figuur 11.4 (bewerkt) uit *Marketing Management: An Overview*, The Dryden Press, hier afgedrukt met toestemming van Dale M. Lewison (Lewison, D.M. 1996); Table 11.3 uit *International Marketing Strategy: Analysis, Development and Implementation*, Thomson Learning, hier afgedrukt met toestemming van Thomson Publishing Services (Phillips, C. et al. 1994); Tabel 11.6 uit 'Guidelines for managing an international sales force', *Industrial Marketing Management*, 24(2), hier afgedrukt met toestemming van Elsevier (Honeycutt, E.D. and Ford, J.B. 1995); Figuur 11.7 uit *International Marketing Management*, vijfde editie, South-Western College Publishing, hier afgedrukt met toestemming van the author (Jain, S.C. 1996); Tabel 13.1 (bewerkt) uit *Principles and Practice of Marketing*, derde editie, hier afgedrukt met toestemming van de McGraw-Hill Publishing Company (Jobber, D. 1995).

We zijn de volgende organisaties dankbaar voor hun toestemming om casestudymateriaal te gebruiken:
De afbeeldingen in de case van hoofdstuk 5, hier afgedrukt met toestemming van Sauer-Danfoss Inc..

We zijn de volgende organisaties dankbaar voor hun toestemming afbeeldingen te gebruiken:

De afbeeldingen in casestudy 6.1 gebruikt met toestemming van Inter IKEA Systems B.V.; De afbeelding in casestudy II.1 Michael Kunkel/Hochzwei/PA Photos; De reclame voor LEGO® FreeStyle in het Verre Oosten, © 1997 en LEGO® FreeStyle in Europa, © 1997, © 2008 The LEGO Group in hoofdstuk 11 zijn gebruikt met toestemming.

In sommige gevallen zijn we er niet in geslaagd de eigenaren van auteursrechtelijk beschermd materiaal te vinden. Alle informatie aan de hand waarvan we dat alsnog kunnen doen, wordt zeer op prijs gesteld.

DEEL I

De beslissing
een bedrijf te
internationaliseren

Inleiding deel I

Bedrijven die aan een exportavontuur zijn begonnen, hadden vaak beter bij de thuismarkt kunnen blijven omdat ze niet de competenties hebben die nodig zijn om met export te beginnen. In hoofdstuk 1 worden competenties en internationale marketingstrategieën vanuit het perspectief van de waardeketen besproken. In hoofdstuk 2 worden de belangrijkste drijfveren van bedrijven om te internationaliseren behandeld. Hoofdstuk 3 concentreert zich op een aantal belangrijke theorieën waarmee de internationaliseringsprocessen van bedrijven uitgelegd kunnen worden en in hoofdstuk 4 wordt het concept 'internationaal concurrentievermogen' van macro- naar microniveau besproken.

1

Internationale marketing in bedrijven

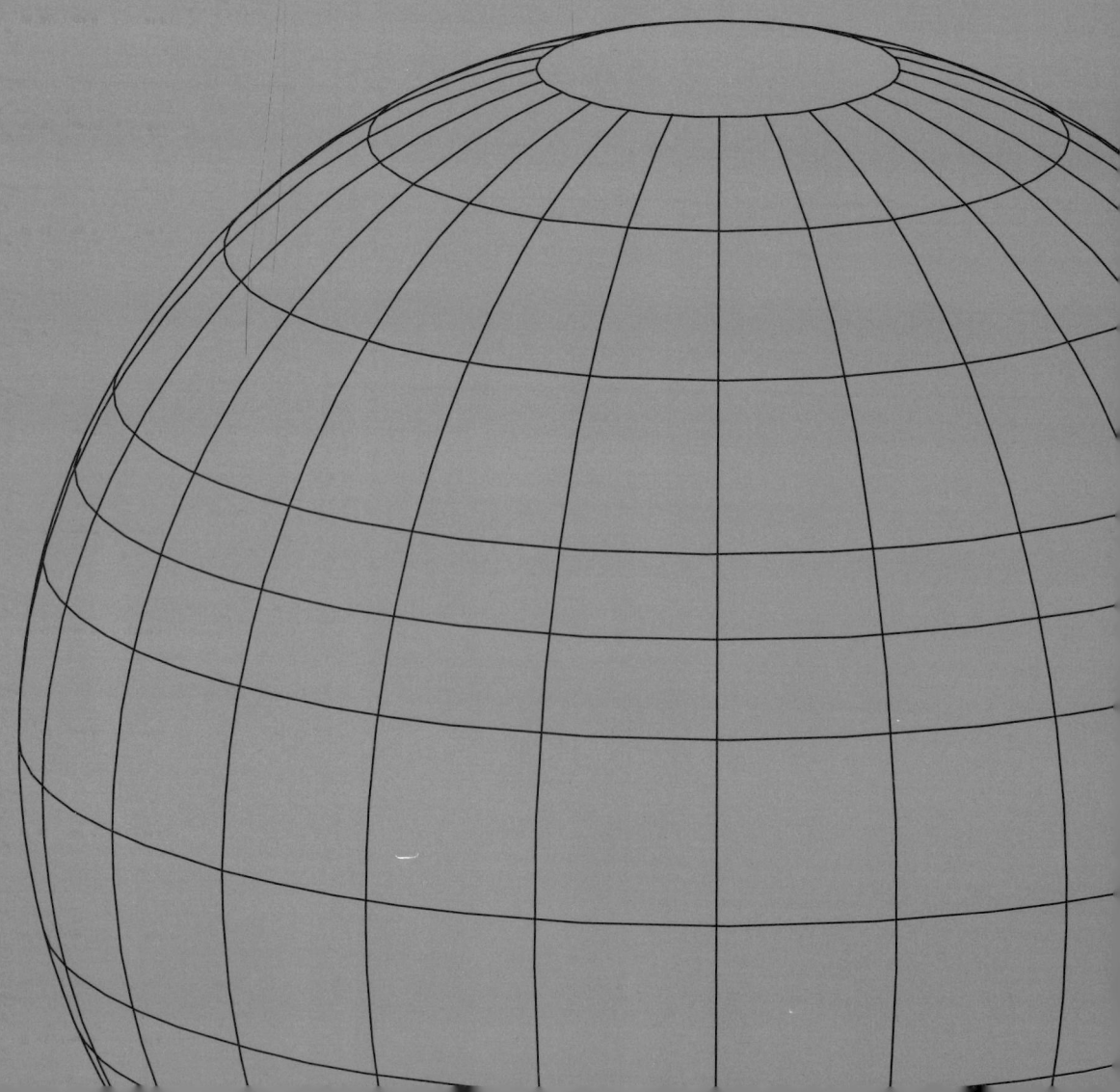

Hoofdstuk 1 INTERNATIONALE MARKETING IN BEDRIJVEN

Leerdoelen

Na het bestuderen van dit hoofdstuk moet je in staat zijn het volgende te doen:

- De managementstijlen in MKB-bedrijven en grote bedrijven omschrijven en vergelijken.
- Krachten die een rol spelen bij internationale integratie en marktresponsiviteit benoemen.
- De rol van internationale marketing in het bedrijf vanuit een holistisch perspectief uitleggen.
- Het concept 'waardeketen' uitleggen en begrijpen.
- Verschillende manieren om de waardeketen te internationaliseren benoemen en bespreken.

1.1 Ontwikkeling van het internationale marketingplan

Omdat het boek een beslissingsgerichte aanpak kent, is het ingedeeld volgens de vijf belangrijkste beslissingen waar marketingmensen in bedrijven bij het internationale marketingproces mee te maken krijgen. De dertien hoofdstukken zijn in vijf delen ondergebracht:

Deel 1: De beslissing een bedrijf te internationaliseren (hoofdstuk 1–4)
Deel 2: De beslissing tot welke markten toe te treden (hoofdstuk 5–7)
Deel 3: Strategieën voor markttoetreding (hoofdstuk 8–9)
Deel 4: Het internationale marketingprogramma ontwerpen (hoofdstuk 10–11)
Deel 5: Het internationale marketingprogramma implementeren en coördineren (hoofdstuk 12–13)

Uiteindelijk hangt het internationale concurrentievermogen van een bedrijf vooral af van het eindresultaat van de stadia van internationale marketing: het internationale marketingplan (zie figuur 1.1). Het doel van het marketingplan is duurzaam concurrentievoordeel op de internationale markt te creëren. Over het algemeen maken bedrijven een soort mentaal proces door bij het ontwikkelen van internationale marketingplannen. Bij MKB-bedrijven is dit proces gewoonlijk informeel, terwijl het bij grotere bedrijven vaak meer gesystematiseerd is. Figuur 1.1 laat een gesystematiseerde aanpak van het ontwikkelen van een internationaal marketingplan zien – de stadia worden toegelicht met de belangrijkste modellen en concepten die in de hoofdstukken van dit boek worden uitgelegd en besproken. We raden aan om tijdens het lezen van dit boek steeds weer naar deze figuur terug te bladeren.

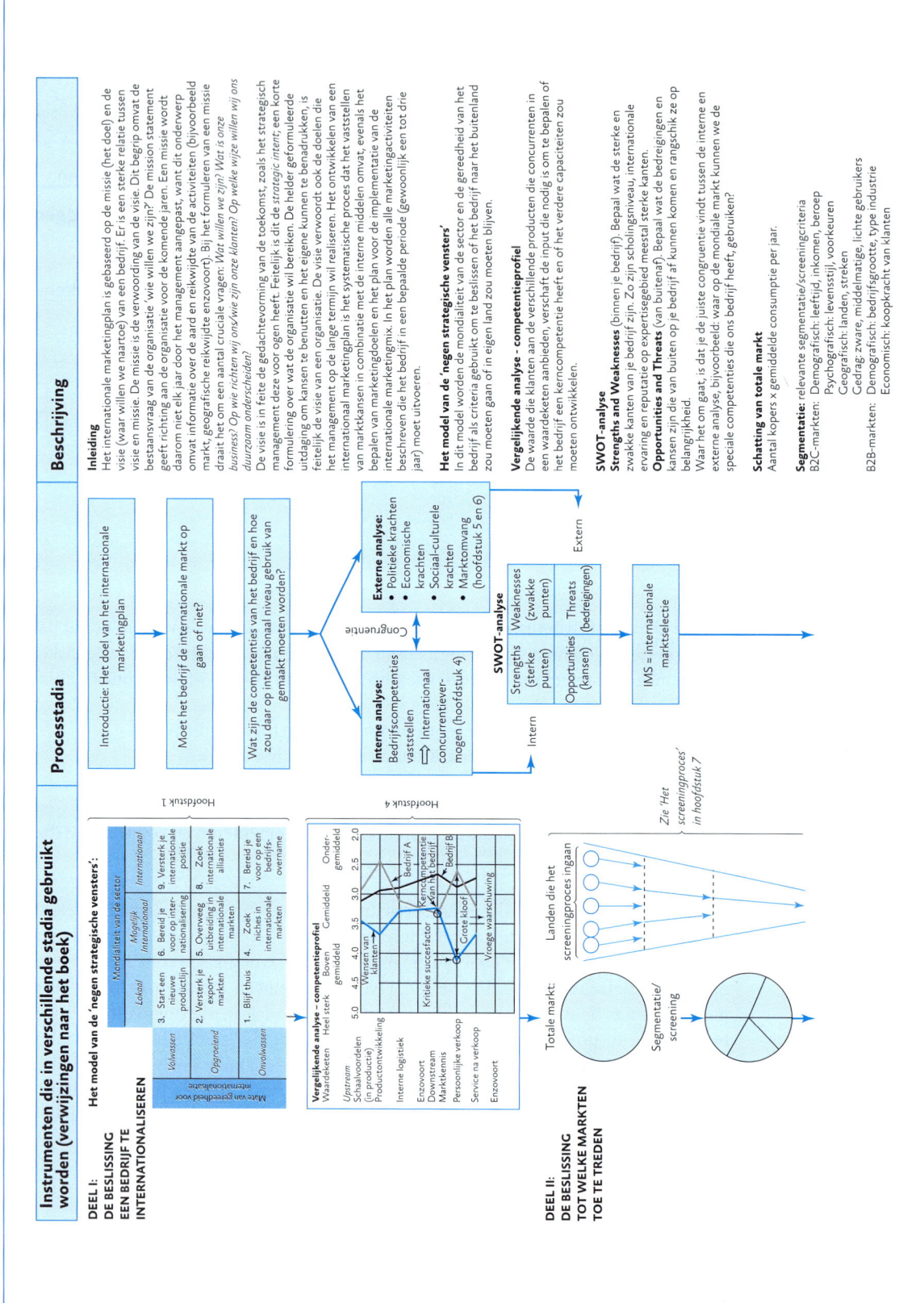

Figuur 1.1: Ontwikkeling van een internationaal marketingplan

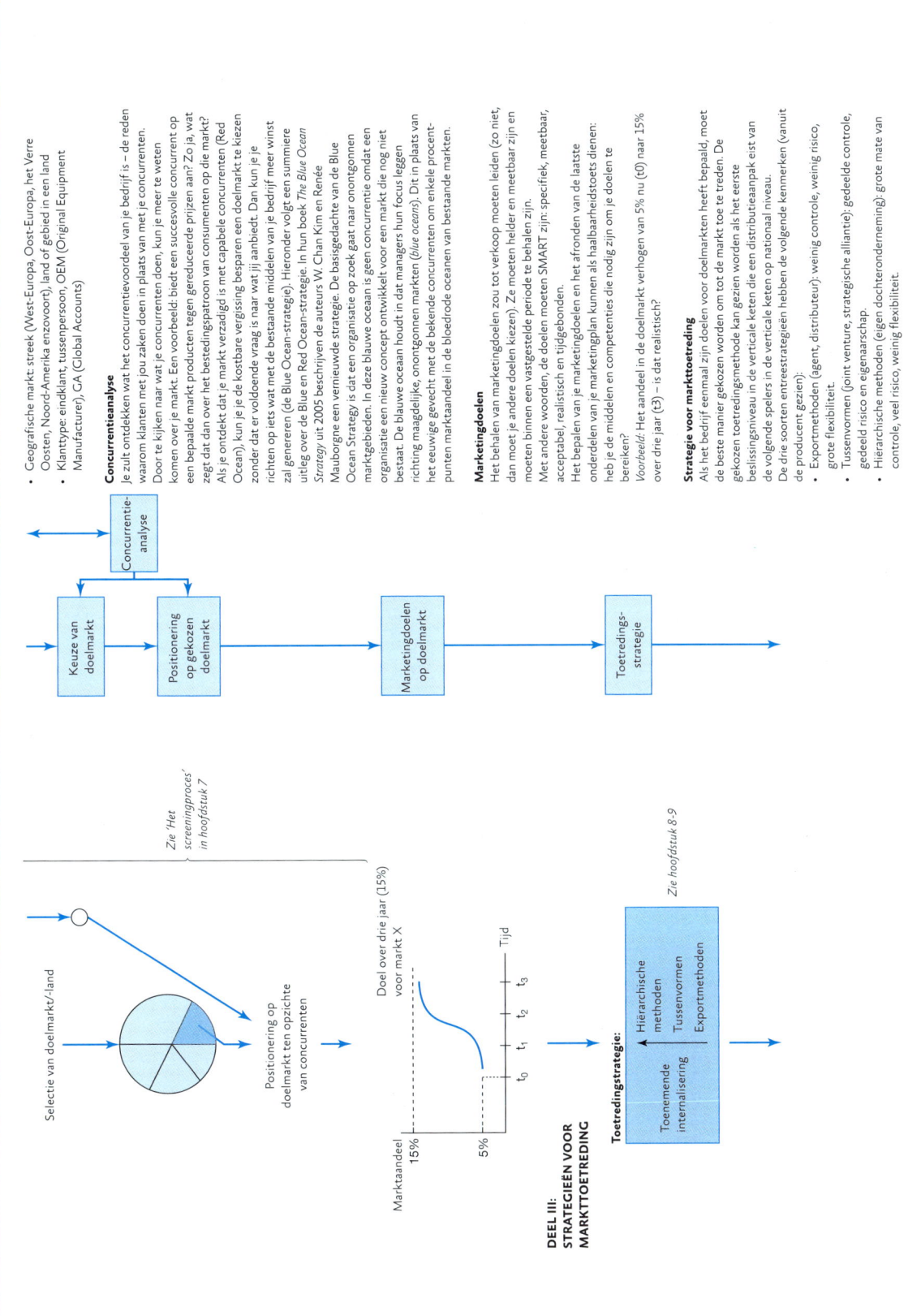

Figuur 1.1: Ontwikkeling van een internationaal marketingplan (vervolg)

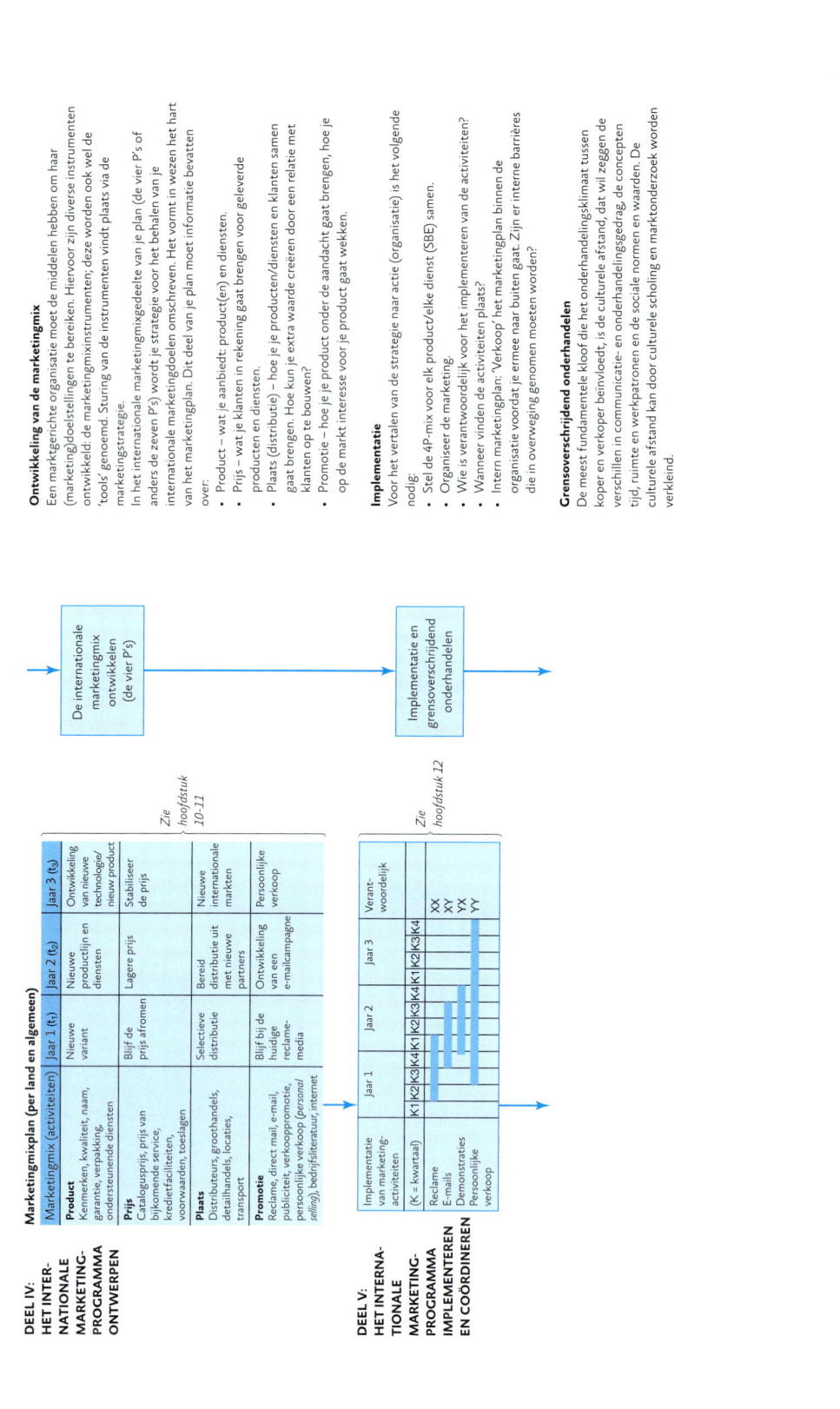

Figuur 1.1: Ontwikkeling van een internationaal marketingplan (vervolg)

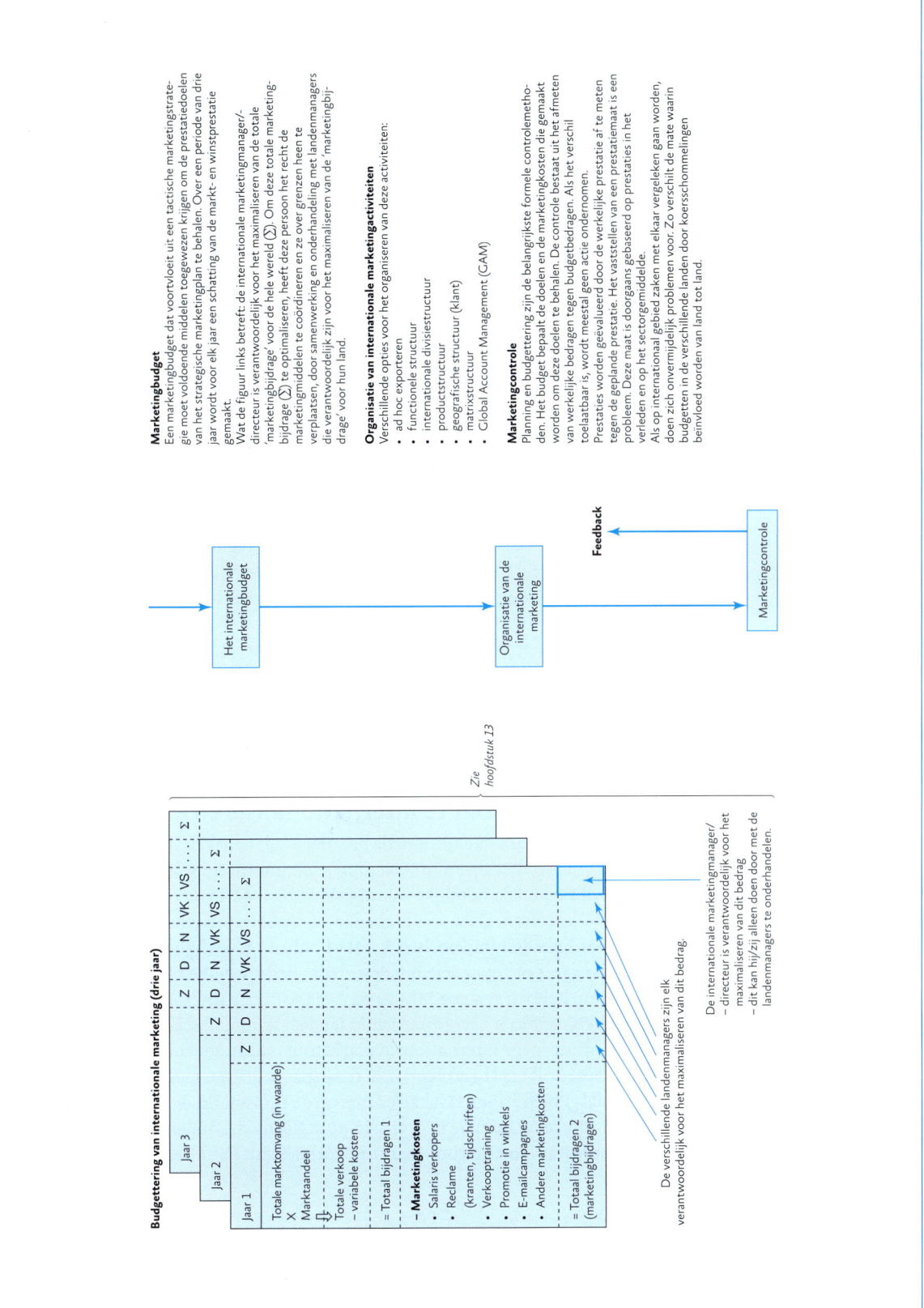

Figuur 1.1: Ontwikkeling van een internationaal marketingplan (vervolg)

1.2 Globalisering: een introductie

GLOBALISERING
De trend waarbij bedrijven in de meeste landen en streken ter wereld producten en diensten kopen, ontwikkelen, produceren en verkopen.

INTERNATIONALISERING
Zaken doen met veel landen ter wereld, maar vaak beperkt tot een bepaalde streek (bijvoorbeeld Europa).

Omdat bedrijven geconfronteerd worden met mondialisering en een wereld waarin alles in toenemende mate onderling verbonden is, proberen vele van hen hun verkoop naar buitenlandse markten uit te breiden. Internationale expansie biedt nieuwe en mogelijk winstgevendere markten, helpt het concurrentievermogen van bedrijven te vergroten en maakt de toegang tot nieuwe productideeën, productie-innovaties en de nieuwste technologie gemakkelijker. Internationalisering is alleen succesvol als bedrijven zich er van tevoren op voorbereiden. Als bedrijven succes willen hebben op de internationale markt, wordt vooruitplannen vaak als een belangrijke factor gezien (Knight, 2000).

Solberg (1997) bespreekt de voorwaarden waaronder bedrijven thuis zouden moeten blijven of hun internationale positie verder zouden moeten versterken als twee uitersten (zie figuur 1.2). Het raamwerk in figuur 1.2 is gebaseerd op de volgende twee dimensies:

1.2.1 Sectormondialiteit

In principe kunnen bedrijven de mate waarin hun sector is geglobaliseerd niet beïnvloeden omdat deze voornamelijk wordt bepaald door de internationale marketingomgeving. In die omgeving hangt het strategische gedrag van bedrijven af van de internationale concurrentiestructuur binnen een sector. Als een sector sterk geglobaliseerd is, bestaat er veel onderlinge verwevenheid tussen markten, klanten en leveranciers en wordt de sector gedomineerd door een aantal grote, machtige spelers (internationaal), terwijl het andere uiteinde (lokaal) een multinationale marktomgeving vertegenwoordigt waar markten onafhankelijk van elkaar bestaan. Voorbeelden van zeer internationale sectoren zijn pc's, IT (software), platen (cd's), films en luchtvaartuigen (waarbij Boeing en Airbus de dominante spelers zijn). Voorbeelden van meer lokale sectoren zijn de meer cultuurgebonden sectoren, zoals haarverzorging, voedingsmiddelen en zuivelproducten (bijvoorbeeld bruine kaas in Noorwegen).

1.2.2 Gereedheid om te internationaliseren

MKB-BEDRIJVEN
Deze komen in de EU en de rest van de wereld voor. In de EU worden bedrijven met minder dan vijftig werknemers als 'klein' beschouwd, bedrijven met minder dan 250 werknemers als 'middelgroot'. In de EU is 99% van alle bedrijven een MKB-bedrijf (250 werknemers of minder).

Deze dimensie wordt voornamelijk door de bedrijven zelf bepaald. De mate van gereedheid hangt af van de vraag of bedrijven in staat zijn op de internationale markt strategieën uit te voeren, dat wil zeggen de feitelijke vaardigheden die bedrijven hebben om op internationaal niveau te opereren. Deze vaardigheden of organisatorische capaciteiten kunnen persoonlijke vaardigheden (bijvoorbeeld taal of cultuurgevoeligheid), de internationale ervaring van managers of financiële middelen zijn. Bedrijven die zich goed hebben voorbereid (volwassen) hebben een goede basis van waaruit ze de internationale markten kunnen domineren en daardoor een groter marktaandeel kunnen behalen.

In de literatuur over internationale marketing wordt het thuisblijfalternatief niet grondig besproken. Solberg (1997) voert echter aan dat bedrijven met een beperkte ervaring op internationaal gebied en een zwakke positie op de thuismarkt weinig reden hebben om zich op internationale markten te begeven. In plaats daarvan zouden die bedrijven moeten proberen hun prestatie op de thuismarkt te verbeteren. Dit alternatief is venster 1 in figuur 1.2.

		Mondialiteit van de sector		
		Lokaal	Mogelijk Internationaal	Internationaal
Mate van gereedheid voor internationalisatie	Volwassen	3. Start een nieuwe productlijn	6. Bereid je voor op globalisering	9. Versterk je internationale positie
	Opgroeiend	2. Versterk je exportmarkten	5. Overweeg uitbreiding in internationale markten	8. Zoek internationale allianties
	Onvolwassen	1. Blijf thuis	4. Zoek niches in internationale markten	7. Bereid je voor op een bedrijfsovername

Bron: Solberg, 1997, p. 11.

Figuur 1.2: De negen strategische vensters

Als een bedrijf zich als dwerg tussen grote multinationals bevindt, oppert Solberg (1997) dat het manieren kan zoeken om zijn nettowaarde te vergroten, zodat het partners kan aantrekken met het oog op een bedrijfsovername in de toekomst. Dit alternatief (venster 7 in figuur 1.2) kan van toepassing zijn op MKB-bedrijven die (als subleveranciers) geavanceerde hightechonderdelen verkopen aan grote industriële bedrijven met een internationaal netwerk. In situaties waarbij de internationale vraag fluctueert, zijn de MKB-bedrijven (met beperkte financiële middelen) vaak financieel kwetsbaar. Als de bedrijven al enige competentie op internationaal gebied hebben, kunnen ze hun concurrentienadeel ten dele overwinnen door allianties aan te gaan met bedrijven die aanvullende competenties vertegenwoordigen (venster 8). De andere vensters in 1.2 worden verder door Solberg (1997) besproken.

1.3 De ontwikkeling van het concept 'internationale marketing'

In wezen houdt 'internationale marketing' in dat bedrijven internationale klantbehoeften vinden en deze beter bevredigen dan de concurrentie, en dat marketingactiviteiten binnen de beperkingen die de internationale omgeving met zich meebrengt gecoördineerd worden. De wijze waarop bedrijven op internationale marktkansen reageren, hangt zeer sterk af van de veronderstellingen en overtuigingen, zowel bewust als onbewust, van het management over internationaal zakendoen. Dit wereldbeeld van de zakelijke activiteiten van bedrijven kan omschreven worden als het EPRG-raamwerk (Perlmutter, 1969; Chakravarthy en Perlmutter, 1985), dat als volgt samengevat kan worden:

1. *Etnocentrisch*: het vaderland is superieur en de behoeften van het vaderland zijn het meest relevant. In wezen vertelt de hoofdvestiging haar dochterondernemingen in het buitenland hoe ze zaken moeten doen. Het beheer over dochterondernemingen is sterk gecentraliseerd, en de organisatie en technologie op de locaties in het buitenland zijn in wezen hetzelfde als in het vaderland.
2. *Polycentrisch* (multinationaal): elk land is uniek en moet daarom op een andere manier benaderd worden. Polycentrische bedrijven erkennen dat de productie- en marketingomstandigheden van locatie tot locatie verschillen en proberen zich aan die omstandigheden aan te passen om op elke locatie de winst te maximaliseren. Het beheer over dochterondernemingen is sterk gedecentraliseerd, en de communicatie tussen hoofdvestiging en dochterondernemingen is beperkt.
3. *Regiocentrisch*: de wereld bestaat uit streken (bijvoorbeeld Europa, Azië, het Midden-Oosten). Bedrijven proberen hun marketingprogramma's binnen een streek te integreren en te coördineren en niet over de grenzen heen te gaan.
4. *Geocentrisch* (internationaal): de wereld wordt alsmaar kleiner. Bedrijven bieden internationale productconcepten die aan lokale omstandigheden of wensen zijn aangepast.

In tegenstelling tot etno- en polycentrische bedrijven streven regio- en geocentrische bedrijven ernaar hun productie en marketing op regionale of internationale schaal te organiseren en integreren. Alle internationale eenheden zijn essentiële onderdelen van het totale multinationale netwerk en communicatie en beheer tussen hoofdvestiging en dochterondernemingen geschieden minder van boven naar beneden dan bij etnocentrische bedrijven.

Dit brengt ons bij een definitie van internationale marketing:
Internationale marketing wordt gedefinieerd als de doelstelling van bedrijven hun marketingactiviteiten over nationale grenzen heen te coördineren om internationale klantbehoeften te vinden en deze beter te bevredigen dan de concurrentie. Dit houdt in dat deze bedrijven in staat zijn om:
- een internationale marketingstrategie te ontwikkelen;
- de kennis van de hoofdvestiging (organisatie in het vaderland) te benutten door deze wereldwijd te verspreiden (leren) en aan te passen;
- kennis en 'beste praktijken' uit hun markten over te dragen en te gebruiken op andere internationale markten.

Uitleg van sommige sleuteltermen:
- *Marketingactiviteiten coördineren*: marketingstrategieën coördineren en integreren en deze op internationale markten toepassen. Dit houdt in: centraliseren, delegeren, standaardiseren en lokale responsiviteit.
- *Internationale klantbehoeften vinden*: dit houdt in dat men internationaal marketingonderzoek doet, marktsegmenten analyseert en overeenkomsten en verschillen tussen klantgroepen in verschillende landen probeert te begrijpen.
- *Internationale klanten tevredenstellen*: producten, diensten en elementen van de marketingmix aanpassen om de uiteenlopende klantbehoeften in verschillende landen en streken te bevredigen.
- *Beter zijn dan de concurrentie*: de internationale concurrentie evalueren en in de gaten houden, en erop reageren door meerwaarde, lagere prijzen, een betere kwaliteit, een superieure distributie, geweldige reclamestrategieën of een superieur merkimago te bieden.

> **GLOCALIZATION, EEN SAMENSMELTING VAN GLOBALIZATION EN LOCALIZATION**
> Het ontwikkelen en verkopen van producten of diensten die bedoeld zijn voor de internationale markt maar aangepast zijn aan de plaatselijke cultuur en het plaatselijke gedrag. (Denk internationaal, handel lokaal.)

Het tweede deel van de definitie van internationale marketing wordt in figuur 1.3 toegelicht en hieronder verder besproken.

Deze internationale marketingstrategie tracht de slogan *think globally but act locally*, denk Internationaal maar handel lokaal (het zogenaamde glocalization-raamwerk), te verwezenlijken door een dynamische onderlinge afhankelijkheid tussen hoofdvestigingen en dochterondernemingen. Organisaties die een dergelijke strategie volgen, coördineren hun inspanningen om lokale flexibiliteit te garanderen terwijl ze ondertussen profiteren van internationale integratie en efficiëntievoordelen en zorgen ervoor dat innovatie wereldwijd wordt verspreid. Wanneer we kennismanagement zien als een op leren gerichte, grensoverschrijdende activiteit, is het doel ervan het volgen van waardevolle kwaliteiten die door de een bepaalde markt worden gebruikt en die ook elders (op andere geografische markten) zouden kunnen worden toegepast, zodat bedrijven voortdurend hun kennis kunnen bijwerken. Dit wordt ook in figuur 1.3 toegelicht, met de verplaatsing van kennis en 'beste praktijken' van markt naar markt. Soms is het echter niet gemakkelijk kennis die in een bepaalde culturele context is ontwikkeld en gebruikt over te plaatsen naar een andere context. Het gebrek aan persoonlijke relaties en vertrouwen en de 'culturele afstand' zorgen voor weerstand, wrijving en misverstanden in intercultureel kennismanagement.

Nu globalisering het belangrijkste punt in de bedrijfsstrategie van veel bedrijven wordt – of ze zich nu bezighouden met productontwikkeling of dienstverlening – is het vermogen de 'internationale kennismotor' te beheren om in de huidige kennisintensieve economie op concurrentiegebied een voorsprong te hebben een van de belangrijkste factoren voor duurzame concurrentiekracht. Maar in de context van de internationale marketing is het beheren van kennis de facto een interculturele activiteit, met als belangrijkste taak de gezamenlijke interculturele scholing te cultiveren en deze voortdurend te verbeteren (in hoofdstuk 13 wordt hier verder over gesproken). Natuurlijk verschilt het soort kennis dat van strategisch belang is voor een organisatie en dat beheerd moet worden om concurrentievoorsprong te hebben al naargelang de bedrijfscontext en de waarde van de verschillende soorten kennis van een bedrijf.

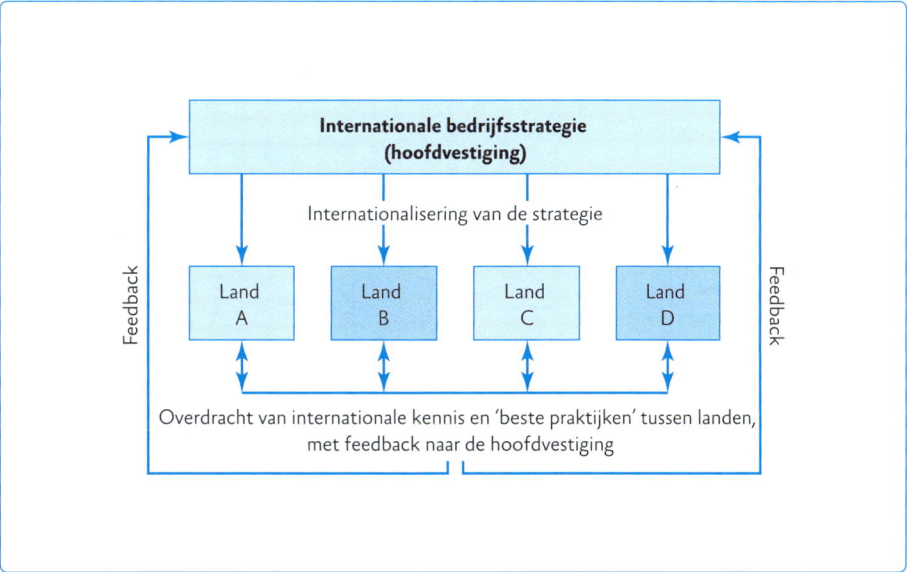

Figuur 1.3: Grensoverschrijdende overdracht van kennis en scholing

1.4 Krachten die een rol spelen bij 'internationale integratie' en 'marktresponsiviteit'

In figuur 1.4 wordt ervan uitgegaan dat MKB-bedrijven en grote bedrijven van elkaar leren.

De beweging die beide maken, kan resulteren in een actiegerichte aanpak, waarbij bedrijven de kracht van beide invalshoeken gebruiken. In de volgende paragraaf worden de verschillen in de uitgangspunten van MKB-bedrijven en grote bedrijven in figuur 1.4 besproken. Het resultaat van het samenkomen van MKB-bedrijven en grote bedrijven in de rechterbovenhoek is te zien in dezelfde figuur.

Een voorbeeld van de beweging van een groot bedrijf van 'links' naar 'rechts' wordt in voorbeeld 1.1 gegeven: McDonald's heeft zijn menu aan de plaatselijke eetcultuur aangepast. MKB-bedrijven zijn van oudsher sterk op het gebied van responsiviteit, maar omdat ze de neiging hebben te decentraliseren en op lokaal niveau beslissingen te nemen, zijn ze zwak op het gebied van grensoverschrijdende coördinatie (wat juist de kracht van grote bedrijven is).

De termen *glocal strategy* en *glocalization* zijn geïntroduceerd om de twee dimensies in figuur 1.4 weer te geven en te combineren: mondialisering (*globalization*) (y-as) en lokalisering (x-as). In de *glocal strategy*-benadering worden de aspiraties van een internationaal geïntegreerde strategie weergegeven maar wordt ook het belang van lokale aanpassingen/marktresponsiviteit erkend. Op deze manier probeert *glocalization* het 'evenwicht' tussen standaardisatie en de aanpassing van de internationale marketingactiviteiten van bedrijven te optimaliseren (Svensson, 2001; Svennson, 2002).

Laten we nu gaan kijken naar de krachten die ten grondslag liggen aan de internationale coördinatie/integratie en marktresponsiviteit in figuur 1.4:

INTERNATIONALE INTEGRATIE
De overeenkomsten tussen internationale markten erkennen en deze in de totale internationale strategie integreren.

MARKT-RESPONSIVITEIT
Reageren op de behoeften en wensen van elke markt.

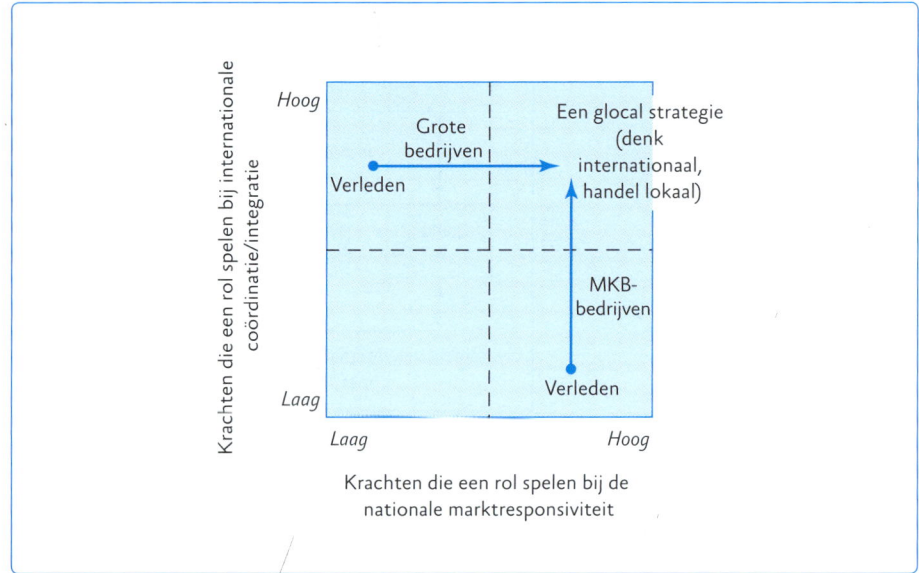

Figuur 1.4: Internationale integratie/marktresponsiviteit: de toekomstige oriëntatie van grote bedrijven en MKB-bedrijven

1.4.1 Krachten die een rol spelen bij 'internationale coördinatie/integratie'

Nu er een verschuiving richting geïntegreerde internationale marketing plaatsvindt, zal meer belang worden gehecht aan transnationale overeenkomsten tussen doelmarkten en minder aan transnationale verschillen. De belangrijkste krachten die bij deze verschuiving een rol spelen, zijn de volgende (Seth en Parvatiyar, 2001; Segal-Horn, 2002):

- *Verwijdering van de handelsbarrières (deregulering)*. Verwijdering van historische barrières, zowel tariefgebonden (bijvoorbeeld invoerbelasting) als niet-tariefgebonden (zoals veiligheidsvoorschriften), die de handel tussen landen hebben belemmerd. Op alle niveaus heeft deregulering plaatsgevonden: nationaal, regionaal (binnen nationale handelsblokken) en internationaal. Omdat deregulering de tijd en kosten die gepaard gaan met grensoverschrijdende handel en de complexiteit van deze handel vermindert, is ze van invloed op de mondialisering.
- *Global accounts/klanten*. Aangezien klanten internationaal worden en hun aankoopactiviteiten rationaliseren, eisen ze dat leveranciers internationale diensten leveren om in hun internationale behoeften te voorzien. Vaak houdt dit de internationale levering van producten, verzekerde aanvoer en dienstverlening, uniforme kenmerken en internationale prijsstelling in. Verschillende grote bedrijven, zoals IBM, Boeing, IKEA, Siemens en ABB, stellen dergelijke 'internationale' eisen aan hun kleinere toeleveringsbedrijven, meestal MKB-bedrijven. Om ervoor te zorgen dat de kwaliteit in alle functionele eenheden gelijk is, hebben deze MKB-bedrijven interfunctionele klantenteams nodig.
- *Management van relaties/netwerkorganisatie*. Nu we steeds meer richting internationale markten gaan, wordt het alsmaar noodzakelijker om te vertrouwen op een netwerk van relaties met externe organisaties, zoals relaties met klanten en leveranciers, om de concurrentie voor te zijn. Het kan ook zijn dat bedrijven moeten werken met interne units (bijvoorbeeld dochterondernemingen voor de verkoop) in vele verschillende werelddelen. Zakelijke allianties en netwerkrelaties helpen marktonzekerheden te verminderen, vooral in de context van snel convergerende technologieën en de behoefte aan grotere hoeveelheden middelen om internationale markten te kunnen bestrijken. Netwerkorganisaties moeten echter beter gecoördineerd worden en er moet beter gecommuniceerd worden.
- *Een wereldwijd gestandaardiseerde technologie*. Vroegere verschillen in vraag op de wereldmarkt waren te wijten aan het feit dat geavanceerde technologische producten hoofdzakelijk voor defensie- en regeringssectoren werden ontwikkeld en daarna pas werden aangepast voor de gewone consument. Vandaag de dag is het verlangen om veel en breed te produceren zo groot dat steeds meer producten en diensten overal ter wereld beschikbaar zullen worden. Als gevolg daarvan zullen we zien dat de vraag naar en het gebruik van consumentenelektronica wereldwijd steeds homogener zal worden.
- *Wereldwijde markten*. De verspreiding van innovaties vanuit het eigen land naar de rest van de wereld wordt vervangen door het concept 'wereldwijde markten'. Wereldwijde markten ontwikkelen zich omdat ze zich kunnen verlaten op de wereldbevolking. Als een marketeer zijn producten of diensten bijvoorbeeld op de tieners van de wereld richt, is het relatief gemakkelijk voor dat segment een wereldwijde strategie te ontwikkelen en operationele plannen op te stellen om deze doelmarkt internationaal te bestrijken. Dit wordt steeds duidelijker bij frisdranken, kleding en sportschoenen, vooral in de interneteconomie.
- *Het internationale dorp*. De term 'internationaal dorp' verwijst naar het verschijnsel dat de wereldpopulatie algemeen erkende culturele symbolen deelt. De consequentie hiervan voor bedrijven is dat in bijna alle landen ter wereld gelijksoortige producten en diensten aan gelijksoortige klanten verkocht kunnen worden. Culturele homogenisering heeft dus tot gevolg dat markten wereldwijd samenkomen en een internationale markt ontstaat waar iedereen producten van merken als Coca-Cola, Nike en Levi's wil hebben.

- *Wereldwijde communicatie.* Nieuwe goedkope communicatiemethoden via internet (e-mail, e-handel enzovoort) maken communicatie en handel tussen verschillende delen van de wereld gemakkelijker. Als gevolg daarvan kunnen klanten binnen nationale markten in andere delen van de wereld gelijksoortige producten en diensten kopen.
- *Internationale kostendrijvers.* Deze worden onderverdeeld in 'schaalvoordelen' en 'toepassingsvoordelen'.

1.4.2 Krachten die een rol spelen bij de marktresponsiviteit

Dit zijn de volgende:
- *Cultuurverschillen.* Ondanks het 'internationale dorp' is er nog steeds sprake van culturele diversiteit. Cultuurverschillen zorgen vaak voor grote problemen bij internationale onderhandelingen en marketingmanagement. Deze cultuurverschillen geven verschillen weer in persoonlijke waarden en de veronderstellingen die mensen maken over de organisatie van bedrijven. Elke cultuur heeft tegenstrijdige waarden. Markten bestaan uit mensen, niet uit producten. Er mogen misschien internationale producten bestaan, maar internationale mensen bestaan niet.
- *Regionalisme/protectionisme.* Regionalisme is het groeperen van landen in regionale clusters op basis van geografische nabijheid. Deze regionale clusters (zoals de Europese Unie of NAFTA) vormen regionale handelsblokken die een significante blokkade voor mondialisering kunnen vormen omdat regionale handel vaak onverenigbaar met internationale handel wordt geacht. In dit geval worden handelsbarrières die uit landen zijn weggenomen voor een streek en een groep landen weer opgeworpen. Bij alle handelsblokken zijn er buitenstaanders en insiders. Daarom zou je kunnen zeggen dat regionalisme het protectionisme in streken in plaats van individuele landen in de hand werkt.
- *De demondialiseringstrend.* Meer dan 2500 jaar geleden beweerde de Griekse historicus Herodotus (gebaseerd op wat hij gezien had) dat iedereen de gebruiken en religie van zijn eigen land de beste vond. Uit actuele ontwikkelingen in Arabische landen, de grote demonstraties bij conferenties als het Wereld Economisch Forum in Davos of bijeenkomsten van de Wereldhandelsorganisatie (WHO) blijkt dat sommige mensen terug willen naar oude waarden en verdere mondialisering willen tegenhouden. Retorische woorden als 'McDonaldisering' of 'Coca-Colonisatie' geven op een eenvoudige manier de angst weer die bestaat voor het Amerikaanse culturele imperialisme.

DEMONDIALISERING
Afstand nemen van de mondialiseringstrends en elke markt zien als iets speciaals, met zijn eigen economie, cultuur en religie.

Voorbeeld 2.3 gaat over de ervaring van British Telecom (BT) met de de-internationalisering van hun Amerikaanse en Aziatische strategie (Gardiner en Turner, 2007).

Of 11 september 2001 invloed heeft op de mondialisering is de vraag. Quelch (2002) betoogt dat dat wel het geval is, omdat 11 september nationale regeringen motiveert op het gebied van veiligheid meer grensoverschrijdend samen te werken en deze samenwerking de interactie op andere gebieden zal versterken.

Voorbeeld 1.1 — McDonald's vergroot zijn marktresponsiviteit

McDonald's (www.mcdonalds.com) heeft nu zo'n dertigduizend restaurants in meer dan honderd landen. Ondanks de kosten/besparingen die bij standaardisatie horen, weten de managers in het hoofdkwartier van McDonald's in Oak Brook, Illinois, nu dat succes vaak afhangt van de mate waarin je je product aan de lokale omgeving aanpast. Hier zijn een paar voorbeelden:

Japan

In 1971 opende McDonald's zijn eerste restaurant in Japan. In die tijd bestond fastfood uit een kom noedels of misosoep.

Door het voordeel dat het bedrijf als eerste op de fastfoodmarkt had vast te houden, behield het zijn voorsprong. Tegen 1997 had de keten meer dan duizend vestigingen in Japan, en deze vestigingen verkochten meer voedsel dan welk ander restaurant in Japan dan ook, waaronder vijfhonderd miljoen hamburgers per jaar.

Op het menu van McDonald's Co. (Japan) Ltd. staan onder andere kip tatsuta, kip teriyaki en de Teriyaki McBurger. De hamburgers worden gegarneerd met een gebakken ei. Als drankje kan men onder andere ijskoffie en maïssoep bestellen.

McDonald's in Japan importeert ongeveer zeventig procent van zijn voedselbehoeften, waaronder augurken uit de VS en biefburgers uit Australië. Omdat het om grote hoeveelheden gaat, kan men gemakkelijker onderhandelen met leveranciers om de kosten laag te houden.

India

In 1996 werd het eerste restaurant van McDonald's in India geopend. Nu heeft het bedrijf er zeven. Het kreeg te maken met een markt die voor veertig procent uit vegetariërs bestaat, met vleeseters die een hekel aan rund- en varkensvlees hebben, met een afwijzende houding tegenover diepvriesvlees en -vis en met de Indiase voorliefde voor gekruid eten.

De Big Mac heeft plaatsgemaakt voor de Maharaja Mac, gemaakt van schapenvlees. Ook vegetarische rijstburgers, op smaak gebracht met groenten en kruiden, staan op het menu.

Andere landen

Op tropische markten werd guavesap aan de productlijn toegevoegd. In Duitsland deed McDonald's het goed met de verkoop van zowel bier als McCroissants. In Latijns-Amerikaanse landen werden bananentaartjes populair en op de Filippijnen werden McSpaghetti-noedels een grote favoriet. In Thailand introduceerde McDonald's de Samurai-varkensburger met zoete saus. Ondertussen bracht McDonald's in Nieuw-Zeeland de Kiwiburger op de markt, die met rodebietensaus en een abrikozentaartje naar keuze werd geserveerd.

In Singapore, waar de frietjes met chilisaus werden opgediend, werd het Kiasuburger-kipontbijt een bestseller. Singapore was een van de eerste markten waar McDonald's met een bezorgservice begon.

Zoals aangegeven, heeft McDonald's door standaardisering en de verpakking van zijn producten schaalvoordeel behaald en kosten bespaard. In 2003 kondigde McDonald's aan dat al zijn restaurants (dertigduizend in meer dan honderd landen) voor de producten op het menu dezelfde verpakking zouden gaan gebruiken. Volgens een persbericht van het bedrijf zouden op de verpakking foto's staan van echte mensen die dingen deden waar ze plezier in hadden, zoals naar muziek luisteren, voetballen en hun kinderen voorlezen. Naar verluidt zei het hoofd internationale marketing van McDonald's: 'Voor het eerst in de geschiedenis van ons bedrijf zal hetzelfde verpakkingsmateriaal, met een en dezelfde merkboodschap, gelijktijdig over de hele wereld gebruikt worden.' Twee jaar later, in 2005, moest het bedrijf dit terugnemen, toen het plannen aankondigde om de verpakking te lokaliseren.

1.5 De waardeketen als raamwerk voor het bepalen van het internationale concurrentievoordeel

1.5.1 Het concept 'waardeketen'

Michael Porter ontwierp een model voor bedrijfsstrategie dat hij een waardeketen noemde. In dit model helpt Michael Porter bedrijven een onderscheid te maken tussen zaken die al dan niet een waarde toevoegen. De waardeketen geeft een inventarisatie van alle activiteiten die een bedrijf uitvoert om iets te produceren en te leveren waaraan klanten waarde toekennen. Het model onderscheidt negen waardecreërende activiteiten; vijf hiervan worden als primair gekwalificeerd en vier als ondersteunend.

WAARDEKETEN
De categorisering van de activiteiten van een bedrijf die klanten waarde bieden en het bedrijf winst opleveren.

De waardeketen in figuur 1.5 is een systematische manier om activiteiten weer te geven en te categoriseren. De activiteiten van bedrijven in welke sector dan ook kunnen in de acht algemene categorieën in de figuur ondergebracht worden.

In elk stadium van de waardeketen bestaat de kans een positieve bijdrage aan de concurrentiestrategie van het bedrijf te leveren door een activiteit of proces beter of anders uit te voeren dan de concurrent, wat het bedrijf voordeel oplevert of het iets unieks geeft. Als een bedrijf een dergelijk concurrentievoordeel behaalt en dit voordeel duurzaam, verdedigbaar en winstgevend is en door de markt gewaardeerd wordt, kan dit een hoog rendementsniveau opleveren, ook al is de sectorstructuur ongunstig en de gemiddelde winstgevendheid van de sector niet groot.

In concurrentietermen is waarde het bedrag dat kopers bereid zijn te betalen voor wat bedrijven hun leveren (gevoelswaarde). Een bedrijf is winstgevend als de gevoelswaarde van zijn product de kosten van het maken van het product overstijgt. Het doel van alle algemene strategieën is het scheppen van waarde voor kopers die de kosten ervan overstijgt. Niet kosten maar waarde moet gebruikt worden om de concurrentiepositie te analyseren omdat bedrijven vaak met opzet hun kosten verhogen om door middel van differentiatie een hoge prijs af te dwingen. Het concept van de gevoelswaarde voor kopers wordt in hoofdstuk 4 verder besproken.

De waardeketen laat de totaalwaarde zien en bestaat uit waardeactiviteiten en een marge. Waardeactiviteiten zijn fysiek en technologisch verschillende activiteiten die een bedrijf uitvoert. Het zijn de bouwstenen waarmee een bedrijf een product creëert dat waardevol voor kopers is. De marge is het verschil tussen de totaalwaarde (prijs) en de collectieve kosten van het uitvoeren van de waardeactiviteiten.

De conclusie is dan ook gerechtvaardigd dat het waardeketenmodel van Porter geldt als hulpmiddel bij de interne analyse.

Bedrijven hebben concurrentievoordeel als ze op een efficiëntere manier dan concurrenten vergelijkbare waarde voor de koper kunnen creëren (lagere kosten) of activiteiten tegen vergelijkbare kosten maar op unieke manieren kunnen uitvoeren die meer klantwaarde scheppen dan de concurrenten kunnen bieden en daardoor een hogere prijs kunnen vragen (differentiatie). Het kan zijn dat een bedrijf elementen in de waardeketen kan aanwijzen die niet de kosten waard zijn. Deze kunnen worden afgestoten en tegen een lagere prijs buiten het bedrijf worden geproduceerd (outsourcing).

Waardeactiviteiten kunnen worden onderverdeeld in twee brede types, primaire activiteiten en ondersteunende activiteiten. Primaire activiteiten – de activiteiten die onder in figuur 1.5 vermeld staan – zijn de activiteiten die betrokken zijn bij het maken van een

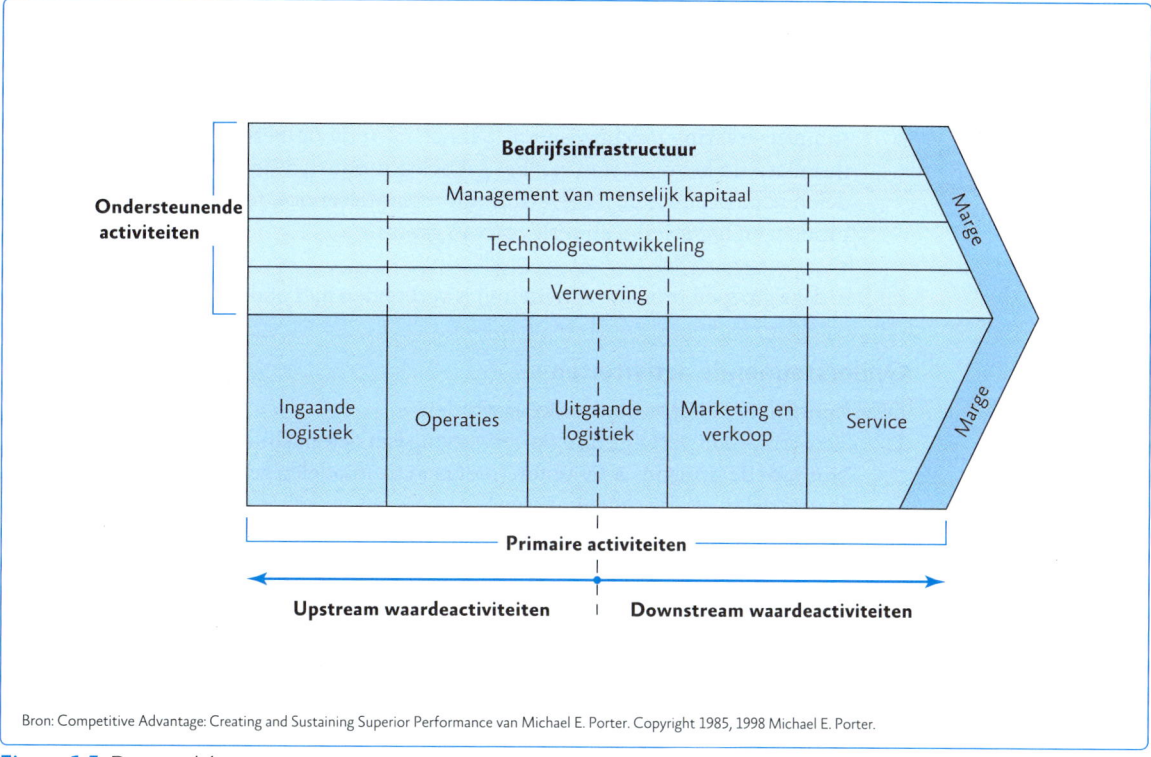

Figuur 1.5: De waardeketen

product, de verkoop ervan en de overdracht aan de klant, evenals ondersteuning na de verkoop. In alle bedrijven kunnen primaire activiteiten verdeeld worden in de vijf algemene categorieën die in de figuur te zien zijn. Ondersteunende activiteiten ondersteunen de primaire activiteiten en elkaar door aangekochte middelen, technologie, menselijk kapitaal en verschillende bedrijfsbrede functies te bieden. De stippellijnen geven aan dat verwerving, technologieontwikkeling en het managen van menselijk kapitaal zowel met specifieke primaire activiteiten verbonden kunnen zijn als de hele keten kunnen ondersteunen. De bedrijfsinfrastructuur is niet verbonden met bepaalde primaire activiteiten maar ondersteunt de hele keten.

Primaire activiteiten

De primaire activiteiten van de organisatie zijn ondergebracht in vijf hoofdgebieden:
1. *Ingaande logistiek*. De activiteiten die het ontvangen, opslaan en verspreiden van de benodigde middelen voor producten/diensten betreffen, zoals materialen, laden en lossen, voorraadbeheer en vervoer.
2. *Operaties*. De omzetting van deze verschillende middelen in het eindproduct of de einddienst: machinale bewerking, verpakking, assemblage, testen enzovoort.
3. *Uitgaande logistiek*. Het verzamelen en opslaan van het product en de verspreiding naar klanten. Voor tastbare producten zou dit onder andere opslag, laden en lossen en vervoer zijn. In het geval van diensten zou het eerder kunnen gaan om het treffen van regelingen om klanten naar de dienst te brengen als die zich op een vaste plek bevindt (bijvoorbeeld sportevenementen).
4. *Marketing en verkoop*. Dit zijn de middelen waarmee consumenten/gebruikers op de hoogte worden gebracht van het bestaan van het product/de dienst en die kunnen kopen. Hieronder vallen onder meer verkoopadministratie, reclame en verkoop. Bij overheidsdiensten spelen communicatienetwerken die gebruikers helpen toegang tot een bepaalde dienst te krijgen vaak een heel belangrijke rol.

5. *Service*. Dit zijn alle activiteiten die de waarde van een product/dienst verhogen of in stand houden. Asugman et al. (1997) hebben service na verkoop gedefinieerd als 'de activiteiten die een bedrijf na de verkoop van zijn product uitvoert die mogelijke problemen bij het gebruik van het product minimaliseren en de waarde van de consumptie-ervaring maximaliseren'. Service na verkoop bestaat uit het volgende: de installatie en het opstarten van het gekochte product, de levering van reserveonderdelen voor producten, de levering van reparatieservice, technisch advies over het product en het leveren en verlenen van garantie.

Elk van deze groepen primaire activiteiten is verbonden met ondersteunende activiteiten.

Ondersteunende activiteiten

Deze kunnen in vier gebieden verdeeld worden:
1. *Verwerving*. Dit verwijst naar de verwerving van de verschillende middelen die nodig zijn voor de primaire activiteiten (niet naar de middelen zelf). Als zodanig komt het in vele delen van de organisatie voor.
2. *Technologieontwikkeling*. Alle waardeactiviteiten hebben een 'technologie', al is het maar knowhow. De belangrijkste technologieën hebben direct te maken met het product (bijvoorbeeld R&D, productontwerp), met processen (bijvoorbeeld procesontwikkeling) of met bepaalde middelen (bijvoorbeeld de verbetering van grondstoffen).
3. *Management van menselijk kapitaal*. Dit is een zeer belangrijk gebied dat alle primaire activiteiten overstijgt. Dit zijn de activiteiten omtrent het aantrekken, scholen, ontwikkelen en belonen van mensen binnen de organisatie.
4. *Infrastructuur*. Planning, financiën, kwaliteitscontrole enzovoort zijn van cruciaal belang voor de strategische capaciteit van een bedrijf in alle primaire activiteiten. Infrastructuur bestaat ook uit de structuren en routines van de organisatie die haar cultuur ondersteunen.

Zoals aangegeven in figuur 1.5 wordt ook onderscheid gemaakt tussen de op productie gerichte 'upstream'-activiteiten en de meer op marketing gerichte 'downstream'-activiteiten.

Nu we naar het originele waardeketenmodel van Porter hebben gekeken, zullen we in de meeste delen van dit boek een vereenvoudigde versie van het model gebruiken (figuur 1.6). In deze versie worden alleen de primaire activiteiten van een bedrijf weergegeven.

Hoewel waardeactiviteiten de bouwstenen van het concurrentievoordeel zijn, is de waardeketen niet een verzameling onafhankelijke activiteiten. De keten is een systeem van onderling afhankelijke activiteiten. Waardeactiviteiten zijn door horizontale koppelingen binnen de waardeketen met elkaar verbonden. Koppelingen zijn relaties tussen de manier waarop de ene waardeactiviteit afhankelijk is van hoe de andere wordt uitgevoerd.

Bovendien worden de activiteiten in de waardeketen niet altijd in de chronologische volgorde die in figuur 1.6 te zien is, uitgevoerd. In bedrijven waar bestellingen worden geplaatst voordat het eindproduct wordt geproduceerd (op bestelling gebouwd, zoals bij Dell) vinden de verkoop- en marketingactiviteiten vóór de productie plaats.

Als je het concurrentievoordeel van een organisatie wilt begrijpen, moet je strategische belangen van de volgende soorten koppelingen analyseren om te bepalen hoe ze bijdragen aan kostenvermindering of toevoeging van waarde. Er zijn twee soorten koppelingen:
1. *Interne koppelingen* tussen activiteiten binnen dezelfde waardeketen, maar misschien op verschillende planningniveaus binnen het bedrijf.
2. *Externe koppelingen* tussen verschillende waardeketens die het 'eigendom' zijn van verschillende spelers in het totale waardesysteem.

R&D	Productie	Marketing	Verkoop en service

Technologie	Inkoop	Marketing	Management van
Onderzoek	Schaalvoordelen	Marketing-	verkooppersoneel
Ontwikkeling	Productiecapaciteit	informatiesysteem	Merchandising
Patenten	Productiviteit	Distributie	Logistiek/transport
Productkenmerken	Onderdelen	Prijzen	Verkoop-/
Technische	Assemblage	Communicatie	leveringsvoorwaarden
specificatie	Materiaalstroom	Technische literatuur	Betalingsvoorwaarden
Productprestatie	Productie-	Verpakking	Inventaris
Ontwerp	technologie	Productargumentatie	Klantenservice
Techniek	Kwaliteits-	(vergeleken met	(VTN-service: voor,
Productkwaliteit	management	concurrerende	tijdens en na de verkoop)
	Productiecycli	producten)	
		Merkpositionering	

← Upstream | Downstream →

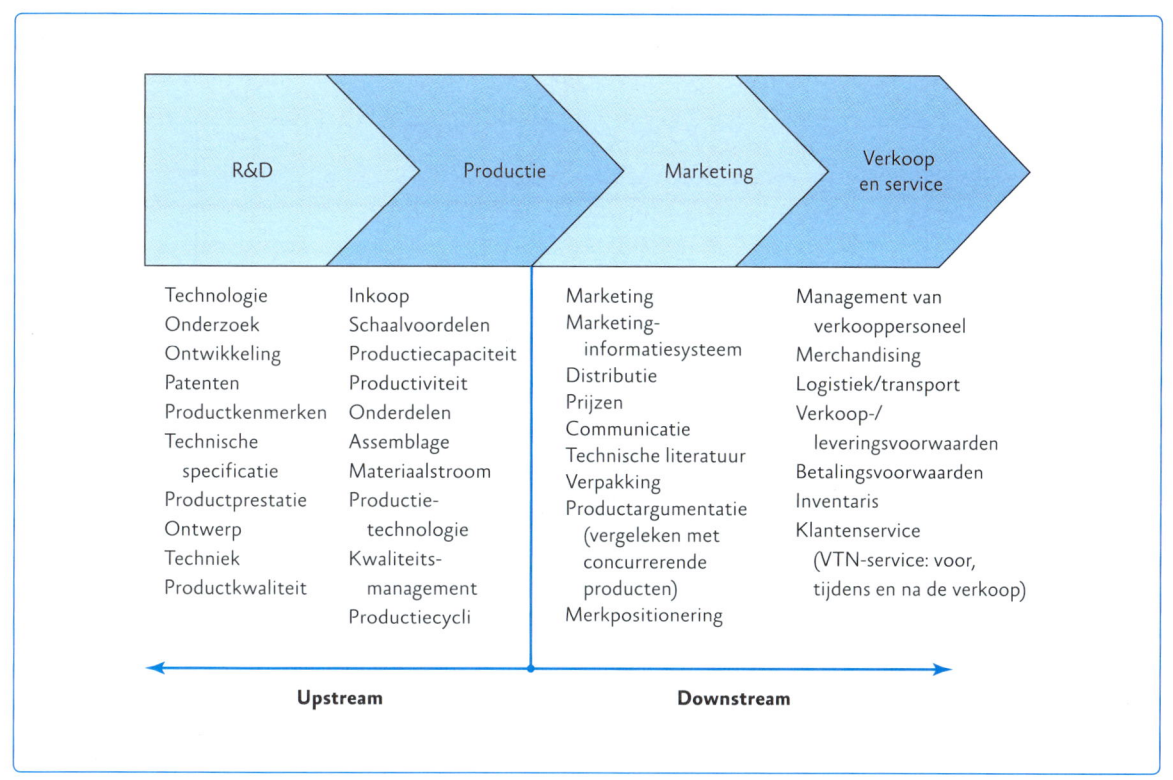

Figuur 1.6: Een vereenvoudigde versie van de waardeketen

Interne koppelingen

Tussen de primaire activiteiten kunnen belangrijke koppelingen bestaan. Over deze relaties en hoe ze de waardeschepping en strategische capaciteit beïnvloeden, moeten vooral keuzes worden gemaakt. De beslissing om bijvoorbeeld een grote hoeveelheid eindproduct op voorraad te houden, zal problemen in de productieplanning verminderen, en er kan sneller op de vraag van klanten worden ingespeeld, maar het zal de totale bedrijfskosten waarschijnlijk doen toenemen. Bepaald moet worden of de toegevoegde waarde van het hebben van een grote voorraad groter is dan de toegevoegde kosten. Suboptimalisering van afzonderlijke waardeketenactiviteiten moet vermeden worden. Het is gemakkelijk dit in een analyse over het hoofd te zien als bijvoorbeeld marketingactiviteiten en operaties afzonderlijk van elkaar geëvalueerd worden. De operaties kunnen er goed uitzien omdat ze afgestemd zijn op het produceren van grote hoeveelheden weinig gevarieerde producten die per eenheid product weinig kosten, maar tezelfdertijd verkopen de marketingmensen misschien wel snelheid, flexibiliteit en gevarieerdheid. Als je deze twee potentieel sterke elementen samenvoegt, zijn het zwakke elementen omdat ze niet in overeenstemming met elkaar zijn. En dat is een vereiste in een waardeketen. De koppeling tussen een primaire en een ondersteunende activiteit kan de basis voor concurrentievoordeel vormen. Zo kan een organisatie een uniek systeem hebben om materiaal te verwerven. Veel internationale hotels en reisorganisaties gebruiken hun computersystemen om vanaf lokale toegangspunten direct offertes te versturen en boekingen te doen.

Als aanvulling op de opmerkingen over de koppelingen tussen de verschillende activiteiten is het ook zinvol de waardeketen (in figuur 1.6 vereenvoudigd weergegeven) te zien als een grondig model dat op alle drie de planningniveaus in de organisatie van toepassing is.

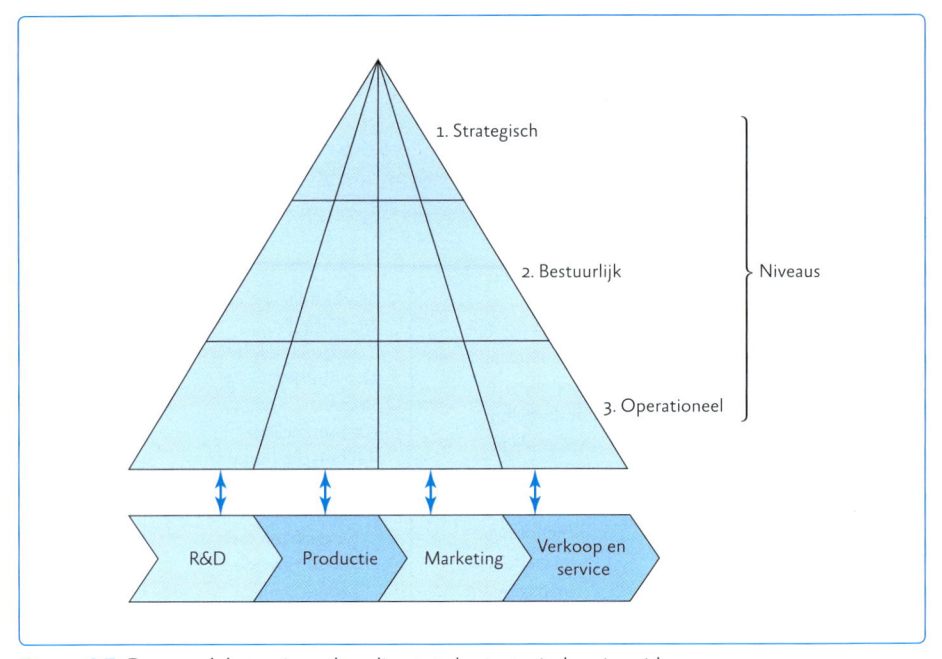

Figuur 1.7: De waardeketen in verhouding tot de strategische piramide

In organisaties kunnen doorgaans verschillende (management)niveaus worden herkend:
- opleiding/het management
- middenkader/middle management
- uitvoerende medewerkers/eerstelijnsmanagement

Elk van deze lagen heeft in de hiërarchie van een onderneming een eigen taakstelling en verantwoordelijkheden.

In puur conceptuele termen kan een bedrijf omschreven worden als een piramide, zoals te zien is in figuur 1.7. Het bestaat uit een complexe verzameling beslissing- en activiteitenniveaus. Er zijn drie afzonderlijke niveaus te onderscheiden, maar de belangrijkste waardeketenactiviteiten zijn verbonden met alle drie de strategische niveaus in bedrijven:

1. Het *strategische niveau* is verantwoordelijk voor de formulering van de missieverklaring van een bedrijf, waarin doelen worden vastgesteld, bepaald wordt welke middelen nodig zijn om die doelen te behalen en de meest geschikte bedrijfsstrategie voor het bedrijf wordt bepaald.
2. Het *bestuurlijke niveau, het tactische niveau van een organisatie,* heeft de taak bedrijfsdoelen te vertalen naar functionele doelen en/of unitdoelen en ervoor te zorgen dat middelen die tot zijn beschikking worden gesteld (bijvoorbeeld op het gebied van marketing) effectief worden ingezet bij de activiteiten die het behalen van de doelen van het bedrijf mogelijk maken.
3. Het *operationele niveau* is verantwoordelijk voor de effectieve uitvoering van de taken die ten grondslag liggen aan het behalen van unitdoelen en/of functionele doelen. Het behalen van operationele doelen stelt het bedrijf in staat zijn bestuurlijke en strategische doelen te behalen. Alle drie de niveaus zijn onderling afhankelijk, en als de top van het bedrijf helder is over zijn doelstellingen, kan iedereen in het bedrijf op een geïntegreerde manier werken aan het behalen van een gezamenlijke doelstelling.

Externe koppelingen

Een van de belangrijkste kenmerken van de meeste sectoren is dat alle waardeactiviteiten, van productontwerp tot distributie naar de eindklant, zelden door een en hetzelfde bedrijf worden uitgevoerd. Meestal zijn er gespecialiseerde rollen, en organisaties maken gewoonlijk deel uit van het bredere waardesysteem waarmee een product of dienst wordt gecreëerd. Om te kunnen begrijpen hoe waarde geschapen wordt, is het niet genoeg om alleen naar de interne waardeketen van een bedrijf te kijken. Veel van de waarde wordt geschapen in de aanvoer- en distributieketen, en dit hele proces moet geanalyseerd en begrepen worden.

Toeleveringsbedrijven hebben waardeketens die de aangekochte middelen die in de keten van een bedrijf worden gebruikt, maken en leveren. Toeleveringsbedrijven leveren niet alleen een product maar kunnen de prestatie van een bedrijf ook op vele andere manieren beïnvloeden. Zo slaagde Benetton, het Italiaanse modebedrijf, erin een uitgebreid netwerk van toeleveringsbedrijven, agenten en onafhankelijke verkooppunten in stand te houden dat de basis vormde voor de snelle en succesvolle internationale ontwikkeling van het bedrijf in de jaren 1970 en 1980.

Bovendien doorlopen producten de waardeketenkanalen op weg naar de koper. In die kanalen worden bijkomende activiteiten uitgevoerd die invloed hebben op de koper en de eigen activiteiten van een bedrijf. Het product van een bedrijf wordt uiteindelijk onderdeel van de waardeketen van degene die het koopt. De ultieme basis voor differentiatie is een bedrijf en de rol van zijn product in de waardeketen van de koper, die bepaald wordt door de behoeften van de koper. Om concurrentievoordeel te krijgen en te behouden moet een bedrijf niet alleen zijn waardeketen begrijpen, maar ook hoe het in het totale waardesysteem past.

Vaak doen omstandigheden zich voor waarbij de totale kosten verminderd kunnen worden (of de waarde verhoogd kan worden) door samenwerkingsregelingen tussen verschillende organisaties in het waardesysteem. In hoofdstuk 9 zullen we zien dat dit vaak de grondgedachte is achter 'downstream'-samenwerkingsregelingen, zoals joint ventures, onderaanneming en uitbesteding tussen verschillende organisaties (bijvoorbeeld het delen van technologie in de internationale auto- en elektronica-industrie).

Voorbeeld 1.2: Pocoyo – samenwerking tussen upstream en downstream om een animatiefilm voor peuters en kleuters te mondialiseren

Pocoyo, een van de meest succesvolle televisieprogramma's voor peuters en kleuters, is ontworpen door Zinkia Entertainment en door Granada Ventures over de hele wereld verkocht. Het is nu een internationaal merk en is sinds zijn lancering eind 2005 aan 95 landen verkocht. Met zijn heldere kleurvlakken tegen een hagelwitte achtergrond is Pocoyo ontworpen om de aandacht van jonge kinderen vast te houden.

Pocoyo

Pocoyo is een jongetje met een scala aan eigenschappen die tot de verbeelding van kinderen spreken, waardoor ze aangezet worden naar hem te kijken, te luisteren en op hem te reageren. Hij is een nieuwsgierig, enthousiast jongetje in het blauw. Terwijl hij in elk verhaaltje zijn wereld verkent, wordt hij geholpen en soms gehinderd door zijn vriendjes Loula, Pato, Elly en Slaapvogel.

Het programma is gebaseerd op een fascinerend concept, namelijk leren door te lachen. In klinische studies is aangetoond dat door te lachen kinderen niet alleen meer van het programma genieten en er meer op reageren, maar ook dat ze door te lachen vijftien procent meer leren. Omdat men tijdens de ontwikkeling van het programma nauw heeft samengewerkt met gedragspsychologen, heeft men besloten Pocoyo eenvoudige en effectieve visuele grapjes te laten maken om kinderen te helpen in de eenvoudigste dingen plezier en humor te zien. Het programma schildert een verre van geïdealiseerde versie van de kindertijd: Pocoyo is soms humeurig, luidruchtig en vervelend, net als echte peuters en kleuters.

De waardeketen van Pocoyo

Zoals in de waardeketen van *Pocoyo* te zien is (figuur 1.8), zorgt Zinkia Entertainment voor de ontwikkeling en productie van de *Pocoyo*-serie (upstream functies), terwijl Granada Ventures de internationale licentie- en publicatierechten (downstream functies) voor zijn rekening neemt.

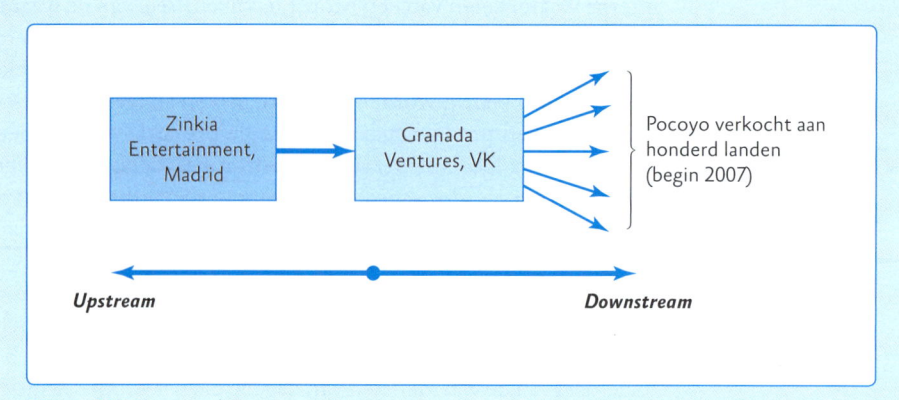

```
          Zinkia                Granada              Pocoyo verkocht aan
       Entertainment,  →        Ventures, VK    →→→  honderd landen
          Madrid                                     (begin 2007)

       ←――――――――――――――――――●――――――――――――――――――→
          Upstream                                    Downstream
```

Figuur 1.8: De waardeketen van Pocoyo

Zinkia Entertainment is een bedrijf dat in 2001 is opgericht. Het bedrijf, dat in Madrid is gevestigd, richt zich vooral op het maken van animatieseries voor televisie en spellen voor draagbare apparaten en spelletjesplatforms. Het bedrijf heeft meer dan honderd werknemers, en de series die het produceert zijn in meer dan 95 landen overal ter wereld verkocht. Het is een creatieve fabriek waar audiovisuele producten worden gemaakt, waarbij de nadruk ligt op zowel animatie en filmdocumentaires als interactieve producten voor internetgemeenschappen, consoles en mobiele spelletjes voor verschillende spelers. Sinds de oprichting van Zinkia heeft het onder andere *Pocoyo* geproduceerd, een driedimensionale serie voor peuters en kleuters (52 afleveringen van 7 minuten). In juni 2006 won *Pocoyo* tijdens het dertigste Internationale Festival van Annecy de Cristal voor 'beste televisieserie ter wereld'.

Partner van Zinkia Entertainment in de waardeketen van *Pocoyo* is Granada Ventures, de tak van het Britse televisiestation ITV plc die zich bezighoudt met merchandising, licenties en publicatie. Dit bedrijf, dat in oktober 2003 is opgericht na de fusie van Granada en Carlton, heeft als opdracht secundaire inkomstenstromen te genereren door merken wereldwijd op licentiebasis te verkopen, vooral aan andere televisiestations. Op dit moment heeft het bedrijf de licentie- en publicatierechten van bijna duizend producten en drieduizend dvd-titels op het gebied van televisie, film en sport. Hieronder vallen merken zoals *Pocoyo* en *Hell's Kitchen*, maar ook gevestigde merken als *'I'm A Celebrity... Get Me Out Of Here!'*

Cultuurproblemen bij de mondialisering van Pocoyo
Normaliter is het vergroten van de merkbekendheid op internationaal niveau allesomvattend en zijn de culturele eisen van de markt moeilijk te bepalen. Het ziet er echter naar uit dat de kernthema's van *Pocoyo* – leren, milde humor, visuele stimulatie en spel – over alle nationale grenzen heen gaan.

Pocoyo is in Spanje ontwikkeld, met veel inbreng vanuit het Verenigd Koninkrijk. In de oorspronkelijke versie was *Pocoyo* vaak met een fopspeen in zijn mond te zien, wat in Groot-Brittannië een paar alarmbellen deed rinkelen. Bij het team in Madrid was het niet eens opgekomen dat dit onenigheid zou kunnen veroorzaken, maar gezien de huidige culturele vraagtekens die geplaatst worden bij het gebruik van fopspenen moest *Pocoyo's* fopspeen verdwijnen.

Internationale merkuitbreiding
Merkuitbreiding naar andere producten is net zo belangrijk om ervoor te zorgen dat *Pocoyo* nog lange tijd een internationaal succes blijft. Door middel van boeken, badspeeltjes en kleding heeft Granada Ventures *Pocoyo* buiten het televisiescherm een leven kunnen geven. Nu kunnen kinderen samen met ouders en leeftijdsgenootjes met Pocoyo spelen wanneer ze maar willen. Zo wordt een effectieve merkcyclus gecreëerd, waardoor merktrouwheid en -affectie toenemen.

Bronnen: Donohoe, G. (2006), 'How to reach children in every nation' in Brand Strategy, juni, pag. 10; www.zinkia.com; www.granadaventures.co.uk.

1.5.2 Internationalisering van de waardeketen

Internationale configuratie en coördinatie van activiteiten

Alle internationaal georiënteerde bedrijven moeten overwegen de waardeketenfuncties uiteindelijk te internationaliseren. Ze moeten beslissen of de verantwoordelijkheid voor een waardeketenfunctie naar de exportmarkten verschoven moet worden of het best centraal aangepakt kan worden, vanuit het hoofdkantoor. Belangrijk is dat de waardeketenfunctie daar uitgevoerd wordt waar de hoogste graad van competentie aanwezig is en men het meest kostenefficiënt kan werken, en dat hoeft niet per se op het hoofdkantoor te zijn.

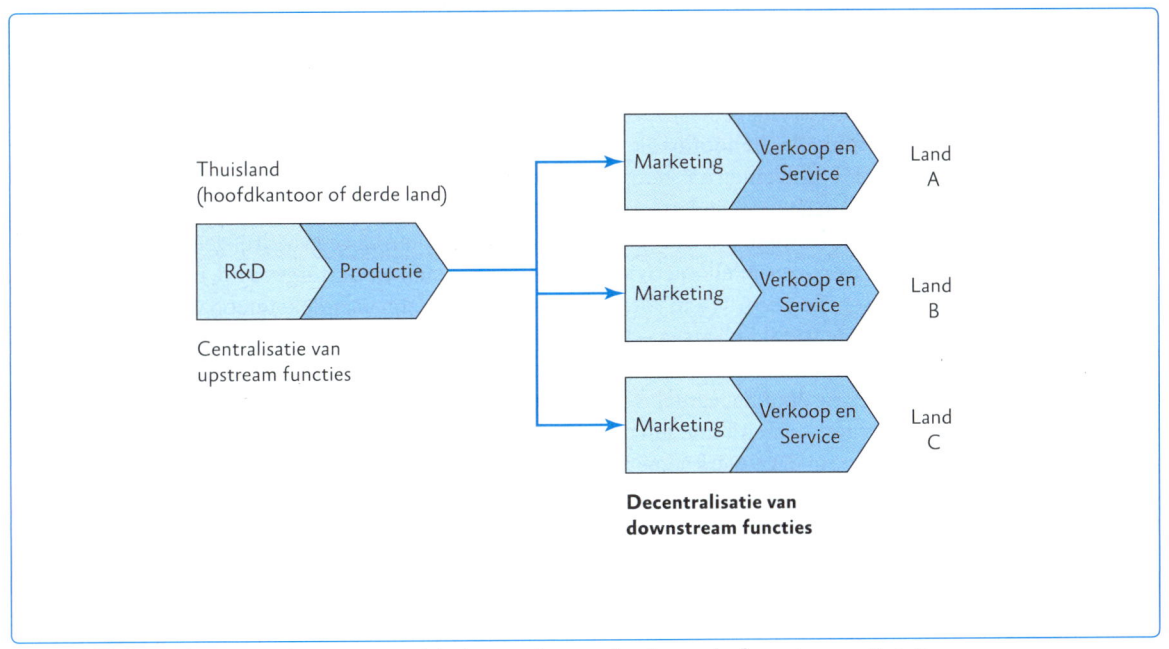

Figuur 1.9: Centralisatie van de upstreamactiviteiten en decentralisatie van de downstreamactiviteiten

Onmiddellijk is een onderscheid te zien tussen wat in figuur 1.6 downstream- en upstreamactiviteiten worden genoemd. Downstreamactiviteiten – de activiteiten die betrekking hebben op de koper – vinden meestal plaats waar die koper zich bevindt. Als een bedrijf zijn producten bijvoorbeeld in Australië gaat verkopen, moet het gewoonlijk in Australië service leveren en verkooppersoneel hebben. In sommige sectoren is het mogelijk één verkoopteam te hebben dat naar het land van de koper en weer terug reist, en andere specifieke downstreamactiviteiten, zoals het schrijven van reclameteksten, kan soms centraal gebeuren. Maar doorgaans moeten bedrijven ervoor zorgen dat ze in elk van de landen waar ze opereren de capaciteit hebben downstreamactiviteiten uit te voeren. Daarentegen zijn upstreamactiviteiten en ondersteunende activiteiten minder afhankelijk van waar de koper zich bevindt (figuur 1.9). Als de exportmarkten echter cultureel gezien dicht bij de thuismarkt liggen, kan het zinvol zijn de hele waardeketen vanuit het hoofdkwartier (de thuismarkt) te beheren.

Dit onderscheid brengt een paar interessante implicaties met zich mee. Ten eerste kunnen downstreamactiviteiten concurrentievoordeel creëren dat grotendeels landspecifiek is: de reputatie van een bedrijf, de merknaam en het servicenetwerk in een land zijn voornamelijk gebaseerd op de activiteiten van een bedrijf en werpen hoofdzakelijk in dat land alleen toetredings- en mobiliteitsdrempels op. Concurrentievoordeel in upstreamactiviteiten en ondersteunende activiteiten is vaak eerder gestoeld op het totaal aan landen waarin een bedrijf met anderen concurreert dan uit zijn positie in één bepaald land.

Ten tweede: in sectoren waar downstreamactiviteiten en andere kopergebonden activiteiten essentieel zijn voor het verkrijgen van concurrentievoordeel is de internationale concurrentie vaak meer multinationaal. In veel dienstensectoren bijvoorbeeld zijn niet alleen de downstreamactiviteiten maar vaak ook de upstreamactiviteiten gebonden aan de locatie van de koper en komen internationale strategieën relatief gezien minder vaak voor. In sectoren waar upstreamactiviteiten en ondersteunende activiteiten als technologieontwikkeling en operaties cruciaal zijn voor het concurrentievoordeel komt internationale concurrentie vaker voor. Zo kan er binnen bedrijven de grote behoefte bestaan de wereldwijde productiefunctie te centraliseren en coördineren, zodat rationele productie-eenheden kunnen worden ontwikkeld waarmee schaalvoordeel kan worden behaald. Vandaag de dag is het onder bedrijven erg populair om productie uit te besteden aan landen in het Verre Oosten, zoals China.

Als klanten zich meer en meer aansluiten bij regionale coöperatieve inkooporganisaties, wordt het bovendien steeds moeilijker om prijsdifferentiatie op de markten te handhaven. Zo worden bedrijven onder druk gezet om een gecoördineerd Europees prijsbeleid te formuleren. In hoofdstuk 10 wordt dit verder besproken.

De problemen die kenmerkend zijn voor internationale strategieën (in tegenstelling tot nationale strategieën) kunnen in twee hoofddimensies worden samengevat. De eerste wordt de configuratie van de wereldwijde activiteiten van een bedrijf genoemd, of de plaats op de wereld waar elke activiteit in de waardeketen wordt uitgevoerd, inclusief het aantal plaatsen. Een bedrijf kan verschillende delen van zijn waardeketen op verschillende plekken in de wereld plaatsen – bijvoorbeeld fabrieken in China, callcenters in India en verkooppunten in Europa. IBM is een voorbeeld van een bedrijf dat profiteert van loondifferentiatie door het aantal werknemers in India te laten stijgen van negenduizend in 2004 naar vijftigduizend midden 2007 en is van plan dit aantal nog verder te laten stijgen. De meeste van deze werknemers werken voor IBM Global Services, het onderdeel van het bedrijf dat het snelste groeit maar de laagste marges heeft – een situatie die met het aannemen van deze Indiase werknemers geacht wordt te verbeteren, omdat op deze manier (loon)kosten worden verlaagd in plaats van prijzen verhoogd (Ghemawat, 2007).

De tweede dimensie wordt coördinatie genoemd, wat verwijst naar de coördinatie van identieke of aan elkaar gekoppelde activiteiten die in verschillende landen worden uitgevoerd.

Samenvatting

Dit eerste hoofdstuk 'internationale marketing in bedrijven' belicht als eerste stap de vijf belangrijkste beslissingen waarmee marketeers te maken krijgen. In het kader van het internationale marketingplan worden de begrippen micro-, meso- en macro-omgevingfactoren behandeld en concreet toegelicht. Het ontwikkelen van de marketingmix – de 'tools' voor een marktgerichte organisatie, sturing van deze instrumenten, de implementatie en de relatie met de marketingstrategie – krijgt in dit deel van het boek invulling. Voorbeelden van algemeen bekende organisaties, zoals McDonald's en Pocoyo, maken het beeld van de dagelijkse marketingpraktijk compleet. Afsluitend gaat dit deel in op het gedachtegoed van de waardeketen en de relatie van deze theorie met internationalisering.

Discussievragen

1. Hoe kunnen MKB-bedrijven hun gebrek aan middelen en expertise op het gebied van internationale marketing compenseren als ze tot exportmarkten willen toetreden?
2. Wat zijn de belangrijkste verschillen tussen internationale marketing en marketing in het eigen land?
3. Leg uit wat de belangrijkste voordelen zijn van het centraliseren van upstreamactiviteiten en het decentraliseren van downstreamactiviteiten.

Competentietraining

1. Neem contact op met een bedrijf dat je kent/of lokaal zeer bekend is. Vraag het management naar hun ervaring met internationale, culturele verschillen.
2. Ga na hoe het bedrijf hiermee is omgegaan.
3. Vraag het management van deze organisatie naar belangrijke aspecten van de interne omgeving van hun organisatie.

Casestudy 1.1 Elvis Presley Enterprises Inc. (EPE): De internationalisering van een cultidool

Zelfs meer dan 25 jaar na zijn dood heeft Elvis Presley een van de meest lucratieve entertainmentfranchises ter wereld. Ondanks de treurige stand van zijn zaken in 1977 is het Elvis-imperium helemaal opgebloeid, wat grotendeels te danken is aan de inspanningen van de mensen die na het overlijden van zijn grootmoeder in 1980 zijn nalatenschap hebben behartigd, onder wie zijn ex-vrouw Priscilla Beaulieu Presley, zijn dochter Lisa Marie en Jack Soden, de directeur van Elvis Presley Enterprises Inc. (www.elvis.com), het bedrijf dat verantwoordelijk is voor alle officiële bezittingen van Elvis.

Priscilla Presley was betrokken bij de beslissing – een meesterlijke zet – Elvis' landhuis, Graceland, in 1982 open te stellen voor het publiek. Volgens de website van EPE wordt Graceland jaarlijks door meer dan 600.000 mensen bezocht. Meer dan de helft van de mensen die Graceland bezoeken, is jonger dan 35. Hoewel bezoekers uit alle delen van de wereld komen, komt het merendeel nog steeds uit verschillende delen van de Verenigde Staten. De rondleiding door Graceland kost 25 dollar, wat betekent dat EPE alleen door de verkoop van tickets voor deze rondleiding 15 miljoen dollar verdient. Daar komt nog bij wat mensen betalen voor foto's, hotelovernachtingen, maaltijden en souvenirs.

Zaken die andere inkomstenstromen genereren zijn onder andere een themarestaurant genaamd Elvis Presley's Memphis, een hotel aan het eind van Lonely Street genaamd Heartbreak Hotel, het verlenen van licenties voor aan Elvis gerelateerde producten en de ontwikkeling van aan Elvis gerelateerde muziek-, film-, video-, televisie- en toneelproducties.

Ironisch genoeg verdient EPE heel weinig geld aan de liedjes van Elvis zelf. In 1973 sloot de beruchte voormalige manager van Elvis, Colonel Tom Parker, een overeenkomst met RCA die inhield dat Elvis het recht op alle toekomstige royalty's van alle songs die hij tot dan toe had opgenomen voor een schamele 5,4 miljoen dollar verkocht. De helft van dat geld moest hij aan Parker geven.

In het jaar 2000 was het 25-jarige jubileum een internationaal spektakel. Een remix van *A little less conversation*, een Elvis-song uit 1968, werd een wereldhit. Bovendien kreeg de cd *Elvis: 30 #1 hits* drie keer platina.

Om het 50-jarige jubileum van Elvis' eerste professionele plaatopname te vieren, werd midden 2004 *That's All Right* opnieuw uitgebracht. Het nummer belandde overal ter wereld op de hitlijsten, waaronder de top drie in het Verenigd Koninkrijk en de top 40 in Australië.

Midden oktober 2005 kwam *Variety* met een lijst van de honderd entertainmentidolen van de twintigste eeuw. Presley stond in de top tien, samen met de Beatles, Marilyn Monroe, Lucille Ball, Marlon Brando, Humphrey Bogart, Louis Armstrong, Charlie Chaplin, James Dean en Mickey Mouse.

Tegen eind december 2005 noemde het tijdschrift *Forbes* Elvis Presley voor de vijfde keer in vijf jaar de meest verdienende dode celebrity. In de periode van oktober 2004 tot oktober 2005 bedroegen de bruto inkomsten van EPE 45 miljoen dollar.

Bron: money.cnn.com/2002/08/15/news/elvis.

Vragen

1. Wat zijn de belangrijkste motieven voor de internationalisatie van EPE?
2. Wat kan EPE doen om een constante inkomstenstroom vanuit het buitenland te behouden?
3. Wat zijn de meest aangewezen troeven die EPE kan gebruiken voor de verdere internationalisering van het bedrijf?

2

De invoering van internationalisering

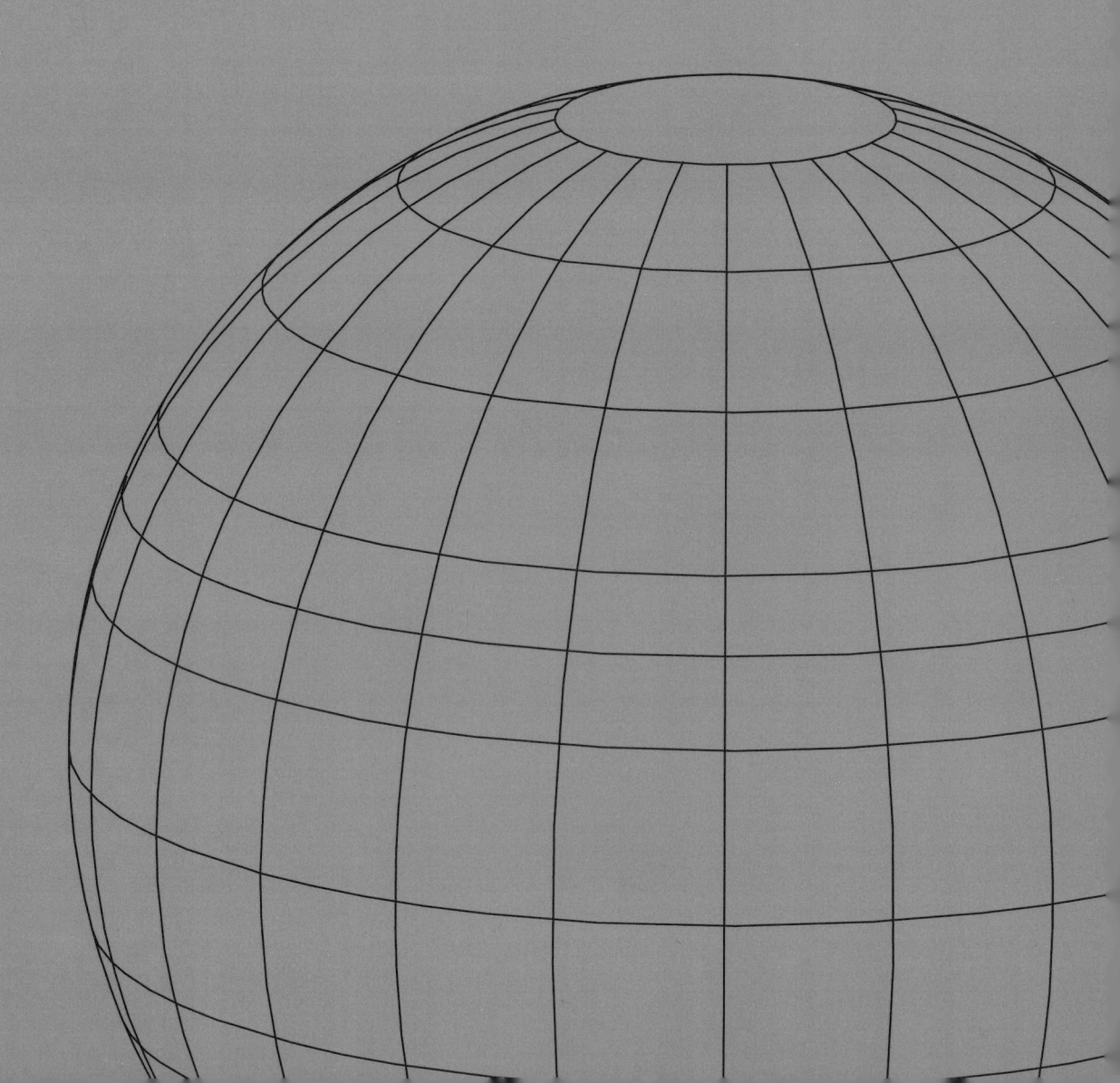

Hoofdstuk 2 DE INVOERING VAN INTERNATIONALISERING

Leerdoelen

Na het bestuderen van dit hoofdstuk moet je in staat zijn het volgende te doen:

- De redenen (motieven) bespreken waarom bedrijven de internationale markt op gaan.
- Het verschil tussen proactieve en reactieve motieven uitleggen.
- De triggers voor de invoering van export analyseren.
- Het verschil tussen interne en externe triggers voor de invoering van export uitleggen.
- Verschillende factoren bespreken die de invoering van de export belemmeren.
- De kritieke belemmeringen in het exportproces bespreken.

2.1 Inleiding

Om het internationaal zakendoen succesvol te laten verlopen, is het noodzakelijk expliciet aandacht te schenken aan strategieformulering. Het zakendoen op intuïtie wordt in de huidige dynamische omgeving, die sterk aan verandering onderhevig is, moeilijker. Deze invloed zorgt ervoor dat er gevraagd wordt om een structurele strategische benadering.

Door een expliciete strategieformulering worden patronen en samenhang zichtbaar, de organisatie kan duidelijker doelstellingen formuleren, deze ook sturing geven en de coördinatie van de activiteiten wordt bevorderd. Zo kan het management structureel vormgeven aan de geformuleerde strategische ambitie.

2.2 Strategisch management en internationalisering

Internationalisering vindt plaats als bedrijven hun R&D, productie, verkoop en andere activiteiten naar internationale markten uitbreiden. In veel grotere bedrijven is internationalisering een relatief continu proces, waarbij verschillende internationaliseringsprojecten tegelijkertijd lopen. Voor MKB-bedrijven is internationalisering echter vaak een betrekkelijk onsamenhangend proces, dat wil zeggen een proces waarbij het management elke internationaliseringsstap als iets aparts ziet.

In de stadia die aan het internationaliseringsproces voorafgaan, gebruiken managers van MKB-bedrijven informatie om genoeg relevante kennis te vergaren om met internationalisering te beginnen (Freeman, 2002). In figuur 2.1 zijn de verschillende stadia die aan het internationaliseringsproces voorafgaan te zien; in de rest van dit hoofdstuk wordt naar deze stadia verwezen.

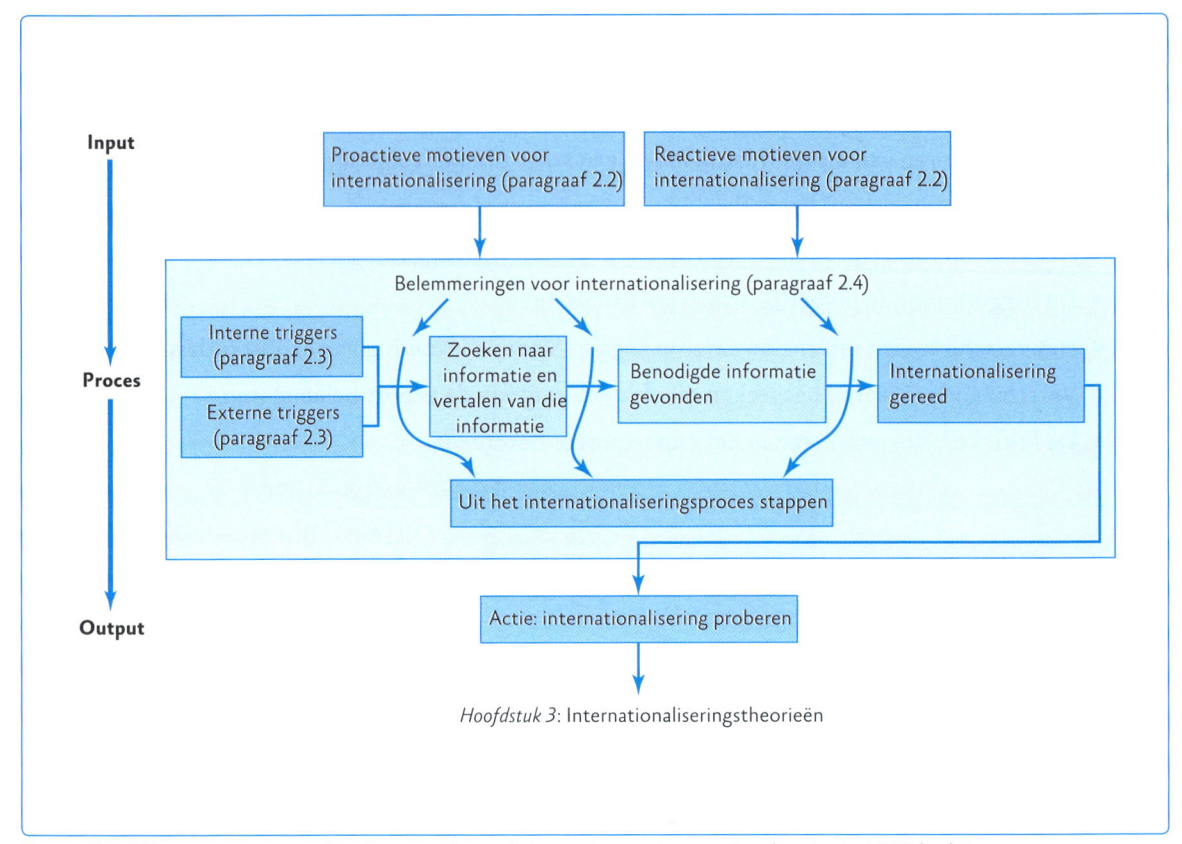

Figuur 2.1: Wat aan internationalisering voorafgaat: de invoering van internationalisering in MKB-bedrijven

2.3 Motieven voor internationalisering

MOTIEVEN VOOR INTERNATIONALISERING
De fundamentele redenen – proactief en reactief – om een bedrijf te internationaliseren.

Voor de meeste bedrijven is het verdienen van geld de fundamentele reden om hun product te gaan exporteren. Maar zoals bij de meeste bedrijfsactiviteiten is één factor zelden aanleiding om een bepaalde actie te ondernemen. Gewoonlijk heeft een mengeling van factoren tot gevolg dat bedrijven stappen in een bepaalde richting ondernemen.

In tabel 2.1 wordt een overzicht gegeven van de belangrijkste motieven voor internationalisering, waarbij onderscheid gemaakt wordt tussen proactieve en reactieve motieven. Bij proactieve motieven gaat het om stimulansen voor het veranderen van de bedrijfsstrategie, gebaseerd op de interesse van bedrijven om unieke competenties (bijvoorbeeld speciale technologische kennis) of marktmogelijkheden te benutten. Reactieve motieven geven aan dat bedrijven op druk of bedreigingen op de thuismarkt of buitenlandse markten reageren en zich daar passief aan aanpassen door hun activiteiten in de loop der tijd te veranderen.

We gaan de verschillende motieven nader bekijken.

Proactieve motieven	Reactieve motieven
■ Winst- en groeidoelen	■ Concurrentiedruk
■ De gedrevenheid van het management	■ Binnenlandse markt: klein en verzadigd
■ Technologische competentie/uniek product	■ Overproductie/-capaciteit
■ Kansen op/informatie over buitenlandse markten	■ Ongevraagde bestellingen uit het buitenland
■ Schaalvoordeel – de leercurve	■ Verkoop van seizoensproducten uitbreiden
■ Belastingvoordeel	■ Nabijheid tot internationale klanten/psychologische afstand

Bron: bewerking van Albaum et al., 1994, pag. 31.

Tabel 2.1: Belangrijke motieven om met export te beginnen

2.3.1 Proactieve motieven

Winst- en groeidoelen

Bij MKB-bedrijven die interesse in export beginnen te krijgen, is het maken van winst op de korte termijn een belangrijke factor. Ook kan het verlangen te groeien een belangrijke motivatie zijn om met export te beginnen.

In de loop der tijd zal de houding van bedrijven ten opzichte van groei beïnvloed worden door ervaringen uit het verleden. Zo kan de winstgevendheid van export bepalend zijn voor de houding van het management ten opzichte hiervan. Uiteraard is de vermeende winstgevendheid vaak heel anders dan de behaalde winstgevendheid. Vooral als in het buitenland filialen worden opgericht, is de winst in het begin vaak heel laag. De kloof tussen perceptie en realiteit kan vooral heel groot zijn als het bedrijf niet eerder op internationale markten bezig is geweest. Ondanks een gedegen planning kunnen onverwachte invloeden het winstplaatje flink veranderen. Zo kan een plotselinge verandering in wisselkoersen de winstvoorspelling drastisch veranderen, ook al was deze gebaseerd op een zorgvuldige marktevaluatie.

Hoe sterker bedrijven gemotiveerd zijn om te groeien, hoe meer activiteiten – bijvoorbeeld het zoeken naar nieuwe mogelijkheden – ze zullen ontplooien om hun ambities op het gebied van groei en winstgevendheid waar te maken.

De gedrevenheid van het management

DE GEDREVENHEID VAN HET MANAGEMENT
De motivatie van managers die de wens en het enthousiasme weerspiegelt om internationalisering door te voeren.

De gedrevenheid van het management is het verlangen naar en het enthousiasme voor internationale marketingactiviteiten van het management. Het kan zijn dat managers er enthousiast over zijn omdat ze graag deel willen uitmaken van een bedrijf dat op internationaal niveau opereert of omdat ze dan een goede reden hebben om buitenlandse reizen te maken. Vaak is de gedrevenheid van het management om een bedrijf te internationaliseren echter gewoon een weerspiegeling van de algemene ondernemersmotivatie, namelijk het verlangen naar continue groei en marktuitbreiding.

De houding van het management kan een cruciale rol spelen bij het bepalen van de exportactiviteiten van een bedrijf. In MKB-bedrijven worden beslissingen vaak door één persoon genomen; grote bedrijven hebben daar vaak beslissingsunits voor. Ongeacht het aantal mensen dat betrokken is bij het nemen van beslissingen over export hangt het kiezen van een strategie voor toetreding tot een buitenlandse markt nog steeds af van het beeld dat de beslissingnemer heeft van buitenlandse markten, verwachtingen over deze markten en het vermogen van het bedrijf tot deze markten toe te treden.

Het internationaliseringsproces kan ook worden aangemoedigd door de culturele socialisatie van managers. Managers die in het buitenland zijn geboren, er hebben gewoond of buitenlandse reizen hebben gemaakt, zullen eerder positief tegenover internationalisering staan dan andere managers. Het beeld dat beslissingmakers van buitenlandse markten hebben en hoe ze erover oordelen kan ook versterkt worden door een werkverleden bij exportbedrijven of lidmaatschap van vakorganisaties of beroepsverenigingen.

Technologische competentie/uniek product

Het kan zijn dat een bedrijf goederen of diensten produceert die bij internationale concurrenten niet algemeen beschikbaar zijn, of dat het op een specialistisch gebied technologische vooruitgang heeft geboekt. Hierbij moet weer onderscheid worden gemaakt tussen werkelijke en vermeende vooruitgang. Veel bedrijven denken dat hun producten of diensten uniek zijn, zelfs als dat op de internationale markt niet het geval is. Als producten of technologieën echt uniek zijn, kunnen ze een bedrijf een duurzame concurrentievoorsprong geven en ervoor zorgen dat het bedrijf in het buitenland zeer succesvol is. Iets wat hierbij in overweging genomen moet worden, is hoelang het bedrijf met zo'n technologie of product een voorsprong zal blijven houden. Van oudsher kon een bedrijf met een concurrentievoorsprong erop rekenen jarenlang de enige leverancier op buitenlandse markten te zijn. Door concurrerende technologieën en het vaak ontbreken van internationale patentbescherming is dit soort voordeel echter sterk afgenomen.

Vanwege de vermeende competentie van hun producten hebben bedrijven die superieure producten produceren een grotere kans dat er vanuit het buitenland navraag naar hun product wordt gedaan. Het aangeboden product heeft verschillende aspecten die de mate waarin een mogelijke koper wordt blootgesteld aan exportstimulansen beïnvloeden. Als een bedrijf unieke competenties op zijn thuismarkt heeft ontwikkeld, kan het deze makkelijk naar buitenlandse markten verspreiden, omdat de kosten om deze kwaliteiten op andere markten te benutten heel laag zijn.

Kansen op/informatie over buitenlandse markten

Het is duidelijk dat marktkansen alleen als stimulans werken als een bedrijf de middelen die nodig zijn om op de kansen te reageren heeft bemachtigd of kan bemachtigen. Over het algemeen kijken beslissingnemers bij het plannen van de toetreding van hun bedrijf tot de internationale markt naar een vrij beperkt aantal marktkansen. Bovendien verkennen deze beslissingnemers vaak eerst de buitenlandse marktkansen waarvan zij vinden dat ze enigszins lijken op de kansen die het bedrijf op de thuismarkt heeft.

Van tijd tot tijd groeien bepaalde buitenlandse markten heel snel, wat kansen schept voor bedrijven die willen uitbreiden. De Zuidoost-Aziatische markten zijn aantrekkelijk vanwege hun economische succes en de Oost-Europese markten vanwege de nieuwe politieke vrijheid in deze landen en het verlangen handelsrelaties en economische relaties op te bouwen met landen in West-Europa, Noord-Amerika en Japan. Andere landen die vanwege belangrijke interne veranderingen als markt waarschijnlijk aantrekkelijker zullen worden, zijn onder andere de Volksrepubliek China en Zuid-Afrika.

Gespecialiseerde marktkennis of toegang tot informatie kan het onderscheid vormen tussen een exportbedrijf en zijn concurrenten. Hiertoe behoort ook kennis over buitenlandse klanten, markten of marktsituaties die andere bedrijven niet hebben. Dergelijke gespecialiseerde kennis kan het resultaat zijn van onderzoek dat een bedrijf heeft gedaan naar internationale markten, speciale contacten die het bedrijf heeft of het feit dat iemand op het juiste tijdstip op de juiste plek was (iemand heeft bijvoorbeeld tijdens een vakantiereis een goede bedrijfskans opgemerkt). Marketingsucces uit het verleden kan een sterke motiverende factor zijn voor marketinggedrag in de toekomst. Competentie in een of meer belangrijke marketingactiviteiten is voor bedrijven vaak als drijfveer voldoende om aan export te beginnen of deze uit te breiden.

Schaalvoordeel – de leercurve

Door deel te nemen aan internationale marketingactiviteiten kunnen bedrijven hun output vergroten en zo sneller de leercurve doorlopen. Sinds de Boston Consulting Group heeft aangetoond dat het verdubbelen van de output de productiekosten met tot wel dertig procent kan verminderen, is dit een erg gezocht effect. Het verhogen van de productie voor de internationale markt kan daarom ook de kosten van de productie voor de thuismarkt helpen verlagen en zo een bedrijf in het eigen land meer concurrerend maken. Dit effect heeft vaak tot gevolg dat het streven naar marktaandeel het belangrijkste doel van bedrijven is (zie voorbeeld 1.2 en 2.1). In het beginstadium van de internationalisatie kan dit betekenen dat er in toenemende mate gezocht wordt naar exportmarkten; in latere stadia kan het resulteren in het vestigen van dochtermaatschappijen en productiefaciliteiten in het buitenland.

Door de export kunnen de vaste kosten van administratie, faciliteiten, apparatuur, personeel en R&D over meer units verspreid worden. Sommige bedrijven kunnen alleen ten volle profiteren van schaalvoordeel op internationale markten als ze de marketingmix internationaal kunnen standaardiseren. Voor anderen is gestandaardiseerde marketing echter niet nodig om schaalvoordeel te behalen.

Voorbeeld 2.1 Internationale marketing en schaalvoordeel in Japanse bedrijven

Japanse bedrijven profiteren van marktkansen in het buitenland door een penetratieprijsstrategie te gebruiken – een lage beginprijs om marktaandeel op te bouwen en voor de lange termijn een dominante marktpositie te veroveren. In de beginjaren accepteren ze dat ze verlies lijden, maar ze zien dit als een investering in marktontwikkeling voor de lange termijn. Japanse bedrijven kunnen dit doen omdat het grootste deel van de Japanse industrie (vooral het type organisatie dat *keiretsu* wordt genoemd) ondersteund wordt of in handen is van banken of andere financiële instellingen die veel lagere kapitaalkosten hebben.

Omdat werknemers voor het leven worden aangenomen, worden arbeidskosten bovendien als vaste kosten gezien, niet als variabele, zoals in het Westen. Omdat alle marginale arbeidskosten zich op het niveau van aanvangssalarissen voordoen, is het vergroten van het productievolume de enige manier om de productiviteit snel op te voeren. Als gevolg daarvan is marktaandeel, niet winstgevendheid, het belangrijkste concept in Japanse bedrijven. De schaal waarop bedrijven opereren en de ervaring die bedrijven hebben leveren schaalvoordeel op, en dit helpt ook de distributiekosten te verlagen. Gewoonlijk zorgen internationale handelmaatschappijen voor de internationale verkoop en marketing, zodat Japanse bedrijven zich kunnen richten op het behalen van schaalvoordeel, wat resulteert in lagere kosten per eenheid product.

Belastingvoordeel
Belastingvoordeel kan ook een belangrijke motiverende rol spelen. In de Verenigde Staten is een belastingmechanisme, de *Foreign Sales Corporation*, in het leven geroepen om exporterende bedrijven te ondersteunen. Dit mechanisme, dat aan de internationale regels voldoet, verleent bedrijven uitstel van belastingbetaling. Door dit belastingvoordeel kunnen bedrijven hun producten op buitenlandse markten tegen een lagere prijs aanbieden of meer winst maken. Dit houdt dus nauw verband met winst als motivatie.

Door de antidumpwet opgelegd door de WHO (de Wereldhandelsorganisatie) worden buitenlandse producenten echter gestraft voor de verkoop van hun producten op lokale markten tegen heel lage prijzen. Het doel van deze wet is het beschermen van lokale producenten, en alle landen die het WHO-verdrag hebben ondertekend (en dat zijn de meeste landen) moeten zich eraan houden.

2.3.2 Reactieve motieven

Concurrentiedruk

Een primaire vorm van reactieve motivatie is de reactie op concurrentiedruk. Bedrijven kunnen bang zijn een deel van hun marktaandeel op de thuismarkt te verliezen aan bedrijven die geprofiteerd hebben van schaalvoordeel dat ze door internationale marketingactiviteiten behaald hebben. Bovendien kunnen ze bang zijn buitenlandse markten voorgoed te verliezen aan concurrenten in de betreffende landen die besluiten zich op deze markten te richten, in de wetenschap dat marktaandeel het makkelijkst wordt behouden door de bedrijven die het als eerste veroveren. Een snelle toetreding tot een markt kan een al even snelle terugtrekking tot gevolg hebben, als het bedrijf eenmaal erkent dat het zich niet voldoende had voorbereid. Daar komt bij dat de wetenschap dat andere bedrijven worden geïnternationaliseerd, zeker als het om concurrenten gaat, een sterke drijfveer voor internationalisering is. Concurrenten vormen een belangrijke externe stimulerende factor voor internationalisering. Coca-Cola is veel eerder dan Pepsi de internationale markt op gegaan, maar er bestaat geen enkele twijfel over dat de toetreding van Coca-Cola tot internationale markten Pepsi ertoe heeft gezet hetzelfde te doen.

Binnenlandse markt: klein en verzadigd

Het kan zijn dat bedrijven gedwongen worden hun producten te exporteren omdat het marktpotentieel op de binnenlandse markt klein is. Voor sommige bedrijven levert de binnenlandse markt te weinig schaal- en toepassingsvoordeel op, en deze bedrijven nemen exportmarkten automatisch in hun markttoetredingsstrategie op. Dit soort gedrag zie je vooral bij industriële producten waarvoor een klein aantal gemakkelijk aan te wijzen klanten verspreid over de wereld bestaat, of bij producenten van specialistische consumptiegoederen met kleine nationale segmenten in vele landen.

Een verzadigde binnenlandse markt, gemeten in verkoopvolume of marktaandeel, heeft een soortgelijk motiverend effect. Producten die door bedrijven op de binnenlandse markt worden gebracht, bevinden zich soms aan het einde van hun levenscyclus. In plaats van te proberen het levenscyclusproces terug te draaien kunnen bedrijven proberen de levenscyclus van hun product te verlengen door de markt uit te breiden. In het verleden hadden zulke pogingen vaak succes omdat klanten in veel ontwikkelingslanden maar geleidelijk aan het behoefteniveau bereikten dat klanten in industrielanden al hadden. Sommige ontwikkelingslanden hebben vaak nog steeds behoefte aan producten waarnaar de vraag in de geïndustrialiseerde wereld al aan het afnemen is. Op deze manier kunnen bedrijven de internationale markt gebruiken om de levenscyclus van hun product te verlengen (zie ook hoofdstuk 11 voor een verdere bespreking.)

Veel Amerikaanse producenten van apparatuur en auto's traden in eerste instantie toe tot internationale markten omdat ze dachten dat de binnenlandse markt bijna verzadigd was. Als gevolg van wetgeving konden Amerikaanse producenten van asbest hun product niet meer op de binnenlandse markt verkopen, maar omdat sommige buitenlandse markten minder strakke wetgeving op het gebied van consumentbescherming kenden, konden ze doorgaan met de productie voor buitenlandse markten.

Een andere kijk op marktverzadiging is ook relevant om te kunnen begrijpen waarom bedrijven zich naar het buitenland uitbreiden. Verzadiging van de binnenlandse markt duidt erop dat binnen het bedrijf ongebruikte productiemiddelen bestaan (een niet of niet ten volle benutte productie- of managementcapaciteit bijvoorbeeld). Een niet (ten volle) benutte productiecapaciteit is een stimulans om nieuwe marktkansen te bemachtigen, en een niet (ten volle) benutte managementcapaciteit kan de kennismiddelen opleveren die nodig zijn voor het verzamelen, vertalen en gebruiken van marktinformatie.

Overproductie/-capaciteit

Als de verkoop van een product op de binnenlandse markt minder groot dan verwacht is, kan de voorraad boven het gewenste niveau uitstijgen. Deze situatie kan een trigger zijn om door middel van tijdelijke prijsverlagingen op voorraadproducten met export te beginnen. Zodra de vraag op de binnenlandse markt weer naar het vroegere niveau stijgt, worden de internationale marketingactiviteiten ingeperkt of gestopt. Bedrijven die een dergelijke strategie hebben gevolgd, kunnen moeilijkheden ondervinden als ze die weer proberen te gebruiken, want veel buitenlandse klanten zijn niet geïnteresseerd in tijdelijke of sporadische zakelijke relaties. Het kan best zijn dat door deze reactie vanuit het buitenland deze motivatie in de loop der tijd minder belangrijk wordt.

In sommige situaties kan overcapaciteit echter een krachtige motivatie zijn. Als productieapparatuur niet ten volle wordt benut, kan het zijn dat bedrijven uitbreiding naar de internationale markt als een ideale mogelijkheid zien om hun vaste kosten breder te spreiden. Als alle vaste kosten bij de binnenlandse productie liggen, kunnen bedrijven internationale markten penetreren met een prijsplan dat vooral gericht is op variabele kosten. Hoewel een dergelijke strategie op de korte termijn nuttig kan zijn, kan het gevolg zijn dat producten in het buitenland tegen een lagere prijs worden aangeboden dan in het eigen land, wat op zijn beurt weer parallelle import in de hand kan werken. Op de lange termijn moeten vaste kosten terugverdiend worden om productieapparatuur te kunnen vervangen. Een marktpenetratiestrategie die alleen op variabele kosten is gebaseerd, is daarom op de lange termijn niet uitvoerbaar.

Soms ontstaat overcapaciteit omdat de vraag op de binnenlandse markt verandert. Als binnenlandse markten overstappen naar nieuwe en vervangende producten, ontwikkelen bedrijven die oudere versies van het product maken overcapaciteit en gaan ze op zoek naar marktkansen in het buitenland.

Ongevraagde bestellingen uit het buitenland

Veel kleine bedrijven worden zich bewust van kansen op exportmarkten als vanuit het buitenland navraag naar hun producten wordt gedaan. Deze navraag kan het resultaat zijn van reclame in vaktijdschriften met een wereldwijde distributie, tentoonstellingen of anderszins. Het gevolg is dat een groot percentage van de eerste bestellingen bij exportbedrijven ongevraagd is.

Verkoop van seizoensproducten uitbreiden

De seizoensgebondenheid van de vraag naar producten kan voor de binnenlandse markt anders zijn dan voor buitenlandse markten. Dit kan als een blijvende stimulans werken voor het verkennen van buitenlandse markten, wat kan resulteren in een stabielere vraag gedurende het hele jaar.

Een producent van landbouwmachines in Europa merkte dat er op de binnenlandse markt vooral in de lentemaanden vraag naar zijn producten was. In een poging een stabielere vraag te genereren, richtte hij zich op de markten op het zuidelijk halfrond (bijvoorbeeld Australië en Zuid-Afrika), waar het zomer is als het op het noordelijk halfrond winter is.

Nabijheid tot internationale klanten/psychologische afstand

De fysieke en psychologische nabijheid tot internationale markten speelt vaak een grote rol in de exportactiviteiten van bedrijven. Zo zien Duitse bedrijven dicht bij de grens met Oostenrijk hun marktactiviteiten in Oostenrijk misschien niet als internationale marketing maar eerder als een uitbreiding van hun binnenlandse activiteiten, zonder aandacht te besteden aan het feit dat sommige producten naar het buitenland gaan.

Anders dan Amerikaanse bedrijven gaan de meeste Europese bedrijven automatisch de internationale markt op, gewoon omdat hun buren zo dichtbij zijn. Een Europees bedrijf in België hoeft maar honderd kilometer te gaan om een aantal buitenlandse markten te bereiken. Geografische nabijheid tot buitenlandse markten vertaalt zich niet noodzakelijk naar echte of vermeende nabijheid tot de buitenlandse klant. Soms zorgen cultuurverschillen, juridische factoren en andere sociale normen ervoor dat een buitenlandse markt die geografisch dichtbij is psychologisch ver weg lijkt. Zo heeft onderzoek aangetoond dat Amerikaanse bedrijven Canada psychologisch gezien veel dichterbij vinden liggen dan Mexico. Veel Amerikaanse bedrijven hebben zelfs het gevoel dat Engeland vanwege de taal die er wordt gesproken veel dichterbij ligt dan Mexico of andere Latijns-Amerikaanse landen, ondanks de geografische afstand. De recente uitbreiding van veel Griekse bedrijven (vooral banken) naar de Balkan is nog een voorbeeld van nabijheid tot internationale klanten.

In een onderzoek naar de motieven van kleine Britse bedrijven om de buitenlandse markt op te gaan, vonden Westhead et al. (2002) de volgende hoofdredenen om te beginnen met de export van de producten/diensten:
- buitenlandse klanten nemen contact op om bestellingen te plaatsen;
- eenmalige bestellingen (geen continue export);
- de beschikbaarheid van informatie over buitenlandse markten;
- onderdeel van het groeidoel van het bedrijf;
- oprichter/eigenaar/manager van het bedrijf richt zich actief op exportmarkten.

De resultaten van het onderzoek van Westhead et al. (2002) laten ook zien dat hoe groter het bedrijf is, hoe waarschijnlijker het is dat het proactieve stimulansen/motieven noemt.

De resultaten van het onderzoek van Suárez-Ortega en Alamo-Vera duiden erop dat de belangrijkste motieven voor internationalisering binnen het bedrijf zelf worden aangetroffen en gebaseerd zijn op de sterke en zwakke punten van het management. Ze concluderen dat de grootste invloed op internationaliseringsactiviteiten niet wordt uitgeoefend door de externe omgeving maar door middelen en capaciteiten binnen het bedrijf die op de juiste manier samengevoegd kunnen worden om op internationale markten succes op te leveren. Door middel van programma's gericht op het vergroten van de vaardigheden en capaciteiten kunnen de snelheid en intensiteit van het internationaliseringsproces dus worden bevorderd. Ook zou in exportpromotieprogramma's voor managers van niet-exporterende bedrijven meer de nadruk moeten liggen op de voordelen die export hun bedrijf kan opleveren.

Voorbeeld 2.2 De internationalisering van Haier – proactieve en reactieve motieven

Haier Group, de Chinese producent van huishoudelijke apparatuur (bijvoorbeeld koelkasten), was bijna failliet toen de heer Zhang Ruimin in 1984 werd aangesteld als fabrieksdirecteur, de vierde dat jaar. Deze Zhang Ruimin heeft ervoor gezorgd dat het bedrijf is uitgegroeid tot de op vijf na grootste producent van huishoudelijke apparatuur ter wereld.

Proactieve motieven
Allereerst wilde Zhang Ruimin Haier internationaliseren. In 1984, kort nadat hij bij het bedrijf was komen werken, voerde hij technologie en apparatuur in van Liebherr, een Duits bedrijf, om verschillende populaire koelkastmerken in China te produceren. Tegelijkertijd breidde hij actief de samenwerking met Liebherr uit door koelkasten te produceren die aan de standaard van Liebherr voldeden en ze dan aan het Duitse bedrijf te verkopen – een manier om tot de Duitse markt toe te treden. In 1986 bereikte de waarde van de export van Haier voor het eerst de drie miljoen dollar. Later merkte

Zhang Ruimin over deze strategie op: 'Destijds was het nodig te exporteren om buitenlandse valuta binnen te halen.'

Toen Haier in een fabriek in de VS investeerde, dacht Zhang Ruimin dat het bedrijf locatievoordeel behaalde door fabrieken in het buitenland op te richten en zo invoerrechten te omzeilen en transportkosten te verlagen. Het bedrijf heeft internalisatievoordeel behaald door diensten en marketing/distributie zelf te beheren en eigendomsvoordeel door met behulp van lokaal menselijk kapitaal ontwerp- en R&D-capaciteiten te ontwikkelen.

Reactieve motieven
Door de toetreding van internationale producenten van huishoudelijke apparatuur tot de Chinese markt zag Haier zich gedwongen tot uitbreiding naar internationale markten. Sinds China lid van de WHO is geworden, hebben bijna alle internationale concurrenten in China geïnvesteerd door er volle dochtermaatschappijen te vestigen. Haier zou zich het best kunnen verdedigen door op de binnenlandse markten van zijn concurrenten te opereren.

De verzadiging van de Chinese markt voor huishoudelijke apparatuur en de toenemende concurrentie zijn een belangrijk motief gebleken. Na het midden van de jaren 1990 brak in verschillende marktcategorieën de ene na de andere prijsoorlog uit. Aan het einde van het jaar 2000 had Haier op het gebied van koelkasten, airco's en wasmachines een marktaandeel van respectievelijk 42, 31 en 31 procent. De mogelijkheid om op de binnenlandse markt verder te groeien was dus beperkt.

Een van de belangrijke externe triggers voor de internationalisering van Haier is de Chinese overheid geweest. Omdat Haier een speler op de internationale markt was, golden voor het bedrijf speciale voorwaarden die voor andere Chinese bedrijven niet golden. Zo had Haier al toestemming gekregen om een financieel bedrijf op te zetten, de meerderheidsaandeelhouder van een regionale handelsbank te zijn en een joint venture aan te gaan met een Amerikaanse verzekeringsmaatschappij. Als het bedrijf niet actief naar internationalisering had gestreefd en geen dominante positie op de markt voor huishoudelijke apparatuur had gehad, zou het doorgaans onmogelijk zijn geweest toestemming te krijgen om tot de financiële sector toe te treden.

Bron: een bewerking van Liu en Li, 2002.

2.4 Triggers voor de invoering van internationalisering (veranderingsinstrumenten)

INTERNATIONALI-SERINGSTRIGGERS
Interne of externe gebeurtenissen die plaatsvinden om de internationalisering van een bedrijf op te starten.

Om internationalisering te kunnen laten plaatsvinden, moet iets of iemand van binnen of buiten het bedrijf (de zogenaamde veranderingsinstrumenten) het proces starten en de internationalisering doorvoeren (zie tabel 2.2). Dit worden internationaliseringstriggers genoemd. Een van de conclusies uit onderzoek op dit gebied is dat het zelden voorkomt dat een enkele factor de trigger voor het internationaliseringsproces van een bedrijf is. In de meeste gevallen vormt een combinatie van factoren aanleiding tot de start van het internationaliseringsproces (Rundh, 2007).

2.4.1 Interne triggers

Opmerkzaam management

Opmerkzame managers zien snel dat zich op buitenlandse markten kansen ontwikkelen. Ze zorgen ervoor dat ze goed geïnformeerd over deze markten zijn en zich niet vastpinnen op een bepaald tijdstip waarop hun bedrijf zich naar het buitenland zou moeten uitbreiden of op de landen waarnaar hun bedrijf zich zou moeten uitbreiden. Onder opmerkzame managers tref je veel kosmopolieten aan.

Buitenlandse reizen, waarbij nieuwe bedrijfskansen worden ontdekt of informatie wordt opgedaan die het management het idee geeft dat dergelijke kansen bestaan, vormen vaak een triggerfactor. Het is waarschijnlijk dat managers die in het buitenland hebben gewoond, vreemde talen hebben geleerd of bijzonder geïnteresseerd zijn in vreemde culturen vroeg of laat gaan onderzoeken of hun bedrijf internationale marktkansen heeft.

Als managers bij een bedrijf gaan werken, hebben ze vaak al wat internationale marktervaring opgedaan in eerdere banen. Ze zullen deze ervaring proberen te gebruiken om de activiteiten van hun nieuwe bedrijf verder te ontwikkelen. Bij het ontwikkelen van hun doelen in hun nieuwe baan nemen deze managers vaak een heel nieuwe reeks opties in overweging; een daarvan kan de ontplooiing van internationale marketingactiviteiten zijn.

Een specifieke interne gebeurtenis

Een belangrijke gebeurtenis kan ook een krachtig veranderingsinstrument zijn. Het kan zijn dat een nieuwe werknemer die de vaste overtuiging heeft dat het bedrijf internationale marketing moet gaan ontplooien een manier vindt om het management te motiveren. Overproductie of een afname in omvang van de binnenlandse markt kunnen dergelijke gebeurtenissen zijn, net als het ontvangen van informatie over actueel productgebruik. De onderzoeksactiviteit van een bedrijf kan bijvoorbeeld een nevenproduct genereren dat geschikt is om op de buitenlandse markt te verkopen, zoals gebeurd is met een voedselverwerkend bedrijf dat een goedkoop eiwit ontdekte dat ideaal was om de voedseltekorten in sommige delen van Afrika te helpen verlichten.

Interne triggers	Externe triggers
■ Opmerkzaam management	■ Marktvraag
■ Een specifieke interne gebeurtenis	■ Concurrerende bedrijven
■ Import als internationalisering naar binnen toe	■ Beroepsverenigingen
	■ Externe experts

Tabel 2.2: Triggers voor de invoering van export

Onderzoek heeft aangetoond dat bij MKB-bedrijven de eerste beslissing om tot export over te gaan meestal door de directeur wordt genomen, met een aanzienlijke inbreng van de marketingafdeling. Het uitvoeren van de beslissing, dat wil zeggen de start van internationale marketingactiviteiten en de uitvoering van deze activiteiten, is vooral de verantwoordelijkheid van het marketingpersoneel. Pas in het laatste beslissingsstadium van de evaluatie van internationale marketingactiviteiten ligt de grootste nadruk weer op de directeur van het bedrijf. Om een bedrijf intern te beïnvloeden, moet dus eerst de directeur ervan overtuigd worden dat het bedrijf de internationale markt op moet gaan en moet vervolgens de marketingafdeling ervan overtuigd worden dat internationale marketing belangrijk is. De marketingafdeling van een bedrijf is een goede plek voor mensen die in de internationale zakenwereld actief willen zijn.

In een recent onderzoek naar het internationaliseringsgedrag van Finse MKB-bedrijven ontdekten Forsman et al. (2002) dat de drie belangrijkste triggers voor het starten van internationale activiteiten de volgende waren:
1. interesse van het management voor internationalisering
2. navraag vanuit het buitenland naar de producten/diensten van het bedrijf
3. onvoldoende vraag op de binnenlandse markt.

In dit onderzoek is het interessant te zien dat bedrijven contacten bij Kamers van Koophandel en andere ondersteunende organisaties niet belangrijk achten voor het opstarten van hun internationale activiteiten. Nadat een eerste trigger tot nadenken over internationalisering heeft geleid, worden Kamers van Koophandel echter vaak gebruikt om verdere informatie over een ander land te verkrijgen.

Internationalisering naar binnen/buiten toe

INTERNATIONALISERING NAAR BINNEN TOE
Import als activiteit die voorafgaat aan de latere toetreding tot internationale markten.

INTERNATIONALISERING NAAR BUITEN TOE
Import als activiteit die voorafgaat aan de latere toetreding tot internationale markten.

Van oudsher is internationalisering altijd gezien als iets dat naar buiten toe gebeurt. In de meeste internationaliseringsmodellen komt niet expliciet aan bod hoe eerdere naar binnen gerichte activiteiten, en de daarmee verworven kennis, latere naar buiten gerichte activiteiten kunnen beïnvloeden. Een natuurlijke manier om een bedrijf te internationaliseren zou zijn om eerst met naar binnen gerichte activiteiten (import) en daarna met naar buiten gerichte activiteiten (export) bezig te gaan. Relaties en kennis opgedaan door importactiviteiten kunnen vervolgens gebruikt worden als het bedrijf zich met de export gaat bezighouden (Welch et al., 2001).

Welch en Loustarinen (1993) beweren dat naar binnen gerichte internationalisering (import) vooraf kan gaan aan naar buiten gerichte internationalisering (toetreding tot de internationale markt en internationale marketingactiviteiten) en deze kan beïnvloeden – zie figuur 2.2.

Tussen naar binnen en naar buiten gerichte internationalisering bestaat een direct verband, want effectieve naar binnen gerichte activiteiten kunnen het succes van naar buiten gerichte activiteiten bepalen, vooral in de beginstadia van internationalisering. De internationalisering naar binnen toe kan gestart worden door:
- *De koper*: een actieve internationale zoektocht naar verschillende buitenlandse bronnen (kopersinitiatief = omgekeerde marketing).
- *De verkoper*: introductie door de buitenlandse leverancier (het traditionele verkoperperspectief).

Tijdens het proces waarbij van internationalisering naar binnen toe wordt overgegaan op internationalisering naar buiten toe verschuift de rol van de koper (in land A) naar de verkoper, die zowel aan binnenlandse klanten (in land A) als buitenlandse klanten verkoopt. Door interactie met de buitenlandse leverancier krijgt de koper (importeur) toegang tot het netwerk van de leverancier, zodat later eventueel export naar leden van dit netwerk kan plaatsvinden.

Naar binnen gerichte internationale activiteiten zijn gewoonlijk uiteenlopende methoden om de middelen van een bedrijf te versterken. Uiteraard brengen naar binnen gerichte stromen het importeren van producten die voor het productieproces nodig zijn, zoals grondstoffen en machines, met zich mee. Maar financiële en technologische activiteiten in verschillende operationele vormen als franchising, directe investeringen en alliantes kunnen ook naar binnen gerichte activiteiten zijn (Forsman et al., 2002). In sommige gevallen kan naar binnen gerichte licentieverlening in het buitenland gevolgd worden door naar buiten gerichte verkoop van technologie.

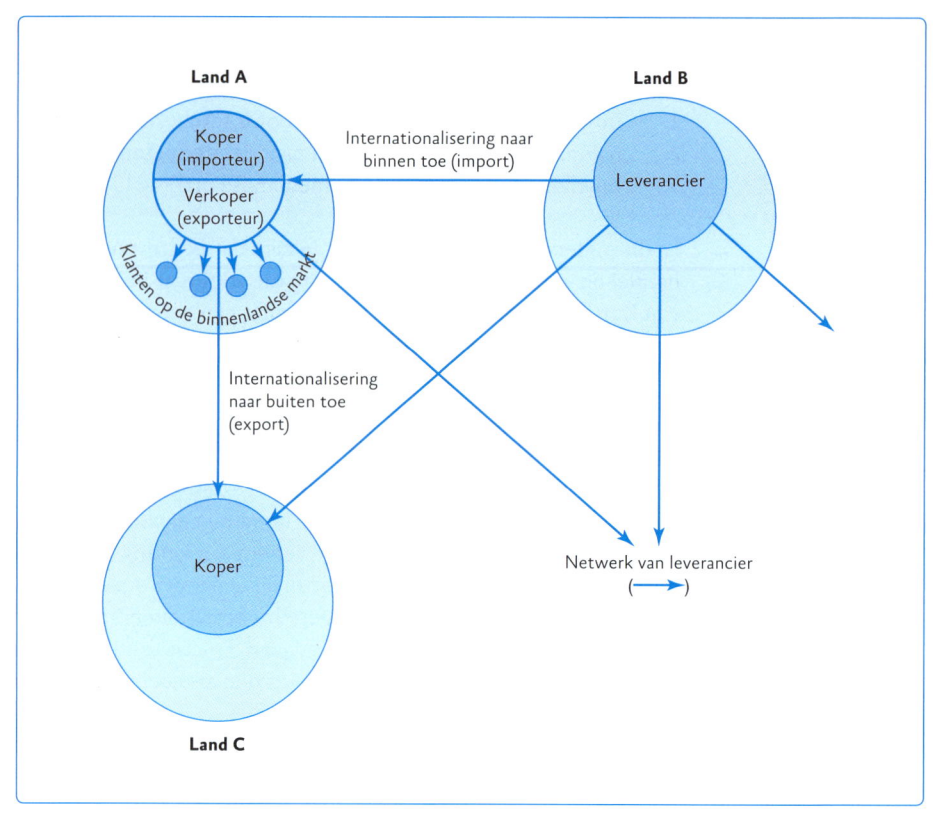

Figuur 2.2: Internationalisering naar binnen/buiten toe: een voorbeeld van een netwerk

Volgens Fletcher (2001) en Freeman (2002) kunnen naar binnen en buiten gerichte activiteiten en de verbanden tussen deze activiteiten zich op verschillende manieren ontwikkelen. De verbanden zijn het meest voelbaar bij de compensatiehandel (waarbij een bedrijf producten exporteert naar de markt waaruit het producten importeert), maar ze kunnen ook gevonden worden in de netwerken van relaties tussen onderdelen binnen multinationals en in strategische allianties.

2.4.2 Externe triggers

Marktvraag

Als internationale markten groeien, groeit de vraag naar de producten van sommige bedrijven ook, waardoor de makers van deze producten gedwongen zijn hun bedrijf te internationaliseren. Vele farmaceutische bedrijven zijn de internationale markt op gegaan toen de internationale vraag naar hun producten begon te groeien. Het in de VS gevestigde bedrijf Squibb is tot de Turkse markt toegetreden voordat het groot genoeg was om winstgevend te zijn, maar de markt groeide snel, wat Squibb aanmoedigde het bedrijf nog verder te internationaliseren.

Concurrerende bedrijven

Als het management van een bedrijf hoort dat de directeur van een concurrerend bedrijf bepaalde internationale markten waardevol vindt en het de moeite waard vindt deze te ontwikkelen, zal het dat zeker boeiend vinden. Dergelijke uitspraken zijn niet alleen geloofwaardig maar worden ook met een bepaalde mate van angst bekeken omdat ze kunnen betekenen dat de concurrent uiteindelijk misschien de handel van het bedrijf zal schaden.

Beroepsverenigingen

Formele en informele ontmoetingen tussen managers van verschillende bedrijven tijdens bijeenkomsten van beroepsverenigingen, congressen of rondetafelbijeenkomsten zijn vaak belangrijke veranderingsinstrumenten. Het is zelfs wel eens geopperd dat de beslissing van sommige kleine bedrijven tot export over te gaan gebaseerd is op de collectieve ervaring van de groep bedrijven waartoe zij behoren.

Externe experts

Verschillende externe experts moedigen bedrijven aan te internationaliseren, waaronder exportagenten, Kamers van Koophandel en banken.

- *Exportagenten*. Net als exporthandelsbedrijven en exportmanagementbedrijven zijn exportagenten over het algemeen experts op het gebied van internationale marketing. Ze verhandelen al producten op de internationale markt, hebben contacten in het buitenland en zijn in staat andere producten te exporteren. Veel van deze handelsbemiddelaars wenden zich rechtstreeks tot toekomstige exporteurs als ze denken dat er in het buitenland potentiële markten voor hun producten zijn.
- *Overheden*. In bijna alle landen probeert de overheid de internationale handel door middel van internationale marketingexpertise (exportondersteuningsprogramma's) te stimuleren. Stimulerende maatregelen van overheidswege hebben niet alleen een positieve invloed omdat ze direct financieel effect hebben, maar ook omdat ze bedrijven van informatie voorzien.
- Syntens: Syntens is een deskundig en onafhankelijk klankbord voor MKB-ondernemers. Doordat Syntens werkt in opdracht van het ministerie van Economische Zaken en andere overheden, is de dienstverlening van Syntens veelal kosteloos. Met ongeveer 270 innovatieadviseurs kent Syntens als geen ander de wereld van het MKB en de wereld van kennisinstellingen. Met deze unieke expertise kan Syntens de vraag van MKB'ers snel koppelen aan het aanbod (www.syntens.nl)
- Kamers van Koophandel. Kamers van Koophandel en soortgelijke exportbevorderende organisaties zijn geïnteresseerd in het stimuleren van internationale handel, zowel op export- als importgebied. Deze organisaties proberen individuele bedrijven te motiveren internationale marketing te gaan bedrijven door bijvoorbeeld toekomstige exporteurs of importeurs in contact te brengen met buitenlandse bedrijven, ze informatie over buitenlandse markten te verschaffen en ze naar financiële instanties te verwijzen die internationale marketingactiviteiten kunnen financieren (www.kvk.nl).
- *Fenedex:* Fenedex is sinds 1954 actief in het uitwisselen van kennis en ervaring op het terrein van internationalisering. Hierdoor stelt Fenedex – een particuliere vereniging van Nederlandse exporteurs – haar leden in staat succesvol te opereren op buitenlandse markten. Inmiddels is Fenedex de grootste onafhankelijke organisatie van exporterende en internationaliserende bedrijven. (www.fenedex.nl)
- *Banken*. Vaak spelen banken en andere financiële instanties een grote rol bij de internationalisering van bedrijven. Ze wijzen hun binnenlandse klanten op internationale kansen en helpen hen van deze kansen te profiteren. Uiteraard hopen ze dat deze binnenlandse klanten bij uitbreiding van hun bedrijf naar het buitenland op grotere schaal gebruik gaan maken van hun diensten.

2.4.3 Zoeken naar informatie en vertalen van die informatie

Van alle middelen zijn informatie en kennis misschien wel de meest kritieke factor bij de start van het internationaliseringsproces in MKB-bedrijven (zie ook figuur 2.1).

Omdat elke internationale kans voor MKB-bedrijven een innovatie kan betekenen, moet het management van deze bedrijven de juiste informatie verzamelen. Dit is vooral belangrijk voor MKB-bedrijven die de middelen missen om te internationaliseren op de manier waarop grote bedrijven dat doen. Dus begint het management een zoektocht naar informatie. Uit verschillende bronnen, zoals geschreven interne rapporten, overheidsinstanties, persoonlijke contacten of het internet, verkrijgt het de informatie die relevant is voor het voorgenomen internationaliseringsproject. In het informatievertalingstadium wordt de verkregen informatie door managers omgezet in kennis binnen het bedrijf. Door de zoektocht naar informatie en de vertaling van die informatie naar kennis raakt het management goed ingelicht over internationalisering. In dit stadium is het bedrijf een cyclus van voortdurend zoeken naar en vertalen van informatie binnengegaan. Deze cyclus duurt voort totdat het management vindt dat het de onzekerheid over het internationaliseringsproject voldoende heeft weggenomen om het een succes te laten worden. Als eenmaal voldoende informatie is verkregen en deze is vertaald in bruikbare kennis, stapt het bedrijf uit de cyclus. Het is klaar voor internationalisering. Op dat moment gaat het bedrijf tot actie over, dat wil zeggen tot het uitproberen van de internationalisering. 'Actie' verwijst hier naar het gedrag en de activiteiten van het management gebaseerd op de kennis die het vergaard heeft. Je zou kunnen zeggen dat in dit stadium internationalisering in de cultuur van het bedrijf verankerd zit, zodat zelfs de markten die de grootste uitdaging bieden overwonnen kunnen worden. Dit leidt dan weer tot verdere internationalisering en de 'opslag' van kennis over internationalisering in het hoofd van de managers. In de beschrijving hierboven is het bedrijf min of meer geïsoleerd; in de netwerktheorie wordt echter het belang van het feit dat het bedrijf deel uitmaakt van een grote verzameling bedrijven en organisaties erkend. De wisselwerking tussen het bedrijf en andere bedrijven binnen deze verzameling levert voordelen op die het bedrijf in zijn eentje nooit zou hebben.

Op het diepste niveau wordt kennis gecreëerd door individuen. Individuen vergaren expliciete kennis op een specifieke manier en stilzwijgende kennis door praktijkervaring (leren door ervaring).

De aard van het proces dat aan internationalisering voorafgaat (toegelicht in figuur 2.1) zal voor elk bedrijf uniek zijn, want in elk bedrijf spelen verschillende factoren op organisatorisch en persoonlijk niveau een rol in dit proces (Knight en Liesch, 2002). In MKB-bedrijven lijken de persoonlijke netwerken van managers het pre-internationaliseringsproces te versnellen. Deze persoonlijke netwerken worden gebruikt om allianties met buitenlandse leveranciers en distributeurs en andere internationale partners te vormen (Freeman et al, 2006).

Gedurende het proces afgebeeld in figuur 2.1 kunnen bedrijven er te allen tijde uitstappen. Een manager kan besluiten 'niets te doen', wat inhoudt dat het bedrijf uit het pre-internationaliseringsproces stapt.

2.5 Belemmeringen voor internationalisering

Er bestaat een grote verscheidenheid aan belemmeringen voor het succesvolle verloop van exportactiviteiten. Sommige problemen zijn vooral van invloed op de start van het exportproces, terwijl andere bedrijven juist problemen in de loop van dit proces tegenkomen.

2.5.1 Belemmeringen voor de invoering van internationalisering

Kritieke factoren die de invoering van internationalisering belemmeren zijn onder andere de volgende (voornamelijk interne) barrières:
- onvoldoende geldmiddelen;
- onvoldoende kennis;
- gebrek aan buitenlandse marktconnecties;
- te weinig verbintenis tot uitvoer;

- gebrek aan productiecapaciteit om aan buitenlandse markten te besteden;
- gebrek aan buitenlandse distributiekanalen;
- het management legt de nadruk op het ontwikkelen van binnenlandse markten;
- kostenescalatie als gevolg van de hoge productie-, distributie- en financieringskosten van de export.

Ontoereikende informatie over mogelijke buitenlandse klanten, concurrenten en buitenlandse ondernemerspraktijken vormt een grote barrière voor actieve en toekomstige exporteurs. Het regelen van een geschikte vertegenwoordiging in het buitenland die onder andere de dienstverlening en distributie aldaar regelt en communicatieproblemen met buitenlandse distributeurs en klanten zijn ook belangrijke redenen tot bezorgdheid. Bovendien kunnen problemen ontstaan als het productieproces onderbroken moet worden om niet-standaardproducten voor de export te produceren. Dit zal de productie- en distributiekosten opvoeren.

In een onderzoek naar microbedrijven (minder dan tien werknemers) in het Verenigd Koninkrijk en Ierland ontdekte Fillis (2002) dat voldoende handel op de binnenlandse markt de belangrijkste factor was bij het nemen van de beslissing niet tot export over te gaan. Andere belangrijke redenen waren: gebrek aan navraag uit het buitenland (wat te maken heeft met een reactieve benadering van handel), ingewikkelde exportprocedures en weinig exportondersteuning en overheidsprikkels. Een onderzoek van Westhead et al. (2002) leverde soortgelijke resultaten op. Westhead et al. ontdekten dat de hoofdreden van kleine bedrijven om geen van hun producten te exporteren was dat ze zich op de lokale markt wilden richten.

Het internationaliseringsproces kan ook een andere richting opgaan – zie voorbeeld 2.3.

Voorbeeld 2.3 De de-internationalisering van British Telecom (BT)

Midden jaren 1990 begon de internationalisering van BT. In de jaren daarna bouwde het bedrijf een internationale strategie op met als doel zich te positioneren als hoofdleverancier van telecommunicatiediensten aan multinationale bedrijven in verschillende landen. Het aantal internationale activiteiten is in de loop der jaren echter procentueel gezien steeds langzamer toegenomen. In 1994 kwam minder dan één procent van de totale omzet uit internationale activiteiten. In 2002 groeide dit percentage naar elf procent, en in 2007 groeide het naar vijftien procent van de omzet van twintig miljard pond. Hoewel BT in totaal een scherpe groei in omzet uit internationale activiteiten heeft meegemaakt, heeft het ook enkele tegenslagen in het internationaliseringsproces te verwerken gekregen, vooral in het begin, zoals in figuur 2.3 te zien is.

In het begin van het internationaliseringsproces bouwde BT zijn internationale strategie rond drie leidende principes op:
- Niet te veel op zich nemen, om te voorkomen dat de eigen infrastructuur op onzekere verkeersstromen werd gebouwd.
- Snelle en betrouwbare toegang verwerven tot gerichte markten door distributiepartners te vinden en *equity joint ventures* aan te gaan. Deze strategie was niet erg risicovol en stond een snelle toegang tot markten toe met partners die een gedegen kennis van de lokale marktomstandigheden hadden.
- Ervoor zorgen dat de strategie BT voldoende strategische flexibiliteit gaf om zich snel aan veranderende marktomstandigheden aan te passen.

Op zijn hoogtepunt in 1999 had BT 44 distributiepartners en was het 25 equity joint ventures aangegaan. BT had een minderheidsparticipatie in de equity joint ventures maar had de intentie uitgesproken deze deelneming langzaam te vergroten tot een meerderheidsparticipatie. Ook nam BT vaak een aandeel in zijn distributiepartners om ze aan te sporen de producten van BT te verkopen.

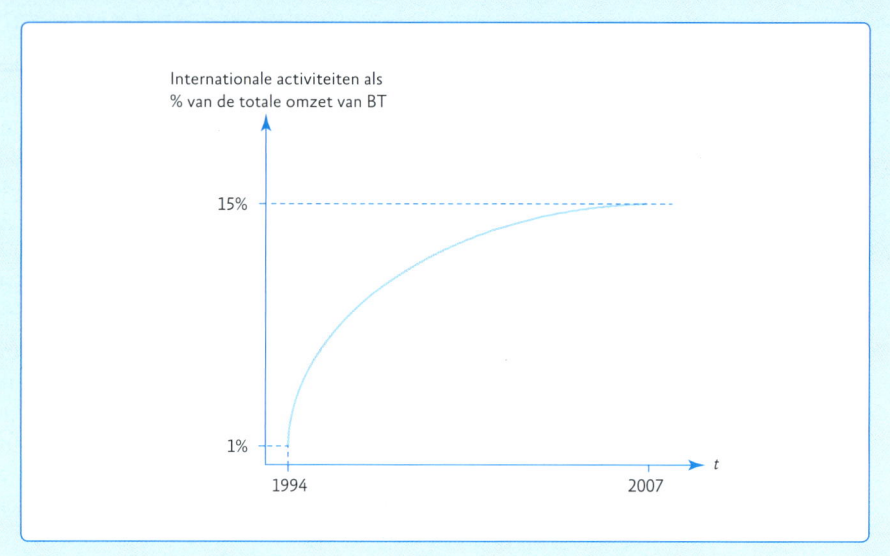

Figuur 2.3: Toelichting van het internationaliseringsproces van BT van 1994 tot 2007

De de-internationalisering van BT

In 2002 lanceerde BT een nieuwe bedrijfsstrategie die veel defensiever was dan haar voorganger. Er waren vooral twee problemen met de joint ventures en samenwerkingsverbanden:

1. Voor verscheidene partners had BT verschillende vaardigheden en capaciteiten nodig. Dit maakte het coördineren van activiteiten tussen partners heel ingewikkeld. Als gevolg hiervan en van het grote aantal partners dat het bedrijf had, maakte het een steile leercurve door.
2. De strategie dat het bedrijf slechts een minderheidsparticipatie in de joint ventures had, had een boemerangeffect. Bovendien voelden de partners zich niet geroepen de lancering van producten van BT volledig te ondersteunen, zeker niet als die concurreerden met hun eigen producten. Toen BT probeerde zijn financiële participatie binnen de samenwerkingsverbanden te verhogen, kwam het er vaak achter dat de andere aandeelhouders precies hetzelfde van plan waren.

Vervolgens ging BT over tot desinvesteringen in zowel Noord-Amerika als Azië.

Wat kunnen we van het geval van BT leren?

De de-internationalisering van BT werd aangedreven door de financiële situatie, waarbij de hoge kosten van markttoetreding gecombineerd met dalende prijzen (vanwege de overcapaciteit in de telecommunicatiesector) in de jaren 1990 tot een dalende winst leidden. De nieuwe strategie was dan ook een de-internationaliseringsproces: BT trok zich terug uit de Amerikaanse en Aziatische markten ('meervoudige terugtrekking', zie figuur 2.4). De nieuwe strategie van BT is gebaseerd op de Europese markt, waar sprake is van onderlinge afhankelijkheid met de kernactiviteit in het Verenigd Koninkrijk. Dit betekent dat BT alle aspecten van het leveringsmechanisme binnen de Europese markt in eigen hand probeert te houden.

Het geval van BT laat zien dat de toekomstige ontwikkeling van de internationale marketingstrategie in beide richtingen kan werken. Als de mondialisering van markten

		De-internationalisering	Internationalisering
Onderlinge afhankelijkheid tussen markten	Hoog	Meervoudige terugtrekking	Internationale strategie
	Laag	Individuele terugtrekking	Multinationaal

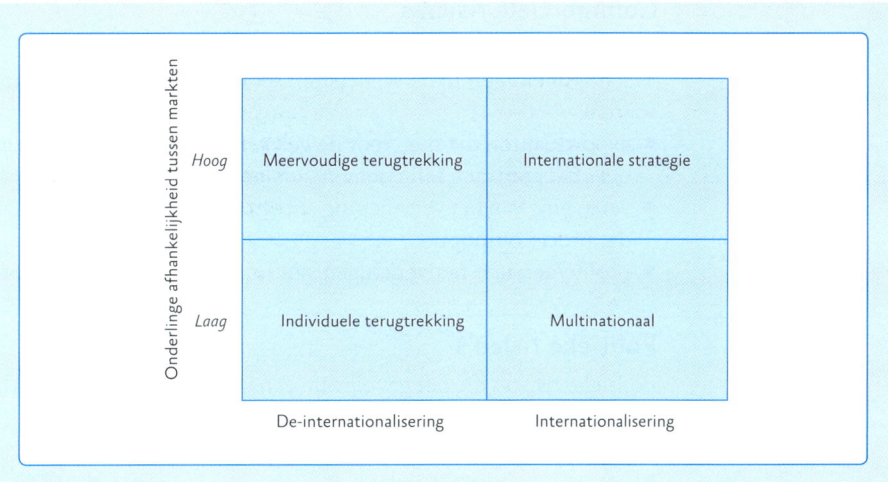

Figuur 2.4: Opties voor Internationale strategie

goed verloopt in een bedrijf, kunnen de onderlinge afhankelijkheid van markten en de synergie tussen markten benut worden om de internationale strategie verder te versterken (rechtsboven in figuur 2.4). Dit geval laat echter ook zien dat desinvestering op individuele locaties niet kan gebeuren zonder dat de internationale waardepropositie van het bedrijf wordt beschadigd. Daarom betekent de de-internationalisering van BT (vanwege de grote afhankelijkheid van de markten) ook dat het een meervoudige terugtrekking uit markten moest maken.

Als we het over MKB-bedrijven hebben (dat is bij BT niet het geval!) zien we vaak een geringe onderlinge afhankelijkheid tussen markten; in dat geval praten we over een 'multinationale' strategie als we de internationalisering opvoeren (rechtsonder in figuur 2.4) en over individuele terugtrekking als we de internationalisering verminderen (linksonder in figuur 2.4).

Bron: bewerking van Turner en Gardiner, 2007; Financieel jaarverslag 2007 van BT.

2.5.2 Belemmeringen voor het verdere internationaliseringsproces

Kritieke belemmeringen voor het internationaliseringsproces kunnen over het algemeen in drie groepen ingedeeld worden: algemene marktrisico's, commerciële risico's en politieke risico's.

Algemene marktrisico's

Dit zijn onder andere:
- de relatieve afstand tot de markt;
- concurrentie van andere bedrijven op buitenlandse markten;
- verschillen in productgebruik op buitenlandse markten;
- taal- en cultuurverschillen;
- problemen met het vinden van de juiste distributeur op de buitenlandse markten;
- verschillen in productspecificaties op buitenlandse markten;
- de complexiteit van verscheping naar overzeese klanten.

Commerciële risico's

De volgende risico's vallen in deze categorie:
- schommelingen in de wisselkoers als contracten in buitenlandse valuta worden opgesteld;
- exportklanten die niet voor de geleverde producten betalen als gevolg van onenigheid over het contract, faillissement, weigering het product te accepteren of fraude;
- vertraging van het verscheping- en distributieproces en/of schade die het product tijdens dat proces oploopt;
- problemen met het verkrijgen van financiering voor de export.

Politieke risico's

Politieke risico's die het gevolg zijn van inmenging door de overheid van het eigen land of het gastland zijn onder andere:
- restricties door buitenlandse overheden;
- het nationale exportbeleid;
- door buitenlandse overheden opgelegde deviezenreglementering die het buitenlandse klanten moeilijker maakt betalingen te doen;
- gebrek aan overheidssteun bij het overwinnen van exportbelemmeringen;
- gebrek aan belastingprikkels voor bedrijven die exporteren;
- de hoge waarde van de binnenlandse valuta in vergelijking met die van exportmarkten;
- hoge buitenlandse invoerrechten voor importproducten;
- verwarrende buitenlandse importregels en –procedures;
- de complexiteit van de handelsdocumentatie;
- de handhaving van nationale wetten met betrekking tot de exportregulering;
- burgerlijke onlusten, revolutie en oorlogen die buitenlandse markten ontwrichten.

Op het belang van deze risico's moet niet te veel nadruk worden gelegd; er zijn verschillende strategieën waarmee exporteurs deze risico's kunnen beheersen, waaronder de volgende:
- vermijd de export naar hoogrisicomarkten;
- diversifieer de buitenlandse markten en zorg ervoor dat het bedrijf niet te afhankelijk is van één land;
- verzeker je waar mogelijk tegen risico. Overheidsregelingen zijn vooral aantrekkelijk;
- zorg ervoor dat de klant bij de export het meeste risico draagt. Stel bijvoorbeeld prijzen in harde valuta en vraag de klant vooruit te betalen.

In Fillis (2002) geeft meer dan een derde van de exporterende bedrijven aan dat ze problemen tegenkwamen toen ze eenmaal tot exportmarkten waren toegetreden. Het meest voorkomende probleem was de keuze van een betrouwbare distributeur, gevolgd door problemen bij het promoten van het product en het evenaren van de prijzen van concurrenten.

Samenvatting

Dit hoofdstuk geeft een overzicht van het proces dat aan de invoering van internationalisering voorafgaat. Als eerste zijn de belangrijkste motieven voor bedrijven om de internationale markt op te gaan besproken. Deze motieven zijn in twee categorieën ondergebracht: proactieve en reactieve motieven. Proactieve motieven zijn interne stimulansen voor het veranderen van de bedrijfsstrategie, gebaseerd op de interesse van een bedrijf om te profiteren van unieke competenties of marktmogelijkheden. Reactieve motieven zijn een weerspiegeling van de manier waarop bedrijven reageren op druk en bedreigingen die ze op de binnenlandse markt of buitenlandse markten ervaren en hun passieve aanpassing aan deze druk en bedreigingen.

Wil internationalisering kunnen plaatsvinden, dan moet iets of iemand (triggers) binnen of buiten het bedrijf dit proces starten en uitvoeren. Om in internationale marketing succesvol te zijn, moeten bedrijven exportbelemmeringen overwinnen. Sommige belemmeringen zijn vooral van invloed op de start van het exportproces, terwijl andere bedrijven juist tijdens dit proces problemen tegenkomen.

Discussievragen

1. Exportmotieven kunnen reactief en proactief zijn. Geef voorbeelden van elke groep. Aan welke motieven zou je prioriteit geven? Kun je andere motieven bedenken dan degene die in het hoofdstuk genoemd zijn? Welke zijn dat?
2. Wat wordt bij Internationale marketing bedoeld met 'veranderingsinstrumenten'? Geef voorbeelden van verschillende soorten veranderingsinstrumenten.
3. Bespreek de meest kritieke belemmeringen voor het exportproces.
4. Wat waren de belangrijkste veranderingsinstrumenten bij de internationalisering van Haier (voorbeeld 2.2)?
5. Wat waren de belangrijkste exportmotieven voor Japanse bedrijven (voorbeeld 2.1)?

Competentietraining

1. Ga na bij een bedrijf welke activiteiten dit bedrijf inzet om zijn internationale ambitie vorm te geven. Denk hierbij aan R&D, productie, verkoop of andere *key drivers* van de organisatie.
2. Benader een bedrijf en analyseer hun belangrijkste motieven om met export te beginnen.
3. Ga bij het bedrijf dat je voor vraag 3 hebt benaderd na of de internationale kans een innovatie was.
4. Vorm een werkgroep en benader een drietal bedrijven die internationaal actief zijn. Vraag het management welke belemmeringen zij hebben ervaren om te internationaliseren.

Casestudy 2.1 — Hollandia Matzes kijkt verder dan de verzadigde Nederlandse markt

Hollandia Matzes is in 1933 opgericht door de familie Woudstra. Drie generaties wisten het bedrijf beetje bij beetje uit te bouwen, totdat in 2004 het marketingduo Pieter Heijs en Udo Karsemeijer na een grondig boekenonderzoek besloot de firma te kopen.

Ze kwamen niet in een gespreid bedje terecht. 'De fabriek liep qua automatisering en professionalisering achter,' legt Karsemeijer uit. 'We moesten veel werk verzetten om de bedrijfsvoering op een moderne manier in te richten.'

Vraag een Nederlander waar hij denkt dat matses van Hollandia gemaakt worden en hij zal Amsterdam antwoorden. Ook heeft het bedrijf in de beleving van velen minstens twee fabrieken en is het een volbloed dochter van een groot concern. Unilever bijvoorbeeld. De directie van Hollandia kan hartelijk lachen om de uitkomsten van het recentelijk gehouden merkonderzoek. Feit is dat de twee directeuren – Udo Karsemeijer en zakenpartner Pieter Heijs – leidinggeven aan een onafhankelijke firma, met slechts een enkele fabriek in Enschede.

In Nederland brengt Hollandia alleen matses en toastjes op de markt, zien de entrepreneurs een verzadigde markt, maar het management heeft plannen om verder te kijken. 'We zijn hier klaar,' zegt Heijs, de commerciële man binnen de tweekoppige directie. Een uitstap naar België werd een mislukking, maar afzetmarkten in zowel Duitsland als Scandinavië lonken. In Duitsland zien de ondernemers in de aangrenzende Duitse deelstaten een groeimarkt voor biologische producten en mogelijk kan er in Scandinavië een markt voor een nieuw gezond product ontgonnen worden.

Jaarlijks verkoopt Hollandia Matzes, in de supermarkt herkenbaar aan de oranjebruine zeshoekige verpakking, in Nederland 36 miljoen platte, ongegiste crackers. Daarbuiten nog eens 4 miljoen stuks, want het bedrijf is de hoofdleverancier van vele joodse gemeenschappen in verscheidene Europese steden. 'Toch worden matses in Nederland voor het merendeel door niet-joden gegeten,' benadrukt Heijs, die net als zijn partner zelf geen religieuze binding heeft met het product. 'Het is een recept van bloem en water, eigenlijk niets bijzonders.'

De eigenaren en foodveteranen zijn trots op wat ze het 'kleinste A-merk van Nederland' noemen. Enige jaren geleden kwam Heijs en Karsemeijer ter ore dat de toenmalige eigenaren van Hollandia een overnamekandidaat voor het concern zochten, wat voor de ondernemers reden was een bod te doen op het traditionele familiebedrijf. De ondernemers zochten naar een geschikte overnamekandidaat om hun visie (kleine merken vernieuwen) te verwezenlijken.

'Veranderingen binnen Hollandia hebben tot een aantal kleine productdifferentiaties geleid,' vertelt Karsemeijer, terwijl hij naar de doosjes matses op tafel wijst. Naast de nieuwe doosjes met biologische matses voor de Duitse markt staat een pakje matsestoastjes. 'Dit zijn de enige zaken die we in vijf jaar tijd aangepast hebben,' bezweert Karsemeijer, die de dagelijkse leiding heeft over het productieproces.

De laatste jaren is het bedrijf vooral bezig de mogelijkheden over de grens te onderzoeken. Zo werd enkele jaren geleden gedacht dat het bedrijf de matses ook in België zou kunnen verkopen, maar dat bleek in de praktijk fors tegen te vallen.

'We wilden naast de vaste afzet binnen Europa ook groei bewerkstelligen. België leek een uitgelezen keuze,' vertelt Heijs. Hollandia legde contact met een handelsagent, maar kwam van een koude kermis thuis. Heijs: 'Het verkocht niet omdat het merk daar totaal onbekend is.' Hollandia stelde vast dat België wel een uitdaging blijft, maar ziet door de factor tijd af van een grootschalige marktintroductie.

Het buitenland bleef lonken. 'We zijn nu bezig met de verkoop van matses in de Duitse deelstaten Noord-Rijnland-Westfalen en Nedersaksen,' zegt Heijs en hij legt uit dat het bedrijf 'op safe' speelt door te kiezen voor een relatief bekende, aangrenzende markt en inspeelt op een constante groeifactor binnen de Duitse foodsector, namelijk biologisch voedsel. Karsemeijer: 'Eigenlijk is het enige verschil dat de biologische bloem die we gebruiken voor het mengsel van een andere leverancier komt.'

Een ander verhaal is de Scandinavische markt, waarop Hollandia zich komende jaren wil richten. Hier mikken de twee op de verkoop van biologische crackers met spelttarwe, een ouderwetse bloemsoort die vooral in Scandinavische landen populariteit geniet. 'Ze weten daar dat spelt een stuk gezonder is,' aldus Heijs, die in de Noord-Europese landen veel potentie ziet.

Udo Karsemeijer en Pieter Heijs hebben ambitie in het buitenland, maar weten ook wat ze niet kunnen. De directeuren realiseren zich terdege dat je als klein bedrijf geen blik reclamegeld kunt opentrekken, 'maar doordat je slechts één product aanbiedt, leer je goed te focussen'.

Bron: Bewerking uit *Het Financieele Dagblad* mei 2009

Vragen

1. Geef aan op welke wijze Hollandia Matzes gebruikmaakt van diverse kanalen om de export te bewerkstellingen.
2. Welke nieuwe markt wil Hollandia Matzes de komende jaren gaan aanboren?
3. Welk marketingaspect wordt gebruikt in de strategie om de doelmarkt zoals in vraag 2 omschreven te bereiken?

3

Internationaliseringstheorieën

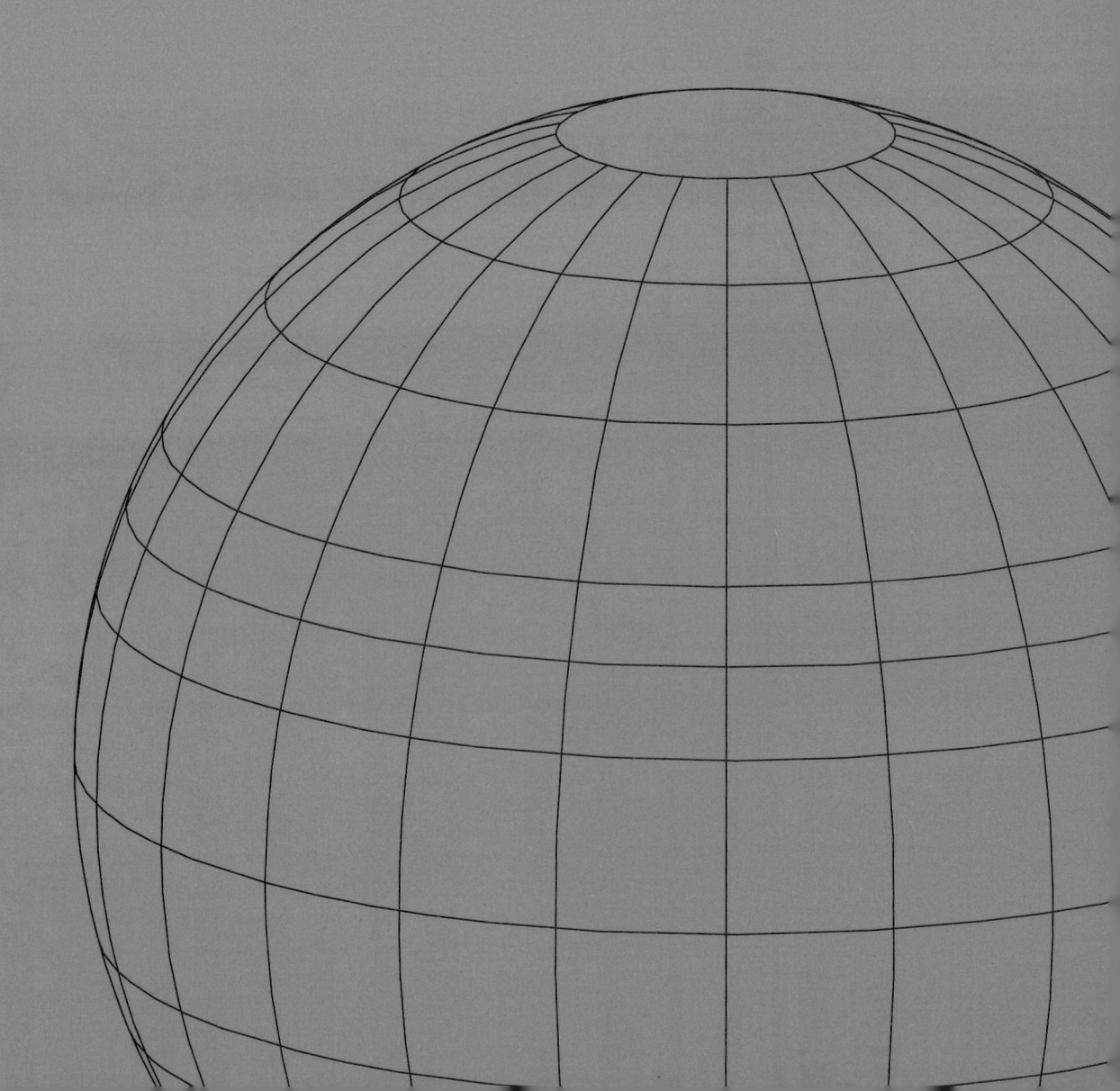

Hoofdstuk 3 INTERNATIONALISERINGSTHEORIEËN

Leerdoelen

Na het bestuderen van dit hoofdstuk moet je in staat zijn het volgende te doen:

- De drie theorieën over het internationaliseringsproces van bedrijven analyseren en met elkaar vergelijken:
  1. het Uppsala-internationaliseringsmodel
  2. de transactiekostentheorie
  3. het netwerkmodel.
- Uitleggen wat de belangrijkste bepalende factoren voor het internationaliseringsproces van MKB-bedrijven zijn.
- De verschillende factoren bespreken die de internationalisering van diensten beïnvloeden.
- De relevantie van het netwerkmodel voor MKB-bedrijven die als toeleveringsbedrijf dienen, uitleggen en bespreken.
- De term *born global* en de relatie met internetmarketing uitleggen.

3.1 Inleiding

We hebben de belemmeringen voor het invoeren van internationalisering in hoofdstuk 2 besproken. Dit hoofdstuk beginnen we met de verschillende theoretische benaderingen van internationale marketing en we bespreken vervolgens een van deze theorieën nader in paragraaf 3.2.

3.1.1 De historische ontwikkeling van de internationalisering

Veel van de vroege literatuur over internationalisering is gebaseerd op algemene marketingtheorieën. Later ging het bij internationalisering over de keuze tussen export en directe buitenlandse investeringen (DBI). De afgelopen tien tot vijftien jaar is veel aandacht geschonken aan internationalisering in netwerken waarbij bedrijven verschillende relaties hebben, niet alleen met klanten maar ook met andere bedrijven in hun omgeving.

De traditionele marketingbenadering

De penrosiaanse traditie (Penrose, 1959; Prahalad en Hamel, 1990) is een weergave van de traditionele gerichtheid van marketing op de kerncompetenties van bedrijven en kansen in het buitenland.

Volgens deze traditie, met haar op kosten gerichte visie, moeten bedrijven een 'compenserend voordeel' hebben om de 'kosten van uitbreiding naar het buitenland' (Kindleberger, 1969; Hymer, 1976) te compenseren. Dit leidde ertoe dat technologische vaardigheden en marketingvaardigheden werden beschouwd als de sleutelfactoren voor een succesvolle toetreding tot buitenlandse markten.

Het levenscyclusconcept voor internationale handel

In de productcyclushypothese van Vernon (1966) werden opeenvolgende manieren van internationalisering geïntroduceerd, waarbij bedrijven door een exportfase heen gaan voordat ze eerst overschakelen naar DBI om markten te zoeken en daarna naar kostengeoriënteerde DBI. Een combinatie van technologie- en marketingfactoren leidt tot standaardisering die bepalend is bij beslissingen over productielocatie.

Volgens Vernons hypothese staan producenten in 'geavanceerde landen' (GL) dichter bij de markten dan producenten elders, wat betekent dat de eerste productiefaciliteiten voor deze producten in GL gevestigd zullen worden. Naarmate de vraag toeneemt, vindt gewoonlijk een bepaalde mate van standaardisering plaats. Schaalvoordeel, behaald door massaproductie, wordt belangrijker. Bezorgdheid over productaanpassingen maakt plaats voor bezorgdheid over productiekosten. Als producten gestandaardiseerd zijn, kunnen minder ontwikkelde landen (MOL) als productielocaties concurrentievoordeel opleveren. Een voorbeeld hiervan is de verschuiving van productielocaties voor pc's van GL naar MOL.

Vaak zien we dat deze minder ontwikkelde landen vooral op de factor arbeid, met name loonkosten, of minder stringent ontwikkelde regelgeving kunnen concurreren.

Het Uppsala-internationaliseringsmodel

HET UPPSALA-INTERNATIONALISERINGSMODEL
In kleine, oplopende stapjes gaan bedrijven met steeds meer markten een verbintenis aan; bedrijven kiezen steeds meer geografische markten met een kleine mentale afstand en toetredingsmethoden met weinig extra risico.

Volgens dit Scandinavische toetredingsmodel verloopt internationalisering volgens een stapsgewijs toetredingspatroon tot opeenvolgende buitenlandse markten dat gepaard gaat met een toenemende verdieping van de verbintenis met elke markt. Die groeiende verbintenis is zeer belangrijk in het denken van de Uppsala-school (Johanson en Wiedersheim-Paul, 1975; Johanson en Vahlne, 1977). De belangrijkste consequentie van dit Uppsala-internationaliseringsmodel is dat bedrijven hun verbintenis met buitenlandse markten meestal versterken naarmate hun ervaring toeneemt. Zie ook paragraaf 3.2.

De transactiekostenbenadering

De transactiekostenbenadering vindt haar oorsprong in het vakgebied van de bedrijfseconomie. Hierbij inventariseren organisaties vooraf de kosten die worden gemaakt om een contact tot stand te brengen en de kosten die achteraf moeten worden gemaakt om het contact te behouden.

In het begin van de jaren 1970 werden tussenliggende vormen van internationalisering, zoals licentieverlening, niet interessant gevonden. Buckley en Casson (1976) verbreedden de keuze door licentieverlening te zien als een manier om klanten in het buitenland te bereiken. Maar volgens hen gaven multinationale bedrijven er doorgaans de voorkeur aan transacties te 'internaliseren' door middel van directe investeringen in plaats van licenties te verlenen voor hun capaciteit. Tot het midden van de jaren 1980 werden joint ventures niet expliciet gerekend tot het spectrum van verantwoorde keuzen die bedrijven konden maken (Contractor en Lorange, 1988; Kogut, 1988).

De gerichtheid van Buckley en Casson op marktgebaseerde (externalisering) in plaats van bedrijfsgebaseerde (internalisering) oplossingen benadrukt het strategische belang van licentieverlening bij markttoetreding. Bij internationalisering spelen twee beslissingen die onderling afhankelijk zijn: locatie en beheerwijze.

Het internaliseringsperspectief is nauw verbonden met de transactiekostentheorie (Williamson, 1975). Bij de internaliseringstheorie is de paradigmatische vraag: als een bedrijf besluit tot een buitenlandse markt toe te treden, moet het dat dan doen door middel van internalisering binnen zijn eigen grenzen (een dochtermaatschappij) of door een vorm van samenwerking met een externe partner (externalisering)? Bij zowel het internaliserings- als het transactiekostenperspectief gaat het erom de transactiekosten en de omstandigheden die aan marktfalen ten grondslag liggen zo veel mogelijk te beperken. De intentie is om de kenmerken van een transactie te analyseren en zodoende de meest efficiënte wijze van uitvoering vast te stellen, dat wil zeggen die met de laagste transactiekosten. De internaliseringstheorie kan gezien worden als de transactiekostentheorie voor multinationals (Rugman, 1986; Madhok, 1998).

De eclectische aanpak van Dunning

In zijn eclectische Eigendom-Locatie-Internalisatieraamwerk bespreekt Dunning (1988) het belang van locatievariabelen bij beslissingen over investering in het buitenland. Het raamwerk is 'eclectisch' omdat Dunning vindt dat de transnationale activiteiten van bedrijven alleen aan de hand van verschillende economische theorieën uitgelegd kunnen worden. Volgens Dunning neemt de kans dat een bedrijf zich met buitenlandse productie gaat bezighouden toe als aan de volgende drie voorwaarden wordt voldaan:
1. Eigendomsvoordelen: een bedrijf dat productiefaciliteiten in het buitenland heeft, heeft grotere eigendomsvoordelen dan bedrijven uit andere landen. Deze 'voordelen' kunnen de vorm hebben van immateriële vaste activa, zoals knowhow.
2. Locatievoordelen: het moet winstgevend zijn voor het bedrijf om deze productiefactoren (arbeid, energie, materialen, onderdelen, transport en communicatiekanalen) op buitenlandse markten te gebruiken. Zo niet, dan zouden de buitenlandse markten gebaat zijn bij export.
3. Internaliseringsvoordelen: het moet meer dan winstgevend voor het bedrijf zijn om zijn voordelen te benutten in plaats van deze, of het recht ze te gebruiken, aan een buitenlands bedrijf te verkopen.

De netwerkbenadering

Bij de netwerkbenadering wordt aangenomen dat het internationale bedrijf niet als een op zichzelf staand iets geanalyseerd kan worden, maar gezien moet worden in relatie tot andere deelnemers aan de internationale omgeving. Het individuele bedrijf is afhankelijk van middelen die door anderen worden beheerd. De relaties van een bedrijf binnen een binnenlands netwerk kunnen als verbinding naar andere netwerken in andere landen worden gebruikt (Johanson en Mattson, 1988).

Het verschil tussen 'culturele afstand' en 'mentale afstand'

MENTALE AFSTAND
Verschillen in taal, cultuur en politiek systeem die de informatiestroom tussen bedrijven en markten verstoren.

Culturele afstand (gebruikt in hoofdstuk 6) verwijst naar het (macro)culturele niveau van een land en wordt omschreven als de mate waarin de (feitelijke) culturele waarden in het ene land verschillen van die in een ander land, dat wil zeggen de 'afstand' tussen landen.

Mentale afstand (in dit hoofdstuk gebruikt) kan omschreven worden als het beeld dat individuele managers hebben van de verschillen tussen de binnenlandse en buitenlandse markt; dit is een zeer subjectieve interpretatie van de werkelijkheid. Mentale afstand kan daarom niet gemeten worden aan de hand van feitelijke indicatoren, zoals publiekelijk beschikbare statistieken over onderwijsniveau, godsdienst, taal enzovoort. Voor managers is het belangrijk onderscheid tussen deze twee concepten te maken. Door mentale afstand op individueel niveau te bepalen, kunnen de juiste stappen ondernomen worden om de mentale afstand van managers ten opzichte van buitenlandse markten te verkleinen (Sousa en Bradley, 2005, 2006).

3.2 Het Uppsala-internationaliseringsmodel

3.2.1 Het fasemodel

In de jaren 1970 richtte een aantal Zweedse onderzoekers verbonden aan de Universiteit van Uppsala (Johanson en Wiedersheim-Paul, 1975; Johanson en Vahlne, 1977) hun aandacht op het internationaliseringsproces. Door de internationalisering van Zweedse productiebedrijven te bestuderen, ontwierpen ze een model voor de marktkeuze die bedrijven maken als ze de buitenlandse markt opgaan en de toetredingsmethode die ze kiezen. Hun werk werd beïnvloed door het oorspronkelijke onderzoek van Aharoni (1966).

Met deze fundamentele aannames in het achterhoofd interpreteerden de onderzoekers uit Uppsala de patronen in het internationaliseringsproces die ze bij Zweedse productiebedrijven hadden gezien. Allereerst was hun opgevallen dat bedrijven hun activiteiten in het buitenland op vrij nabijgelegen markten leken te beginnen en slechts geleidelijk aan verderaf gelegen markten penetreerden. Ten tweede leken bedrijven door export tot nieuwe markten toe te treden. Het kwam maar zelden voor dat bedrijven met eigen verkooporganisaties of dochtermaatschappijen tot nieuwe markten toetraden. Pas na enkele jaren naar dezelfde markt geëxporteerd te hebben, startten bedrijven er operaties die ze zelf in handen hadden of waarin ze een meerderheidsaandeel hadden.

Johanson en Wiedersheim-Paul (1975) maken onderscheid tussen vier verschillende methoden om tot een internationale markt toe te treden, waarbij de opeenvolgende fasen staan voor een hogere mate van internationale betrokkenheid/marktverbintenis.

- Fase 1: geen regelmatige exportactiviteiten (sporadische export).
- Fase 2: export via onafhankelijke vertegenwoordigers (exportmethoden).
- Fase 3: oprichting van een buitenlandse dochteronderneming voor de verkoop.
- Fase 4: buitenlandse productie-/fabricagefaciliteiten.

De aanname dat de internationalisering van een bedrijf zich stap voor stap ontwikkelt, werd aanvankelijk ondersteund door bewijs uit een casestudy over vier Zweedse bedrijven. De volgorde van de fasen was beperkt tot een specifieke markt. Deze marktverbintenis is te zien in figuur 3.1.

Het concept 'marktverbintenis' omvat twee factoren – de hoeveelheid toegewezen middelen en de mate van verbintenis. De hoeveelheid middelen zou geoperationaliseerd kunnen worden als de omvang van de investering in de markt (marketing, organisatie, personeel enzovoort), en de mate van verbintenis verwijst naar de moeite die het kost een andere aanwending voor de middelen te vinden en de middelen naar deze 'andere aanwending' over te brengen.

Om internationaal actief te kunnen zijn, hebben bedrijven algemene en marktspecifieke kennis nodig. Marktspecifieke kennis wordt voornamelijk opgedaan door ervaring op de markt, terwijl operationele kennis van het ene land naar het andere overgedragen kan worden. Dit laatste zal de geografische diversificatie in figuur 3.1 vergemakkelijken. Geponeerd wordt dat er een direct verband bestaat tussen marktkennis en marktverbintenis: kennis kan gezien worden als een dimensie van het menselijk kapitaal. Hoe groter de kennis over een markt is, hoe waardevoller de middelen zijn en hoe sterker de verbintenis met de markt.

Figuur 3.1 laat zien dat marktverbintenis in de regel in kleine oplopende stapjes groeit, zowel qua marktverbintenis als geografisch gezien. Er zijn echter drie uitzonderingen. Ten eerste ondervinden bedrijven die veel middelen hebben weinig gevolgen van hun verbintenissen en kunnen ze dus grotere internationaliseringsstappen zetten. Ten tweede kan relevante marktkennis op andere manieren dan door ervaring worden opgedaan als de marktomstandigheden stabiel en homogeen zijn. Ten derde kunnen bedrijven die veel ervaring met markten met soortgelijke omstandigheden hebben deze ervaring veralgemeniseren en toepassen op welke markt dan ook (Johanson en Vahlne, 1990).

Bedrijfsvorm / Markt (land)	Geen regelmatige export (sporadische export)	Onafhankelijke vertegenwoordigers (exportmethoden)	Buitenlandse verkoopmaatschappij	Buitenlandse productie- en verkoopmaatschappijen
			DBI (directe buitenlandse investering)	
	Increasing market commitment →			
Markt A				
Markt B				
Markt C				
Markt D				
...				
Markt N				

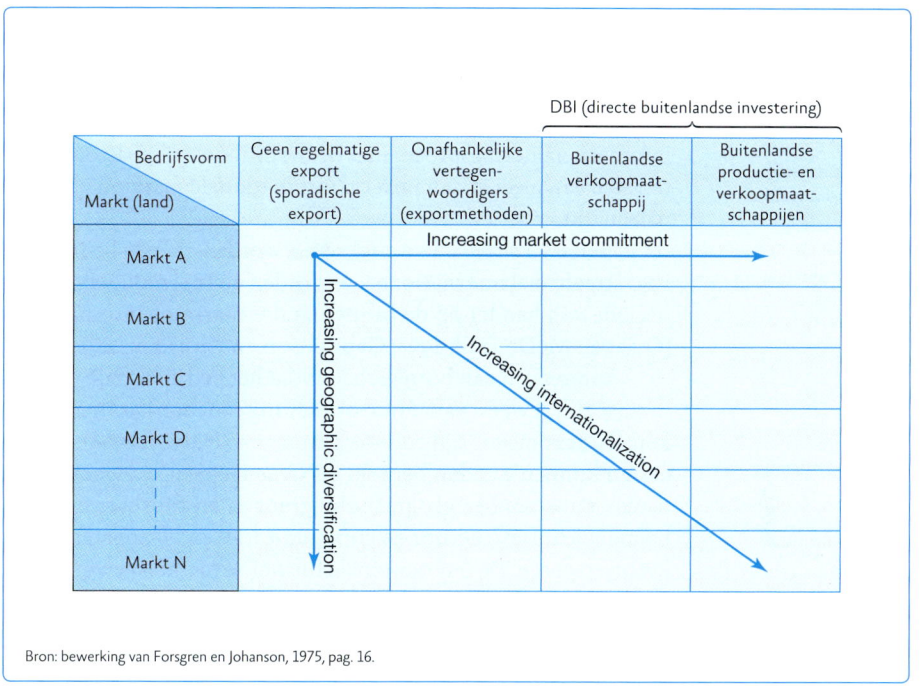

(Increasing geographic diversification ↓ / Increasing internationalization ↘)

Bron: bewerking van Forsgren en Johanson, 1975, pag. 16.

Figuur 3.1: De internationalisering van een bedrijf: een stapsgewijze (organische) benadering

De geografische dimensie in figuur 3.1 laat zien dat bedrijven tot nieuwe markten met een steeds grotere mentale afstand toetreden. Mentale afstand wordt gedefinieerd aan de hand van factoren als verschil in taal, cultuur en politiek systeem, die de informatiestroom tussen het bedrijf en de markt verstoren. Daarom gaan bedrijven die willen internationaliseren naar markten die ze het gemakkelijkst kunnen begrijpen. Daar zien ze kansen, en daar is de vermeende marktonzekerheid laag (Brewer, 2007).

Het oorspronkelijke fasemodel is uitgebreid door Welch en Loustarinen (1988), die met zes dimensies van internationalisering werken:
1. *Verkoopobjecten* (wat?): goederen, diensten, knowhow en systemen.
2. *Operationele methoden* (hoe?): agenten, dochterondernemingen, licenties, franchising.
3. *Markten* (waar?): verschillen qua politiek, cultuur en mentale en fysieke afstand tussen markten.
4. *Organisatiestructuur*: exportafdeling, internationale divisie.
5. *Financiën*: beschikbaarheid van internationale geldbronnen om de internationale activiteiten te ondersteunen.
6. *Personeel*: internationale vaardigheden, ervaring en training.

3.3 Born globals

3.3.1 Inleiding

BORN GLOBAL
Een bedrijf dat vanaf zijn 'geboorte' snel mondialiseert zonder dat daar een lange periode van internationalisering aan voorafgaat.

De laatste paar jaar is uit onderzoek gebleken dat een toenemend aantal bedrijven in hun internationaliseringsproces niet het traditionele fasepatroon volgden. Integendeel: ze richten zich van meet af aan juist op internationale markten of misschien zelfs de internationale markt.

Een *born global* kan omschreven worden als 'een bedrijf dat er vanaf zijn oprichting naar streeft snel internationaal te worden en snel mondialiseert zonder dat daar een lange periode van handel op de binnenlandse markt of internationalisering aan voorafgaat' (Oviat en McDougall, 1994; Gabrielsson en Kirpalani, 2004).

Interessant aan born globals is dat het bedrijven zijn die door tijd-ruimtecompressie in staat zijn geweest vanaf hun oprichting een internationaal geografisch gebied te bestrijken. Dit fenomeen, 'tijd-ruimtecompressie' (Harvey, 1996), betekent dat geografische processen kunnen worden beperkt en samengeperst tot wereldwijde handel en informatie-uitwisseling zonder geografische grenzen en tijdsbarrières. Voorwaarde is wel dat de benodigde infrastructuur en communicatie- en IT-apparatuur aanwezig is, net als vakbekwame mensen. De internationale financiële markt is een goed voorbeeld van dit fenomeen (Törnroos, 2002).

Oviatt en McDougall (1994) verdelen born globals (of 'internationale nieuwe ondernemingen', zoals zij ze noemen) in vier verschillende categorieën, afhankelijk van het aantal verrichte waardeketenactiviteiten en het aantal betrokken landen. Zo maken ze onderscheid tussen het 'opstarten van import-/exportactiviteiten' en het 'opstarten van internationale activiteiten', omdat dit laatste – in tegenstelling tot bij het eerste – vele activiteiten betreft die landenbreed gecoördineerd worden.

Born globals zijn doorgaans MKB-bedrijven met minder dan vijfhonderd werknemers en een jaaromzet van minder dan honderd miljoen dollar die zich verlaten op de nieuwste technologie voor de ontwikkeling van relatief unieke product- of procesinnovaties. Maar het kenmerk dat born globals het meest van andere bedrijven onderscheidt, is dat ze meestal geleid worden door visionaire ondernemers die vanaf de oprichting van hun bedrijf de wereld als één grote markt zonder grenzen zien. Born globals zijn kleine, op technologie gerichte bedrijven die vanaf hun oprichting op internationale markten opereren. Er is steeds meer bewijs dat in vele landen van de ontwikkelde wereld born globals opduiken.

Meer recentelijk is het concept *born-again global firms* geïntroduceerd; dit zijn bedrijven die al lang bestaan en zich voorheen op de binnenlandse markt richtten maar zich nu toeleggen op een snelle internationalisering (Bell et al., 2001). Bovendien zijn er blijkbaar ook *true-born globals* (bedrijven die zich richten op zowel dichtbij- als verafgelegen markten) en *born-globals* oftewel *born-internationals* (bedrijven die zich voornamelijk op dichtbijgelegen markten richten) (Kuivalainen et al., 2007).

Het born global-fenomeen vormt een nieuwe uitdaging voor de traditionele theorieën over internationalisering.

3.1.2 Born globals stellen traditionele theorieën op de proef

Born globals kunnen lijken op de 'late starter' of de 'internationale onder de anderen' (Johanson en Mattson, 1988). In het laatste geval zijn zowel de omgeving als het bedrijf sterk geïnternationaliseerd. Johanson en Mattson (1988) wijzen erop dat de internationaliseringsprocessen van bedrijven onder geïnternationaliseerde marktomstandigheden veel sneller verlopen, onder andere omdat de behoefte aan coördinatie en integratie over grenzen heen groot is. Omdat relevante partners/distributeurs vaak op naburige markten bezig zijn, kiezen bedrijven niet per definitie een markt volgens het principe van de 'kringen in het water'. Ook hoeft hun 'vestigingsketen' niet het traditionele patroon te volgen, omdat strategische allianties, joint ventures enzovoort veel meer voorkomen; de bedrijven zoeken partners met vaardigheden en middelen die die van hen aanvullen. Met andere woorden: op geïnternationaliseerde markten verloopt het internationaliseringsproces van bedrijven veel individueler en situatiespecifieker.

Internationale sourcingactiviteiten en netwerken die landsgrenzen overschrijden, zijn kenmerkend voor veel sectoren. Het gevolg is dat innovatieve producten heel snel naar nieuwe markten overal ter wereld verspreid kunnen worden omdat de behoeften en wensen van klanten meer homogeen worden. Vandaar dat de internationaliseringsprocessen van toeleveringsbedrijven heel verschillend kunnen verlopen en kunnen afwijken van de fasemodellen. Met andere woorden: door de nieuwe marktomstandigheden worden de bedrijven snel vele markten binnen getrokken. Ook de financiële markten zijn internationaal geworden, wat betekent dat ondernemers in welk land dan ook overal ter wereld financiële middelen kunnen proberen te verkrijgen.

In het geval van born globals kunnen we zeggen dat de achtergrond van de beslissingnemer (de oprichter) een grote invloed heeft op het internationaliseringspad dat wordt gevolgd (Freeman en Cavusgil, 2007). Marktkennis, het persoonlijke netwerken van de ondernemer of internationale contacten en ervaring uit eerdere banen, relaties en opleidingen zijn voorbeelden van internationale vaardigheden die zijn opgedaan vóór de oprichting van het bedrijf. Factoren als onderwijs, ervaring opgedaan door wonen in het buitenland, ervaring opgedaan uit andere internationaal gerichte banen enzovoort hebben invloed op hoe de oprichter van een bedrijf denkt, en maken de mentale afstand tot specifieke productmarkten veel kleiner. De ervaring en kennis die de oprichter eerder heeft opgedaan, zorgen ervoor dat het netwerk over landsgrenzen wordt uitgebreid en nieuwe bedrijfskansen worden gecreëerd (Madsen en Servais, 1997).

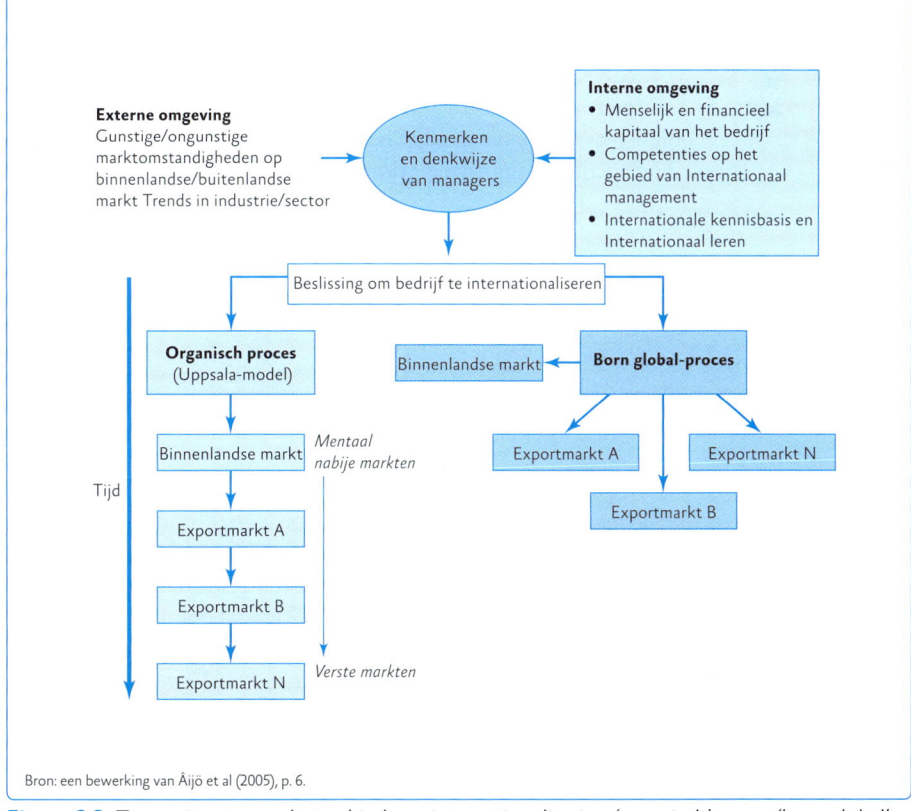

Figuur 3.2: Twee uitersten op het gebied van internationalisering: 'organisch' versus 'born global'

Vaak beheren born globals hun verkoop- en marketingactiviteiten via een gespecialiseerd netwerk waarbinnen ze partners zoeken die hun eigen competenties aanvullen; dit is nodig vanwege de beperkte middelen die ze hebben.

In veel opzichten zijn het langzame, organische proces (het Uppsala-model) en het versnelde born global-proces elkaars tegenovergestelde; ze bevinden zich aan de uiteinden van een spectrum (zie figuur 3.2). Het organische proces geeft de keuze internationalisering alleen te doen weer, terwijl het born global-proces gebaseerd is op verschillende soorten samenwerking en associaties die snelle groei en internationalisering gemakkelijker maken.

Ondanks de verschillen in tijdsbestek en noodzakelijke voorwaarden voor deze processen hebben alle modellen ook een aantal gemeenschappelijke kenmerken. Internationalisering wordt gezien als een proces waarbij kennis en leren hand in hand gaan, zelfs bij snelle internationalisering. In het verleden opgedane kennis draagt bij tot actuele kennis van het bedrijf. Bedrijven die het born global-proces willen doorlopen, hebben geen tijd om deze vaardigheden op de organische manier (binnen het bedrijf) te ontwikkelen; ze moeten ze vooraf hebben of in staat zijn ze onderweg te verwerven, bijvoorbeeld door samen te werken met andere bedrijven die deze aanvullende competenties al hebben.

Meestal moeten born globals een bedrijfsgebied kiezen dat homogeen is en waarvoor ze hun marketingmix maar heel weinig hoeven aan te passen. De redenering is dat, anders dan voor grote bedrijven, een multinationale aanpak voor deze kleine bedrijven niet mogelijk is, gewoon omdat ze wereldwijd niet voldoende operationele reikwijdte hebben. Ze zijn kwetsbaar omdat ze afhankelijk zijn van een enkel product (nichemarkt) dat ze eerst op leidende markten moeten zien te verkopen, ongeacht waar ter wereld die markten zich bevinden. De reden hiervoor is dat zulke markten de sleutel zijn tot brede en snelle markttoegang, wat belangrijk is omdat deze bedrijven meestal hoge vaste R&D-kosten hebben die gemaakt worden voordat er producten zijn verkocht. Omdat dit bij het kiezen van een beginmarkt de belangrijkste factor is, is de mentale afstand als marktselectiecriterium hierbij minder belangrijk. Als bedrijven willen overleven, moeten ze snel groeien om de beginkosten te dekken. Ten slotte hebben born globals doorgaans te maken met felle concurrentie en raken hun producten soms snel achterhaald (bijvoorbeeld in het geval van software). Als een bedrijf ten volle wil profiteren van het marktpotentieel dat het heeft als zijn 'internationale gouden kans' zich voordoet, kan het zijn dat het gedwongen is tegelijkertijd alle belangrijke markten te penetreren (Âijö et al., 2005).

Samenvatting

Born globals vormen een relatief nieuw onderzoeksgebied op het gebied van internationale marketing. Born globals delen een aantal fundamentele overeenkomsten: ze bezitten unieke kwaliteiten, richten zich op smalle internationale marktsegmenten, zijn sterk op de klant gericht, en de visie en de competenties van de ondernemer zijn van cruciaal belang. Als puntje bij paaltje komt, is internationaal opereren niet een optie maar een noodzaak voor deze bedrijven. Door hun internationale klanten en te kleine nationale/regionale marktsegmenten zijn ze gedwongen te mondialiseren. Dankzij de visie en competenties van hun ondernemers en een grondig besef van en gedegen kennis over hun concurrentievoordeel op buitenlandse markten kunnen ze hun directe internationale bereik behouden.

	Het Uppsala-internationaliseringsmodel	Transactiekosten-analysemodel	Netwerkmodel
Analyse-eenheid	Het bedrijf	De transactie of reeks transacties	Een veelvoud aan interorganisationele relaties tussen bedrijven. Bedrijven tussen een groep bedrijven en andere groepen bedrijven
Fundamentele aannames over het gedrag van bedrijven	Het model is gebaseerd op gedragstheorieën en een proces waarbij opeenvolgende beslissingen worden genomen, met weinig invloed van concurrerende marktfactoren. Een geleidelijk proces van leren door te doen, van eenvoudige export tot DBI (directe buitenlandse investeringen).	In de echte wereld bestaat er 'wrijving' (transactieproblemen) tussen koper en verkoper. Deze wrijving wordt hoofdzakelijk veroorzaakt door opportunistisch gedrag van managers ('het op slinkse wijze nastreven van eigenbelang').	De 'lijm' die het netwerk (de relaties) bij elkaar houdt, bestaat uit technische, economische, juridische en vooral persoonlijke banden. De persoonlijke invloed van managers op relaties is het sterkst in de beginfases van het vormen van relaties. Later in het proces worden routines en systemen belangrijker.
Verklarende variabelen die het ontwikkelingsproces beïnvloeden	De kennis/marktverbintenis van het bedrijf Mentale afstand tussen eigen land en de internationale markten van het bedrijf	Transactieproblemen en -kosten nemen toe wanneer transacties gekenmerkt worden door transactiespecifieke investeringen, onzekerheid en transactiefrequentie.	De individuele bedrijven zijn autonoom. Het individuele bedrijf is afhankelijk van middelen die door andere bedrijven beheerd worden. Bedrijfsnetwerken ontstaan op gebieden waar veelvuldig coördinatie tussen specifieke medespelers plaatsvindt en waar omstandigheden snel veranderen.
Normatieve implicaties voor internationale marketeers	Aanvullende marktverbintenissen moeten in kleine oplopende stapjes worden aangegaan: - Kies nieuwe geografische markten met een kleine mentale afstand van bestaande markten. - Kies een toetredingsmethode met weinig marginale risico's.	Onder de hierboven genoemde omstandigheden (dat wil zeggen exorbitant hoge transactiekosten) moeten bedrijven hun activiteiten internaliseren (dat wil zeggen de internationale marketingstrategie in volle dochterbedrijven toepassen). Algemeen gesproken zouden bedrijven de toetredingsmethode moeten kiezen waarbij de transactiekosten het laagst zijn.	De relaties van een bedrijf in een binnenlands netwerk kunnen als brug naar andere netwerken in andere landen worden gebruikt. Zulke directe of indirecte bruggen naar netwerken in verschillende landen kunnen belangrijk zijn bij het nemen van de eerste stappen naar het buitenland en bij de latere toetreding tot nieuwe markten. Soms kan een MKB-bedrijf gedwongen worden tot buitenlandse netwerken toe te treden, bijvoorbeeld als een klant eist dat het toeleveringsbedrijf (een MKB-bedrijf) hem naar het buitenland volgt.

Tabel 3.1: Samenvatting van het model waarmee het internationaliseringsproces van bedrijven uitgelegd kan worden

Discussievragen

1. Leg uit waarom internationalisering een doorgaand proces is dat voortdurend geëvalueerd moet worden.
2. Leg de belangrijkste verschillen uit tussen de drie internationaliseringstheorieën: het Uppsalamodel, de transactiekostentheorie en het netwerkmodel.
3. Wat wordt bedoeld met het concept 'psychologische' of 'mentale afstand'?

Competentietraining

1. Zoek contact met een bedrijf dat internationaal actief is en maak een analyse van het model dat dit bedrijf gebruikt bij internationalisering.
2. Welke conclusies kun je naar aanleiding van vraag 1 trekken?

Casestudy 3.1 — Het geheim van het succes in de bloemenbranche

Succesvolle innovatiebedrijven hebben een hogere kans om groeicijfers van 20 procent of meer te realiseren dan minder succesvolle. Dit blijkt uit onderzoek van de Keloog Graduate School of Management van North West University. Toch staan veel managers aarzelend tegenover innovatie. Dit wordt onder andere veroorzaakt door het vraagstuk dat een antwoord moet vinden op het omgaan met de onzekerheid van het toekomstig rendement: kortom het inschatten van het risico dat de innovatie met zich meebrengt.

Daarnaast is innovatie een langetermijnstrategie. Succesvol innoveren is het resultaat van bewuste bepaling van markteisen en behoeften, interne sterkten en vaardigheden om daarin te voorzien, en een gedisciplineerde benadering om hogere risico's te managen.

In Nederland heeft de bloemensector met zijn sterke oriëntatie op innovatie bewezen succesvol te kunnen zijn. De sector als geheel, van grondstofleverancier tot kassenbouwers.

Net als in andere sectoren is bekend dat de ontwikkelingen op het gebied van ICT enorme impact hebben gehad op de innovaties in de branche. Innovaties zijn gedoemd te mislukken wanneer zij niet aansluiten op de nadrukkelijke wens of latente behoefte van de afnemers (de markt) en met bestaande marktstructuren.

Marktonderzoek in de bloemensector wees uit dat de wensen van de afnemers/consumenten voornamelijk betrekking hebben op betere service, beter assortiment en kwaliteit, prijsstelling van het product. Een opiniepeiling over snijbloemen in Nederland toonde aan waar de sector onvoldoende presteerde. Dit hield in dat deze sector niet aan innovatie kon ontkomen. Niet de angst voor de dynamiek van de markt is de drijfkracht, maar de overtuiging dat innovatie, ondanks de risico's, de moeite loont. In dit kader heeft het vaasleven veel aandacht gekregen. Tien jaar geleden was het vaasleven van een roos gemiddeld zes dagen, maar tegenwoordig komt dit kengetal uit op tien tot twaalf dagen.

Ten dele komt dit door nieuwe, innovatieve teeltmethoden. Maar ook door het op de markt brengen van nieuwe variaties met lagere energiebehoeften, en een hogere weerstand tegen ziekten, die als effect hebben dat de teler een enorme kostenreductie tot stand kan brengen en uiteraard ook winst voor het milieu. Maar de vernieuwing stopt hier niet, want ook de resultaten van creatieve ingevingen van de ketenpartner zorgen voor innovaties. Zo komen rozen steeds vaker in een verpakking naar de veiling. Deze verpakking is bedrukt met de naam van de teler en moet worden gezien als brandinginstrument. Ook worden inmiddels initiatieven ontplooid om rozen in een totaalconcept, inclusief vaas, aan te bieden. Hiermee wordt ingespeeld op de trend die convenience shopping onder consumenten heeft genomen.

Een aantal factoren ligt ten grondslag aan het succes dat innovatie tot nu toe heeft geoogst in de bloemensector. Op de eerste plaats de gezonde coöperatieve houding tussen de ketenparticipanten. Vernieuwingen zullen om adoptie te bewerkstelligen altijd in hoge mate moeten aansluiten op de strategie en visie van de distributieketen. Ook is het directe nut en gemak van de innovatie voor de overige ketenparticipanten van groot belang. Een tweede factor die ertoe bijdraagt dat de druk om te innoveren wordt opgevoerd, is 'horizontale concurrentie'. In internationaal opzicht is het een strategische noodzaak om op continue basis nieuwe en vernieuwende concepten en producten te lanceren omdat in andere landen arbeids- en transportkosten vaak lager zijn. Een zoektocht naar nog meer efficiency of een betere aansluiting op de wensen van de afnemers is in dit geval onontkoombaar. Op nationaal niveau is de bloemensector zich bewust van het feit dat stilstand achteruitgang betekent, daar de innovaties elkaar in rap tempo opvolgen.

Verder is kenmerkend voor de bloemensector dat innovaties vaak geen direct doel van de innoverende partij dienen maar afnemersgedreven zijn. Hierdoor neemt de slagingskans van de beoogde innovatie toe. Ook het ondernemerschap is een succesfactor. De sector die in deze casus wordt beschreven, kenmerkt zich door een groot aantal relatief kleine familiebedrijven en daardoor zijn de beslissingsvaardigheid en innovatiekracht hoog. Een eventueel gebrek aan schaalgrootte en kapitaal wordt ruimschoots vergoed door de eerdergenoemde coöperatieve instelling. De in dit stuk behandelde factoren zijn duidelijk voedingsbodem voor een gezonde, toekomstgerichte en innovatieve sector.

Vragen

1. Wat waren de voornaamste uitkomsten uit het marktonderzoek dat de sector heeft gehouden?
2. Wat kun je vertellen over de marktstructuur en de distributieketen?
3. Wat zijn de succesfactoren van de branche?

4

Ontwikkeling van het internationale concurrentievermogen

Hoofdstuk 4 ONTWIKKELING VAN HET INTERNATIONALE CONCURRENTIEVERMOGEN

Leerdoelen

Na het bestuderen van dit hoofdstuk moet je in staat zijn het volgende te doen:

- Het concept 'internationaal concurrentievermogen' in een breder perspectief omschrijven, van macro- naar microniveau.
- De factoren die van invloed zijn op het internationale concurrentievermogen van bedrijven bespreken.
- Uitleggen hoe het traditionele, op concurrentie gebaseerde vijfkrachtenmodel van Porter uitgebreid kan worden tot een samenwerkingsmodel (vijfbronnenmodel).
- Het idee achter de 'concurrentiedriehoek' onderzoeken.
- De primaire bronnen van concurrentievoordeel analyseren.
- De stappen in concurrentiebenchmarking (concurrentieanalyse) nader verklaren.

4.1 Inleiding

In dit hoofdstuk komt aan de orde hoe bedrijven concurrentievoordeel op de internationale markt creëren en ontwikkelen. De ontwikkeling van het internationale concurrentievermogen van bedrijven vindt plaats in wisselwerking met de omgeving. Bedrijven moeten zich aan klanten, concurrenten en overheden kunnen aanpassen. Om in de internationale concurrentiearena mee te kunnen doen, moeten bedrijven een concurrentiebasis hebben gevormd die bestaat uit middelen, competenties en relaties met anderen in de internationale arena.

Om de ontwikkeling van het internationale concurrentievermogen binnen een bedrijf in een breder perspectief te kunnen begrijpen, volgt nu een model in drie fasen (figuur 4.1):

1. analyse van het nationale concurrentievermogen (het diamantmodel van Porter) – macroniveau;
2. analyse van de concurrentie in een sector (de vijf krachten van Porter) – mesoniveau;
3. waardeketenanalyse – microniveau:
    a. de concurrentiedriehoek
    b. benchmarking. Benchmarken is de methode waarbij de performance en activiteiten van de eigen organisatie met die van de concurrentie worden vergeleken. Hiertoe kan de onderneming producten, diensten en activiteiten, structuur en strategie vergelijken. De methode is gericht op winstpotentieel, productiviteit, groeipotentieel, innovatiepotentieel.

De analyse begint op macroniveau en gaat dan via het vijfkrachtenmodel van Porter door naar de concurrentiearena waarin het bedrijf zich bevindt. De analyse wordt afgesloten met een discussie over de vraag welke activiteiten/functies in de waardeketen

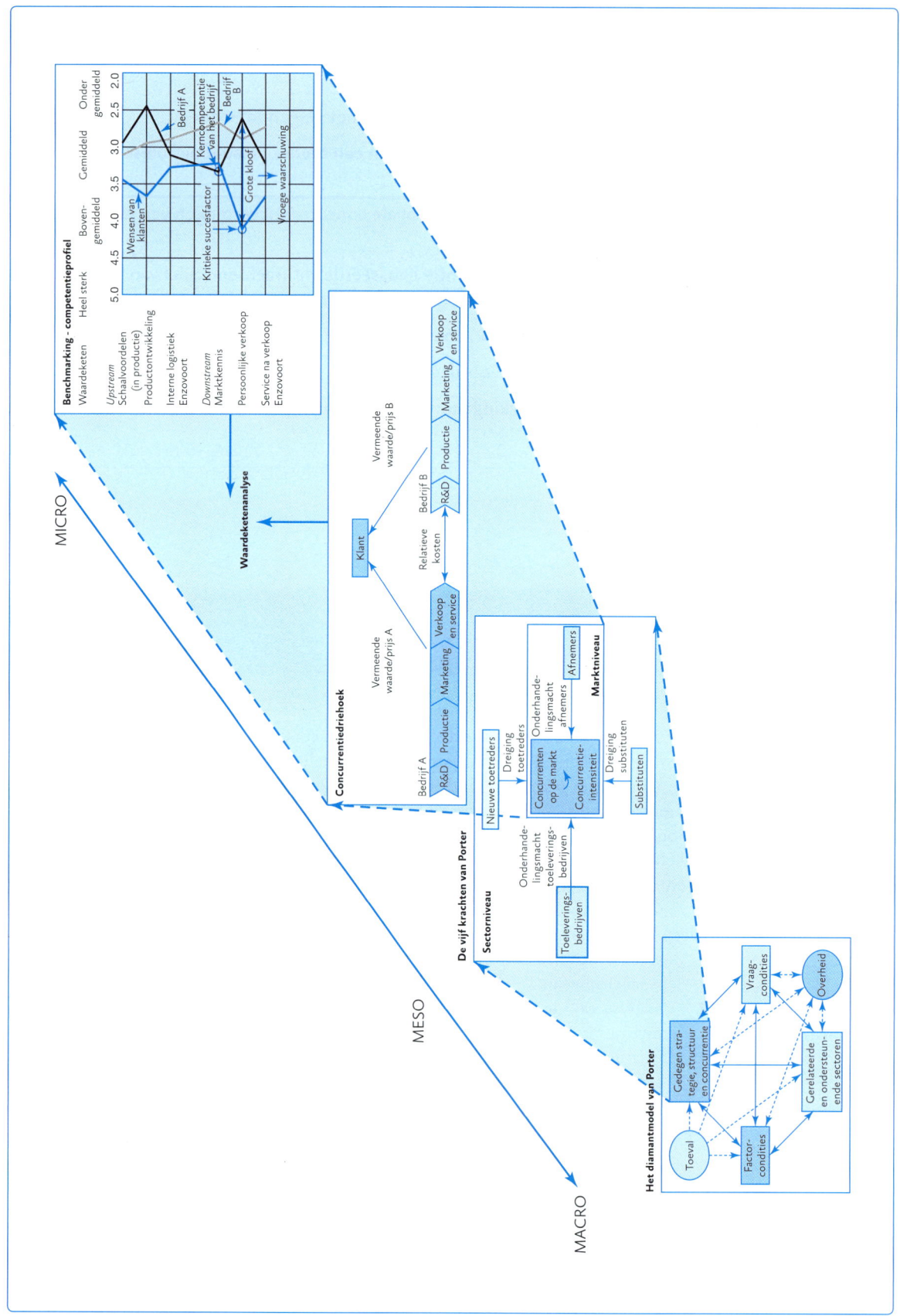

Figuur 4.1: Ontwikkeling van het internationale concurrentievermogen van een bedrijf

de kerncompetenties van het bedrijf zijn (en binnen het bedrijf ontwikkeld zouden moeten worden) en welke competenties door middel van allianties en marktrelaties beter bij anderen neergelegd kunnen worden.

In de grafiek in figuur 4.1 (waarnaar in dit hoofdstuk steeds zal worden verwezen) staan de modellen in een hiërarchische, logische raamstructuur achter elkaar.

4.1.1 Individueel concurrentievermogen en 'op tijd gebaseerde' concurrentie

In dit hoofdstuk stopt de analyse op bedrijfsniveau, maar het is mogelijk nog een stap verder te gaan door het individuele concurrentievermogen te analyseren (Veliyath en Zahra, 2000). De factoren die invloed hebben op het vermogen van individuele bedrijven om concurrerend te worden, zijn onder andere intrinsieke capaciteiten, vaardigheden, het motivatieniveau en de inspanning die ermee gemoeid is. Volgens de traditionele visie op het nemen van beslissingen leidt onzekerheid ertoe dat managers op zoek gaan naar meer aanvullende informatie om meer zekerheid te creëren. Kedia et al. (2002) hebben echter laten zien dat sommige managers het concurrentievermogen van hun bedrijf vergroten door tijdens het beslissingsproces tactieken te gebruiken om de analyse van informatie en alternatieven te versnellen. Zo onderzoeken deze managers verschillende alternatieven tegelijkertijd. Door dit vergelijkingsproces kunnen ze sneller analyseren wat de sterke en zwakke kanten van hun opties zijn.

4.2 Analyse van het nationale concurrentievermogen (het diamantmodel van Porter)

De analyse van het nationale concurrentievermogen vindt plaats op het hoogste niveau in het hele model (figuur 4.1). Michael E. Porter heeft zijn werk *The Competitive Advantage of Nations* (1990) genoemd, maar te beginnen is het belangrijk te stellen dat het bedrijven zijn en geen landen die in de internationale arena met elkaar concurreren. Toch spelen de kenmerken van het thuisland voor bedrijven een centrale rol bij het behalen van internationaal succes. De thuisbasis bepaalt het vermogen van een bedrijf om technologie en methoden snel te vernieuwen en dat in de juiste richtingen te doen. Het is de plek van waaruit concurrentievoordeel uiteindelijk verspreid wordt en dit voordeel ondersteund moet worden. Als puntje bij paaltje komt, is concurrentievoordeel het resultaat van een effectieve combinatie van nationale omstandigheden en bedrijfsstrategie. De omstandigheden in een land kunnen een omgeving creëren waarin bedrijven internationaal concurrentievoordeel kunnen behalen, maar het is aan het bedrijf die kans te grijpen. Bij het kiezen van de sectoren waarmee een bedrijf gaat concurreren en de juiste strategie daarvoor staat de nationale 'diamant' centraal. De thuisbasis is een belangrijke bepalende factor voor de sterke en zwakke kanten van een bedrijf ten opzichte van buitenlandse rivalen.

Om buitenlandse concurrenten te kunnen analyseren, is het van cruciaal belang om hun thuisbasis te begrijpen. Hun thuisland levert hun voordelen en nadelen op. Het bepaalt ook de strategie die ze waarschijnlijk in de toekomst gaan volgen.

Porter (1990) noemt een verzameling bedrijven binnen een bepaalde sector 'sectorclusters'. Binnen deze clusters hebben bedrijven een netwerk van relaties met andere bedrijven in de sector: klanten (inclusief bedrijven die met halffabricaten werken), toeleveringsbedrijven en concurrenten. Deze sectorclusters kunnen over de hele wereld verspreid zijn, maar vaak hebben ze een beginpunt en -locatie in een bepaald land of deel van een land.

Als in het thuisland van een bedrijf afnemers, toeleveringsbedrijven en gerelateerde sectoren van wereldklasse aanwezig zijn, levert dat het bedrijf een belangrijk concurrentievoordeel op. Zij geven het bedrijf namelijk inzicht in toekomstige marktbehoeften en technologische ontwikkelingen. Ze dragen bij aan een klimaat dat bevorderlijk is voor verandering en verbetering, en worden partners en bondgenoten in het innovatieproces. Het hebben van een sterk cluster in het thuisland deblokkeert informatiestromen en geeft bedrijven de mogelijkheid beter contact met elkaar te hebben dan ze met buitenlandse bedrijven zouden kunnen hebben. Het kan zelfs nog waardevoller zijn deel uit te maken van een cluster in een klein geografisch gebied. De centrale vraag die we kunnen stellen is dus: waardoor wordt de locatie van een internationale sector in een specifiek land bepaald? Net als bij alle klassieke handelstheorieën begint het antwoord op deze vraag met de overeenstemming tussen de productiefactoren van het land en de behoeften van de sector.

We gaan de verschillende onderdelen van het diamantmodel van Porter nu nader bekijken. In de analyse wordt de Indiase IT-/softwaresector (vooral in Bangalore en omstreken) als voorbeeld gebruikt (Nair et al., 2007).

HET DIAMANTMODEL VAN PORTER
De kenmerken van de 'thuisbasis' spelen een centrale rol bij de verklaring van het internationale concurrentievermogen van bedrijven. Deze kenmerken zijn factorcondities, vraagcondities, gerelateerde en ondersteunende sectoren, bedrijfsstrategie, bedrijfsstructuur, mate van onderlinge concurrentie, toeval en overheid.

4.2.1 Factorcondities

We kunnen onderscheid maken tussen basisfactoren en geavanceerde factoren. Basisfactoren zijn onder andere natuurlijke hulpbronnen (klimaat, mineralen, olie). De mobiliteit van deze factoren is laag. Deze factoren kunnen ook de basis voor internationaal concurrentievermogen vormen; zonder de geavanceerde factoren, zoals ontwikkelde menselijke middelen (vaardigheden) en onderzoekscapaciteiten, kunnen ze echter nooit echte waarde scheppen. Dergelijke geavanceerde factoren zijn meestal sectorspecifiek.

Wat de Indiase softwaresector betreft, zijn er in Bangalore verschillende onderwijsinstituten voor techniek en natuurwetenschappen. Ook het Indiase Institute of Science (een op onderzoek gerichte hogeschool) is als onderwijsinstituut essentieel voor de ontwikkeling van de software-industrie. De aanwezigheid van technische bedrijven in de openbare sector en de particuliere technische hogescholen heeft veel jonge mensen uit het hele land naar Bangalore gelokt. Zo is een diverse, veeltalige, tolerante en kosmopolitische cultuur ontstaan. Een van de meest kritieke succesfactoren in de sector was de beschikbaarheid van personeel dat hoger geschoold was maar algemene vaardigheden had. Deze generalisten (in tegenstelling tot specialisten in software of computerprogrammering) konden verder geschoold worden tot probleemoplossers op specifieke gebieden, afhankelijk van de behoeften van de sector.

4.2.2 Vraagcondities

In het diamantmodel van Porter (figuur 4.1) staan deze factoren in het hokje aan de rechterkant. De factoren die bepalend zijn voor het succes van de sector zijn onder andere de initiële vraag op de binnenlandse markt, marktomvang, groeisnelheid van de markt en ontwikkeldheid van de afnemer.

Er bestaat een wisselwerking tussen schaalvoordelen, transportkosten en de omvang van de thuismarkt. Als de voordelen groot genoeg zijn, zullen alle producenten vanuit één locatie een geografisch uitgestrekt gebied willen bedienen. Om transportkosten zo laag mogelijk te houden, kiest de producent een locatie waar de lokale vraag groot is. Als schaalvoordeel het aantal productielocaties beperkt, zal de omvang van de markt in belangrijke mate bepalen of die markt aantrekkelijk is. Als de thuismarkt groot is, zal dat bedrijven op die plek qua schaal en vaak ook ervaring kostenvoordeel opleveren.

Een interessant patroon is dat een aanvankelijk grote thuismarkt die verzadigd is geraakt efficiënte bedrijven ertoe zal dwingen de blik op het buitenland te richten. Zo gebruikte de Japanse motorfietsenindustrie, met zijn grote thuismarkt, na een vroege start in Japan zijn schaalvoordeel op de internationale markt. De samenstelling van de vraag speelt ook een belangrijke rol.

Het basis- of kernontwerp van een product weerspiegelt bijna altijd de behoeften op de thuismarkt. Op het gebied van elektrische transmissieapparatuur domineert Zweden bijvoorbeeld de wereldmarkt voor hoogspanningsdistributie. Als gevolg van de locatie van populatie- en sectorclusters in Zweden is de vraag naar de distributie van hoogspanning over grote afstanden er relatief groot. Hier hebben de behoeften van de thuismarkt de sector gevormd die later in staat was op internationale markten te reageren (met ABB als een van de hoofdproducenten op de wereldmarkt).

De ontwikkeldheid van de afnemer is ook belangrijk. De Amerikaanse overheid was de eerste afnemer van chips en bleef jarenlang de enige klant. Door de prijsinelasticiteit bij de overheid werden bedrijven aangemoedigd technisch geavanceerde producten te ontwikkelen zonder zich veel zorgen te maken over de kosten. Onder deze omstandigheden werd veel sneller een veel hoger technologisch niveau bereikt dan als de afnemer minder ontwikkeld of prijsgevoeliger was geweest.

De Indiase software-industrie kwam op gang als gevolg van het Y2K-probleem (een probleem dat werd veroorzaakt door een coderingsconventie in oudere systemen, waarbij jaargetallen met maar twee cijfers werden aangeduid. Dit kon problemen opleveren als het jaar 2000 aanbrak). Amerikaanse bedrijven hadden contracten met Indiase softwarebedrijven waar medewerkers nog met oudere programmeringstalen als Cobol en Fortran konden werken. De Y2K-problemen werden opgelost. Naarmate de ervaring van de Indiase softwarebedrijven met Amerikaanse bedrijven toenam, begonnen ze te diversifiëren en meer producten en diensten met toegevoegde waarde aan te bieden. Omdat de bedrijven veeleisende Amerikaanse klanten bedienen, werden ze gedwongen producten en diensten van een hoge kwaliteit te ontwikkelen. Later hielp deze ervaring hen in de behoeften van klanten op de Duitse, Japanse en andere markten te voorzien.

4.2.3 Gerelateerde en ondersteunende sectoren

Het succes van een sector hangt af van de aanwezigheid van toeleveringsbedrijven en gerelateerde sectoren binnen een regio. In veel gevallen behalen bedrijven concurrentievoordeel door arbeidskrachten te gebruiken die door de kernsector in een bepaalde regio naar die regio zijn getrokken maar beschikbaar en bekwaam genoeg zijn om de sector waartoe de bedrijven behoren te ondersteunen. Geografische nabijheid vergemakkelijkt ook de coördinatie van technologie. Porter voert aan dat het wereldleiderschap van Italië op het gebied van gouden en zilveren sieraden deels te danken is aan de lokale aanwezigheid van fabrikanten van apparaten om sieraden te maken. Hier zit het voordeel van clustervorming hem niet zozeer in de vermindering van transportkosten maar in de samenwerking op het gebied van techniek en marketing. In de halfgeleiderindustrie is de kracht van de elektronica-industrie in Japan (waar de halfgeleiders worden gekocht) een grote stimulans om de productie van halfgeleiders in datzelfde gebied plaats te laten vinden. Hierbij moet opgemerkt worden dat clustervorming afhankelijk is van schaalvoordeel. Als er geen schaalvoordeel te behalen was bij de productie van intermediaire inputs, konden kleinschalige productiecentra met de grootschalige centra concurreren. Het voordeel van clustervorming is in dit geval gebaseerd op het feit dat er zowel bij halfgeleiders als elektronica schaalvoordeel te behalen is en het verband tussen de twee op technologisch en marketinggebied.

In het begin was het ontbreken van betrouwbare ondersteunende sectoren in Bangalore, zoals telecommunicatie en elektriciteitsvoorziening, een probleem. Veel softwarebedrijven hebben echter hun eigen generatoren en satellietcommunicatieapparatuur. Onlangs zijn in Bangalore en omgeving bedrijven opgericht die zich bezighouden met het verstrekken van durfkapitaal, hulp bij personeelswerving, netwerken, hardwareonderhoud en marketing- en accountingdiensten, allemaal om de softwarebedrijven te ondersteunen. Ook zijn er vestigingen van adviesbureaus als KPMG, PricewaterhouseCoopers en Ernst &Young, die multinationals kunnen helpen toe te treden tot de Indiase markt door problemen met valuta, locatie enzovoort op te lossen. Rond de software-industrie heeft zich nu dus een heel ondersteunend systeem ontwikkeld.

4.2.4 Bedrijfsstrategie en -structuur en mate van onderlinge concurrentie

Dit vrij brede onderdeel gaat over hoe bedrijven georganiseerd en geleid worden, hun doelen en de aard van de concurrentie op de binnenlandse markt.

Een van de boeiendste resultaten van Porters onderzoek naar succesvolle sectoren in tien verschillende landen is het krachtige, positieve effect dat binnenlandse concurrentie heeft op het vermogen te concurreren op de internationale markt. De felle concurrentie tussen BASF, Hoechst en Bayer in de farmaceutische industrie in Duitsland is welbekend. Bovendien worden door het concurrentieproces inferieure technologieën, producten en managementpraktijken afgescheiden en blijven alleen de meest efficiënte bedrijven over. Bij stevige binnenlandse concurrentie worden bedrijven gedwongen efficiënter te zijn, nieuwe kostenbesparende technologieën te gebruiken, de productieontwikkelingstijd te verkorten en te leren werknemers effectiever te motiveren en te leiden. Binnenlandse concurrentie is vooral belangrijk voor het stimuleren van technologische ontwikkelingen bij internationale bedrijven.

Het kleine land Denemarken heeft drie producenten van gehoorapparaten (William Demant, Widex en GN Resound/Danavox), die alle drie tot de tien grootste producenten van gehoorapparaten horen. In 1996 streden Oticon (het eerdere William Demant) en Widex een felle technologische strijd om de eerste op de wereld te zijn die een volkomen digitaal gehoorapparaat op de markt zou brengen. Widex (de kleinste van de twee) won de strijd maar dwong Oticon tegelijkertijd een voorsprong te houden op het gebied van technologieontwikkeling.

Wat de Indiase software-industrie betreft, ondervinden de meeste bedrijven in Bangalore en omstreken hevige concurrentie. De wedijver om toekomstige klanten binnen te halen bestaat niet alleen bij lokale bedrijven maar ook bij bedrijven buiten Bangalore en multinationals als IBM en Accenture. Die wedijver heeft als resultaat dat bedrijven onder druk staan om producten en diensten van goede kwaliteit te leveren maar ook kosteneffectief te zijn. Het heeft bedrijven gestimuleerd te proberen internationale certificering op het gebied van softwareontwikkeling te krijgen. Vandaag de dag heeft Bangalore 's werelds hoogste concentratie bedrijven met de zogenaamde CMM-SEI (Carnegie Mellon University's Software Engineering Institute) certificering op niveau 5 (het hoogste kwaliteitsniveau).

4.2.5 Overheid

Volgens het diamantmodel van Porter kunnen overheden door elk van de vier hoofdfactoren invloed uitoefenen en beïnvloed worden. Overheden kunnen een krachtige rol spelen bij het stimuleren van de ontwikkeling van sectoren binnen hun eigen grenzen die een internationale positie zullen innemen. Overheden financieren infrastructuur en leggen deze aan, en ze leveren wegen, luchthavens, onderwijs en gezondheidszorg. Ook kunnen ze het gebruik steunen van alternatieve energie (bijvoorbeeld windturbines) of andere milieuvriendelijke systemen die productiefactoren beïnvloeden.

Wat de Indiase software-industrie betreft, had de federale overheid in Delhi in de jaren 1970 software al als een groeigebied aangewezen, vanwege het hoge bekwaamheidsniveau dat voor deze industrie nodig was en de arbeidsintensiviteit van het werk. In de jaren 1970 en 1980 werd de industrie vooral gedomineerd door overheidsbedrijven als CMC. In 1984 begon de overheid haar beleid op het gebied van industrie en investeringen te versoepelen, waardoor buitenlandse IT-bedrijven (Texas Instruments bijvoorbeeld) toegang kregen. Een van de nieuwe initiatieven was ook het opzetten van 'technologieparken' zoals het Software Technology Park (STP) in Bangalore. De beleidsversoepeling zette in de jaren 1980 en 1990 verder door. In 1988 werd NASSCOM (de National Association of Software and Service Companies) opgericht. NASSCOM is een vereniging van IT-bedrijven die als katalysator voor de groei van de sector werkt door onderzoek en onderwijs op IT-gebied in India te ondersteunen. In 1999 werd het Ministerie van

Informatietechnologie opgericht om de IT-initiatieven op overheidsniveau, academisch niveau en bedrijfsniveau te coördineren. Zo heeft de actieve rol van de staatsoverheid in het beginstadium en in de latere stadia van de evolutie van de sector bijgedragen tot het succes van Bangalore als softwarecentrum.

4.2.6 Toeval

Volgens het diamantmodel van Porter kunnen toevallige gebeurtenissen ook van invloed zijn op nationaal/regionaal concurrentievermogen.

Als we naar de geschiedenis van de meeste sectoren kijken, zien we welke rol toeval heeft gespeeld. Misschien is het belangrijkste geval van toeval wie als eerste met een groot nieuw idee komt. Om redenen die weinig met economie te maken hebben, beginnen ondernemers doorgaans nieuwe operaties in hun thuisland. Als de sector eenmaal in een bepaald land gevestigd is, kunnen de effecten van schaal- en clustervorming de positie van die sector in dat land versterken.

Met betrekking tot de ontwikkeling van het concurrentievermogen van de Indiase software-industrie (vooral in Bangalore) kunnen twee cruciale gebeurtenissen worden aangewezen:
1. het Y2K-probleem (eerder beschreven), waardoor de vraag naar diensten van Indiase softwarebedrijven toenam;
2. het uiteenspatten van de IT-zeepbel in de VS en Europa in 2001, waarna bedrijven softwarefuncties aan Indiase bedrijven gingen uitbesteden in een poging kosten te verlagen.

Vanuit het oogpunt van bedrijven kunnen de laatste twee variabelen, toeval en overheid, gezien worden als exogene variabelen waaraan bedrijven zich moeten aanpassen. Maar de overheid kan ook gezien worden als beïnvloedbaar door lobbyisten, belangenorganisaties en de massamedia.

4.2.7 Samenvatting

We hebben zes factoren aangewezen die invloed hebben op de locatie van internationale sectoren: productie, vraag op de binnenlandse markt, de locatie van ondersteunende sectoren, de interne structuur van de binnenlandse sector, toeval en overheid. Ook hebben we aangevoerd dat deze factoren met elkaar verband houden. Als sectoren zich ontwikkelen, kan hun afhankelijkheid van bepaalde locaties veranderen. Zo heeft de verschuiving in halfgeleidergebruikers van het leger naar de elektronica-industrie een diepgaand effect gehad op de vorm van de nationale 'diamant' in die sector. Naarmate overheden en bedrijven de bron van de locatievoordelen die ze hebben beter herkennen, kunnen ze meer van die verschillen profiteren en zich op de verschuivingen voorbereiden.

Wat de software-industrie in India (Bangalore) betreft, die steeds als voorbeeld is gebruikt, kunnen de volgende conclusies worden getrokken (Nair et al., 2007):
- De software-industrie in Bangalore begon met het bedienen van niet alleen haar binnenlandse klanten maar ook de veeleisende Amerikaanse klanten. Ook waren de concurrenten van de softwarebedrijven niet zozeer lokale maar internationale bedrijven.
- De ondersteuning die nodig is voor softwarediensten is veel minder complex dan voor productie. Voor de productiesector is het belangrijk toegang te hebben tot een goed functionerende fysieke infrastructuur (transport, logistiek enzovoort); dit is niet nodig voor de software-industrie, waar de meeste logistiek via internet verloopt. Dit is een van de redenen waarom de software-industrie in Bangalore internationaal concurrentievermogen heeft gecreëerd maar de productiesector niet.
- De software-industrie is zeer afhankelijk van geavanceerd en goed opgeleid menselijk kapitaal; dit is de sleutelfactor.

Hoewel de bedrijven in Bangalore aan het lage uiteinde van de waardeketen begonnen (coderingswerk voor het millenniumprobleem, het ICT-matig coderen van het jaar 2000), zijn ze steeds verder opgeschoven in de richting van het leveren van diensten met meer toegevoegde waarde in opkomende gebieden.

4.3 Analyse van de concurrentie in een sector

De volgende stap die we nemen om het concurrentievermogen van bedrijven te begrijpen, is kijken naar de concurrentiearena in een sector, het bovenste hokje in het diamantmodel (zie figuur 4.1).

Een van de nuttigste raamwerken voor het analyseren van de concurrentiestructuur is door Porter ontwikkeld. Porter (1980) oppert dat concurrentie in een sector geworteld is in de onderliggende economische structuur van die sector en meer is dan alleen het gedrag van actuele concurrenten. De mate van concurrentie hangt af van vijf primaire concurrentiekrachten, zoals te zien is in figuur 4.1. Samen bepalen deze factoren het uiteindelijke winstpotentieel in een sector, waar winst wordt gemeten in termen van opbrengst uit kapitaal op de lange termijn. Het winstpotentieel verschilt van sector tot sector.

Om dingen duidelijker te maken, moeten we de definitie van een aantal sleuteltermen geven. Een *sector* of *industrie* is een groep bedrijven die een product of groep producten die sterk op elkaar lijken (substituten) aanbiedt. Voorbeelden zijn de auto-industrie en de farmaceutische industrie (Kotler, 1997, pag. 230). Een *markt* is een groep werkelijke en mogelijke afnemers van een product en verkopers. Onderscheid zal worden gemaakt tussen sectorniveau en marktniveau omdat we ervan uitgaan dat een sector verschillende markten kan omvatten. Daarom staat in het buitenste hokje 'sectorniveau' en in het binnenste 'marktniveau'.

Het *sectorniveau* (het vijfkrachtenmodel van Porter) bestaat uit alle soorten spelers (nieuwe toetreders, toeleveringsbedrijven, substituten, afnemers en concurrenten op de markt) die een mogelijk of werkelijk belang hebben in de sector.

Het *marktniveau* bestaat uit spelers met een werkelijk belang in de markt, dat wil zeggen: afnemers en verkopers (concurrenten op de markt).

Hoewel de verdeling in deze twee niveaus goed bij deze benadering past, wijst Levitt (1960) op het gevaar van 'marktbijziendheid', waarbij de verkoper het concurrentiegebied te nauw afbakent. Zo geven Europese producenten van luxewagens blijk van deze bijziendheid door zich op elkaar te richten in plaats van op de Japanse massaproducenten, die nieuwe toetreders tot de markt van luxewagens waren.

Het doel van concurrentieanalyse is het vinden van een positie in de sector waar een bedrijf zich het beste tegen de vijf krachten kan verdedigen of ze in zijn voordeel kan beïnvloeden. Als een bedrijf deze onderliggende drukfactoren kent, krijgt het een duidelijke kijk op zijn kritieke sterke en zwakke kanten en wordt zijn positie binnen de sector duidelijk; bovendien wordt dan duidelijk op welke gebieden een verandering van strategie het meeste oplevert. Structuuranalyse is essentieel voor het formuleren van een concurrentiestrategie.

Het vijfkrachtenmodel van Porter geeft een ondernemer inzicht in de intensiteit van de concurrentie op een markt. Dit model heeft als doel het krachtenveld van een markt te inventariseren en daarmee de mate van aantrekkelijkheid te bepalen. De krachten en daarmee de kans op een positief resultaat (winst) kunnen per markt sterk verschillen. Een analyse met behulp van het Porter-model beoogt inzicht te geven in de marktverhoudingen

HET VIJFKRACHTEN-MODEL VAN PORTER
De mate van concurrentie en winstpotentieel in een sector hangt af van vijf fundamentele concurrentiekrachten: nieuwe toetreders, toeleveringsbedrijven, afnemers, substituten en concurrenten op de markt.

en -dynamieken. Een manager kan zo vaststellen dat er in een bepaalde markt een relatief grote afhankelijkheid is van een van de leveranciers. In het model hangt de mate van concurrentie en winstpotentieel in een sector af van vijf fundamentele concurrentiekrachten: nieuwe toetreders, toeleveringsbedrijven, afnemers, substituten en concurrenten op de markt.

Het is belangrijk je te realiseren dat het vijfkrachtenmodel van Porter de economische processen op bedrijfstakniveau bestudeert; het meso-niveau dus.

Elk van de vijf krachten in het model van Porter bestaat op zijn beurt uit een aantal elementen die samen de sterkte van elke kracht bepalen en het effect dat de kracht op de mate van concurrentie heeft. Deze krachten worden nu besproken.

4.3.1 Concurrenten op de markt

De intensiteit van de concurrentie tussen bestaande concurrenten op de markt hangt af van een aantal factoren:
- *De concentratie van de sector.* Als er binnen een sector een groot aantal concurrenten van gelijke grootte is, zal dit leiden tot intensievere concurrentie. Er zal minder concurrentie zijn als er een duidelijke leider is (minstens vijftig procent groter dan nummer twee) met een groter kostenvoordeel.
- *De mate van marktgroei.* Langzame groei betekent meestal meer concurrentie.
- *Kostenstructuur.* Hoge vaste kosten werken prijsverlaging om capaciteit te vullen in de hand.
- *Mate van differentiatie.* Standaardproducten werken concurrentie in de hand, terwijl bij sterk gedifferentieerde producten, die moeilijk te kopiëren zijn, de concurrentie minder sterk zal zijn.
- *Switching costs.* Dit zijn de kosten van het wisselen van toeleveringsbedrijf. Als de switching costs hoog zijn omdat het product specialistisch is, de klant veel middelen heeft geïnvesteerd om te leren hoe hij het product moet gebruiken of speciaal voor dat product investeringen heeft gedaan die voor andere producten en toeleveringsbedrijven waardeloos zijn (hoge specifieke investeringen), is de concurrentie minder sterk.
- *Uittredingsdrempels.* Als de drempels om een markt te verlaten hoog zijn vanwege factoren als gebrek aan kansen elders, een grote verticale integratie, emotionele drempels of de hoge kosten van het sluiten van een fabriek, zal de concurrentie sterker zijn dan wanneer uittredingsdrempels laag zijn.

Bedrijven moeten voorzichtig zijn dat ze een situatie waarin de concurrentie stabiel is niet bederven. Ze moeten hun eigen positie afwegen tegen het welzijn van de sector als geheel. Een intense prijzen- of promotieoorlog kan een bedrijf bijvoorbeeld een paar extra procent marktaandeel opleveren maar tot een globale daling van de winstgevendheid van de sector op de lange termijn leiden als concurrenten op deze stappen reageren. Soms is het beter de structuur van de sector te beschermen dan eigenbelang op de korte termijn na te jagen.

4.3.2 Toeleveringsbedrijven

De kosten van grondstoffen en onderdelen kunnen een grote invloed hebben op de winstgevendheid van een bedrijf. Hoe groter de onderhandelingsmacht van toeleveringsbedrijven is, hoe hoger de kosten zijn. Onder de volgende omstandigheden zal de onderhandelingsmacht van toeleveringsbedrijven groter zijn:
- Een paar toeleveringsbedrijven domineren de markt en zijn geconcentreerder dan de sector waaraan zij verkopen.
- Hun producten zijn uniek of gedifferentieerd, of ze hebben switching costs opgebouwd.
- Ze hoeven niet te concurreren met andere producten die aan de sector verkocht worden.

- De serieuze dreiging bestaat dat ze voorwaarts integreren in de sector.
- Afnemers dreigen niet achterwaarts te integreren in de toelevering.
- De markt is geen belangrijke klant van de toeleveringsbedrijven.

Een bedrijf kan de onderhandelingsmacht van toeleveringsbedrijven verminderen door nieuwe toeleveringsbronnen te zoeken, te dreigen achterwaarts te integreren in de toelevering en gestandaardiseerde onderdelen te ontwerpen zodat veel toeleveringsbedrijven ze kunnen produceren.

4.3.3 Afnemers

In de volgende gevallen is de onderhandelingsmacht van afnemers groter:
- Kopers zijn geconcentreerd of kopen in grote hoeveelheden.
- De serieuze dreiging bestaat dat ze achterwaarts integreren in de productie van het product dat de sector levert.
- De producten die ze kopen zijn gestandaardiseerd of ongedifferentieerd.
- Er zijn veel leveranciers (verkopers) van het product.
- Afnemers maken weinig winst, wat een sterke prikkel is om de aankoopkosten te verlagen.
- Het product van de sector is onbelangrijk voor de kwaliteit van de producten van de afnemer, maar de prijs is heel belangrijk.

De bedrijven in de sector kunnen proberen de macht van afnemers te verkleinen door het aantal afnemers aan wie ze verkopen te vergroten, te dreigen voorwaarts te integreren in de sector van de afnemer en zeer gewaardeerde, gedifferentieerde producten te verkopen. In supermarkten brengt de merkleider meestal de meeste winst op, deels omdat nummer één zijn betekent dat supermarkten het merk op voorraad moeten hebben. Dit betekent dat de macht van afnemers bij prijsonderhandelingen beperkt is.

Klanten die het product kopen maar niet de eindgebruiker zijn (zoals OEMs of distributeurs) kunnen op dezelfde manier geanalyseerd worden als andere afnemers. Niet-eindgebruikers kunnen aanzienlijke onderhandelingsmacht verwerven als ze de aankoopbeslissing van klanten stroomafwaarts kunnen beïnvloeden (Porter, 2008). In de loop der jaren heeft het toeleveringsbedrijf DuPont heel veel macht verworven door niet alleen bij de producenten van kookgerei reclame te maken voor zijn merk 'Teflon', maar ook bij eindklanten (huishoudens).

4.3.4 Substituten

De aanwezigheid van substituutproducten kan de aantrekkelijkheid en winstgevendheid van een sector verminderen omdat deze producten een rem zetten op prijsniveaus.

Als de sector succesvol is en veel winst maakt, zullen concurrenten door middel van substituutproducten tot de markt toetreden om te proberen een deel van de mogelijke winst in handen te krijgen. De mate van bedreiging die deze substituutproducten vormen, hangt af van de volgende factoren:
- de bereidheid van afnemers om substituten te kopen;
- de relatieve prijs en prestatie van substituten;
- de kosten van het omschakelen naar substituten.

De dreiging die substituten vormen kan verminderd worden door switching costs op te bouwen. Deze kosten kunnen psychologisch zijn. Voorbeelden zijn het creëren van sterke, duidelijke merkpersoonlijkheden en het handhaven van een prijsdifferentieel dat past bij de gevoelswaarde die klanten aan het product toekennen.

4.3.5 Nieuwe toetreders

Nieuwe toetreders kunnen de concurrentie in een sector opdrijven. De dreiging van nieuwe toetreders houdt verband met de mate waarin toetredingsdrempels op de markt bestaan. Sleutelfactoren die van invloed zijn op deze toetredingsdrempels zijn onder andere:
- schaalvoordelen;
- productdifferentiatie en merkidentiteit, die bestaande bedrijven klantloyaliteit bieden;
- kapitaalvereisten voor productie;
- switching costs – de kosten van het wisselen van het ene toeleveringsbedrijf naar het andere;
- toegang tot distributiekanalen.

Omdat hoge toetredingsdrempels het voor nieuwe concurrenten onaantrekkelijk (of zelfs onmogelijk) kunnen maken toe te treden tot een potentieel lucratieve markt, moeten marketingplanners niet passief afwachten maar actief manieren proberen te vinden om de drempels voor nieuwe concurrenten te verhogen.

Hoge kosten voor promotie en R&D en duidelijk gecommuniceerde represailleacties bij toetreding zijn een paar manieren om de drempels te verhogen. Door sommige acties van het management kunnen de drempels onopzettelijk worden verlaagd. Zo kan een nieuw productontwerp dat de productiekosten sterk verlaagt de toetreding van nieuwkomers vergemakkelijken.

Het onderstaande schema geeft een overzicht van factoren die je kunnen helpen bij het samenstellen van een bedrijfstakanalyse:

Onderdelen van de bedrijfstakanalyse	
Macro-omgevingsfactoren	<ul><li>Demografisch</li><li>Economisch</li><li>Sociaal cultureel</li><li>Technologisch</li><li>Ecologisch</li><li>Politiek juridisch (overheid)</li></ul>
Marktfactoren	<ul><li>Marktomvang</li><li>Marktgroei en fase in productlevenscyclus</li><li>Conjunctuur en seizoensgevoeligheid</li></ul>
Bedrijfstakstructuurfactoren	<ul><li>Winstgevendheid</li><li>Dreiging van nieuwe toetreders</li><li>Onderhandelingsmacht van afnemers</li><li>Onderhandelingsmacht van leveranciers</li><li>Intensiteit van de concurrentie</li><li>Dreiging van substituut-producten</li></ul>

Figuur 4.2: Onderdelen van de bedrijfstakanalyse

4.3.6 Het 'vijfbronnenmodel'

Het originele model van Porter is gebaseerd op de hypothese dat het concurrentievoordeel van bedrijven het best ontwikkeld kan worden op een heel concurrerende markt met sterke rivaliteitrelaties.

Het vijfkrachtenmodel is een analyse van de manier waarop een bedrijf het maximale concurrentievoordeel kan halen uit de context waarin het zich bevindt – of het vooruitzicht door dat concurrentievoordeel benadeeld te worden zo veel mogelijk kan beperken – gebaseerd op de vijf concurrentiedimensies waarmee het te maken krijgt.

In de laatste tien jaar is echter een nieuwe denkwijze ontstaan (bijvoorbeeld Reve, 1990, Kanter, 1994 en Burton, 1995) waarbij nadruk wordt gelegd op de positieve rol van samenwerking (in tegenstelling tot concurrentie) tussen deelnemers in de sector en het belang van wat Kanter (1994) 'samenwerkingsvoordeel' heeft genoemd als basis voor een superieure bedrijfsprestatie.

Het zou verkeerd zijn een keuze te maken tussen het rücksichtslos nastreven van óf concurrentievoordeel óf samenwerkingsvoordeel. Het strategieprobleem waar alle bedrijven mee te maken krijgen, is dat ze moeten kiezen wanneer (en in welke mate) ze samenwerken en op welk gebied (en hoe intensief) ze de concurrentie aangaan.

Anders gezegd zijn de fundamentele kwesties die bedrijven op dit gebied moeten aanpakken de volgende:
- het kiezen van de combinatie concurrentie-/samenwerkingsstrategie die past bij de verschillende dimensies van de bedrijfsomgeving;
- het vermengen van de twee elementen zodat deze elkaar versterken, niet tegenwerken;
- de algemene positie van het bedrijf te optimaliseren door zowel het samenwerkings- als concurrentievoordeel te benutten.

HET VIJFBRONNENMODEL
Net als de vijf concurrentiekrachten van Porter zijn er ook vijf bronnen voor het scheppen van samenwerkingsvoordeel.

Tegenwoordig is het noodzakelijk het concurrentiestrategiemodel aan te vullen met een zustermodel dat gericht is op het bepalen van samenwerkingsvoordeel en -strategie. Deze aanvullende analyse, die het vijfbronnenmodel (Burton, 1995) wordt genoemd, wordt hierna in grote lijnen weergegeven.

Om een effectieve, duidelijke bedrijfsstrategie op te kunnen stellen, moeten bedrijven hun samenwerkings- en concurrentiebeleid naast elkaar evalueren en formuleren, en wel om de volgende redenen:
1. om in alle dimensies van hun bedrijfsomgeving (bijvoorbeeld relaties met toeleveringsbedrijven, beleid ten opzichte van klanten/kanalen) de juiste balans te krijgen tussen samenwerking en concurrentie;
2. om ze te integreren op een manier waarmee mogelijke botsingen en destructieve inconsistenties tussen de twee worden voorkomen.

Daarmee komen we op het terrein van de compositiestrategie, waarbij het gaat om het bijeenbrengen van samenwerking en concurrentie.

Het vijfkrachtenmodel van Porter	Het vijfbronnenmodel
Concurrenten op de markt	Horizontale samenwerking met andere ondernemingen die op hetzelfde niveau van het productieproces opereren/dezelfde groep sterk aan elkaar verwante producten produceren (bijvoorbeeld internationale samenwerkingsverbanden tussen autofabrikanten).
Toeleveringsbedrijven	Verticale samenwerking met leveranciers van onderdelen of diensten – soms verticale quasi-integratie genoemd (bijvoorbeeld de keiretsu-structuren tussen toeleverings- en assemblagebedrijven die zo typisch is voor de auto- en elektronica-industrie en andere industrieën in Japan).
Afnemers	Selectieve samenwerkingsovereenkomsten met bepaalde kanalen of klanten (bijvoorbeeld een leidende gebruiker) waarbij de samenwerking verdergaat dan bij de gewone, puur transactionele relaties.
Substituten	Op diversificatie gerichte samenwerkingsverbanden met producenten van zowel complementaire producten als substituutproducten. Producenten van substituutproducten zijn geen 'natuurlijke bondgenoten', maar dergelijke samenwerkingsverbanden zijn niet ondenkbaar (bijvoorbeeld samenwerkingsverbanden tussen bedrijven op het gebied van vaste en mobiele telefonie om hun gezamenlijke netwerkomvang te vergroten).
Nieuwe toetreders	Op diversificatie gerichte samenwerkingsverbanden met bedrijven in voorheen onverwante sectoren, als de grens tussen deze sectoren en de sector waarin het betreffende bedrijf zich bevindt mogelijk aan het vervagen is, of een proces (gewoonlijk als gevolg van nieuwe technologische mogelijkheden) dat nieuwe intersectorale kruisbestuiving van technologieën/zaken mogelijk maakt.

Bron: Burton, 1995.

Tabel 4.1: Het vijfbronnenmodel en de vijf krachten uit het model van Porter

Samenvatting

De belangrijkste kwestie die in dit hoofdstuk aan de orde komt, is hoe bedrijven concurrentievoordeel op de internationale markt creëren en ontwikkelen. Aan de hand van een driefasemodel kan de ontwikkeling van het internationale concurrentievermogen van bedrijven uitgelegd worden:
1. analyse van het nationale concurrentievermogen (het diamantmodel van Porter)
2. concurrentieanalyse
3. waardeketenanalyse:
   a. de concurrentiedriehoek
   b. benchmarking

Analyse van het nationale concurrentievermogen
De analyse begint op macroniveau, waar het diamantmodel van Porter aangeeft dat de kenmerken van het thuisland een centrale rol spelen bij het internationale succes van bedrijven.

Concurrentieanalyse
De volgende fase vindt plaats in de concurrentiearena, waar het bedrijf wordt geanalyseerd. Het vijfkrachtenmodel van Porter duidt erop dat de concurrentie in een sector geworteld is in de onderliggende economische structuur van die sector en verdergaat dan het gedrag van actuele concurrenten. De mate van concurrentie hangt af van vijf primaire concurrentiekrachten die het winstpotentieel van een sector bepalen.

Waardeketenanalyse
Hierbij kijken we naar wat concurrentievoordeel creëert op een en hetzelfde concurrentieniveau (tussen concurrenten in een sector). Volgens de concurrentiedriehoek kan gesteld worden dat bedrijven op een markt concurrentievoordeel hebben als ze producten aanbieden die aan het volgende voldoen:
- een hogere vermeende waarde voor de klanten;
- relatief lagere kosten dan bij concurrerende bedrijven.

Bedrijven kunnen uitvinden wat hun concurrentievoordelen of kerncompetenties zijn door concurrentiebenchmarking toe te passen, een techniek waarbij klanten de marktprestatie van een bedrijf meten door die te vergelijken met die van een 'eersteklas' concurrent. De maatstaven in de waardeketen die gebruikt kunnen worden, zijn onder andere betrouwbaarheid van levering, bestelgemak, service na verkoop en kwaliteit van de handelsvertegenwoordiging. Deze waardeketenactiviteiten worden gekozen op basis van hun belang voor de klant. Omdat de perceptie van klanten in de loop der tijd kan veranderen, kan het zinvol zijn te proberen in te schatten hoe de vraag van klanten naar bepaalde producten van een leverancier er in de toekomst uit zal zien.

Volgens de Blue Ocean-strategie vertegenwoordigen de red oceans (rode oceanen) alle sectoren die vandaag de dag bestaan. Dit is bekende marktruimte. Blue oceans (blauwe oceanen) zijn alle sectoren die vandaag de dag niet bestaan. Dit is onbekende marktruimte.

In de rode oceanen zijn de grenzen van sectoren gedefinieerd en geaccepteerd, en zijn de regels van het concurrentiespel bekend. Hier proberen bedrijven beter te presteren dan hun concurrenten om een groter deel van de bestaande vraag te bemachtigen. Naarmate het steeds drukker wordt op de markt, wordt de kans op winst en groei steeds kleiner.

Producten worden standaardproducten en de rode oceaan kleurt bloedrood van de genadeloze concurrentie.

Blauwe oceanen daarentegen worden gedefinieerd door onaangeboorde marktruimte, vraagcreatie en de kans op zeer winstgevende groei. Hoewel blauwe oceanen soms ver buiten de grenzen van bestaande sectoren worden gecreëerd, worden de meeste gecreëerd door bestaande sectorgrenzen op te rekken. In blauwe oceanen is concurrentie irrelevant omdat de regels van het spel nog geschreven moeten worden.

Als een bedrijf eenmaal een blauwe oceaan heeft gecreëerd, moet het zijn winst en groei zo lang mogelijk behouden door zo ver mogelijk de blauwe oceaan op te zwemmen, een bewegend doelwit van zichzelf te maken, afstand te scheppen tussen zichzelf en mogelijke imitatoren en hen ondertussen te ontmoedigen. Het doel is imitatoren op de blauwe oceaan zo lang mogelijk te overheersen. Maar naarmate andere bedrijven zich meer en meer op jouw markt richten en hevige concurrentie de blauwe oceaan rood kleurt, moeten bedrijven een nieuwe blauwe oceaan creëren om zich weer los te maken van de concurrentie.

Discussievragen

1. Hoe kun je aan de hand van de analyse van het nationale concurrentievermogen van een bedrijf het concurrentievoordeel van dat bedrijf verklaren?

2. Benoem de belangrijkste dimensies die gebruikt worden om de sterke en zwakke kanten van een concurrent te analyseren. Moeten lokale, regionale en internationale concurrenten apart geanalyseerd worden?

3. Hoe kan een land met hoge arbeidskosten zijn nationale concurrentievermogen vergroten?

4. Als jij manager internationale marketing bij Coca-Cola was, hoe zou je de reacties in de wereld op een grote concurrent als Pepsi in de gaten houden?

Competentietraining

1. Maak een analyse van de aantrekkelijkheid van het Afrikaanse continent.

2. Maak met behulp van het model van Porter voor een bedrijf een analyse van de markt aantrekkelijkheid van haar producten of activiteiten.

Casestudy 4.1 — **Wii: de Wii van Nintendo is nummer 1 op de wereldmarkt – kan dat zo blijven?**

Een paar jaar geleden zouden maar heel weinig analisten hebben voorspeld dat de Wii van Nintendo leider op de markt van spelcomputers zou worden, een markt waarop de merken PlayStation 3 (PS3) en Xbox 360 het zo goed deden. Maar analisten kunnen het mis hebben. In de week van 23 augustus 2007 bleek uit gegevens op www.Vgchartz.com (gebaseerd op steekproeven onder retailers overal ter wereld) dat de Wii (die in november 2006, een jaar na de Xbox 360, op de markt was gekomen) het totaal aantal verkochte exemplaren van de Xbox 360 had ingehaald, waardoor Nintendo de nieuwe wereldleider werd. Dit zal een groot effect hebben op andere producenten en zal zeker invloed hebben op de beslissingen die de grootste drie spelers (Microsoft, Sony en Nintendo) in de toekomst zullen nemen.

Een factor die er ongetwijfeld aan heeft bijgedragen dat de Wii zo snel populair is geworden, is het feit dat de spelcomputer mensen van alle leeftijdsgroepen en uit alle bevolkingsgroepen en landen aanspreekt.

Nintendo – de belangrijkste feiten en financiële gegevens

Nintendo is in 1889 opgericht als de Marufuku Company om *hanafuda*, Japanse speelkaarten, te verkopen. In 1951 werd het bedrijf de Nintendo Playing Card Company, en in 1959 begon het onder licentie van Disney themakaarten te maken.

In de jaren 1980 ging Nintendo op zoek naar nieuwe producten. In 1989 bracht het de Game Boy op de markt en in 1991 het Super Family Computer spelsysteem (Super NES in de VS). In 1994 brak het bedrijf met de traditie door ontwerpallianties te vormen met bedrijven als Silicon Graphics. Na in 1995 een 32-bits product ontworpen te hebben, bracht Nintendo in 1996 de veelgeprezen Nintendo 64 op de markt. Samen met Microsoft en Nomura Research werkte het ook aan een internetsysteem via satelliet voor Japan. In de VS en Japan bleven tussen de grootste concurrenten prijzenoorlogen woeden.

In 1998 lanceerde Nintendo in de VS *Pokémon*, een spel waarbij het ging om het ruilen en trainen van virtuele monsters (en dat sinds 1996 in Japan populair was). Het bedrijf kwam ook met het videospel *The Legend of Zelda: Ocarina of Time*, waarvan binnen ongeveer zes weken tweeënhalf miljoen exemplaren werden verkocht. In 1998 bracht Nintendo vijftig nieuwe spellen op de markt. Ter vergelijking: bij Sony waren dat er 131.

In 1999 kondigde Nintendo aan dat in zijn spelsysteem van de volgende generatie, Dolphin (later GameCube), de PowerPC microprocessor van IBM en dvd-spelers van Matsushita zouden worden gebruikt.

In september 2001 lanceerde Nintendo zijn langverwachte GameCube (die honderd dollar minder kostte dan zijn rivalen, de PlayStation van Sony en de Xbox van Microsoft). Het systeem kwam als eerste in Noord-Amerika uit, in november. Daarnaast bracht het bedrijf de Game Boy Advance op de markt, het nieuwste model met een groter scherm en een snellere chip.

In 2003 kocht Nintendo een aandeel (ongeveer drie procent) in de spelletjesontwerper en speelgoedproducent Bandai, een stap die de samenwerking tussen de twee bedrijven op het gebied van het marketen van spelletjessoftware moest consolideren.

Tegenwoordig houdt Nintendo (www.nintendo.co.jp) zich bezig met het creëren van producten voor interactief amusement. Het produceert hardware en software voor zijn videospelsystemen en brengt deze op de markt. Het bedrijf opereert vooral in Japan, Europa en Amerika. Het heeft een hoofdkantoor in Kyoto (Japan) en heeft ongeveer 3400 mensen in dienst.

In het fiscale jaar 2007 waren de genoteerde inkomsten van Nintendo 8189,4 miljoen dollar, een stijging van 90 procent ten opzichte van 2006. In datzelfde jaar was het bedrijfsresultaat 1916,2 miljoen dollar, terwijl dat in 2006 773,7 miljoen was. Ongeveer 67 procent van de inkomsten van het bedrijf komt uit streken buiten Japan. De nettowinst in het fiscale jaar 2007 was 1478,2 miljoen dollar, een stijging van 77,2 procent ten opzichte van 2006. Nintendo is erin geslaagd een hoger rendement op zijn investeringen, activa en aandelen te behalen dan het gemiddelde van de sector.

De laatste paar jaar heeft Nintendo kapitaal ingezameld door middel van schulden. Begin 2007 was de totale verhouding schulden/kapitaal nul, vergeleken met een sectorgemiddelde van twaalf procent. Deze schuldenvrije status geeft aan dat het bedrijf zijn operaties efficiënt kan financieren. Omdat het bedrijf geen schulden heeft die het af moet betalen, heeft het bovendien een grote mate van liquiditeit en financiële flexibiliteit.

De videospelletjesindustrie

De markt voor software voor interactief amusement wordt gekenmerkt door korte productlevenscycli en de frequente introductie van nieuwe producten.

Aan het begin van hun productlevenscyclus zijn spelcomputers relatief duur. Fanatieke spelers betalen veel geld om zo snel mogelijk een nieuwe spelcomputer in handen te krijgen, maar in jaar twee en drie stijgt de verkoop pas echt, want dan drijven de Wet van Moore en schaalvoordelen de prijs omlaag en brengen andere ontwikkelaars spelletjes op de markt die iedereen wil hebben. Tegen jaar vier begint het geroezemoes over de volgende generatie en kunnen spelcomputers bij de plaatselijke supermarkt tegen afbraakprijzen gekocht worden.

Nintendo opereert al sinds 1977 met kleurentelevisiespellen op de videospelletjesmarkt en wordt gezien als het oudste bedrijf op deze markt. Het is een van de grootste producenten van spelcomputers ter wereld en marktleider op het gebied van mobiele spelcomputers. In de afgelopen twintig jaar heeft het bedrijf vier generaties spelcomputers op de markt gebracht, waaronder het Nintendo Entertainment System, het Super Nintendo Entertainment System, de Nintendo 64 en de GameCube. Sinds het uitbrengen van de oorspronkelijke Game Boy in 1989 domineert Nintendo de markt voor mobiele spelcomputers. In het fiscale jaar 2007 heeft Nintendo 79,5 miljoen exemplaren van de Game Boy Advance (GBA) verkocht. Van Nintendo DS, een andere mobiele spelcomputer, zijn in het fiscale jaar 2007 40,3 miljoen exemplaren verkocht.

Nintendo lanceert de Wii

De nieuwste spelcomputer van het bedrijf, de Wii, werd in november 2006 gelanceerd. Om de volgende redenen heeft Nintendo deze merknaam gekozen:
- Wii klinkt als het Engelse *we*, wat benadrukt dat deze spelcomputer voor iedereen bestemd is.
- Wii kan door mensen overal ter wereld gemakkelijk onthouden worden, wat voor taal ze ook spreken.
- Wii wordt met 'ii' gespeld, wat symbolisch is voor zowel de unieke bediening als het beeld van mensen die bij elkaar komen om te spelen.

Het succes van de Wii heeft de managers bij Microsoft er niet van overtuigd dat ze op de verkeerde koers zitten. Het bedrijf richt zich op een wereld waarin mensen met behulp van één kastje samen spelletjes spelen, films downloaden en hun televisie bedienen. 'Nintendo heeft een unieke en innoverende ervaring gecreëerd', zegt Peter Moore, die de Xbox-business van Microsoft runt. 'Ik vind de ervaring, het prijspunt en de inhoud die Nintendo biedt geweldig. Maar', zo voegt hij eraan toe, 'Microsoft biedt ervaringen die Nintendo niet kan bieden' (O'Brian, 2007).

Natuurlijk heeft Microsoft weinig meer te verliezen dan geld, en daar hebben ze genoeg van. Sony is een ander verhaal. Videospelletjes en spelcomputers vormen al jaren het winstcentrum van het bedrijf. Toen iedereen dacht dat de PS3 de dominantie van Sony zou consolideren, kwam Nintendo plotseling met de Wii. Vanwege de ongehoord hoge prijs van de PS3 en de geringe keuze qua goede spelletjes is de verkoop van deze spelcomputer tegengevallen. De vader van de PlayStation, Ken Kutaragi, werd onlangs gedwongen af te treden als hoofd van Sony Computer Entertainment (O'Brian, 2007).

Hoewel Jack Tretton, president-directeur van Sony Computer Entertainment America, toegeeft dat de start langzaam is verlopen, vindt hij dat het te vroeg is om over winnaars te praten. 'Je moet Nintendo prijzen om wat ze hebben bereikt', zegt Tretton, die er snel op wijst dat Sony ook met vernieuwende bedieningspanelen is gekomen. 'Maar als je naar een sector kijkt, welke sector dan ook, dan gaat die in technologisch opzicht doorgaans niet achteruit. Het bedieningspaneel is vernieuwend, maar in principe is de Wii een GameCube die op een andere manier wordt gebruikt. Als je je spelcomputer rond een vernieuwend bedieningspaneel hebt gebouwd, moet je je afvragen of hij op de lange termijn zo populair blijft als hij nu is' (O'Brian, 2007).

De Blue Ocean-strategie van de Wii

Nintendo probeert een blauwe oceaan te creëren door een unieke spelervaring te scheppen en de kosten van zijn systeem lager te houden dan die van Sony en Microsoft. In een recent interview op Forbes.com besprak Perrin Kaplan, de vicepresident Marketing en Corporate Affairs van Nintendo in Amerika, de implementatie van Blue Ocean-strategie:

'Binnen Nintendo noemen we onze strategie 'de blauwe oceaan', in tegenstelling tot 'de rode oceaan'. Een blauwe oceaan zien is het creëren van een markt waar er eerst geen was – ergens heen gaan waar niemand nog is geweest. 'Rode oceaan' is iets wat onze concurrenten doen: felle concurrentie waar de verkoop eindig is en het product vrij voorspelbaar is. Wij maken spellen die onze klantenbasis in Amerika en Japan vergroten. Ja, de mensen die altijd al spelletjes hebben gespeeld, blijven spelen, maar nu hebben we mensen die nog nooit een videospel gespeeld hadden met spelletjes als *Nintendogs*, *Animal Crossing* en *Brain Games* met veel plezier aan het spelen gekregen. Deze spelletjes kun je zien als de blauwe oceaan in actie' (Forbes, 2006).

Onderdeel van de Blue Ocean-strategie is het creëren van een strategiecanvas waarop de huidige marktruimte en het relatieve aanbodniveau van belangrijkste waarden waarmee bedrijven concurreren. Het helpt bedrijven ook te bepalen welke waarden ze moeten verwijderen, verminderen en/of vergroten. Ook helpt het bedrijven nieuwe waarden te bepalen waarmee op dit moment nog niet mee geconcurreerd wordt. In figuur 1 is een strategiecanvas voor de nieuwe Nintendo Wii te zien als die met de Xbox 360 van Microsoft en de PlayStation 3 van Sony wordt vergeleken. De waardecurve van Nintendo is blauw.

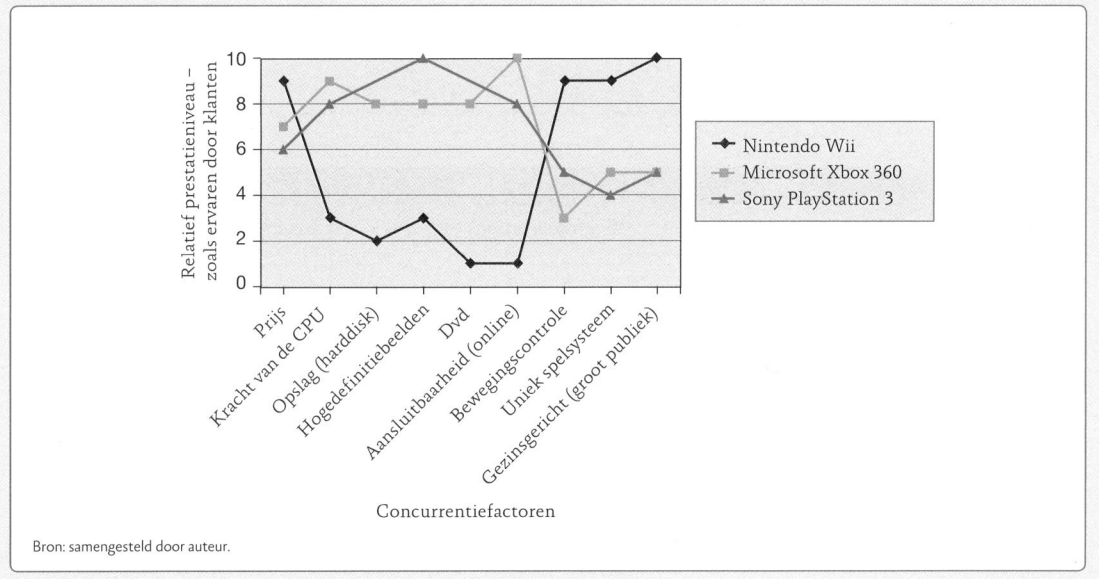

Figuur 1: Waardecurven (strategiecanvas) – Wii versus Xbox en PS3

Onder het schema staan de belangrijkste bronnen voor concurrentievoordeel:
- *Prijs*: de Wii is twintig tot dertig procent goedkoper dan de Xbox 360 en de Sony PlayStation 3, dus de Wii biedt de klant op die parameter een hogere vermeende waarde als alle andere dingen hetzelfde zijn.
- *Kracht van de CPU*: de Wii heeft een relatief lage processorsnelheid en hij heeft geen Dolby 5.1 (geluidssysteem). Zowel de PS3 als de Xbox 360 hebben processoren die veel krachtiger zijn dan de processoren die je in de meeste pc's aantreft.
- *Opslag (harde schijf)*: het basismodel van de Wii heeft geen harde schijf.
- *Hogedefinitiebeelden*: zowel de PS3 als de Xbox 360 gebruiken kwalitatief zeer hoogwaardige grafische chips die spellen met hogedefinitiebeelden ondersteunen en gemaakt zijn voor hogedefinitietelevisie. De grafische beelden van de Wii zijn iets beter dan die van de PS2 en de oorspronkelijke Xbox, maar naast de PS3 en de Xbox 360 verbleken ze.
- *Dvd*: zowel Sony als Microsoft biedt een dvd-mogelijkheid. Sony biedt zelfs een Blu-Ray dvd-drive.
- *Aansluitbaarheid (online)*: vooral de Xbox is gepositioneerd als de spelcomputer voor meer spelers tegelijk.
- *Bewegingscontrole*: met zijn innoverende bewegingscontrolestick voegt de Wii nieuwe waarde toe aan het spelen van spelletjes. De stick integreert de bewegingen van een speler rechtstreeks in het videospel (tennis, golf, zwaardgevechten enzovoort).

- *Uniek spelsysteem*: de Wii voelt de diepte en bewegingen van spelers en voegt dus een heel nieuw element aan de speelervaring toe.
- *Gezinsgericht (groot publiek)*: met de bewegingscontrolestick heeft Nintendo de videospelletjeswereld opengesteld voor een heel nieuw publiek, bestaande uit niet-spelers vanaf een jaar of dertig. Ouders van tieners en zelfs grootouders hebben plezier met de Wii.

Het marktaandeel van de Wii in vergelijking met Microsoft (Xbox) en Sony (SP3)

In tabel 1 wordt de wereldwijde verkoop van spelcomputers van 2005 tot 2007 weergegeven, evenals het marktaandeel.

De afhankelijkheid van subleveranciers

Nintendo is sterk afhankelijk van subleveranciers. Een aantal subleveranciers en contractproducenten produceert in opdracht van Nintendo de sleutelonderdelen voor spelcomputers of assembleert de eindproducten. Het bedrijf is niet in staat te voldoen aan de vraag naar de nieuwe Wii, die in november 2006 gelanceerd is, omdat zijn contractproducenten hun productie niet kunnen opschroeven om aan de vraag te voldoen. Een tekort aan sleutelonderdelen of eindproducten zou een groot effect op de inkomsten van het bedrijf kunnen hebben.

	2005		2006		2007	
	Exemplaren (m)	%	Exemplaren (m)	%	Exemplaren (m)	%
Sony:						
PS2	16,8		11,7		8,6	
PS3	–		1,2		7,2	
Totaal	16,8	69%	12,9	53%	15,8	40%
Microsoft:						
Xbox	3,6		0,7		–	
Xbox 360	1,2		6,8		7,8	
Totaal	4,8	20%	7,5	31%	7,8	20%
Nintendo:						
GameCube	2,7		1,0		–	
Wii	–		3,0		15,5	
Totaal	2,7	11%	4,0	16%	15,5	40%
Totaal	**24,3**	**100%**	**24,4**	**100%**	**24,3**	**100%**

Bron: een bewerking van gegevens op http://www.vgchartz.com en andere openbare mediabronnen.

Tabel 1: Internationale verkoop van spelcomputers (exemplaren)

De huidige verkoop van de Wii is vrij evenredig verdeeld over de drie grootste markten – dertig procent wordt verkocht in Japan, veertig procent op de Amerikaanse markt (inclusief Canada en Zuid-Amerika) en de resterende dertig procent op andere markten (waaronder Europa, Australië en een paar nichemarkten. De verkoop van Sony (de PS2 en PS3) en Microsoft (de Xbox en Xbox 360) is minder gelijkmatig verdeeld: Microsoft verkoopt de meeste exemplaren van de Xbox en Xbox 360 in Noord-Amerika, terwijl Japan, China en de rest van Azië de grootste markten voor de PS2 en PS3 van Sony zijn.

Bronnen: www.Vgchartz.com; O'Brian, J.M. (2007), 'Wii will rock you', *Fortune*, 4 juni 2007, money.cnn.com/magazines.fortune/fortune_archive/2007/06/11/100083454/index.ht; interview *Forbes*, 7 juni 2006, www.forbes.com/technology/cionetwork/2006/02/07/xbox-ps3-revolution-cx_rr_0207nintendo.html; Gamespot (200^) 'Microsoft to ship 13-15 million 360s by June 2007', www.gamespot.com, 12 july; *Financial Times* (2000) 'Companies and Markets: Microsoft to take on video game leaders', 10 maart; *New Media Age* (2000) 'Let the games begin', 8 maart; BBC News (2002) 'Work starts on new Xbox', 26 juni; BBC News (2002) 'Price cut boosts Xbox sales', 24 juli; CNN News (2002) 'Console wars: Round two', 22 mei.

Vragen

1. Wat waren de motieven van Microsoft om met de Xbox toe te treden tot de spelcomputermarkt?
2. Wat zijn de concurrentievoordelen in het bedrijfsmodel van de Wii?
3. Hoe schat je de kansen van Nintendo in om met de Wii op de lange termijn een blauwe oceaan te creëren?

Casestudy DEEL I

Manchester United: blijven proberen een mondiaal merk op te richten

Manchester United (afgekort tot ManUtd, www.manutd.com) heeft zich ontwikkeld tot een van de beroemdste en financieel meest succesvolle voetbalclubs ter wereld. Mensen in bijna alle landen kennen de club, zelfs als ze weinig interesse in sport hebben. Real Madrid heeft ManUtd van de eerste plaats in de Deloitte Football Money League gestoten. In deze lijst, die al negen jaar wordt opgemaakt, staat de top twintig van voetbalclubs naar geldwaarde.

In 2006 stonden de volgende clubs in de top vijf: Real Madrid (275,7 miljoen dollar), Manchester United (246,6 miljoen dollar), AC Milan (234 miljoen dollar), Juventus (229,4 miljoen dollar) en Chelsea (220,8 miljoen dollar) (*Accountancy*, 2006). De meest 'waardevolle' Amerikaanse sportteams, de Washington Redskins in de National Football League en de New York Yankees bij honkbal, zijn allebei iets meer waard, maar meer dan welk Amerikaans team dan ook heeft ManUtd een mondiaal merk gebouwd.

De immateriële activa van ManUtd

ManUtd heeft een enorme fanbasis opgebouwd. In 2005 bestond de mondiale fanbasis van de club uit 75 miljoen mensen: 24 miljoen in Europa, 40 miljoen in Azië (inclusief Australië), 6 miljoen in Zuid-Afrika en 5 miljoen in Noord-, Midden- en Zuid-Amerika. Het vergroten van deze basis en het kweken van levenslange loyaliteit zijn van cruciaal belang voor de groei van ManUtd op de lange termijn. En internationale fans door publiciteit via tv en internet laten proeven van de opwinding tijdens een wedstrijd is uitermate belangrijk voor het handhaven en opbouwen van het merk.

Merkactiva

De merkactiva van ManUtd zijn onder andere (1) de fysieke aspecten: logo's, kleuren, namen en faciliteiten en (2) de immateriële aspecten: reputatie, imago en perceptie. De officiële mascotte van het team is de Red Devil. Hoewel deze mascotte in het midden van het logo van ManUtd staat, speelt hij geen prominente rol bij promoties. De bijnaam van het team is de Reds, wat logisch lijkt, gezien de kleur die op de shirts voor thuiswedstrijden dominant is. Helaas wordt Liverpool, een ander topteam, ook de Reds genoemd.

Internationale evolutie van het merk

Bij Britse fans van ManUtd zit de liefde voor de club diep. Hoewel het merk in de psyche van Britse voetbalfans verankerd zit, maakt het een overgang door. ManUtd is niet langer alleen een Brits merk; het is een wereldmerk. In China heeft het een enorm groot aantal fans. Onderzoek naar de twaalf grootste markten in China toont aan dat 42 procent van de fans tussen de 15 en 24 zijn, en 26 procent tussen de 25 en 34. In China richt ManUtd zich vooral op de groeiende middenklasse in China, mensen die graag van het goede leven willen genieten en zich vereenzelvigen met succesvolle westerse merken. Als vroege toetreder tot de markt heeft ManUtd de kans gehad zich te vestigen als een van de dominante merken in Azië (Olson et al., 2006).

Hoewel de absolute getallen veel kleiner zijn, zijn de Verenigde Staten ook vruchtbare grond. Natuurlijk moet het internationale voetbal daar concurreren met gevestigde groepen als de Major League Baseball, de National Football League, de National Basketball Association en de National Hockey League. Maar voetbal is op scholen in het hele land een belangrijke sport geworden. Recent onderzoek over Europese voetbalteams laat zien dat ManUtd de club was die door Noord-Amerikaanse fans het meest genoemd werd (tien procent). Liverpool, Real Madrid en Barcelona kregen elk drie procent en Arsenal twee. Het onderzoek toont ook aan dat in noordoostelijke en westelijke delen van de Verenigde Staten de meeste mensen wonen die ManUtd kennen.

Om op buitenlandse markten succesvol te zijn, moet ManUtd fans werven, voetbalkleding en andere koopwaar verkopen, toegang tot mediamarkten hebben (waaronder tv, internet, mobiele telefoons en uitgevers), voetbalscholen oprichten, met sterke lokale sponsors licentieovereenkomsten sluiten en op tournee gaan om halo-effecten te creëren.

De uitdaging waar ManUtd voor staat is dat het deze overgang moet maken zonder kapot te maken wat het zo typisch Brits en zeer succesvol heeft gemaakt. Het huidige team bestaat uit spelers van over de hele wereld. (Hoewel ManUtd nog steeds Britse spelers heeft, domineren ze de Premier League niet meer.) En dan komen we aan bij nog een zorgelijk punt: sterke teams nemen sterke spelers in dienst die zelf een merk worden. Het opvallendst bij ManUtd was David Beckham, die zowel op het veld als in de media de status van superster kreeg, onder meer door te trouwen met Victoria Beckham, een voormalige Spice Girl. Bij ManUtd vonden ze dat Beckhams marktwaarde hoger was dan ze zich konden permitteren, dus verkochten ze hem een jaar voor het aflopen van zijn contract aan Real Madrid. Nu is het opbouwen van het merk ManUtd echter afhankelijk van opkomende sterren als Wayne Rooney, Cristiano Ronaldo en Rio Ferdinand. Ze zijn merkopbouwers voor ManUtd maar krijgen tegelijkertijd ook de kans hun eigen merk op te bouwen.

Problemen voor het merk

ManUtd bevindt zich in de benijdenswaardige positie dat het marktleider is in een tijd waarin de aandacht van de media voor het meest populaire spel ter wereld een dramatische groei doormaakt. Maar leiders kunnen struikelen, en het team is niet immuun voor de gevoelige aard van sportfans. Om dit zorgelijke feit aan te pakken, heeft ManUtd een database voor klantrelatiemanagement aangelegd waarin meer dan tweeënhalf miljoen fans zijn opgenomen. Veel van de fans in deze database komen naar de wedstrijden van ManUtd en geven geld uit aan producten van het merk ManUtd.

Een aanzienlijke groep Amerikaanse fans van ManUtd is niet loyaal. Als het team succes behaalt, zijn ze fan, maar als het even wat minder gaat, laten ze de club vallen. De markt is relatief klein: het aantal voetballers in de VS ligt rond de achttien miljoen.

Chinese fans hebben niet dezelfde mate van ervaring met professionele teams als Amerikaanse fans en zijn wellicht niet zo wispelturig. Toch bestaan er culturele en fysieke barrières tussen Britse en Chinese fans. Om op de Chinese markt een diepere loyaliteit te kweken, heeft ManUtd een website in het Mandarijn opgezet, in Hong Kong een voetbalschool opgericht en is het voortdurend tournees in Azië aan het plannen om te zoeken naar Aziatische spelers die aan het team toegevoegd kunnen worden (bijvoorbeeld Ji-Sung Park, die in juli 2005 bij het team van ManUtd kwam). Hoewel dit goede stappen zijn om merkloyaliteit op te bouwen, kunnen welvarende concurrenten als Chelsea en Liverpool ManUtd daarin nadoen.

Zelfs in Engeland heeft ManUtd te maken met problemen. Vooral na de komst van Glazer (zie hierna) wekt de club bij mensen een bepaalde mentaliteit op: óf je houdt van de club, óf je hebt er een hekel aan. Fans van andere teams waren dolbij dat Chelsea, Arsenal en Liverpool de drie belangrijkste kampioenschappen wonnen. Manchester heeft de laatste twee jaar geen belangrijke trofee meer gewonnen.

En toen kwam Glazer...

Aan het eind van de jaren 1990 en het begin van de jaren 2000 maakten veel supporters van United zich zorgen over een mogelijke overname van hun club. De supportersgroep IMUSA (Indepent Manchester United Supporters' Association) had zich in 1998 zeer actief verzet tegen een voorgestelde overname door Rupert Murdoch. Ze konden echter niets doen in mei 2005, toen de Amerikaanse sportmagnaat Malcolm Glazer (die ook eigenaar is van het American Football-team de Tampa Bay Buccaneers) na een overnamestrijd van een jaar voor een aandeel van 98 procent in ManUtd 1,4 miljard dollar neerlegde. Is het merk ManUtd dus anderhalf miljard dollar waard? Glazer leek die mening toegedaan te zijn, want hij betaalde ruwweg tweehonderd miljoen dollar meer dan de aandelenwaarde van ManUtd op de open markt.

Deze vijandige overname van de club had als resultaat dat de club diep in de schulden kwam te zitten; Glazer had zijn bod gefinancierd door geld te lenen op onderpand van de activa die ManUtd al bezat. Veel fans van ManUtd verzetten zich fel tegen de overname. Veel supporters waren woedend, en enkele vormden een nieuwe club, die de naam F.C. United of Manchester kreeg. Deze club kwam in eerste instantie uit in de tweede divisie van de North West Counties Football League en werd op 15 april 2006 kampioen. In het seizoen 2006-2007 kwam de club uit in de eerste divisie.

Na de overname ondernam het gezin Glazer (Malcolm Glazer en zijn drie zoons) grote stappen om de financiële positie van de club te verbeteren. Ze ontsloegen meer dan twintig personeelsleden, onder wie enkele managers. Ook zijn ze van plan de ticketprijzen te verhogen en hebben ze 23 spelers aan andere clubs uitgeleend, waardoor ze ManUtd meer dan twintig miljoen dollar aan transferbedragen en salarissen hebben bespaard. Overal waar ze konden, hebben ze kosten bespaard.

In het seizoen 2004-2005 scoorde ManUtd maar weinig doelpunten. Aan het eind van dat seizoen had het geen trofeeën gewonnen en eindige het op de derde plaats in de Premier League.

ManUtd begon het seizoen 2005-2006 slecht. Na openlijk kritiek op verschillende van zijn teamgenoten geuit te hebben, verliet middenvelder Roy Keane de club om zich bij de helden uit zijn jeugd, Celtic, te voegen. Door te verliezen van het Portugese Benfica Lissabon kwalificeerde de club zich voor het eerst in meer dan tien jaar niet voor de knock-outfase van de UEFA Champions League. Ook eindigde ManUtd op de tweede plaats in de Premier League; daarmee kwalificeerde de club zich automatisch voor de Champions League.

Sponsoring

Op 23 november 2005 beëindigde Vodafone zijn vierjarige contract van 36 miljard pond voor shirtreclame. Op 6 april 2006 kondigde ManUtd aan dat AIG de nieuwe shirtsponsor van de club was. Dit sponsorcontract van 56,5 miljoen pond verspreid over vier jaar (14,1 miljoen pond per jaar) was een record in de Britse voetbalgeschiedenis. Na de Italiaanse club Juventus, die een sponsorcontract van 12,8 miljoen pond per jaar met Tamoil heeft, heeft ManUtd daarmee de grootste sponsoring van de wereld. Het contract van vier jaar is het grootste sponsorcontract in de Britse geschiedenis, groter nog dan het contract van Chelsea met Samsung.

Naast deze sponsoring bestaat er nog een aantal andere sponsorovereenkomsten: de overeenkomst met Nike (303 miljoen pond over een periode van dertien jaar) biedt ManUtd twee belangrijke voordelen. Ten eerste betaalt Nike het team een vast bedrag voor de merchandisingrechten op de voetbaloutfit van ManUtd (shirts, shorts enzovoort). Dit betekent dat ManUtd een gegarandeerde inkomstenbasis heeft maar de productontwikkeling en merchandising heeft ondergebracht bij een bedrijf dat bewezen internationale expertise op dat gebied heeft. Ten tweede verbindt het team zijn merk zo aan een marktleider in een complementaire sector (sportkleding, -schoenen en -benodigdheden). In de eerste 22 maanden van de overeenkomst verkocht Nike 3,8 miljoen replicashirts.

ManUtd heeft acht secundaire sponsors: Pepsi, Budweiser, Audi, Wilkinson Sword, Dimension Data, Lycos.co.uk, Fuji en Century Radio. Mede daarom heeft het team twee miljoen pond geïnvesteerd in digitale led-reclameborden aan drie zijden van het voetbalveld. In de toekomst zullen licentieovereenkomsten met twee grote en vier secundaire sponsors worden beperkt. Deze zes sponsors hebben dan gezorgd voor grotere internationale kansen en een sterkere aanwezigheid op Old Trafford. Het team zal vervolgens extra lokale licentieovereenkomsten met beperkte rechten voor specifieke geografische markten verkopen.

Naast inkomsten uit licentieverlening genereert ManUtd inkomsten met secundaire bedrijfslijnen, vooral financiële. Fans kunnen nu hun huis of auto financieren met een hypotheek of lening van ManUtd, tickets kopen met een ManUtd creditcard, hun huis/auto/reis verzekeren met een verzekering van ManUtd, investeren in obligaties van ManUtd, gokken in de Super Pool-loterij van ManUtd of een film gaan bekijken in de Red Cinema in Salford, Greater Manchester. Natuurlijk beheren andere bedrijven deze lijnen; toch genereert de club met deze bedrijfslijnen extra inkomsten, terwijl ze er ondertussen het team mee promoten en er fans voor het leven mee kweken.

Financiële situatie

	2005	2004	2003
Inkomsten (miljoen dollar)	286	308	230
Nettowinst (miljoen dollar)	13	35	48
Werknemers (aantal)	480	504	493

In 2005 liepen de inkomsten uit televisie terug na een nieuwe overeenkomst over uitzendrechten in het Verenigd Koninkrijk. Ook liep het aandeel van de club in de media-inkomsten van de Champions League terug als gevolg van de slechte prestatie van ManUtd op dat toernooi. Bovendien liep de club door de overname van Glazer eenmalige kosten op.

In een verklaring bij het financiële jaarverslag over 2005 dat op de website van de club verscheen, zei hoofddirecteur David Gill: 'Als je kijkt naar de inkomsten en de winst die Manchester United met zijn mondiale merk genereert, zijn we nog steeds de grootste voetbalclub van de wereld' (www.manutd.com).

Hoewel de huidige internationale inkomsten maar een tot twee procent van de totale inkomsten uitmaken, biedt dit segment van de business enorme kansen.

Bronnen: Cohn, L. en Holmes, S. (2005) 'ManU Gets Kicked In the Head – Again', *Business Week*, 12 december, pag. 34-35; *Accountancy* (2006) 'Manchester United loses top spot in Deloitte football league', maart, 137(1351), pag. 16; Olson, E.M., Slater, S.F., Cooper, R.D. en V. Reddy (2006) 'Good Sport: Manchester United is no longer just a British brand', *Marketing Management*, 15(1) (januari/februari), pag. 14-16.

Vragen

1. Hoe zou je het internationale concurrentievermogen van ManUtd na de overname door Malcolm Glazer evalueren?
2. Bespreek en leg uit hoe de verschillende allianties het concurrentievermogen van ManUtd kunnen vergroten.
3. Wat zijn de belangrijkste bedreigingen als 'Manchester United' als mondiaal merk wordt aangehouden?

DEEL II

De beslissing tot welke markten toe te treden

Inleiding deel II

Na gekeken te hebben naar de beginfase (deel I, De beslissing een bedrijf te internationaliseren), kijken we in dit deel naar het kiezen van de 'juiste' internationale markt. We zien de politieke en economische omgeving (hoofdstuk 5) en de sociaal-culturele omgeving (hoofdstuk 6) als 'invoer' in het proces waarvan de uitkomst de doelmarkt(en) is/zijn die een bedrijf zou moeten kiezen als basis voor ontwikkeling van de internationale marketingmix (zie deel IV). De structuur van deel II wordt in figuur 1 afgebeeld.

Zoals in figuur 1 te zien is, bepalen de krachten van de omgevingen die in hoofdstuk 5 en 6 aan de orde komen het kader dat nodig is voor:
- het selecteren van de juiste markt(en) (hoofdstuk 7);
- de daaropvolgende ontwikkeling van de internationale marketingmix.

De discussie in hoofdstuk 5 en 6 blijft beperkt tot de belangrijkste macro-economische omgevingsaspecten die het gedrag van markten en afnemers en dus de internationale marketingmix van bedrijven beïnvloeden.

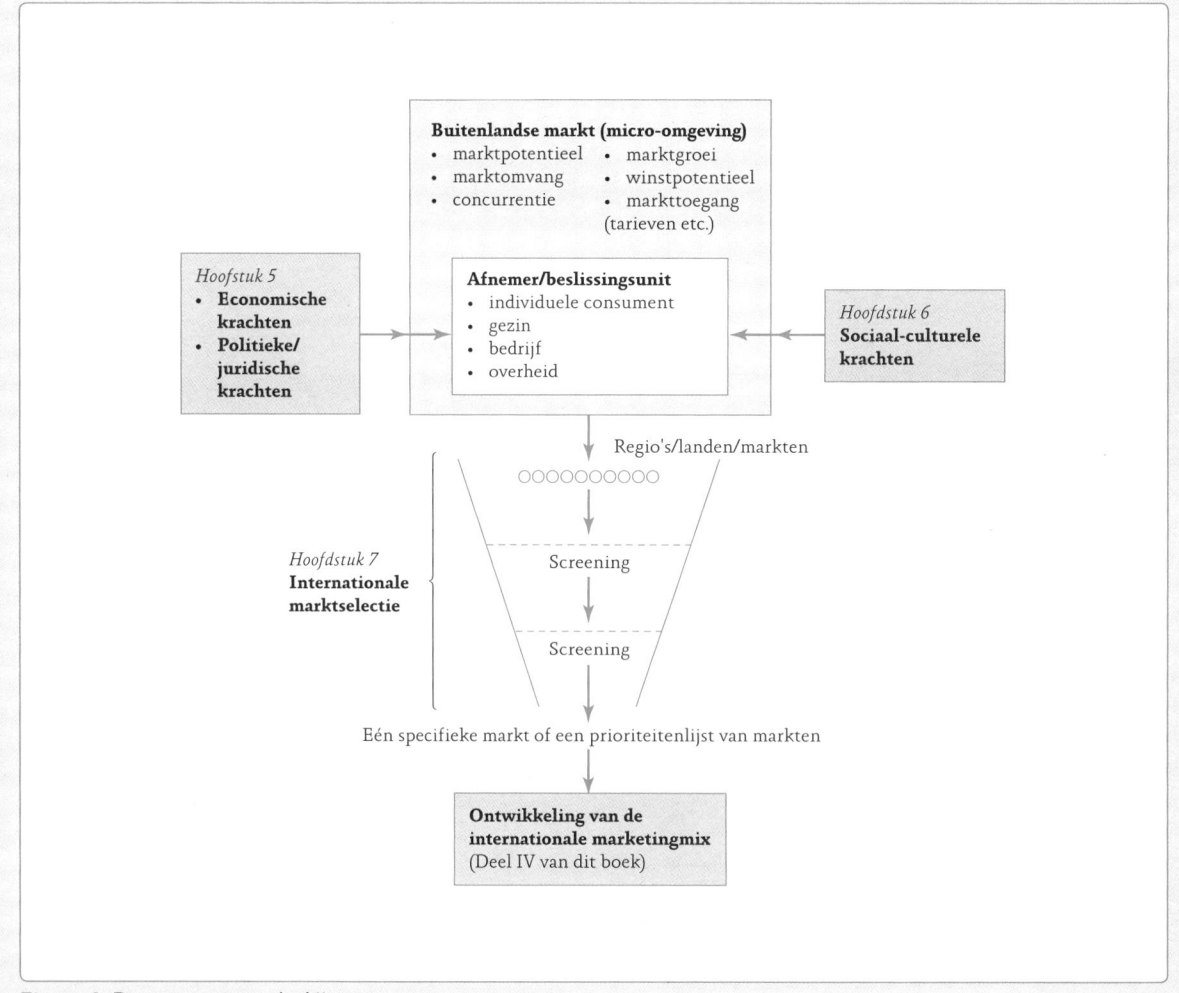

Figuur 1: De structuur van deel II

5

De politieke en
economische omgeving

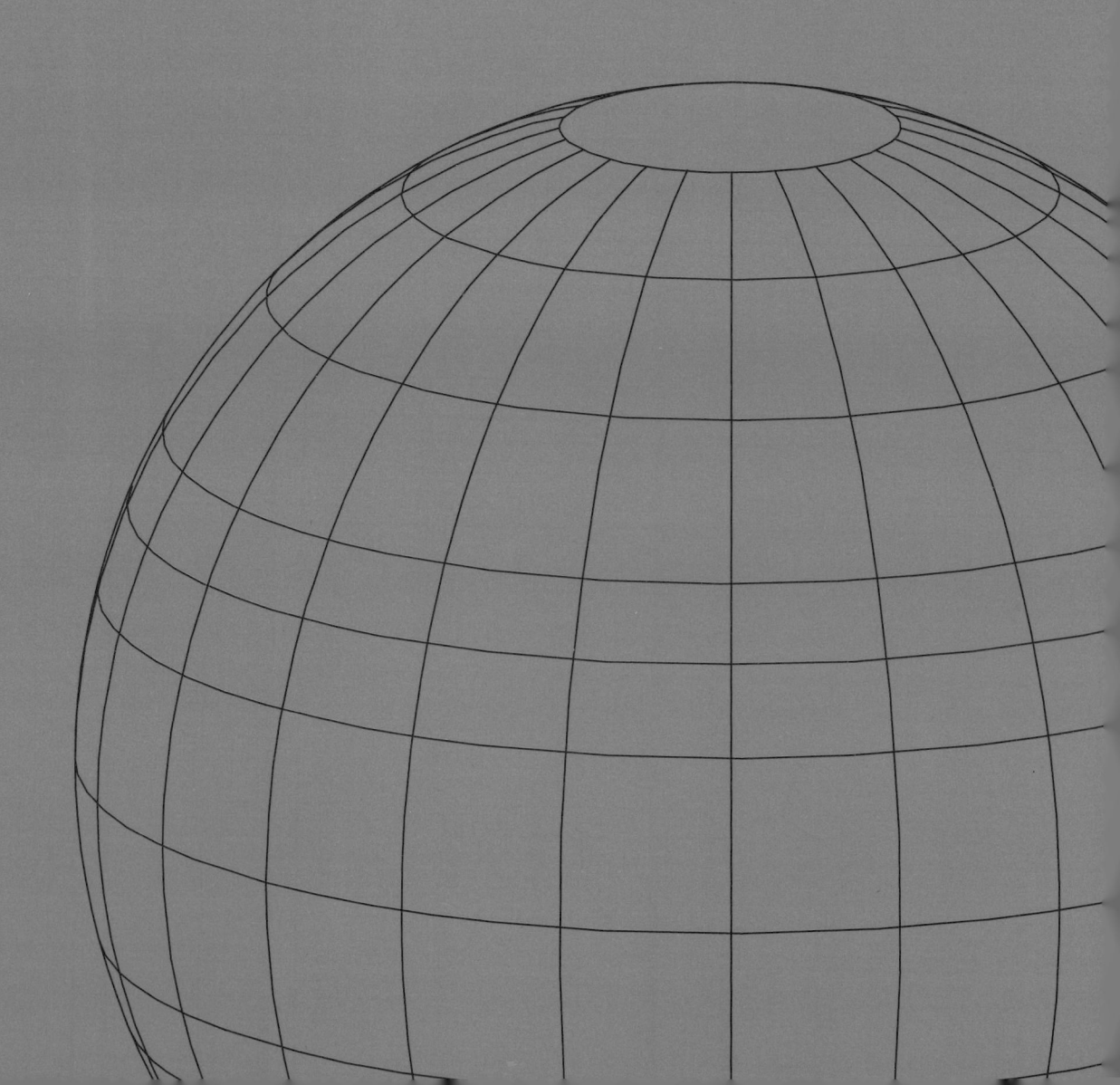

Hoofdstuk 5 DE POLITIEKE EN ECONOMISCHE OMGEVING

Leerdoelen

Na het bestuderen van dit hoofdstuk moet je in staat zijn het volgende te doen:

- Bespreken wat de invloed van de politieke/juridische omgeving is op het al dan niet aantrekkelijk zijn van een buitenlandse markt.
- Onderscheid maken tussen politieke factoren in de omgeving van het thuisland en die van het gastland.
- De stappen uitleggen in de procedure om politiek risico te analyseren.
- Onderscheid maken tussen tarifaire en niet-tarifaire barrières.
- De belangrijkste handelsblokken beschrijven.
- Onderzoeken waarom de consumptiestructuur van land tot land verschilt.
- Uitleggen hoe managers de lokale politiek kunnen beïnvloeden.
- Definiëren wat regionale economische integratie is en de verschillende integratieniveaus omschrijven.
- De voor- en nadelen van regionale economische integratie bespreken.
- Evalueren wat de consequenties van de EMU en de euro voor Europese bedrijven zijn.

5.1 Inleiding

Dit hoofdstuk is gewijd aan de macro-economische omgevingsfactoren die de vele krachten waaraan bedrijven zijn blootgesteld verklaren. De macro omgeving wordt ook wel de (internationale) marketingomgeving genoemd. Als een marketeer of een topmanager als eerste beslissingen neemt of de onderneming wel of niet internationaal moet gaan opereren en welke landen aantrekkelijke kansen bieden, moet het bedrijf zeer goed inzicht krijgen in de omstandigheden van het land of de regio waarin men de activiteiten wil ontwikkelen. Marketeers moeten zich aanpassen aan een min of meer onbeheersbare omgeving waarbinnen ze van plan zijn te opereren. De omgevingsfactoren in de buitenlandse omgeving die in dit hoofdstuk aan bod komen, zijn de politieke/juridische krachten en de economische krachten.

5.2 De politieke/juridische omgeving

De politieke en juridische omgeving heeft betrekking op wet- en regelgeving op lokaal, nationaal en internationaal niveau die (direct of indirect) van invloed zijn op de bedrijfsactiviteiten. In deze paragraaf concentreren we ons voornamelijk op politieke kwesties. De politieke/juridische omgeving bestaat uit twee dimensies:
1. de omgeving in het thuisland
2. de omgeving in het gastland

Naast deze dimensies is er nog een derde:
3. de algemene internationale omgeving (zie figuur 5.1)

5.2.1 De omgeving in het thuisland

De politieke omgeving in het thuisland van een bedrijf kan een beperking vormen voor zowel zijn internationale als binnenlandse operaties. Door de politieke omgeving in het thuisland kunnen internationale bedrijven beperkt worden in de keuze van landen waarmee ze zaken willen doen.

Het bekendste voorbeeld van een situatie waarbij de politieke omgeving in een thuisland invloed had op de internationale operaties van bedrijven is Zuid-Afrika. Als gevolg van politieke druk uit het thuisland trokken sommige bedrijven zich helemaal uit het land terug. Nadat Amerikaanse bedrijven uit Zuid-Afrika waren vertrokken, waren de Duitsers en Japanners er de grootste buitenlandse aanwezigen. Duitse bedrijven ondervonden niet dezelfde politieke druk in het thuisland als Amerikaanse bedrijven. De Japanse overheid voelde zich echter in verlegenheid gebracht toen Japan de grootste handelspartner van Zuid-Afrika werd. Het gevolg was dat enkele Japanse bedrijven hun activiteiten in Zuid-Afrika beperkten.

Een kwestie waar multinationals mee te maken krijgen, is de *triple threat*, de bedreiging op drie fronten. Zelfs als het thuis- en gastland niet voor problemen zorgen, kunnen ze bedreiging ondervinden vanuit andere markten. Zo kon het zijn dat bedrijven die geen problemen hadden met hun eigen overheid of de Zuid-Afrikaanse overheid, vanwege hun operaties in Zuid-Afrika problemen ondervonden in of geboycot werden door andere landen, zoals de Verenigde Staten. Tegenwoordig ondervinden Europese bedrijven problemen in de VS als ze zakendoen met Cuba. De problemen die Nestlé als gevolg van de controverse over zijn flesvoeding voor baby's ondervond, waren niet in Zwitserland, het thuisland, het grootst, en ook niet in de Afrikaanse gastlanden, maar in een ander land – de Verenigde Staten.

Een derde gebied waarop sommige overheden internationale marketing reguleren, is omkoping en corruptie. In veel landen is het heel gewoon om te betalen of bepaalde gunsten te verlenen als je iets geregeld wilt hebben en wordt er verwacht dat je smeergeld betaalt in ruil voor overheidsdiensten. In het verleden betaalden bedrijven die internationaal zakendeden stelselmatig steekpenningen aan buitenlandse overheidsambtenaren of verleenden hun gunsten om contracten binnen te halen.

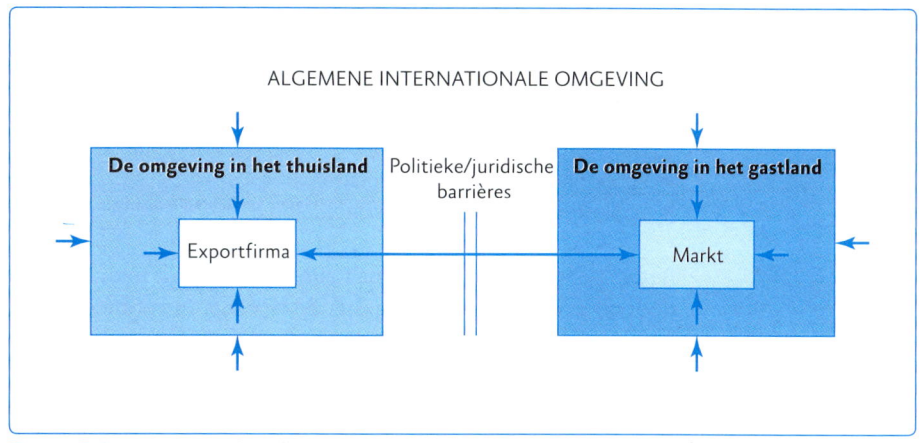

Figuur 5.1: Barrières in de politieke/juridische omgeving

Veel bedrijfsmanagers betogen dat hun thuisland zijn eigen morele principes niet moet toepassen op samenlevingen en culturen waar omkoperij de normaalste zaak van de wereld is. Als zij internationaal willen kunnen opereren, zo voeren ze aan, moeten ze de vrijheid hebben de meest gangbare manieren te gebruiken om in het gastland te concurreren. Vooral in sectoren die kampen met beperkte of zelfs slinkende markten worden bedrijven door hevige concurrentie gedwongen manieren te vinden om contracten binnen te slepen.

Aan de andere kant is het moeilijk voor te stellen dat de regels waaraan bedrijven zich moeten houden ooit afhankelijk worden van waar ze zakendoen – in binnen- of buitenland. Ook kan omkoperij leiden tot slechte prestaties en een verslapping van de morele normen bij managers en werknemers, met als gevolg dat ze zich richten op het zo goed mogelijk omkopen van mensen in plaats van het zo goed mogelijk produceren en marketen van goederen.

De internationale marketeer moet zorgvuldig onderscheid maken tussen aanvaardbare manieren om internationaal zaken te doen – inclusief voldoen aan buitenlandse verwachtingen – en regelrechte omkoperij en corruptie.

Bevorderingsactiviteiten (gesponsord door overheidsorganisaties)

Overheidsprogramma's om de export te bevorderen zijn een steeds belangrijker kracht in de internationale omgeving. Veel van de activiteiten betreffen de tenuitvoerbrenging en sponsoring van de export door de overheid alleen, terwijl andere het resultaat zijn van de gezamenlijke inspanningen van overheid en het bedrijfsleven.

Zogenaamde regulerende ondersteuningsactiviteiten zijn directe pogingen van de overheid om de producten van haar land concurrerender te maken op wereldmarkten. Ook tracht de overheid bedrijven – en dan vooral kleinere bedrijven – te stimuleren meer aan export te doen.

Het toekennen van subsidies is van bijzonder belang: exportsubsidies zijn voor exportindustrieën wat tarieven zijn voor binnenlandse industrieën. Beide zijn bedoeld om de winstgevendheid te beschermen van industrieën en individuele bedrijven die zouden kunnen bezwijken als ze aan de volle kracht van de concurrentie werden blootgesteld. Bij exportindustrieën worden de inkomsten met subsidies aangevuld. Ook kunnen kosten worden verlaagd door bepaalde inputfactoren te subsidiëren. Subsidie kan verleend worden door het verlagen van belasting op winst uit de exportverkoop, terugbetaling van verschillende indirecte belastingen enzovoort. Verder kan een subsidie de vorm hebben van een directe toelage die de ontvanger in staat stelt te concurreren met bedrijven uit andere landen die kostenvoordelen hebben. Deze directe toelage kan de ontvanger ook gebruiken voor speciale reclameactiviteiten.

In bredere zin zijn overheidsprogramma's voor exportbevordering en programma's voor internationale marketingactiviteiten over het algemeen opgesteld om de volgende interne barrières aan te pakken:

- gebrek aan motivatie omdat internationale marketing gezien wordt als tijdrovender, kostbaarder, riskanter en minder winstgevend dan zakendoen in het eigen land;
- gebrek aan adequate informatie;
- beperkingen wat operaties/middelen betreft.

Sommige van deze programma's zijn zeer populair in ontwikkelingslanden, vooral als ze door de zakengemeenschap gesteund worden. In voorbeeld 5.1 wordt de rol van de overheid uiteengezet in het internationaliseringsproces van Huawei Technologies Corpororation, de grootste leverancier van telecommunicatieapparatuur en -diensten in China.

Financiële activiteiten

Door lid te worden van internationale financiële organisaties zoals het internationale Monetaire Fonds (IMF) en de Wereldbank kunnen overheden de rol van internationale bankier spelen. Het toekennen van subsidies is een voorbeeld van een financiële exportbevorderingsactiviteit van nationale overheden.

Een van de meest essentiële factoren die het resultaat van het exportmarketingprogramma van een bedrijf bepalen, is het kredietbeleid van dat bedrijf. Een leverancier die betere betalings- en financieringsvoorwaarden kan bieden, heeft een grotere kans zijn product te verkopen, ook al is de prijs misschien hoger of de kwaliteit van zijn product minder goed dan die van de concurrentie.

Als kredietvoorwaarden uitgebreid worden, neemt het risico op wanbetaling toe. Maar weinig exporteurs willen dit risico nemen. Het kan daarom nodig zijn exporteurs de kans te geven door kredietverzekering wat van dat risico over te dragen aan overheidsorganisaties. Exportkredietverzekeringen en -garanties dekken bepaalde commerciële en politieke risico's die bij exporttransacties kunnen komen kijken.

Voorbeeld 5.1

Huawei Technologies Corporation: De rol van de nationale overheid in het internationale proces

Huawei Technologies Corporation is nu de grootste verkoper van telecommunicatieapparatuur en -diensten in China, met aangegeven inkomsten van 8,5 miljard dollar in 2006. Hoewel Huawei een sterke nationale identiteit heeft, streeft het naar internationale expansie, in een tijd waarin internationale telecommunicatiegiganten hun internationale merken al in belangrijke handelsblokken hebben gevestigd.

Door de overheid geleide bedrijven vormen nog steeds de belangrijkste aandrijfkracht van de Chinese nationale economie. Van oudsher wordt de telecommunicatiesector in China via het Ministerie van Informatie-industrie (MII) strak gereguleerd door de centrale overheid. Het is echter duidelijk dat de Chinese telecommunicatiesector van een centraal gereguleerde sector aan het veranderen is in een semikapitalistische sector. Dit veranderingsproces is ook het resultaat van de verbintenis van China aan de grondbeginselen van de Wereldhandelsorganisatie. China zal zich meer moeten openstellen voor buitenlandse investeringen. Maar de centrale overheid van het land zal een centrale rol blijven spelen bij het stimuleren van technische vooruitgang door middel van allianties, fusies en acquisities. De politieke en zakelijke leiders zien de internationale telecommunicatiereuzen (zoals Motorola, Nokia, Alcatel en Siemens) als katalysatoren voor de ontwikkeling van China, en aan de bedrijven die in China hebben geïnvesteerd, zijn enorme concessies verleend. Ook Huawei ontvangt veel overheidssteun, waaronder zachte leningen om het bedrijf te helpen zich internationaal uit te

> breiden. De China Development Bank heeft Huawei een krediet van tien miljard dollar verstrekt om buitenlandse klanten te helpen de aankoop van producten van Huawei te financieren.
>
> MII blijft ook lokale Chinese bedrijven als China Mobile en China Telecom stimuleren telecommunicatieapparatuur van Chinese fabrikanten (zoals Huawei, ZTE (Zhongxing), Datang en Great Dragon) te kopen.
>
> De belangrijkste uitdaging voor Huawei zal in de toekomst het concurreren in twee marktomgevingen zijn, de ene lokaal en de andere internationaal.
>
> Bron: www.huawei.com, Low (2007)

Informatiediensten

Veel grote bedrijven kunnen zelf de informatie verzamelen die ze nodig hebben. Andere bedrijven, die niet de expertise hebben om zelf onderzoek te doen, kunnen het zich permitteren externe onderzoeksbureaus in te huren om het nodige onderzoek te doen. Een groot aantal bedrijven kan echter geen van beide doen. Voor deze bedrijven, meestal kleinere bedrijven of nieuwkomers op de internationale markt, is de nationale overheid de belangrijkste bron van primaire marketinginformatie.

Hoewel de informatie die relevant is voor internationale marketeers en exportmarketeers van land tot land verschilt, zijn de volgende soorten informatie doorgaans beschikbaar (Albaum et al., 2002, pag. 119-120):

- economische, sociale en politieke gegevens over individuele landen, onder meer over hun infrastructuur;
- algemene en gedetailleerde informatie over de gezamenlijke internationale marketingtransacties;
- rapporten over individuele bedrijven;
- specifieke exportkansen;
- lijsten van potentiële buitenlandse afnemers, distributeurs en agenten voor verschillende producten in verschillende landen;
- informatie over relevante overheidsvoorschriften, zowel in binnen- als in buitenland;
- bronnen van verschillende soorten informatie die niet altijd via de overheid beschikbaar zijn, zoals informatie over buitenlands krediet;
- informatie die bedrijven bij hun operaties zal helpen, bijvoorbeeld informatie over exportprocedures en -technieken.

De meeste soorten informatie worden via gepubliceerde rapporten of internet aan bedrijven beschikbaar gesteld. Daarnaast nemen overheidsambtenaren vaak deel aan seminars en workshops die als doel hebben de internationale marketeer te helpen.

Activiteiten die de export faciliteren

De nationale overheid onderneemt activiteiten die de export stimuleren, waaronder de volgende (Albaum et al., 2002, pag. 119-120):

- kantoren voor handelsontwikkeling in het buitenland, als apart geheel of als onderdeel van de normale operaties van een ambassade of consulaat;
- door de overheid gesponsorde vakbeurzen en tentoonstellingen. Een vakbeurs is een nuttige marktplaats waar afnemers en verkopers elkaar kunnen ontmoeten en waar exporteurs hun producten tentoon kunnen stellen;
- het sponsoren van handelsmissies van zakenlieden die naar het buitenland gaan om producten te verkopen en/of agentschappen of andere vormen van vertegenwoordiging in het buitenland op te zetten;
- permanente vakbeurzen in buitenlandse marktgebieden, vaak gericht op één industrie.

Vanuit het oogpunt van de nationale overheid is elk van deze activiteiten een andere manier om exportgroei te bevorderen. Vanuit het oogpunt van individuele bedrijven zijn deze activiteiten relatief goedkope manieren om direct contact te leggen met mogelijke afnemers op buitenlandse markten.

Zo kent de EVD in Nederland de regeling prepare2start. Dit is een subsidieregeling die ondernemers die weinig of geen ervaring hebben met exporteren hebben ondersteunt. In het kader van de regeling krijgt een ondernemer gratis advies bij het opstellen en uitvoeren van internationaliseringsplannen. Ook kan een ondernemer een bijdrage krijgen in de kosten van bepaalde activiteiten. Meer informatie omtrent deze regeling is te vinden op de website van de Kamer van Koophandel (www.kvk.nl) of van Syntens (www.Syntens.nl)

Exportbevordering door particuliere organisaties

Verschillende niet-gouvernementele organisaties spelen een rol bij de bevordering van internationale marketing, waaronder de volgende (Albaum et al., 2002, pag. 120):
- bedrijfs- en beroepsverenigingen, nationale, regionale en sectorale bedrijfsverenigingen, verenigingen van handelshuizen, gemengde verenigingen van fabrikanten en handelaren en andere organen;
- kamers van koophandel: lokale en nationale kamers van koophandel, nationale en internationale verenigingen van kamers van koophandel, nationale kamers van koophandel in het buitenland en binationale kamers van koophandel;
- andere organisaties die zich bezighouden met handelsbevordering: organisaties die exportonderzoek doen, regionale exportbevorderingorganisaties, wereldhandelscentra, geografisch georiënteerde handelsbevorderingorganisaties, exportverenigingen en -clubs, internationale bedrijfsverenigingen, wereldhandelsclubs en organisaties die zich bezighouden met handelsarbitrage;
- organisaties die zich bezighouden met exportservice, banken, transportbedrijven, expediteurs, exporthandelaren en handelsbedrijven.

Bedrijven kunnen steun krijgen in de vorm van onder andere informatie en publicaties, scholing en steun bij 'technische' details en reclame in het buitenland.

Staatshandel

Veel van de voormalige communistische landen staan nu door middel van joint ventures of de privatisering van staatsbedrijven een bepaalde mate van private handelsactiviteiten toe. Er zijn echter nog landen waar actieve staatshandel plaatsvindt, zoals in Cuba en tot op zekere hoogte in China.

Private bedrijven maken zich om twee redenen zorgen over staatshandel. Ten eerste betekent de vorming van importmonopolies dat exporteurs hun exportmarketingprogramma aanzienlijk moeten aanpassen. Ten tweede krijgen private internationale marketeers het moeilijk als staatshandelaren de monopoliemacht die ze hebben, gebruiken.

5.2.2 De omgeving in het gastland

Managers moeten voortdurend de overheid, haar beleid en haar stabiliteit in de gaten houden om te bepalen hoe groot de kans op politieke verandering is die de operaties van hun bedrijf negatief zou beïnvloeden.

Politieke risico's

In alle landen bestaat politiek risico, maar het scala aan risico's verschilt van land tot land. Over het algemeen is het politieke risico het kleinst in landen die van oudsher stabiel en betrouwbaar zijn. Er zijn drie hoofdsoorten risico aan te wijzen:
1. *eigendomsrisico*, dat betrekking heeft op eigendom en leven;

2. *operationeel risico* oftewel belemmering van bedrijfsoperaties;
3. *transferrisico*, wat vooral speelt als bedrijven kapitaal van het ene land naar het andere willen overbrengen.

Politiek risico kan het gevolg zijn van overheidsacties, maar het kan ook zijn dat de overheid er geen controle over heeft. De soorten acties en hun gevolgen kunnen als volgt worden ingedeeld:

- *Invoerbeperkingen*. De selectieve beperking van de invoer van grondstoffen, machines en reserveonderdelen is een vrij veel voorkomende strategie om buitenlandse bedrijven te dwingen meer in het gastland te kopen. Zo scheppen overheden markten voor de lokale industrie. Hoewel dit gedaan wordt om te proberen de ontwikkeling van de binnenlandse industrie te stimuleren, is het resultaat vaak dat de operaties van gevestigde bedrijven worden gehinderd en soms verstoord. Als er geen voldoende ontwikkelde voorraadbronnen in het land aanwezig zijn, wordt het probleem kritiek.
- *Wetten betreffende 'lokale inhoud'*. Naast de beperking van de invoer van essentiële materialen om buitenlandse bedrijven te dwingen deze lokaal te kopen, eisen landen vaak dat een deel van elk product dat in het gastland wordt verkocht lokale inhoud heeft, dat wil zeggen dat het product onderdelen bevat die lokaal geproduceerd zijn. Deze eis wordt vaak opgelegd aan buitenlandse bedrijven die producten uit in het buitenland gemaakte onderdelen assembleren. Niet alleen ontwikkelingslanden stellen dit soort eisen; de EU eist van bedrijven met een buitenlandse eigenaar dat 45 procent van elk product 'lokale inhoud' is. Deze eis is belangrijk geweest voor autofabrikanten uit het Verre Oosten.
- *Deviezenregulering*. Deviezenregulering is het gevolg van tekorten aan buitenlandse deviezen van een bepaald land. Als een land te kampen heeft met een tekort aan buitenlandse deviezen, kan deviezenregulering worden toegepast op alle kapitaalbewegingen of alleen op de politiek meest kwetsbare bedrijven. Zo kan de voorraad buitenlandse deviezen alleen voor de meest essentiële doeleinden bewaard worden. Voor buitenlandse investeerders kan het dan een probleem zijn hun winst en investeringen in de deviezen van het thuisland uitbetaald te krijgen (transferrisico).
- *Marktregulering*. De overheid van een land legt soms reguleringsmaatregelen op om buitenlandse bedrijven ervan te weerhouden op bepaalde markten te concurreren. Een paar jaar geleden dreigde de Amerikaanse overheid buitenlandse bedrijven die zakendeden met Cuba te boycotten. De EU-landen hebben tegen dit dreigement geprotesteerd.
- *Prijsregulering*. Essentiële producten die in de publieke belangstelling staan, zoals farmaceutische producten, voedingsmiddelen, brandstof en auto's, zijn vaak onderhevig aan prijsreguleringsmaatregelen. Dergelijke maatregelen kunnen in een periode van inflatie door een overheid worden toegepast om het milieugedrag van consumenten of de kosten van levensonderhoud te beheersen.
- *Belastingregulering*. Belastingen moeten als politiek risico worden gezien als ze gebruikt worden om buitenlandse investeringen te reguleren. In veel gevallen worden ze zonder waarschuwing en in strijd met officiële afspraken verhoogd. In onderontwikkelde landen, waar de economie voortdurend bedreigd wordt door een tekort aan geld, ziet de overheid een onredelijke belastingheffing op buitenlandse investeringen soms als de handigste en snelste manier om aan geld te komen.
- *Arbeidsrechtelijke beperkingen*. In veel landen zijn vakbonden erg sterk en hebben ze veel politieke invloed. Door hun macht te gebruiken, zijn vakbonden soms in staat de overheid te overreden zeer restrictieve wetten aan te nemen die werknemers steunen ten koste van het bedrijfsleven. Van oudsher zijn vakbonden in Latijns-Amerika altijd in staat geweest ontslagen en fabriekssluitingen tegen te houden. In West-Europa worden vakbonden langzaam maar zeker ook sterker. Zo zijn bedrijven in Duitsland en een aantal andere Europese landen verplicht werknemers in de raad van bestuur zitting te laten nemen.

- *Verandering van regeringspartij.* Het kan zijn dat een nieuwe regering niet de afspraken nakomt die de vorige regering met een bedrijf heeft gemaakt. Dit is vooral een probleem in ontwikkelingslanden, waar nogal eens een andere politieke partij aan de macht komt.

NATIONALISERING
Overname van buitenlandse bedrijven door de overheid van het gastland.

- *Nationalisering (onteigening).* Dit wordt omschreven als het in beslag nemen van buitenlands bezit door de overheid. Het is het ultieme overheidsinstrument om buitenlandse bedrijven mee onder controle te houden. Deze uitermate drastische actie tegen buitenlandse bedrijven wordt steeds minder toegepast, nu ontwikkelingslanden beginnen in te zien dat directe buitenlandse investeringen aantrekkelijk zijn.
- *Domesticering.* Dit kan gezien worden als een geleidelijke onteigening. Het is een proces waarbij een buitenlands bedrijf regulerende en beperkende maatregelen wordt opgelegd. Hierdoor wordt de zeggenschap van de eigenaren over het bedrijf langzaam maar zeker verminderd. Het bedrijf blijft in het land opereren, maar de overheid van het gastland heeft door verschillende maatregelen op te leggen macht over het bedrijf. Zo kan een overheid regelen dat de eigen inwoners meer beslissingsmacht krijgen, dat meer producten lokaal geproduceerd worden dan dat er geïmporteerd worden voor assemblage, dat het eigenaarschap geleidelijk in handen van de eigen inwoners komt (door deelname van lokale bedrijven aan joint ventures te eisen) en grote aantallen eigen inwoners naar hogere managementposities te bevorderen. Domesticering geeft het gastland genoeg gezag om de activiteiten van het buitenlandse bedrijf zorgvuldig te reguleren. Op deze manier worden echt negatieve effecten van de operaties van het bedrijf in het land snel opgemerkt en kan onmiddellijk actie worden ondernomen.

5.2.3 Handelsbarrières vanuit thuis- naar gastland

Door vrijhandel tussen landen kan internationale specialisering plaatsvinden. Het stelt efficiënte bedrijven ook in staat de productie te vergroten naar een niveau dat veel hoger ligt dan mogelijk zou zijn als de verkoop beperkt zou blijven tot de eigen thuismarkt. Dit levert bedrijven aanzienlijke schaalvoordelen op. De concurrentie neemt toe en prijzen van goederen in importerende landen dalen terwijl in het exporterende land de winst stijgt.

HANDELS-BARRIÈRES
Handelswetten (vaak tarifair) waardoor lokale bedrijven gesteund en buitenlandse bedrijven gediscrimineerd worden.

Hoewel landen veel redenen hebben om handel met elkaar te drijven, is het ook waar dat importerende landen maar al te vaak de binnenwaartse stroom goederen en diensten proberen te remmen door handelsbarrières op te werpen.

Een van de redenen waarom de internationale handel anders is dan de binnenlandse handel, is dat internationale handel tussen verschillende politieke eenheden plaatsvindt, elk een soeverein land dat zijn eigen handel reguleert. Hoewel alle landen hun buitenlandse handel reguleren, varieert de mate waarin ze dat doen. Elk land of handelsblok stelt steevast wetten op die in het voordeel zijn van de eigen bedrijven en die buitenlandse bedrijven discrimineren.

Er zijn twee hoofdredenen waarom landen tarieven heffen:

1. Om binnenlandse producenten te beschermen. Allereerst zijn tarieven een manier om binnenlandse producenten te beschermen. Omdat invoertarieven de effectieve prijs van een geïmporteerd product verhogen, kan het zijn dat afnemers in het eigen land geproduceerde goederen aantrekkelijker vinden. Hoewel producenten die tarifaire bescherming krijgen prijsvoordeel kunnen behalen, kan deze bescherming ze ervan weerhouden hun bedrijf op de lange termijn steeds efficiënter te maken. Als deze bescherming leidt tot zelfvoldaanheid en inefficiëntie, kan een industrie vernietigd worden als ze later in de leeuwenkuil van de internationale concurrentie wordt gegooid.

TARIEVEN
Een instrument dat door overheden gebruikt wordt om lokale bedrijven te beschermen tegen concurrentie van buiten. De gebruikelijkste vormen zijn: quota, ad-valoremtarieven en discriminatoire tarieven.

2. Om inkomsten te genereren. Ten tweede zijn tarieven een bron van overheidsinkomsten. Tarieven gebruiken om overheidsinkomsten te genereren komt het meest voor in minder ontwikkelde landen. De hoofdreden hiervoor is dat minder ontwikkelde landen meestal een minder formele binnenlandse economie hebben waarin het vermogen binnenlandse transacties accuraat bij te houden ontbreekt. Het gebrek aan accuraat vastgelegde gegevens maakt het uitermate moeilijk verkoopbelasting in het land te innen. Landen lossen dit probleem op door de inkomsten die ze nodig hebben door middel van import- en exporttarieven te verhogen. Het zijn vooral de armere landen die een groot deel van hun totale inkomsten uit belasting op internationale handel verkrijgen.

Praktijken die de handel verstoren, kunnen in twee primaire categorieën ondergebracht worden: tarifaire en niet-tarifaire barrières.

Tarifaire barrières

Tarieven zijn directe belastingen en heffingen op importgoederen. Over het algemeen zijn ze eenvoudig, duidelijk en gemakkelijk toe te passen. Hoewel ze een barrière voor de handel vormen, zijn ze zichtbaar en bekend; bedrijven kunnen er bij het ontwikkelen van hun marketingstrategieën rekening mee houden.

Armere landen gebruiken tarieven omdat het de makkelijkste manier voor ze is om inkomsten te genereren en bepaalde binnenlandse sectoren te beschermen. Voor politici vormen ze een handig instrument waarmee ze binnenlandse producenten kunnen laten zien dat ze actief proberen hun thuismarkten te beschermen.

De gebruikelijkste tarieven zijn:
- *Specifieke tarieven*. Belasting wordt geheven over bepaalde producten, op basis van gewicht of volume en gewoonlijk in lokale deviezen.
- *Ad-valoremtarieven*. De belasting is een percentage van de waarde van de goederen (de importprijs).
- *Discriminatoire tarieven*. In dit geval worden tarieven geheven op goederen uit een bepaald land, bij een tekort op de handelsbalans of om politieke redenen.

Niet-tarifaire barrières

De laatste veertig jaar is het aantal tarifaire barrières in ontwikkelde landen langzaam maar zeker afgenomen. Het aantal niet-tarifaire barrières is echter gestegen. Niet-tarifaire barrières zijn veel ongrijpbaarder en kunnen gemakkelijker verhuld worden. Het effect van deze barrières kan echter veel verwoestender zijn omdat ze een onbekend gegeven en veel minder voorspelbaar zijn.

De belangrijkste (niet eerder genoemde) niet-tarifaire barrières zijn onder andere:

Quota

Een beperking van de hoeveelheid (gemeten in exemplaren of gewicht) van een goed dat een land gedurende een bepaalde periode kan binnenkomen of verlaten wordt een quotum genoemd. Na tarieven zijn quota het meest gebruikelijke soort handelsbarrière. Doorgaans verlenen overheden quotavergunningen aan bedrijven of overheden van andere landen (als het om belangrijke quota gaat) en aan binnenlandse producenten (als het om exportquota gaat). Dergelijke vergunningen worden gewoonlijk voor een jaar verleend.

Er zijn twee redenen waarom een overheid importquota voorschrijft:
1. Het kan zijn dat ze de producenten in eigen land wil beschermen door de hoeveelheid goederen die het land binnen mag komen te begrenzen. Dit helpt binnenlandse producenten hun marktaandeel en prijzen te handhaven omdat concurrentiekrachten worden ingeperkt. In dit geval zijn de binnenlandse producenten de winnaars omdat hun markten worden beschermd. De consumenten zijn de verliezers omdat

de prijzen hoger zijn en ze door minder concurrentie minder keuze hebben. Andere verliezers zijn onder andere bedrijven die voor hun productie halffabricaten moeten importeren. Zij zullen merken dat de eindprijs van hun producten stijgt.
2. Ze kan importquota opleggen om bedrijven uit andere landen te dwingen met elkaar te concurreren om de beperkte hoeveelheid import die toegestaan is. Buitenlandse bedrijven die hun producten per se willen exporteren, zullen waarschijnlijk de prijs die ze voor hun producten vragen, verlagen. In dat geval zijn de consumenten de winnaars, want de prijzen zijn lager. Als buitenlandse producenten onder de prijs van binnenlandse gaan zitten, zijn deze laatste de verliezers, maar als dit niet het geval is, zijn ze ook winnaars.

Ook zijn er minstens twee redenen waarom een overheid binnenlandse producenten exportquota oplegt:
1. Het kan zijn dat ze voldoende voorraad van een product op de thuismarkt wil houden. Deze beweegreden is het gebruikelijkst in landen die natuurlijke hulpbronnen exporteren die essentieel zijn voor binnenlandse bedrijven of voor het voortbestaan van het land op de lange termijn.
2. Ze kan de export beperken om de voorraad van een product op de wereldmarkt te beperken, waardoor de internationale prijs van het product stijgt. Dit is de drijfveer achter de oprichting en de activiteiten van de Organisatie van olieproducerende en -exporterende landen (OPEC). Deze groep landen uit het Midden-Oosten en Latijns-Amerika probeert de voorraad aardolie op de wereldmarkt te beperken om meer winst te maken.

Een unieke variant van de exportquota is de vrijwillige exportbeperking – een exportquotum dat een land zichzelf oplegt, doorgaans op verzoek van een ander land. Gewoonlijk leggen landen zichzelf een vrijwillige exportbeperking op als een importerend land een importquotum voor een product dreigt op te leggen of de import van het product helemaal dreigt te verbieden. Een klassiek voorbeeld van het gebruik van een vrijwillige exportbeperking is de auto-industrie in de jaren 1980. Japanse autofabrikanten wonnen een aanzienlijk marktaandeel op de Amerikaanse markt. Het sluiten van Amerikaanse autoproductiefaciliteiten in de VS zorgde voor sterke anti-Japanse gevoelens bij de bevolking en het Amerikaanse Congres. Omdat de Japanse overheid en autofabrikanten vreesden dat het Congres strafmaatregelen zou nemen als Japan zijn auto-export naar de VS niet aan banden legde, legden ze zichzelf een vrijwillige exportbeperking van de auto's naar de VS op.

Als binnenlandse producenten hun productie niet beperken, hebben consumenten in de landen die exportquota opleggen voordeel van een grotere voorraad van die producten en de lagere prijzen die daar het gevolg van zijn. Producenten in een importerend land hebben er voordeel van omdat de hoeveelheid goederen van producenten uit het exporterende land aan banden wordt gelegd, waardoor zij hun prijzen kunnen verhogen. Vanwege de beperking in keuze en de mogelijk hogere prijzen van producten zijn exportquota slecht voor de consumenten in het importerende land. Maar als binnenlandse producenten door de ongebreidelde import van goederen failliet dreigen te gaan, kunnen exportquota ervoor zorgen dat deze consumenten hierdoor hun baan behouden. Uitvoerig economisch onderzoek is nodig om te bepalen wie bij het opleggen van verschillende exportquota de winnaars en de verliezers zijn.

Embargo's

Een totaalverbod op de handel (import en export) in een of meer producten met een bepaald land heet een embargo. Een embargo kan voor een of een paar producten worden opgelegd, maar ook voor de handel in alle goederen. Het is de meest beperkende niet-tarifaire handelsbarrière die er bestaat en wordt meestal voor politieke doeleinden opgelegd. Embargo's kunnen door individuele landen of door supranationale organisaties als de Verenigde

Naties worden opgelegd. Omdat het erg moeilijk kan zijn ze toe te passen, worden ze tegenwoordig minder gebruikt dan in het verleden. Een voorbeeld van een totaalverbod op de handel met een ander land is het embargo van de Verenigde Staten op de handel met Cuba.

Administratieve vertragingen

Regulerend toezicht of bureaucratische maatregelen die bedoeld zijn om de snelle importstroom naar een land te belemmeren worden administratieve vertragingen genoemd. Deze niet-tarifaire barrière kan de vorm hebben van een scala aan overheidsacties, zoals eisen dat internationale vliegtuigen op ongunstig gelegen luchthavens landen, productinspecties eisen die het product zelf beschadigen, het met opzet onderbemensen van douanekantoren om ongewoon lange vertragingen te veroorzaken en speciale vergunningen eisen die veel tijd kosten om te verkrijgen. Het doel van dergelijke administratieve vertragingen is importproducten te discrimineren. Kortom, het is een vorm van protectionisme.

Hoewel Japan sommige handelsbarrières heeft verwijderd, zijn er nog steeds veel subtiele drempels voor de import. Het blijft moeilijk met bepaalde producten, van pillen tegen verkoudheid en vitaminepillen tot landbouwproducten en bouwmaterialen, de Japanse markt te penetreren.

'Lokale inhoud'-eisen

Wetten die bepalen dat een gespecificeerde hoeveelheid van een product of dienst door producenten op de binnenlandse markt moeten worden geleverd, worden 'lokale inhoud'-eisen genoemd. Deze eisen kunnen inhouden dat een bepaald deel van het eindproduct uit in het eigen land geproduceerde goederen moet bestaan of dat een bepaald deel van de eindkosten van een product binnenlandse bronnen moet hebben.

Het doel van deze eisen is bedrijven uit andere landen te dwingen in hun productieproces lokale middelen – vooral arbeid – te gebruiken. Net als andere exportbeperkingen beschermen deze eisen binnenlandse producenten tegen de prijsvoordelen van bedrijven in lagelonenlanden. Tegenwoordig kunnen bedrijven deze eisen omzeilen door productiefaciliteiten te vestigen in het land dat de eisen stelt.

De hierboven beschreven maatregelen – quota, embargo's en invoerheffingen – worden door regeringen soms in het kader van protectionisme ontwikkeld. De wetgever legt de buitenlandse bedrijven (toetreders) regels op waarmee de regering probeert haar eigen industrie te bevoordelen of te beschermen. Ze worden aan buitenlandse bedrijven opgelegd om de concurrentie van de eigen binnenlandse industrieën te verkleinen.

Historische ontwikkeling van barrières

In tijden van recessie worden meer tarifaire barrières opgeworpen. De Verenigde Staten en Europa zijn getuige geweest van de mobilisering van sterke politieke lobbygroepen, toen bedreigde industrieën aldaar druk op hun overheid uitoefenden om maatregelen te nemen om hen tegen internationale concurrentie te beschermen. De laatste grote periode van protectionisme waren de jaren 1930. Onder invloed van de rampzaligste handelsdepressie ooit voerden de meeste landen in de wereld hoge tarieven in.

Na de Tweede Wereldoorlog kwam er een reactie op de hoge tarieven van de jaren 1930. Veel moeite werd gedaan om de vrijhandel weer de wereld in te krijgen. Internationale organisaties (zoals de GATT en zijn opvolger, de WHO) zijn ontwikkeld om de internationale handel te stimuleren en een handelsklimaat te scheppen waarin dergelijke barrières gereduceerd kunnen worden.

5.2.4 De algemene internationale omgeving

Naast de politiek en de wetgeving in zowel het thuis- als het gastland moeten marketeers rekening houden met de algemene internationale politieke en juridische omgeving.

De internationale politieke omgeving betreft de politieke relaties tussen twee of meer landen, dit in tegenstelling tot wat zich afspeelt binnen één bepaald land. Het is bijna onvermijdelijk dat internationale bedrijven enigszins betrokken raken bij de internationale relaties van het gastland, hoe neutraal ze ook proberen te zijn. Dat gebeurt omdat de operaties van deze bedrijven in een bepaald land vaak samenhangen met operaties in andere landen, of dat nou aan de vraag-, de aanbodzijde of beide is. De relaties tussen Oost- en West-Europa zijn een goed voorbeeld van een situatie in de internationale politieke omgeving die zich voortdurend ontwikkelt.

Het effect van de politiek op internationale marketing wordt bepaald door zowel de bilaterale politieke relaties tussen thuis- en gastland als de multilaterale overeenkomsten die de relaties tussen groepen landen bepalen. Eén aspect van de internationale relaties van een land is de relatie die het heeft met het thuisland van een bedrijf.

Een tweede cruciale factor die invloed heeft op de politieke omgeving zijn de relaties die het gastland met andere landen heeft. Als een land lid is van een regionale groep, zoals de Europese Unie of de ASEAN, beïnvloedt dat hoe een bedrijf het land beoordeelt. Als andere landen vriend of vijand van een land zijn, moeten bedrijven uit dat land hun internationale logistiek aanpassen om te voldoen aan de regels voor het bevoorraden van die markt en het verkopen van hun producten.

Lidmaatschap van internationale organisaties bepaalt eveneens het internationale gedrag van landen. Lidmaatschap van het IMF of de Wereldbank kan gunstig zijn voor de financiële situatie van landen, maar het kan het internationale gedrag van die landen ook beperken. Landen die internationale overeenkomsten tekenen, krijgen daardoor vaak regels opgelegd. Deze overeenkomsten kunnen invloed hebben op bijvoorbeeld patenten, communicatie, transport en andere zaken die van belang zijn voor internationale marketeers. Over het algemeen is het gedrag van landen betrouwbaarder naarmate ze lid zijn van meer internationale organisaties en dus meer voorschriften accepteren.

5.3 De economische omgeving

Voor marketeers is het van essentieel belang om inzicht te hebben in de economie van de doelmarkt. Feitelijk moeten de beslissers de stand van de economie vanuit twee basisstandpunten doorgronden, namelijk de algemene gezondheid en het ontwikkelingsniveau van een land.

We kunnen dus stellen dat er veel factoren zijn die de marktomvang en -groei beïnvloeden, maar de totale koopkracht in een land en de beschikbaarheid van elektriciteit, telefoonsystemen, moderne wegen en andere soorten infrastructuur bepalen waaraan geld uitgegeven wordt.

Economische ontwikkeling is het resultaat van een van de volgende drie soorten economische activiteiten:

1. *Primaire activiteiten*. Dit zijn landbouw- en winningactiviteiten (bijvoorbeeld de winning van steenkool, ijzererts, goud en de visserij).
2. *Secundaire activiteiten*. Dit zijn productieactiviteiten. Daarin bestaan verschillende lagen. Doorgaans beginnen landen hun productieproces door de output van primaire producten te verwerken.

3. *Tertiaire activiteiten*. Dit zijn diensten, bijvoorbeeld op het gebied van toerisme, verzekeringen en gezondheidszorg. Naarmate het gemiddelde gezinsinkomen in een land stijgt, daalt het percentage van het inkomen dat aan voedingsmiddelen wordt besteed, blijft het percentage dat aan behuizing en huishoudelijke activiteiten gelijk en neemt het percentage dat aan diensten (zoals scholing, transport en vrijetijdsbesteding) wordt besteed toe.

5.3.1 Hoe wisselkoersen bedrijfsactiviteiten beïnvloeden

Niet alleen in tijden van crisis worden bedrijven beïnvloed door wisselkoersen. Bewegingen in de wisselkoers van een valuta hebben invloed op zowel binnenlandse als internationale bedrijven. Nu gaan we bekijken hoe veranderingen in wisselkoersen van invloed zijn op de beslissingen die bedrijven nemen en waarom stabiele en voorspelbare koersen wenselijk zijn.

Wisselkoersen beïnvloeden de vraag naar de producten van een bedrijf op de internationale markt. Als de valuta van een land zwak is (een valuta met een lage waarde in vergelijking met andere valuta's) daalt de prijs van zijn exportproducten op de wereldmarkten en stijgt de prijs van importproducten. Lagere prijzen maken de exportproducten van een land aantrekkelijker op wereldmarkten. Ook krijgen bedrijven daardoor de kans marktaandeel weg te nemen van landen waarvan de producten in vergelijking een hoge prijs hebben.

Een bedrijf dat zijn producten in een land met een sterke valuta verkoopt (een valuta met een hoge waarde in vergelijking met andere valuta's) en zijn werknemers in een land met een zwakke valuta betaalt, verhoogt zijn winst.

Het op internationale schaal verlagen van de waarde van een valuta door de overheid van een land heet devaluatie. Het tegenovergestelde, het opzettelijk verhogen van de waarde van een valuta door de overheid van een land heet revaluatie. Deze begrippen moeten niet verward worden met de termen 'zwakke' en 'sterke' valuta, hoewel ze hetzelfde effect hebben.

Door devaluatie daalt de prijs van de exportproducten van een land op wereldmarkten en stijgt de prijs van importproducten omdat de valuta van het land op wereldmarkten dan minder waard is. Een overheid kan de valuta van het land devalueren om binnenlandse bedrijven een voorsprong te geven op concurrenten uit andere landen. Ook kan ze de valuta devalueren om de export te stimuleren, zodat een handelstekort opgelost kan worden. Het is echter niet verstandig dat te doen, want door devaluatie vermindert de koopkracht van consumenten. Door devaluatie kunnen binnenlandse bedrijven inefficiënt blijven opereren omdat de druk minder groot is om hun productiekosten in de hand te houden. Dan kan een stijgende inflatie het gevolg zijn. Revaluatie heeft het tegenovergestelde effect: bij revaluatie stijgt de prijs van exportproducten en daalt de prijs van importproducten.

Zoals we hebben gezien, kunnen ongunstige bewegingen van de wisselkoers zowel binnenlandse als internationale bedrijven veel geld kosten. Daarom hebben managers liever dat wisselkoersen stabiel zijn. Hoe stabieler de wisselkoersen, hoe accurater de financiële planning van bedrijven, inclusief de liquiditeitsbegroting. Hoewel bedrijven zich tegen ongunstige bewegingen van wisselkoersen kunnen verzekeren, zijn deze verzekeringen vaak te duur voor kleine en middelgrote bedrijven. Bovendien stijgen de kosten van een dergelijke verzekering naarmate wisselkoersen onvoorspelbaarder worden.

5.3.2 De wet van de unieke prijs

Een wisselkoers geeft aan hoeveel van een bepaalde valuta we moeten betalen om een bepaalde hoeveelheid van een andere valuta te krijgen. Wat die koers niet aangeeft, is of een bepaald product ons in een bepaald land meer of minder kost (gemeten in onze eigen valuta). Als we naar een ander land afreizen, merken we dat we in onze eigen valuta meer of minder kunnen kopen dan we thuis kunnen kopen. Met andere woorden: we komen er al snel achter dat wisselkoersen geen garantie vormen voor de koopkracht van onze eigen valuta en deze ook niet stabiel houden.

Volgens de wet van de unieke prijs moet een identiek product in alle landen een identieke prijs hebben als die prijs in een gemeenschappelijke valuta wordt uitgedrukt. Hiervoor moeten producten qua kwaliteit en inhoud in alle landen identiek zijn en moeten ze volledig in die landen worden geproduceerd.

De Big Mac-index/Big MacCurrencies

De wet van de unieke prijs is nuttig omdat hij ons helpt bepalen of een valuta over- of ondergewaardeerd is. Elk jaar publiceert het tijdschrift *The Economist* een index met de wisselkoersen van wat het zijn *BigMacCurrencies*, zijn BigMac-valuta, noemt.

De index is gebaseerd op de theorie van de koopkrachtpariteit (KKP), het idee dat je voor een dollar in alle landen hetzelfde zou moeten kunnen kopen. Natuurlijk berust de theorie op bepaalde veronderstellingen, zoals verwaarloosbare transportkosten, dat goederen en diensten 'verhandelbaar' moeten zijn en dat een product in een bepaald land niet wezenlijk verschilt van hetzelfde product in een ander land. Op de lange termijn zou de wisselkoers tussen twee valuta's zo moeten verschuiven dat de prijs van een identiek mandje goederen en diensten in elk van de landen hetzelfde is. In dit geval is het 'mandje' een Big Mac van McDonald's, die in ongeveer 120 landen wordt geproduceerd. De KKP van de Big Mac is de wisselkoers die zou betekenen dat hamburgers in de VS hetzelfde kosten als in het buitenland. Als je de werkelijke wisselkoersen met de KPP vergelijkt, zie je of een valuta onder- of overgewaardeerd is.

Deze index gebruikt de wet van de unieke prijs om de wisselkoers te bepalen die tussen de Amerikaanse dollar en andere valuta zou moeten bestaan. Het gebruikt de Big Mac als enig product om de wet van de unieke prijs te testen. Waarom de Big Mac? Omdat Big Mac's in de landen waar ze geproduceerd worden qua kwaliteit en inhoud vrij identiek zijn en bijna volledig worden geproduceerd in het land waarin ze worden verkocht. De onderliggende veronderstelling is dat de prijs van een Big Mac in alle wereldvaluta, omgerekend in Amerikaanse dollars, dezelfde is als die van een Big Mac in de VS. Als de prijs van een Big Mac (omgerekend in dollars) hoger is dan de prijs in Amerika, is de valuta van een land overgewaardeerd. De valuta van een land zou ondergewaardeerd zijn als de omgerekende prijs van een Big Mac lager dan de Amerikaanse prijs zou zijn.

Om verschillende redenen is het niet verrassend dat er zulke grote verschillen bestaan tussen de wisselkoers van valuta's op valutamarkten en de koers die in de Big Mac-index wordt voorspeld. Ten eerste wordt de verkoopprijs van voedingsmiddelen in de meeste landen beïnvloed door subsidies op landbouwproducten. Ook is de Big Mac geen 'handelsproduct' in de zin dat je Big Mac's kan kopen in een land waar de prijs laag is en verkopen in landen waar de prijs hoog is. Ook kunnen prijzen verschillen omdat de marketingstrategie voor de Big Mac van land tot land verschilt.

Het nadeel van de Big Mac-index is dat het toepassen van de wet van de unieke prijs op één product een te simplistische methode is om wisselkoersen te schatten. Toch blijkt uit recent onderzoek dat in acht van de twaalf geïndustrialiseerde landen de valutawaarde verandert in de richting aangegeven in de Big Mac-index. En bij zes van de zeven valuta die meer dan tien procent veranderden, deed de Big Mac-index als voorspelmethode niet onder voor meer geavanceerde methoden.

5.3.3 Classificering naar inkomen

Landen kunnen op verschillende manieren geclassificeerd worden. De meeste classificaties vinden plaats op basis van nationaal inkomen (bbp of bnp per hoofd) en de mate van industrialisering. De meest gebruikte maat voor de economische ontwikkeling van landen is het bruto nationaal product (bnp) – de waarde van alle goederen en diensten die in een periode van één jaar in een land worden geproduceerd. Dit getal geeft de inkomsten uit zowel binnenlandse productie als buitenlandse activiteiten weer. Het bruto binnenlands product (bbp) is de waarde van alle goederen en diensten die in een jaar door de binnenlandse economie worden geproduceerd. Met andere woorden: als we de inkomsten uit export, import en de internationale operaties van de bedrijven van een land bij het bbp van dat land optellen, krijgen we het bnp. Het bnp per hoofd is gewoon het bnp gedeeld door het aantal inwoners van dat land. Het bbp per hoofd wordt op dezelfde manier berekend.

Zowel het bnp per hoofd als het bbp per hoofd zijn een maat voor het inkomen per persoon in een land. In dit opzicht is het bni (bruto nationaal inkomen) hetzelfde als het bnp.

BNP
Het bruto nationaal product is de waarde van alle goederen en diensten die door de binnenlandse economie in een jaar worden geproduceerd, inclusief inkomsten uit de internationale activiteiten van het land.

BNP PER HOOFD (VAN DE BEVOLKING)
Het totale bnp gedeeld door het aantal inwoners van een land.

Minder ontwikkelde landen

In deze groep vallen de onderontwikkelde landen en de ontwikkelingslanden. Hoofdkenmerken van deze landen zijn een laag bbp per hoofd (minder dan drieduizend dollar), beperkte productieactiviteit en een zeer slechte, onsamenhangende infrastructuur. De zwakke plekken in de infrastructuur zijn vooral te vinden op het gebied van transport, communicatie, onderwijs en gezondheidszorg. Daarnaast is de publieke sector vaak langzaam en bureaucratisch.

Doorgaans zijn minder ontwikkelde landen sterk afhankelijk van één product en vaak ook van één handelspartner. Meestal is dat ene product een landbouw- of mijnbouwproduct. Colombia (koffie) en Cuba (suiker) zijn voorbeelden van landen die extreem afhankelijk zijn van de landbouw. Veranderingen in vraag en aanbod vormen een groot risico voor minder ontwikkelde landen. Een daling van grondstoffenprijzen kan voor het hele land een daling van de inkomsten betekenen. De economische en politieke aanpassingen die daaruit voortvloeien – een mogelijke verandering van de tarifaire en niet-tarifaire barrières – kunnen van invloed zijn op exporteurs naar dat land.

Een breed scala aan economische omstandigheden is van invloed op de ontwikkeling van de minder ontwikkelde landen in de wereld. Omdat deze landen waarschijnlijk geen snelle economische ontwikkeling zullen doormaken, investeren particuliere kapitaalbronnen er niet graag in. Dit is vooral het geval bij langetermijnprojecten op het gebied van infrastructuur. Daarom is men voor projecten die veel geld kosten sterk afhankelijk van wereldhulpprogramma's.

De kwaliteit van de distributiekanalen verschilt sterk van land tot land. Er bestaan vaak grote verschillen tussen de kleinschalige, ondergekapitaliseerde distributiebemiddelaars in minder ontwikkelde landen en de distributeurs in meer ontwikkelde landen. In de eerstgenoemde landen worden producten vaak op de markt verkocht. Grootschalige zelfbedieningswinkels zullen er niet veel voorkomen.

Pas geïndustrialiseerde landen

Dit zijn landen met een opkomende industriële basis die export mogelijk maakt. Voorbeelden van pas geïndustrialiseerde landen zijn de 'tijgers' van Zuidoost-Azië: Hong Kong, Singapore, Zuid-Korea en Taiwan. Brazilië en Mexico zijn voorbeelden van pas geïndustrialiseerde landen in Zuid-Amerika. Hoewel de infrastructuur in deze groep landen redelijk ver ontwikkeld is, leidt een sterke groei van de economie tot problemen met betrekking tot de productie van goederen om aan de binnenlandse en buitenlandse vraag te voldoen.

Geïndustrialiseerde landen

Deze landen hebben een behoorlijk BBP per hoofd van de bevolking, een brede industriële basis en een goed ontwikkelde dienstensector. Ook wordt er flink geïnvesteerd in de infrastructuur van deze landen.

Deze poging de economieën van de wereld in keurige groepen te verdelen is niet helemaal een succes. Sommige geïndustrialiseerde landen (bijvoorbeeld de Verenigde Staten en Frankrijk) hebben bijvoorbeeld belangrijke landbouwsectoren.

5.3.4 Regionale economische integratie

Economische integratie is een van de belangrijkste economische ontwikkelingen op de wereldmarkten sinds de Tweede Wereldoorlog. Landen wilden op economisch gebied samenwerken om hun middelen effectiever te kunnen benutten en producenten van lidstaten een grotere markt te kunnen bieden.

Sommige integratiepogingen hadden heel ambitieuze doelen, zoals politieke integratie; sommige hebben gefaald omdat een aantal lidstaten vond dat zij er minder profijt van had dan andere of omdat lidstaten politiek gezien op een tweesprong kwamen te staan. In figuur 5.2 staan de belangrijkste vormen van economische samenwerking op regionale markten en de mate van integratie weergegeven. Door deze vormen van economische integratie wordt de wereld in handelsblokken opgedeeld.

De verschillende niveaus van economische integratie worden hieronder beschreven.

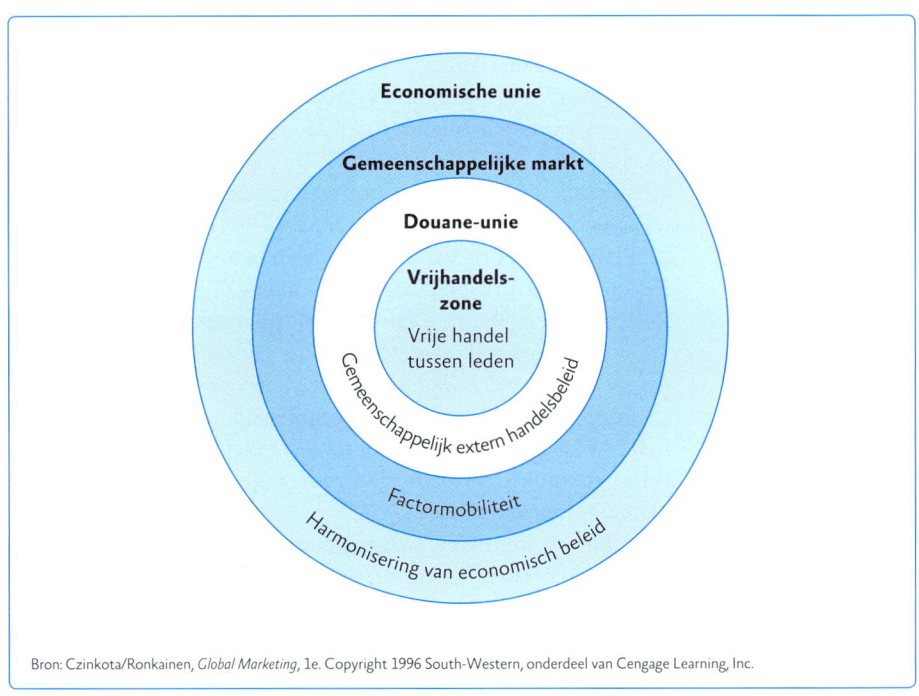

Bron: Czinkota/Ronkainen, *Global Marketing*, 1e. Copyright 1996 South-Western, onderdeel van Cengage Learning, Inc.

Figuur 5.2: Vormen van economische integratie op regionale markten

Vrijhandelszone

De vrijhandelszone is de minst beperkende en meest losse vorm van economische integratie tussen landen. In een vrijhandelszone bestaan geen barrières tussen lidstaten. Elk land houdt zijn eigen handelsbarrières voor niet-leden.

In 1960 richtten acht Europese landen de Europese Vrijhandelsassociatie (EFTA) op. Sindsdien heeft de EFTA veel van haar oorspronkelijke betekenis verloren omdat haar leden lid zijn geworden van de Europese Unie. Alle EFTA-landen hebben door middel van bilaterale vrijhandelsovereenkomsten met de EU samengewerkt, en sinds 1994 door middel van de EER-overeenkomst (Europese Economische Ruimte), waardoor binnen het gebied van de EU en de EFTA samen vrij verkeer van mensen, producten, diensten en kapitaal toegestaan is. Van de EFTA-landen hebben IJsland en Liechtenstein besloten geen lidmaatschap van de EU aan te vragen, en na een referendum in 1994 heeft Noorwegen afgezien van lidmaatschap. Ook Zwitserland heeft besloten buiten de EU te blijven.

Na drie mislukte pogingen in de afgelopen eeuw hebben de Verenigde Staten en Canada een vrijhandelsovereenkomst ondertekend die in 1989 van kracht werd. De vrijhandel in Noord-Amerika werd in 1994 uitgebreid: in dat jaar werd Mexico lid van de North American Free Trade Agreement (NAFTA).

In 1991 hebben de regeringen van Argentinië, Brazilië, Paraguay en Uruguay het verdrag van Asunción ondertekend (the Treaty of Asuncion to form the Southern Common Market Mercosur); hiermee werd voor Latijns-Amerika een douane-unie en gemeenschappelijke markt opgericht.

De douane-unie

De douane-unie is één stap verder op de ladder van de economische integratie. Net als in de vrijhandelszone worden goederen en diensten vrij verhandeld onder de leden van de unie. Daar komt echter bij dat de douane-unie een gemeenschappelijk handelsbeleid ten opzichte van niet-leden kent. Doorgaans heeft dit de vorm van een gemeenschappelijk extern tarief, waarbij uit niet-lidstaten geïmporteerde goederen in alle lidstaten aan hetzelfde tarief onderhevig zijn. In 1921 vormden de Benelux-landen een douane-unie, die later onderdeel werd van een bredere Europese economische integratie.

Gemeenschappelijke markt

De gemeenschappelijke markt heeft dezelfde kenmerken als de douane-unie. Daarnaast zijn productiefactoren (arbeid, kapitaal en technologie) tussen leden mobiel. Beperkingen van immigratie en grensoverschrijdende investeringen worden afgeschaft. Als productiefactoren mobiel zijn, kunnen kapitaal, arbeid en technologie op de meest productieve manier ingezet worden.

Met het ondertekenen in 1987 van de Europese Akte werd het opheffen van barrières voor het vrije verkeer van goederen, diensten, kapitaal en mensen in Europa geratificeerd; de streefdatum voor het invoeren van de interne markt was 31 december 1992. In december 1991 kwamen de lidstaten van de EEG in Maastricht overeen dat het zogenaamde proces van 1992 een stap zou zijn in de richting van samenwerking die verderging dan alleen economische samenwerking. Hoewel veel van de richtlijnen voor het openstellen van grenzen en markten op tijd af waren, zal het voor sommige sectoren, zoals de auto-industrie, langer duren opengesteld te worden.

Economische unie

Voor de vorming van een echte economische unie is het nodig dat naast het vrije verkeer van goederen, diensten en productiefactoren over grenzen heen het economische beleid van de lidstaten van een dergelijke unie geïntegreerd wordt. In een economische unie harmoniseren de leden hun monetaire en fiscale beleid en hun overheidsuitgaven. Daarnaast gebruiken lidstaten een gemeenschappelijke munt, en dit kan een systeem van vaste wisselkoersen met zich meebrengen. De ratificatie van het Verdrag van Maastricht in 1993 had tot gevolg dat op 1 januari 1994 de Europese Unie een feit was. Het is duidelijk dat voor de vorming van een volledige economische unie een grote mate van nationale soevereiniteit moet worden overgedragen aan een supranationaal orgaan. Een dergelijke unie is maar een kleine stap verwijderd van een politieke unificatie, maar veel EU-lidstaten (vooral uit het noordelijke deel van Europa) staan hier sceptisch tegenover. Zij vrezen hun nationale identiteit te verliezen.

5.3.5 Uitbreiding van de EU

De EU kan nu al terugkijken op een geschiedenis vol succesvolle uitbreidingen. Het Verdrag van Parijs (1951), waarbij de Europese Gemeenschap voor Kolen en Staal (EGKS) werd opgericht, en het Verdrag van Rome, waarbij de Europese Economische Gemeenschap (EEG) en EURAUTOM werden opgericht, werden door België, Frankrijk, Duitsland, Italië, Luxemburg en Nederland ondertekend. Vervolgens werd de EU vier keer uitgebreid: in 1973 met Denemarken, Ierland en het Verenigd Koninkrijk, in 1981 met Griekenland, in 1986 met Portugal en Spanje en in 1995 met Oostenrijk, Finland en Zweden.

Na van zes naar vijftien lidstaten gegaan te zijn, maakte de Europese Unie zich op voor de grootste uitbreiding qua schaal en diversiteit die ze ooit heeft meegemaakt. Dertien landen vroegen lidmaatschap aan, en op 1 mei 2004 werden tien van deze landen – Cyprus, Tsjechië, Estland, Hongarije, Letland, Litouwen, Malta, Polen, Slowakije en Slovenië – lid van de EU. Op 1 januari 2007 werden Bulgarije en Polen lid. Ook Turkije wil lid van de EU worden.

Op 1 januari 2007 waren de volgende landen lid van de Europese Unie: België, Bulgarije, Cyprus, Denemarken, Duitsland, Estland, Finland, Frankrijk, Griekenland, Hongarije, Ierland, Italië, Litouwen, Luxemburg, Malta, Nederland, Oostenrijk, Polen, Portugal, Roemenië, Slovenië, Slowakije, Spanje, Tsjechië, het Verenigd Koninkrijk en Zweden.

Landen die lid willen worden van de EU moeten voldoen aan de economische en politieke voorwaarden die bekendstaan als de 'criteria van Kopenhagen', wat betekent dat toekomstige leden (europa.eu.int/comm/enlargement) een stabiele democratie moeten zijn waar mensenrechten worden gerespecteerd, de rechtsorde wordt gehandhaafd en minderheden worden beschermd, en bovendien een democratie die een functionerende markteconomie heeft en de regels en standaarden en het beleid overnemen die de kern van de wetgeving van de EU vormen.

5.4 Maatschappelijk verantwoord ondernemen

Thomas Friedman stelt in zijn bestseller *De aarde is plat: ontdekkingsreis door een geglobaliseerde wereld* (2005) dat in het licht van de internationale en sterk concurrerende markt de aarde inderdaad plat is. Het effect is dat voor marketeers de nationale landsgrenzen niet meer zo belangrijk zijn en dat zij zich meer en meer moeten richten op de wereld als markt. Dit fenomeen vindt ook zijn weerslag op de bedrijfsstrategie, want informatie over maatschappelijk verantwoord ondernemen (MVO) biedt organisaties meer en meer mogelijkheden om dit aspect mee te nemen in het differentieel concurrentievoordeel.

Het gros van de bedrijven zegt weliswaar het begrip verantwoord ondernemen in het beleid op te nemen, maar laten vaak in het midden wat deze activiteiten precies zijn of dat er succes mee wordt geboekt. In dit kader gaat het op een transparante manier van informatieverstrekking over onder andere milieu, veiligheid, mensenrechten, gezondheid en arbeidsomstandigheden.

5.5 Bedrijfs- of organisatie-ethiek

Een ander aspect is de bedrijfsethiek. Het risico bestaat dat juridisch handelen wordt verward met ethisch handelen. Ethisch handelen wijkt duidelijk af van het handelen in juridische zin want de wet kan zaken afdwingen, maar ethiek probeert te overtuigen met argumenten. Ethiek is gedachten vormen over de ongeschreven en niet-afgedwongen regels die het menselijke samenleven regulariseren. Het formuleren van regels, die een goede samenleving en een goede organisatie mogelijk proberen te maken, vallen in het kader van het begrip ethiek. Vaststaat dat veel organisaties problemen hebben met een ethisch aspect. Denk in dit kader eens aan het verplaatsen van productie naar een lagelonenland of hoe om te gaan met chemisch afval.

Bedrijfsethiek, ook wel organisatie-ethiek genoemd, grijpt in op het moment dat er zich bij de organisatie morele problemen voordoen. Het in ethische situaties bewust of onbewust verkeerd handelen, kan zorgen voor grote schade aan het imago van een onderneming. Denk in dit kader eens aan de al jaren durende discussie van het handelen van Shell in Nigeria, Heineken in Birma of aan de afwikkeling van Union Carbit na het veroorzaken van een giframp in Bopal, India.

Om dit soort problemen goed anticipatief op te lossen, moet je je als manager op voorhand uitgebreid informeren over de in deze paragraaf beschreven onderwerpen. Als eindverantwoordelijk marketeer verkeerd handelen met de thema's MVO en bedrijfsethiek kan grote strategische consequenties hebben.

5.6 De Europese Economische en Monetaire Unie en de euro

In 1991 werden tijdens de Europese Raad in Maastricht door de toenmalige regeringleiders afspraken gemaakt over het vervolg van de interne markt: de Economische en Monetaire Unie (EMU). Dit resulteerde in 1993 tot een vrij verkeer van goederen, kapitaal, diensten en personen. In 2002 werd de nieuwe, gemeenschappelijke munt geïntroduceerd: de euro. De EMU bestaat uit twee delen:
1. Een economisch deel: lidstaten zijn hiervoor primair zelfstandig verantwoordelijk, maar het nationale economische beleid wordt wel op elkaar afgestemd.
2. Het monetaire deel: één munt, de euro; hierdoor is er geen sprake meer van onderlinge wisselkoersen.

Hoewel maar 16 van de 25 lidstaten bij de EMU horen, geldt de 'wet van de unieke prijs' nu op een markt met meer dan driehonderd miljoen consumenten die een vijfde van de wereldeconomie vertegenwoordigen. Dit bevordert de groei van de handel en is een stimulans voor sterkere concurrentie. De ontwikkeling van dit 'nieuwe' Europa is dan ook op een breder vlak belangrijk dan alleen binnen de relatief kleine groep landen die er nu deel van uitmaakt. De voormalige Oostbloklanden, die om politieke en economische redenen graag volledig lid van de EU willen worden, zullen volledig moeten deelnemen aan de

EMU. Als ze daarbij niet geholpen worden, kan dit hun economie tientallen jaren lang aanzienlijk belasten (Whyman, 2002).

De gevolgen van de Europese economische integratie blijven niet beperkt tot het zogenaamde 'Europese' bedrijfsleven. Het ligt voor de hand dat ontwikkelingen binnen de EMU een directe impact hebben op alle buitenlandse dochterbedrijven binnen de nieuwe euromarkt. Deze bedrijven zullen gedwongen zijn hun boekhoud- en personeelsprocessen alsook hun financiële processen aan de nieuwe munt aan te passen.

Ook zal de EMU invloed hebben op het internationale concurrentievermogen van Europese bedrijven. Verlaging van transactiekosten en wisselkoersrisico, een sterkere interne concurrentie en de mogelijkheid extra schaalvoordeel te behalen bevorderen een verlaging van de kostenstructuur van Europese bedrijven, wat onvermijdelijk gevolgen heeft voor hun externe concurrenten. Dit kan echter tenietgedaan worden door de impact van loonvereveningseisen en beperkingen door reglementeringen.

Omdat er zoveel belangrijke kwesties in de EMU spelen, is er geen sprake van een economische consensus over de manier waarop de leden willen dat de Europese economie zich ontwikkelt.

Voorstanders van de EMU beweren dat de grotere stabiliteit van de nominale wisselkoers, de lagere transactiekosten (door de invoering van de euro) en de grensoverschrijdende prijstransparantie binnen Europa, wat een verlaging van de informatiekosten tot gevolg heeft, het internationale concurrentievermogen van Europese bedrijven zal vergroten. Het welzijn van consumenten en de vraag om goedkopere producten zal toenemen. Naar verwachting zal door de oprichting van een onafhankelijke Europese Centrale Bank (ECB) een laag inflatieniveau gegarandeerd zijn en de reële rente verlaagd worden, wat een stimulans is voor investeringen, productie en werkgelegenheid.

Tegenstanders van de EMU beweren het volgende:

- Het verlies van nationale economische beleidsinstrumenten heeft een destabiliserend effect.
- Het gebrek aan werkelijke convergentie van de deelnemende economieën zal het probleem van asymmetrische schokken waarschijnlijk verergeren.
- De pogingen tot stabilisatie die de ECB onderneemt, waarbij de bank één enkel instrument – een gemeenschappelijke rentevoet – gebruikt, zijn waarschijnlijk niet afdoende omdat het gemeenschappelijke monetaire beleid op elk EU-land een ander effect heeft. Dit komt door verschillen in factoren als de hoeveelheid huiseigenaren en leningen met een variabele rente.

5.6.1 De belangrijkste handelsblokken

BRUTO BINNENLANDS PRODUCT
Het bbp plus/min de netto-inkomsten uit activa (bijvoorbeeld buitenlandse dochterbedrijven) is het bni (=bnp).

In tabel 5.1 staan de belangrijkste handelsblokken, de bevolking in die blokken, het bruto nationaal inkomen (bni) en het bni per hoofd. Het bni (bnp) is de inkomensindicator die door de Wereldbank wordt gehanteerd. Voorheen hanteerde de Wereldbank het bruto binnenlands product (bbp), dat de totale waarde van alle goederen en diensten is die door kapitaal en arbeiders in een land worden geproduceerd. Het bni is het bbp plus de netto-inkomsten uit activa in het buitenland (bijvoorbeeld dochterbedrijven). Dit betekent dat het bni de totale waarde van alle goederen en diensten is die door de inwoners/bedrijven van een land worden geproduceerd, ongeacht waar ze zich bevinden (Wereldbank, 2005).

Opvallend zijn de omvang en economische belangrijkheid van de EU, de VS en Japan. Aan de hoge waarde van het bni per hoofd in Luxemburg en Denemarken is te zien dat dit welvarende landen zijn.

Organisatie	Soort	Leden	Bevolking (miljoen)	BNI (miljard $)	BNI per hoofd ($)
Europese Unie	Politieke en economische unie	België	10,5	373,8	35.700
		Luxemburg	0,5	30,0	65.630
		Denemarken	5,4	256,8	47.390
		Frankrijk	60,7	2.177,7	34.810
		Duitsland	82,5	2.852,3	34.580
		Ierland	4,2	166,6	40.150
		Italië	57,5	1.724,9	30.010
		Verenigd Koninkrijk	60,2	2.263,7	37.600
		Nederland	16,3	598,0	36.620
		Griekenland	11,1	218,1	19.670
		Portugal	10,6	170,7	16.170
		Spanje	43,4	1.100,1	25.360
		Zweden	9,0	370,5	41.060
		Oostenrijk	8,2	303,6	36.980
		Finland	5,2	196,5	37.460
		Bulgarije	7,7	26,7	3.450
		Cyprus	0,8	13,6	16.510
		Tsjechië	10,2	109,2	10.710
		Estland	1,3	12,2	9.100
		Letland	2,3	15,5	6.760
		Litouwen	3,4	24,0	7.050
		Hongarije	10,1	101,2	10.030
		Malta	0,4	5,5	13.590
		Polen	38,1	271,4	7.110
		Roemenië	21,6	82,9	3.830
		Slowakije	5,4	42,8	7.950
		Slovenië	2,0	34,7	17.350
		Totaal	**488,6**	**13.543,0**	**27.718**
ASEAN (Association of South East Asian Nations)	Beperkt handels- en samenwerkingsverbond	Indonesië	220,6	282,2	1.280
		Brunei	n.b.	n.b.	n.b.
		Vietnam	83,0	51,7	620
		Maleisië	25,3	125,8	4.960
		Singapore	4,4	119,6	27.490
		Filippijnen	83,1	108,3	1.300
		Thailand	64,2	176,9	2.750
		Laos	5,9	2,6	440
		Myanmar	n.b.	n.b.	n.b.
		Cambodja	14,1	5,3	380
		Totaal	**500,6**	**872,4**	**1.743**
Asia Pacific Economic Cooperation (APEC, uitgezonderd de ASEAN, de VS en Canada)	Officiële organisatie	China	1.304,5	2.263,8	1.740
		Japan	128,0	4.988,6	38.980
		Zuid-Korea	48,3	764,7	15.830
		Taiwan*	23,0	337,1	14.630
		Australië	20,3	654,6	32.220
		Nieuw-Zeeland	4,1	106,7	25.960
		Totaal	**1.528,2**	**9.115,5**	**5.965**
NAFTA (North American Free Trade Agreement)	Vrijhandelszone	VS	296,5	12.969,6	43.740
		Canada	32,3	1.051,9	32.600
		Mexico	103,1	753,4	7.310
		Totaal	**431,9**	**14.774,9**	**34.209**

* Geschat op basis van verschillende bronnen omdat de Wereldbank geen statistieken over Taiwan heeft.

Bron: Wereldbank (2006).

Tabel 5.1: De grootste handelsblokken vanaf 1 januari 2007 (cijfers vanaf 2005 - Wereldbank)

Samenvatting

In dit hoofdstuk hebben we ons geconcentreerd op het effect van de politieke/juridische en economische omgeving op bedrijven die op internationale markten opereren. De meeste bedrijven kunnen de omgeving van hun markten niet direct beïnvloeden; succesvol zakendoen is in grote mate afhankelijk van de structuur en inhoud van die omgeving. Een marketeer die internationale markten bedient of van plan is dat te gaan doen, moet de politieke en juridische omgeving van die markten zorgvuldig bestuderen om de juiste managementconsequenties te kunnen trekken.

De politieke omgeving

Vanwege de interactie tussen binnenlandse, buitenlandse en internationale politiek is de politieke omgeving van internationale marketeers complex. Als bedrijven in het buitenland investeren, moeten ze gevoelig zijn voor de politiek in het betreffende land. Bedrijven zouden een systeem moeten opzetten waarmee ze systematisch de kans op politieke risico's als onteigening, nationalisering en beperkingen van import/export in de gaten kunnen houden. Door zich slim aan te passen en de situatie onder controle te houden, kunnen bedrijven politieke risico's verminderen of neutraliseren.

Tarieven worden al van oudsher gebruikt als barrières voor de internationale handel. De vrijmaking van de handel in het laatste decennium van de twintigste eeuw heeft geleid tot een aanzienlijke vermindering van tarifaire barrières. Dit kreeg via de GATT- (General Agreement on Tariffs and Trade) overeenkomst vorm. De GATT-overeenkomst heeft ertoe bijgedragen dat de deelnemende landen kort na de Tweede Wereldoorlog besloten de vrije handel tussen de deelnemende landen – door het verlagen en vereenvoudigen van invoerheffingen – te bevorderen. Daarom hebben overheden steeds meer gebruikgemaakt van niet-tarifaire barrières om de industrieën in hun land waarvan ze denken dat die niet opgewassen zijn tegen vrije internationale concurrentie te beschermen.

Een andere manier van overheden om internationale handel te ondersteunen of tegen te houden is door middel van hun investeringsbeleid, dat wil zeggen de algemene regels voor binnenlandse en buitenlandse deelname in het aandelenkapitaal of eigenaarschap van bedrijven en andere organisaties in hun land.

Er zijn verschillende handelsbarrières die internationale marketing kunnen belemmeren. Hoewel landen met behulp van de WHO veel van de beperkingen hebben opgeheven, zullen deze barrières ongetwijfeld blijven bestaan.

Het politieke risico van een land kan aan de hand van de volgende factoren worden bestudeerd:

- een verandering in het overheidsbeleid;
- de stabiliteit van een regering;
- de kwaliteit van het economische management van de overheid van het gastland;
- de houding van het gastland ten opzichte van buitenlandse investeringen;
- de relatie van het gastland met de rest van de wereld;
- de relatie van het gastland met het thuisland van het moederbedrijf;
- de houding ten opzichte van het aanstellen van buitenlands personeel;
- de band tussen overheid en bevolking;
- de eerlijkheid en redelijkheid van administratieve procedures.

Het belang van deze factoren varieert van land tot land en van bedrijf tot bedrijf. Niettemin is het wenselijk ze allemaal in overweging te nemen om ervoor te zorgen dat je volledig op de hoogte bent van de politieke omgeving van het land waarmee je handel wilt drijven.

Internationaal terrorisme is een groeiend probleem voor bedrijven, maar met de juiste strategie en denkwijze kunnen de effecten van terrorisme voorspeld worden en kan er rekening mee gehouden worden. Hoewel nieuwe procedures om het schadelijke effect van terrorisme te minimaliseren kostbaar kunnen lijken, moeten ze afgewogen worden tegen het geld dat een bedrijf spaart door voorbereid te zijn op zowel de directe als de indirecte effecten van terrorisme. Op de lange termijn zouden producenten steeds meer moeten gaan werken met productwaardeketens die in geval van schokken in de levering van kritische inputgoederen een snelle omschakeling naar andere onderdelen en componenten vergemakkelijken.

De economische omgeving

De economische omgeving is een belangrijke bepalende factor voor marktpotentieel en marktkansen. Grote verschillen tussen nationale markten komen voort uit economische verschillen. Eén belangrijke dimensie zijn natuurlijk de bevolkingskenmerken. Het inkomen en de rijkdom van de bevolking van een land zijn eveneens heel belangrijk, omdat deze de koopkracht van mensen bepalen. Landen en markten kunnen zich qua economische ontwikkeling op verschillende niveaus bevinden, waarbij elk niveau zijn eigen kenmerken heeft.

Het Verdrag van Maastricht had de Europese Economische en Monetaire Unie (EMU) en de nieuwe gemeenschappelijke Europese munt, de euro, tot gevolg. Hoewel maar 16 van de 27 lidstaten bij de EMU horen, geldt de 'wet van de unieke prijs' nu op een markt met driehonderd miljoen consumenten die een vijfde van de wereldeconomie vertegenwoordigt. Dit bevordert de groei van de handel en is een stimulans voor sterkere concurrentie. De ontwikkeling van dit 'nieuwe' Europa is dan ook op een breder vlak belangrijk dan alleen binnen de relatief kleine groep landen die er nu deel van uitmaakt.

Officiële methoden om de economische situatie in andere landen te peilen zijn onder andere (a) de nationale productie, maten als bruto nationaal product en bruto binnenlands product en (b) de koopkrachtpariteit, het relatieve vermogen van de valuta van twee landen om in die landen hetzelfde 'mandje' goederen te kopen. Deze index wordt gebruikt om vergelijkingen die gemaakt worden te corrigeren.

In het kader van internationaal ondernemen is het van belang kennis te nemen van een tweetal belangrijke thema's, het zogenaamde maatschappelijk verantwoord ondernemen en bedrijfsethiek. Deze krachten kunnen bij onvoldoende strategische aandacht een zware wissel trekken op het functioneren van een onderneming. Aan de andere kant kan een goede interpretatie van beide onderwerpen ertoe bijdragen dat het bedrijf zijn onderscheidende vermogen versterkt waardoor het zich duidelijk gaat onderscheiden van concurrenten.

Discussievragen

1. Benoem de verschillende soorten barrières die het vrije verkeer van goederen en diensten belemmeren.

2. Leg het belang van een gemeenschappelijke Europese munt uit voor bedrijven die goederen aan de Europese markt verkopen.

3. Hoe bruikbaar is het bnp bij het maken van een vergelijkende analyse van wereldmarkten? Welke andere benaderingen zou je aanraden?

4. Bespreek de beperkingen van het gebruik van het inkomen per hoofd van de bevolking bij het evalueren van marktpotentieel.

5. Beschrijf het verschil tussen (a) een vrijhandelszone, (b) een douane-unie, (c) een gemeenschappelijke markt, (d) een economische en monetaire unie en (e) een politieke unie.

6. Waarom zijn internationale marketeers geïnteresseerd in de leeftijdsopbouw van de bevolking in een markt?

7. Beschrijf de invloed van koersschommelingen in het buitenland op (a) de handel, (b) investeringen en (c) het toerisme.

8. Waarom is politieke stabiliteit zo belangrijk voor internationale marketeers? Vind een paar recente voorbeelden in de media om je antwoord te staven.

9. Hoe kan het veranderen van belangrijke politieke doelen in een land het succes van een internationale marketeer beïnvloeden?

10. Bespreek waarom de natuurlijke omgeving van een land bepaalt of dat land al dan niet aantrekkelijk is voor internationale marketeers van industriële producten.

11. Leg uit waarom de handelsbalans van een land interessant kan zijn voor internationale marketeers.

Competentietraining

1. Neem contact op met een bedrijf of doe een onderzoek in je eigen bedrijf en onderzoek welke factoren de marktaantrekkelijkheid bepalen.

2. Onderzoek bij deze organisatie eveneens of men geconfronteerd wordt met handelsbelemmeringen. Zo ja, welke en hoe past men hierop het marketingbeleid aan?

3. Ga eveneens na of deze onderneming het werken in de gemeenschappelijke markt aantrekkelijk vindt. Vooral het waarom/het motief is in dit kader van belang om te achterhalen.

Casestudy 5.1 — Sauer-Danfoss: Welke politieke/economische factoren beïnvloeden een producent van hydraulische componenten?

Sauer-Danfoss (www.sauer-danfoss.com) is onderleverancier van mobiele hydraulische oplossingen in de vorm van onderdelen of geïntegreerde systemen. Het bedrijf levert zijn producten aan producenten van zowel mobiele apparatuur voor de landbouw, de bouw, laden en lossen en de wegenbouw als gespecialiseerde voertuigen voor de bosbouw en het wegtransport. Met meer dan zevenduizend werknemers en 24 fabrieken in Noord-Amerika, Europa en Oost-Azië is Sauer-Danfoss vandaag de dag een van de grootste producenten en toeleveringsbedrijven ter wereld. De hoofdvestigingen van het bedrijf bevinden zich in Ames, Iowa (VS), Neumünster (Duitsland) en Nordborg (Denemarken).

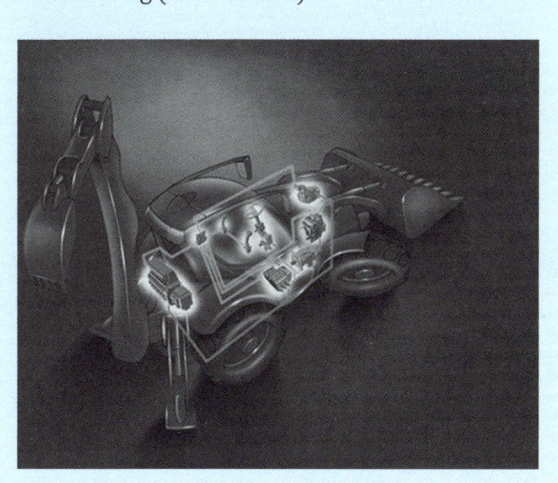

Vragen

1. Welke politieke en economische factoren in de internationale omgeving zouden het grootste effect hebben op de toekomstige internationale verkoop van hydraulische componenten/systemen van Sauer-Danfoss aan:
   a) producenten van bouw- en mijnbouwapparatuur (bijvoorbeeld Caterpillar)?
   b) producenten van landbouwapparatuur (bijvoorbeeld John Deere)?
2. Wat zijn de grootste problemen waar je tegenaan loopt als je voorspellingen wilt doen over de toekomstige vraag naar producten van een onderleverancier als Sauer-Danfoss?

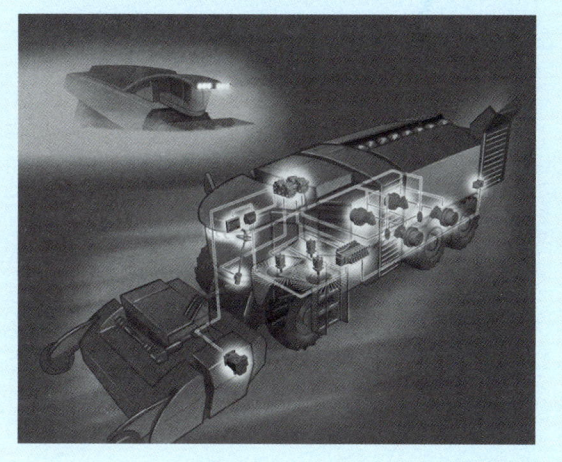

6

De sociaal-culturele
omgeving

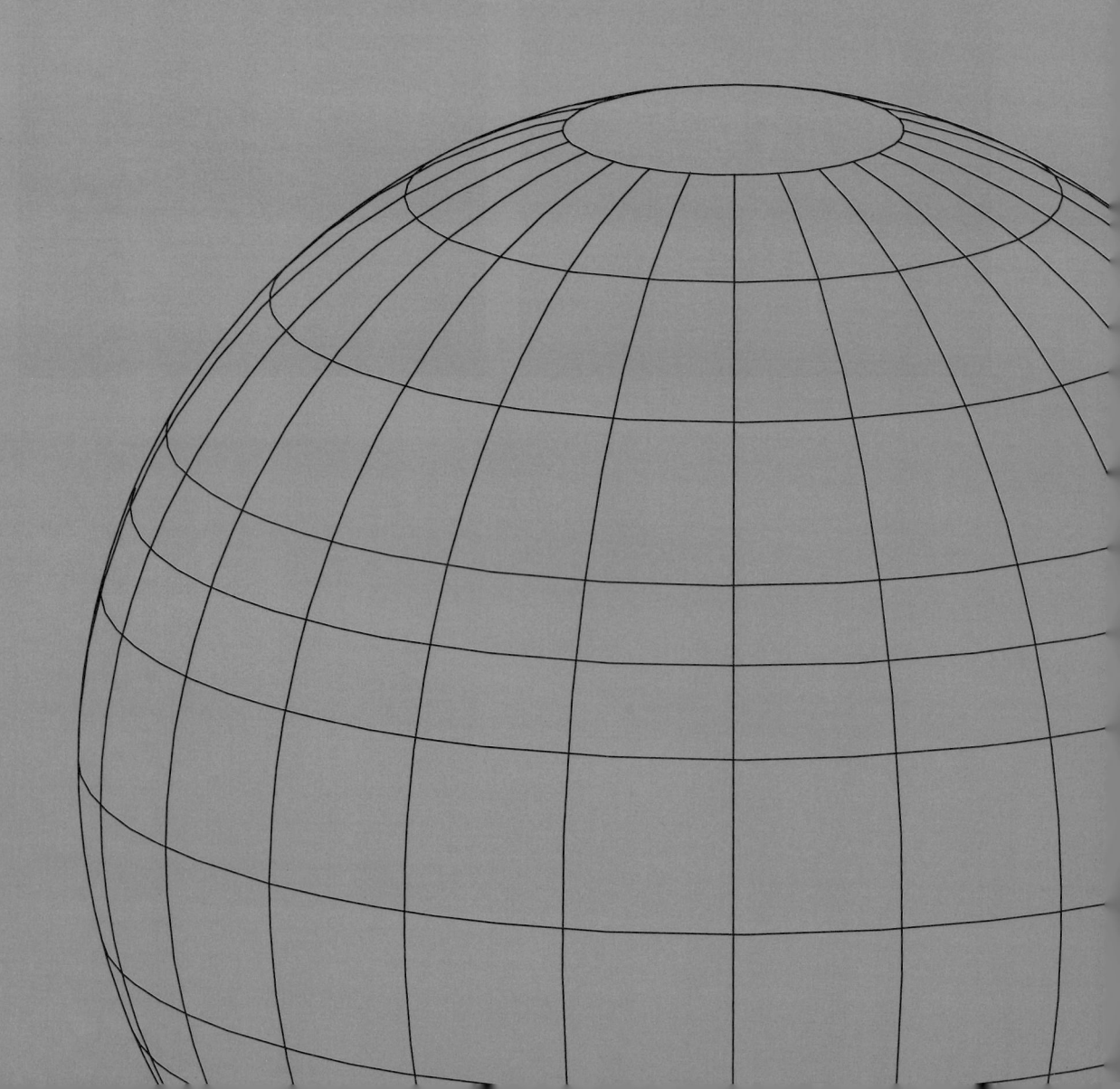

Leerdoelen

Na het bestuderen van dit hoofdstuk moet je in staat zijn het volgende te doen:

- Bespreken hoe de sociaal-culturele omgeving invloed heeft op het al dan niet aantrekkelijk zijn van een buitenlandse markt.
- Omschrijven wat een cultuur is en enkele cultuurelementen noemen.

6.1 Inleiding

Voor internationale marketeers is cultuur heel belangrijk. Cultuur ligt ten grondslag aan alle facetten van sociaal gedrag en sociale interactie. Culturen komen tot uitdrukking in alledaagse gebruiksvoorwerpen en manieren van communicatie in een maatschappij. Dat cultuur complex is, blijkt uit de grote hoeveelheid definities die van het begrip bestaan (Craig en Douglas, 2006). Alle auteurs die over cultuur hebben geschreven, hebben er een andere definitie van gegeven. De definitie van Tylor (1881) is een van de meest algemeen geaccepteerde: 'Cultuur is een complex geheel van kennis, geloof, kunst, morele waarden, wetten, gebruiken en alle andere capaciteiten en gewoontes die mensen als lid van een gemeenschap verwerven.'

Cultuur is een duidelijke bron van differentiatie tussen internationale markten. Met sommige cultuurverschillen is eenvoudiger om te gaan dan met andere. Als internationale marketeers zich richten op markten waar afnemers bijvoorbeeld een andere taal spreken of een andere religie aanhangen, kunnen ze vooraf plannen hoe ze met specifieke verschilpunten zullen omgaan. Vaak is het moeilijker de onderliggende houding en waarden van afnemers in andere landen te doorgronden.

Cultuur is een breed en zeer complex begrip. Het bepaalt vrijwel alles in het leven van mensen. De manier waarop mensen in een maatschappij samenleven, wordt beïnvloed door religie, scholing, familie en referentiegroepen. Maar ook door juridische, economische, politieke en technologische krachten. Tussen deze krachten bestaat een wisselwerking. We zien cultuurverschillen in de manieren waarop mensen in diverse samenlevingen met elkaar communiceren: ze onderscheiden zich door de taal die ze spreken en de manier waarop ze met elkaar communiceren (bijvoorbeeld de ruimte tussen mensen). De belangrijkheid van werk, de manier waarop vrije tijd wordt besteed en de soorten beloning en waardering die mensen graag krijgen, verschillen van cultuur tot cultuur. In sommige culturen worden mensen gemotiveerd door geldbeloningen, terwijl in andere landen en culturen de sociale positie en waardering belangrijker zijn.

Cultuur ontwikkelt zich door middel van steeds terugkerende sociale verbanden die patronen vormen die alle leden van een groep zich uiteindelijk eigen maken. Met andere woorden: een cultuur staat niet stil maar verandert langzaam maar zeker. Cultuurverschillen zijn niet per definitie zichtbaar; ze kunnen heel subtiel zijn en de kop opsteken in situaties waarin je ze nooit zou opmerken.

Een cultuur heeft de volgende kenmerken:
1. *Ze is aangeleerd*: mensen verwerven cultuur in de loop der tijd door lid te zijn van een groep waarin een cultuur van generatie op generatie wordt doorgegeven. Een nationale cultuur leer je het sterkst in de eerste levensjaren. Tegen de tijd dat je vijf bent, ben je al zeer taalvaardig. Je hebt je de waarden eigen gemaakt die betrekking hebben op functies als:
   (a) interactie met andere gezinsleden;
   (b) beloning uitlokken en straf vermijden;
   (c) onderhandelen om te krijgen wat je wilt hebben;
   (d) conflicten veroorzaken en vermijden.
2. *Binnen een cultuur bestaan verbanden*: delen van een cultuur zijn sterk verbonden met andere delen, zoals religie en huwelijk, werk en sociale status enzovoort.
3. *Ze wordt gedeeld*: de grondbeginselen van een cultuur gelden voor alle leden van de groep. Culturele waarden worden door mensen van de cultuurgroep aan andere individuele mensen doorgegeven, bijvoorbeeld door ouders, andere volwassenen, familie, instellingen als scholen en vrienden.

CULTUUR
De aangeleerde manieren waarop een samenleving dingen begrijpt, beslissingen neemt en communiceert.

Cultuur heeft drie verschillende niveaus (figuur 6.1). De tastbare aspecten van een cultuur – dingen die je kunt zien, horen, ruiken, proeven of voelen – zijn artefacten of verschijningsvormen van de onderliggende waarden en veronderstellingen die een groep mensen delen. De structuur van deze elementen lijkt op een ijsberg.

Het deel van de ijsberg dat je boven water ziet, is maar een klein deel van wat er is. Wat je niet kunt zien, zijn de waarden en veronderstellingen die je schip tot zinken kunnen brengen als je er per ongeluk tegenaan botst. Dagelijks gedrag wordt beïnvloed door de waarden en de sociale moraal die dichter aan het oppervlak liggen dan de fundamentele culturele veronderstellingen. Waarden en sociale normen helpen mensen hun dagelijkse gedrag op de korte termijn aan te passen; deze veranderen in een relatief korte tijd (tien tot twintig jaar), terwijl fundamentele culturele veronderstellingen in de loop van honderden jaren worden opgebouwd.

In dit boek definiëren we cultuur als de aangeleerde manieren waarop een samenleving dingen begrijpt, beslissingen neemt en communiceert.

Het zichtbare dagelijkse leven
B.v. – lichaamstaal
    – kleding
    – levensstijl
    – eet- en drinkgewoonten

Waarden en sociale moraal
B.v. – familiewaarden
    – sekserollen
    – vriendschapspatronen

Fundamentele culturele veronderstellingen
B.v – nationale identiteit
    – etnische cultuur
    – religie

Figuur 6.1: De zichtbare en onzichtbare onderdelen van een cultuur

Eén manier om culturele invloeden te analyseren, is door culturen op 'hoge' en 'lage context' te onderzoeken. Omdat taal een belangrijk onderdeel van culturen vormt en een belangrijk communicatiemiddel is, kijken we naar zowel gesproken als 'stille' talen.

Tussen sommige culturen bestaan grote verschillen. Zo verschillen de Zwitserse en Chinese cultuur qua taal en waarden sterk van elkaar. Ook tussen de Spaanse en Italiaanse cultuur bestaan verschillen, maar dat zijn er veel minder en ze zijn minder groot. De taal van beide landen is gebaseerd op het Latijn, de mensen in die landen gebruiken dezelfde geschreven manier van communicatie en ze hebben normen en waarden die weliswaar niet hetzelfde zijn maar wel op elkaar lijken.

De manier van communiceren verschilt van land tot land. In sommige talen verloopt communicatie uitsluitend via woorden die geschreven of uitgesproken worden; in andere talen zijn vagere aspecten als de omgeving of de sociale status van de berichtgever belangrijk bij het overbrengen van de betekenis van een boodschap. Hall (1960a) heeft dit gegeven gebruikt om een algemeen onderscheid te maken tussen wat hij culturen met een 'lage' en 'hoge context' noemt.

Voorbeeld 6.1 — **Schotse whisky internationaal gezien**

Schotse whisky wordt overal ter wereld gedronken. Er zijn veel verschillende redenen waarom mensen whisky kopen. Bij het maken van reclame voor whisky moet voor elke cultuur het juiste imago worden overgebracht, natuurlijk zonder dat de merkwaarden van het product verloren gaan. De grootste merkwaarde van Schotse whisky is status.

In het Verenigd Koninkrijk wordt deze waarde afgezwakt. Reclame voor Schotse whisky zal daar nooit schreeuwerig of provocerend zijn. In Italië heeft whisky een macho imago en zul je in alle reclame voor Schotse whisky een man met een vrouw aan zijn arm zien pronken met de status die de drank hem verleent. In Japan krijgen mensen echter status als ze zich voegen naar de meerderheid. In Japan is individualisme niet iets wat men nastreeft.

Het kan dus zijn dat het imago dat whisky in het Verenigd Koninkrijk heeft voor andere landen niet het juiste imago is.

Bron: bewerking van Boundary Commission, *Marketing Week*, Londen, 29 januari 1998, Sophie MacKenzie

---

6.2 Cultuurlagen

Als een bedrijf de internationale markt op gaat, worden de gedragsnormen die door de leden van de bedrijfsorganisatie geaccepteerd worden belangrijker. Als internationale bedrijven mensen met steeds uiteenlopender culturele achtergronden aannemen, kunnen de cultuurlagen een gemeenschappelijk kader vormen waardoor het gedrag van individuele mensen en hun manier van bedrijfsbeslissingen nemen begrijpelijk wordt.

Het gedrag van individuele personen wordt beïnvloed door verschillende cultuurlagen. De nationale cultuur bepaalt de waarden die de zaken-/sectorcultuur beïnvloeden. Deze bepaalt op haar beurt de cultuur van het individuele bedrijf.

In figuur 6.2 is een typische onderhandelingssituatie te zien tussen een verkoper in een land en een afnemer in een ander land. Het gedrag van de individuele afnemer of verkoper wordt beïnvloed door culturele aspecten op verschillende niveaus die op een complexe manier onderling verbonden zijn. Elk van de niveaus beïnvloedt het gedrag van individuele personen.

In figuur 6.2 wordt vanuit een 'nestperspectief' naar de niveaus gekeken: de verschillende cultuurniveaus zijn in elkaar 'genesteld' zodat de culturele interactie tussen de niveaus duidelijk wordt. Het totale nest bestaat uit de volgende niveaus:

- *Nationale cultuur*. Dit is het totale kader van culturele ideeën over en wetgeving met betrekking tot bedrijfsactiviteiten.
- *Zaken-/sectorcultuur*. Alle zaken worden binnen een zeker concurrentiekader en binnen een specifieke industrie of dienstensector gedaan. Soms is er sprake van enige overlap, maar over het algemeen kan een bedrijf duidelijk aangeven waar het zich mee bezighoudt. Dit niveau heeft zijn eigen culturele wortels en geschiedenis, en de spelers binnen dit niveau kennen de regels van het spel. Een zakencultuur is vaak sterk verbonden aan een bepaalde branche, en het gedrag en de beroepsethiek die bij deze cultuur horen zijn in binnen- en buitenland gelijk. Zo hebben de scheepvaart, de olie-industrie, de internationale handel en de elektronica-industrie een cultuur die in binnen- en buitenland gelijk is.
- *Bedrijfscultuur (organisatiecultuur)*. Binnen de totale organisatie bestaan vaak subculturen, gebaseerd op de verschillende functies in een bedrijf. Een functiecultuur komt tot uitdrukking in de waarden, opvattingen, bedoelingen en het gedrag dat mensen met een bepaalde functie binnen een organisatie (bijvoorbeeld op het gebied van marketing, financiën, vervoer, inkoop of management) met elkaar delen.
- *Individueel gedrag*. Het individu wordt beïnvloed door de andere culturele niveaus. In de interactieomgeving is het individu de hoofdpersoon die met de andere actoren in industriële marketingkaders een wisselwerking heeft. Het individu is belangrijk omdat ieder mens de wereld anders ziet. Cultuur is aangeleerd, niet aangeboren. Het leerproces creëert individuen, en wel omdat de leeromgeving en persoonlijke karaktertrekken van mensen verschillen.

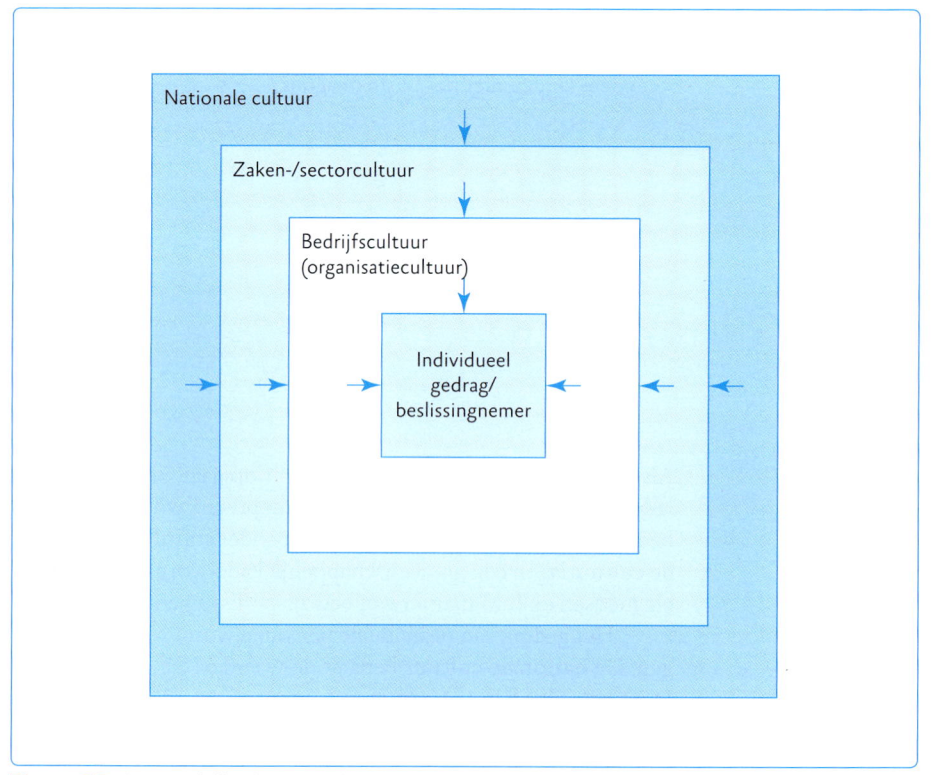

Figuur 6.2: De verschillende cultuurlagen

6.3 Culturen met een hoge en lage context

CULTUREN MET EEN LAGE CONTEXT
Verlaten zich op gesproken en geschreven taal ('zet alles op papier in een contract'). Een weinig complexe manier van communiceren.

Edward T. Hall (1960a) heeft het concept 'hoge context' en 'lage context' geïntroduceerd als manier om de verschillen in culturele oriëntering te kunnen begrijpen. In tabel 6.1 staat een aantal van de verschillen tussen culturen met een hoge en lage context samengevat.

- Culturen met een lage context verlaten zich op gesproken en geschreven taal om iets over te brengen. Zenders van berichten coderen hun boodschap en verwachten dat de ontvangers de woorden correct zullen decoderen om goed te kunnen begrijpen wat de bedoeling van de boodschap is.
- Culturen met een hoge context gebruiken en interpreteren meer van de factoren die een boodschap omgeven om de boodschap te kunnen begrijpen. In culturen met een hoge context voegen de sociale belangrijkheid en kennis van de persoon en de sociale setting extra informatie aan de boodschap toe en deze informatie zal door de ontvanger begrepen worden.

CULTUREN MET EEN HOGE CONTEXT
Gebruiken meer factoren om de boodschap heen om hem over te brengen. De culturele context waarin een boodschap wordt overgebracht, spreekt mee. Een zeer complexe manier van communiceren.

Figuur 6.3 laat de verschillen in context van verschillende culturen zien. Aan het ene uiteinde staan de culturen met een lage context uit Noord-Europa. Aan het andere uiteinde staan de culturen met een hoge context. De Japanners en Arabieren hebben een complexe manier om met mensen te communiceren die afhankelijk is van hun sociaaldemografische achtergrond.

In een analyse van industrieel koopgedrag in Arabische landen ontdekte Solberg (2002) dat het kweken van vertrouwen bij partners die bereid zijn je producten aan te bevelen veel meer tijd kost dan in het Westen het geval is. Bij Arabische afnemers speelt netwerken (gebruikmaken van de macht van andere partners) een veel grotere rol dan bij bijvoorbeeld Britse afnemers. In Arabische landen kan de positie van een agent en zijn contacten met prominente families van cruciaal belang zijn voor het behalen van succes. Als een exporteur 'verliefd wordt' op de verkeerde agent, kan dat de kans dat hij lang op die markt opereert, ruïneren.

Hoe groter het verschil in context tussen mensen die met elkaar proberen te communiceren, hoe moeilijker het zal zijn accuraat te communiceren.

Kenmerk	Lage context/individualistisch (bijvoorbeeld West-Europa, VS)	Hoge context/collectivistisch (bijvoorbeeld Japan, China, Saoedi-Arabië)
Communicatie en taal	Expliciet, direct	Impliciet, indirect
Zelfbesef en ruimtebesef	Informele handdruk	Formele omhelzingen, buigingen en handdrukken
Kleding en uiterlijk	Kleding om individueel succes te behalen, veel variatie	Indicatie van positie in maatschappij, religieuze voorschriften
Eet- en drinkgewoonten	Eten is een noodzaak, gemaksvoedsel	Eten is een sociaal gebeuren
Tijdsbesef	Lineair, precies, stiptheid wordt op prijs gesteld, tijd = geld	Elastisch, relatief, tijd besteed aan genieten, tijd = relaties
Familie en vrienden	Nucleair gezin, op zichzelf gericht, jeugd wordt gewaardeerd	Grote familie, gericht op de ander, loyaliteit en verantwoordelijkheid, respect voor ouderen
Normen en waarden	Onafhankelijkheid, de confrontatie aangaan	Groepsconformiteit, harmonie
Opvattingen en zienswijzen	Egalitair, autoriteit uitdagen, individuen bepalen eigen lot, seksegelijkheid	Hiërarchisch, respect voor autoriteit, individuen accepteren hun lot, sekserollen
Mentale processen en scholing	Lateraal, holistisch, simultaan, accepteren dat het leven soms moeilijk is	Lineair, logisch, sequentieel, problemen oplossen
Bedrijfs-/werkgewoonten	Transactiegericht ('snel tot zaken overgaan'), beloning op basis van prestatie, werk heeft waarde	Relatiegericht ('eerst word je vrienden, dan doe je zaken'), beloning op basis van senioriteit, werk is een noodzaak

Tabel 6.1: Een vergelijking van algemene kenmerken van culturen

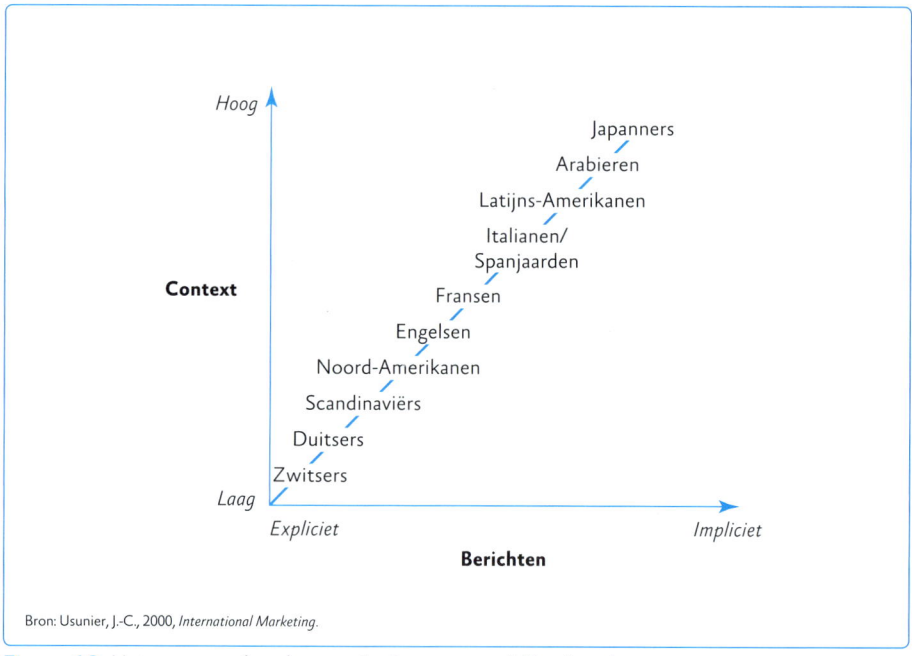

Bron: Usunier, J.-C., 2000, *International Marketing*.

Figuur 6.3: Het contextgebonden continuüm van verschillende culturen

6.4 Cultuurelementen

Er bestaan verschillende definities van cultuurelementen, waaronder de definitie van Murdoch (1945) die 73 'cultuuruniversalia' telt.

Gewoonlijk omvat het concept 'cultuur' de volgende elementen:

6.4.1 Taal

De taal van een land is de sleutel tot zijn cultuur en kan omschreven worden als de spiegel van de cultuur. Als je uitgebreid met mensen uit een bepaalde cultuur gaat werken, is het noodzakelijk de taal te leren. Een taal goed leren betekent dat je de cultuur leert, want de woorden van een taal zijn slechts begrippen die de cultuur waaruit ze stammen weerspiegelen.

Taal kan in twee hoofdelementen verdeeld worden. Het meest voor de hand liggende element is verbale taal, vocale geluiden in patronen die een betekenis hebben. Nonverbale taal – bijvoorbeeld lichaamstaal, stiltes en sociale afstand – is minder doorzichtig maar is een krachtig communicatiemiddel.

Verbale taal

Verbale taal is een belangrijk communicatiemiddel. In verschillende vormen, zoals toneelstukken en gedichten, wordt het geschreven woord gezien als onderdeel van de cultuur van een groep mensen. In de gesproken vorm geven de woorden die iemand kiest en de manier waarop ze uitgesproken worden de ontvanger aanwijzingen over het type persoon dat praat.

Het kunnen spreken van vreemde talen is om vier redenen belangrijk bij internationale marketing:

1. Taal is belangrijk bij het verzamelen van informatie en het voeren van evaluatiegesprekken. Managers kunnen dan zelf zien en horen wat er aan de hand is en hoeven niet af te gaan op de mening van anderen. Mensen voelen zich veel meer op hun gemak als ze hun eigen taal kunnen spreken, en dit moet als voordeel gezien worden. De beste manier om informatie over een markt in te winnen is door er deel van uit te maken, niet door er van buitenaf naar te kijken. Zo zouden lokale managers van een internationaal bedrijf de hoofdbron van politieke informatie moeten zijn om mogelijk risico in te schatten. Ze kunnen echter bevooroordeeld zijn; daarvoor moet worden opgepast.
2. Door taal krijg je toegang tot de lokale gemeenschap. Hoewel Engels wijd en zijd gesproken wordt en misschien zelfs de voertaal binnen een bedrijf is, kan het spreken van de lokale taal een enorm verschil uitmaken. Zo stralen bedrijven die reclamemateriaal en informatie laten vertalen in de taal van het land waar ze zakendoen uit dat het ze ernst is in dat land zaken te doen.
3. Het spreken van een vreemde taal wordt steeds belangrijker bij bedrijfscommunicatie, of dat nu binnen het bedrijf is of met kanaalpartners. Stel je eens de moeilijkheden voor waarmee een landenmanager te maken krijgt die via een tolk met werknemers moet communiceren.
4. Taal is meer dan een techniek die wordt gebruikt om te communiceren; taal maakt de interpretatie van een context mogelijk.

Een heel belangrijk aspect van taal, dat van cultuur tot cultuur kan verschillen, is de mate waarin communicatie expliciet of impliciet verloopt. In culturen waarin expliciet wordt gecommuniceerd, leren managers dat je moet 'zeggen wat je bedoelt en menen wat je zegt' als je effectief wilt communiceren. Als ze vage instructies en opdrachten geven, wordt dat gezien als teken van slechte communicatievaardigheden. In culturen waarin expliciet wordt gecommuniceerd wordt aangenomen dat de last van het effectief communiceren bij de spreker ligt. Bij culturen waarin impliciet wordt gecommuniceerd (meestal culturen met een hoge context) wordt daarentegen aangenomen dat spreker en luisteraar beiden de last van het effectief communiceren delen. Impliciete communicatie helpt ook onplezierige en directe confrontaties en onenigheid voorkomen.

In tabel 6.2 wordt een schatting gegeven van de talen die wereldwijd het meest gesproken worden. Chinees wordt als moedertaal (of eerste taal) door drie keer zoveel mensen gesproken als de op een na grootste taal, Engels. Als we bij het aantal mensen dat Engels als eerste taal heeft het aantal mensen optellen dat Engels spreekt als bedrijfstaal, haalt het Engels het Chinees in.

Opgemerkt moet worden dat officiële talen niet altijd door de hele bevolking van een land gesproken worden. Zo is Frans een officiële taal in Canada maar spreken veel Canadezen niet of nauwelijks Frans.

Engels is vaak, maar lang niet altijd, de taal waarin zakenmensen uit verschillende landen met elkaar communiceren.

Non-verbale taal

NON-VERBALE TAAL
Belangrijker in culturen met een hoge context: tijd, ruimte (gespreksafstand tussen mensen), materiële bezittingen, vriendschapspatronen en zakelijke overeenkomsten.

Volgens Hall (1960a) is non-verbale taal een krachtig communicatiemiddel. Het belang van non-verbale communicatie is groter in culturen met een hoge context. In deze culturen zijn mensen gevoeliger voor een groot aantal manieren om boodschappen over te brengen, terwijl veel van deze non-verbale boodschappen in de Anglo-Germaanse culturen (culturen met een lage context) niet opgemerkt zouden worden.

Volgens Hall (1960a) brengen non-verbale boodschappen in culturen met een hoge context tot wel negentig procent van de betekenis van een bericht over. In tabel 6.3 staan enkele van de belangrijkste non-verbale taalvormen omschreven.

Moedertaal (eerste taal)	Aantal sprekers (miljoen)
Chinees	1000
Engels	350
Spaans	250
Hindi	200
Arabisch	150
Bengaals	150
Russisch	150
Portugees	135
Japans	120
Duits	100
Frans	70
Punjabi	70

NB: Het Chinees omvat een aantal dialecten, waarvan het Mandarijn het meest algemeen gesproken dialect is.

Bron: Een bewerking van Philips et al, 1994, pag. 96.

Tabel 6.2: Officiële talen en aantal sprekers ter wereld

Hoofdstuk 6 DE SOCIAAL-CULTURELE OMGEVING

Non-verbale taal	Implicaties voor internationale marketing en de zakenwereld
Tijd	Het belang van 'op tijd' zijn. In de culturen met een hoge context (het Midden-Oosten, Latijns-Amerika) is tijd flexibel en wordt het niet gezien als iets wat beperkt is.
Ruimte	Gespreksafstand tussen personen. *Voorbeeld:* De afstand die mensen willen hebben tussen zichzelf en degene met wie ze praten, verschilt per individu. Arabieren en Latijns-Amerikanen staan graag dicht bij de mensen met wie ze praten. Als een Amerikaan, die zich daarbij ongemakkelijk voelt, meer afstand neemt van een Arabier, kan die dat opvatten als een negatieve reactie.
Materiële bezittingen	De relevantie van materiële bezittingen en interesse in de nieuwste technologie. Dit kan zowel in culturen met een hoge context als in culturen met een lage context belangrijk zijn.
Vriendschaps-patronen	Het belang van vertrouwde vrienden als sociale verzekering in tijden van stress en in noodsituaties. *Voorbeeld:* In culturen met een hoge context zijn een grote sociale kennissenkring en het aangaan van gepaste persoonlijke relaties cruciaal voor het doen van zaken. In deze culturen vinden mensen het belangrijk dat ze hun zakenpartner op persoonlijk niveau kennen voordat transacties plaatsvinden.
Zakelijke over-eenkomsten	Onderhandelingsregels gebaseerd op wetten, morele praktijken of informele gebruiken. *Voorbeeld:* In culturen met een hoge context zal het niet op prijs worden gesteld als je meteen tot zakendoen overgaat, want overeenkomsten worden niet alleen op basis van het beste product of de beste prijs gesloten, maar ook op basis van de entiteit of persoon die het meest betrouwbaar geacht wordt. Contracten kunnen met een handdruk besloten worden in plaats van met complexe contracten. Dit is iets waar sommige (vooral westerse) zakenlieden zich soms ongemakkelijk bij voelen.

Tabel 6.3: De belangrijkste non-verbale taalvormen in de internationale zakenwereld

---

Voorbeeld 6.2 — Sensualiteit en de aanrakingscultuur in de reclame voor Europese landen en Saoedi-Arabië

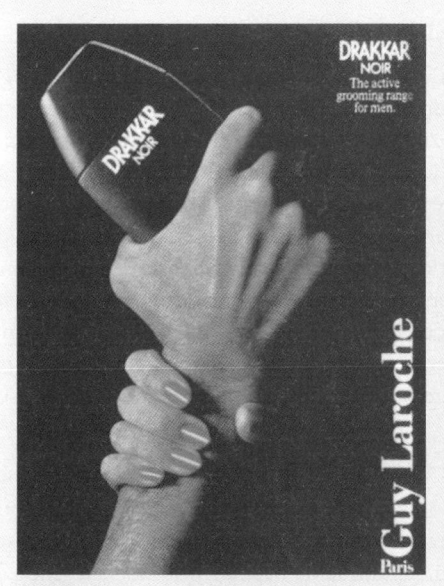

Drakkar Noir: Sensualiteit en de aanrakingscultuur in de reclame voor Europese landen en Saoedi-Arabië

Bron: Field, 1986

> Hoewel Saoedi-Arabië een bevolking van ongeveer negen miljoen mensen heeft (inclusief twee miljoen immigranten) is het land de op vijf na grootste geurenmarkt, na de Verenigde Staten, Japan, Duitsland, Frankrijk en Italië. Het land kent ook het grootste verbruik van geuren per hoofd van de bevolking, meer dan welk land ter wereld dan ook. Bij het promoten van parfum gebruiken grote importeurs over het algemeen hetzelfde reclamemateriaal als marketeers in Europa gebruiken. Wat in de reclamecampagnes specifiek Arabisch is, wordt meestal bepaald door Arabische zeden.
>
> Doorgaans kent Saoedi-Arabië een echte aanrakingscultuur, maar het onjuiste gebruik van aanraking in reclameberichten kan problemen veroorzaken. Op de plaatjes is reclame te zien voor het mannenparfum Drakkar Noir; in de Arabische versie heeft Guy Laroche (via het reclamebureau Mirabelle) de sensualiteit afgezwakt. In de Europese reclame (links) is de hand van een man te zien die een fles parfum vastheeft en een vrouwenhand die zijn blote onderarm vastgrijpt. In de Arabische versie (rechts) is de mannenarm in een donkere mouw gestoken en raakt de vrouw de hand alleen met een vingertop aan.

6.4.2 Gewoontes en gebruiken

Veranderingen in gewoontes en gebruiken moeten zorgvuldig in beeld gehouden worden, vooral als ze erop lijken te duiden dat de cultuurverschillen tussen volkeren kleiner worden. Fenomenen als McDonald's en Coca-Cola zijn over de hele wereld een succes geworden.

Vooral bij onderhandelingen is het belangrijk de gewoontes en gebruiken van een cultuur te begrijpen, want als je dingen op basis van je eigen referentiekader interpreteert, kun je tot een volkomen onjuiste conclusie komen. Om in het buitenland effectief te kunnen onderhandelen, moet je alle soorten communicatie correct kunnen 'lezen'.

In veel culturen moeten buitenlandse zakenlieden bepaalde basisgebruiken in acht nemen. Een van die gebruiken betreft het verschil tussen de rechter- en linkerhand en wanneer je ze gebruikt. In zogenaamde rechterhandculturen is de linkerhand de 'toilethand'; als die gebruikt wordt om mee te eten, wordt dat als onbeleefd gezien.

6.4.3 Technologie en de materiële cultuur

De materiële cultuur van een land vloeit voort uit de technologie en is direct gerelateerd aan de manier waarop een maatschappij haar economische activiteit organiseert. Deze cultuur manifesteert zich in de beschikbaarheid en adequatie van de primaire economische, sociale en financiële infrastructuur en marketinginfrastructuur.

Technologische vooruitgang gaat gepaard met culturele convergentie. Zwart-wittelevisies zijn tien jaar eerder tot de Amerikaanse markt doorgedrongen dan tot de Europese en Japanse markt. Bij kleurentelevisies was die tijdsruimte nog maar vijf jaar. Bij videocassetterecorders was het verschil maar drie jaar, maar deze keer gingen de Europeanen en Japanners voorop, terwijl de Amerikanen zich richtten op kabelsystemen. Bij de cd was het penetratieniveau na een jaar gelijk. Vandaag de dag, nu internet en MTV via de satelliet overal in Europa beschikbaar zijn, bestaat er geen tijdsverschil meer.

6.4.4 Sociale instituties

Sociale instituties – op zakelijk gebied of op het gebied van politiek, familie of klasse – beïnvloeden het gedrag van mensen en de manier waarop mensen met elkaar omgaan. Zo is in sommige landen de familie de belangrijkste sociale groep en kunnen familierelaties de werkomgeving en het aannemen van personeel beïnvloeden.

In Latijns-Amerika en de Arabische wereld worden managers die familieleden een voorkeursbehandeling geven, gezien als mensen die hun verplichtingen nakomen. Vanuit Latijns-Amerikaans oogpunt gezien is het logisch dat je alleen iemand aanneemt die je kunt vertrouwen. In de Verenigde Staten en Europa wordt dat echter gezien als vriendjespolitiek en nepotisme. In India komt nepotisme ook veel voor, maar ook daar past het bij de cultuur. Door op de hoogte te zijn van het belang van familierelaties op de werkvloer en bij zakelijke transacties kunnen pijnlijke vragen over nepotisme voorkomen worden.

Referentiegroepen spelen een belangrijke rol in het socialisatieproces van consumenten overal ter wereld. Deze referentiegroepen bepalen de waarden en opvattingen die het gedrag van mensen vormen. Primaire referentiegroepen zijn onder andere familie, collega's en andere persoonlijke groepen, terwijl secundaire groepen sociale organisaties zijn waarmee minder interactie plaatsvindt, zoals beroepsverenigingen en handelsorganisaties.

Sociale organisaties bepalen de rol van managers en ondergeschikten en hoe ze met elkaar omgaan. In sommige culturen zijn managers en ondergeschikten van elkaar gescheiden. In andere culturen bevinden managers en ondergeschikten zich op een meer gezamenlijk niveau en werken ze samen in teams.

6.4.5 Scholing

Naast onderwijs in bepaalde vakken houdt scholing het overdragen van vaardigheden, ideeën en opvattingen in. Zelfs primitieve volkeren zijn in deze brede zin van het woord geschoold. Zo zijn de Bosjesmannen in Zuid-Afrika wat de cultuur waarin ze leven betreft zeer goed geschoold.

Een van de functies van scholing is de overdracht van bestaande cultuur en tradities op een volgende generatie. Scholing kan echter ook gebruikt worden om een culturele verandering teweeg te brengen. Het stimuleren van de communistische cultuur in de Volksrepubliek China is een goed voorbeeld hiervan, maar ook dit is in de meeste landen een facet van scholing. De mate van scholing van mensen is van invloed op verschillende bedrijfsfuncties. Bij scholingsprogramma's voor een productiefaciliteit moet rekening gehouden worden met de scholingsachtergrond van de deelnemers aan het programma.

Bij het aannemen van geschikt verkooppersoneel en ondersteunend personeel moeten internationale marketingmanagers bereid zijn hindernissen te overwinnen. Zo wordt loyaliteit in de Japanse cultuur hoog gewaardeerd en beschouwen werknemers zich als leden van de bedrijfsfamilie. Als een buitenlands bedrijf besluit Japan te verlaten, kan het zijn dat Japanse werknemers halverwege hun carrièreladder blijven steken omdat ze geen plek meer kunnen vinden in het Japanse bedrijfsleven. Daarom willen universitair geschoolde werknemers alleen bij de grootste en bekendste buitenlandse bedrijven werken.

Als technologie op de markt wordt gebracht, zal de complexiteit van het product afhangen van het scholingsniveau van toekomstige gebruikers. Beslissingen over productaanpassing worden vaak beïnvloed door de mate waarin doelklanten het product of de dienst op de juiste manier kunnen gebruiken.

6.4.6 Waarden en opvattingen

Onze opvattingen en waarden helpen ons te bepalen wat we goed of gepast vinden, wat belangrijk is en wat wenselijk is. Sommige hebben betrekking op marketing; die gaan we hier bespreken.

Hoe meer waarden en opvattingen hun oorsprong hebben in centrale overtuigingen (bijvoorbeeld religie), hoe voorzichtiger internationale marketingmanagers te werk moeten gaan. In geïndustrialiseerde landen wordt verandering als iets positiefs gezien, terwijl in de meer traditiegebonden landen heel wantrouwig naar verandering wordt gekeken, vooral als die uit het buitenland komt.

In een conservatieve maatschappij verzetten mensen zich over het algemeen meer tegen het nemen van dergelijke risico's. Daarom moeten marketeers ook het risico dat volgens klanten of distributeurs inherent is aan het uitproberen van een nieuw product proberen te verkleinen. Dit kan deels door scholing, maar marketingtechnieken als het verlenen van garantie en verkoop in consignatie kunnen ook worden toegepast.

6.4.7 Esthetiek

ESTHETIEK
Wat wordt bedoeld met een goede smaak in kunst, muziek, folklore en toneel kan van cultuur tot cultuur sterk verschillen.

Het begrip esthetiek verwijst naar houdingen ten opzichte van schoonheid en goede smaak in de kunst, muziek, folklore en het toneel van een cultuur. De esthetiek van een bepaalde cultuur kan belangrijk zijn bij het interpreteren van de symbolische betekenissen van verschillende artistieke uitdrukkingen. Wat al dan niet acceptabel is, kan sterk verschillen, zelfs op markten die verder sterk op elkaar lijken. Seks in de reclame is een voorbeeld.

Voor bedrijven is het belangrijk esthetische factoren als product- en verpakkingsontwerp, kleur, merknaam en -symbolen grondig te evalueren. Zo kan het zijn dat sommige conventionele merknamen die in de Verenigde Staten een positieve boodschap overbrengen, in een ander land een heel andere betekenis hebben, waardoor het bedrijfsimago en de effectiviteit van de marketing van bedrijven flink kan worden beschadigd (zie tabel 6.4).

Bedrijf	Product	Merknaam of slogan	Land	Betekenis
ENCO	Aardolie	Vroegere naam van EXXON	Japan	Auto met afgeslagen motor
American Motors	Auto	Matador	Spanje	Moordenaar
Ford	Vrachtwagen	Fiera	Spanje	Lelijke oude vrouw
Pepsi	Frisdrank	'Come alive with Pepsi'	Duitsland	'Sta op uit het graf'

Tabel 6.4: Amerikaanse merknamen en slogans die in andere talen beledigend zijn

6.4.8 Religie

De grootste religies worden door een aantal nationale culturen gedeeld:
- Het christendom wordt het meest gepraktiseerd. Het grootste deel van de christenen woont in Europa en Noord-, Midden- en Zuid-Amerika. Het aantal christenen in Afrika neemt snel toe.
- De islam wordt vooral in Afrika, de Arabische landen, landen rond de Middellandse Zee en in Indonesië gepraktiseerd. Recentelijk is het moslimfundamentalisme in Iran, Pakistan, Algerije en elders toegenomen.
- Het hindoeïsme komt het meest in India voor. Bij deze religie ligt de nadruk op de spirituele vooruitgang van de ziel in plaats van hard werken en het vergaren van rijkdom.
- Het boeddhisme heeft aanhangers in Centraal- en Zuidoost-Azië, China, Korea en Japan. Net als bij het hindoeïsme ligt bij deze religie de nadruk op spirituele prestaties in plaats van rijkdom, hoewel uit de voortdurende ontwikkeling die deze streken doormaken blijkt dat deze religies niet per definitie een belemmering zijn voor economische activiteit.
- Het confucianisme heeft voornamelijk aanhangers in China, Korea en Japan. De nadruk bij deze religie op loyaliteit en verplichtingen tussen meerderen en ondergeschikten heeft de ontwikkeling van familiebedrijven in deze regio beïnvloed.

Als mensen een geloof delen, bijvoorbeeld de islam, het boeddhisme of het christendom, kan religie de basis vormen voor cultuuroverschrijdende overeenkomsten. In veel landen is religie uitermate belangrijk. In de Verenigde Staten en Europa doet men zijn uiterste best kerk en staat gescheiden te houden. Toch heeft men een groot ontzag voor individuele religieuze verschillen. In sommige landen, zoals Libanon en Iran, vormt religie het fundament waarop het staatsbestuur is gebouwd en is ze een dominante factor bij zakelijke en politieke beslissingen evenals bij scholingsbeslissingen.

Op de volgende manieren kan religie de internationale marketingstrategie rechtstreeks beïnvloeden:

- Welke dagen religieuze vrije dagen zijn, verschilt sterk van land tot land. Er bestaat wat dat betreft niet alleen verschil tussen christelijke landen en moslimlanden, maar ook tussen het ene en het andere christelijke land. Over het algemeen is de zondag een religieuze vrije dag in alle landen waar het christendom een belangrijke religie is. In de moslimwereld is de hele maand van de ramadan feitelijk een religieuze vrije periode. Zo vasten moslims in Saoedi-Arabië tijdens de ramadan van zonsopgang tot zonsondergang, wat een afname van de hoeveelheid productie per werknemer tot gevolg heeft. Veel moslims staan 's ochtends vroeg op om voor zonsopgang te eten en eten dan zoveel als ze denken dat voor die dag voldoende is. Dit heeft invloed op hun kracht en uithoudingsvermogen op werkdagen. Pogingen van het management om het normale productieniveau aan te houden zullen waarschijnlijk worden afgekeurd, dus moeten managers leren voor dit en andere gebruiken sensitief te zijn.
- Religieuze eisen en taboes kunnen consumptiepatronen beïnvloeden. Voor katholieken was vis op vrijdag het klassieke voorbeeld. Andere voorbeelden zijn de taboes op rundvlees bij hindoes en varkensvlees bij moslims en joden. In zowel Israël als moslimlanden in het Midden-Oosten, bijvoorbeeld Saoedi-Arabië, Irak en Iran, en Zuidoost-Aziatische landen als Indonesië en Maleisië is de consumptie van varkensvlees uiterst beperkt.
- Moslims bidden vijf keer per dag in de richting van de heilige stad Mekka. Westerlingen die hen bezoeken, moeten zich bewust zijn van dit religieuze ritueel. In Saoedi-Arabië en Iran is het niet ongebruikelijk dat managers en andere werknemers verschillende keren per dag een tapijtje op de vloer leggen en erop knielen om te bidden.
- De economische rol van vrouwen verschilt van cultuur tot cultuur, en religieuze opvattingen spelen daarbij een belangrijke rol. In het Midden-Oosten zijn vrouwen soms beperkt in hun rol als consument, werknemer of respondent in marketingonderzoek. Dit kan betekenen dat managers die westerse markten gewend zijn hun aanpak flink moeten aanpassen. Vrouwen moeten zich onder andere zo kleden dat hun armen, benen, torso en gezicht verhuld zijn. Van Amerikaanse vrouwen in het gastland wordt verwacht dat ze zich ook aan deze kledingvoorschriften houden.

Voorbeeld 6.3 — Het succes van Polaroid op de moslimmarkt

De camera's van Polaroid waarmee directklaarfoto's gemaakt kunnen worden, zijn de laatste dertig jaar in grote mate verantwoordelijk geweest voor het doorbreken van de taboes die in de Arabische wereld op fotografie rustten, vooral in landen waar het vrouwen niet geoorloofd is hun gezicht te laten zien aan mannen die niet tot hun directe familie behoren.

Toen Polaroid midden jaren 1960 tot de moslimmarkt toetrad, kwam het bedrijf er achter dat directklaarfotografie in moslimlanden een uitkomst was. Vanwege religieuze beperkingen waren er maar weinig foto-ontwikkelingslaboratoria. Maar met de camera's van Polaroid konden Arabische mannen hun vrouw en dochters fotograferen zonder bang te hoeven zijn dat vreemden in een filmlaboratorium de vrouwen ongesluierd zouden zien, en zonder het risico te lopen dat iemand extra afdrukken zou maken.

6.5 Omgaan met cultuurverschillen

Als internationale marketeers eenmaal hebben vastgesteld wat de belangrijkste invloedfactoren uit de culturele omgeving zijn en deze factoren hebben geanalyseerd, kunnen ze beslissingen nemen over hoe ze op de resultaten van de analyse zullen reageren.

Zoals in hoofdstuk 7 (Internationale marktselectie) zal blijken, zullen minder aantrekkelijke markten niet verder in aanmerking genomen worden. Wat de aantrekkelijker markten betreft, moet het marketingmanagement beslissen tot op welke hoogte ze hun strategie aan de culturele bijzonderheden van een land moeten aanpassen.

Een voorbeeld is punctualiteit. In de meeste culturen met een lage context – Duitsland, Zwitserland en Oostenrijk bijvoorbeeld – wordt punctualiteit erg belangrijk gevonden. Als je om 9.00 uur 's ochtends een vergadering hebt en je arriveert om 9.07 uur, ben je 'te laat'. In deze culturen wordt punctualiteit zeer gewaardeerd en wordt te laat komen voor een vergadering (en dus de tijd verspillen van mensen die gedwongen waren op je te wachten) niet gewaardeerd.

In sommige Zuid-Europese landen en in Latijns-Amerika heeft men een iets 'losser' besef van tijd. Dit betekent niet dat de ene groep het goed doet en de andere niet. Het laat alleen zien dat binnen verschillende culturele groepen om een veelheid van redenen in de loop der eeuwen verschillende opvattingen over het begrip 'tijd' zijn ontstaan. Als gevolg van de diverse culturen in landen kan het zijn dat het bedrijfsleven in verschillende delen van de wereld op een andere manier functioneert.

Een ander voorbeeld van de manier waarop culturele verschillen het bedrijfsleven beïnvloeden, is het overhandigen van visitekaartjes. In de Verenigde Staten – een land met een informele cultuur – geven mensen elkaar vrij achteloos een visitekaartje. Deze kaartjes worden vaak snel uitgedeeld en verdwijnen meteen in de zak of portemonnee van de ontvanger, die er later naar zal kijken.

In Japan – een land met een relatief formele cultuur – is het overhandigen van visitekaartjes een heel zorgvuldig georganiseerd gebeuren. Terwijl het kaartje door de gever met beide handen omhoog wordt gehouden, bestudeert de ontvanger nauwkeurig de informatie die op het kaartje vermeld staat. Deze procedure zorgt ervoor dat de titel van de gever duidelijk begrepen wordt, wat belangrijk is in een land als Japan, waar de officiële positie van iemand in de bedrijfshiërarchie van grote betekenis is.

Als je het kaartje van een Japanner aanneemt en het meteen in je visitekaartjeshouder stopt, kan dit door Japanners als zeer negatief worden ervaren. Als je echter in de Verenigde Staten een ogenblik neemt om het visitekaartje van een Amerikaan te bestuderen, kan hij dat ook negatief opvatten, omdat het dan lijkt alsof je aan zijn geloofwaardigheid twijfelt.

Deze voorbeelden – tijdsbesef/punctualiteit en het overhandigen van visitekaartjes – laten slechts twee manieren zien waarop culturele factoren zakelijke relaties kunnen beïnvloeden.

Als we een andere cultuur proberen te begrijpen, is het onvermijdelijk dat we onze nieuwe culturele omgeving op basis van onze kennis van onze eigen cultuur interpreteren.

Bij internationale marketing is het heel belangrijk nieuwe markten op dezelfde manier te begrijpen als afnemers of potentiële afnemers op die markt dat doen. Om een gebruiksklaar marketingconcept te kunnen ontwikkelen, moeten internationale marketeers de afnemers op elke markt begrijpen en marketingonderzoek op een effectieve manier kunnen gebruiken.

Lee (1966) gebruikt de term *self-reference criterion* (SRC) als omschrijving van het feit dat we onbewust refereren aan onze eigen culturele waarden. Hij raadt een vierstappenplan aan om het SRC te elimineren:

1. Definieer het probleem of doel, uitgaande van de cultuur, gewoontes, gebruiken en normen van het thuisland.
2. Definieer het probleem of doel, uitgaande van de cultuur, gewoontes, gebruiken en normen van het gastland.
3. Isoleer de invloed van SRC in het probleem en onderzoek het nauwkeurig om te zien hoe dit het probleem compliceert.
4. Herdefinieer het probleem zonder de invloed van SRC en los het voor de situatie op de buitenlandse markt op.

Het is daarom van cruciaal belang dat de cultuur van een land in de context van dat land gezien wordt. Het is beter om de cultuur als verschillend van de eigen cultuur te zien dan als beter of slechter dan die cultuur. Op die manier kan worden onderzocht wat de verschillen en overeenkomsten tussen culturen zijn, kan er naar redenen voor de verschillen worden gezocht en kunnen die verschillen worden verklaard.

6.6 Het effect van cultuuraspecten op het nemen van ethische beslissingen

Omdat steeds meer bedrijven internationaal gaan opereren, wordt het steeds belangrijker te begrijpen wat voor effect cultuuraspecten hebben op het nemen van ethische beslissingen. Dat maakt het namelijk mogelijk eventuele zakelijke valkuilen te omzeilen en effectieve managementprogramma's voor internationale marketing op te zetten.

Cultuur is een fundamentele bepalende factor bij het nemen van ethische beslissingen. Ze heeft een directe invloed op de manier waarop individuele personen ethische problemen, alternatieven en consequenties bekijken. Om tegenwoordig succesvol te zijn op internationale markten, moeten managers erkennen en begrijpen dat ideeën, waarden en morele normen van cultuur tot cultuur verschillen en inzien hoe deze invloed hebben op het nemen van marketingbeslissingen.

Van sommige landen, zoals India, is bekend dat kleine betalingen 'vereist' zijn om goederen door de douane ingeklaard te krijgen. Hoewel dit smeergeld is, en dus illegaal, lijkt de ethiek van dat land het toe te staan (tot op zekere hoogte tenminste). Bedrijven zitten dan met een probleem: betalen ze de beambten smeergeld of wachten ze totdat hun producten op de normale manier ingeklaard worden, wat betekent dat ze veel langer bij de douane opgeslagen zullen liggen?

Vergoedingen en provisie die aan een buitenlandse tussenpersoon of een buitenlands adviesbureau voor geleverde diensten wordt betaald vormen vooral een probleem – wanneer wordt een wettige vergoeding smeergeld? Een van de redenen om een buitenlandse vertegenwoordiger of adviseur in dienst te nemen, is dat je kunt profiteren van hun contacten met beslissingnemers, vooral bij buitenlandse overheden. Als een tussenpersoon voor de export een gedeelte van zijn vergoeding gebruikt om ambtenaren om te kopen, kan een bedrijf daar weinig aan doen.

In alle culturen, of het nu een nationale cultuur of sector-, bedrijfs- of beroepscultuur is, wordt voor het bedrijfsgedrag een reeks morele normen vastgesteld: de ethische code van een bedrijf. Deze normen beïnvloeden alle beslissingen en acties in een bedrijf, onder meer beslissingen over wat er geproduceerd gaat worden (of niet) en hoe, wat de juiste loonshoogte is, hoeveel uur het personeel moet werken en onder welke omstandigheden, hoe het bedrijf gaat concurreren en welke communicatierichtlijnen gevolgd gaan worden.

Welke acties bij het doen van zaken goed/verkeerd of redelijk/onredelijk zijn en welke in het bijzonder onderhevig zijn aan ethische normen wordt sterk beïnvloed door de cultuur waarin ze plaatsvinden (in hoofdstuk 13 komt omkoperij verder aan de orde).

De ethische betrokkenheid van een internationaal bedrijf wordt in figuur 6.4 afgebeeld als een continuüm dat loopt van onacceptabel ethisch gedrag tot de meest ethische manier van het nemen van beslissingen.

Het zich alleen aan de letter van de wet houden is het minst acceptabele ethische gedrag. Om als 'zeer ethisch' geclassificeerd te worden, moeten bedrijven een ethische code hebben waarin de volgende hoofdkwesties aan de orde komen:

1. *Bedrijfsrelaties*: onder meer concurrentie, strategische allianties en lokale sourcing.
2. *Economische relaties*: onder meer financiering, belastingen, transferkosten, lokale herinvesteringen en deelname in het aandelenkapitaal.
3. *Werknemerrelaties*: onder meer beloning, veiligheid, mensenrechten, non-discriminatie, collectieve onderhandelingen, training en ongewenste intimiteiten.
4. *Klantrelaties*: onder meer prijsstelling, kwaliteit en reclame.
5. *Industriële relaties*: onder meer technologieoverdracht, R&D, ontwikkeling van de infrastructuur en de stabiliteit en levensduur van het bedrijf.
6. *Politieke relaties*: onder meer de naleving van wetten, omkoperij en andere corrupte activiteiten, subsidies, fiscale stimulansen, milieubescherming en politieke betrokkenheid.

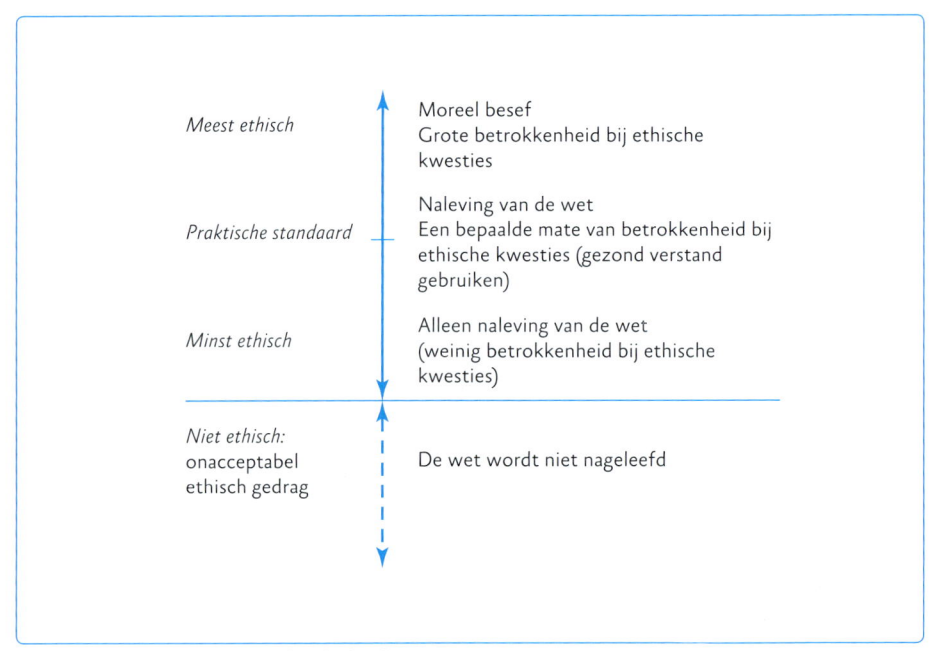

Meest ethisch	Moreel besef Grote betrokkenheid bij ethische kwesties
Praktische standaard	Naleving van de wet Een bepaalde mate van betrokkenheid bij ethische kwesties (gezond verstand gebruiken)
Minst ethisch	Alleen naleving van de wet (weinig betrokkenheid bij ethische kwesties)
Niet ethisch: onacceptabel ethisch gedrag	De wet wordt niet nageleefd

Figuur 6.4: Het nemen van ethische beslissingen

Het is gemakkelijk om algemene uitspraken te doen over de ethiek van het betalen van politieke steekpenningen of andere gelden. Veel moeilijker is het te beslissen die niet te betalen, als dat misschien tot gevolg heeft dat het bedrijf niet winstgevend zaken kan doen of helemaal geen zaken kan doen. Omdat de ethische normen en moraliteitsniveaus in culturen sterk van elkaar kunnen verschillen, kan het dilemma van ethiek en pragmatisme waarmee de internationale zakenwereld geconfronteerd wordt niet opgelost worden totdat meer landen besluiten deze kwestie effectief aan te pakken.

| Voorbeeld 6.4 | **Levi Strauss: de ethische code van een multinational** |

Het beleid van Levi Strauss om een verantwoordelijke werkgever te zijn in ontwikkelingslanden, waar veel armoede heerst en zich veel sociale problemen voordoen, is niet iets wat het bedrijf van de daken schreeuwt. Maar dit beleid is wel opgesteld om het goede imago van het bedrijf in stand te houden. Levi's is beter in staat een dergelijk beleid te voeren dan veel andere bedrijven, omdat het een particulier familiebedrijf is. Dat betekent dat het geen verantwoording schuldig is aan grote aandeelhouders op Wall Street, voor wie kortetermijnwinst waarschijnlijk belangrijker is. Maar het is een uitdaging voor het bedrijf de balans te vinden tussen efficiency en sociale verantwoordelijkheid.

In mei 1993 kondigde Levi's aan dat het van plan was het meeste van de zaken die het met de Volksrepubliek China deed te beëindigen. Dit betekende dat het bedrijf geleidelijk afscheid moest nemen van zijn Chinese onderaannemers, die toen ongeveer twee procent van de totale productie (ongeveer vijftig miljoen dollar per jaar) voor hun rekening namen. De reden die het bedrijf hiervoor gaf, was de wijdverspreide schending van mensenrechten in China.

De beslissing China te verlaten was een afspiegeling van de bedrijfscultuur van Levi's. Deze cultuur omvat normen voor het zakendoen in het buitenland waarbij de nadruk lag op het zorgen voor redelijke arbeidsomstandigheden. Als het bedrijf niet in een land kon opereren zonder zijn principes te compromitteren, moest het zich terugtrekken – zoals het in Myanmar had gedaan en had gedreigd te doen in Bangladesh.

Bron: verschillende publieke media

Samenvatting

Om klanten goed te kunnen bedienen, is het voor internationale marketeers belangrijk hun persoonlijke waarden en geaccepteerde gedragsvormen te begrijpen. Tegelijkertijd moeten marketeers zoeken naar groepen met dezelfde cognities. Deze zullen op dezelfde manier aankijken tegen wat marketeers ze te bieden hebben en zullen hetzelfde productgerelateerde gedrag vertonen, wat de taak van marketeers gemakkelijker maakt. Dergelijke groepen hoeven niet landgebonden te zijn.

Hoe we tegen andere culturen aankijken, is gebaseerd op onze eigen culturele mentaliteit. Het is heel moeilijk bij het classificeren van culturen niet een etnocentrisch standpunt in te nemen. Om marketing- en reclamestrategieën voor de internationale markt te kunnen ontwikkelen is het noodzakelijk culturen te classificeren. Het classificeren van culturen op basis van bepaalde dimensies is de meest constructieve methode gebleken. Deze helpt bij het benoemen en labelen van cultuurverschillen en -overeenkomsten. Als je kijkt naar de communicatiecultuur van verschillende landen, worden veel cultuurverschillen duidelijk. In dit hoofdstuk zijn verschillende classificatiemodellen besproken. Kortom, hoofdstuk 6 verschaft inzicht in het fenomeen 'cultuur'. Dit aspect blijkt van wezenlijk belang in het internationaal ondernemen.

Culturen met een hoge/lage context

Het verschil tussen de communicatie in culturen met een hoge en lage context helpt ons te begrijpen waarom bijvoorbeeld de manier van communiceren in Azië (hoge context) en het Westen (lage context) zo verschillend is, en waarom Aziaten de voorkeur geven aan indirecte verbale communicatie en symbolen in plaats van de directe, assertieve communicatiestijl die westerlingen bezigen. Andere aspecten, zoals verschillen in tijdsbesef, kunnen ook de grote verschillen tussen Oost en West verklaren.

De samenvatting sluiten we af met enkele praktische tips waarmee je als internationaal marketeer mogelijk aan de slag kunt.

1. **Houd rekening met de voortdurende verandering van een cultuur**
   Het begrip cultuur is geen statische waarde, maar onder invloed van maatschappelijke verandering evolueert een cultuur. Denk maar eens aan de culturele verschillen in Nederland. Onze maatschappelijke waarden en inzichten zijn in de loop van de jaren behoorlijk (de jaren vijftig, zestig en zeventig) aan verandering onderhevig geweest. Uiteraard geldt deze ontwikkeling ook voor landen waarmee internationaal zaken wordt gedaan.

2. **De status van de gast**
   Als internationaal ondernemer kom je feitelijk in een andere cultuur terecht, dus krijg je te maken met het begrip sociale status. Uiteraard kan de impact van het begrip 'status van de gast' verschillen van cultuur tot cultuur. Meestal krijgt de gast een hoge status, dus moet je je er ook naar gedragen. Het is zaak hierover vooraf bij deskundigen advies in te winnen.

3. **Verslaglegging of briefing**
   Het is zeer aan te bevelen om van de bezoeken nauwgezette verslaglegging te doen. Uiteraard moet je hierin de culturele context meenemen, dit kan helpen om eventuele opvolgers snel in een markt te introduceren.

4. **Leren van de taal**
   Investeren in het beheersen en kennis krijgen van de taal zal ook het begrip in de cultuur en lokale gebruiken vergroten. Het beheersen van de taal kan worden opgevat als een teken van eerbied en belangstelling voor je zakenpartner(s).

5. **Het geven en krijgen van presentjes**
   Het uitwisselen van geschenken kan in bepaalde culturen een onderdeel zijn van het ceremonieel om tot het doen van zaken te komen. Het geschenk mag daarom geen statusverlies veroorzaken, het is zaak je vooraf goed te informeren over lokale gebruiken.

Discussievragen

1. Is het voor Britse managers nodig een vreemde taal te leren, gezien het feit dat Engels de internationale zakentaal is?

2. Denk je dat cultuurverschillen tussen landen belangrijker of minder belangrijk zijn dan cultuurverschillen binnen landen? Onder welke omstandigheden zijn ze elk belangrijk?

3. Noem enkele beperkingen bij het marketen van producten aan een traditionele moslimgemeenschap. Gebruik voorbeelden uit dit hoofdstuk.

4. Welke cultuurlagen beïnvloeden het gedrag van zakenmensen het sterkst?

5. In dit hoofdstuk heeft de nadruk vooral gelegen op de invloed van cultuur op internationale marketingstrategieën. Probeer ook eens de mogelijke invloed van marketing op culturen te bespreken.

6. Welke rol speelt self-reference criterion in de internationale bedrijfsethiek?

7. Vergelijk de rol van vrouwen in jouw land met hun rol in andere culturen. Hoe beïnvloeden de verschillende rollen het gedrag van vrouwen als consumenten en zakenmensen?

Competentietraining

1. Neem contact op met de afdeling buitenlandse handel van de Chinese ambassade en vraag de betreffende contactpersoon hoe je met het Chinese bedrijfsleven moet onderhandelen.

2. Voer opdracht 2 uit, maar dan voor de Franse ambassade.

3. Vraag aan je docenten – die een buitenlandse taal doceren – om praktische tips.

Casestudy 4.1 — De IKEA-catalogus: zijn er cultuurverschillen?

IKEA werd in 1943 in Älmhult in Zweden opgericht door Ingvar Kamprad. De bedrijfsnaam is samengesteld uit de eerste letters van zijn naam en de eerste letters van het huis en het dorp waar hij is opgegroeid: Ingvar Kamprad Elmtaryd Agunnaryd.

De bedrijfsfilosofie van IKEA is: 'Wij bieden een brede sortering goed ontworpen, functionele woninginrichtingproducten aan tegen een prijs die zo laag is dat zo veel mogelijk mensen zich ze kunnen permitteren.'

Eind jaren veertig verscheen de eerste IKEA-reclame in plaatselijke kranten. De vraag naar IKEA-producten groeide razendsnel, en algauw kon Ingvar Kamprad geen individuele verkoopbezoeken meer afleggen. Daarom begon hij een postordercatalogus en liet zijn producten via de melkauto bezorgen. Deze vindingrijke oplossing voor een lastig probleem leidde tot de jaarlijkse IKEA-catalogus.

De catalogus, die in 1951 voor het eerst in Zweden verscheen, verscheen in de zomer van 2006 in 32 landen in 24 talen in 47 verschillende versies. Hij wordt beschouwd als het belangrijkste marketinginstrument van het bedrijf; zeventig procent van het jaarlijkse marketingbudget wordt eraan besteed. Wat oplage betreft heeft de catalogus de Bijbel voorbijgestreefd: geschat wordt dat in 2006 160 miljoen exemplaren van de catalogus zijn verspreid, wat drie keer zoveel is als van zijn minder materialistische

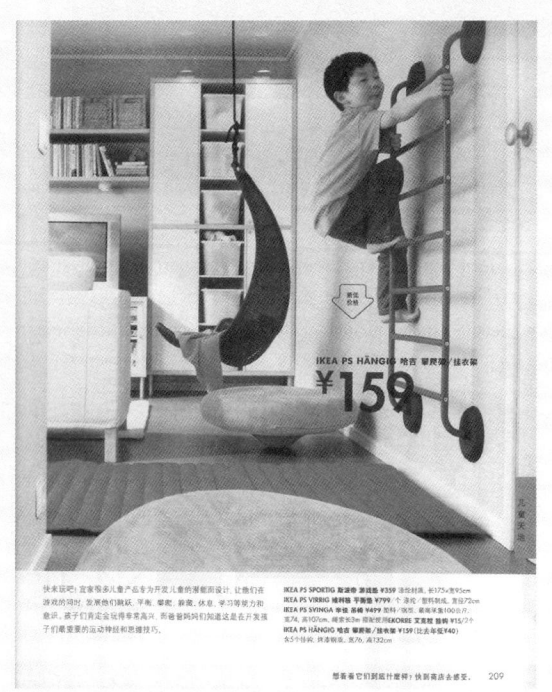

Afbeelding van hetzelfde product in de IKEA-catalogus in Denemarken en Shanghai
Bron: www.ikea.com

tegenhanger. Maar omdat de catalogus gratis is, blijft de Bijbel het meest gekochte non-fictieboek.

Alleen al in Europa bereikt de catalogus jaarlijks meer dan tweehonderd miljoen mensen. De catalogus, die driehonderd pagina's telt en waarin ongeveer twaalfduizend producten staan, wordt zowel in IKEA-winkels als via de post gratis verspreid. De jaarlijkse catalogus wordt in augustus/september van elk jaar verspreid en is een heel jaar geldig. De prijzen in de catalogus worden niet verhoogd zolang de catalogus geldig is. Het grootste deel van de catalogus wordt geproduceerd door IKEA Catalogue Services AB in Älmhult, de plaats waar het bedrijf is begonnen.

Begin 2006 waren er 221 IKEA-winkels onder franchise van Inter IKEA Systems BV. De totale omzet van IKEA in 2005 was 15,2 miljard euro.

In alle landen waar het bedrijf opereert, maakt het slechts vijf tot tien procent van de meubelmarkt uit. Veel belangrijker is het feit dat de bekendheid van het merk IKEA veel groter is dan de grootte van het bedrijf. Dat komt omdat IKEA veel meer is dan een meubelverkoper. Het bedrijf verkoopt een Scandinavische levensstijl die klanten over de hele wereld aanspreekt.

Cultuurverschil

Het totale productassortiment van IKEA bestaat uit ongeveer twaalfduizend producten. Elke winkel verkoopt een deel van deze twaalfduizend producten, afhankelijk van de winkelgrootte. Het kernassortiment is over de hele wereld hetzelfde, maar zoals op de plaatjes te zien is, verschilt de manier waarop IKEA zijn producten in de verschillende nationale versies van de catalogus laat zien. Hier zien we twee verschillende plaatjes over hetzelfde product. In dit geval zijn het plaatjes uit de Deense en Chinese catalogus.

Vragen

1. In IKEA-catalogi over de hele wereld staat hetzelfde productassortiment afgebeeld. Bespreek de voor- en nadelen hiervan.
2. De catalogus is het belangrijkste element in de internationale marketingplanning van IKEA. Bespreek of er sprake kan zijn van cultuurverschillen met betrekking tot de effectiviteit van de catalogus als marketinginstrument.
3. Leg een paar van de cultuurverschillen uit die in de verschillende afbeeldingen van het zelfde product (uit de Deense en Chinese catalogus) te zien zijn.

7

Internationale marktselectie

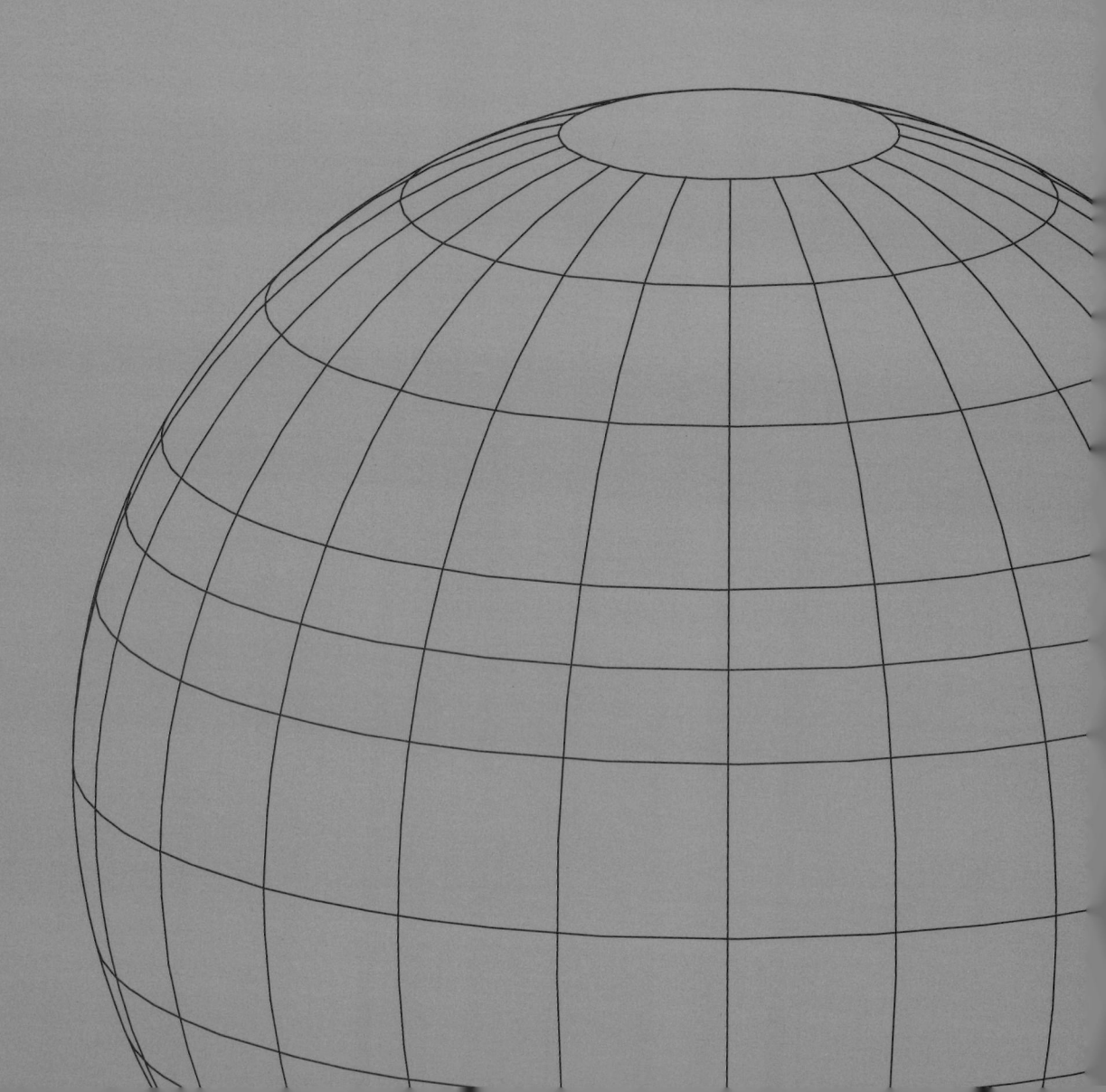

Leerdoelen

Na het bestuderen van dit hoofdstuk moet je in staat zijn het volgende te doen:

- Beschrijven wat internationale marktselectie is en aangeven welke problemen zich bij dit proces kunnen voordoen.
- Onderzoeken hoe internationale marketeers potentiële markten/landen met behulp van secundaire en primaire gegevens (criteria) screenen.
- Onderscheid maken tussen preliminaire en 'fijnmazige' screening.
- Begrijpen waarom segmentatie belangrijk is bij het formuleren van de internationale marketingstrategie.
- Een keuze maken tussen verschillende marktexpansiestrategieën.
- Onderscheid maken tussen concentratie en diversificatie bij marktexpansie.

7.1 Inleiding

Om een aantal redenen is het belangrijk vast te stellen wat de 'juiste' markt(en) is/zijn om toe te treden:
- Het kan een belangrijke bepalende factor zijn voor succes of falen, vooral in het beginstadium van het internationaliseringsproces.
- Deze beslissing beïnvloedt hoe de internationale marketingprogramma's in de geselecteerde landen eruit zullen zien.
- De geografische locatie van de geselecteerde markten is van invloed op het vermogen van het bedrijf buitenlandse operaties te coördineren.

In dit hoofdstuk wordt een systematische methode voor internationale marktselectie (IMS) beschreven. Uit onderzoek onder onlangs geïnternationaliseerde Amerikaanse bedrijven blijkt dat bedrijven IMS over het algemeen niet erg systematisch benaderen. De bedrijven die het IMS-proces echter op een systematische, stapsgewijze manier uitvoeren, presteren beter (Yip et al., 2000).

7.2 Internationale marktselectie: MKB-bedrijven versus grote bedrijven

Bij kleine en middelgrote bedrijven verloopt het internationale marktselectieproces anders dan bij grote bedrijven.

Bij MKB-bedrijven is de IMS vaak een reactie op een prikkel van een veranderingsinstrument. Dit instrument kan een ongevraagde bestelling zijn. Overheidsinstanties, kamers van koophandel en andere veranderingsinstrumenten kunnen bedrijven ook wijzen op kansen in het buitenland. In deze gevallen gaat het om een van buitenaf aangestuurde beslissing waarbij de exporteur reageert op een kans op een bepaalde markt.

In andere gevallen is de IMS van MKB-bedrijven gebaseerd op de volgende criteria (Johanson en Vahlne, 1977):

- *Een geringe 'mentale' afstand*: weinig onzekerheid over buitenlandse markten en weinig vermeende problemen bij het verzamelen van informatie over deze markten. Mentale afstand wordt gedefinieerd als het verschil in taal, cultuur, politiek systeem, scholingsniveau of niveau van industriële ontwikkeling.
- *Een geringe 'culturele' afstand*: weinig vermeende verschillen tussen de cultuur van het thuisland en die van het gastland. (culturele afstand wordt als onderdeel van de mentale afstand gezien).
- Een geringe geografische afstand.

Bedrijven die deze criteria gebruiken, treden daarna vaak toe tot markten met een steeds grotere mentale afstand. De keus blijft vaak beperkt tot de directe buurlanden van MKB-bedrijven omdat geografische nabijheid vaak culturele gelijksoortigheid, meer kennis over buitenlandse markten en het gemakkelijker verkrijgen van informatie betekent. Als beslissingnemers dit model gebruiken, nemen ze beslissingen op basis van incrementalisme. Dit betekent dat bedrijven aan hun internationaliseringsproces beginnen door toe te treden tot markten die ze het best kunnen begrijpen. Algemeen wordt aangenomen dat MKB-bedrijven en andere bedrijven in het beginstadium van hun internationaliseringsproces eerder geneigd zijn criteria als mentale afstand te gebruiken dan grote bedrijven met internationale ervaring (Andersen en Buvik, 2002).

Door zich tot naburige landen te beperken, dringen MKB-bedrijven hun IMS-proces in feite terug tot één beslissing: naar een naburig land gaan of niet. De reden voor dit gedrag kan zijn dat managers van MKB-bedrijven, die gewoonlijk menselijk en financieel kapitaal tekortkomen, het moeilijk vinden om op basis van intuïtie van een doelmarkt te kiezen.

In een onderzoek naar internationalisering in Deense MKB-bedrijven ontdekten Sylvest en Lindholm (1997) dat het IMS-proces in 'oude' MKB-bedrijven (opgericht vóór 1960) heel anders verliep dan in 'jonge' MKB-bedrijven (opgericht in 1989 of later). De jonge MKB-bedrijven traden veel eerder tot verderaf gelegen markten toe dan de oudere, die het traditionelere stapsgewijze IMS-proces volgden. De reden voor de snellere internationalisering van jonge MKB-bedrijven kan zijn dat ze onderleveranciers van grotere bedrijven zijn en zo door hun grote klanten en internationale netwerken de internationale markt op 'getrokken' worden.

Terwijl MBK-bedrijven bij hun beslissing tot welke markten toe te treden moeten kiezen uit grotendeels onbekende markten, moeten grote bedrijven met bestaande operaties in vele landen beslissen op welke markten ze nieuwe producten gaan introduceren. Door gebruik te maken van bestaande operaties hebben grote bedrijven gemakkelijker toegang tot productspecifieke gegevens in de vorm van primaire informatie die veel accurater is dan welke secundaire database dan ook. Als gevolg hiervan kunnen grote bedrijven proactiever zijn. Hoewel het selecteren van markten op basis van intuïtie en pragmatisme voor MKB-bedrijven bevredigend kan zijn, is wat hierna volgt gebaseerd op een proactiever IMS-proces dat in een systematische, stapsgewijze analyse is uiteengezet.

In werkelijkheid zal het IMS-proces echter niet altijd een logische en geleidelijke opeenvolging van activiteiten zijn maar een iteratief proces met vele feedbackklussen (Andersen en Strandskov, 1988). Koch (2001) voert aan dat de IMS en de toetredingsbeslissing (zie hoofdstuk 8) beschouwd moeten worden als twee facetten van één beslissing – het MEMS-model (*Market and Entry Mode Selection*, selectie van markt en wijze van toetreding).

Een ander voorbeeld uit het echte leven zijn de vele kleine onderaannemers die hun buitenlandse markten niet actief selecteren. De beslissing over IMS wordt genomen door de partner die het grootste contract binnenhaalt (de hoofdaannemer), die op deze manier het MKB-bedrijf de internationale markten op trekt (Brewer, 2001; Westhead et al., 2002).

7.3 Een model voor internationale marktselectie

In onderzoek door de Uppsala-school over het internationaliseringsproces van bedrijven zijn verschillende factoren naar voren gekomen die potentieel bepalend zijn voor de selectie van een of meer buitenlandse markten. Deze kunnen in twee groepen worden verdeeld: (1) omgevingskenmerken en (2) bedrijfskenmerken (zie figuur 7.1). Deze methode, het integreren van zowel interne als externe variabelen in de IMS, wordt gestaafd door nieuwe onderzoeksresultaten (zie bijvoorbeeld Sakarya et al., 2007).

Het bedrijf
- Mate van internationalisering en buitenlandse ervaring
- Omvang/hoeveelheid middelen
- Type industrie/aard bedrijf
- Internationaliseringsdoelen
- Bestaande netwerken of relaties

De omgeving
- Internationale industriestructuur
- Mate van internationalisering van de markt
- Gastland:
  – marktpotentieel
  – concurrentie
  – mentale/geografische afstand
  – soortgelijkheid markt

↓

Internationale marktsegmentatie

↓

INTERNATIONALE MARKTSELECTIE (IMS)

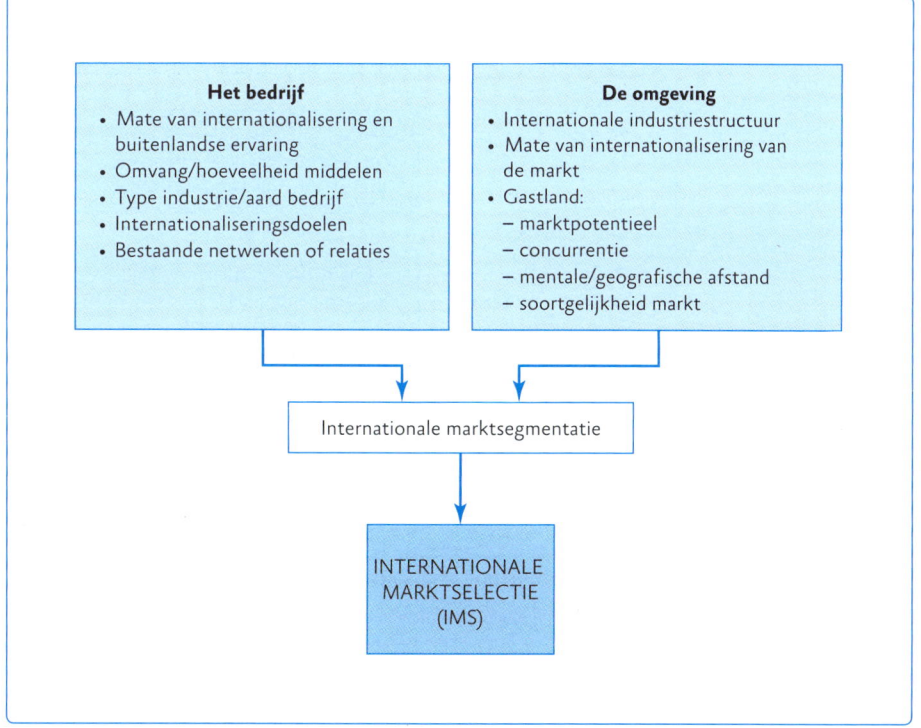

Figuur 7.1: Potentiële bepalende factoren bij de selectie van buitenlandse markten

Eerst kijken we naar de omgeving. Hoe definiëren we 'internationale markten'? Dat kan op twee manieren:
1. de internationale markt als land of groep landen;
2. de internationale markt als een groep klanten met bijna dezelfde kenmerken. Volgens deze definitie kan een markt bestaan uit klanten uit verschillende landen.

In de meeste boeken en onderzoeken over internationale marketing is geprobeerd de wereldmarkt in verschillende landen of groepen landen te segmenteren. Dit is om twee hoofdredenen gedaan:
1. Internationale gegevens zijn gemakkelijker (en soms alleen maar) beschikbaar per land. Het is heel moeilijk accurate transnationale statistische gegevens te verkrijgen.
2. Distributiemanagement en -middelen zijn ook per land georganiseerd. De meeste agenten/distributeurs vertegenwoordigen hun producenten in slechts één land. Maar weinig agenten verkopen hun producten op transnationale basis.

Het is echter niet voldoende alleen landmarkten of markten die uit verschillende landen bestaan te onderscheiden. In veel gevallen zijn landgrenzen het gevolg van politieke overeenkomsten of oorlogen en vormen ze geen scheidslijn tussen de afnemerskenmerken van mensen aan de ene en de andere kant van een grens.

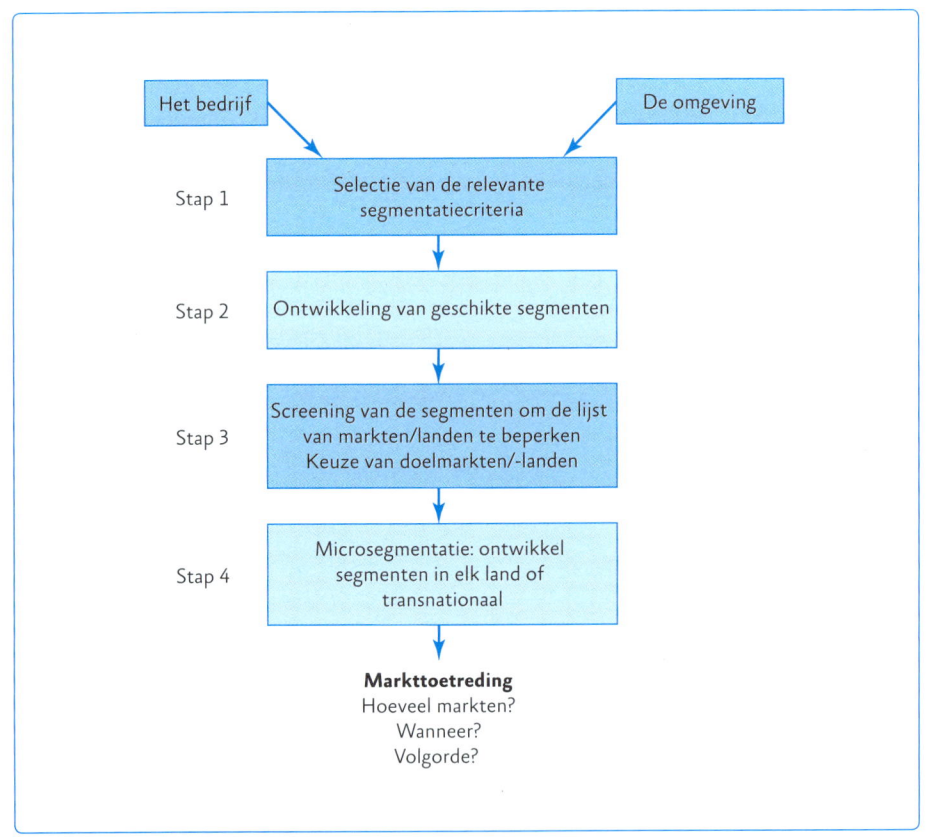

Figuur 7.2: Internationale marktsegmentatie

7.3.1 Een model voor marktscreening

In figuur 7.1 staat een model voor IMS afgebeeld. In het hierna volgende gaan we het hokje 'internationale marktsegmentatie' uit die figuur nader bekijken. De stappen in het internationale marktsegmentatieproces zijn in figuur 7.2 te zien.

7.3.2 Stap 1 en 2: criteria definiëren

Doorgaans zijn dit de criteria voor effectieve segmentatie:

- *Meetbaarheid*: in welke mate kunnen de omvang en koopkracht van de segmenten gemeten worden?
- *Toegankelijkheid*: in welke mate kunnen de segmenten effectief bereikt en bediend worden?
- *Omvang/winstgevendheid*: in welke mate zijn de segmenten groot/winstgevend genoeg?
- *Haalbaarheid*: in welke mate heeft de organisatie voldoende middelen om effectieve marketingprogramma's op te stellen en 'dingen voor elkaar te krijgen'?

Een hoge mate van meetbaarheid en toegankelijkheid duidt op meer algemene kenmerken en criteria (bovenaan in figuur 7.3) en andersom.

Het is belangrijk te beseffen dat in het segmentatieproces meer dan één maatstaf tegelijkertijd gebruikt kan worden.

In hoofdstuk 5 en 6 zijn de verschillende segmentatiecriteria in de internationale omgeving besproken en volgens het PEST-model geordend:
- politiek/juridisch
- economisch
- sociaal/cultureel
- technologisch

Nu gaan we verder in op de algemene en specifieke criteria die in figuur 7.3 genoemd zijn.

Algemene kenmerken

Geografische locatie

Bij het segmenteren van wereldmarkten kan de locatie van de markt beslissend zijn. De Scandinavische landen of de landen in het Midden-Oosten kunnen niet alleen op basis van hun geografische nabijheid geclusterd worden, maar ook op basis van andere soorten overeenkomst. De geografische locatie op zich kan echter ook de beslissende factor zijn. Zo kan de behoefte aan airco's in sommige Arabische landen een producent doen besluiten deze landen als specifieke clusters te zien.

Taal

Taal wordt wel de spiegel van een cultuur genoemd. Op één niveau spreekt het belang van taal voor internationale marketeers voor zichzelf: reclame moet worden vertaald, er gekeken moet worden of merknamen internationaal acceptabel zijn, zakelijke onderhandelingen verlopen vaak via dure tolken of via een buitenlandse vertaler die in dienst wordt genomen, wat nog duurder is. In het laatste geval is het belangrijk dat de vertaler beide talen vloeiend spreekt; zelfs in een moedertaal geven het overreden van mensen en het houden van onderhandelingsgesprekken over contracten vaak al problemen.

Veel minder voor de hand liggend is het feit dat een vreemde taal andere denkpatronen en klantmotivaties met zich mee kan brengen. In zulke gevallen zal kennis – en nogmaals: een gedegen kennis – van de taal meer doen dan alleen de communicatie vergemakkelijken. Een grondige kennis van de taal zal automatisch inzicht in de relevante cultuur bieden.

Politieke factoren

Landen kunnen worden gegroepeerd en wereldmarkten gesegmenteerd op basis van brede politieke kenmerken. Tot voor kort vormde het IJzeren Gordijn een politieke scheidslijn. De mate waarin de centrale overheid in een land macht heeft, kan een algemene criterium voor segmentatie zijn. Een bedrijf dat bijvoorbeeld bepaalde chemicaliën produceert, kan door overheidsreguleringen grote problemen ondervinden bij het toetreden tot veel van de wereldmarkten.

Demografie

Demografie is een cruciaal criterium voor segmentatie. Het is bijvoorbeeld vaak nodig de populatiekenmerken van een land te analyseren om te weten te komen wat het percentage ouderen of kinderen is.

Als de populatie van een land ouder wordt en het aantal geboren baby's per duizend inwoners daalt, wat in sommige Europese landen het geval is, zou een producent van babyvoeding niet overwegen tot de markt in dat land toe te treden. In Europa daalt het geboortecijfer scherp en neemt de levensduur van mensen toe. Op baby's gerichte industrieën, van speelgoed tot voeding en luiers, ondervinden felle concurrentie. Ook de consumentenelektronica- en huisvestingssector worden hierdoor beïnvloed.

Economie

Zoals uit eerdere onderzoeken is gebleken, kan het economische ontwikkelingsniveau van een land een cruciaal criterium voor internationale marktsegmentatie zijn. Voor de verkoop en het gebruik van elektrische vaatwassers of was-/droogmachines is een bepaalde mate van economische ontwikkeling vereist. In India bestaat geen goede markt voor deze producten. In westerse landen zijn ze echter bijna een basisbehoefte geworden. Bepaalde specifieke consumptiepatronen zijn gekoppeld aan het economische ontwikkelingsniveau van landen. Gemeenschappen met een hoog persoonlijk inkomen besteden meer tijd en geld aan diensten, scholing en recreatie. Zo kun je dus bepaalde inkomensgroepen uit verschillende landen in bepaalde clusters groeperen.

Industriële structuur

De industriële structuur van een land wordt weerspiegeld door de kenmerken van zijn bedrijfspopulatie. In het ene land worden producten via vele kleine detailhandelaren verkocht, terwijl dit in een ander land in grote warenhuizen gebeurt. In het ene land zijn vele kleine producenten actief, terwijl het andere een zeer geconcentreerde en grootschalige productieactiviteit kent. Het soort concurrentie dat op groothandelsniveau bestaat, kan een cruciale factor zijn voor het clusteren van internationale markten. Het kan zijn dat internationale marketeers met een reeks sterke groothandelaren willen werken.

Technologie

De mate van technologische ontwikkeling of de mate van ontwikkeling van de landbouwtechnologie kunnen heel goed criteria voor segmentatie zijn. Een softwarebedrijf dat van plan is tot internationale markten toe te treden, zal die misschien willen segmenteren op basis van het aantal pc's per duizend inwoners. Het kan zijn dat het niet lonend is voor het bedrijf toe te treden tot markten met minder dan een bepaald aantal pc's per duizend inwoners. Pakistan, Iran en de meeste Arabische landen, heel Afrika en heel Oost-Europa zullen als markt waarschijnlijk minder geschikt zijn.

Sociale organisatie

In alle gemeenschappen zijn gezinnen een belangrijke aankoopgroep. In Europa zijn marketeers gewend aan zogenaamde nucleaire gezinnen, waarbij vader, moeder en kinderen onder één dak wonen, of, wat steeds vaker voorkomt naarmate gemeenschappen veranderen, aan eenoudergezinnen. In andere gemeenschappen is de hoofdeenheid het uitgebreide gezin, waarbij drie of vier generaties familieleden in hetzelfde huis wonen.

In de VS is groepering op socio-economische basis uitgebreid gebruikt als segmentatie-instrument. Er wordt een classificatiesysteem met zes categorieën gebruikt: *upper upper*, *lower upper*, *upper middle*, *lower middle*, *upper lower* en *lower lower*. Werkende Amerikanen met een hoog inkomen worden in de lower upper class ingedeeld en omschreven als 'zij die hun positie hebben verdiend in plaats van geërfd', de nouveaux riches.

In Rusland zou het echter moeilijk zijn bruikbare socio-economische groeperingen te vinden, op kantoormensen, fabrieks- en landarbeiders na.

Religie

Religieuze gebruiken zijn een belangrijke factor bij marketing. Het meest voor de hand liggende voorbeeld is misschien wel de christelijke traditie van het geven van cadeautjes met Kerstmis. Toch moeten internationale marketeers ook hierbij niet in valkuilen terechtkomen: in sommige christelijke landen vindt de traditionele uitwisseling van cadeaus niet op eerste kerstdag plaats, maar op andere dagen in december of begin januari.

De impact van religie op marketing wordt het duidelijkst bij de islam. Islamitische wetten, gebaseerd op de Koran, bieden richtlijnen voor een scala aan menselijke activiteiten, waaronder economische activiteit.

Scholing

Vanuit twee gezichtspunten is het scholingsniveau in een land belangrijk voor internationale marketeers: het economische potentieel van de jongerenmarkt en, in ontwikkelingslanden, de mate van alfabetisme.

Onderwijssystemen verschillen van land tot land. Ook varieert de vergoeding voor het zogenaamde leerwerken sterk van land tot land. Het gevolg hiervan is dat het economische potentieel van de jongerenmarkt van land tot land sterk uiteenloopt.

In de meeste geïndustrialiseerde landen ligt het alfabetismeniveau dicht bij de honderd procent en kunnen internationale marketeers alle mogelijke communicatiemedia gebruiken. In ontwikkelingslanden is het alfabetismeniveau soms maar 25 procent, en in een of twee landen is dat zelfs vijftien procent of minder, hoewel bij zulke lage niveaus de percentages slechts schattingen kunnen zijn. In diezelfde landen liggen tv's en zelf radio's economisch gezien buiten het bereik van de meeste inwoners, hoewel mensen soms een gemeenschappelijke tv hebben. Voor marketeers is het een ware uitdaging te besluiten hoe ze in deze landen producten gaan promoten. Ook is in deze landen het gebruik van visueel materiaal relevanter.

Specifieke kenmerken

Culturele kenmerken

Culturele kenmerken kunnen bij het segmenteren van wereldmarkten een belangrijke rol spelen. Om voordeel uit internationale markten of internationale segmenten te halen, moeten bedrijven heel goed begrijpen waardoor het klantgedrag op verschillende markten wordt aangestuurd. Ze moeten leren zien in welke mate er overeenkomsten bestaan en of deze door middel van marketingactiviteiten kunnen worden gecreëerd. Het culturele gedrag van de leden van een gemeenschap wordt voortdurend gevormd door een aantal dynamische variabelen die ook als segmentatiecriteria kunnen worden gebruikt: taal, religie, waarden en opvattingen, materiële elementen en technologie, esthetiek, scholing en sociale instituties. Deze verschillende factoren zijn in hoofdstuk 5 en 6 nader besproken.

Levensstijlen

Gewoonlijk wordt onderzoek naar activiteiten, interesses en meningen gebruikt als instrument voor het analyseren van levensstijlen. Voor internationale doeleinden is een dergelijk onderzoeksinstrument echter nog niet ontwikkeld. Misschien kunnen bepaalde consumptiegewoontes of -praktijken gebruikt worden als indicatoren van een bepaalde levensstijl. Gewoontes op het gebied van voedingsmiddelenconsumptie kunnen als algemene indicator worden gebruikt. De soorten voedingsmiddelen die mensen eten, kunnen duiden op levensstijlen waar internationale voedingsmiddelenproducenten rekening mee zouden moeten houden. Zo zullen Indiase curry's in Duitsland niet echt aanslaan, omdat het eten in dat land over het algemeen niet erg gekruid is. Heel hete Arabische gerechten zullen in West-Europa niet populair worden.

Persoonlijkheid

Iemands persoonlijkheid wordt uit bepaalde soorten gedrag duidelijk. Temperament is een algemeen persoonlijkheidskenmerk, dus zou segmentatie op basis van het algemene temperament van mensen kunnen plaatsvinden. Mensen uit Latijns-Amerika en het gebied rond de Middellandse Zee staan erom bekend dat ze bepaalde eigen persoonlijkheidskenmerken hebben. Misschien zijn die trekken een geschikte basis voor de segmentatie van wereldmarkten. Een voorbeeld is de neiging af te dingen. Internationale bedrijven doen er in landen waar afdingen heel gewoon is verstandig aan bij de prijszetting zeer flexibel te zijn. In een land als Turkije is afdingen bijna een nationale hobby. In de ondergrondse bazaars van Istanbul zouden verkopers bijna beledigd zijn als klanten de vraagprijs zouden accepteren.

Opvattingen, vooroordelen en smaak

Dit zijn complexe concepten, maar ze kunnen alle gebruikt worden voor segmentatie. Statussymbolen kunnen worden gebruikt als indicator van wat volgens sommige mensen in een cultuur hun zelfconcept en het beeld dat anderen van hen hebben, kan verbeteren.

7.3.3 Stap 3: De screening van markten/landen

Dit screeningproces kan in tweeën worden gedeeld:
1. *De preliminaire screening*. Markten/landen worden vooral op basis van externe screeningcriteria (de situatie op de markt) gescreend. In het geval van MKB-bedrijven moeten de beperkte interne middelen (bijvoorbeeld financiële middelen) ook in aanmerking worden genomen. Een aantal landen zal bij voorbaat als potentiële markt kunnen worden uitgesloten.
2. *De fijnmazige screening*. Bij deze screening worden de concurrentiekracht (en de speciale competenties) in de verschillende markten in aanmerking genomen.

De preliminaire screening

Het aantal markten wordt teruggebracht door het toepassen van 'grofmazige', macrogeoriënteerde screeningmethoden gebaseerd op criteria als:
- beperking van de export van goederen van het ene land naar het andere;
- het bruto nationaal product per hoofd van de bevolking;
- het aantal auto's per duizend inwoners;
- overheidsuitgaven als percentage van het bnp;
- de populatie per ziekenhuisbed.

Als je landen screent, is het vooral belangrijk om het politieke risico van het toetreden tot een land vast te stellen. De afgelopen jaren hebben marketeers verschillende indices ont-

BERI
De Business Environment Risk Index – een handig instrument bij het grofmazige, macrogeoriënteerde screenen van internationale markten.

wikkeld om bij de evaluatie van potentiële marktkansen de risicofactoren te bepalen. Een van die indices is de Business Environment Risk Index (BERI). Een alternatief voor de BERI is bijvoorbeeld de BMI (Business Monitor International). Mensen die via de twee websites (www.beri.com en www.businessmonitor.com) een landenrisicoanalyse willen laten uitvoeren, moeten daar meestal voor betalen.

Met de BMI en de BERI wordt de algemene kwaliteit van het bedrijfsklimaat in een land gemeten. Een aantal keren per jaar evalueren ze landen op basis van verschillende economische, politieke en financiële factoren, doorgaans op een schaal van 0 tot 4. De totaalindex loopt van 0 tot 100 (zie tabel 7.1).

Criteria	Gewicht	Vermenigvuldigd met de score (waardering) op een schaal van 0-4[a]	BERI-totaalindex[b]
Politieke stabiliteit	3		
Economische groei	2,5		
Inwisselbaarheid van de valuta	2,5		
Arbeidskosten/-productiviteit	2		
Kortetermijnkrediet	2		
Langetermijnleningen/durfkapitaal	2		
Houding tegenover buitenlandse investeerders en winst	1,5		
Nationalisatie	1,5		
Monetaire inflatie	1,5		
Afdwingbaarheid van contracten	1,5		
Bureaucratische vertragingen	1		
Communicatie: telefoon, fax, toegang tot internet	1		
Plaatselijk management en partner	1		
Professionele diensten en aannemers	0,5		
Totaal	25	x 4 (max.)	= max. 100

[a] 0 = onacceptabel, 1 = slecht, 2 = gemiddelde omstandigheden, 3 = bovengemiddelde omstandigheden, 4 = uitstekende omstandigheden.

[b] Totaal aantal punten: >80 = gunstige omgeving voor investeerders, een geavanceerde economie. 70-79 = niet zo gunstig, maar nog steeds een geavanceerde economie. 55-69 = een onvolwassen economie met investeringspotentieel, waarschijnlijk een pas geïndustrialiseerd land. 40-54 = een hoogrisicoland, waarschijnlijk een minder ontwikkeld land; de kwaliteit van het management moet uitzonderlijk goed zijn om hier potentieel te creëren. <40 = zeer hoog risico. Zou hier alleen geld in steken als daar een buitengewoon goede reden voor is.

Tabel 7.1: Criteria die deel uitmaken van de BERI-totaalindex

Bij het gebruik van de BERI- en BMI-index als algemeen instrument voor managementbeslissingen zijn vraagtekens geplaatst. Ze kunnen het beste aangevuld worden met diepgaande landenrapporten (bijvoorbeeld van www.state.gov/misc/list) voordat de uiteindelijke beslissing over markttoetreding wordt genomen.

Een andere macrogeoriënteerde screeningmethode is de *shift-share*-methode (Green en Allaway, 1985; Papadopoulos en Denis, 1988; Papadopoulos et al., 2002). Deze methode is gebaseerd op het identificeren van relatieve veranderingen in het importaandeel van verschillende landen. Het gemiddelde groeipercentage van importeurs van een bepaald product voor een 'mandje' landen wordt berekend. Vervolgens wordt het groeipercentage van elk land vergeleken met het gemiddelde groeipercentage. Uit het verschil, de 'netto verschuiving' (*net shift*), blijkt of een markt groeit of slinkt. Deze procedure heeft als voordeel dat zowel het absolute niveau van de import van een land als het relatieve groeipercentage van de import in aanmerking wordt genomen. Aan de andere kant wordt alleen naar die criteria gekeken en niet naar andere macrogeoriënteerde criteria.

'Fijnmazige' screening

Omdat de BERI-index zich alleen richt op het politieke risico van het toetreden tot nieuwe markten, is vaak een bredere wijze van aanpak nodig, een methode waarbij de competenties van het bedrijf in aanmerking worden genomen.

Een krachtig hulpmiddel om de doellanden met de beste kansen te identificeren, is de marktaantrekkelijkheid/concurrentiekrachtmatrix (figuur 7.3). In dit portfoliomodel worden de twee enkele dimensies in de BCG-matrix vervangen door twee samengestelde dimensies die op internationale marketingkwesties betrekking hebben. De maten aan de hand waarvan deze twee dimensies gemeten worden, bestaan uit een groot aantal variabelen, zoals in tabel 7.2 te zien is.

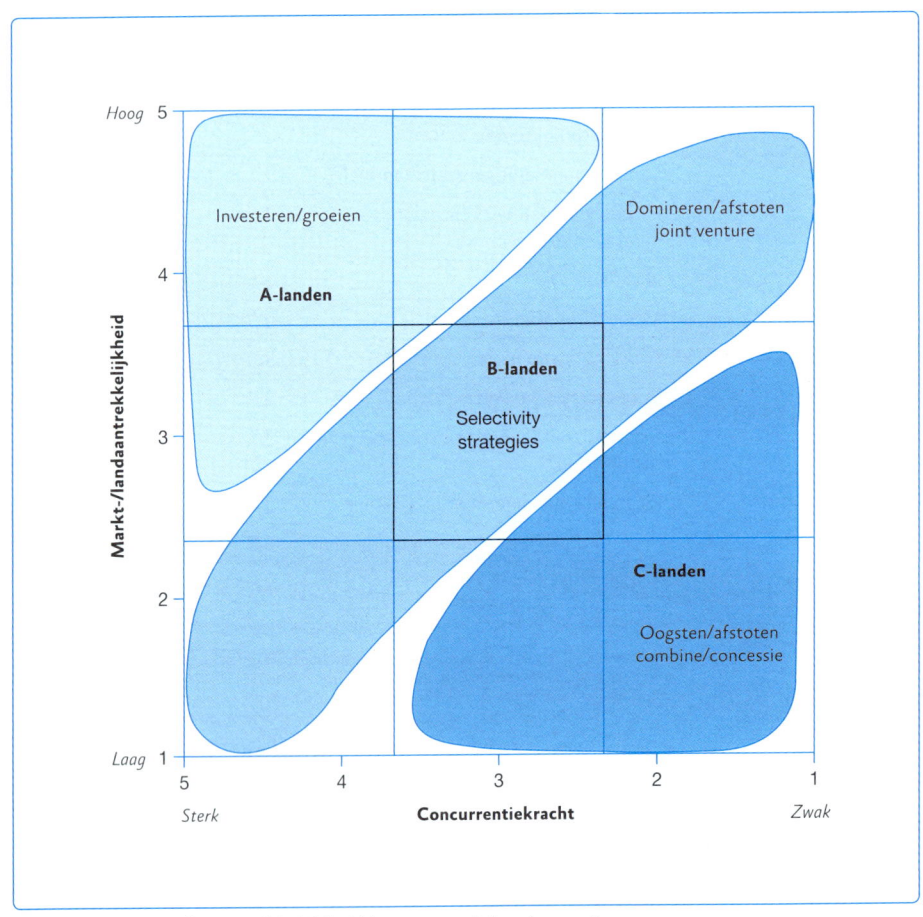

Figuur 7.3: De marktaantrekkelijkheid/concurrentiekrachtmatrix

Markt-/landaantrekkelijkheid	Concurrentiekracht
Marktgrootte (totaal en segmenten)	Marktaandeel
Marktgroei (totaal en segmenten)	Marketingvermogen en -capaciteit (landspecifieke kennis)
Koopkracht van consumenten	Producten passen bij marktvraag
Marktseizoenen en -fluctuaties	Prijs
Gemiddelde industriële marge	Contributiemarge
Concurrentieomstandigheden (concentratie, hevigheid, toetredingsbelemmeringen enzovoort)	Imago
Marktbelemmerende omstandigheden (tarifaire/niet-tarifaire barrières, importbeperkingen enzovoort)	Technologiepositie
Overheidsreguleringen (prijsbeheersing, 'lokale inhoud', compenserende export enzovoort)	Productkwaliteit
Infrastructuur	Marktondersteuning
Economische en politieke stabiliteit Mentale afstand (van thuisbasis tot buitenlandse markt)	Kwaliteit van distributeurs en service
Economische en politieke stabiliteit	Financiële middelen
Fysieke afstand (van thuisbasis naar buitenlandse markt)	Toegang tot distributiekanalen

Tabel 7.2: Dimensies van markt-/landaantrekkelijkheid en concurrentiekracht

Zoals in figuur 7.4 te zien is, is een van de uitkomsten van dit proces een classificatie van landen/markten in afzonderlijke categorieën:
- *A-landen.* Dit zijn de primaire markten (de hoofdmarkten), de markten die de beste kansen bieden voor strategische ontwikkeling op de lange termijn. Bedrijven zullen hier permanent aanwezig willen zijn; daarom is het verstandig grondig onderzoek naar deze markten te verrichten.
- *B-landen.* Dit zijn de secundaire markten, waar kansen voor bedrijven liggen maar waar het politieke of economische risico voor bedrijven te hoog geacht wordt om zich er onherroepelijk voor de lange termijn aan te verbinden.
- *C-landen.* Dit zijn de tertiaire of 'pak wat je pakken kan'-markten. Ze worden gezien als markten met een hoog risico, dus zullen er weinig middelen aan worden besteed. In dergelijke landen zullen doelen opportunistisch en voor de korte termijn zijn; bedrijven zouden zich niet echt aan die markten verbinden. Geen noemenswaardig onderzoek zal worden verricht.

7.3.4 Stap 4: De ontwikkeling van subsegmenten in landen en over landsgrenzen heen

Als de primaire markten eenmaal geïdentificeerd zijn, gebruiken bedrijven standaardtechnieken om markten binnen landen te segmenteren. Hierbij gebruiken ze variabelen als:
- demografische/economische factoren
- levensstijlen
- consumentenmotivaties
- geografie
- afnemersgedrag
- psychografische factoren, enzovoort.

De primaire segmentatie geschiedt dus geografisch (per land), en de secundaire binnen elk land. Het probleem hierbij is dat het, afhankelijk van de ondersteunende informatie, moeilijk kan zijn bases voor secundaire segmentatie te formuleren. Bovendien kan een dergelijke aanpak leiden tot een gedifferentieerde marketingaanpak, wat bedrijven een sterk gefragmenteerde internationale strategie kan opleveren.

Het nadeel van traditionele methodes is dat ze moeilijk consequent op alle markten toe te passen zijn. Als bedrijven op al hun markten een consequente, gereguleerde marketingstrategie willen uitvoeren, moeten ze hun segmentatiestrategie transnationaal toepassen.

Bepleit kan worden dat bedrijven die internationaal willen concurreren hun markten op basis van consumenten moeten segmenteren, niet op basis van landen. Segmentatie op basis van puur geografische factoren leidt tot het stereotyperen van landen. Daarbij wordt voorbijgegaan aan de verschillen tussen klanten binnen een land en worden overeenkomsten over landsgrenzen heen genegeerd.

Clusteranalyse kan gebruikt worden om belangrijke transnationale segmenten te identificeren. Verwacht wordt dat ze op dezelfde manier op een marketingmixstrategie reageren. In figuur 7.4 is een poging gedaan de West-Europese markt in zes clusters te segmenteren.

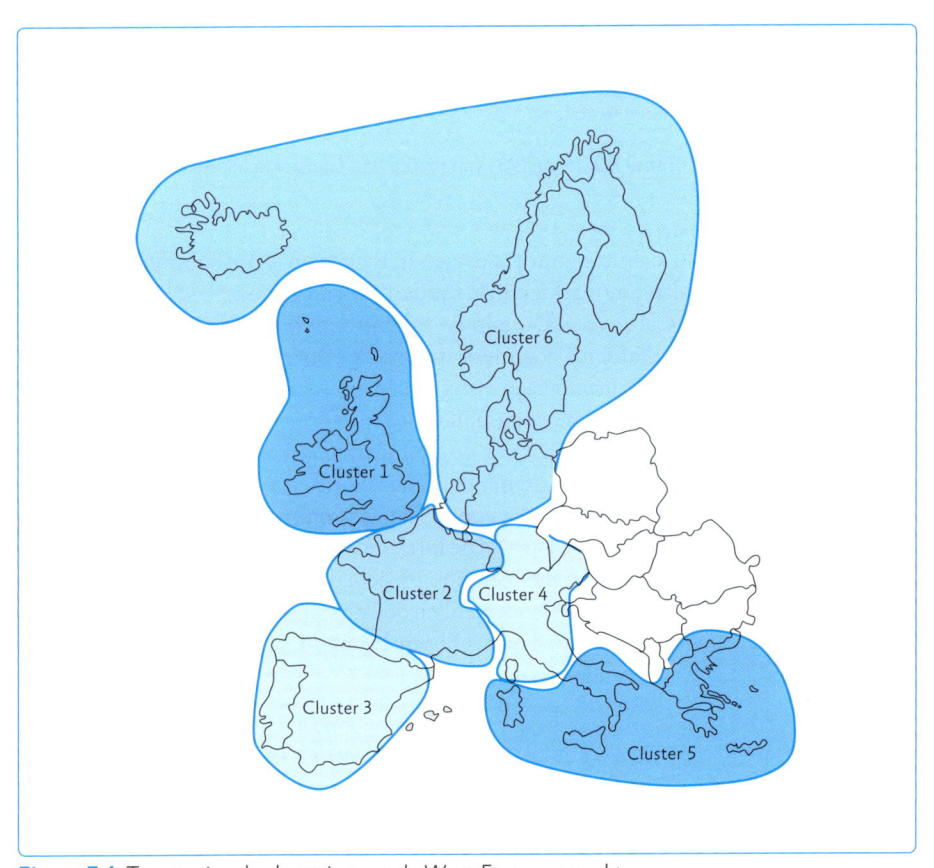

Figuur 7.4: Transnationale clustering van de West-Europese markt

Als een bedrijf een bepaald land als doelmarkt heeft gekozen, is het nemen van de beslissing met welke producten of diensten het bedrijf in dat land actief wil worden de volgende stap in het microsegmentatieproces. Om het marktpotentieel op een gedifferentieerde manier ten volle te kunnen benutten, is het nodig daarbij een zorgvuldige marktsegmentatie uit te voeren, vooral als het gaat om grotere en belangrijker buitenlandse markten (figuur 7.5).

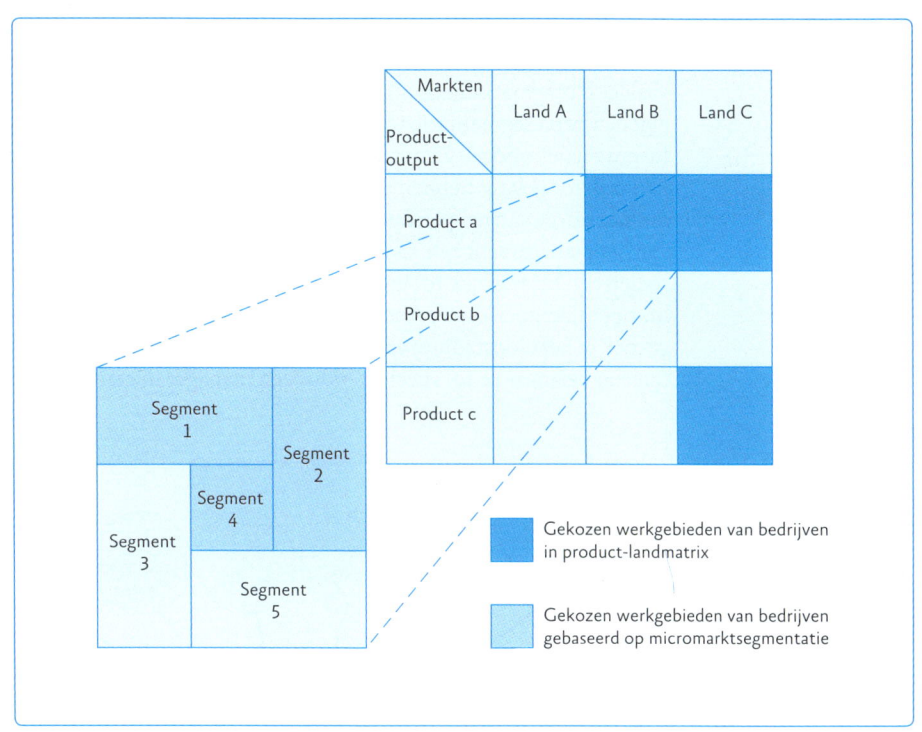

Figuur 7.5: Micromarktsegmentatie

In dit verband is het nuttig de aandacht te vestigen op een strategische procedure die is gericht op gelijksoortige marktsegmenten wereldwijd. Hierbij is het niet de landspecifieke marktaantrekkelijkheid die van invloed is op de beslissing welke markten te kiezen, maar het onderkennen dat er in segmenten (en misschien alleen in kleine segmenten) van verschillende markten gelijksoortige vraagstructuren en gelijksoortig consumentgedrag voorkomen.

In figuur 7.6 is een overzicht van het hele internationale marktsegmentatie-/screeningproces (stap 1-4 in figuur 7.2) te zien.

In het model in figuur 7.6 wordt eerst naar de wereldmarkt gekeken als potentiële markt voor het product van een bedrijf. Als het bedrijf echter alleen West-Europa als potentiële markt ziet, kan het bedrijf het screeningproces op dat lagere niveau beginnen. De zes West-Europese clusters in de figuur zijn gebaseerd op de transnationale clustering die in figuur 7.4 te zien is. Hoe verder je omlaag gaat in het model, hoe meer gebruik wordt gemaakt van primaire gegevens (persoonlijke vraaggesprekken, veldonderzoek enzovoort) en wordt gescreend op basis van interne criteria. Het kan zijn dat het bedrijf in sommige geografische segmenten een groot marktpotentieel ontdekt. Dit is echter niet hetzelfde als een groot verkooppotentieel voor het product van het bedrijf. De export van producten naar bepaalde landen kan belemmerd worden (bijvoorbeeld door handelsbarrières). Ook kan het zijn dat het management van het bedrijf alleen markten wil selecteren die cultureel vergelijkbaar zijn met de thuismarkt. Hierdoor zijn verafgelegen landen uitgesloten van het selectieproces, hoewel ze misschien een groter marktpotentieel hebben. Om een groot marktpotentieel om te zetten in een groot verkooppotentieel, moet er overeenstemming zijn tussen de competenties (interne criteria) van een bedrijf en de waardeketenfuncties die klanten belangrijk vinden. Alleen dan zullen klanten het bedrijf als potentiële leverancier zien, gelijk aan andere potentiële leveranciers. Met andere woorden: bij het IMS-proces moet het bedrijf synergie zoeken tussen de mogelijke nieuwe doelmarkt en zijn eigen sterke kanten, doelen en strategie. Als er complementaire markten zijn en daarin marketingvaardigheden zijn opgedaan, is dat van grote invloed op het kiezen van nieuwe internationale markten.

In zijn algemeenheid is figuur 7.6 gebaseerd op proactief en systematisch beslissingsgedrag van de kant van het bedrijf. Dit is niet altijd realistisch, zeker niet bij MKB-bedrijven, waar vaak een pragmatische aanpak vereist is. Vaak zijn bedrijven niet in staat op basis van hun eigen criteria segmentatie toe te passen maar worden ze door veel grotere bedrijven geëvalueerd en (als onderleverancier) uitgekozen. Een pragmatische aanpak van het IMS-proces kan ook tot gevolg hebben dat een bedrijf klanten en markten kiest met een achtergrond die lijkt op die van het persoonlijke netwerk van het management en de culturele achtergrond van het management zelf. Onvoorziene gebeurtenissen, serendipiteit en 'managementgevoel' spelen een belangrijke rol in zowel de beginfase als de latere fasen van de IMS. Bij een kwalitatief onderzoek onder Australische bedrijven ontdekte Rahman (2003) dat 'managementgevoel' in het eindstadium van de evaluatie van de aantrekkelijkheid van buitenlandse markten een belangrijke rol speelde. Aldus een manager in een van de bedrijven:

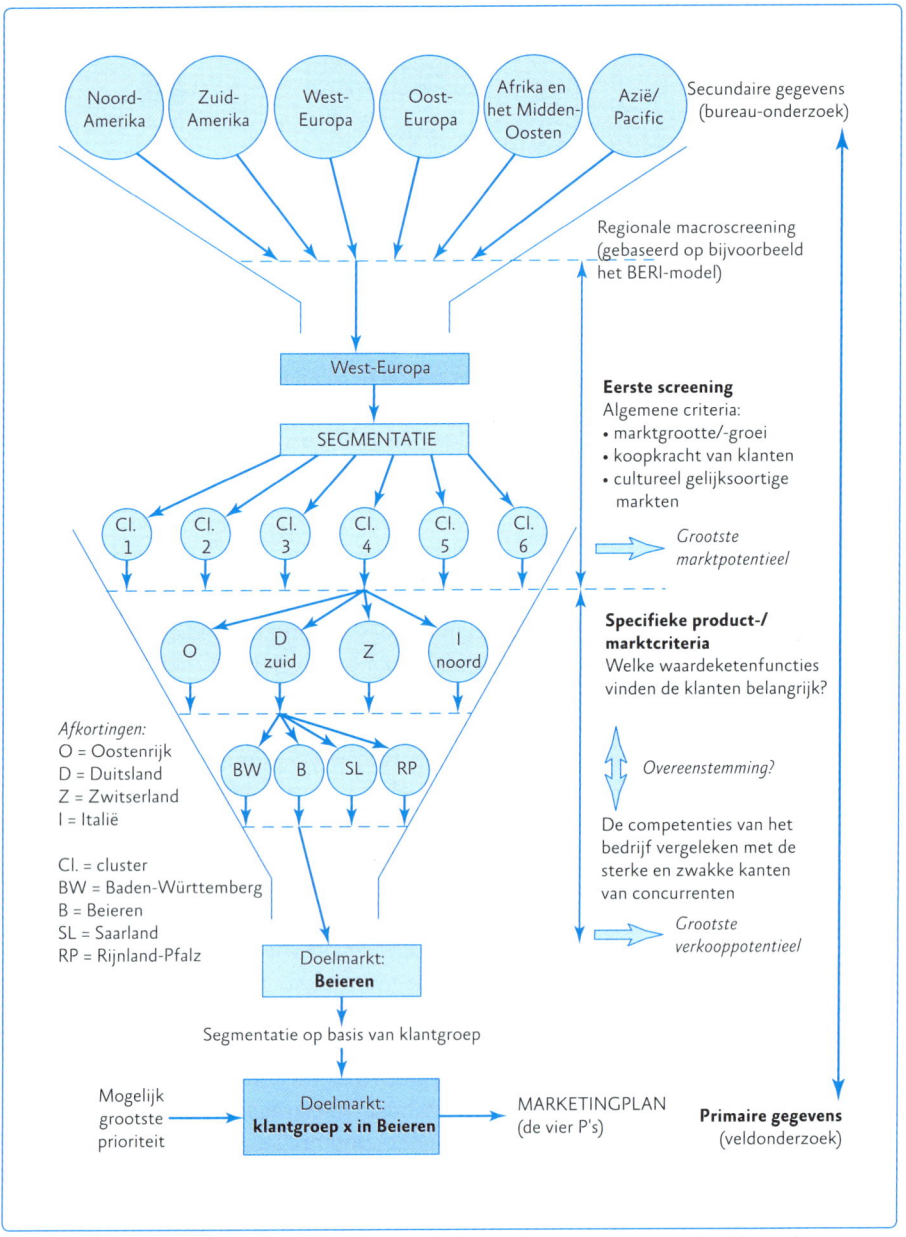

Figuur 7.6: Het internationale marktsegmentatie-/screeningproces: een voorbeeld van de proactieve, systematische aanpak.

'Als puntje bij paaltje komt, hangt de beslissing grotendeels af van het gevoel dat het management over de markt heeft. Markten zullen altijd op bepaalde punten onzeker blijven, zeker als je een beslissing over de toekomst neemt. Internationale markten zijn wat dat betreft geen uitzondering. Op basis van de beperkte informatie die we hebben, moeten wij managers dus een beslissing nemen; intuïtie speelt daarbij een belangrijke rol' (Rahman, 2003, pag. 124).

7.4 SWOT-analyse

De SWOT-analyse bestaat uit twee delen: de interne analyse en de externe. Bij het interne deel gaat het om een onderzoek naar de onderneming, Hierin zijn de organisatie, producten en/of diensten het centrale onderzoeksthema. Kortom, Strengths and Weaknesses (binnen je bedrijf). Bepaal wat de sterke en zwakke kanten van je bedrijf zijn. Zo zijn scholingsniveau, internationale ervaring en reputatie op expertisegebied meestal sterke kanten.

Bij aspecten die zich richten op de externe omgeving van de onderneming spreken we van de externe analyse. Hierbij worden alle aspecten betrokken die kansen en bedreigingen vormen voor de Opportunities and Threats (van buitenaf). Bepaal wat de bedreigingen en kansen zijn die van buitenaf op je bedrijf af kunnen komen en rangschik ze op belangrijkheid.

In dit kader wordt vaak een drietal begrippen gebruikt:
1. *Micro-omgevingsfactoren*: factoren die betrekking hebben op de eigen onderneming worden gerekend tot de micro-omgevingsfactoren van een onderneming.
2. *Meso-omgevingfactoren*: een onderneming bevindt zich als een spin in het web tussen marktpartijen en branchevariabelen. Marktpartijen zijn alle partijen die zich bezighouden met de voortstuwing van de goederen of diensten naar de finale afnemer. Tot marktpartijen worden gerekend leveranciers, producenten, concurrenten, handelsschakels en de finale consument.
3. *Macro-omgevingsfactoren*: deze factoren zijn door de verschillende marktpartijen niet of nauwelijks beïnvloedbaar; milieuwetgeving dwingt bedrijven bijvoorbeeld tot investeringen. De volgende macro-omgevingsfactoren zijn te onderscheiden:
    - Demografische factoren: hierbij gaat het bijvoorbeeld om kenmerken van de bevolking, zoals leeftijdsopbouw, samenstelling van de bevolking, aantal en grootte van de huishoudingen en urbanisatiegraad.
    - Economische factoren: deze variabelen zijn van invloed op de mate waarin afnemers geneigd zijn bepaalde producten te kopen. Voorbeelden hiervan zijn de conjunctuur, de koopkracht van de consumenten en overige variabelen als export, werkloosheid en prijspeil van de gezinsconsumptie.
    - Sociaal-culturele factoren: deze hebben betrekking op zaken als leefgewoonten, opvattingen en normen binnen een maatschappij. Te denken valt hierbij aan toenemend milieubewustzijn, sociale veranderingen binnen het gezin, toenemend gezondheidsbewustzijn en toename en herwaardering van vrije tijd.
    - Technologische factoren: ontwikkelingen op technologisch gebied hebben invloed op alle functionele gebieden binnen een onderneming als logistiek, productie en informatieverwerking. Door de steeds snellere technologische ontwikkelingen wordt de productlevenscyclus steeds korter. Technologische ontwikkelingen zijn voor een deel wel beïnvloedbaar door de onderneming zelf via Research & Development.

- Ecologische factoren: hieronder vallen het weer en de beschikbaarheid van natuurlijke hulpbronnen. De beperkingen hiervan en zaken als milieuvervuiling worden steeds belangrijker.
- Politiek-juridische factoren (overheid): de overheid kan door middel van beleidsbepalingen grote invloed uitoefenen op een markt, bijvoorbeeld met milieubepalingen of subsidiebeleid.

Macro-omgevingsfactoren	Meso-omgevingsfactoren	
	Marktpartijen	Branchevariabelen
Economische	Toeleveranciers	Aanbod van arbeid en kapitaal
Demografische		Media
Politiek-juridische	Producenten — Concurrenten	Institutionele instellingen
Sociaal-culturele	Handelsschakels	Overheid
Technologische		Belangenorganisaties
Maatschappelijke stromingen	Finale consument	Algemene publieke opinie

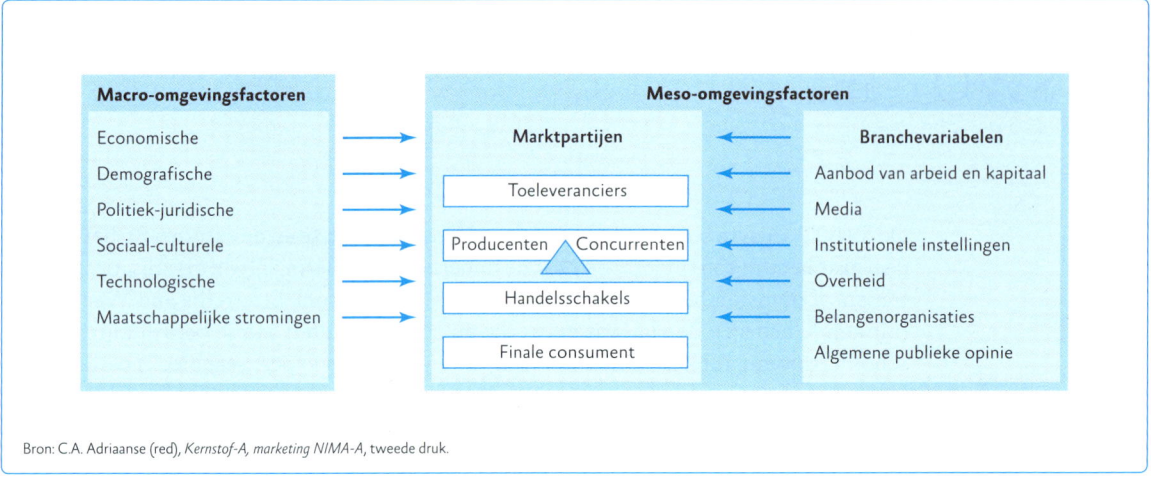

Bron: C.A. Adriaanse (red), *Kernstof-A, marketing NIMA-A*, tweede druk.

Figuur 7.7: Samenhang tussen omgevingsfactoren

Samenvattend kunnen we ons de vraag stellen: waar gaat het om? Het antwoord is dat je de juiste samenhang vindt tussen de interne en externe analyse: waar op de internationale markt kunnen we de speciale competenties die ons bedrijf heeft gebruiken?

7.5 Marktexpansiestrategieën

In het kader van marktexpansiestrategieën kun je gebruikmaken van de theorie van Ogor Ansoff. De groeimatrix van Ansoff geeft de marketeer een helder en eenvoudig overzicht van de groeimogelijkheden.

De eenvoudigste vorm is marktpenetratie; huidige kopers nemen meer af. Dit omdat het bedrijf met een bestaand productassortiment actief is in een marktsegment waarin het reeds lang actief is. Deze strategie zou van toepassing zijn voor een onderneming die al internationaal actief is, maar meer in deze markt zou willen gaan afzetten.

Wanneer een bedrijf een omzet of afzetverhoging realiseert door het bestaande assortiment te introduceren in nieuwe marktsegmenten wordt er gesproken van marktontwikkeling. Zoals de auto-industrie die in ontwikkelingslanden de 4 x 4 aangedreven voertuigen levert. Met kleine aanpassingen werd het product ook op de West-Europese markten geïntroduceerd en inmiddels spreekt men in de volksmond over PC Hooft-tractoren.

Zodra een bedrijf omzet- of afzetverhogingen realiseert door de huidige doelgroep(en) nieuwe of verbeterde producten aan te bieden, spreken we van productontwikkeling. De meest ingrijpende die omschreven wordt in de matrix van Ansoff is de diversificatie-

	Bestaande producten	Nieuwe producten
Bestaande markten	Marktpenetratie	Productontwikkeling
Nieuwe markten	Marktontwikkeling	Diversificatie

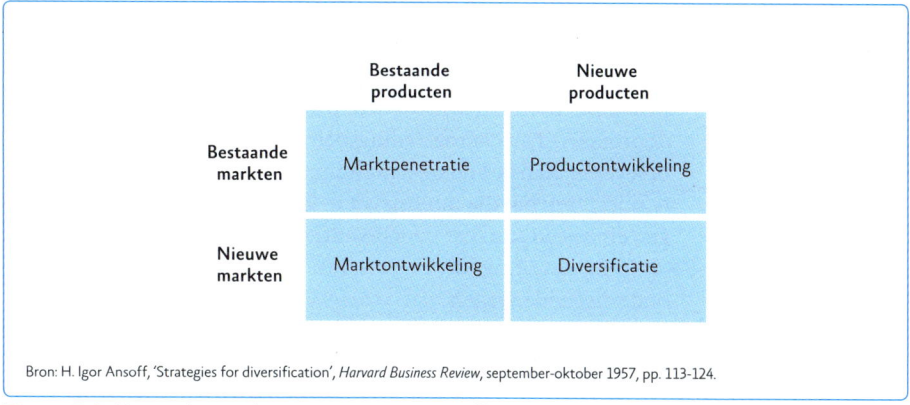

Bron: H. Igor Ansoff, 'Strategies for diversification', *Harvard Business Review*, september-oktober 1957, pp. 113-124.

Figuur 7.8: Overzicht van de groeimatrix van Ansoff

strategie. Het bedrijf gaat producten aanbieden waarmee het geen ervaring heeft en deze producten worden ook aangeboden aan nieuwe doelgroepen. Tegen de achtergrond van dit theoretische kader wordt duidelijk dat je als marketeer een aantal mogelijkheden hebt om beleid uit te zetten.

Factoren ten gunste van marktdiversificatie	Factoren ten gunste van marktconcentratie
Bedrijfsfactoren ■ Grote risicobewustheid bij het management (risico accepteren) ■ Doel: groeien door marktontwikkeling ■ Weinig marktkennis	*Bedrijfsfactoren* ■ Weinig risicobewustheid bij het management (afkerig van risico) ■ Doel: groeien door marktpenetratie ■ Vermogen om de 'beste' markten uit te kiezen
Productfactoren ■ Beperkt specialistisch gebruik ■ Beperkte hoeveelheid ■ Geen herhalingsaankoop ■ Vroeg of laat in de productlevenscyclus ■ Standaardproduct, op vele markten te verkopen ■ Radicale innovatie kan nieuwe internationale klantoplossingen teweegbrengen	*Productfactoren* ■ Algemeen gebruik ■ Grote hoeveelheid ■ Herhalingsaankoop ■ In het midden van de productlevenscyclus ■ Product moet aan verschillende markten worden aangepast ■ Incrementele innovatie – gericht op smal marktsegment
Marktfactoren ■ Kleine markten – gespecialiseerde segmenten ■ Onstabiele markten ■ Veel gelijksoortige markten ■ Nieuwe of teruglopende markten ■ Lage groeisnelheid in alle markten ■ Grote markten zijn heel concurrerend ■ Gevestigde concurrenten hebben een groot aandeel van de belangrijkste markten in handen ■ Lage klantloyaliteit ■ Veel synergie-effecten tussen landen ■ Kennis kan van de ene naar de andere markt worden doorgegeven ■ Korte koplooptijd ten opzichte van concurrenten	*Marktfactoren* ■ Grote markten – segmenten met groot volume ■ Stabiele markten ■ Beperkt aantal markten ■ Volwassen markten ■ Hoge groeisnelheid in alle markten ■ Grote markten zijn niet overmatig concurrerend ■ De belangrijkste markten zijn onder veel concurrenten verdeeld ■ Grote klantloyaliteit ■ Weinig synergie-effecten tussen landen ■ Gebrek aan besef van internationale kansen en bedreigingen ■ Lange koplooptijd ten opzichte van concurrenten
Marketingfactoren ■ Lage communicatiekosten voor additionele markten ■ Lage orderverwerkingskosten voor additionele markten ■ Lage fysieke distributiekosten voor additionele markten ■ Gestandaardiseerde communicatie in veel markten	*Marketingfactoren* ■ Hoge communicatiekosten voor additionele markten ■ Hoge orderverwerkingskosten voor additionele markten ■ Hoge fysieke distributiekosten voor additionele markten ■ Communicatie moet aan verschillende markten worden aangepast

Tabel 7.3: Internationale marktdiversificatie versus marktconcentratie

Bij exportmarketing is het kiezen van een marktexpansiestrategie een heel belangrijke beslissing. Aan de ene kant zullen zich als gevolg van verschillende patronen in de loop der tijd in verschillende markten verschillende concurrentieomstandigheden ontwikkelen. Als producten met korte productlevenscycli op nieuwe markten een snelle groei doormaken, kan dat toetredingsbelemmeringen voor concurrenten creëren en meer winst opleveren. Aan de andere kant kunnen bedrijven door doelbewust relatief weinig markten te selecteren om die intensiever te kunnen ontwikkelen een groter marktaandeel verkrijgen en zo een sterkere concurrentiepositie creëren.

Bij het ontwikkelen van hun strategie moeten bedrijven antwoord geven op twee onderliggende vragen:
1. Gaan ze de markten incrementeel (de watervalmethode) of simultaan (de regenbuimethode) betreden?
2. Gebeurt de toetreding geconcentreerd of gediversifieerd over internationale markten?

7.6 Het internationale product-/marktportfolio

Het maken van een portfolioanalyse hoort tot de taken van een marketeer. De basis van een portfolioanalyse wordt gevormd door het begrip cashflow (= nettowinst plus afschrijvingen) en niet de winst. Een tweede punt dat bij een portfolioanalyse de aandacht krijgt, is de levenscyclus van een product. Zoals bekend doorloopt een product gedurende zijn bestaan een aantal levensfasen (introductie, groei, verzadiging en verval). Bij iedere fase hoort een bepaalde cashflowcyclus; zo zal deze bij de introductie vrijwel zeker negatief zijn, maar naarmate het product de markt verovert, zal dit kengetal stijgen, om uiteindelijk weer te dalen.

Samengevat kunnen we stellen dat je bij een portfolioanalyse kijkt naar de samenstelling van het eigen assortiment en dit afzet tegen dat wat de grootste concurrent presteert.

De portfolioanalyse van een bedrijf is een belangrijk instrument om te bepalen hoe middelen verdeeld moeten worden, niet alleen over geografische gebieden maar ook over de verschillende productdivisies (Douglas en Craig, 1995). De internationale portfolioanalyse is het meest geaggregeerde analyseniveau en kan bestaan uit operaties per productdivisie of geografisch gebied.

Zoals toegelicht in figuur 7.9 (gebaseerd op de marktaantrekkelijkheid-/concurrentiekrachtmatrix in figuur 7.3), is het meest geaggregeerde analyseniveau van Unilever de verschillende productdivisies. Met dit internationale bedrijfsportfolio als uitgangspunt kan de verdere analyse van individuele productdivisies worden uitgewerkt in de productdimensie, de geografische dimensie of een combinatie van beide.

Uit het internationale bedrijfsportfolio in figuur 7.9 blijkt dat de voedingsmiddelenindustrie van Unilever gekenmerkt wordt door een grote marktaantrekkelijkheid en concurrentiekracht.

Je krijgt echter een duidelijker beeld van de situatie als je de onderliggende niveaus analyseert. Het is vaak nodig deze gedetailleerdere analyse uit te voeren om bij specifieke beslissingen over marktplanning operationele input te kunnen geven.

Door de productdimensie en geografische dimensie te combineren is het mogelijk het internationale bedrijfsportfolio te analyseren op de volgende niveaus (met pijltjes aangegeven in het voorbeeld in figuur 7.9):
1. productcategorieën per regio (of vice versa)
2. productcategorieën per land (of vice versa)
3. regio's per merk (of vice versa)
4. landen per merk (of vice versa).

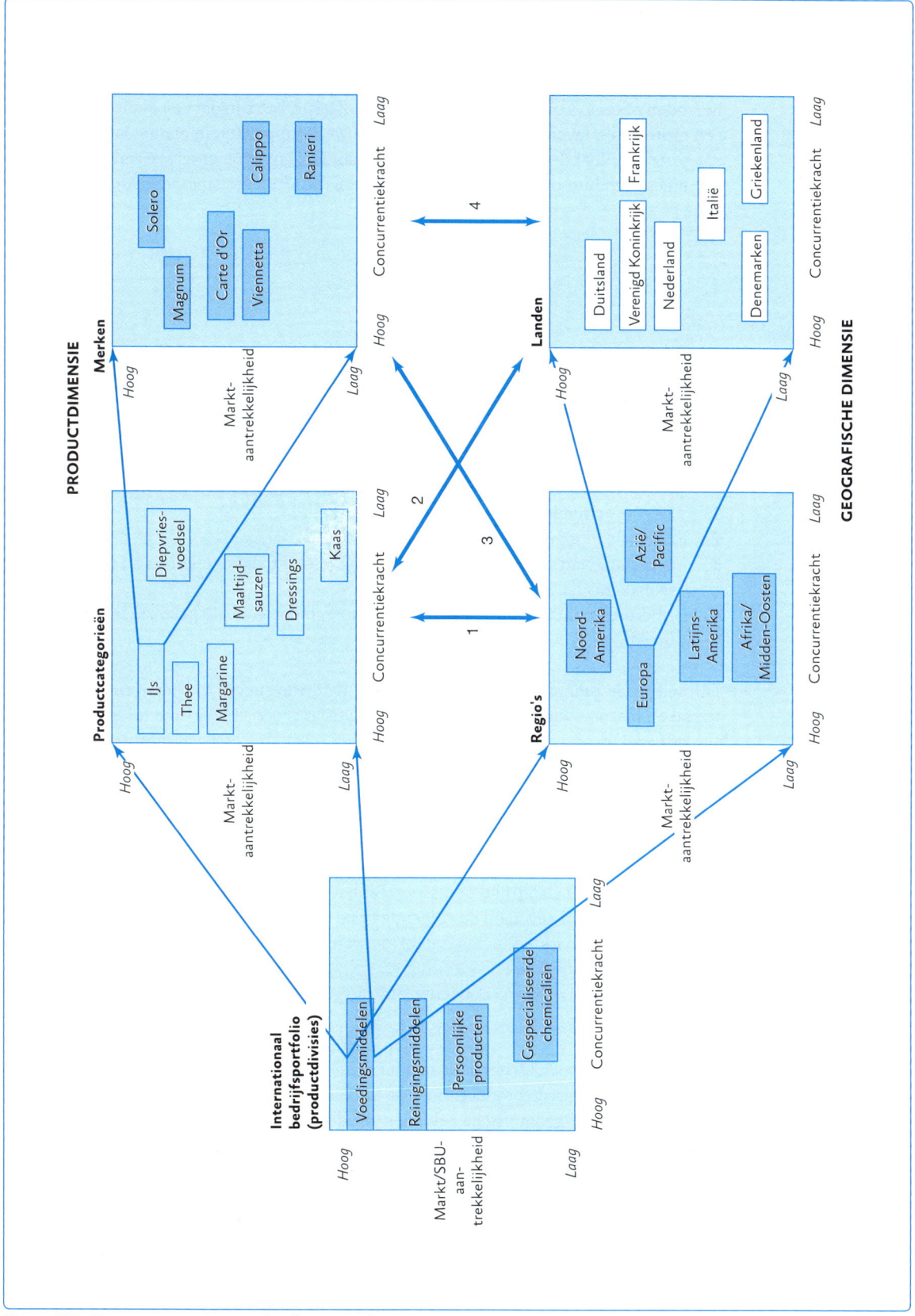

Hoofdstuk 7 INTERNATIONALE MARKTSELECTIE 157

Figuur 7.9: De internationale portefeuille van Unilever

Het is natuurlijk mogelijk op landniveau een verdere analyse uit te voeren door de verschillende klantgroepen (bijvoorbeeld detailhandels in levensmiddelen) in bepaalde landen te analyseren.

Het kan belangrijk zijn te bepalen of en hoe de verschillende portfolio-onderdelen in landen of regio's onderling verbonden zijn. Zo kan het zijn dat een klant (bijvoorbeeld een grote keten levensmiddelendetailhandels) verkooppunten in andere landen heeft of dat grote detailhandels en de detailhandels in andere landen met wie ze een alliantie hebben afgesloten hun producten centraal inkopen (bij Unilever bijvoorbeeld).

Samenvatting

Vooral bij MKB-bedrijven is internationale marktselectie vaak een reactie op een prikkel van een veranderingsinstrument, bijvoorbeeld een ongevraagde bestelling.

Een proactievere en systematischere benadering van IMS is de volgende:
1. Selectie van relevantie segmentatiecriteria.
2. Ontwikkeling van de geschikte segmenten.
3. Screening van segmenten om de lijst van geschikte landen korter en nauwkeuriger te maken.
4. Microsegmentatie: ontwikkeling van subsegmenten in elk gekozen land of landenbreed.

Dikwijls is de pragmatische benadering van IMS een succes in bedrijven. Vaak spelen toeval en het persoonlijke netwerk van topmanagers een belangrijke rol bij de 'selectie' van de eerste exportmarkt van bedrijven. Bij het selecteren van een internationale markt moeten bedrijven de synergie tussen de mogelijke nieuwe doelmarkt en hun eigen sterke kanten, doelen en strategie zoeken. Als er complementaire markten zijn en daarin marketingvaardigheden zijn opgedaan, is dat van grote invloed op het kiezen van internationale markten.

Na de vier hierboven beschreven stappen is het kiezen van een marktexpansiestrategie de volgende belangrijke beslissing. Bij het ontwikkelen van deze strategie moeten bedrijven antwoord geven op de volgende twee vragen:
1. Gaan ze de markten incrementeel (de watervalmethode) of simultaan (de regenbuimethode) betreden?
2. Gebeurt toetreding geconcentreerd of gediversifieerd over internationale markten?

Portfolioanalyse is een uitstekende manier om de internationale marktselectie (de geografische dimensie) met de productdimensie te combineren. Het is belangrijk vast te stellen hoe middelen over geografische gebieden/productdivisies verdeeld moeten worden. Het is echter ook belangrijk de onderlinge verbanden tussen verschillende portfolio-onderdelen over geografische grenzen heen te evalueren. Zo kan het zijn dat een bepaalde klant (in een bepaald land) in verschillende landen divisies heeft.

Discussievragen

1. Waarom is het belangrijk buitenlandse markten te screenen? Noem de redenen waarom veel bedrijven landen/markten niet systematisch screenen.
2. Geef een overzicht van de factoren die het internationale marktselectieproces beïnvloeden.
3. Bespreek de voor- en nadelen van het gebruik van alleen secundaire gegevens als screeningcriteria bij het IMS-proces.
4. Wat zijn de voor- en nadelen van een opportunistische selectie van internationale markten?
5. Wat zijn de verschillen tussen een internationaal en een nationaal marktsegment? Wat zijn de marketingimplicaties van deze verschillen voor bedrijven die segmenten wereldwijd bedienen?
6. Een bedrijf kiest een bepaalde geografische expansiestrategie. Bespreek de invloed die deze keuze kan hebben op het vermogen van een lokale marketingmanager van een buitenlands dochterbedrijf om marketingprogramma's te ontwikkelen en te implementeren.

Competentietraining

1. Zoek contact met een bedrijf en maak voor deze onderneming met behulp van het model van Ansoff een analyse van hun activiteiten.
2. Vraag bij dit bedrijf welke factoren hun internationaliseringsgedrag hebben beïnvloed. Onderzoek zowel positieve als negatieve factoren en neem deze mee in je analyserapportage.
3. Maak voor dit bedrijf – met behulp van de theorie over marktscreening – een gedegen en onderbouwde analyse van een mogelijke doelmarkt.

Casestudy 7.1	Philips Lighting: Het screenen van de markten in het Midden-Oosten

Koninklijke Philips Electronics NV is een van 's werelds grootste elektronicabedrijven en het grootste elektronicabedrijf van Europa, met 161.500 werknemers in meer dan zestig landen en een afzet in 2005 van € 30.395 miljard.

In 1891 begon de Nederlandse werktuigbouwkundig ingenieur Gerard Philips in een voormalige leerfabriek met de productie van kooldraadlampen. Onder zijn eerste grote klanten bevonden zich vroege elektriciteitsbedrijven die de levering van lampen in hun elektriciteitsleveringscontracten hadden opgenomen.

Vandaag de dag is Philips op het gebied van verlichting de nummer één van de wereld. Verlichtingsproducten van Philips (peertjes en lampen) kom je overal ter wereld tegen. Niet alleen in huis worden ze gebruikt, maar ze kennen ook veel verschillende professionele toepassingen. Zo worden in 30 procent van de kantoren, 65 procent van de topluchthavens van de wereld, 30 procent van de ziekenhuizen, 35 procent van de auto's en 55 procent van de grootste voetbalstadions over de hele wereld verlichtingsproducten van Philips gebruikt.

Concurrentie

Philips Lighting is wereldleider op het gebied van de productie van verlichtingsproducten. Het bedrijf heeft een marktaandeel van 50 procent in Europa,

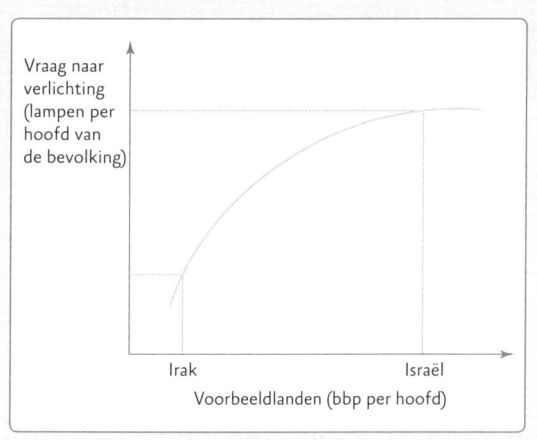

Figuur 1: Het verband tussen de welvaart in een land en de vraag naar verlichting

36 procent in Noord-Amerika en 14 procent in de rest van de wereld. Sinds de jaren 1980 heeft Philips intensief gewerkt aan het concentreren van deze industriële sector door kleinere nationale bedrijven op te kopen, zoals Companie des Lampes (Frankrijk), AEG (Duitsland) en Polam Pila (Polen). Ook is het joint ventures aangegaan met Westinghouse Lamps, Kono Sylvania en EBT China.

GE

General Electric Lighting (GEL) heeft een marktaandeel van 50 procent in Amerika maar had in 1988 slechts een marktaandeel van 2 procent in Europa. Om in 2010 een marktaandeel van 30 procent te hebben, heeft GEL verschillende nationale bedrijven in Europa overgenomen, zoals Tungsram (Tsjecho-Slowakije), Thorn Emi (Verenigd Koninkrijk), Sivi (Italië) en Linder Licht (Duitsland). In 1994 heeft GEL in Frankrijk een logistieke faciliteit voor de levering van producten aan Frankrijk, Duitsland, de Benelux, Zwitserland, Italië en Oostenrijk. Het is nu van plan de prijzen voor supermarktketens te verlagen.

OSRAM

De omzet van OSRAM, een volle dochter van de Duitse gigant Siemens, wordt voor 86 procent door export gegenereerd (46 procent in Noord-Amerika, 41 in de EU, 6 procent in Zuid-Amerika en 6 procent in Azië). De aankomende jaren is het bedrijf van plan zijn marktaandeel in Azië te vergroten door de omzet aldaar te verdubbelen.

Andere belangrijke producenten zijn Sylvania Lighting International en Panasonic.

De marktscreening van Philips Lighting in het Midden-Oosten

Aan het begin van de eenentwintigste eeuw had Philips een duidelijke marketingstrategie voor het hele Midden-Oosten nodig. Eerst moesten de aantrekkelijkste landen in die regio worden geselecteerd. In de loop der jaren had Philips een model ontwikkeld waarmee het verband tussen de vraag naar verlichting in een land en het bbp van dat land kon worden aangetoond. In discussies met agenten/distributeurs in veel landen was Philips volkomen afhankelijk van de informatie die het bedrijf had over marktgrootte. Als het bedrijf de marktgrootte onderschatte, miste het marktkansen. Dat was de hoofdreden waarom dit model was ontwikkeld: het stelde Philips in staat de marktschattingen van zijn agenten/distributeurs op andere manieren te controleren.

In figuur 1 is te zien dat verlichting (de vraag naar lampen en peertjes) een basisbehoefte van landen is, en dat deze basisbehoefte toeneemt zodra een land zich begint te ontwikkelen. Maar naarmate de welvaart in een land toeneemt, groeit de vraag steeds langzamer, omdat in de latere stadia van de economische ontwikkeling aan deze basisbehoefte is voldaan, zoals we in het geval van Israël kunnen zien.

Markt	Populatie (miljoen)	Bnp 2003 (% groei)	Bnp per hoofd (US$)
Bahrein	0,6	3,0	8.420
Egypte	61,9	5,0	1.032
Iran	66,0	3,0	1.470
Irak	19,7	-5,0	558
Israël	5,5	7,1	15.500
Jordanië	4,6	5,0	2.159
Koeweit	2,2	3,5	15.670
Libanon	3,2	4,0	3.845
Libië	5,5	3,5	4.882
Oman	2,4	4,3	6.268
Palestijnse gebieden	2,1	-5,0	430
Katar	0,6	2,0	13.120
Saoedi-Arabië	20,6	3,5	5.643
Syrië	17,0	6,0	882
VAE	2,5	0,5	17.440
Jemen	15,0	3,0	693
Midden-Oosten	229,4	–	–

Bron: Wim Wilms, Eindhoven, Fontys Exportdag, 13 oktober 2004.

Tabel 1: Primaire demografische gegevens over het Midden-Oosten (2003)

Om de aantrekkelijkste markten te vinden, heeft Philips een model gebruikt dat een combinatie is van wat in figuur 1 en tabel 1 te zien is. De vraag naar verlichting per hoofd van de bevolking moet met het aantal inwoners van een land worden vermenigvuldigd. Israël en Koeweit hebben het hoogste bnp per hoofd van de bevolking maar een gering aantal inwoners. Irak en Iran waren (zijn) grote markten voor verlichting, maar deze markten zijn zeer moeilijk toetreedbaar vanwege de chaotische politieke situatie aldaar.

De managers van Philips Lighting Middle East gebruikten echter niet de marktgrootte als het enige marktselectiecriterium; de modellen werden als uitgangspunt gebruikt voor gesprekken met agenten en distributeurs in de landen. Als de afzet van Philips-producten op grote verlichtingsmarkten erg gering was, wees dit op een klein marktaandeel voor Philips (tenzij de marktgrootte ook gering was). Dit leidde dan tot een gesprek met de plaatselijke agenten en distributeurs over de vraag hoe ze in samenwerking met de lokale distributeur het lokale marktaandeel van Philips konden vergroten.

Bronnen: PowerPoint-presentatie van Wim Wilms, Eindhoven, Fontys Exportdag, 13 oktober 2004; www.philips.com.

Vragen

1. Bespreek de toepasselijkheid van het screeningmodel dat in dit geval is gebruikt.
2. Bedenk een ander screeningmodel dat door Philips Lighting in het Midden-Oosten gebruikt zou kunnen worden.

Casestudy DEEL II

Red Bull: De internationale marktleider in energiedrankjes overweegt verdere marktexpansie

Het begin

Het kan goed zijn dat energiedranken uit Schotland stammen. Irn Bru wordt daar al vanaf 1901 geproduceerd, toen het nog 'Iron Brew' heette. In Japan kennen ze energiedranken al sinds het begin van de jaren 1960, toen Lipovitan er op de markt werd gebracht. De meeste energiedranken die in Japan worden verkocht, hebben weinig weg van frisdrank. Ze worden in kleine bruine medicijnflesjes verkocht, of in blikjes die op deze flesjes lijken. Met behulp van deze zogenaamde genki-drankjes, die ook in Zuid-Korea worden geproduceerd, kunnen werknemers vele uren achter elkaar werken en op de lange reis terug naar huis wakker blijven.

In het Verenigd Koninkrijk werd Lucozade Energy oorspronkelijk in 1929 op de markt gebracht als ziekenhuisdrankje dat het herstel van patiënten moest bespoedigen. In het begin van de jaren 1980 werd het gepromoot als drank waarmee je de energie die je bijvoorbeeld bij het sporten had verloren, kon aanvullen.

De oorsprong van Red Bull is terug te voeren naar 1962, toen het oorspronkelijke recept werd ontwikkeld door Chaleo Yoovidhya, een Thaise zakenman, en onder de naam Krating Daeng door een lokaal farmaceutisch bedrijf werd verkocht als middel waarmee jetlag bestreden kon worden en dat vrachtwagenchauffeurs meer energie gaf.

De marketingman

Dieter Mateschitz groeide op in een klein dorpje in Stiermarken in Oostenrijk. Toen hij achttien werd, ging hij naar de universiteit van Wenen. Hij deed er tien jaar over om af te studeren in Wereldhandel. Zijn vrienden zeiden dat Mateschitz graag speelde, feestte en achter knappe vrouwen aanzat. Na zijn afstuderen besloot hij serieus aan de slag te gaan en een 'heel goede marketingman' te worden. Onder andere dankzij zijn natuurlijke charme kreeg hij een stageplaats bij Unilever, en algauw promootte hij in heel Europa afwasmiddelen en zeep. Collega's omschreven hem als 'grappig, heel ambitieus en altijd vol gekke ideeën'.

Mateschitz had een natuurlijk talent voor het verkopen van dingen. Hij was creatief en had de gave dingen gedaan te krijgen. Algauw werd hij bevorderd tot marketingmanager voor Blendax, een toonaangevend internationaal tandpastamerk.

Na jaren over de hele wereld gereisd te hebben om tandpasta te verkopen, raakte Mateschitz bezeten van het idee een eigen bedrijf op te zetten. In de zomer van 1982 las hij een verhaal over de tien grootste belastingbetalers van Japan. Het verbaasde hem dat een zekere meneer Taisho, die als eerste een energiedrank in Japan op de markt had gebracht, in die top tien stond. Toen hij tijdens een verkoopreis in Thailand was, vernam hij van een lokale distributeur van tandpasta dat energiedranken heel populair waren bij vermoeide autobestuurders die bij benzinestations stopten. Het topmerk was Kratin Daeng, wat 'waterbuffel' betekende. De ingrediënten stonden duidelijk op de blikjes vermeld. Net als bij de oorspronkelijke *Yellow Pages* werd het recept niet door een handelsmerk of patent beschermd.

Begin jaren 1980 ontmoette Dietrich Mateschitz Chaleo Yoovidhya. Ze besloten samen een energiedrankbedrijf op te richten, waar beide partners ongeveer een half miljoen dollar aan startkapitaal in zouden steken. Chaleo Yoovidhya leverde het recept voor de drank en zijn partner de marketingflair. Zo werd Red Bull in 1984 door Dietrich Mateschitz en Chaleo Yoovidhya in Oostenrijk opgericht. Tegenwoordig bezitten beide mannen elk 49 procent van het bedrijf. De overige twee procent is van Yoovidhya's zoon, Chalerm.

De start in Oostenrijk en de verdere internationale expansie

De optimistische veertigjarige Mateschitz gaf zijn baan op en vroeg een vergunning aan om de energiedrank in Oostenrijk te verkopen. De Oostenrijkse bureaucratie gaf echter geen toestemming voor de verkoop van de drank zonder dat hij wetenschappelijk getest was. Het duurde drie jaar en vele verkoopbezoeken om een verkoopvergunning te krijgen. Terwijl Mateschitz op de officiële vergunning zat te wachten, vroeg hij zijn oude schoolvriend Johannes Kastner, die in Frankfurt (Duitsland) een reclamebureau had, het blikje en logo te ontwerpen. Mateschitz verwierp tientallen proefstukken voordat zijn keuze viel op een macho logo met twee stieren die elkaar aanvallen. Kastner werkte hard aan een pakkende slogan, maar Mateschitz verwierp de ene na de andere, steeds met het commentaar: 'Niet goed genoeg.'

Kastner zei tegen Mateschitz dat hij maar iemand anders moest zoeken om een betere slogan te verzinnen, maar Mateschitz smeekte hem er nog een nachtje over te slapen en nog één keer met een slogan te komen. De volgende ochtend belde Kastner hem op en zei: 'Red Bull geeft je vleugels.' De slogan bleek profetisch voor het merk Red Bull, dat wereldwijd nog steeds blijft groeien.

Mateschitz moest nog een bottelaar vinden om zijn drank te produceren. Alle bottelaars die hij belde, zeiden dat Red Bull geen kans van slagen had. Uiteindelijk vond Mateschitz een gewillig oor bij Roman Rauch, de grootste bottelaar van frisdranken in Oostenrijk, en algauw rolden de glimmende zilverkleurige blikjes van de lopende band. Binnen twee jaar, na veel creatieve promotiecampagnes, begon de verkoop te groeien, maar hetzelfde gebeurde met het verlies. Hoewel een verlies van een miljoen dollar in twee jaar andere ondernemers misschien zo bang zou maken dat ze hun bedrijf sluiten, liet Mateschitz zich niet uit het veld slaan. Hij financierde alles zonder vreemd kapitaal, en tegen 1990 stond Red Bull weer in het zwart. Algauw besefte hij dat Oostenrijk als markt niet groot genoeg was, dus breidde hij de verkoop van Red Bull in 1993 uit naar Hongarije en concentreerde zich vervolgens op het veroveren van de Duitse markt.

Toen het nieuws van de groeiende verkoop van Red Bull zich door Europa verspreidde, kwamen veel concurrenten met namaak-Red Bull op de markt. In eerste instantie was Red Bull op de Duitse markt erg succesvol. Maar na drie maanden waarin de vraag groeide, kon Mateschitz nergens in Europa meer genoeg aluminium krijgen om de blikjes te produceren, waardoor de verkoop van Red Bull snel daalde. Een concurrent met de naam Flying Horse werd marktleider. Het kostte Red Bull vier jaar om weer de nummer één op de Duitse markt te worden.

In 1995 verscheen Red Bull op de Britse markt en in 1997 op de Amerikaanse, allereerst in Californië. Daar huurde hij studenten in om in mini's met een groot blik Red Bull op het dak rond te rijden en zo reclame voor het merk te maken – een typisch voorbeeld van de ongebruikelijke marketingstijl van Red Bull.

De rest is geschiedenis. De afgelopen jaren is Red Bull uitermate populair geworden; terwijl in het jaar 2000 bijna een miljard blikjes van 250 ml werden verkocht, werden er in 2006 meer dan drie miljard verkocht, verspreid over meer dan 130 landen. In 2006 genereerde Red Bull met behulp van zijn 3900 werknemers een wereldwijde omzet van € 2,6 miljard.

Marketingoriëntatie en klanten

Red Bull ontwierp een innovatieve marketingmethode om vooral jongvolwassenen en consumenten die een energieoppepper willen te bereiken. De methode is gericht op jongvolwassen consumenten van 16 tot 29, yuppies en studenten die postmiddelbaar onderwijs volgen. Red Bull heeft strategische programma's opgezet om postmiddelbare studenten aan te trekken door hun gratis dozen Red Bull te geven en ze over te halen feestjes te geven, en door Red Bull aan nachtclubs te leveren om zo clubbezoekers te bereiken. Deze virale campagne had duidelijk effect: de verkoop steeg snel. Met zijn kleine zilver-met-blauwe blikjes richtte Red Bull zich op yuppies, die graag een stijlvol leven leiden. Het bedrijf ging het merk ook rechtstreeks promoten bij Generatie Y, de zogenaamde *millennials*, mensen die na 1981 geboren zijn en geacht worden cynisch tegenover traditionele marketingstrategieën te staan. Hiervoor werden onder andere studenten-merkmanagers gerekruteerd, die Red Bull op universiteitscampussen moesten promoten. De studenten werden aangemoedigd feesten te geven waarbij dozen Red Bull werden uitgedeeld. De merkmanagers rapporteerden dan terug aan het bedrijf – een vorm van marktonderzoek die het bedrijf maar weinig kostte.

Red Bull probeert zijn producten af te schilderen als dranken voor energieke, fysiek actieve en gezondheidsbewuste consumenten; er is dan ook een suikervrije versie van de drank te koop. Mensen die een energieoppepper nodig hebben, zijn onder andere clubhoppers, vrachtwagenchauffeurs en studenten.

De marketingstrategie van Red Bull

In wezen gooide Red Bull het traditionele marketingboek uit het raam. De hooggewaardeerde strategie van het bedrijf is 'grassroots', guerilla, mond-tot-mond, virale marketing, underground, buzzmarketing en ongetwijfeld succesvol genoemd.

De eerste marketingproeven van Red Bull mislukten finaal. De ondervraagden vonden de smaak van het drankje niet lekker, vonden de kleur niet prettig en vonden het concept 'stimuleert lichaam en geest' maar niets. Veel bedrijven hadden hun plan toen opgegeven of hun product opnieuw geformuleerd om het aantrekkelijker voor de consument te maken. Mateschitz weigerde echter deze proeven als basis voor de marketingstrategie van Red Bull te zien. Hiermee bedoelde hij dat het bedrijf niet een drankje verkocht, maar een manier van leven. Red Bull geeft je vleuuugels... Red Bull maakt wat je wilt mogelijk. Red Bull moest in de juiste context gedronken worden, wanneer je een energieoppepper kon gebruiken.

Door de unieke ingrediënten van zijn energiedrank ondervond Red Bull in verschillende landen veel hinder bij het verkrijgen van toestemming om de drank op de markt te brengen. Dit was echter lang niet altijd nadelig voor de merkbekendheid. In die tijd deed het gerucht de ronde dat taurine, een van de ingrediënten van Red Bull, afkomstig was van stierentestikels en dat Red Bull 'vloeibare viagra' was. Dit maakte de drank nog mysterieuzer dan hij al was. De aantrekkingskracht van Red Bull nam nog verder toe toen de drank in verschillende landen, zoals Frankrijk en Denemarken, verboden werd.

Het product

Red Bull wordt verkocht als energiedrank om mentale en fysieke vermoeidheid te bestrijden. De actieve ingrediënten zijn onder andere 27 g suiker, vitamine B-complex en 80 mg cafeïne, wat iets minder is dan de hoeveelheid cafeïne in een gemiddeld kopje koffie en ongeveer twee keer zoveel als in de bekendste colasoorten. Naast water, suiker en cafeïne bevat de drank taurine, een aminozuur dat volgens Japans onderzoek goed is voor hart en bloedvaten.

Sinds begin 2003 is er een suikervrije versie te koop. De drank smaakt naar citrusvruchten en kruiden en wordt gewoonlijk gebruikt als mixdrankje in alcoholische dranken als Red Bull Wings (Red Bull en wodka) of als basisingrediënt in de beroemde Jägerbom (een borrelglaasje Jägermeister in een glas Red Bull).

Het bedrijf is gespecialiseerd in energiedranken, en omdat Red Bull het hoofdmerk van het bedrijf is (met maar twee smaakvarianten en één verpakkingsmaat), kan het al zijn energie richten op het snel vergroten van zijn merkbekendheid, terwijl het de marketing en reclame die elders wordt gebruikt kan benutten. In de meeste landen en regio's was Red Bull het eerste merk energiedrank dat op de markt werd gebracht; als gevolg daarvan is het in bijna alle regio's waar het wordt verkocht het toonaangevende merk.

Red Bull onderscheidt zich van een groot deel van de drankenmarkt door zijn product slechts aan te bieden in blikjes van 250 ml, kleiner dan de gewoonlijke frisdrankblikjes. De blikjes zijn klein, elegant en hebben een karakteristieke opdruk – er is wel eens gezegd dat de blikjes een meer Europese uitstraling hebben. Op de verplichte waarschuwingen na is het blikje qua ontwerp in alle landen hetzelfde. Anders dan frisdrank of wodkadrankjes wordt Red Bull slechts in twee versies aangeboden: met en zonder suiker. De herkenbare verpakking levert Red Bull voordeel op, en het feit dat de verpakking overal ter wereld dezelfde omvang heeft, levert het bedrijf productie-efficiëntie op.

Prijs

Door deze duidelijke positionering heeft het merk vaste voet gekregen in markten als het Verenigd Koninkrijk, Duitsland en de Verenigde Staten. De verkoop op de belangrijkste markten draagt bij aan een betere internationale positionering van het bedrijf en geeft het de kans Red Bull ten opzichte van andere merken tegen een premiumprijs te verkopen. Een blikje wordt doorgaans voor ongeveer € 2 verkocht, wat tot vijf keer zoveel is als een blikje van een bekend merk frisdrank.

Premiumprijzen zijn kenmerkend voor energiedranken. Sinds ze op de markt kwamen, zijn deze dranken gepositioneerd als producten die je niet alleen verfrissen maar je ook energie en scherpte geven, zodat je het meeste uit je tijd kunt halen. Hoewel niet gezegd kan worden dat energiedranken gepositioneerd worden als dranken die goed voor je gezondheid zijn, wordt wél beweerd dat ze consumenten een functioneel voordeel bieden. Dit is de belangrijkste reden waarom er een premiumprijs voor gevraagd kan worden. In 2006 was de gemiddelde prijs van een liter energiedrank wereldwijd US$5,78, bijna vier keer zoveel als de gemiddelde prijs van een liter koolzuurhoudende frisdrank (US$1,54) en de gemiddelde prijs per liter van frisdrank in het algemeen (US$1,50).

Distributie

Een belangrijke groeistrategie van Red Bull was het vergroten van de internationale distributie. Het bedrijf heeft er voortdurend aan gewerkt de internationale verkoop te verhogen. In 1992, slechts vijf jaar nadat de eerste blikjes Red Bull in Oostenrijk op de markt kwamen, zette het de eerste stappen buiten zijn binnenlandse markt. Nu is Red Bull in meer dan honderd landen verkrijgbaar en heeft het bedrijf een goed ontwikkeld netwerk van lokale dochterbedrijven op de hoofdmarkten, die toezicht houden op de distributie in de regio's. Deze dochterbedrijven zijn verantwoordelijk voor het importeren van Red Bull vanuit Red Bull GmbH in Oostenrijk en het opzetten van een onafhankelijk distributienetwerk of het samenwerken met een partner. Een voorbeeld van het laatste is in Australië te vinden, waar Red Bull Australia het distributienetwerk van Cadbury Schweppes gebruikt. In dit geval importeert Red Bull Australia Red Bull uit Oostenrijk en verkoopt de drank door aan Cadbury Schweppes, dat hem dan doorverkoopt aan verkopers in zijn netwerk.

De gebruikelijke nationale distributiestrategie van Red Bull voor nieuwe markten is – zoals te verwachten was – ongebruikelijk. In plaats van zich te richten op de grootste distributeurs met het grootste bereik richt Red Bull zich op kleine distributeurs, die vaak de exclusieve distributeur van Red Bull worden. Het bedrijf ging zelfs zover dat het tieners en studenten inhuurde en hun een busje gaf om het product te distribueren.

Kleine onafhankelijke ontmoetingsplekken zijn ook de eerste doelen waar Red Bull zich op heeft gericht. Red Bull vond kleine cafés, restaurants en winkels en gaf ze een kleine koeler om het product gekoeld te kunnen verkopen. Dit deed het liever dan aan de eisen van grote winkels te voldoen. Deze grote winkels stonden uiteindelijk te trappelen om het product te mogen verkopen.

Promotie/reclame

Veel productlanceringen gaan gepaard met grote reclamecampagnes, zowel gedrukt als op tv, proeftesten, weggevertjes en reclame door celebrity's om het merk en het product bij het publiek bekend te maken. Deze techniek wordt door Red Bull niet gebruikt.

Red Bull doet niet aan traditionele reclame om tot een markt toe te treden. Vaak wordt reclame pas gebruikt als een product al op de markt is gebracht, ter herinnering. Bovendien maakt het bedrijf nooit gebruik van gedrukte reclame, omdat die te saai en te vlak is om het product goed tot zijn recht te laten komen. Televisiereclame bestaat vaak uit tekenfilmpjes waarin de slogan 'Red Bull geeft je vleuuuugels' terugkomt; waar en wanneer deze worden uitgezonden, wordt zeer zorgvuldig uitgekozen. Om zo veel mogelijk doelpubliek te bereiken, worden televisiezenders waarop en programma's waartussen de reclame wordt uitgezonden, zoals televisieshows op de late avond, zorgvuldig geselecteerd.

Red Bull huurt geen celebrity's in om reclame voor de energiedrank te maken, maar het bedrijf geeft celebrity's wel de gelegenheid reclame voor het product te maken. Zo werd Red Bull in de Verenigde Staten aan filmsets in Hollywood geleverd nog voordat de drank voor het brede publiek beschikbaar was. Acteurs en actrices konden de drank drinken om de lange filmdagen door te komen. Celebrity's deden hun uiterste best om aan Red Bull te komen en maakten daardoor reclame voor het merk bij het brede publiek. Ook weer voordat het product voor het brede publiek beschikbaar was, stelde het bedrijf het beschikbaar aan bartenders in de meest trendy bars in New York – voor eigen consumptie. Zo maakten de bartenders reclame voor de drank bij hun klanten, zonder daarvoor betaald te krijgen.

Elk jaar sponsort het bedrijf tientallen evenementen waar extreme sporten worden bedreven, zoals het beklimmen van beijsde silo's in Iowa of kitezeilen op Hawaï, maar ook culturele evenementen als breakdance-wedstrijden en jamsessies met rockmuziek. Red Bull sponsort een dj-kamp waar talenten dankzij Red Bull het een en ander kunnen leren van de meesters op dj-gebied. Ook sponsort Red Bull zo'n vijfhonderd atleten van over de hele wereld, het type dat in januari in Nova Scotia gaat surfen of uit een vliegtuig springt om over het Kanaal te 'vliegen'.

De lokale dochterbedrijven zijn verantwoordelijk voor de lokale marketing, zoals buzzmarketing, lokale sponsoring en het organiseren van reclame op media als tv, billboards en radio. Daarnaast krijgen ze marketing-materiaal van Red Bull GmbH en het reclamebedrijf Kastner & Partner, dat exclusief voor Red Bull werkt.

Alles wel beschouwd besteedt Red Bull relatief weinig geld aan traditionele gedrukte reclame en reclame op tv. Meer geld wordt besteed aan het sponsoren van extreme sporten en het weggeven van productmonsters tijdens lokale evenementen. Sinds het merk Red Bull op de markt is gekomen, heeft het bedrijf veel geïnvesteerd in het opbouwen van dat merk. Ongeveer dertig procent van de omzet wordt aan marketing besteed. Ter vergelijking: bij Coca-Cola is dat negen procent.

Concurrentie

Red Bull opereert op de markt van de functionele dranken, die vooral bestaat uit de verkoop van energiedranken en sportdranken. Red Bull is alleen actief op de markt van de energiedranken. Sportdranken moeten niet met energiedranken worden verward. Sportdranken zijn bedoeld om na het sporten of forse inspanning elektrolyten, suiker, water en andere voedingsstoffen aan te vullen en zijn gewoonlijk isotoon. Energiedranken, die voornamelijk suiker en cafeïne bevatten, zijn bedoeld om het concentratievermogen te verbeteren en mensen een mentale en fysieke energieoppepper te geven. De bekendste sportdrank is Gatorade (Quaker Oats Co.), die in 1966 op de markt kwam.

Hoewel Red Bull wijd en zijd bekendstaat als energiedrank, wordt hij ook om andere redenen gedronken, bijvoorbeeld ter vervanging van koffie, thee of sodawater, als vitamine/energiesupplement en als drank om met alcohol te mixen. Het merendeel van de consumenten gebruikt Red Bull als vitaminesupplement of energiestimulans in plaats van stimulantia als ginseng. Met zijn vloeibare vitamine B concurreert Red Bull op de nichemarkt voor vitamines met de grotere farmaceutische bedrijven. Ook concurreert het indirect met verschillende dranken die met alcohol gemixt worden, zoals sap, sour mix en tonic. In eerste instantie bracht Red Bull in clubs zijn energiedrank gemixt met alcohol aan de man/vrouw, maar na verschillende fatale incidenten waarbij Red Bull gemixt met alcohol in het spel was, staan expliciete waarschuwingen op de blikjes om mensen ervan te weerhouden de drank op een onjuiste manier te gebruiken.

De markt voor energiedranken wordt gekenmerkt door de aanwezigheid van zowel specialistische producenten als grootmachten op het gebied van eten en drinken. De belangrijkste spelers op de markt zijn onder andere Pepsi, Coca-Cola, Danone, Hansen Beverage Co., GlaxoSmithKline, Extreme Beverages, Taisho Pharmaceuticals en Otsuka Pharmaceuticals. Wat marktaandeel betreft, gaan Gatorade en Red Bull in respectievelijk het sport- en energiedrankensegment voorop. De meeste frisdrankmultinationals (zoals Pepsi, Coca-Cola, Danone en GlaxoSmithKline) opereren ook op de markt van de functionele dranken.

De totale markt voor functionele dranken (inclusief energiedranken)

Het drukke leven dat mensen vandaag de dag leiden stimuleert de verkoop van functionele dranken (inclusief sport- en energiedranken). Functionele dranken zijn nu geen nichemarkt meer, maar een massamarkt. Sinds ze voor het eerst op de markt kwamen, is de verkoop elk jaar gestegen. Om het meeste uit elke dag te halen, zijn consumenten steeds meer op zoek naar producten die hun een extra oppepper geven – een van de redenen waarom zoveel mensen dit soort dranken gaan drinken.

Op de functionele drankenmarkt wordt Red Bull steeds meer uitgedaagd door nieuwe innovatieve merken. Met een internationale verkoop van drie miljard blikjes in 2006 bereikte Red Bull een marktaandeel van 45 procent van de wereldmarkt in energiedranken, wat het bedrijf duidelijk marktleider in dit segment maakt. Omdat energiedranken hogere inkomsten per liter opbrengen, zijn ze voor alle grote spelers op de markt interessant geworden. Coca-Cola is met Burn gekomen, en Pepsi met Adrenaline, maar tot nu toe zijn ze allesbehalve in staat geweest Red Bull van zijn plek als internationale marktleider te stoten.

Het marktaandeel van Red Bull op de totale frisdrankenmarkt is klein. Volgens Euromonitor (2007) heeft het bedrijf een marktaandeel van 0,8 procent. In tabel 1 staat een overzicht van het totale marktaandeel van Red Bull op de functionele-drankenmarkt.

De marktontwikkeling op de internationale energiedrankenmarkt

In Azië wordt het grootste volume energiedrank geconsumeerd: veertig procent van het totale volume. Als echter wordt gekeken naar de consumptie per hoofd van de bevolking, dan gaan Noord-Amerika en Australië/Nieuw Zeeland aan kop. In bijna alle regio's is het begrip 'energiedrank' bekend en geaccepteerd door de consument. De enige twee regio's die daarop ten dele een uitzondering vormen, zijn Oost-Europa en Midden- en Zuid-Amerika, waar het lage besteedbare inkomen van de bevolking een belemmering blijft.

Niemand zal het verbazen dat de Verenigde Staten als land de grootste markt vormen, groter dan Japan, Indonesië en China. Drie andere Aziatische landen horen ook bij de tien grootste markten voor energiedranken, namelijk Thailand, Zuid-Korea en Vietnam. Hoewel in Azië nog steeds bijna de helft van alle energiedrank die wereldwijd wordt geconsumeerd wordt gedronken, begint dit werelddeel zijn dominante positie langzaam maar zeker te verliezen, nu andere regio's het beginnen in te halen. Bovendien groeit de consumptie van deze dranken wereldwijd steeds langzamer. Na een groei van 31 procent in 2004 en 24 procent in 2005, was de groei in 2006 slechts 17 procent.

In West-Europa gaat het Verenigd Koninkrijk qua consumptievolume aan kop: bijna de helft van alle energiedrank die in de regio wordt geconsumeerd, wordt daar gedronken. De consumptie per hoofd van de bevolking is echter in de Republiek Ierland en Oostenrijk veel groter: Ierse consumenten drinken gemiddeld net iets minder dan acht liter energiedrank per jaar, veel meer dan het gemiddelde in de regio van 1,6 liter per hoofd van de bevolking. Het feit dat in Oostenrijk per hoofd van de bevolking een meer dan gemiddelde hoeveelheid energiedrank wordt gedronken, kan misschien verklaard worden aan de hand van het feit dat het land de bakermat van Red Bull en andere producenten van energiedranken is.

In West-Europa mogen veel energiedranken vanwege bepaalde ingrediënten niet worden verkocht. Voor Red Bull is dit in Frankrijk en Denemarken het geval. Dit heeft natuurlijk een duidelijke invloed op de markt, wat te zien is als de West-Europese markt vergeleken wordt met die in andere geografische regio's.

Hoewel Red Bull zich oorspronkelijk richtte op de horeca (bars, disco's enzovoort), is de detailhandel nu het voornaamste verkoopkanaal voor energiedranken: ongeveer twee derde van het totale volume wereldwijd wordt via deze kanalen verkocht, en dat geldt vrijwel overal ter wereld. Alleen in Midden- en Zuid-Amerika wordt in de horeca en de detailhandel ongeveer evenveel energiedrank verkocht, en in de Verenigde Staten ligt de nadruk op de detailhandel (85 procent). Op veel markten – het Verenigd Koninkrijk is een goed voorbeeld – wordt het volume energiedrank dat in de horeca wordt verkocht sterk beïnvloed door de verkoop van energiedrank gemixt met sterke drank, voornamelijk wodka.

Regio	Marktaandeel Red Bull op de functionele-drankenmarkt (%)
West-Europa	26,8
Oost-Europa	31,4
Noord-Amerika	10,0
Latijns-Amerika	11,7
Azië (m.u.v. Australië/NZ)	2,8
Australië/Nieuw-Zeeland	13,6
Afrika/Midden-Oosten	22,7
Totaal wereld	10,9
Totaal wereldmarkt (functionele-drankenmarkt)	US$24.250 miljoen

Bron: Euromonitor (2007). Copyright Euromonitor International 2007.

Tabel 1: Marktaandeel van Red Bull (waarde) op de functionele-drankenmarkt (2006)

Bronnen: Hosea, M. (2007), 'Running with bulls', Brand Strategy, september, pag. 20-23; Datamonitor (2007), Red Bull GmbH, Datamonitor Company Profile, 25 april 2007; Gschwandtner, G. (2004), The Powerful Sales Strategy behind Red Bull, Selling Power Magazine, september 2004; Euromonitor (2007), Red Bull Gmbh – Softdrink – World, Global Company Profile, Euromonitor International, maart, pag. 1-15; Euromonitor (2006), Functional Drinks – Japan, Euromonitor International, oktober, pag. 1-11; Lerner, M. (2007), 'Running with "Red Bull" and an arena of specialty drinks', American Metal Market, augustus, pag. 20-22; Marketing Week (2006), 'Red Bull spreads its wings', 1 juni 2006, pag. 33.

Vragen

Het topmanagementteam van Red Bull overweegt marktexpansie naar nieuwe markten als Turkije, Rusland, Mexico, Japan, China of het Midden-Oosten. Voor een externe evaluatie van de marktkansen hebben ze met jou contact opgenomen. In de komende week word je geacht een kort rapport te schrijven, waarin de volgende vragen worden beantwoord:

1. Hoe kenschets je de internationale marketingstrategie van Red Bull (internationaal, *glocal* of lokaal)?
2. Beargumenteer wat de meest relevante segmentatiecriteria (screeningcriteria) zijn om bij het internationale marktselectieproces te gebruiken.
3. Hoe zou je de internationale marketingmix van Red Bull voor de toekomst willen veranderen, zodat het bedrijf het hoofd kan bieden aan toekomstige uitdagingen/problemen?

DEEL III

Entreestrategieën

Inleiding deel III

Als bedrijven eenmaal buitenlandse doelmarkten hebben gekozen (zie deel II), dient de vraag zich aan wat de beste manier is om tot die markten toe te treden. In deel III staan we stil bij de belangrijkste entreestrategieën en de criteria op basis waarvan ze gekozen worden. Een internationale entreestrategie is een institutionele maatregel die bedrijven nodig hebben om met hun producten, technologie en menselijk kapitaal tot buitenlandse markten toe te kunnen treden.

Om deel III van latere hoofdstukken te onderscheiden, kijken we naar figuur 1. In dit figuur zijn de klassieke distributiesystemen op een nationale consumentenmarkt weergegeven.

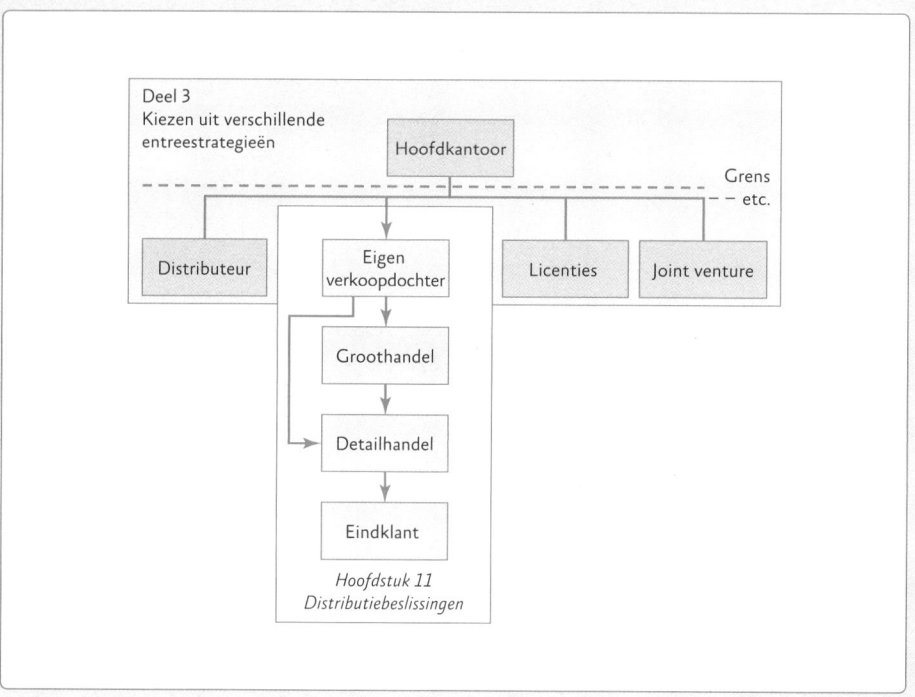

Figuur 1: Verschillende entreestrategieën en de distributiebeslissing

In deze context kan de gekozen entreestrategie (in dit geval een eigen dochterbedrijf voor de verkoop) gezien worden als het eerste beslissingsniveau in de verticale keten die een bepaalde marketing- en distributieaanpak van de volgende spelers in de keten vergt. In hoofdstuk 11 gaan we de keuze tussen de verschillende distributiesystemen op nationaal niveau nader bekijken.

Sommige bedrijven zijn erachter gekomen dat een onberaden keuze wat entreestrategie betreft in de eerste stadia van hun internationalisatie een bedreiging kan vormen voor hun toekomstige entree- en uitbreidingsactiviteiten. Omdat bedrijven de eerste entreestrategie die ze kiezen in de loop der tijd doorgaans institutionaliseren en dus nieuwe producten via dezelfde gevestigde kanalen verkopen en nieuwe markten via dezelfde entreestrategieën betreden, kan een verkeerde eerste keuze een groot probleem vormen. Het veranderen van entreestrategie is een traag proces; op een andere entreestrategie overstappen kost dus veel tijd. Omdat bedrijven gevestigde entreestrategieën niet graag veranderen en het veel tijd en moeite kost van entreestrategie te veranderen, is het kiezen van de juiste entreestrategie voor bedrijven die op de snel internationaliserende markt van tegenwoordig opereren een uitermate belangrijke strategische kwestie (Hollensen, 1991).

Voor de meeste MKB-bedrijven is markttoetreding een cruciale eerste stap op weg naar internationalisering. Voor gevestigde bedrijven is het probleem niet zozeer hoe ze moeten toetreden tot nieuwe opkomende markten, maar hoe ze binnen hun bestaande netwerk van internationale activiteiten de kansen die ze hebben effectiever kunnen benutten.

Een ideale strategie voor markttoetreding bestaat niet. Het kan best zijn dat verschillende bedrijven die tot dezelfde markt toetreden en/of een bedrijf dat tot verschillende markten toetreedt daar verschillende methoden voor gebruiken. Bedrijven combineren vaak methoden om een specifieke buitenlandse markt te betreden of te ontwikkelen (Petersen en Welch, 2002). Het gezamenlijke gebruik van verschillende bedrijfsvoeringmethoden op een geïntegreerde, complementaire manier (Freeman et al, 2006) is een voorbeeld van zo'n 'methodenpakket'. In sommige gevallen gebruiken bedrijven een combinatie van methoden die tegenstrijdig zijn, bijvoorbeeld bij een onvriendelijke overname van een exportmarkt.

Als gekeken wordt naar de ruime keuze aan entreestrategieën die bedrijven die tot internationale markten toetreden tot hun beschikking hebben, zien we drie brede groepen (figuur 2). Elk van deze entreestrategieën kent verschillende controle-, risico- en flexibiliteitniveaus. Zo geeft het gebruik van hiërarchische methoden (investeringsmethoden) het bedrijf een bepaalde mate van eigenaarschap en daardoor veel controle, maar veel geld in buitenlandse markten steken betekent ook een groter potentieel risico. Ook creëren grote investeringen uittredingsdrempels, waardoor het voor bedrijven moeilijker wordt snel van entreestrategie te veranderen. Bij het kiezen van een entreestrategie moeten keuzes worden gemaakt, want een bedrijf kan niet zowel veel controle hebben als heel flexibel zijn.

Exportmethoden
Paragraaf 9.2
100% geëxternaliseerd
(weinig controle, weinig risico, veel flexibiliteit)

Tussenvormen
Paragraaf 9.3
(gedeelde controle, gedeeld risico en eigenaarschap)

Hiërarchische methoden
(investeringsmethoden)
Paragraaf 9.4
100% geïnternaliseerd
(veel controle, veel risico, weinig flexibiliteit)

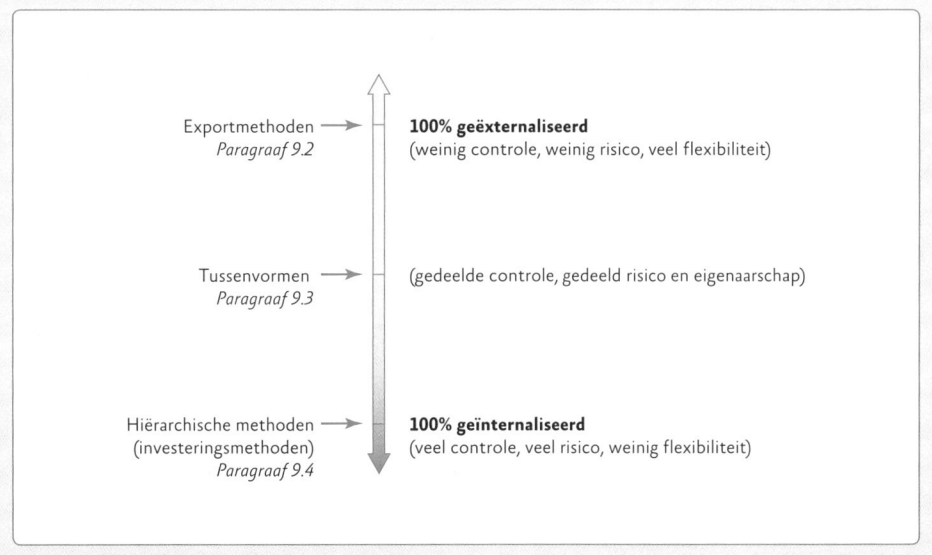

Figuur 2: Classificatie van entreestrategieën

Figuur 3 laat drie voorbeelden van de belangrijkste entreestrategieën zien. Bij het gebruik van hiërarchische methoden worden transacties tussen onafhankelijke deelnemers vervangen door transacties binnen het bedrijf en marktprijzen door interne verrekeningsprijzen.

Bij de beslissing over wat de juiste entreestrategie voor een bedrijf is, moeten veel factoren in overweging worden genomen. Deze factoren (criteria) zijn voor elke marktsituatie en elk bedrijf anders.

In hoofdstuk 8 worden de verschillende beslissingscriteria onder de loep genomen, evenals hun invloed op de keuze die bedrijven moeten maken tussen de drie entreestrategieën. In hoofdstuk 9 worden de drie entreestrategieën meer in detail behandeld.

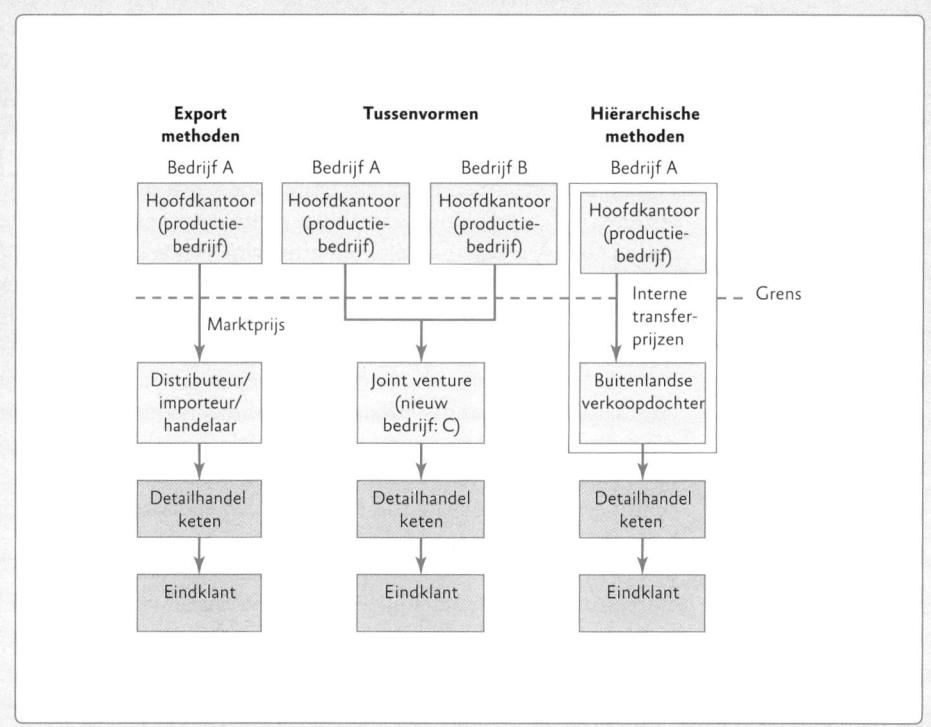

Figuur 3: Voorbeelden van de verschillende entreestrategieën op de consumentenmarkt

De eenvoudige versie van de waardeketen (figuur 1.7) wordt gebruikt om de verschillende entreestrategieën in hoofdstuk 9 te structureren.

8

Het kiezen van
een entreestrategie

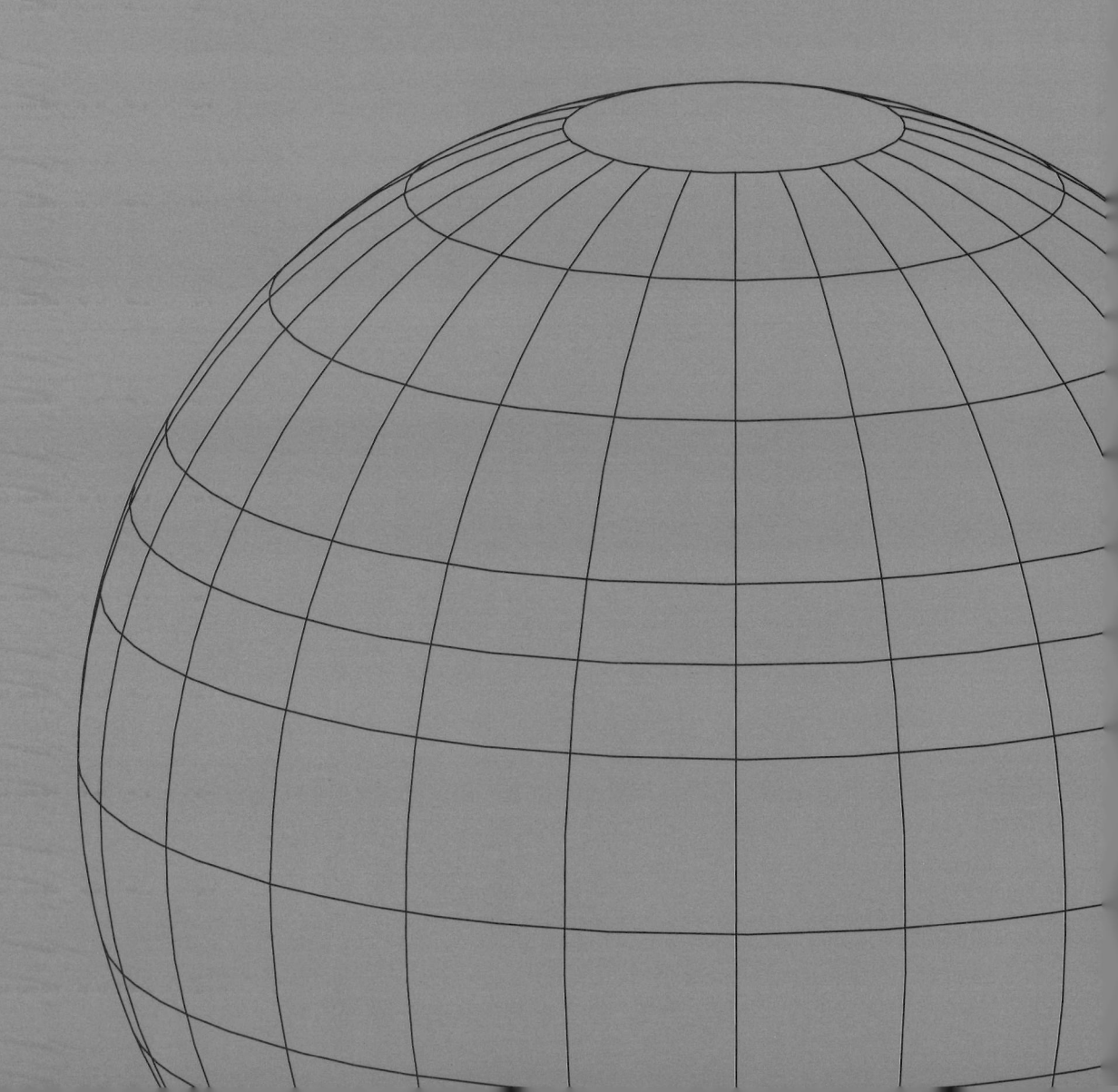

Hoofdstuk 8 HET KIEZEN VAN EEN ENTREESTRATEGIE

Leerdoelen

Na het bestuderen van dit hoofdstuk moet je in staat zijn het volgende te doen:

- De verschillende entreestrategieën benoemen en rangschikken.
- Onderzoeken op welke manieren het kiezen van een entreestrategie benaderd kan worden.
- Uitleggen hoe opportunistisch gedrag de relatie tussen producent en tussenpersoon beïnvloedt.
- De factoren benoemen die bij de keuze van een entreestrategie in overweging moeten worden genomen.

8.1 Inleiding

ENTREESTRATEGIE
Institutionele maatregel die nodig is om de producten en diensten van een bedrijf op een nieuwe internationale markt te brengen. De hoofdtypes zijn: exportmethoden, tussenvormen en hiërarchische methoden.

We hebben gezien uit welke hoofdgroepen entreestrategieën bedrijven die kansen op buitenlandse markten willen benutten, kunnen kiezen. Nu gaan we ons met de volgende vraag bezighouden: wat voor strategie moeten bedrijven gebruiken om de juiste entreestrategie te kiezen?

Volgens Root (1994) zijn er drie verschillende regels:

1. De naïeve regel. De beslisser gebruikt voor alle buitenlandse markten dezelfde entreestrategie. Bij deze regel wordt de heterogeniteit van de afzonderlijke buitenlandse markten genegeerd.
2. De pragmatische regel. De beslisser gebruikt voor elke buitenlandse markt een werkbare entreestrategie. In het beginstadium van de export begint het bedrijf doorgaans met een weinig risicovolle entreestrategie. Alleen als die eerste methode niet uitvoerbaar of winstgevend blijkt, gaat het bedrijf op zoek naar een andere werkbare entreestrategie. In dit geval worden niet alle mogelijke alternatieven onderzocht; het kan zijn dat de werkbare methode niet de 'beste' entreestrategie is.
3. De strategische regel. Bij deze benadering moeten alle verschillende entreestrategieën systematisch met elkaar vergeleken en geëvalueerd worden voordat een keuze wordt gemaakt. Een voorbeeld van de toepassing van deze beslissingsregel zou het kiezen van de entreestrategie zijn die in de strategische planningsperiode een zo groot mogelijke winstcontributie oplevert, afhankelijk van (a) de beschikbaarheid van bedrijfsmiddelen, (b) risico en (c) non-profitdoelen.

Hoewel veel MKB-bedrijven waarschijnlijk de pragmatische of zelfs de naïeve regel gebruiken, is dit hoofdstuk vooral gebaseerd op de analytische benadering, het belangrijkste principe achter de strategieregel.

8.2 De transactiekostenbenadering

De transactiekostenbenadering is in hoofdstuk 3 al kort aan de orde gesteld. In dit hoofdstuk gaan we dieper in op 'frictie' en opportunisme, twee elementen uit deze benadering.

Wat bij deze benadering centraal staat, is de transactie, niet het bedrijf. Het fundamentele idee achter deze benadering is dat er in de echte wereld bij markttransacties altijd wat frictie bestaat tussen koper en verkoper. Deze frictie wordt voornamelijk veroorzaakt door opportunistisch gedrag in de relatie tussen producent en tussenpersoon voor de export.

Als de tussenpersoon een agent is, omschrijft de producent specifiek de taken die de tussenpersoon ter bevordering van de verkoop moet uitvoeren om een beloning te krijgen in de vorm van provisie.

Als de tussenpersoon een importeur is, heeft deze een grotere mate van vrijheid, omdat hij tot op zekere hoogte zelf de verkoopprijzen kan vaststellen en zo zijn inkomsten kan baseren op het verschil tussen de verkoopprijs van de producent (de aankoopprijs van de importeur) en de verkoopprijs van de importeur.

Wie de tussenpersoon voor de export ook is, er zullen altijd bepaalde factoren zijn die kunnen resulteren in conflicten en opportunistische activiteiten:
- de omvang van de voorraad van de tussenpersoon voor de export;
- de mate waarin de tussenpersoon voor de export zijn klanten technische en commerciële diensten moet verlenen;
- de verdeling van marketingkosten (reclame, tentoonstellingsactiviteiten etc.) tussen producent en tussenpersoon;
- prijsafspraken: van producent naar tussenpersoon en van tussenpersoon naar klanten;
- afspraken met betrekking tot de provisie van agenten.

8.2.1 Opportunistisch gedrag van tussenpersonen voor de export

Opportunistisch gedrag van tussenpersonen voor de export kan zich in twee activiteiten manifesteren:
1. In de meeste relaties tussen producenten en tussenpersonen voor de export is vastgesteld hoe de kosten van de verkoopbevordering verdeeld worden. Als tussenpersonen beweren dat ze te veel moeten uitgeven aan activiteiten ter bevordering van de verkoop (door bijvoorbeeld met facturen te knoeien), kan dit tot gevolg hebben dat producenten deze tussenpersonen meer zullen betalen.
2. Om lagere affabrieksprijzen van producenten te krijgen, kunnen tussenpersonen voor de export knoeien met informatie over marktomvang en prijzen van de concurrentie. Dit soort opportunisme kan natuurlijk voorkomen worden als de provisie die tussenpersonen ontvangen gebaseerd is op de gerealiseerde omzet (zoals bij agentschappen het geval is).

8.2.2 Opportunistisch gedrag van producenten

Tot nu toe hebben we in dit hoofdstuk aangenomen dat de tussenpersonen voor de export degenen zijn die zich opportunistisch gedragen. Producenten kunnen zich echter ook opportunistisch gedragen, want tussenpersonen moeten ook middelen (tijd en geld) inzetten om de markt op te bouwen voor de productprogramma's van producenten. In het bijzonder is dit het geval als producenten dure en technisch gecompliceerde producten willen verkopen.

Bijgevolg dragen tussenpersonen voor de export een groot deel van het economische risico. Hen zal altijd de dreiging boven het hoofd hangen dat producenten van entreestrategie veranderen. Als tussenpersonen niet aan de verwachting van producenten voldoen, lopen ze het risico door andere tussenpersonen vervangen te worden. Ook kunnen producenten een eigen exportorganisatie starten (een verkoopdochter) als de toegenomen transactiefrequentie (marktomvang) de toegenomen kosten kan dragen.

Dit laatste geval kan ook onderdeel uitmaken van een opzettelijke strategie van de kant van producenten, namelijk tussenpersonen marktkennis en klantencontacten ontfutselen en dan zelf een verkooporganisatie opzetten.

Wat kunnen tussenpersonen voor de export doen om deze situatie het hoofd te bieden?

Heide en John (1988) opperen dat agenten een aantal 'compenserende' investeringen zouden moeten doen om de relatie tussen de twee partijen te neutraliseren. Door deze investeringen smeden ze banden die het voor producenten heel kostbaar maakt de relatie te verbreken. Agenten werpen zo 'uittredingsdrempels' voor producenten op. Voorbeelden van dergelijke investeringen zijn:

- het vormen van een persoonlijke relatie met de belangrijkste werknemers van de producent;
- het creëren van een eigen, onafhankelijke identiteit (imago) voor het verkopen van de producten van de producent;
- het toevoegen van meerwaarde aan het product van de producent, zoals VTN (voor-tijdens-na) service, waardoor de band die de agent met zijn klanten heeft hechter wordt.

Als het onmogelijk is dergelijke compenserende investeringen te doen, stellen Heide en John (1988) voor dat agenten hun risico spreiden door meer producenten te vertegenwoordigen.

Dit zijn de omstandigheden waar producenten mee te maken krijgen. Als verschillende van deze factoren zich tegelijkertijd voordoen, is volgens de theorie internalisering te verkiezen boven externalisering.

8.3 Factoren die de keuze van een entreestrategie beïnvloeden

De entreestrategie die bedrijven voor een bepaald product/doelland kiezen, is het nettoresultaat van verschillende vaak tegenstrijdige krachten. Omdat het nodig is de grootte en de richting van deze krachten te voorzien, is het kiezen van een entreestrategie een complex proces met veel wisselwerking tussen de verschillende entreestrategieën.

In het algemeen gesproken zou een entreestrategie gekozen moeten worden op basis van de verwachte bijdrage die ze levert aan het genereren van winst. Dat is soms gemakkelijker gezegd dan gedaan, vooral als het gaat om buitenlandse markten waarover relevante gegevens ontbreken. De meeste selectiecriteria zijn kwalitatief van aard; kwantificering is erg moeilijk.

Zoals in figuur 8.1 te zien is, beïnvloeden drie groepen factoren de beslissing over de te kiezen entreestrategie:
1. interne factoren
2. externe factoren
3. gewenste kenmerken van de methode
4. transactiespecifiek gedrag

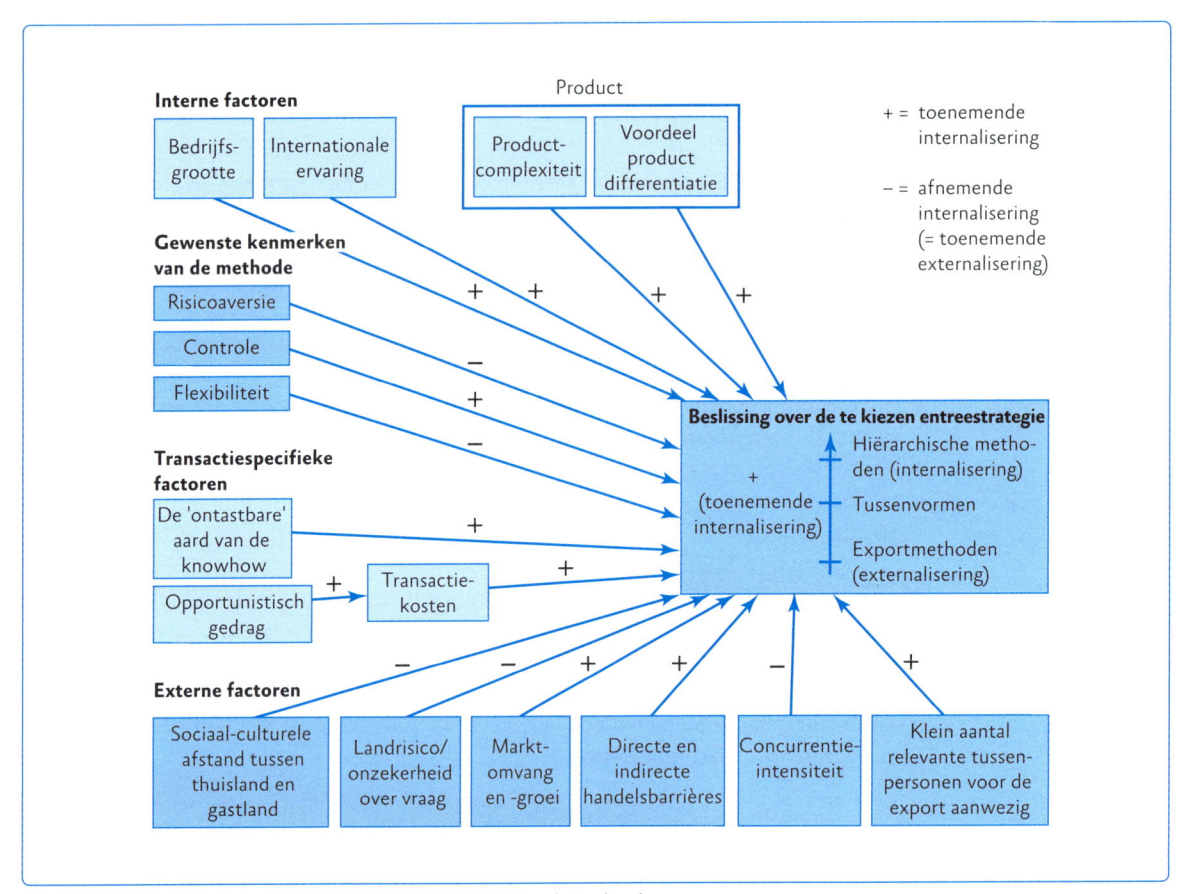

Figuur 8.1: Factoren die de keuze van een entreestrategie beïnvloeden

In het hierna volgende wordt van elke factor omschreven welke invloed hij heeft op het kiezen van een entreestrategie. In zowel de tekst als figuur 8.1 is de richting van die beïnvloeding weergegeven. Omdat het nemen van een beslissing over entreestrategieën heel complex is, wordt ervan uitgegaan dat alle andere factoren gelijk blijven. Als een bedrijf zijn beslissing wil kwantificeren, is het vaak nodig het effect van de verschillende factoren op de internalisering/externalisering te meten aan de hand van een schaal die bijvoorbeeld van +3 naar -3 loopt, waarbij 0 aangeeft dat de voorkeur uitgaat naar de tussenvormen.

8.3.1 1. Interne factoren

Bedrijfsgrootte

De grootte van een bedrijf is een indicatie van de middelen die een bedrijf tot zijn beschikking heeft; een groeiende beschikbaarheid van middelen vormt de basis voor een groeiende aanwezigheid op de internationale markt. In internationale operaties willen MKB-bedrijven graag een hoge mate van controle hebben en grote investeringen in buitenlandse markten doen. De kans is echter groter dat ze exportmethoden gebruiken om tot de buitenlandse markt toe te treden, omdat ze de middelen niet hebben om een grote mate van controle te verkrijgen of deze investeringen te doen. Voor MKB-bedrijven zijn exportmethoden, waarbij minder investering nodig is, daarom misschien geschikter. Als bedrijven groeien, zullen ze steeds meer het hiërarchische model gebruiken (Sanchez-Peinado et al., 2007). De 'bedrijfsgrootte' kan bijvoorbeeld gemeten worden in termen van verkoopvolume of aantal werknemers vóór toetreding tot een buitenlandse markt.

Internationale ervaring

Een andere bedrijfsspecifieke factor die het kiezen van een entreestrategie beïnvloedt, is de internationale ervaring van managers en dus van het bedrijf. Ervaring, dat wil zeggen de mate waarin een bedrijf internationaal werkzaam is geweest, kan opgedaan worden door in een specifiek land of in een algemene internationale omgeving werkzaam te zijn. Het hebben van internationale ervaring vermindert de kosten en onzekerheid die aan het bedienen van een buitenlandse markt verbonden zijn en verhoogt de kans dat bedrijven in buitenlandse markten investeren.

Product/dienst

De fysieke kenmerken van een product of dienst, zoals de waarde/gewichtratio, houdbaarheid en samenstelling, zijn belangrijk voor het bepalen van de productielocatie. Producten met een hoge waarde/gewichtratio, zoals dure horloges, worden meestal rechtstreeks geëxporteerd, vooral als daarmee aanmerkelijke productieschaalvoordelen kunnen worden behaald of als het management de controle over de productie wil behouden. Daarentegen sluiten bedrijven in de frisdrank- en bierindustrie doorgaans licentieovereenkomsten of investeren ze in lokale bottelarij- of productiefaciliteiten, omdat de kosten van verscheping, vooral naar verre markten, exorbitant hoog zijn.

Omdat producten qua kenmerken en gebruik zeer verschillend zijn en ze soms ook op heel verschillende manieren verkocht moeten worden, heeft de aard van een product invloed op de kanaalselectie. Als een product bijvoorbeeld heel technisch van aard is (hoge complexiteit), kan het zijn dat zowel voor als na de verkoop service verleend moet worden. Op buitenlandse marktgebieden zijn marketingtussenpersonen soms niet in staat deze service te leveren. Bedrijven zullen dan een van de hiërarchische methoden moeten gebruiken. Blomstermo et al. (2006) maken onderscheid tussen 'harde' en 'zachte' diensten. Harde diensten zijn diensten waarbij productie en consumptie losgekoppeld kunnen worden. Softwareondersteuning kan bijvoorbeeld op cd of een ander tastbaar medium worden gezet dat in massa geproduceerd kan worden, wat standaardisering mogelijk maakt. Bij zachte diensten, waar productie en consumptie tegelijkertijd plaatsvinden, is de klant coproducent. Loskoppeling is niet mogelijk. De aanbieder van zachte diensten moet vanaf het moment dat operaties in het buitenland beginnen aldaar aanwezig zijn. Blomstermo et al. (2006) stellen vast dat er wat de keuze van entreestrategie voor buitenlandse markten betreft aanmerkelijke verschillen bestaan tussen leveranciers van harde en zachte diensten. Managers in bedrijven die zachte diensten leveren, zullen veel vaker een entreestrategie met een hoge mate van controle (een hiërarchische methode) kiezen dan bedrijven die harde diensten leveren. Voor aanbieders van zachte diensten is het belangrijk interactie te hebben met hun buitenlandse klanten, dus zullen ze voor een hoge mate van controle kiezen, waardoor ze de coproductie van de diensten nauwlettend kunnen volgen.

Bedrijven kunnen de hogere kosten die aanwezigheid op een buitenlandse markt met zich meebrengt absorberen door producten aan te bieden die zich onderscheiden door fysieke verscheidenheid, merknaam, reclame en service na de verkoop (bijvoorbeeld garantie en regelingen op het gebied van reparatie en vervanging), waardoor consumenten ze boven andere producten zullen verkiezen. Productdifferentiatievoordeel geeft bedrijven een bepaalde impuls om prijzen zodanig te verhogen dat ze met meer dan de gebruikelijke winst de kosten overstijgen (quasi-rente). Ook kunnen bedrijven die productdifferentiatievoordeel hebben concurrentie beperken door toetredingsbelemmeringen te ontwikkelen die een fundamenteel onderdeel uitmaken van hun concurrentiestrategie. Bovendien kunnen ze beter in de behoeften van klanten voorzien, wat hun concurrentiepositie nog verder versterkt. Omdat productdifferentiatievoordeel bedrijven een 'natuurlijk monopolie' geeft, proberen bedrijven hun concurrentievoordeel te beschermen door hiërarchische entreestrategieën te gebruiken.

8.3.2 2. Externe factoren

Sociaal-culturele afstand tussen thuis- en gastland

Sociaal-cultureel vergelijkbare landen zijn landen die vergelijkbare bedrijfs- en industriepraktijken hebben, dezelfde taal of een taal die erop lijkt, een vergelijkbaar scholingsniveau en vergelijkbare culturele kenmerken.

Sociaal-culturele verschillen tussen het thuis- en gastland van bedrijven kan bij deze bedrijven interne onzekerheid creëren, wat van invloed is op de entreestrategie die ze wenselijk vinden.

Hoe groter de vermeende afstand tussen het thuis- en gastland in termen van cultuur, economische systemen en bedrijfspraktijken, hoe waarschijnlijker het is dat bedrijven in plaats van directe investeringen te doen zullen kiezen voor joint ventures. De reden hiervoor is dat joint ventures hun de flexibiliteit geven zich uit het gastland terug te trekken als ze niet aan de onbekende omgeving kunnen wennen. Samengevat: als alle andere factoren gelijk zijn maar de vermeende afstand tussen thuis- en gastland groot is, zullen bedrijven liever entreestrategieën kiezen waarbij relatief weinig middelen ingezet hoeven te worden en die hun een grote mate van flexibiliteit geven. Dit wordt ook ondersteund door Sanchez-Peinado et al. (2007).

Landrisico/vraagonzekerheid

Buitenlandse markten worden gewoonlijk als risicovoller gezien dan de binnenlandse markt. De hoeveelheid risico die bedrijven lopen is een functie van niet alleen de markt zelf maar ook van de wijze van betrokkenheid van bedrijven op die markt. Naast investeringen zetten bedrijven hun voorraden en uitstaande vorderingen op het spel. Bij het plannen van hun entreestrategie moeten bedrijven een risicoanalyse van zowel de markt als hun entreestrategie uitvoeren. Wisselkoersrisico is ook een variabele. Bovendien zijn de risico's niet altijd economische risico's: er zijn ook politieke risico's.

Als het landrisico groot is, doen bedrijven er goed aan zich zo weinig mogelijk aan dit risico bloot te stellen door zo weinig mogelijk middelen in dat land te steken. Dat wil zeggen: als alle andere factoren gelijk zijn, zullen landen bij een hoog landrisico de voorkeur geven aan entreestrategieën waarbij relatief weinig middelen ingezet hoeven te worden (exportmethoden).

Bij onvoorspelbaarheid in de politieke en economische omgeving van de gastmarkt nemen de vermeende risico's en vraagonzekerheid die bedrijven ervaren toe. Dit maakt bedrijven er afkerig van tot die markt toe te treden met behulp van entreestrategieën die een grote inzet van middelen vergen. Aan de andere kant willen bedrijven in zo'n geval graag heel flexibel zijn.

Marktomvang en -groei

Landgrootte en het groeitempo van de markt zijn belangrijke parameters bij het bepalen van de entreestrategie. Hoe groter een land en de omvang van zijn markt, en hoe hoger het groeitempo, hoe waarschijnlijker het is dat het management bereid zal zijn middelen in de ontwikkeling van die markt te steken door er een volle verkoopdochter te vestigen of een joint venture met een meerderheidsbelang aan te gaan. Door operaties zelf in de hand te houden, heeft het management rechtstreeks contact en kan het de marktontwikkeling effectiever plannen en sturen.

Het is het vaak niet waard veel aandacht en middelen te besteden aan kleine markten, vooral niet aan kleine markten die geografisch gezien geïsoleerd liggen en niet efficiënt vanuit een aangrenzend land bediend kunnen worden. Beter is het deze markten te bedienen via export of licentieovereenkomsten. Hoewel marktontwikkeling hierdoor niet zal worden gestimuleerd en marktpenetratie niet zal worden gemaximaliseerd, kunnen bedrijven op deze manier tot de markten toetreden zonder er veel middelen in te steken en houden ze middelen over voor potentieel lucratievere markten.

Directe en indirecte handelsbarrières

Als er in een land sprake is van tarieven of quota op buitenlandse importgoederen en -onderdelen, stimuleert dat de vestiging van lokale productie- of assemblageoperaties (hiërarchische methoden).

Product- en handelsreguleringen en -standaarden hebben ook invloed op de keuze van entreestrategie en handelwijze, net als een voorkeur voor lokale leveranciers. Als er in een land een voorkeur voor lokale leveranciers of het kopen van in het land zelf vervaardigde producten bestaat, stimuleert dat bedrijven vaak een joint venture of een andere contractuele overeenkomst aan te gaan met lokale bedrijven (tussenvormen). De lokale partners helpen de bedrijven lokale contacten te ontwikkelen, verkoop te sluiten, distributiekanalen op te zetten en het beeld dat de bedrijven wellicht van dat buitenland hebben bij te stellen.

Product- en handelsreguleringen en douaneformaliteiten stimuleren bedrijven ook methoden te kiezen waarbij lokale bedrijven bij de markttoetreding betrokken worden. Deze kunnen voor informatie over en contacten op lokale markten zorgen en kunnen de toegang tot de markten vergemakkelijken. In sommige gevallen, bijvoorbeeld als producten door productreguleringen en -standaards aanzienlijk aangepast en gemodificeerd moeten worden, kan het zijn dat bedrijven in het gastland productie-, assemblage- of afwerkingfaciliteiten vestigen.

Zowel directe als indirecte handelsbarrières lijken dus tot gevolg te hebben dat bedrijven meer geneigd zijn verschillende functies, zoals sourcing, productie en het ontwikkelen van marketingtactieken, naar de buitenlandse markt te verschuiven.

Concurrentie-intensiteit

Als de concurrentie-intensiteit op een gastmarkt groot is, doen bedrijven er goed aan internalisering te vermijden. Dergelijke markten zijn meestal minder winstgevend en zijn het niet waard er veel middelen in te steken. Als alle andere factoren gelijk zijn, zullen bedrijven sterker de voorkeur geven aan entreestrategieën waarbij weinig middelen ingezet hoeven te worden naarmate de concurrentie-intensiteit op de gastmarkt groter is.

Klein aantal relevante tussenpersonen beschikbaar

In dat geval is de markt onderhevig aan het opportunistische gedrag van de weinige tussenpersonen voor de export die op die markt aanwezig zijn. Bedrijven zullen hiërarchische methoden gebruiken om de ruimte voor opportunistisch gedrag te beperken.

8.3.3 3. Gewenste kenmerken van de methode

Risicoaversie

Als beslissers afkerig zijn van het nemen van risico's, zullen ze de voorkeur geven aan exportmethoden (bijvoorbeeld directe en indirecte export) of licentieverlening (een tussenliggende methode), omdat bij deze methoden doorgaans weinig financiële middelen en managementmiddelen hoeven te worden ingezet. Een joint venture is een manier om risico, financiële blootstelling, de kosten van het oprichten van lokale distributienetwerken en het inhuren van lokaal personeel te delen, hoewel in het onderhandelen en managen van joint ventures vaak veel managementtijd en -moeite gaat zitten. Entreestrategieën waarbij weinig middelen ingezet hoeven te worden en bedrijven dus een minimaal risico lopen, zullen de ontwikkelingen van internationale operaties echter niet stimuleren. Bedrijven die deze methoden gebruiken, kunnen vele kansen mislopen.

Controle

Bij het kiezen van een entreestrategie moet ook in overweging genomen worden welke mate van controle het management over operaties op internationale markten wil houden. Controle houdt vaak nauw verband met de hoeveelheid middelen die wordt ingezet. Bij entreestrategieën die weinig inzet van middelen vergen, zoals indirecte export, hebben bedrijven weinig tot geen controle over de omstandigheden waaronder een product of dienst in het buitenland op de markt wordt gebracht. In het geval van licentieverlening en contractproductie moet het management ervoor zorgen dat de productie aan de kwaliteitsstandaard van het bedrijf voldoet. Bij joint ventures is de mate van managementcontrole over internationale operaties ook beperkt. Deze kunnen een behoorlijke bron van conflict zijn als de partners niet dezelfde doelen hebben. Volle dochterbedrijven (hiërarchische methode) bieden de meeste controle maar vergen ook een aanzienlijke inzet van middelen (Sanchez-Peinado et al., 2007).

Flexibiliteit

EIGEN VERMOGEN
Een investering met een bepaalde financiële waarde.

Het management moet ook de flexibiliteit die entreestrategieën met zich meebrengen in overweging nemen. De hiërarchische methoden (die een aanzienlijke investering van eigen vermogen vergen) zijn doorgaans de meest kostbare methoden. Ook zijn ze het minst flexibel en het moeilijkst op de korte termijn te veranderen. Tussenvormen (contractuele overeenkomsten en joint ventures) beperken het vermogen van bedrijven zich aan te passen of van strategie te veranderen als marktomstandigheden snel veranderen.

8.3.4   4. Transactiespecifieke factoren

De transactiekostenanalyse is zowel in hoofdstuk 3 als eerder in dit hoofdstuk besproken. Daarom bespreken we nu slechts een van de factoren.

De 'ontastbare' aard van de knowhow

ONTASTBAAR (TACIT)
Moeilijk in woorden uit te drukken. Ontastbare kennis heeft vaak te maken met complexe producten en diensten, waarbij de functionaliteit heel moeilijk onder woorden te brengen is.

Als de aard van de bedrijfsspecifieke knowhow die overgedragen moet worden ontastbaar (tacit) is, is hij per definitie moeilijk te codificeren en te patenteren en daarom moeilijk door middel van contracten met externe partners over te dragen.

Sanchez-Peinado et al. (2007) gebruiken de volgende maatstaven voor ontastbare knowhow:
- Is het moeilijk de vaardigheden en kennis in kwestie te begrijpen?
- Is het moeilijk de vaardigheden en kennis over te brengen?
- Is het moeilijk vooraf de exacte prijs van een product/dienst te bepalen?
- Is het moeilijk de vaardigheden en kennis over te nemen?

Ontastbare knowhow maakt het opstellen van een contract (om zulke complexe knowhow over te dragen) heel problematisch. De moeite en kosten die gemoeid zijn met het overdragen van ontastbare knowhow zijn voor bedrijven een stimulans om hiërarchische methoden te gebruiken. Investeringsmethoden kunnen de intraorganisatorische overdracht van ontastbare knowhow vergemakkelijken. Door een hiërarchische methode te gebruiken, kunnen bedrijven hun menselijk kapitaal aanwenden en hun organisatorische routines gebruiken om het overdrachtprobleem te structureren. Hoe groter het ontastbare deel van de bedrijfsspecifieke knowhow is, hoe meer bedrijven de voorkeur zullen geven aan hiërarchische methoden.

Samenvatting

TUSSENVORMEN
Deze liggen tussen de exportmethoden (externe partners) en de hiërarchische methoden (interne methoden) in.

Vanuit het oogpunt van producenten (internationale marketeers) gezien, kunnen marktentreestrategieën in drie groepen worden ingedeeld:
1. Exportmethoden: weinig controle, weinig risico, veel flexibiliteit.
2. Tussenvormen (contractuele methoden): gedeelde controle, gedeeld risico, gedeeld eigenaarschap.
3. Hiërarchische methoden (investeringsmethoden): veel controle, veel risico, weinig flexibiliteit.

Welk alternatief het beste is, kan niet zomaar worden gezegd. Er zijn veel interne en externe omstandigheden die het kiezen van een entreestrategie beïnvloeden. Benadrukt moet worden dat producenten die aan internationale marketing willen gaan doen meer dan een van deze methoden tegelijkertijd kunnen gebruiken. Zo kunnen er verschillende productlijnen zijn die elk een andere entreestrategie vergen.

Discussievragen

1. Waarom is het kiezen van de meest geschikte entreestrategie een van de moeilijkste beslissingen die internationale marketeers moeten nemen?

2. Ben je het met de opvatting eens dat grote bedrijven de beslissing hoe tot een markt toe te treden op een rationele, analytische manier benaderen (de 'strategieregel') terwijl MKB-bedrijven dat op een meer pragmatische/opportunistische manier doen?

3. Wijs aan de hand van figuur 8.1 de belangrijkste factoren aan die de keuze van een entreestrategie beïnvloeden. Maak een lijstje van de factoren en zet ze op volgorde van belangrijkheid.

Competentietraining

1. Kies een beursgenoteerde onderneming die internationaal actief is en breng aan de hand van het jaarverslag in kaart welke entreestrategieën men hanteert. Geef een verklaring voor de verschillende keuzes die men gemaakt heeft.

2. Interview een exportmanager over de gemaakte keuzes met betrekking tot een recent betreden markt. Doe dit aan de hand van de transactiekostenbenadering.

Casestudy 8.1 — Ansell-condooms: Is acquisitie de juiste manier om meer marktaandeel op de Europese condoommarkt te krijgen?

Ansell Limited is de nieuwe naam van het bedrijf dat voorheen bekend stond als Pacific Dunlop Limited.

De naam van het bedrijf is in april 2002 veranderd. Het bedrijf had zich destijds strategisch gehpositioneerd om zich te richten op zijn kernactiviteit, beschermingsproducten en -diensten in een brede gezondheidszorgcontext. Ook had het een aantal bedrijfsunits dat niet in die strategie paste afgestoten. Ansell Limited is een op de beurs genoteerd Australisch bedrijf dat zijn hoofdkantoor in Richmond (Australië) heeft.

In 1905 kocht Eric Ansell, een voormalig werknemer van Dunlop, een aantal machines en begon in Melbourne (Australië) zijn eigen bedrijf, The Ansell Rubber Company, waar hij speelgoedballonnen en condooms maakte. De rest is geschiedenis. Ansell deed strategische acquisities, breidde zijn bedrijf uit en investeerde in het onderzoek en de ontwikkeling die nodig was om een aantal producten op de wereldmarkt te brengen.

Vandaag de dag is Ansell Limited Internationaal leider op het gebied van persoonlijke beschermingsproducten. Het bedrijf heeft operaties in Noord-, Midden- en Zuid-Amerika, Europa en Azië, heeft meer dan 12.000 werknemers wereldwijd in dienst en heeft een leidende positie op de markt van condooms en latex en kunststof handschoenen.

De condoommerken van Ansell worden op de markt gebracht via de divisie Personal Healthcare van Ansell Healthcare, die haar hoofdkantoor in Red Bank, New Jersey (VS) heeft. Dit honderd jaar oude bedrijf heeft gezorgd voor innovaties op het gebied van latex condooms en handschoenen. Het produceert en vermarkt een breed scala aan condooms met diverse smaken, kleuren, profielen en zaaddodende middelen. De condoommerken die Ansell wereldwijd op de markt brengt, hebben elk een eigen marketingstrategie die toegespitst is op het betreffende land of de betreffende regio. Op de lijst van merken die Ansell wereldwijd op de markt brengt, staan onder andere Lifestyles (voor de Amerikaanse markt), Mates (voor de Britse markt), KamaSutra (voor de Indiase markt), Contempo, Manix, Primex, Pleasure en Chekmate.

Daarnaast doet het bedrijf mee op de publiekesectormarkt, waar condooms via programma's en instellingen op het gebied van gezondheidszorg en sociaal welzijn aan mensen worden verschaft, vooral in de ontwikkelingslanden. Ook neemt het bedrijf deel aan een breed scala aan onderzoeken en educatieve activiteiten. Ansell blijft zijn aanwezigheid op de markt uitbreiden door nieuwe producten te introduceren. Zo zijn de Lifestyle Ultra Sensitive-condooms met zaaddodend middel ontwikkeld om tegemoet te komen aan de vraag naar een dunner condoom met zaaddodend middel dat maximale bescherming biedt tegen seksueel overdraagbare aandoeningen (SOA).

De wereldmarkt voor mannencondooms

Condooms bieden bescherming tegen zowel ongewenste zwangerschappen (anticonceptie) als soa (profylaxe). Deze laatste eigenschap is uniek voor condooms. Hoewel er qua oppervlak veel variatie bestaat in de soorten condooms die verkrijgbaar zijn (bijvoorbeeld geribbeld, dik en dun) is het latex condoom in de loop der jaren in wezen weinig veranderd.

Organisaties die samen de 'internationale publieke gezondheidszorgsector' vormen, verspreiden tegenwoordig acht tot tien miljard mannencondooms onder seksueel actieve mensen over de hele wereld, vooral in ontwikkelingslanden. Meestal gebeurt dat gratis, soms tegen een symbolisch bedrag. Geschat wordt dat nog eens drie tot vijf miljard mannencondooms via commerciële kanalen wordt verspreid, vooral in ontwikkelde landen als de Verenigde Staten, Japan en Europese landen. De omvang en indeling van de wereldmarkt voor mannencondooms, zijn in tabel 1 te zien.

In 2005 werd 35 procent van alle condooms door het Bevolkingsfonds van de Verenigde Naties gekocht. De Wereldgezondheidsorganisatie koopt ook condooms.

Naast de directe concurrenten, die in tabel 2 vermeld staan, is het heel belangrijk stil te staan bij de rol van de indirecte concurrenten, de producenten van substituutproducten. Volgens de Durex Sex Survey is het mannencondoom wereldwijd de meest populaire vorm van anticonceptie (41 procent van de mensen gebruikt hem). Van de 59 procent van de mensen die geen condoom gebruiken, gebruikt 19 procent de pil en 8 procent natuurlijke methoden. De rest (75 procent) gebruikt geen anticonceptie.

	Per jaar (miljard)
Internationale publieke gezondheidszorgsector (VN, WHO en lokale overheden)	8
Commerciële kanalen (vooral de VS, Japan en Europese landen)	4
Wereldmarkt	12

Bron: verschillende publieke bronnen.

Tabel 1: De wereldmarkt voor mannencondooms (2005)

Bij de distributie van mannencondooms in de commerciële sector heeft een verschuiving van apotheken naar detailhandels (supermarkten) plaatsgevonden. In 1990 werd in het Verenigd Koninkrijk ongeveer 25 procent van alle condooms die via de detailhandel werden verkocht in supermarkten verkocht en meer dan 50 procent in apotheken. Tegenwoordig wordt 40 procent van alle condooms die via de detailhandel worden verkocht in supermarkten verkocht en slechts 30 procent in apotheken. Nationale detailhandels (supermarkten, Boots en Superdrug) nemen nu minstens 65 procent van de verkoop van condooms in het Verenigd Koninkrijk voor hun rekening.

De belangrijkste concurrenten (producenten) op de wereldmarkt van condooms

SSL International

In 1929 liet de London Rubber Company (LRC) het handelsmerk DUREX voor zijn condooms registreren. Deze naam was afgeleid van de woorden *Durability* (duurzaamheid), *Reliability* (betrouwbaarheid) en *Excellence* (uitmuntendheid). Als internationale leverancier van condooms zette het bedrijf in 1951 de volgende belangrijke stap door het eerste volautomatische productieproces te introduceren. Twee jaar later ontwikkelde het de eerste elektronische testmachines.

Vanwege de angst voor aids werden Durex-condooms in de jaren 1980 op de Britse 'thuismarkt'

Bedrijf	Nationaliteit	Grootste merken	Hoofdstrategieën (MA = marktaandeel)	Marktaandeel (%)
Seton Scholl London (SSL)	VK	Durex, Durex Avanti, Durex Pleasure, Durex Fetherlite, Durex Extra Sensitive enzovoort	Een echt internationaal merk met een sterke positie in alle hoofdmarkten, behalve in de VS (15% MA) en Japan (15% MA). In het VK heeft Durex een MA van 85%	25
Ansell Limited	Australië/VS	LifeStyles, Mates, Contempo, Manix, Primex, KamaSutra, Pleasure en Chekmate	Een semi-internationaal bedrijf met relatief sterke marktposities in de VS, het VK, Azië en Australië/NZ. Lokale/regionale merken, bijvoorbeeld LifeStyles voor de VS en Mates voor het VK	13
Church & Dwight Co.	VS	Trojan, Trojan Magnum, Trojan Pleasure, Trojan Enz	Marktleider in de VS, een ondergeschikte positie in het VK	8
Okamoto Industries	Japan	Beyond Seven, Skinless Skin	Gericht op de thuismarkt: een MA van 60% in Japan; weinig export, voornamelijk naar de VS	10
Andere: Sagami Rubber Industries (Japan), Fuji Latex Co. (Japan), DKT Indonesia (Indonesië), Mayer Laboratories (Japan) en ongeveer zeventig andere producenten van over de hele wereld			Bedrijven gericht op de thuismarkt en regionale markten. Sterke posities op lokale markten	44

Bron: schattingen gebaseerd op verschillende publieke bronnen.

Tabel 2: Het marktaandeel van bedrijven op de wereldmarkt voor mannencondooms (2005)

steeds meer verkocht op openbare plekken (bijvoorbeeld in supermarkten en pubs). De marketing van het merk maakte in dat decennium een sterke ontwikkeling door: in 1982 vond de eerste reclamecampagne door middel van posters plaats en in 1987 volgde de eerste condoomreclame op tv.

In de laatste tien jaar is Durex een marketingbeleid gaan volgen dat gericht is op het vergroten van de bekendheid van het merk. Dit heeft het onder andere gedaan door vrijstaande, voor alle publiek toegankelijke verkoopautomaten met Durex-condooms te installeren (1992), evenementen van MTV te sponsoren (1995), de eerste Durex Sex Survey te houden (1995), als eerste pakketjes met daarin zowel gekleurde condooms als condooms met een smaakje en met ribbels op de markt te brengen (1996) en in 1997 de Avanti, het eerste condoom dat niet van latex was gemaakt, te lanceren.

Aan het begin van de eenentwintigste eeuw lanceerde Durex www.Durex.com in dertig landen. Via deze website, die in de talen van de betreffende landen is opgesteld, kunnen mensen vragen aan specialisten stellen en kan het bedrijf meer informatie geven over Durex-condooms en evenementen die het sponsort.

Tegenwoordig maakt Durex onderdeel uit van SSL International Plc, een bedrijf dat is voortgekomen uit de fusie van de Seton-Scholl Group en London International, de voormalige eigenaar van LRC. Het is een wereldwijd bedrijf dat een scala aan merkproducten produceert, zoals Scholl-producten en handschoenen van het merk Marigold, die op de markt van medische producten en gezondheidszorgproducten voor consumenten worden verkocht.

Omdat Durex een marktaandeel van ongeveer 25 procent in de sector heeft, kan het als marktleider worden aangemerkt. Het marktaandeel verschilt natuurlijk van land tot land: in het Verenigd Koninkrijk heeft Durex een marktaandeel van 80-85 procent, in Italië is dat 55-60 procent, in de VS 10-15 procent en in Japan 5 procent.

Durex-condooms worden in 17 fabrieken over de hele wereld geproduceerd.

Church & Dwight Company Inc

De 50-50 joint venture van Armkel, LLC, Church & Dwight met de private equity-groep Kelso & Company kocht in 2001 het restant van de divisies voor consumentenproducten van Carter-Wallace, inclusief Trojan Condoms.

Het merk Trojan is het meest verkochte merk condoom in de VS (met een marktaandeel van zestig tot zeventig procent).

Het bedrijf vermarkt condooms onder het merk Trojan in Canada, Mexico en sinds kort ook op beperkte schaal in het Verenigd Koninkrijk. In Canada heeft merk Trojan een leidend marktaandeel. Het merk is in 2003 toegetreden tot de condoommarkt in het Verenigd Koninkrijk, maar tot nu toe heeft het maar een klein deel van de markt veroverd. Het bedrijf vermarkt er zijn condooms op vrijwel dezelfde manier als in zijn thuisland.

Okamoto

Okamoto bestaat al sinds 1934. In Japan, waar mensen wat anticonceptie betreft de voorkeur geven aan condooms, heeft het een marktaandeel van zestig procent.

Eind 1988 heeft Okamoto zijn condooms op de Amerikaanse markt geïntroduceerd, maar tot nog toe heeft dat niet veel succes opgeleverd.

De meest recente ontwikkeling – de mogelijke acquisitie van een grote speler op de Europese condoommarkt

Gezien het feit dat sommige Europese condoomproducenten met relatief sterke lokale merken in financiële problemen zijn geraakt, overweegt Ansell nu een van deze producenten over te nemen.

Bronnen: www.ansell.com; www.durex.com; www.churchdwight.com/conprods/personal/; www.okamoto-condoms.com/; 'Polish Condom Producer Aqcuires Condomi', Pools nieuwsbericht, 21 januari 2005; Office of Fair Trading (2006), Condoms – Review of the undertakings given by LRC Products Limited, OFT837, HMSO.

Vragen

1. Wat zijn de verschillen tussen de internationale strategie van Ansell en de andere drie concurrenten?
1. Stel dat Ansell een Europese concurrent overneemt. Wat zijn naar jouw mening de voor- en nadelen daarvan?

9

Exportmethoden, tussenvormen en hiërarchische methoden

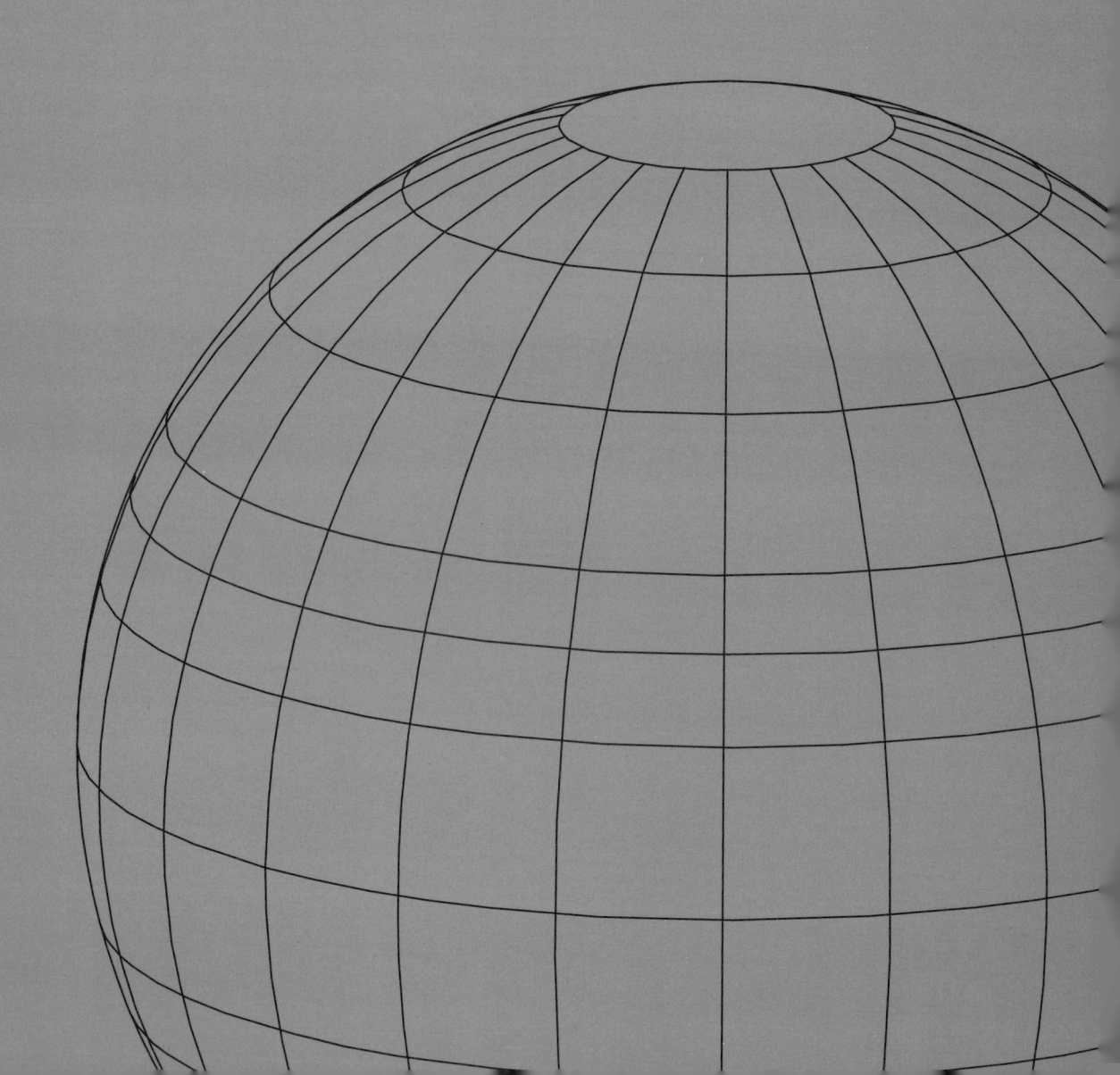

Hoofdstuk 9 EXPORTMETHODEN, TUSSENVORMEN EN HIËRARCHISCHE METHODEN

Leerdoelen

Na het bestuderen van dit hoofdstuk moet je in staat zijn het volgende te doen:

- Onderscheid maken tussen indirecte, directe en coöperatieve exportmethoden.
- De vijf belangrijkste entreestrategieën voor indirecte en directe export omschrijven en begrijpen.
- Bespreken hoe producenten tussenpersonen kunnen beïnvloeden zodat ze effectieve marketingpartners worden.
- De belangrijkste tussenliggende entreestrategieën omschrijven en begrijpen.
- De verschillende stadia van het vormen van een joint venture uitleggen.
- Onderzoeken wat de redenen voor een 'scheiding' tussen de twee 'ouders' in een joint venture zijn.
- Onderzoeken op welke manieren een joint venture of strategische alliantie gemanaged kan worden.
- De belangrijkste hiërarchische methoden omschrijven en begrijpen.
- De twee investeringsalternatieven (acquisitie en *greenfield*) met elkaar vergelijken en benoemen wat de overeenkomsten en verschillen zijn.
- Uitleggen wat de bepalende factoren zijn die van invloed zijn op de beslissing investeringen uit een buitenlandse markt terug te trekken.

9.1 Inleiding

Exportmethoden (paragraaf 9.2) zijn de meest gebruikte methoden voor initiële toetreding tot internationale markten. Bij exportmethoden worden de producten van een bedrijf op de binnenlandse markt of in andere landen geproduceerd en dan direct of indirect naar de doelmarkt overgebracht. De export kan op verschillende manieren worden georganiseerd, afhankelijk van de kenmerken van de doelmarkt en het aantal en de soorten tussenpersonen die beschikbaar zijn.

Tussenvormen (paragraaf 9.3) onderscheiden zich van exportmethoden omdat ze vooral media zijn voor de overdracht van kennis en vaardigheden, hoewel ze ook exportkansen kunnen creëren. Ze onderscheiden zich van de hiërarchische entreestrategieën door het feit dat er geen sprake is van volledig eigenaarschap (door het moederbedrijf) maar dat eigenaarschap en controle tussen het moederbedrijf en een lokale partner gedeeld worden. Dit is het geval bij (equity) joint ventures.

HIËRARCHISCHE METHODEN
Bedrijven zijn eigenaar van en hebben de controle over de entreestrategie/organisatie op de buitenlandse markt.

Hiërarchische methoden (paragraaf 9.4) vormen de laatste groep entreestrategieën. Hierbij zijn bedrijven volledig eigenaar van en hebben de volledige controle over de entreestrategie/organisatie op de buitenlandse markt. De mate van controle die een hoofdkantoor op een dochterbedrijf kan uitoefenen is afhankelijk van hoeveel en welke waardeketenfuncties naar de buitenlandse markt overgebracht kunnen worden. Dit is weer afhankelijk van de verdeling van verantwoordelijkheid en competentie tussen hoofdkantoor en dochterbedrijf en hoe het bedrijf dit op internationaal niveau wil ontwikkelen.

9.2 Exportmethoden

Bij het opzetten van exportkanalen moeten bedrijven besluiten welke functies de verantwoordelijkheid van externe agenten zijn en welke ze zelf voor hun rekening nemen. Er zijn veel verschillende soorten exportkanalen; om het eenvoudig te houden, delen we ze in drie hoofdsoorten in: indirecte, directe en coöperatieve exportmarketing.

1. *Indirecte export.* Hierbij nemen producerende bedrijven de export niet rechtstreeks voor hun rekening. In plaats daarvan voeren andere binnenlandse bedrijven zoals exporthuizen of handelsbedrijven deze activiteiten uit, vaak zonder dat de producerende bedrijven betrokken zijn bij de verkoop van hun producten op de buitenlandse markt.
2. *Directe export.* Hierbij nemen producerende bedrijven de export voor hun rekening en staan ze in direct contact met de eerste tussenpersoon op de buitenlandse doelmarkt. Deze bedrijven verzorgen zelf de documentatie en het beleid omtrent fysieke levering en prijsstelling; hun product wordt aan agenten en distributeurs verkocht.
3. *Coöperatieve export.* Hierbij worden met andere bedrijven (exportmarketinggroepen) samenwerkingsovereenkomsten gesloten over het uitvoeren van exportfuncties.

In figuur 9.1 worden de verschillende exportmethoden in een waardeketenperspectief toegelicht.

9.2.1 Partner mindshare

PARTNER MINDSHARE
Het mindshareniveau dat producenten bij exportpartners (bijvoorbeeld agenten of distributeurs) hebben.

Welke van de drie entreestrategieën producenten ook gebruiken, het is belangrijk na te denken over het *mindshare*-niveau dat producenten bij hun exportpartner hebben. *Partner mindshare* is een maatstaf voor de kracht van een relatie in termen van vertrouwen, commitment en samenwerking. Er bestaat een sterk, bewezen verband tussen mindshareniveaus en hoe bereid tussenpersonen zijn het ene bedrijfsmerk vóór het andere te plaatsen of hoe waarschijnlijk het is dat ze opstappen. Het mindshareniveau blijkt ook heel duidelijk uit verkoopprestaties. Tussenpersonen met een hoog mindshareniveau zullen doorgaans meer verkopen dan degenen met een laag mindshareniveau.

Bij mindshare kunnen drie drijfveren worden onderscheiden (Gibbs, 2005):
1. verbintenis en vertrouwen;
2. samenwerking;
3. gemeenschappelijk belang en gezamenlijk doel.

Als je als producent wilt dat je tussenpersoon een goede mindshare over jou heeft, moet je over de hele linie goed presteren. Er zijn bijvoorbeeld producenten die goed kunnen communiceren maar niet worden vertrouwd.

Naast deze drie drijfveren is er een vierde groep die we moeten meten: product, merk en winst. Deze vierde groep bepaalt de vermeende aantrekkelijkheid van het aangeboden product voor de tussenpersoon. Producenten kunnen deze drijfveer als een 'zuiveringsfilter' zien. Om ten volle van het voordeel van een goede mindshare te kunnen profiteren, moet de prestatie van producenten net zo goed zijn als die van hun concurrenten.

De meeste producenten met uitstekende producten en sterke merken die een goede winst opleveren hebben het moeilijk, juist omdat ze door hun exportpartner als arrogant, onbetrouwbaar en onbehulpzaam worden gezien. In andere woorden: het mindshareniveau bij hun exportpartner is laag.

Producenten moeten het bedrijfsmodel en de doelen van hun partners begrijpen, maar ook inzien hoe waardevol ze voor hen zijn en wat het zou kosten om ze te vervangen.

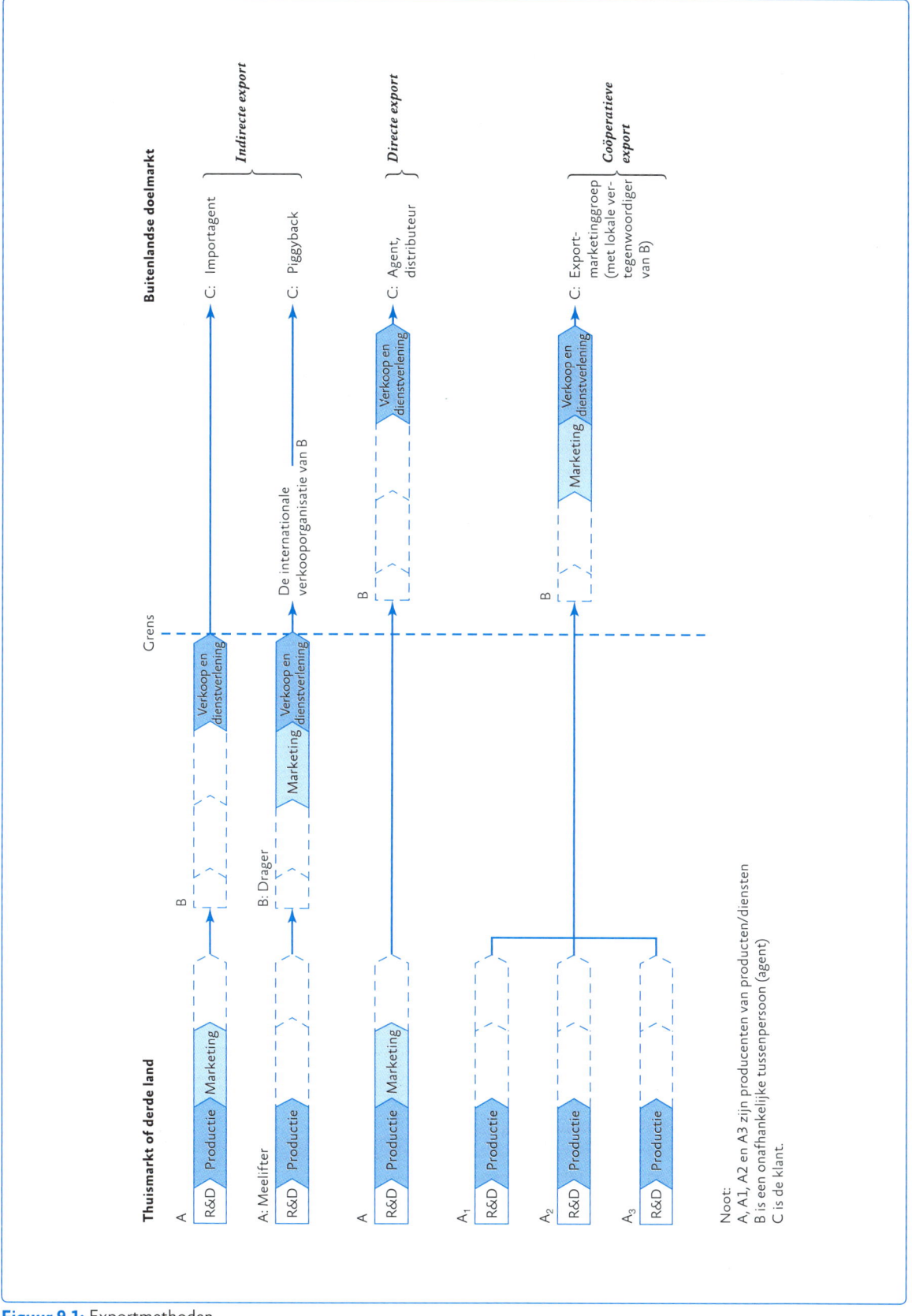

Figuur 9.1: Exportmethoden

Bovendien moeten producenten kijken naar de waarde van de relatie op de lange termijn (de waarde van de levensduur = de waarde per jaar vermenigvuldigd met het aantal jaren dat de producent gewoonlijk zakendoet met tussenpersonen voor de export). Deze kan worden gebruikt om investeringen in de relatie te rechtvaardigen.

9.2.2 Indirecte exportmethoden

INDIRECTE EXPORT- METHODEN
Producenten gebruiken onafhankelijke exportorganisaties in hun eigen land (of een ander land).

Indirecte export vindt plaats als exporterende producenten onafhankelijke organisaties in hun eigen land in de arm nemen om de export te verzorgen. Bij indirecte export verloopt de verkoop net als binnenlandse verkoop. Deze producenten houden zich niet echt bezig met internationale marketing, omdat hun producten door anderen op de buitenlandse markt gebracht worden. Een dergelijke aanpak van de export is vooral geschikt voor bedrijven met beperkte internationale expansiedoelen. Als internationale verkoop voornamelijk gezien wordt als een manier om van overproductie af te komen of als iets marginaals, kunnen indirecte exportmethodes de juiste methodes zijn om te gebruiken. Deze methode kan ook worden gebruikt door bedrijven die weinig middelen aan internationale expansie kunnen besteden maar geleidelijk aan tot internationale markten willen toetreden. Zij zullen deze markten eerst willen uittesten voordat ze veel middelen en moeite steken in het ontwikkelen van een exportorganisatie.

Het is voor bedrijven belangrijk in te zien dat het gebruik van agenten of exportmanagementbedrijven een aantal risico's met zich meebrengt. Allereerst hebben bedrijven weinig of geen controle over de manier waarop hun product of dienst in andere landen wordt vermarkt. Het kan zijn dat producten via ongeschikte kanalen worden verkocht, dat de dienstverlening of verkoopondersteuning slecht is, dat de promotie ontoereikend is of dat de prijs te hoog of te laag is. Dit kan de reputatie of het imago van de producten of diensten op buitenlandse markten schaden. Ook kan het zijn dat er maar weinig moeite wordt gedaan om de markt te ontwikkelen, waardoor producenten potentiële kansen mislopen.

Vooral voor bedrijven die geleidelijk aan tot internationale markten willen toetreden is het belangrijk te beseffen dat bedrijven bij de indirecte export weinig of geen contacten leggen met markten in het buitenland. Daardoor is de informatie die deze bedrijven over buitenlands marktpotentieel ontvangen beperkt en krijgen ze weinig input om een internationaal expansieplan te kunnen ontwikkelen. Ze hebben de middelen niet om potentiële verkoopagenten of distributeurs voor hun producten te vinden.

Hoewel deze vorm van exporteren als voordeel heeft dat hij van alle entreestrategieën het minst kost en het minste risico met zich meebrengt, hebben bedrijven die indirect exporteren weinig controle over hoe, wanneer, waar en door wie hun producten worden verkocht. In sommige gevallen zijn binnenlandse bedrijven er niet eens van op de hoogte dat hun producten worden geëxporteerd.

Het kan zijn dat MKB-bedrijven die al ervaren zijn in een traditionele manier van exporteren te weinig middelen hebben om zelf een groot aantal exportmarkten te openen. Door indirecte exportmethoden kunnen deze bedrijven de middelen van andere ervaren exporteurs benutten en hun bedrijf naar vele landen uitbreiden.

Er zijn vijf hoofdsoorten entreestrategieën voor indirecte export:
1. via een importagent;
2. via een productmakelaar;
3. via een exportmanagementbedrijf/exporthuis;
4. via een handelsmaatschappij;
5. door 'mee te liften' (*piggyback*; als speciaal geval van indirecte export afgebeeld in figuur 9.1).

IMPORTAGENT
Een vertegenwoordiger van buitenlandse kopers die in het land van de exporteur is gevestigd. De agent biedt buitenlandse kopers zijn diensten aan, zoals het identificeren van mogelijke verkopers en het onderhandelen over de prijs.

1. Importagent (commissiehuis voor de import)

Sommige bedrijven of individuen beseffen pas dat hun producten of diensten potentiële exportwaarde hebben als ze door iemand die voor een buitenlandse organisatie producten inkoopt worden benaderd. Deze legt het eerste contact, koopt het product aan de fabriekspoort en neemt de export, marketing en distributie van het product in een of meer buitenlandse markten voor zijn rekening.

Een importagent is een vertegenwoordiger van buitenlandse kopers die in het thuisland van de exporteur is gevestigd. Dit type agent is in wezen de door de buitenlandse klant ingehuurde inkoopagent op de thuismarkt van de exporteur en opereert op basis van de bestellingen die hij van deze kopers ontvangt. Omdat de importagent in het belang van de koper handelt, betaalt de koper zijn provisie. De exporterende producent is niet direct betrokken bij het bepalen van de inkoopvoorwaarden; deze worden door de importagent en de buitenlandse koper onderling bepaald.

Het commissiehuis voor de import is in wezen een binnenlandse koper. Het zoekt op de markt naar de koopwaar die het gevraagd is te kopen. Het stuurt specificaties naar producenten en nodigt ze uit offertes op te stellen. Als alle andere omstandigheden gelijk zijn, gaat de bestelling naar de producent met de laagste offerte. Emotie, vriendschap of verkooppraatjes komen er niet bij kijken.

Vanuit het oogpunt van exporteurs is het verkopen van producten aan commissiehuizen voor de import een gemakkelijke manier om producten te exporteren. Betaling geschiedt doorgaans prompt en in het thuisland van de exporteur, en de problemen van het fysiek vervoeren van de producten worden hen over het algemeen volledig uit handen genomen. Er is heel weinig kredietrisico, en de exporteur hoeft alleen de bestelling volgens de vereiste specificaties uit te voeren. Een groot probleem is dat de exporteur heel weinig directe controle heeft over de internationale vermarkting van zijn producten.

Kleine bedrijven vinden dit de gemakkelijkste manier om producten in het buitenland te verkopen. Omdat ze echter volledig afhankelijk van de koper zijn, zijn ze meestal niet op de hoogte van veranderingen in consumentengedrag en de activiteiten van hun concurrenten of van het voornemen van het inkoopbedrijf de overeenkomst te verbreken. Als bedrijven hun producten op de langere termijn willen blijven exporteren, is een meer proactieve aanpak nodig. Dat houdt in dat ze ervoor moeten zorgen dat ze de markten waarop hun producten worden verkocht, beter gaan begrijpen.

2. Productmakelaar

Een ander type agent in het thuisland is de export-/importmakelaar. De hoofdfunctie van een productmakelaar is het samenbrengen van kopers en verkopers. Een dergelijke makelaar is specialist op het gebied van het verzorgen van contracten en verhandelt de producten die ge- of verkocht worden niet zelf. Voor zijn diensten ontvangt de makelaar provisie (ongeveer vijf procent) van de opdrachtgever. Omdat de makelaar een productspecialist is, is hij geneigd zich te concentreren op een of twee producten. Omdat de makelaar vooral in basisproducten handelt, is dit type agent voor veel potentiële exportmarketeers geen praktisch alternatief distributiekanaal. Anders dan de andere hier genoemde methoden van indirecte export kunnen productmakelaars als agent voor de koper of de verkoper optreden.

3. Exportmanagementbedrijf/exporthuis

Exporthuizen of exportmanagementbedrijven (EMB) zijn specialistische bedrijven die zijn opgezet om als 'exportafdeling' voor andere bedrijven te functioneren. Als zodanig doen EMB zaken in naam van elke producent die ze vertegenwoordigen. Alle correspondentie met kopers en alle contracten worden opgesteld onder de naam van de producent, en alle offertes en bestellingen moeten door de producent worden goedgekeurd.

Door een breed scala aan producten te exporteren kunnen EMB hun verkoop- en administratiekosten over meer producten en bedrijven spreiden. Ook kunnen ze hun transportkosten terugbrengen, omdat het transport van grote hoeveelheden goederen van een aantal bedrijven tegelijk voordelig is.

EMB dragen zorg voor de benodigde documentatie, en hun kennis van lokale aankooppraktijken en overheidsreguleringen is vooral nuttig op markten die moeilijk te penetreren zijn. Het gebruik van EMB stelt individuele bedrijven in staat hun producten op buitenlandse markten veel breder te presenteren tegen veel lagere totaalkosten dan ze zelf hadden kunnen doen, maar het heeft ook een aantal nadelen:

- Het kan zijn dat het exporthuis gespecialiseerd is in een bepaald geografisch gebied, product of klanttype (detailhandel, industrieel of institutioneel) en dat deze niet passen bij de doelen van de leverancier. Het kan dan zijn dat marktselectie plaatsvindt op basis van wat het beste is voor de EMB in plaats van de producent.
- Omdat EMB op provisiebasis werken, kunnen ze in de verleiding komen zich op producten te concentreren die onmiddellijk verkooppotentieel hebben in plaats van producten waarvoor meer klanteducatie en langduriger marketinginspanningen nodig zijn om op de lange termijn succes te behalen.
- EMB kunnen in de verleiding komen te veel verschillende productassortimenten te willen voeren, waardoor het verkooppersoneel de producten van bepaalde producenten misschien niet de aandacht geven die ze nodig hebben.
- EMB kunnen concurrerende producten voeren die ze ten nadele van een bepaald bedrijf promoten.

Daarom moeten producenten heel zorgvuldig zijn bij het selecteren van een geschikt exportmarketingbedrijf, bereid zijn middelen te steken in het managen van de relatie en de prestaties van het bedrijf nauwlettend in de gaten te houden.

Naarmate de verkoop van producten toeneemt, kan het zijn dat producenten zelf willen gaan exporteren om zo nog meer voordeel uit de internationale markt te halen. De overgang naar zelf exporteren is echter niet altijd gemakkelijk. Ten eerste worden producenten vaak heel afhankelijk van hun exporthuis. Tenzij ze stappen hebben ondernomen om contacten met buitenlandse klanten op te bouwen en kennis over de buitenlandse markten te vergaren, kan het loslaten van het exportmarketingbedrijf erg moeilijk blijken. Ten tweede kan het voor producenten moeilijk zijn zich aan de contractuele verplichtingen jegens het exporthuis te onttrekken. Ten derde kan het exportmarketingbedrijf substituutproducten van een andere producent gaan exporteren en de bestaande klantencontacten als basis gebruiken om met de oorspronkelijke producent te concurreren.

4. Handelsbedrijf

Handelsbedrijven zijn een erfenis uit de koloniale tijd. Hoewel ze nu een ander karakter hebben, spelen ze nog steeds een belangrijke rol in de handel in/met Afrika en het Verre Oosten. Hoewel internationale handelsbedrijven over de hele wereld actief zijn, is het concept in Japan het effectiefst gebleken. In Japan bestaan duizenden handelsbedrijven die actief zijn in de im- en export, en de grootste bedrijven (in aantal variërend van negen tot zeventien, afhankelijk van de informatiebron) worden 'algemene handelsbedrijven' of *Soge Shosha* genoemd. Deze groep bedrijven, waar onder andere C. Itoh, Mitsui & Company en Mitsubishi Shoji Kaisha toe behoren, verzorgt 50 procent van de Japanse export en 67 procent van de import. De kleinere handelsbedrijven beperken hun activiteiten meestal tot de buitenlandse handel, maar de grotere algemene handelsbedrijven houden zich ook veel bezig met de binnenlandse distributie en andere activiteiten.

Handelsbedrijven spelen een centrale rol in sterk uiteenlopende gebieden, zoals transport, opslag, financiën, technologieoverdracht, planning, middelenontwikkeling, bouw en regionale ontwikkeling (turnkey-projecten), verzekeringen, consultancy, onroerend goed en het afsluiten van overeenkomsten in het algemeen (waaronder het faciliteren van investeringen en joint ventures). Algemene handelsbedrijven onderscheiden zich van andere handelsbedrijven door het scala aan financiële diensten dat ze aanbieden, bijvoorbeeld het garanderen van leningen, het financieren van zowel schulden als vorderingen, het uitgeven van orderbriefjes, grote deviezentransacties, beleggingen in aandelen en zelfs directe leningen.

Een ander aspect van hun operaties is het managen van compensatiehandelsactiviteiten (ruilhandel), waarbij op een markt verkochte producten met andere producten uit die markt worden betaald. De rol van het handelsbedrijf is dan snel een koper voor deze producten te vinden. Soms vergt dit proces een grote inzet van middelen.

Vanwege het gebrek aan 'harde' valuta in Oost-Europa en de ontwikkelingslanden komt compensatiehandel er nog steeds veel voor. Een van de beweegredenen van westerse bedrijven om compensatiehandel te gaan drijven is dat het goedkope productie- en grondstofbronnen oplevert die bedrijven voor de eigen productie kunnen gebruiken.

Piggyback

> **PIGGYBACK**
> Afkorting van 'Pick-a-Back': kies een rug om op mee te liften. Bij piggyback gebruikt de 'meelifter' de internationale distributieorganisatie van de 'drager'.

Bij piggybacking doet een MKB-bedrijf dat op exportgebied onervaren is, de 'meelifter', zaken met een groter bedrijf (de 'drager') dat al op bepaalde buitenlandse markten opereert en bereid is op te treden namens de meelifter die naar die markten wil exporteren. De drager kan zo zijn gevestigde exportfaciliteiten (verkoopdochters) en buitenlandse distributie ten volle benutten. De drager wordt op provisiebasis betaald en handelt als agent of koopt het product zelf en handelt dan als onafhankelijke distributeur. Deze manier van het vermarkten van producten wordt meestal gebruikt door ongerelateerde bedrijven die producten produceren die niet met elkaar concurreren (maar aan elkaar verwant zijn) en complementair zijn (gelijkwaardig).

Soms zal een drager eisen dat de producten van de meelifter op zijn eigen producten lijken, dit met het oog op het beantwoorden van technische vragen van klanten en de dienstverlening na verkoop. Het merken en promoten van producten zijn bij piggybacking variabel. In sommige gevallen koopt de drager de producten, voorziet ze van zijn eigen merk en vermarkt ze als zijn eigen producten (huismerk). Meer gewoonlijk is dat de drager de producten de merknaam van de producent laat houden en drager en producent onder elkaar afspraken maken over de productpromotie. Het kiezen van een merk- en promotiestrategie is afhankelijk van hoe belangrijk het merk voor het product is en of het merk een gevestigd merk is.

Piggybacking heeft de volgende voor- en nadelen voor de drager en de meelifter:

Drager

Voordelen: Een bedrijf dat een hiaat in zijn productlijn of overcapaciteit in zijn exportoperatie heeft, kan twee dingen doen. Het ene is de producten die nodig zijn om de hiaat op te vullen en de exportcapaciteit aan te vullen intern te ontwikkelen. Het tweede is de benodigde producten extern te verwerven door middel van piggybacking (of acquisitie). Piggybacking kan aantrekkelijk zijn, omdat het bedrijf het product snel kan verwerven (iemand heeft het al). Het is een goedkope manier om het product te verkrijgen, want de drager hoeft voor het nieuwe product niet te investeren in R&D, productiefaciliteiten of markttesten. Het kan het product gewoon bij een ander bedrijf ophalen. Op deze manier kan het bedrijf zijn productassortiment uitbreiden zonder dat het extra producten hoeft te ontwikkelen en produceren.

Nadelen: Piggybacking kan voor de drager heel aantrekkelijk zijn, maar er bestaan wat zorgen over de kwaliteitscontrole en garantie. Zal de meelifter de kwaliteit van de producten die door een ander bedrijf worden verkocht handhaven? Dit hangt deels af van het merk dat op het product staat. Als de naam van de meelifter op het product staat, zal deze eerder geneigd zijn de kwaliteit hoog te houden. Een tweede punt van zorg is de continuïteit van levering. Als de drager een grote markt in het buitenland ontwikkelt, zal de meelifter dan zijn productiecapaciteit uitbreiden als dat nodig is? Deze punten moeten in de overeenkomst tussen de twee partijen aan de orde worden gesteld. Als de piggyback-overeenkomst goed uitpakt, heeft de drager nog een voordeel. Het kan namelijk zijn dat de meelifter een goede kandidaat is voor acquisitie of het vormen van een joint venture, waardoor de relatie versterkt kan worden.

Meelifter
Voordelen: Meelifters kunnen gemakkelijk exporteren zonder hun eigen distributiesysteem op te hoeven zetten. Ze kunnen goed kijken hoe de drager de goederen behandelt en zo van de ervaring van de drager leren, misschien zelfs zoveel dat ze uiteindelijk hun eigen export kunnen gaan verzorgen.

Nadelen: Voor kleinere bedrijven betekent dit soort overeenkomst dat ze de controle over de marketing van hun producten moeten opgeven, iets wat veel bedrijven niet prettig vinden, zeker niet op de lange termijn. Verdere nadelen zijn het mogelijke gebrek aan verbintenis van de kant van de drager en het mislopen van lucratieve verkoopkansen in regio's waar de drager niet actief is.

Samengevat is piggybacking voor bedrijven een gemakkelijke, risicoarme manier om producten te exporteren. Deze vorm van marketing is vooral geschikt voor producenten die te klein zijn om direct te gaan exporteren of producenten die niet zwaar willen investeren in de verkoop van producten op de buitenlandse markt.

9.2.3 Directe exportmethoden

Directe export betekent dat een producent of exporteur zijn producten direct aan een importeur of koper in een buitenlands marktgebied verkoopt. In onze bespreking van indirecte export hebben we gekeken naar manieren waarop bedrijven internationale markten kunnen bereiken zonder daar heel hard voor te werken. Bij de indirecte aanpak van de export verloopt de buitenlandse verkoop op dezelfde manier als de binnenlandse: de producent verzorgt de internationale marketing indirect (dat wil zeggen: via het bedrijf dat zijn producten in het buitenland vermarkt). Zowel de kennis die over de internationale markt wordt vergaard als de verkoop die met deze indirecte methode wordt behaald, is echter beperkt.

Naarmate exporteurs zelfverzekerder worden, kan het zijn dat ze besluiten hun eigen export te gaan verzorgen. Hiervoor moeten ze buitenlandse contacten opbouwen, marktonderzoek doen, de documentatie en het transport van de producten afhandelen en een marketingmixstrategie ontwerpen. De export via in het buitenland gevestigde agenten en distributeurs is een voorbeeld van een directe exportmethode.

DIRECTE EXPORTMETHODEN
De producent verkoopt zijn product rechtstreeks aan een importeur, agent of distributeur die op de buitenlandse doelmarkt is gevestigd.

De termen 'distributeur' en 'agent' worden vaak als synoniemen van elkaar gebruikt. Dit is ongelukkig, omdat er duidelijke verschillen tussen de twee bestaan. Anders dan agenten worden distributeurs eigenaar van de goederen, financieren ze de voorraden en dragen zij het risico van hun operaties. Distributeurs worden op basis van het verschil tussen de aankoop- en verkoopprijs betaald in plaats van op provisiebasis (agenten). Distributeurs worden vaak aangesteld als dienstverlening na verkoop vereist is, omdat zij eerder dan agenten de middelen zullen hebben die nodig zijn om die dienstverlening te verzorgen.

Distributeurs
Een exportbedrijf kan via distributeurs (importeurs) werken. Dit zijn de exclusieve vertegenwoordigers van het bedrijf en over het algemeen de enige importeurs van het product van het bedrijf op hun markt. Als onafhankelijk handelaar kopen distributeurs producten voor eigen rekening; ze hebben veel vrijheid hun eigen klanten te kiezen en hun eigen verkoopvoorwaarden te stellen. Voor elk individueel land doen exporteurs zaken met één distributeur, nemen ze één kredietrisico en transporteren ze hun producten naar één bestemming. In veel gevallen zijn distributeurs eigenaars en managers van groothandels- en detailhandelsetablissementen, pakhuizen en reparatie- en dienstverleningsfaciliteiten. Als dis-

DISTRIBUTEUR (IMPORTEUR)
Een onafhankelijk bedrijf dat in het product van een producent handelt. Het heeft een grote vrijheid om zijn eigen klanten te kiezen en zijn eigen prijs te bepalen. De inkomsten van het bedrijf bestaan uit het verschil tussen de verkoopprijs van de producten en de prijs waarvoor het de producten van de producent heeft gekocht.

AGENT
Een onafhankelijk bedrijf dat namens de producent (exporteur) producten aan klanten verkoopt. Gewoonlijk ziet het de producten niet en heeft het geen voorraad. Voor zijn werk ontvangt de agent van de producent een provisie (gewoonlijk vijf tot tien procent) die op een vooraf overeengekomen manier wordt betaald.

tributeurs eenmaal met hun exporteurs hebben onderhandeld over prijs, dienstverlening, distributie enzovoort, richten ze zich op hun eigen suboperaties en handelaren.

De categorie van distributeurs is breed en kent veel variatie, maar gewoonlijk proberen distributeurs de exclusieve rechten op de verkoop in een bepaald gebied te verwerven en over het algemeen vertegenwoordigen ze de producent in alle aspecten van de verkoop en dienstverlening in dat gebied. Die exclusiviteit krijgen ze in ruil voor de aanzienlijke kapitaalinvestering die distributeurs soms moeten doen om de producten te behandelen en te verkopen.

Agenten

Agenten zijn exclusief als ze de exclusieve rechten op de verkoop in bepaalde gebieden hebben, semi-exclusief als ze naast de goederen van de exporteur niet-concurrerende goederen van andere bedrijven behandelen, en niet-exclusief als ze een scala aan goederen behandelen waarvan sommige concurrerend kunnen zijn met de goederen van de exporteur.

Een agent vertegenwoordigt een exporterend bedrijf en verkoopt de producten van dat bedrijf aan groot- en detailhandels in het importerende land. De exporteur transporteert de koopwaar rechtstreeks naar de klanten, en alle afspraken op het gebied van financiën, krediet, promotie enzovoort worden tussen de exporteur en de kopers onderling gemaakt. Exclusieve agenten worden veel gebruikt voor toetreding tot internationale markten. Ze bedienen vaak ongewone geografische gebieden en kunnen gebruikmaken van subagenten. Agenten en subagenten delen de provisie (die door de exporteur wordt betaald) op een vooraf afgesproken basis. Sommige agenten geven de exporteur financiële informatie en marktinformatie, en sommige staan ook garant voor de betaling van de rekeningen van klanten. De provisie die agenten ontvangen kan sterk variëren, afhankelijk van de geleverde diensten, de omvang en belangrijkheid van de markt en concurrentie tussen exporteurs en agenten.

Het voordeel van zowel agenten als distributeurs is dat ze de lokale markt en zijn gewoontes en gebruiken kennen, bestaande zakencontacten hebben en buitenlandse mensen in dienst hebben. De provisie of winstmarge die ze ontvangen, is een directe prikkel voor ze om de producten van exporteurs te verkopen. Omdat hun vergoeding van de verkoop van deze producten afhankelijk is, kan het zijn dat ze niet graag veel tijd en moeite willen steken in het ontwikkelen van een markt voor nieuwe producten. Als een agent of distributeur zichzelf ziet als inkoopagent voor zijn klanten in plaats van verkoopagent voor de exporteur, kan het zijn dat de exporteur weinig marktfeedback van hem krijgt. Als een agent of distributeur goed presteert en de markt ontwikkelt, loopt hij het risico vervangen te worden door een verkoopdochter van zijn opdrachtgever. Daarom is een langetermijnstrategie nodig, waarbij het nuttig kan zijn de agent bij alle beslissingen over nieuwe entreestrategieën (zoals het vestigen van een verkoopdochter) te betrekken om te voorkomen dat hij gaat denken dat hij wordt vervangen en daardoor slechter gaat presteren.

Het kiezen van een tussenpersoon

Het kiezen van een geschikte tussenpersoon kan een problematisch proces zijn. De volgende punten kunnen een bedrijf helpen een goede tussenpersoon te kiezen:
- Vraag potentiële klanten een geschikte agent aan te wijzen.
- Vraag instituten als bedrijfsverenigingen, kamers van koophandel en ambassades om aanbevelingen.
- Gebruik commerciële agentschappen.
- Pik de agent van een concurrent in.
- Adverteer in de juiste vakbladen.

Bij het kiezen van een bepaalde tussenpersoon moet de exporteur goed kijken naar de kennis die elke kandidaat van het product en de lokale markten heeft, zijn ervaring en expertise, de gevraagde marge, zijn kredietwaardigheid, zijn faciliteiten voor klantenzorg en zijn vermogen de producten van de exporteur op een effectieve, aantrekkelijke manier te promoten.

In figuur 9.2 zijn de koppelactiviteiten van een producent en zijn wensprofiel te zien, alsmede twee potentiële tussenpersonen en hun prestatieprofiel op een bepaalde markt.

Als partners 1 en 2 de enige potentiële kandidaten waren, zou de producent waarschijnlijk partner 2 kiezen omdat zijn prestatieprofiel beter past bij wat de producent op die markt wil (wensprofiel).

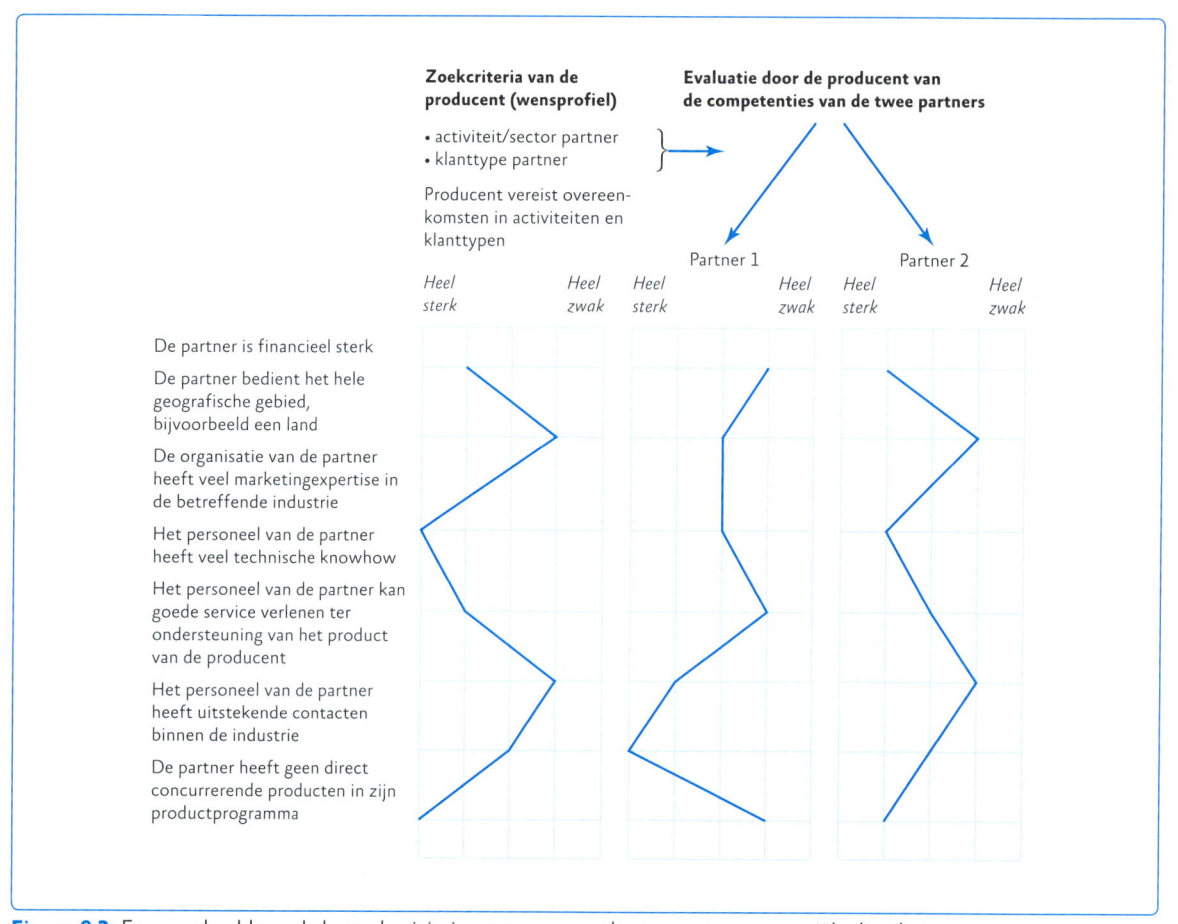

Figuur 9.2: Een voorbeeld van de koppelactiviteit tussen een producent en twee potentiële distributiepartners

De criteria in figuur 9.2 zijn waarschijnlijk niet de enige criteria in het selectieproces. Hierna volgt een lijstje met specifieke kenmerken van tussenpersonen die in het beslissingsproces meegenomen moeten worden (Root, 1998):
- omvang van de firma;
- fysieke faciliteiten;
- bereidheid goederen op voorraad te hebben;
- kennis/gebruik van promotie;
- reputatie bij leveranciers, klanten en banken;
- verkoopprestaties;
- bedrijfskosten;
- het totale ervaringsniveau;
- kennis van het Engels of andere relevante talen;
- kennis van bedrijfsmethoden in het land van de producent;

Als de exporterende producent een tussenpersoon kiest, is het belangrijk dat de partijen een overeenkomst opstellen. Deze overeenkomst is het fundament waarop de relatie tussen producent en tussenpersoon is gestoeld. Daarom moeten in de overeenkomst alle relevante aspecten aan de orde komen en de voorwaarden waarop de relatie gebaseerd is worden vermeld. Rechten en plichten moeten onderling bepaald worden en de overeenkomst moet het wederzijdse belang van de twee deelnemers weerspiegelen.

Voor de meeste exporteurs zijn alleenrecht of exclusief recht, bepalingen omtrent concurrentie en de beëindiging van het contract de drie belangrijkste aspecten die in de overeenkomst aan de orde moeten komen. Het wordt steeds belangrijker afspraken te maken over het te bestrijken gebied, want op veel markten zijn steeds minder distributeurs beschikbaar en die distributeurs worden steeds groter en qua activiteit vaak steeds gespecialiseerder. Door de toenemende regionalisatie breiden distributeurs hun gebied steeds meer uit door middel van organische groei, fusies en acquisities, waardoor het voor bedrijven moeilijker wordt op individuele aangrenzende markten distributeurs aan te stellen.

Over het algemeen is op agentschappen in alle landen een aantal principes van toepassing:
- Een agent kan de producten van een opdrachtgever niet tegen een afgesproken prijs in ontvangst nemen en deze tegen een hoger bedrag verkopen zonder dat de opdrachtgever hier weet van heeft en hiervoor toestemming heeft gegeven.
- Agenten moeten strikt vertrouwelijk omgaan met de zaken van hun opdrachtgever en alle relevante informatie aan die opdrachtgever doorgeven.
- Als een agent in dienst van een opdrachtgever een derde partij schade berokkent (door bijvoorbeeld het bedrijf van de opdrachtgever op een frauduleuze manier te vertegenwoordigen) is de opdrachtgever voor deze schade aansprakelijk.

Het is belangrijk tussenpersonen in de contractperiode te steunen en motiveren. Dit gebeurt doorgaans in de vorm van financiële vergoedingen voor de hoeveelheid producten die ze verkocht hebben, maar het kan ook op andere manieren:
- het maken van lokale reclame en het ontwikkelen van de merkbekendheid van producten door het bedrijf dat de producten levert;
- deelname aan lokale exhibities en vakbeurzen, wellicht in samenwerking met de lokale tussenpersoon;
- regelmatige bezoeken aan en telefoongesprekken met de agent of distributeur;
- regelmatige bijeenkomsten van agenten en distributeurs in het land van de leverancier, die georganiseerd en betaald worden door die leverancier;
- geldprijzen, gratis vakanties enzovoort voor de tussenpersoon die het meest verkoopt;
- het verzorgen van technische training voor tussenpersonen;
- een 'ideeënbus' om feedback te krijgen van agenten en distributeurs;
- het verspreiden van informatie over de actuele activiteiten van de leverancier, personeelsveranderingen, het ontwikkelen van nieuwe producten, marketingplannen enzovoort.

Het evalueren van internationale distributiepartners

Ook al heeft een bedrijf zijn tussenpersonen heel zorgvuldig uitgekozen, dan nog kan het nodig zijn zich terug te trekken uit een relatie, als die nergens op uit lijkt te lopen.

Bij het evalueren van internationale distributiepartners zijn dit de twee belangrijkste criteria:
- de prestatie van de distributiepartner;
- de algemene aantrekkelijkheid van de markt waarop de partner opereert.

Prestatie kan worden geëvalueerd aan de hand van criteria als bereikte omzet, bereikt marktaandeel, winst die voor de producent is gemaakt, het netwerk dat voor potentiële klanten is opgezet enzovoort. De aantrekkelijkheid van een land (markt) kan worden geëvalueerd aan de hand van criteria die in hoofdstuk 7 zijn genoemd, zoals marktomvang en marktgroei.

Het opzeggen van de overeenkomst met distributiepartners

Annuleringsclausules in distributieovereenkomsten vallen meestal onder de lokale wetgeving. Contracten moeten daarom vóór ondertekening door een lokale jurist wordt gecontroleerd. Anders lopen bedrijven het gevaar dat hun distributiepartner na het verbreken van de relatie via de rechtbank een schadevergoeding eist.

Ontslagrecht verschilt van land tot land, maar in de EU is sinds 1994 een richtlijn omtrent agenten van kracht die voor alle EU-lidstaten geldt. Volgens deze richtlijn heeft een agent wiens overeenkomst is opgezegd recht op het volgende:
- een volledige betaling voor alle transacties die het resultaat van zijn werk zijn (ook al zijn die na het beëindigen van het agentschap afgerond);
- een bedrag ineens, in hoogte oplopend tot de provisie die de agent in het verleden gemiddeld in een jaar heeft verdiend;
- vergoeding (waar van toepassing) van de schade die de commerciële reputatie van de agent door ongegrond ontslag heeft opgelopen.

Buiten West-Europa zien sommige landen agenten als werknemers van klantorganisaties, terwijl andere ze zien als op zichzelf staande, onafhankelijke bedrijven. Het is van cruciaal belang na te gaan wat de juridische positie is van agentschapovereenkomsten in alle landen waarmee een bedrijf overweegt zaken te doen. In Saoedi-Arabië bijvoorbeeld zijn er wetten die agenten in hoge mate beschermen.

9.2.4 Coöperatieve exportmethoden/ exportmarketinggroepen

MKB-bedrijven die proberen voor het eerst tot exportmarkten toe te treden, vormen vaak een exportmarketinggroep. Vanwege de omvang van de lokale markt of de ontoereikendheid van beschikbare management- en marketingmiddelen behalen veel van deze bedrijven qua productie en marketing niet voldoende schaalvoordeel. Dit is kenmerkend voor traditionele, volwassen, sterk gefragmenteerde industrieën als de meubel- en kledingindustrie, maar ook voor kleine, pas opgezette hightechbedrijven.

In figuur 9.1 is een exportmarketinggroep met producent A_1, A_2 en A_3 te zien. Elk van deze bedrijven heeft aparte upstream functies maar ze werken voor de downstream functies samen met een gemeenschappelijke agent in het buitenland.

Een van de belangrijkste motieven voor MKB-bedrijven om met andere samen te werken is de kans op het effectief vermarkten van een complementair productprogramma aan grotere kopers. Het volgende voorbeeld is er een uit de meubelindustrie.

De kerncompetenties van producenten A_1, A_2 en A_3 liggen in de upstream functies van de volgende complementaire productlijnen:

A_1 Woonkamermeubilair
A_2 Eetkamermeubilair
A_3 Slaapkamermeubilair

Samen vormen ze een breed productconcept dat aantrekkelijk is voor kopers in meubelketens, vooral als het totale productconcept gericht is op een bepaalde levensstijl van de eindklant.

De samenwerking tussen producenten kan nauw of los zijn. Bij een losse samenwerking verkopen de afzonderlijke bedrijven in een groep hun eigen merken via dezelfde verkoper. Een nauwe samenwerking resulteert vaak in het creëren van een nieuwe exportvereniging. Een dergelijke vereniging kan dienst doen als exportafdeling van alle bedrijven die lid van de vereniging zijn, zodat ze een gemeenschappelijk front voor wereldmarkten

vormen en aanzienlijke schaalvoordelen behalen. De belangrijkste functies van dergelijke verenigingen zijn:
- exporteren onder de naam van de vereniging;
- vracht consolideren, over de prijs onderhandelen en schepen charteren;
- marktonderzoek doen;
- verkoopagenten in het buitenland aanstellen;
- kredietinformatie inwinnen en schulden innen;
- prijzen voor de export vaststellen;
- zorgen voor uniforme contracten en verkoopvoorwaarden;
- collectieve biedingen en verkooponderhandelingen mogelijk maken.

Als bedrijven lid zijn van een dergelijke vereniging, kunnen ze samen buitenlandse markten effectiever onderzoeken en er een betere vertegenwoordiging vinden. Door één organisatie op te richten die verschillende verkopers vervangt, kunnen ze stabielere prijzen realiseren en kunnen verkoopkosten worden gereduceerd. Door transport te consolideren en zaken niet dubbelop te doen, besparen bedrijven op hun transportkosten. Bovendien kan een groep de kwaliteitsclassificatie van hun producten standaardiseren en een sterkere merknaam creëren, zoals fruittelers in Californië met de producten van Sunkist hebben gedaan.

Als je in aanmerking neemt hoeveel voordeel het een MKB-bedrijf oplevert door lid te worden van een exportmarketinggroep, is het verbazend dat er zo weinig van dergelijke groepen bestaan. Een van de redenen hiervoor zou kunnen zijn dat bedrijven soms tegenstrijdige zienswijzen hebben over wat de groep moet doen. In veel MKB-bedrijven bestaat een sterk gevoel van onafhankelijkheid, geïnspireerd door oprichters en ondernemers, en dit gevoel kan botsen met bijvoorbeeld het vaststellen van een gemeenschappelijk doel. Bij exportgroepen is het van het grootste belang dat de belangen van de verschillende deelnemers aan de groep in evenwicht blijven.

9.3 Tussenvormen

Er zijn veel verschillende tussenliggende entreestrategieën, zoals licentieverlening, franchising, managementcontracten, turnkey-contracten, joint ventures en regelingen met betrekking tot technische knowhow of *contract manufacturing*. In figuur 9.3 wordt een overzicht gegeven van de meest relevante tussenvormen, wederom in een waardeketenperspectief.

Over het algemeen gesproken worden deze contracten gesloten als bedrijven die een vorm van concurrentievoordeel hebben vanwege bijvoorbeeld beperkte middelen niet van dit voordeel kunnen profiteren maar het wel naar een andere partij kunnen overhevelen. Vaak hebben deze regelingen een langdurige relatie tussen de partnerbedrijven tot gevolg en worden ze opgesteld om intermediaire producten als kennis en/of vaardigheden van het ene bedrijf (in het thuisland) naar het andere (in een gastland) over te dragen.

> **CONTRACT MANUFACTURING**
> De productie wordt uitbesteed aan een externe partner die gespecialiseerd is in productie en productietechnologie.

9.3.1 Contract manufacturing

Verschillende factoren kunnen bedrijven ertoe zetten op buitenlandse markten te gaan produceren:
- Het is wenselijk dat de productie dicht bij de buitenlandse klant plaatsvindt. Door lokaal te produceren is een betere interactie met de lokale klant over productontwerp, levering en service mogelijk.
- Productiekosten in het buitenland (bijvoorbeeld arbeid) zijn laag.
- Door hoge transportkosten kunnen zware of omvangrijke producten niet-concurrerend worden.
- Tarieven of quota kunnen de toetreding van de producten van een exporteur tot de markt verhinderen.
- In sommige landen gaat de voorkeur van de overheid uit naar leveranciers uit het eigen land.

Door contract manufacturing kan een bedrijf zijn producten in het buitenland laten produceren zonder zich definitief te binden. Het kan zijn dat het management de middelen niet heeft of niet bereid is vermogen te investeren om productie- en verkoopoperaties in het buitenland op te zetten. Door contract manufacturing blijft de weg open om, als de tijd er rijp voor is, zelf over te gaan tot langetermijnontwikkeling van de buitenlandse markt. Deze punten van overweging zijn voor bedrijven met beperkte middelen het belangrijkst. Door contract manufacturing zijn bedrijven in staat de R&D, marketing, distributie en verkoop van en de dienstverlening met betrekking tot hun product op de internationale markt te ontwikkelen en in eigen hand te houden, terwijl ze de verantwoordelijkheid voor de productie overdragen aan een lokaal bedrijf (zie figuur 9.3).

Betaling van de gecontracteerde partij door de opdrachtgever geschiedt doorgaans per eenheid product, en kwaliteits- en specificatie-eisen zijn uitermate belangrijk. Het product kan door de opdrachtgever in het land van productie, in zijn thuisland of op een andere buitenlandse markt worden verkocht.
Deze vorm van bedrijfsorganisatie komt in bepaalde industrieën veel voor. Benetton en IKEA zijn voorbeelden van bedrijven die sterk afhankelijk zijn van een contractueel netwerk van kleine buitenlandse producenten.

Contract manufacturing biedt een bedrijf ook een aanzienlijke flexibiliteit. Afhankelijk van de duur van het contract kan een bedrijf naar een andere producent overstappen als hij ontevreden is over de kwaliteit van het product of de betrouwbaarheid van de levering. Daarnaast lijdt het geen verlies als het management besluit de producten uit de markt terug te trekken, want het hoeft geen buitenlandse productiefaciliteiten af te stoten. Aan de andere kant is het noodzakelijk de productkwaliteit in de gaten te houden om ervoor te zorgen dat die aan de bedrijfsstandaard voldoet. Een bedrijf kan te maken krijgen met problemen met de levering van producten, productgarantie of het uitvoeren van extra bestellingen. Ook kan het zijn dat de producent niet zo kostenefficiënt is als de opdrachtgever, zijn maximale productiecapaciteit bereikt of de overeenkomst probeert uit te buiten.

Hoewel contract manufacturing bedrijven een aantal voordelen biedt – en dan vooral bedrijven die sterk zijn in marketing en distributie – moeten overeenkomsten voor een dergelijke vorm van productie met grote zorgvuldigheid worden bedongen. Als een bedrijf de directe controle over de productiefunctie verliest, moeten mechanismen ontwikkeld worden om ervoor te zorgen dat de contractproducent aan de kwaliteits- en leverantie-eisen van het bedrijf voldoet.

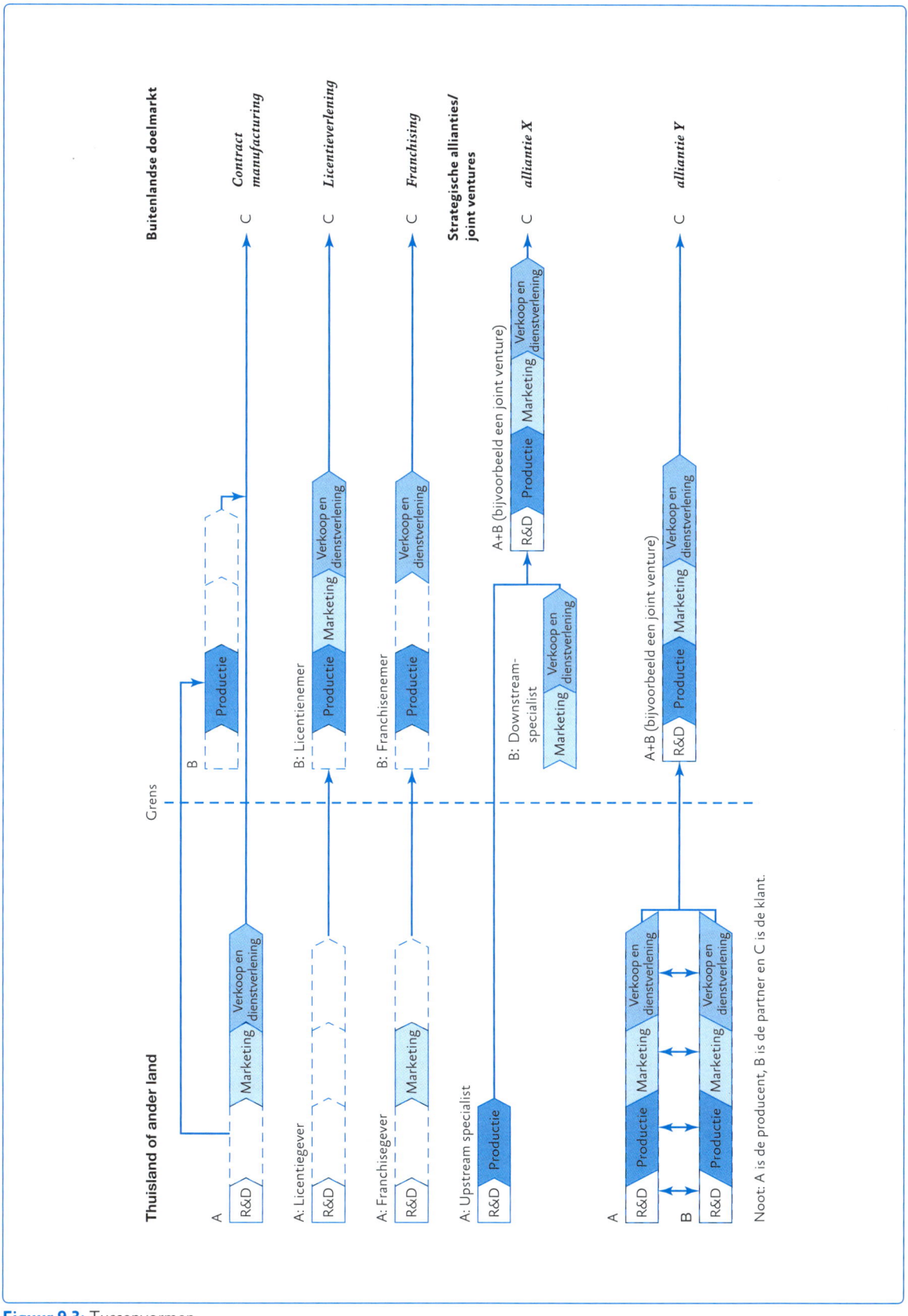

Figuur 9.3: Tussenvormen

**LICENTIE-
VERLENING**
Tegen betaling verleent licentiegever de licentienemer een recht, bijvoorbeeld het recht een bepaald gepatenteerd product tegen een afgesproken licentievergoeding te produceren.

9.3.2 Licentieverlening

Licentieverlening is een andere manier waarop een bedrijf de productie op de buitenlandse markt kan laten plaatsvinden zonder daar kapitaal in te investeren. Het verschil tussen licentieverlening en contract manufacturing is dat licenties gewoonlijk voor langere tijd worden verleend en het buitenlandse bedrijf veel meer verantwoordelijkheden heeft, omdat de licentiegever veel meer waardeketenfuncties naar de licentienemer overhevelt (zie figuur 9.3).

De licentieovereenkomst

Een licentieovereenkomst is een regeling waarbij de licentiegever iets van waarde aan de licentienemer geeft in ruil voor een bepaalde prestatie en betaling van de kant van de licentienemer. De licentiegever kan de licentienemer het recht geven een of meer van de volgende zaken te gebruiken:
- een octrooi op een product of proces;
- productieknowhow waar geen octrooi op rust;
- technisch advies en technische ondersteuning, soms inclusief de levering van onderdelen, materialen of machines die voor het productieproces nodig zijn;
- marketingadvies en –ondersteuning;
- het gebruik van een handelsmerk/handelsnaam.

In het geval van een handelsmerklicentie moet de licentiegever ervoor oppassen een product te ondermijnen door er te veel licenties voor te verlenen. Zo is de naam Pierre Cardin sterk in waarde gedaald als gevolg van het feit dat zo'n achthonderd producten toestemming kregen onder licentie zijn naam te voeren. Het verlenen van te veel licenties kan op de korte termijn de inkomsten van een bedrijf opvoeren, maar op de lange termijn kan het gelijk staan aan het slachten van de kip met de gouden eieren.

In sommige situaties kan de licentiegever als onderdeel van de overeenkomst essentiële onderdelen of diensten aan de licentienemer blijven verkopen. Dit kan worden uitgebreid. In dat geval is er sprake van onderlinge licentieverlening, waarbij kennis en/of octrooien onderling worden uitgewisseld. Bij onderlinge licentieverleningen is er niet altijd sprake van betaling in geld.

Licentieverlening kan gezien worden als tweerichtingsverkeer, want door het verlenen van een licentie kan de oorspronkelijke licentiegever ook toegang krijgen tot de technologie en het product van de licentienemer. Dit is belangrijk, want daardoor krijgt de licentiegever de kans voort te bouwen op de informatie die de licentienemer hem geeft. Sommige licentiegevers zijn heel geïnteresseerd in deze *grant-back* en zullen zelfs de licentievergoeding verlagen als daar productverbetering en potentieel winstgevende nieuwe producten tegenover staan. De licentienemer is verantwoordelijk voor de productie en vermarkting van een product of dienst in een afgebakend marktgebied. Naast deze verantwoordelijkheid zijn alle winst en risico's die de licentieverlening met zich meebrengt voor rekening van de licentienemer. In ruil hiervoor betaalt de licentienemer de licentiegever een licentievergoeding. Deze vergoeding is voor de licentiegever de belangrijkste bron van inkomsten uit zijn licentieoperaties en bestaat gewoonlijk uit een combinatie van de volgende onderdelen:
- Een bedrag ineens dat niet gerelateerd is aan de prestatie van de licentienemer. Dit kan een bedrag zijn dat aan het begin van een licentieverlening wordt betaald om de initiële overdracht van speciale machines, onderdelen, ontwerpen, kennis enzovoort mogelijk te maken.
- Een minimumvergoeding – een garantie dat de licentiegever op zijn minst enig jaarinkomen heeft.
- Een lopende licentievergoeding – doorgaans uitgedrukt in procenten van de gewone verkoopprijs of als een vast geldbedrag per prestatie-eenheid.

Andere manieren van betaling zijn onder andere het omzetten van licentievergoedingen in aandelen, managementvergoedingen en technische vergoedingen en het complexe systeem van de compensatieaankoop, dat vooral wordt aangetroffen bij licentieovereenkomsten met Oost-Europese landen.

Als het politieke risico op de buitenlandse markt groot is, is het verstandig dat de licentiegever hoge initiële betalingen eist en de loopduur van de overeenkomst misschien zelfs inkort. Als de markt echter relatief risicovrij is en de licentienemer in staat is een sterk marktaandeel te veroveren, kunnen betalingsvoorwaarden wat versoepeld worden. Als andere licentiegevers elkaar beconcurreren om een overeenkomst met die licentienemer af te sluiten, zal dat invloed hebben op de betalingsvoorwaarden.

De licentieovereenkomst of het licentiecontract moet altijd door middel van een geschreven document geformaliseerd worden. Over de details van het contract zullen de partijen waarschijnlijk flink met elkaar onderhandelen; een standaardcontract bestaat niet.

Hierna kijken we vanuit het oogpunt van de licentiegever en de licentienemer naar licentieverlening. Deze paragraaf is hoofdzakelijk vanuit het oogpunt van de licentiegever geschreven, maar het nemen van een licentie kan een belangrijk onderdeel van de groeistrategie van kleinere bedrijven zijn, dus wordt daaraan ook aandacht besteed.

Het verlenen van een licentie

Over het algemeen bestaat er een breed scala aan strategische redenen om een licentie te verlenen. De belangrijkste motieven om dit te doen, zijn:

- Het licentieverlenende bedrijf blijft technologisch superieur in zijn productontwikkeling. Het wil zich richten op zijn kerncompetenties (productontwikkelingsactiviteiten) en zijn productie en andere downstream activiteiten aan andere bedrijven uitbesteden.
- De licentiegever is te klein om de financiële expertise, marketing- en managementexpertise te hebben die nodig is om buitenlandse investeringen (eigen dochterbedrijf) te doen.
- Vanwege verouderde technologie of omdat het model verouderd is, is het product in de ontwikkelde landen aan het eind van zijn productlevenscyclus gekomen. Door licentieovereenkomsten met minder ontwikkelde landen aan te gaan, kan de totale productlevenscyclus gerekt worden.
- Zelfs als de inkomsten uit directe licentievergoedingen niet hoog zijn, kan de winstmarge op belangrijke onderdelen voor de licentienemer (geproduceerd door de licentiegever) heel fors zijn.
- Als door overheidsreguleringen het doen van directe investeringen in het buitenland wordt beperkt of het politieke risico groot is, kan het zijn dat licentieverlening de enige realistische entreestrategie is.
- De import naar het land van de licentienemer kan aan banden gelegd zijn (tarifaire en niet-tarifaire barrières).

Het nemen van een licentie

Uit empirisch onderzoek (Young et al., 1989, pag. 143) blijkt dat veel licentieovereenkomsten worden gesloten omdat licentienemers licentiegevers benaderen. Dat zou betekenen dat de licentienemer van meet af aan bij onderhandelingen en in de algemene relatie met de licentiegever in een nadelige positie verkeert. In andere gevallen wordt het nemen van een licentie als 'de gemakkelijke optie' gebruikt; de licentie wordt regelmatig vernieuwd en de licentienemer raakt sterk afhankelijk van de technologieleverancier (de licentiegever).

Zoals in figuur 9.4 te zien is, kan het nemen van een licentie de nettocashflow van de licentienemer verbeteren, maar kan het betekenen dat de winst op de lange termijn lager is. Omdat bedrijven door een technologielicentie te nemen producten eerder op de markt kunnen brengen dan anders het geval was geweest, profiteren deze bedrijven van een vroegere positieve cashflow. Daarnaast betekent het nemen van een licentie dat de

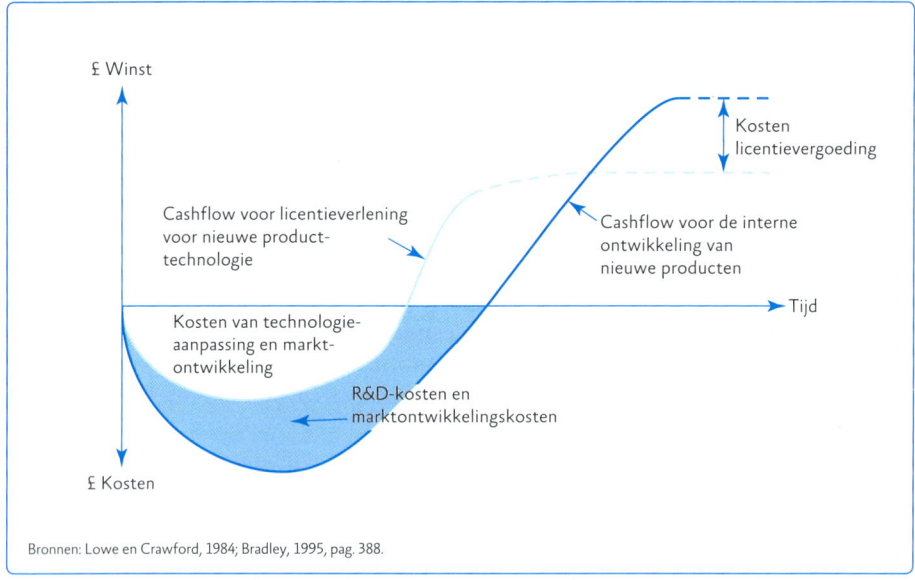

Figuur 9.4: Voordelen van licentieverlening voor de levenscyclus van producten

kosten van productontwikkeling lager zijn. Een snelle toegang tot nieuwe technologie, lagere ontwikkelingskosten en een relatief vroege positieve cashflow zijn de aantrekkelijke voordelen van het nemen van een licentie.

In tabel 9.3 (zie Samenvatting) worden de voor- en nadelen van licentieverlening voor de licentiegever kort weergegeven.

Franchising

> **FRANCHISING**
> Tegen betaling verleent de franchisegever een recht aan de franchisenemer, bijvoorbeeld het recht om tegen een afgesproken vergoeding het totaalconcept/ systeem van een bedrijf te gebruiken, inclusief handelsmerken (productmerken).

De term 'franchising' komt uit het Frans en betekent 'vrij zijn van onderworpenheid'. Tot het begin van de jaren 1970 was franchising in Europa een vrijwel onbekende activiteit. Het concept werd populair in de Verenigde Staten, waar franchising goed is voor meer dan een derde van de detailhandelverkoop, in vergelijking met ongeveer elf procent in Europa (Young et al., 1989, pag. 111).

Een aantal factoren heeft bijgedragen tot de snelle groei van franchising. Allereerst is franchising gestimuleerd door het algemene wereldwijde verval van de traditionele productie-industrie en het feit dat de dienstensector de plaats van deze industrie heeft ingenomen. Franchising past uitermate goed bij dienstverleningsactiviteiten en mensintensieve economische activiteiten, vooral als voor deze activiteiten een groot aantal geografisch verspreide afzetpunten nodig is om de lokale markten te bedienen. Ten tweede draagt de groeiende populariteit van het werken als kleine zelfstandige bij aan de groei van franchising. In veel landen heeft de overheid om de werkgelegenheid te stimuleren door middel van richtlijnen het klimaat voor kleine ondernemingen sterk verbeterd.

Een goed voorbeeld van de waarde van franchising is de Zweedse meubelproducent IKEA, die over de hele westerse wereld maar vooral in Europa en Noord-Amerika franchises voor zijn ideeën verleent. Gemeten naar winkeloppervlak en het aantal winkelbezoekers is dit bedrijf door franchiseverlening de afgelopen jaren aanzienlijk gegroeid.

Franchising is een marktgerichte methode voor het verkopen van een zakelijke dienst, vaak aan kleine onafhankelijke investeerders die wel werkkapitaal maar nog weinig of geen zakelijke ervaring hebben. Soms is het echter een soort parapluterm die wordt gebruikt voor het verlenen van het recht op het gebruik van een naam tot en met het gebruik van het totale bedrijfsconcept. Er zijn dus twee hoofdsoorten franchising:

1. Franchising van producten en handelsnamen. Dit lijkt erg op licentieverlening voor handelsmerken. Gewoonlijk gaat het hier om een distributiesysteem waarin leveranciers contact leggen met handelaren om producten of productlijnen te kopen of verkopen. Handelaren gebruiken de handelsnaam, het handelsmerk en de productlijn. Voorbeelden van dit type franchising zijn frisdrankbottelaars als Coca-Cola en Pepsi.
2. Franchising van het *business format* (de bedrijfsformule).

In dit gedeelte van het hoofdstuk richten we ons op de laatstgenoemde vorm van franchising.

Internationale franchising van het 'bedrijfspakket' (*business format*) is een entreestrategie waarbij de toetreder (de franchisegever) en een entiteit in een gastland een relatie hebben die in een contract is vastgelegd. De franchisegever draagt een business format die hij heeft ontwikkeld en waarvan hij de eigenaar is over aan de entiteit in het gastland. Deze entiteit kan een franchisenemer of een hoofdfranchisenemer (subfranchisegever) zijn. Het franchisesysteem kan een direct of indirect systeem zijn (zie figuur 9.5).

In een direct systeem beheert en coördineert de franchisegever de activiteiten van de franchisenemers rechtstreeks. In een indirect systeem wordt een hoofdfranchisenemer (subfranchisegever) aangesteld om zijn eigen subsysteem van franchisenemers binnen zijn gebied op te zetten en te bedienen.

De voordelen van het directe systeem zijn onder andere toegang tot lokale middelen en kennis, meer aanpassing en de mogelijkheid een succesvolle hoofdfranchisenemer (subfranchisegever) te ontwikkelen die als instrument kan dienen voor het verkopen van het concept aan andere potentiële franchisenemers in het gastland. Het indirecte systeem heeft ook nadelen, waaronder problemen met het overzien van de activiteiten omdat de franchisegever daar weinig controle over heeft. Er zijn voorbeelden van hoofdfranchisenemers die hun onderfranchisenemers 'gijzelden' om vervolgens de franchisegever te beconcurreren. Uiteindelijk wordt het succes van het indirecte systeem bepaald door de capaciteiten en het commitment van de hoofdfranchisenemer (Welsh et al., 2006).

Het pakket dat door de franchisegever wordt overgedragen omvat de meeste onderdelen die de lokale entiteit nodig heeft om in het gastland een bedrijf op te zetten en dit met winst te runnen. Dit gebeurt op een voorgeschreven manier, en de franchisegever ziet

Bron: gebaseerd op Welsh et al. (2006).

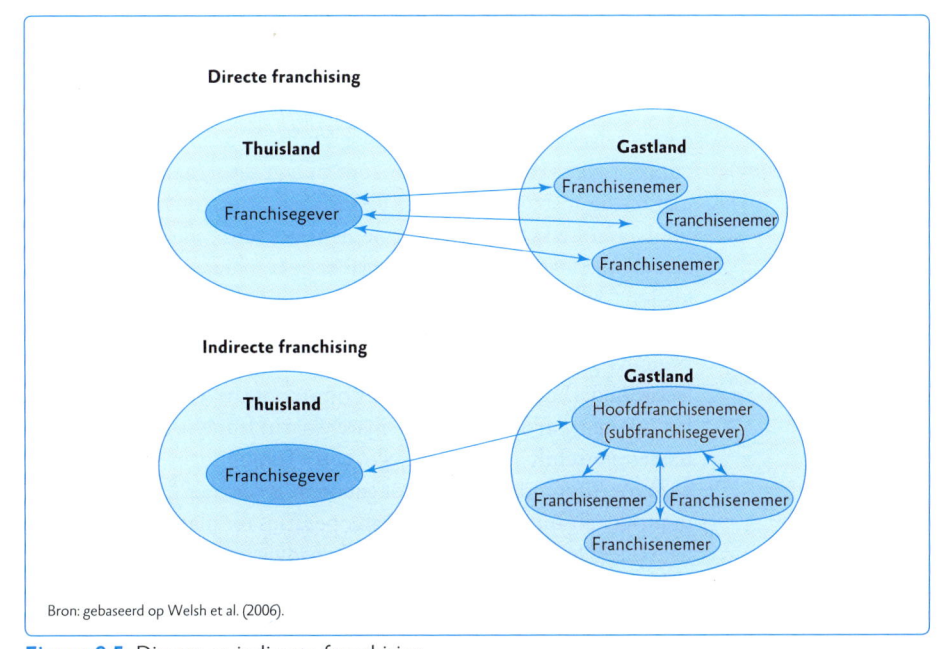

Figuur 9.5: Directe en indirecte franchising

erop toe dat de franchisenemer zich hieraan houdt. Het pakket kan de volgende onderdelen bevatten:

- handelsmerken/handelsnamen
- copyright
- ontwerpen
- octrooien
- handelsgeheimen
- bedrijfsknowhow
- geografische exclusiviteit
- ontwerp van de winkel
- marktonderzoek voor het gebied
- locatieselectie.

Naast dit pakket biedt de franchisegever lokale entiteiten doorgaans ook managementondersteuning bij het opzetten en runnen van lokale operaties. Alle lokale buitenlandse franchisenemers kunnen ook subleveringen van de franchisegever of de hoofdfranchisenemers (subfranchisegevers) ontvangen en profiteren van centraal gecoördineerde reclame. In ruil voor dit bedrijfspakket ontvangt de franchisegever van de franchisenemer of subfranchisegever een beginvergoeding vooraf en/of doorlopende franchisevergoedingen, gewoonlijk een percentage van de jaarwinst die op de goederen die rechtstreeks door de franchisegever zijn geleverd is gemaakt.

Er wordt nog steeds flink gedebatteerd over het verschil tussen licentieverlening en franchising, maar als we franchising definiëren in de bredere zin, dus de franchising van een business format (zoals we hier hebben gedaan), worden de verschillen duidelijk, zoals in tabel 9.1 te zien is.

Voorbeelden van de franchising van business formats zijn onder andere de franchising van zakelijke en persoonlijke diensten, gemakswinkels, autoreparatie en fastfood. Amerikaanse fastfood franchises, zoals McDonald's, Burger King en Pizza Hut, behoren tot de bekendste internationale franchisebedrijven.

In het waardeketenperspectief in figuur 9.3 is de fastfoodsector als voorbeeld genomen. De productie- (bijvoorbeeld het samenstellen van hamburgers), verkoop- en dienstverleningsfuncties worden verplaatst naar lokale verkooppunten (bijvoorbeeld de restaurants van McDonald's), terwijl de centrale R&D- en marketingfuncties door de franchisegever (bijvoorbeeld het hoofdkantoor van McDonald's in de VS) worden beheerd. De franchisegever ontwikkelt het centrale marketingplan (met de algemene reclameboodschappen), en dit wordt vervolgens aan lokale omstandigheden en culturen aangepast.

Zoals eerder is aangegeven, is de franchising van een business format een aanhoudende relatie waarbij het niet alleen om een product of dienst maar ook om een bedrijfsconcept gaat. Het bedrijfsconcept omvat doorgaans een strategisch plan voor groei en marketing, instructies voor de bedrijfsoperaties, een nauwkeurige beschrijving van de kwaliteitseisen en kwaliteitscontrole, een voortdurende begeleiding van de franchisenemer en een manier waarop de franchisegever de franchisenemer kan controleren. Franchisegevers bieden franchisenemers op veel verschillende manieren ondersteuning, maar niet alle franchisegevers bieden hetzelfde niveau van ondersteuning. Voorbeelden van gebieden waarop franchisegevers franchisenemers hulp en ondersteuning bieden, zijn financiën, locatieselectie, onderhandelingen over het huurcontract, coöperatieve reclame, training en hulp bij het openen van de winkel. De mate waarin franchisegevers franchisenemers steun blijven bieden, verschilt van franchisegever tot franchisegever. Voorbeelden van gebieden waarop deze voortdurende steun wordt geboden, is centrale informatieverwerking, centrale inkoop, praktijktraining, de evaluatie van operaties ter plaatse, nieuwsbrieven, regionale en nationale bijeenkomsten, een hotline voor advies en adviesraden van zowel franchisegevers als -nemers. De beschikbaarheid van deze diensten is vaak een kritieke factor bij het nemen van de beslissing een franchise te kopen en kan van cruciaal belang zijn voor het langetermijnsucces van marginale locaties en slecht voorbereide eigenaren.

Licentieverlening	Franchising
Gewoonlijk wordt de term 'licentievergoeding' gebruikt.	'Managementvergoeding' wordt als de juiste term gezien.
Bij licenties gaat het om producten, of zelfs een enkel product.	Beslaat het hele bedrijf, inclusief knowhow, intellectuele rechten, goodwill, handelsmerken en zakelijke contacten. (Franchising is allesomvattend, terwijl het bij licentieverlening slechts om een deel van het bedrijf gaat.)
Licenties worden doorgaans genomen door gevestigde bedrijven.	Vaak een opstartsituatie, vooral wat de franchisenemer betreft.
Termijnen van zestien tot twintig jaar zijn heel gewoon, zeker als het gaat om technische knowhow, copyright en handelsmerken. Voor octrooien gelden soortgelijke termijnen.	De franchiseovereenkomst wordt gewoonlijk voor vijf jaar afgesloten, maar soms ook tot elf jaar. Franchises kunnen vaak worden vernieuwd.
Licentienemers kiezen zichzelf meestal uit. Het zijn vaak gevestigde bedrijven die kunnen aantonen dat ze in een sterke positie staan om van de betreffende licentie een succes te maken. Vaak kunnen licentienemers hun licentie doorgeven aan een partner of soms een ongerelateerd bedrijf zonder dat ze de oorspronkelijke licentiegever daarvan op de hoogte hoeven te stellen.	De franchisenemer wordt door de franchisegever uitgekozen. Als de franchisegever wordt vervangen, regelt de franchisegever dit.
Het gaat hier doorgaans over specifieke, bestaande producten; voordeel uit lopend onderzoek wordt door de licentiegever nauwelijks aan de licentienemer doorgegeven.	Van de franchisegever wordt verwacht dat hij de voordelen van lopend onderzoek aan de franchisenemer doorgeeft. Dit maakt onderdeel uit van de overeenkomst.
Aan de licentie is geen goodwill verbonden; alle goodwill blijft bij de licentiegever.	Hoewel de franchisegever de meeste goodwill houdt, bouwt de franchisenemer lokale goodwill op.
Licentienemers hebben een grote mate van onderhandelingsvrijheid wat de licentievergoeding betreft. Als onderhandelingsinstrument kunnen ze hun sterke handelspositie en hun gevestigde positie op de markt gebruiken.	Er is een standaardvergoedingsstructuur; variaties binnen een individueel franchisesysteem zouden leiden tot verwarring en onrust.

Bronnen: gebaseerd op Perkins (1987), pag. 22 en 157, en Young et al. (1989), pag. 148.

Tabel 9.1: De verschillen tussen licentieverlening en franchising

9.3.3 Joint ventures/strategische allianties

JOINT VENTURE
Een equity partnerschap, dat wil zeggen dat de partners – meestal twee – een vast aandeel in het partnerschap hebben. Twee 'ouders' creëren een 'kind' (de joint venture die op de markt opereert).

Een joint venture of strategische alliantie is een partnerschap tussen twee of meer partijen. Twee of verschillende bedrijven richten samen een aparte nieuwe onderneming op. Bij internationale joint ventures bevinden deze partijen zich in verschillende landen; het moge duidelijk zijn dat dit het managen van een dergelijke overeenkomst bemoeilijkt.

Er zijn verschillende redenen om een joint venture op te zetten, waaronder de volgende:
- De complementaire technologie of managementvaardigheden die de partners bieden, kunnen leiden tot nieuwe kansen in bestaande sectoren (bijvoorbeeld de multimediasector, waar informatieverwerking, communicatie en de media samensmelten).
- Veel bedrijven ondervinden dat partners in het gastland de snelheid waarmee ze tot de markt kunnen toetreden vergroten.
- Veel minder ontwikkelde landen, zoals China en Korea, proberen buitenlands eigenaarschap te beperken.
- Internationale operaties op het gebied van R&D en productie zijn extreem duur, maar ze zijn nodig om concurrentievoordeel te behalen.

Het formele verschil tussen een joint venture en een strategische alliantie is het feit dat een strategische alliantie gewoonlijk een contractueel samenwerkingsverband is, wat betekent dat de partners geen aandelenvermogen in de alliantie steken of erin investeren. Een joint venture kan een contractuele joint venture of een equity joint venture zijn.

Bij contractuele joint ventures wordt geen gezamenlijke onderneming met een aparte 'persoonlijkheid' gevormd. Twee of meer bedrijven vormen een partnerschap om de kosten van investeringen, de risico's en de langetermijnwinst te delen. In het geval van een equity joint venture wordt een nieuw bedrijf gecreëerd waarbij buitenlandse en lokale investeringen eigenaarschap en zeggenschap delen. Volgens deze definities zijn strategische allianties en contractuele joint ventures min of meer hetzelfde (figuur 9.6).

Of bedrijven een equity joint venture of een contractuele joint venture moeten aangaan, hangt af van hoe bedrijven de samenwerking willen formaliseren. Veel interessanter is het te kijken naar de rol die partners in het samenwerkingsverband spelen.

In figuur 9.7 worden twee verschillende manieren van alliantie in een waardeketenperspectief weergegeven. Deze zijn gebaseerd op de mogelijke samenwerkingspatronen in de waardeketen. In figuur 9.8 zien we twee partners, A en B, die elk een eigen waardeketen hebben. We zien drie verschillende soorten waardeketenpartnerschappen:

- *Upstream samenwerking.* A en B werken samen op het gebied van R&D en/of productie.
- *Downstream samenwerking.* A en B werken samen op het gebied van marketing, distributie, verkoop en/of dienstverlening.
- *Upstream/downstream samenwerking.* A en B hebben verschillende maar complementaire competenties aan elk einde van de waardeketen.

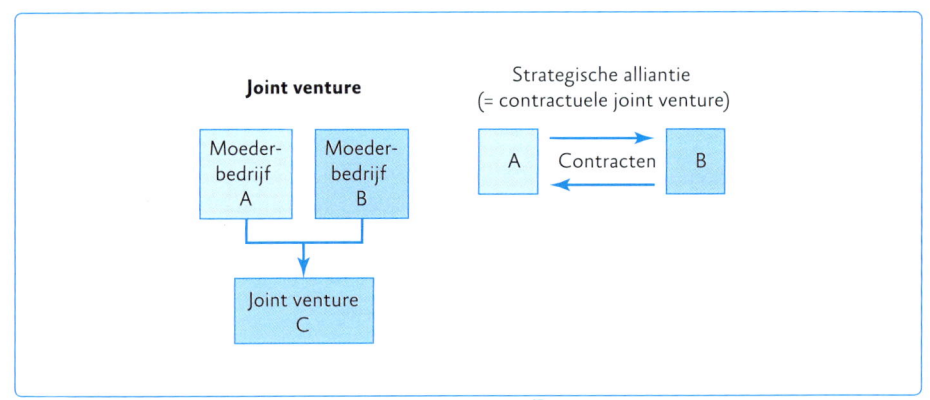

Figuur 9.6: Joint ventures en strategische allianties

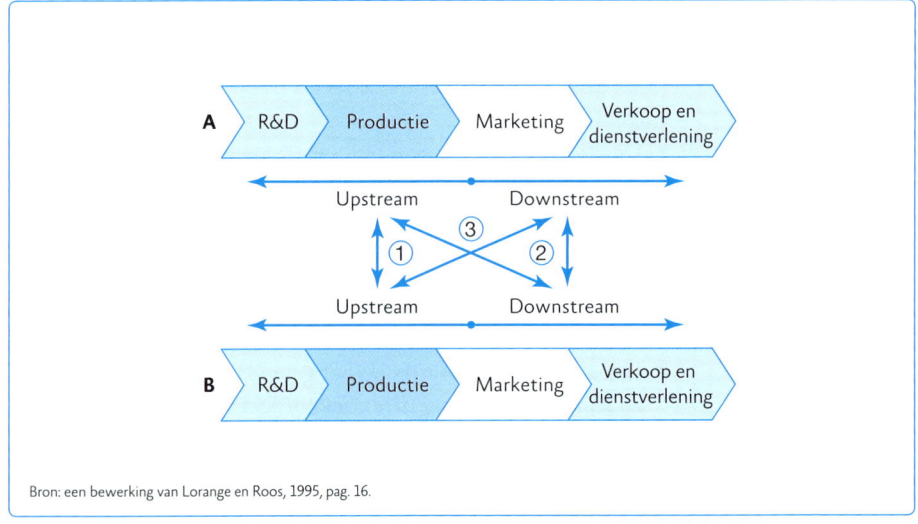

Bron: een bewerking van Lorange en Roos, 1995, pag. 16.

Figuur 9.7: Samenwerkingsmogelijkheden voor partner A en B in de waardeketen

1 en 2 vertegenwoordigen de zogenaamde Y-alliantie en 3 vertegenwoordigt de zogenaamde X-alliantie (Porter en Fuller, 1986, pag. 336-337):

- *Y-allianties.* De partners delen een of meer waardeketenactiviteiten. Zo kan de gezamenlijke productie van modellen of onderdelen schaalvoordeel opleveren, waardoor de productiekosten per eenheid dalen. Een ander voorbeeld is een gezamenlijke vermarktingsovereenkomst waarbij complementaire productlijnen van twee bedrijven via bestaande of nieuwe distributiekanalen tegelijkertijd worden verkocht, waardoor het marktbereik van beide bedrijven wordt verbreed.
- *X-allianties.* De partners verdelen de waardeketenactiviteiten onder elkaar. Een van de partners ontwikkelt en produceert het product bijvoorbeeld, en laat het dan door de andere partner op de markt brengen. Bij het vormen van X-allianties moet worden bepaald in welke waardeketenactiviteiten een bedrijf goed presteert en waar zijn kerncompetenties liggen. Neem het geval waarin A kerncompetenties in upstream activiteiten heeft maar zwak is in de downstream activiteiten. A wil toetreden tot een buitenlandse markt, maar het ontbreekt het bedrijf aan kennis van de lokale markt en het weet niet hoe het toegang kan krijgen tot buitenlandse distributiekanalen. Daarom zoekt en vindt A partner B, die kerncompetenties in downstream functies heeft maar zwak is in de upstream functies. Op deze manier kunnen A en B een alliantie vormen waarbij B A kan helpen met de distributie en verkoop op de buitenlandse markt en A B kan helpen bij R&D en de productie.

Samengevat: bij X-allianties hebben de partners wat de waardeketen betreft asymmetrische competenties: waar de een sterk is, is de ander zwak en vice versa. Bij Y-allianties lijken de partners wat sterke en zwakke kanten betreft meer op elkaar.

Y-ALLIANTIE
Elke individuele partner in de alliantie/joint venture neemt eraan deel met complementaire productenlijnen of complementaire diensten. Elke individuele partner draagt de zorg voor alle waardeketenactiviteiten binnen zijn eigen productlijn.

X-ALLIANTIE
De partners in de waardeketen verdelen hun waardeketenactiviteiten onderling. Zo kan een producent (exporteur) zich specialiseren in upstream activiteiten, terwijl de lokale partner zorgt voor de downstream activiteiten.

9.4 Hiërarchische methoden

Een organisatie die geen volle dochteronderneming is (dat wil zeggen 100%) wordt hier tot de exportmethoden of tussenvormen gerekend. Dit scherpe onderscheid brengt echter problemen met zich mee: volgens de definitie is een joint venture waarbij een van de partners een meerderheidsbelang heeft (bijvoorbeeld 75%) een tussenliggende methode, maar in de praktijk heeft een bedrijf met een meerderheidsbelang van 75 procent in een joint venture bijna de volledige controle, net als bij een hiërarchische methode.

Als een producent meer invloed op en controle over de lokale marketing wil hebben dan exportmethoden hem kunnen bieden, zal hij overwegen een eigen bedrijf op de buitenlandse markt te vestigen. Dit vergt echter investeringen, behalve als het bedrijf zijn eigen verkooppersoneel heeft. In dat geval worden de investeringen tot de bedrijfskosten gerekend (zie figuur 9.11).

Als een bedrijf het proces dat in figuur 9.8 is weergegeven doorloopt, verschuift het steeds meer activiteiten naar de belangrijkste buitenlandse markten. Met andere woorden: het draagt de verantwoordelijkheid van het uitvoeren van de waardeketenfuncties over aan het lokale management in de verschillende landen. In de loop van het proces in figuur 9.8 stapt het bedrijf ook van het ene internationaliseringsstadium naar het andere over (Perlmutter, 1969):

- *Etnocentrische oriëntatie*: in figuur 9.8 weergegeven door de binnenlandse verkopers. Deze oriëntatie geeft de uitbreiding van de marketingmethoden die in het thuisland worden gebruikt naar de buitenlandse markten weer.

- *Polycentrische oriëntatie*: weergegeven door dochterbedrijven in het buitenland. Deze oriëntatie is gebaseerd op de veronderstelling dat de markten/landen in de wereld zo van elkaar verschillen dat je alleen internationaal succesvol kunt worden als je elk land als aparte markt behandeld, met zijn eigen dochterbedrijf en aangepaste marketingmix.
- *Regiocentrische oriëntatie*: weergegeven door een regio van de wereld (paragraaf 9.5).
- *Geocentrische oriëntatie*: weergegeven door de transnationale organisatie. Deze oriëntatie is gebaseerd op de veronderstelling dat er tussen de markten in de wereld zowel overeenkomsten als verschillen bestaan. Het is dan mogelijk een transnationale strategie te ontwikkelen waarbij van de overeenkomsten tussen de markten (de synergie-effecten) gebruik wordt gemaakt om het kennisniveau wereldwijd te optimaliseren.

Bij de hierna volgende beschrijving en bespreking van hiërarchische methoden wordt figuur 9.8 als uitgangspunt genomen.

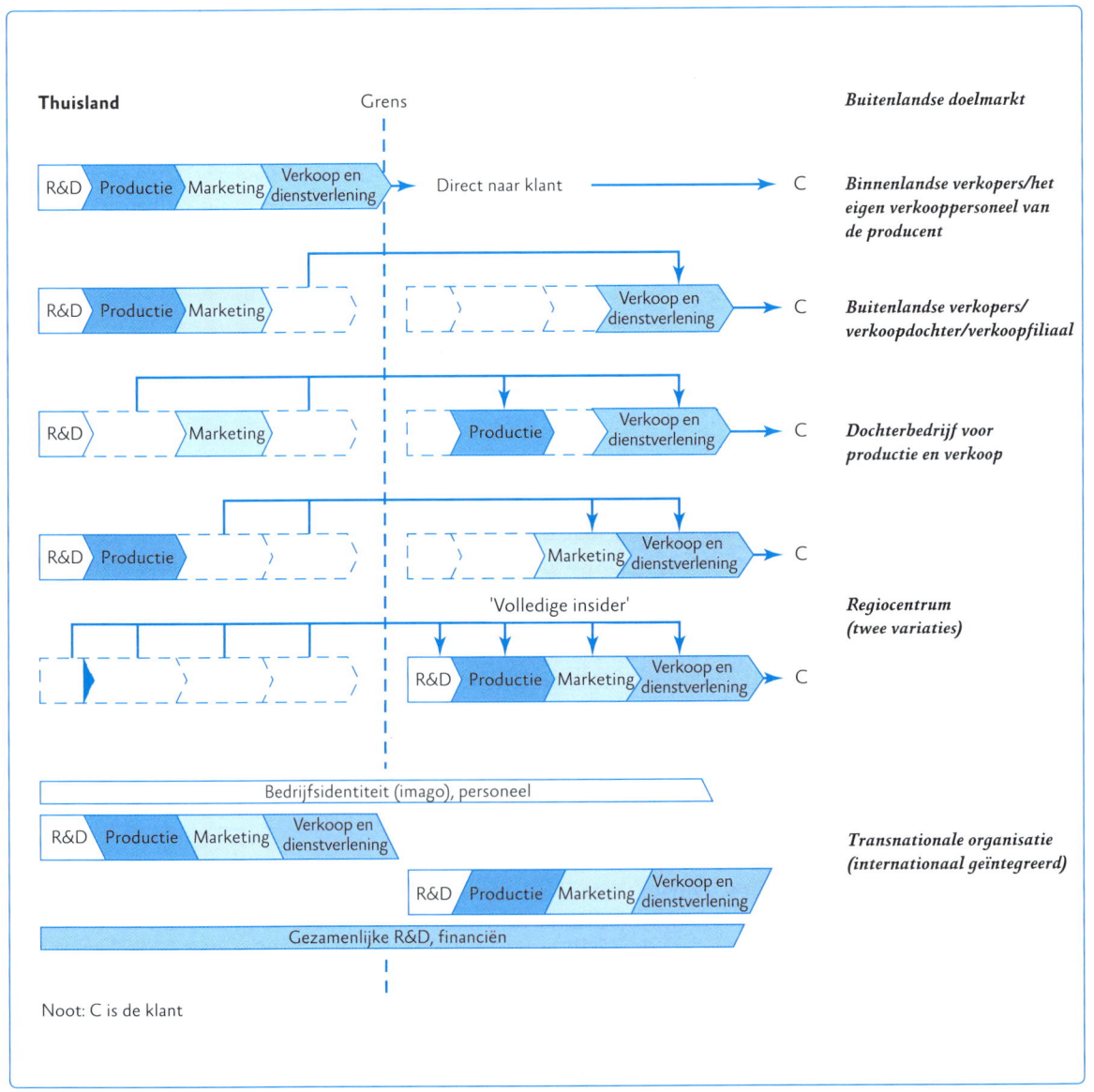

Figuur 9.8: Hiërarchische methoden in een waardeketenperspectief

9.4.1 Binnenlandse verkopers

BINNENLANDSE VERKOPER
De verkoper is gevestigd in het thuisland van de producent en reist naar het buitenland om de producten van de producent te verkopen.

Een binnenlandse verkoper is in een bepaald land gevestigd, vaak in het thuisland van zijn werkgever, en reist naar het buitenland om de producten van die werkgever te verkopen. Omdat de verkoper bij het bedrijf in dienst is, kunnen de verkoopactiviteiten beter onder controle worden gehouden dan bij onafhankelijke tussenpersonen het geval is. Bedrijven hebben geen controle over de aandacht die agenten of distributeurs aan hun producten schenken of de marktfeedback die ze van deze tussenpersonen ontvangen, maar bij verkopers kunnen ze erop staan dat bepaalde activiteiten worden uitgevoerd.

Het inzetten van eigen werknemers straalt ook meer een commitment naar de klant toe uit dan het gebruik van agenten en distributeurs. Daarom worden ze vaak op industriële markten gebruikt, waar maar een klein aantal grote klanten is die graag nauw contact met de leveranciers wil hebben en waar de grootte van de bestellingen de kosten van reizen naar het buitenland billijkt. Om dezelfde reden zie je deze entreestrategie ook vaak bij bedrijven die producten verkopen aan overheidsinkopers en detailhandelsketens.

9.4.2 Buitenlandse verkopers/verkoopdochters/verkoopfilialen

BUITENLANDS VERKOOPFILIAAL
Een verlengstuk van een wettelijk deel van de producent (ook vaak verkoopkantoor genoemd). Belastingheffing op de winst vindt plaats in het thuisland van de producent.

DOCHTERBEDRIJF
Een lokaal bedrijf dat eigendom is van en wordt gerund door een buitenlands bedrijf, maar dat onder de wet van het gastland valt. Ook de belastingheffing vindt in het gastland plaats.

In al deze gevallen wordt de verkoopfunctie naar de buitenlandse markt overgeheveld. Deze drie opties stralen een grotere klantverbintenis uit dan het gebruik van binnenlandse verkopers. Bij het nemen van de beslissing of ze reizende binnenlandse vertegenwoordigers of buitenlandse verkopers gaan gebruiken, moeten bedrijven het volgende in overweging nemen:

- *Nieuwe bestelling (ordermaking) of vervolgbestelling (ordertaking).* Als het type verkoopwerk dat een bedrijf op de buitenlandse markt gedaan wil hebben eerder ordertaking dan ordermaking is, zal het waarschijnlijk voor een reizende binnenlandse verkoper kiezen, en vice versa.
- *De aard van het product.* Als het om een technisch gecompliceerd product gaat dat veel dienstverlening en levering van onderdelen vergt, is de reizende verkoper niet een efficiënte manier van toetreding. In dat geval is het beter een meer permanente buitenlandse basis te hebben.

Soms vinden bedrijven het relevant om in het gastland een officieel filiaal te vestigen waaraan een buitenlandse verkoper wordt toegewezen. Een buitenlands filiaal is een verlengstuk en wettelijk onderdeel van het bedrijf. In een buitenlands filiaal worden vaak mensen uit het gastland als verkooppersoneel aangenomen. Als de verkoop op de buitenlandse markt zich in positieve zin ontwikkelt, kan het bedrijf (op een gegeven ogenblik) overwegen een volle verkoopdochter in het gastland op te zetten. Een verkoopdochter is een lokaal bedrijf dat eigendom is van en gerund wordt door een buitenlands bedrijf maar dat onder de wetten van het gastland valt.

In het geval van verkoopdochters hebben bedrijven de volledige controle over de verkoopfunctie. Vaak hebben bedrijven een centrale marketingfunctie op de thuisbasis, maar soms heeft een verkoopdochter ook een lokale marketingfunctie. Als de verkoopfunctie als verkoopdochter wordt georganiseerd (of als verkoopactiviteiten worden uitgevoerd), lopen alle buitenlandse bestellingen via het dochterbedrijf, die de producten dan tegen normale groot- of detailhandelsprijzen aan buitenlandse kopers verkoopt. De buitenlandse verkoopdochter koopt de te verkopen producten tegen een bepaalde prijs van het moederbedrijf. Dit schept echter het probleem van de interne verrekenprijzen.

Een van de belangrijkste redenen om voor verkoopdochters te kiezen is de mogelijkheid deze subunits meer autonomie en verantwoordelijkheid te geven omdat ze zich dicht bij de klant bevinden. Belastingvoordeel kan een andere reden zijn om een verkoopdochter op te zetten. Dit is vooral belangrijk voor bedrijven waarvan het hoofdkantoor in een land staat waar de belastingtarieven hoog zijn. Met de juiste planning kunnen bedrijven dochterbedrijven opzetten in landen waar de belasting op bedrijfsinkomsten laag is en profiteren van het feit dat ze in hun thuisland geen belasting hoeven te betalen over in het buitenland gegenereerde inkomsten totdat die inkomsten naar het thuisland worden overgemaakt. Het exacte belastingvoordeel dat bedrijven door middel van dergelijke dochterbedrijven kunnen behalen, hangt natuurlijk af van de belastingwetten in hun thuisland en die in het gastland.

Voor bedrijven die op een buitenlandse markt zakendoen is het zeer interessant te bepalen wanneer ze het beste over kunnen stappen van het gebruik van een agent naar het vestigen van een eigen verkoopdochter en het aanstellen van eigen verkooppersoneel in het gastland (Ross et al., 2005). In figuur 9.9 zijn de totale verkoop- en marketingkosten van het gebruik van twee verschillende entreestrategieën weergegeven, te weten:

- *Agent*: deze curve is gebaseerd op een contract waarbij de agent een minimum jaarprovisie ontvangt die niet afhankelijk is van wat hij in een jaar verkoopt. De agent ontvangt hetzelfde percentage aan provisie, ongeacht zijn jaaromzet.
- *Verkoopdochter*: deze curve is gebaseerd op de veronderstelling dat het verkooppersoneel van de verkoopdochter een vast jaarsalaris ontvangt (onafhankelijk van de jaaromzet) maar een bonus ontvangt als het bepaalde verkoopdoelen behaalt.

Onder deze omstandigheden zal er een bepaald omslagpunt komen, waarna het (financieel) voordeliger is van een agent naar een eigen verkoopdochter over te stappen. Natuurlijk moeten andere factoren, zoals controle, flexibiliteit en investeringen, in overweging genomen worden voordat een bedrijf een dergelijke stap onderneemt.

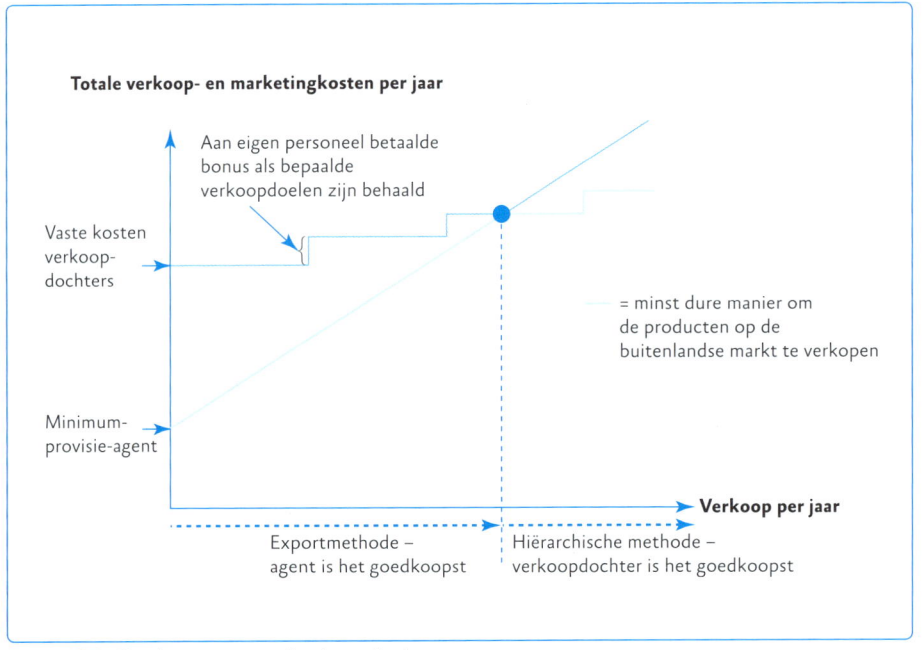

Figuur 9.9: Omslagpunt agent/verkoopdochter

9.4.3 Verkoop- en productiedochter

Vooral in ontwikkelingslanden kunnen mensen het idee krijgen dat verkoopdochters geld uit het land halen en het gastland waarin ze zijn gevestigd niets waardevols bieden. In die landen zullen verkoopdochters niet lang bestaan, want algauw zal geëist worden dat er lokale productiefaciliteiten worden opgericht.

Als een bedrijf denkt dat zijn producten in een politiek relatief stabiel land marktpotentieel voor de lange termijn hebben, is het over het algemeen zo dat alleen volledig eigenaarschap van de verkoop en de productie de mate van controle biedt die nodig is om de strategische doelen van het bedrijf te behalen. Deze entreestrategie vergt echter een grote investering van managementtijd, commitment en geld. Ook zijn er aanzienlijke risico's aan verbonden, want een latere terugtrekking uit de markt kan zeer kostbaar zijn – niet alleen qua geld maar ook qua reputatie op de internationale en binnenlandse markt, vooral bij klanten en personeel.

Japanse bedrijven hebben deze strategie gebruikt om in de loop van vele jaren een krachtige aanwezigheid op internationale markten op te bouwen. Hun geduld is beloond met grote marktaandelen en aanzienlijke winst, maar dit hebben ze niet van de ene op de andere dag bewerkstelligd. Soms besteedden ze meer dan vijf jaar aan het doorgronden van markten, klanten en de concurrentie en het kiezen van productielocaties voordat ze de volgende stap zetten.

De belangrijkste redenen om producten lokaal te gaan produceren:
- *Om bestaande business te verdedigen.* De import van Japanse auto's in Europa was aan banden gelegd; naarmate de verkoop van Japanse auto's steeg, werden de Japanse autofabrikanten steeds kwetsbaarder. Na de creatie van één Europese markt hebben Nissan en Toyota in het Verenigd Koninkrijk faciliteiten opgezet.
- *Om nieuwe business binnen te halen.* Door producten lokaal te produceren laten bedrijven een sterke commitment zien; dit is de beste manier om klanten over te halen van leverancier te wisselen. Dit geldt vooral voor de industriële markten, waar dienstverlening en betrouwbaarheid vaak een zeer belangrijke rol spelen bij het nemen van inkoopbeslissingen.
- *Om kosten te besparen.* Door in het buitenland productiefaciliteiten op te zetten kunnen op een aantal gebieden, zoals arbeid, grondstoffen en transport, kosten worden bespaard.
- *Om overheidsbeperkingen te vermijden* die bedrijven dwingen de import van bepaalde goederen te beperken.

Assemblagefaciliteiten

Een assemblagefaciliteit is een variatie op de productiedochter. Een bedrijf kan in het buitenland een productiebedrijf opzetten voor het assembleren van onderdelen die op de binnenlandse markt of elders geproduceerd zijn. Het bedrijf kan proberen de belangrijkste onderdelen in het eigen land te laten produceren, zodat productontwikkeling, productievaardigheden en investeringen geconcentreerd blijven en het kan blijven profiteren van de schaalvoordelen die het heeft. Het kan zijn dat sommige onderdelen in verschillende landen worden geproduceerd (multisourcing) om in elk land comparatief voordeel te behalen. Kapitaalintensieve onderdelen worden doorgaans in ontwikkelde landen geproduceerd, en arbeidsintensieve assemblage wordt doorgaans in minder ontwikkelde landen uitgevoerd, waar veel arbeidskrachten zijn en de arbeidskosten laag zijn. Deze strategie wordt veel toegepast door producenten van consumentenelektronica. Als een product volwassen wordt en hevige prijsconcurrentie ondervindt, kan het nodig zijn alle arbeidsintensieve operaties naar de weinig ontwikkelde landen te verschuiven. Dit is het principe achter de internationale productlevenscyclus.

Regiocentra (regionale hoofdkantoren)

> **REGIOCENTRA**
> Het regionale hoofdkantoor (het 'leidende land') coördineert en stimuleert gewoonlijk de verkoop in de hele regio.

Tot nu toe hebben we ons bij het bespreken van het kiezen van een entreestrategie vooral gericht op toetreding tot één bepaald land. Als we deze voorwaarde weglaten, zien we optie 3 in figuur 9.10, de op een geografisch gebied gerichte starter. Dit is een poging in de specialistische behoeften van een bepaalde regio in de wereld te voorzien. Voor concurrenten is het erg moeilijk een succesvolle coördinatie van waardeketenactiviteiten in een bepaalde regio te imiteren, omdat daar ontastbare (tacit) kennis bij komt kijken en het sociaal complex is.

Door de vorming van groepen als de Europese Unie, de Noord-Amerikaanse Vrijhandelsovereenkomst (NAFTA) en de Associatie van Zuidoost-Aziatische landen (ASEAN) wordt de wereld steeds meer geregionaliseerd.

In figuur 9.8 worden twee voorbeelden van regiocentra gegeven. Bij de eerste variant zijn de downstream functies naar de regio overgebracht. In de tweede variant is er sprake van een nog grotere verbintenis met de regio, omdat hier alle waardeketenactiviteiten naar de regio zijn verplaatst, waarbij het bedrijf een 'volledige insider' in de regio is geworden. In dit stadium heeft het bedrijf alle benodigde functies in de regio om effectief te concurreren met lokale en regionale concurrenten. Tegelijkertijd kan het bedrijf inspelen op de behoeften van regionale klanten. Deze situatie wordt ook in het onderste gedeelte van figuur 9.10 weergegeven, waar veel activiteiten landenbreed worden gecoördineerd.

		Aantal landen dat erbij betrokken is	
		Weinig	Veel
Coördinatie van waardeketen-activiteiten	Weinig activiteiten landenbreed gecoördineerd (hoofdzakelijk logistiek)	Nieuwe internationale marktmakers	
		Export/import-starter ①	Multinationale handelaar ②
	Veel activiteiten landenbreed gecoördineerd	Starter die zich richt op een geografisch gebied ③	Internationale starter ④

Bron: hier weergegeven met toestemming van MacMillan Publishers Ltd. *Journal of International Business Studies*, vol. 25, nr. 1, Toward a theory of international new ventures, door B.M. Oviatt en P. McDougall, copyright 1994, MacMillan Publishers Ltd.

Figuur 9.10: Verschillende soorten nieuwe internationale ondernemingen

Het vormen van regiocentra houdt in dat een regionaal hoofdkantoor moet worden opgezet of een 'leidend land' moet worden aangewezen. Deze spelen de rol van coördinator en stimulator met betrekking tot een homogene productgroep (zie figuur 9.11).

De coördinatierol houdt in dat het land/hoofdkantoor voor drie dingen moet zorgen:
1. dat de land- en bedrijfsstrategie onderlinge samenhang vertonen;
2. dat het ene dochterbedrijf het andere niet schaadt;
3. dat synergieën worden geïdentificeerd en landen- en bedrijvenbreed worden benut.

De rol van stimulator is tweeledig:
1. het faciliteren van de vertaling van 'internationale' producten in lokale landstrategieën;
2. lokale dochterbedrijven in hun ontwikkeling steunen (Lasserre, 1996).

	Product A	Product B	Product C	Product D	Product E
Hoofdkantoor Duitsland	○	LL	○	○	○
Dochterbedrijf Frankrijk	LL	○	○	LL	○
Dochterbedrijf VK	○	■	○	○	LL
Dochterbedrijf Italië	○	○	LL	○	○
Dochterbedrijf VS	○	○	LL	LL	■
Dochterbedrijf Canada	○	LL	○	○	○
Dochterbedrijf Brazilië	■	■	○	○	○
Dochterbedrijf Japan	○	○	■	LL	○
Dochterbedrijf Singapore	○	■	○	○	○

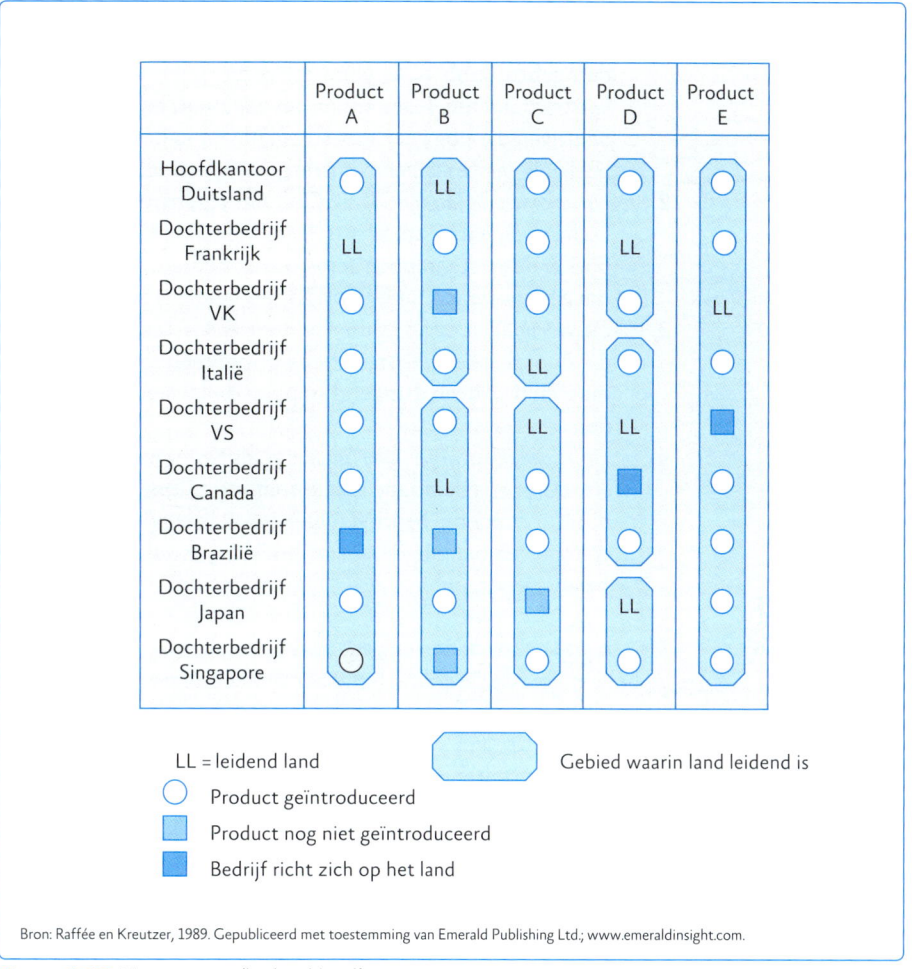

LL = leidend land
○ Product geïntroduceerd
▫ Product nog niet geïntroduceerd
■ Bedrijf richt zich op het land

Gebied waarin land leidend is

Bron: Raffée en Kreutzer, 1989. Gepubliceerd met toestemming van Emerald Publishing Ltd.; www.emeraldinsight.com.

Figuur 9.11: Het concept 'leidend land'

In figuur 9.11 (een voorbeeld van een multinationaal bedrijf met een hoofdkantoor in Duitsland) is te zien dat verschillende landen/dochterbedrijven voor verschillende productgroepen een leidende functie kunnen hebben. In het diagram is te zien dat voor producten A en E slechts één land de coördinatiefunctie op internationale basis heeft (respectievelijk Frankrijk en het Verenigd Koninkrijk), terwijl er voor product D drie regio's zijn, elk met een leidend land.

Het kiezen van een leidend land wordt door verschillende factoren beïnvloed:
- de marketingcompetenties van de buitenlandse dochterbedrijven;
- de kwaliteit van het menselijk kapitaal in de betrokken landen;
- het strategische belang van de betrokken landen;
- de locatie van de productie;
- wettelijke beperkingen in gastlanden.

Het land met de beste 'leiderscompetenties' moet als leidend land gekozen worden.

In figuur 9.12 is te zien hoe een bedrijf het regiocentrumconcept in het Azië/Pacific-gebied kan uitwerken. De landen in dit gebied verschillen zo sterk van elkaar dat je dit op een sequentiële manier moet aanpakken. Het voorbeeld is gebaseerd op een aanpak per land gecombineerd met het ontwikkelen van een regionale visie (Lasserre, 1995).

In Azië zijn vier soorten landen te onderscheiden, zoals in figuur 9.12 te zien is:
1. *De platformlanden*, zoals Singapore en Hong Kong. In de startfase kunnen deze worden gebruikt als basis voor het verzamelen van informatie en het leggen van de eerste contacten. Later kunnen ze regionale coördinatiecentra worden. Middelgrote bedrijven die nog geen ervaring in de regio hebben, kunnen in deze landen bijvoorbeeld als eerste stap een 'luisterpost' opzetten.
2. *De opkomende landen*, zoals Vietnam tegenwoordig en Myanmar (Birma) en Cambodja in de nabije toekomst. In deze landen kunnen bedrijven via een lokale distributeur de eerste stappen zetten en de nodige relaties opbouwen die ze nodig hebben om een lokale faciliteit op te zetten (rechtstreeks of via een joint venture).
3. *De groeilanden*, zoals China en de ASEAN-landen. Om te profiteren van de kansen die door de snelle economische ontwikkeling in deze landen worden gegenereerd, moeten bedrijven dringend stappen ondernemen om een aanwezigheid in deze landen te creëren.
4. *De 'rijpende'* en *gevestigde landen*, zoals Korea en Taiwan, die al een aanzienlijke infrastructuur en gevestigde lokale en internationale concurrenten hebben. In de toetredingsfase moeten bedrijven hier een manier vinden om door middel van grote investeringen de benodigde operationele capaciteit te verwerven om concurrenten in te halen.

Hoe bedrijven toetreden en zich ontwikkelen hangt af van de ervaring en capaciteiten die ze hebben en van de strategische aantrekkelijkheid van de betreffende industriële sector in een land.

Geleidelijk aan zullen bedrijven naar alle landen in een regio gaan kijken, want bij sommige activiteiten, vooral die op het gebied van strategie, financiën, techniek, R&D, training en specialistische dienstverlening, is alleen schaalvoordeel te behalen als de hele regio wordt bediend.

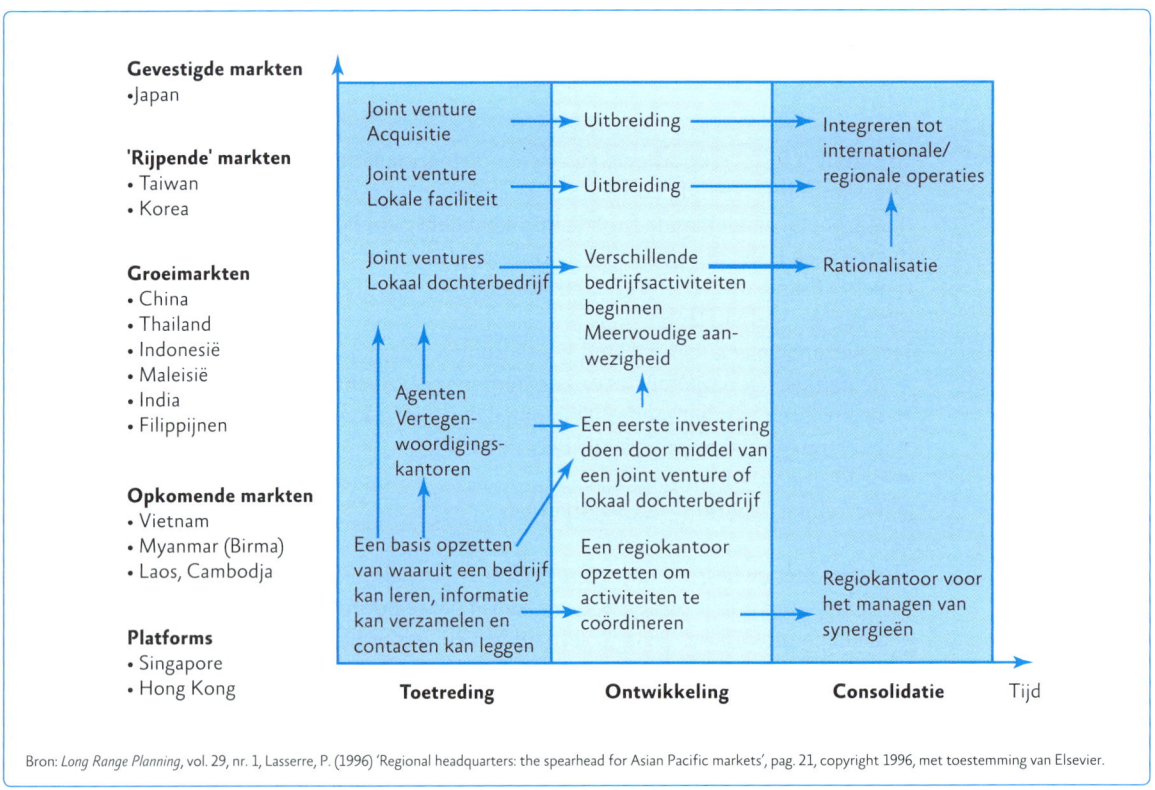

Bron: *Long Range Planning*, vol. 29, nr. 1, Lasserre, P. (1996) 'Regional headquarters: the spearhead for Asian Pacific markets', pag. 21, copyright 1996, met toestemming van Elsevier.

Figuur 9.12: Het ontwikkelen van het regiocentrumconcept in het Azië/Pacific-gebied

TRANSNATIONALE ORGANISATIE
De integratie en coördinatie van operaties (R&D, productie, marketing, en verkoop en dienstverlening) over landsgrenzen heen om op een internationale schaal synergieën te creëren.

9.4.4 De transnationale organisatie

In dit laatste stadium van de internationalisering proberen bedrijven operaties over landsgrenzen heen te coördineren en integreren, zodat ze op internationale schaal synergieën kunnen creëren. Het management ziet de wereld als een reeks markten die allemaal met elkaar in verband staan. In dit stadium identificeren werknemers zich meestal meer met het bedrijf dan met het land waarin ze werken.

Een gemeenschappelijke R&D en de frequente uitwisseling van menselijk kapitaal over landsgrenzen heen behoren tot de kenmerken van een transnationale organisatie. Het algemene doel van een dergelijke organisatie is internationaal concurrentievermogen te verwerven door transnationale marktovereenkomsten en -verschillen op te merken en de capaciteiten van de organisatie over landsgrenzen heen met elkaar te verbinden. Een van de relatief weinige internationale bedrijven die dit stadium hebben bereikt, is Unilever (zie ook paragraaf 7.5).

Samengevat: voor het managen van een transnationale organisatie is het nodig gevoelig genoeg te zijn om het volgende in te zien:
- wanneer een internationaal merk zinvol is en wanneer lokale eisen en wensen voorrang moeten krijgen;
- wanneer innovatie en expertise van de ene naar de andere markt overgebracht moeten worden;
- wanneer een lokaal idee internationaal potentieel heeft;
- wanneer het nodig is snel internationale teams te vormen om belangrijke kansen te benutten.

9.4.5 Het opzetten van volle dochterbedrijven – acquisitie of greenfield

Alle hiërarchische methoden die in dit hoofdstuk worden besproken (behalve binnenlandse verkopers) vergen investering in buitenlandse faciliteiten. Als een bedrijf heeft besloten een eigen dochter in een bepaald land op te zetten, kan het een bestaand bedrijf overnemen of van de grond af een eigen bedrijf opbouwen (greenfield-investering).

Acquisitie

Door een bestaande onderneming over te nemen kan een bedrijf snel tot een markt toetreden en heeft het vaak toegang tot distributiekanalen, een bestaande klantenbasis en in sommige gevallen ook een gevestigde bedrijfsreputatie en gevestigde merknamen. Ook blijft in sommige gevallen het management aan, waardoor het gemakkelijker wordt de markt te betreden en het bedrijf ervaring kan opdoen over de lokale marktomgeving. Dit is vooral voordelig voor bedrijven die niet veel internationale managementexpertise hebben of weinig bekend zijn met de lokale markt.

In een verzadigde markt is de industrie zeer concurrerend of zijn er aanzienlijke toetredingsdrempels; er is dan weinig plaats voor nieuwe toetreders. Onder deze omstandigheden kan acquisitie de enige haalbare manier zijn om in het gastland een basis op te zetten.

Er bestaan veel vormen van acquisitie. Volgens Root (1987) kan acquisitie horizontaal zijn (de productlijnen en markten van het overgenomen en overnemende bedrijf lijken op elkaar), verticaal (het overgenomen bedrijf wordt leverancier of klant van het overnemende bedrijf), concentrisch (het overgenomen bedrijf heeft dezelfde markt maar een andere technologie of dezelfde technologie maar andere markten) of geconglomereerd (het overgenomen bedrijf bevindt zich in een andere sector dan het overnemende bedrijf). Bij alle vormen van acquisitie kunnen coördinatie en verschillen in managementstijl tussen de buitenlandse investeerder en het lokale managementteam voor problemen zorgen.

Greenfield investering

De problemen die acquisitie met zich meebrengt, kunnen voor bedrijven aanleiding zijn om zelf een dochterbedrijf van de grond af op te bouwen, vooral als productielogistiek een belangrijke industriële succesfactor is, er geen geschikte bedrijven beschikbaar zijn om over te nemen of acquisitie te duur is.

Een belangrijke beweegreden om een volle dochter op te zetten is vaak het vermogen dat een bedrijf dan heeft om operaties over landsgrenzen heen te integreren en de richting voor toekomstige internationale uitbreiding te bepalen, ook al kost het meer tijd zelf een fabriek te bouwen dan er een over te nemen. Stimulansen vanuit het gastland kunnen ook een beweegreden zijn om greenfield investeringen te doen.

Als bedrijven een nieuwe fabriek bouwen, kunnen ze daar de nieuwste technologie en apparatuur in verwerken. Bovendien krijgen ze niet te maken met het probleem dat ze de traditionele praktijken van een gevestigd bedrijf moeten proberen te veranderen. Een nieuwe faciliteit betekent een verse start en een kans voor internationale bedrijven om de lokale faciliteit naar eigen beeld en eigen eisen vorm te geven.

9.4.6 Afstoting van buitenlandse faciliteiten: terugtrekking uit een buitenlandse markt

Hoewel er veel theoretische en empirische literatuur bestaat over de factoren die bij het doen van directe buitenlandse investeringen een bepalende rol spelen, is veel minder aandacht besteed aan het besluit van bedrijven zich uit een buitenlandse markt terug te trekken.

Uit de meeste onderzoeken die zijn gedaan, blijkt dat bedrijven in de loop der tijd een aanzienlijk aantal buitenlandse dochterbedrijven 'verliezen':

- Tussen 1967 en 1975 voegden de 180 grootste Amerikaanse multinationals zo'n 4700 dochterbedrijven aan hun netwerk toe, maar in dezelfde periode werden meer dan 2400 filialen afgestoten (Boddewyn, 1979).
- Van de directe buitenlandse investeringen die in de periode van 1966 tot 1988 door grote Nederlandse multinationals werden gedaan, was in 1988 net iets meer dan de helft over (Barkema et al., 1996).

Het sluiten van een buitenlands dochterbedrijf of het verkopen van een dochterbedrijf aan een ander bedrijf is een strategische beslissing, en de consequentie kan zijn dat de entreestrategie dan veranderd moet worden (bijvoorbeeld een exportmethode of joint venture in plaats van een lokale verkoop- en productiedochter) of dat het bedrijf zich helemaal uit het gastland terugtrekt.

De meest voor de hand liggende prikkel om de markt te verlaten is een te lage behaalde winst, wat kan komen door hoge kosten, een permanente daling van de lokale marktvraag of door het feit dat efficiëntere concurrenten tot de markt zijn toegetreden. Terugtrekking kan vrijwillig zijn maar kan ook het gevolg zijn van onteigening of nationalisering in het gastland.

Om de vraag waarom buitenlandse faciliteiten worden afgestoten nader te onderzoeken is het nodig te kijken naar de specifieke factoren die invloed hebben op de prikkels en drempels voor terugtrekking uit de markt. Ook moet worden gekeken naar hoe waarschijnlijk het is dat een buitenlands dochterbedrijf zal worden afgestoten. Benito (1996) verdeelt de factoren in vier hoofdgroepen (figuur 9.13).

```
┌─────────────────────────────────────────────────────────────────────┐
│  ┌──────────────────────────┐                                       │
│  │ Stabiliteit van de omgeving │──┐                                 │
│  │ • R&D-intensiteit         │   │                                  │
│  │ • Landrisico              │   │                                  │
│  └──────────────────────────┘   │                                   │
│  ┌──────────────────────────┐   │                                   │
│  │ Aantrekkelijkheid van    │   │   ┌──────────────┐                │
│  │ actuele operaties        │   │   │• Prikkels voor│   ╭─────────╮ │
│  │ • Economische prestatie  │───┼──▶│  terugtrekking│──▶│Waarschijn│
│  │ • Groei                  │   │   │• Drempels voor│   │lijkheid  │
│  └──────────────────────────┘   │   │  terugtrekking│   │van terug-│
│  ┌──────────────────────────┐   │   └──────────────┘   │trekking  │
│  │ Strategic fit            │───┤                      ╰─────────╯ │
│  │ • Ongerelateerd dochterbedrijf│                                  │
│  │ • Conglomeraat als       │                                       │
│  │   moederbedrijf          │                                       │
│  └──────────────────────────┘                                       │
│  ┌──────────────────────────┐                                       │
│  │ Beheersproblemen         │──┘                                    │
│  │ • Culturele afstand      │                                       │
│  │ • Joint venture          │                                       │
│  │ • Acquisitie             │                                       │
│  │ • Internationale ervaring│                                       │
│  └──────────────────────────┘                                       │
│  Bron: Benito, 1997, pag. 309-334.                                  │
└─────────────────────────────────────────────────────────────────────┘
```

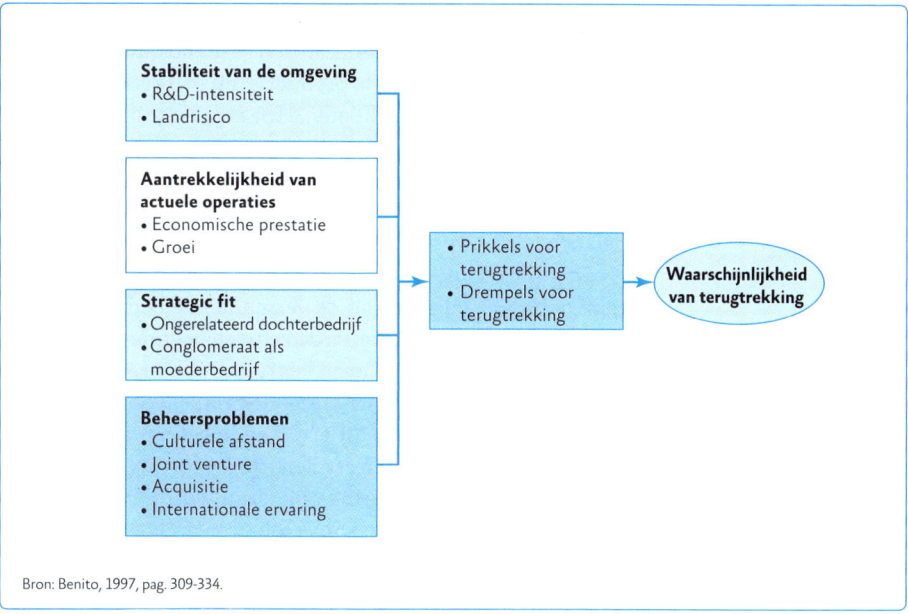

Figuur 9.13: Het afstoten van buitenlandse faciliteiten: een kader

Stabiliteit van de omgeving

Hierbij gaat het om de voorspelbaarheid van de omgeving – qua concurrentie en qua politiek – waarin het buitenlandse dochterbedrijf opereert:

- *R&D-intensiteit.* Als er grote marktspecifieke investeringen in R&D en het vermarkten van de producten zijn gedaan, worden de vermeende drempels voor terugtrekking hoger.
- *Landrisico's.* Bedrijven hebben doorgaans geen controle over deze risico's. Politieke risico's leiden vaak tot een gedwongen terugtrekking, met als gevolg dat het dochterbedrijf wordt onteigend.

Aantrekkelijkheid van actuele operaties

- *Economische prestatie.* Onbevredigende economische prestaties (bijvoorbeeld het onvermogen een nettobijdrage aan de totale winst te leveren) is de meest voor de hand liggende reden waarom bepaalde dochterbedrijven worden verkocht of gesloten. Als het dochterbedrijf goede economische prestaties levert, kunnen eigenaren de kans schoon zien er een goede prijs voor te krijgen zolang het goed presteert.
- *Groei.* Economische groei in het gastland zou het doen van directe buitenlandse investeringen nog aantrekkelijker maken, waardoor de drempels voor terugtrekking uit het land hoger worden. De aantrekkelijkheid van de locatie zou dergelijke faciliteiten echter het doelwit van overnames door andere investeerders kunnen maken.

Strategic fit

Strategic fit staat voor de afstemming tussen de middelen en activiteiten van een bedrijf en de omgeving waarin het bedrijf opereert.

Door ongerelateerde expansie (bijvoorbeeld diversificatie) groeien de beheerskosten van het bedrijf. Ook leveren ongerelateerde dochterbedrijven zelden schaal- en scopevoordelen op. Deze factoren zullen een bedrijf prikkelen zich uit de markt terug te trekken.

Als het moederbedrijf een conglomeraat is, geldt hetzelfde.

Beheersproblemen

- *Culturele afstand.* Als een thuisland en gastland qua cultuur nauw met elkaar verbonden zijn, is het gemakkelijker de productie- en marketingactiviteiten op verschillende locaties te monitoren en coördineren. Hoe nauwer thuis- en gastland qua cultuur met elkaar verbonden zijn, hoe hoger de drempel voor terugtrekking is, en vice versa.
- *Joint venture en acquisitie.* Een joint venture met een lokale partner kan de drempels voor het penetreren van een buitenlandse markt verlagen omdat het bedrijf op die manier snel toegang tot informatie over de lokale markt krijgt. Aan de andere kant is het zo dat, als een joint venture met een buitenlandse partner wordt gevormd, zowel de verschillende nationale culturen als de verschillende bedrijfsculturen invloed hebben op het succes van de joint venture. In de kritieke beginfase van het integratieproces bevinden joint ventures en overgenomen bedrijven zich in een moeilijke situatie. Een gebrek aan commitment van de partner(s) kan de prikkel voor terugtrekking versterken.
- *Ervaring.* Bedrijven leren uit ervaring hoe ze in een buitenlandse omgeving moeten opereren en hoe ze moeten zoeken naar oplossingen voor problemen die de kop opsteken. Naarmate meer ervaring opgedaan wordt, wordt het gemakkelijker veel van de problemen die het runnen van een buitenlands dochterbedrijf met zich meebrengt te ontwijken en voor problemen die zich voordoen werkbare oplossingen te vinden – inclusief de onplezierige beslissing een dochterbedrijf te sluiten.

Samenvatting

De voor- en nadelen van de drie hoofdsoorten marktentreestrategieën worden in tabel 9.2, 9.3 en 9.4 samengevat.

Exportmethode	Voordelen	Nadelen
Indirecte export (bijvoorbeeld een importagent, productmakelaar of exportmanagementbedrijf)	Weinig verbintenis en investering nodig. Hoge mate van marktdiversificatie mogelijk, omdat bedrijven gebruikmaken van de internationalisatie van een ervaren exporteur. Minimaal risico (markt en politiek). Geen exportervaring vereist.	Geen controle over marketingmixelementen, op het product na. Een extra binnenlandse deelnemer aan de distributieketen kan de kosten opdrijven, waardoor er minder winst voor de producent overblijft. Gebrek aan contact met de markt (er wordt geen marktkennis opgedaan). Weinig productervaring (gebaseerd op commerciële verkoop).
Directe export (bijvoorbeeld een distributeur of agent)	Toegang tot lokale marktervaring en contacten met potentiële klanten. Kortere distributieketen (in vergelijking met indirecte export). Er wordt marktkennis opgedaan. Meer controle over de marketingmix (vooral met agenten). Lokale verkoopondersteuning en dienstverlening beschikbaar.	Vanwege tarieven en gebrek aan controle over distributie (vooral in het geval van distributeurs) weinig controle over marktprijs. Enige investering in verkooporganisatie vereist (contact vanuit thuisbasis met distributeurs of agenten). Culturele verschillen, met als gevolg communicatieproblemen en filtering van informatie (er worden transactiekosten gemaakt). Mogelijke handelsbeperkingen.
Exportmarketinggroepen	Gedeelde kosten en risico's van internationalisering. De klant wordt een complete productlijn of systeemverkoop geboden.	Mogelijk onevenwichtige relaties (verschillende doelen). Deelnemende bedrijven willen niet graag hun onafhankelijkheid volledig opgeven.

Tabel 9.2: Voor- en nadelen van de verschillende exportmethoden voor de producent

Tussenvormen	Voordelen	Nadelen
Contract manufacturing (gezien vanuit het oogpunt van de opdrachtgever)	■ Toetreding tot de markt met weinig risico. ■ Geen lokale investeringen (geld, tijd en managementtalent), geen risico op nationalisering of onteigening. ■ Het bedrijf houdt de controle over R&D, marketing, verkoop en dienstverlening na verkoop. ■ Deviezenrisico's en financieringsproblemen worden vermeden. ■ Een lokaal gevormd imago, wat kan helpen bij de verkoop, vooral aan overheidsinstanties of officiële instanties. ■ Toegang tot markten die door tarieven en andere barrières worden beschermd. ■ Mogelijk kostenvoordeel als lokale kosten (vooral arbeidskosten) zijn lager. ■ Problemen met betrekking tot interne verrekenprijzen die het hebben van een buitenlands dochterbedrijf met zich mee kan brengen, worden vermeden.	■ Het overbrengen van productieknowhow is moeilijk ■ Contract manufacturing is alleen mogelijk als een geschikte, betrouwbare producent gevonden kan worden. Dat is niet altijd gemakkelijk. ■ Het personeel van de lokale producent moet vaak een uitgebreide training ondergaan. ■ Als gevolg daarvan zou de lokale producent aan het eind van het contract een formidabele concurrent kunnen worden. ■ Ondanks als ultieme sanctie te stellen dat producten die kwalitatief onder de maat zijn geweigerd zullen worden, is het moeilijk de productiekwaliteit onder controle te houden. ■ Mogelijke toeleveringsbeperking als de productie in een ontwikkelingsland plaatsvindt.
Licentieverlening (gezien vanuit het oogpunt van de licentiegever)	■ De inkomsten van producten die na duur onderzoek al zijn ontwikkeld, worden verhoogd. ■ Maakt toetreding mogelijk tot markten die anders gesloten zijn vanwege hoge invoerrechten, importquota enzovoort. ■ Een goede optie als productie vlak bij de klantbasis plaatsvindt. ■ Weinig investering van kapitaal nodig; zeer waarschijnlijk een hoger rendement op gebruikt kapitaal. ■ Kans op waardevolle spin-off als de licentiegever andere producten of onderdelen aan de licentienemer kan verkopen. Als het om onderdelen van producten die lokaal geproduceerd worden of machineonderdelen gaat, kan er sprake zijn van tariefconcessies bij de import van de onderdelen. ■ De licentiegever wordt niet blootgesteld aan het gevaar van nationalisering of de onteigening van activa. ■ Omdat deze methode weinig kapitaalvereisten kent, kunnen nieuwe producten snel wereldwijd op de markt gebracht worden, nog voordat er zich concurrentie heeft ontwikkeld. ■ De licentiegever kan onmiddellijk van de lokale marketing- en distributieorganisatie van de licentienemer en van bestaande klantcontacten profiteren. ■ Octrooien worden beschermd, vooral in landen waar de bescherming van producten die niet lokaal worden geproduceerd zwak is. ■ Lokale productie kan ook voordelig zijn bij het binnenhalen van overheidscontracten.	■ Gedurende de loop van het contract staat de licentieverlener bepaalde verkoopgebieden aan de licentienemer af. Als de licentienemer niet aan de verwachtingen voldoet, kan heronderhandeling duur zijn. ■ Als de licentieovereenkomst eenmaal is afgelopen, kan het zijn dat de voormalige licentienemer een concurrent van de licentiegever wordt. ■ De licentienemer kan op het gebied van marketing en andere managementactiviteiten minder competent blijken te zijn dan verwacht. Het kan zijn dat de kosten sneller groeien dan de inkomsten. ■ Het kan zijn dat de licentienemer de markt niet ten volle exploiteert, ook al bereikt hij de afgesproken minimumomzet. Hierdoor is er plaats voor concurrenten om tot de markt toe te treden en verliest de licentiegever de controle over de marketingoperatie. ■ Het gevaar dat de licentienemer in geldnood komt te zitten, vooral als bijvoorbeeld een fabriek fors vergroot moet worden of een kapitaalinjectie nodig is om het project draaiende te houden. Dit gevaar kan in een voordeel worden veranderd als de licentiegever geld beschikbaar heeft en het hele bedrijf uitgebreid kan worden door een partnerschap aan te gaan. ■ Een licentievergoeding is doorgaans een klein percentage van de omzet, ongeveer vijf procent. Dit kan ongunstig afsteken tegen wat met een productieoperatie van het bedrijf zelf behaald kan worden. ■ Gebrek aan controle over de operaties van de licentienemer. ■ Kwaliteitscontrole van het product is moeilijk, en het product wordt vaak verkocht onder de merknaam van de licentienemer. ■ Onderhandelingen met de licentienemer, en soms met de lokale overheid, zijn kostbaar. ■ Overheden stellen vaak voorwaarden aan de overboeking van licentievergoedingen of aan de toelevering van onderdelen.

Tabel 9.3: Voor- en nadelen van de verschillende tussenvormen

Tussenvormen	Voordelen	Nadelen
Franchising (gezien vanuit het oogpunt van de franchisegever)	■ Een grotere mate van controle in vergelijking met licentieverlening. ■ Een entreestrategie met weinig risico en weinig kosten (de franchisenemers zijn degenen die investeren in de benodigde apparatuur en knowhow). ■ Het gebruik van zeer gemotiveerde zakelijke contacten met geld, lokale marktkennis en ervaring. ■ Het vermogen relatief snel en op een grotere schaal dan anders mogelijk zou zijn nieuwe en verre internationale markten te ontwikkelen. ■ Het creëren van schaalvoordeel door producten aan internationale klanten te vermarkten. ■ Voorloper van potentiële directe investeringen in buitenlandse markten in de toekomst.	■ De zoektocht naar competente franchisenemers kan duur en tijdrovend zijn. ■ Gebrek aan volledige controle over de operaties van de franchisenemer, wat kan leiden tot problemen op het gebied van samenwerking, communicatie, kwaliteitscontrole enzovoort. ■ De kosten van het creëren en vermarkten van een uniek pakket producten en diensten die internationaal herkend worden. ■ De kosten van het beschermen van goodwill en merknaam. ■ Problemen met lokale wetgeving, waaronder het overboeken van geld, de betaling van de franchisevergoeding en door de overheid opgelegde beperkingen op franchiseovereenkomsten. ■ Het openstellen van de interne bedrijfskennis kan tot gevolg hebben dat de franchisenemer in de toekomst een concurrent wordt. ■ Het risico voor het internationale profiel en de internationale reputatie van het bedrijf als franchisenemers onder de maat presteren ('gratis meeliften' op waardevolle merknamen).
Joint venture (gezien vanuit het oogpunt van het moederbedrijf)	■ Toegang tot expertise en contacten op lokale markten. De partners stemmen ermee in een joint venture aan te gaan om toegang te krijgen tot de vaardigheden en middelen van de andere partner. De bijdrage van de internationale partner bestaat doorgaans uit financiële middelen, technologie of producten. De lokale partner levert de vaardigheden en kennis die nodig zijn om in zijn land een bedrijf te runnen. Elke partner kan zich concentreren op het onderdeel van de waardeketen waar de kerncompetenties van het bedrijf liggen. ■ Minder marktrisico en politiek risico. ■ Gedeelde kennis en middelen: in vergelijking met een vol dochterbedrijf zijn minder kapitaal- en managementmiddelen nodig. ■ Schaalvoordeel door vaardigheden en middelen samen te voegen (met bijvoorbeeld lagere marketingkosten als resultaat). ■ Door de overheid van het gastland opgelegde beperkingen worden ondervangen. ■ Lokale tarifaire en niet-tarifaire barrières kunnen worden vermeden. ■ Gedeeld faalrisico. ■ Minder kostbaar dan acquisitie. ■ Mogelijk betere relaties met nationale overheden vanwege het hebben van een lokale partner (door aan de in het gastland opgelegde eis voor lokale participatie te voldoen).	■ Het kan zijn dat de doelen van de partners onverenigbaar zijn, wat tot conflicten kan leiden. ■ De bijdragen aan de joint venture kunnen onevenredig groot worden. ■ Verlies van controle over buitenlandse operaties. Door het investeren van grote hoeveelheden geldmiddelen, technische middelen of managementmiddelen zou een bedrijf meer zeggenschap moeten krijgen dan bij een joint venture mogelijk is. ■ Voltooiing kan het personeel van een bedrijf overbelasten. ■ De partners kunnen vast komen te zitten in langetermijninvesteringen; het kan moeilijk zijn zich daaruit terug te trekken. ■ Verrekenprijzen als goederen tussen partners uitgewisseld worden. ■ Het belang van de joint venture voor de partners kan in de loop der tijd veranderen. ■ Culturele verschillen kunnen verschillen in managementcultuur tussen de deelnemende bedrijven tot gevolg hebben. ■ Minder flexibiliteit en vertrouwelijkheid. ■ Problemen op het gebied van managementstructuren en de personeelsaanstelling door beide ouderbedrijven van joint ventures. Nepotisme kan de gevestigde norm zijn.

Tabel 9.3: Voor- en nadelen van de verschillende tussenvormen (vervolg)

Tussenvormen	Voordelen	Nadelen
Management-contracten (gezien vanuit het oogpunt van de opdrachtgever)	■ Als directe investeringen of export om commerciële of politieke redenen te riskant worden geacht, kan dit alternatief relevant zijn. ■ Net als andere tussenliggende entreestrategieën kunnen managementcontracten aan andere operatievormen op buitenlandse markten gekoppeld worden. ■ Stelt bedrijven in staat op de markt bezig te blijven, zodat ze beter in staat zijn de kansen die zich voordoen te benutten. ■ Lerende organisatie: als bedrijven zich in het beginstadium van het internationaliseringsproces bevinden, kan een managementcontract een efficiënte manier zijn om kennis op te doen over buitenlandse markten en het internationale bedrijfsleven.	■ Het opleiden van toekomstige concurrenten: de managementoverdracht kan er uiteindelijk toe leiden dat de opdrachtgever een concurrent voor zichzelf creëert. ■ Een grotere vraag naar sleutelpersoneel. Dergelijk personeel is niet altijd beschikbaar, vooral niet in MKB-bedrijven. ■ Veel moeite moet worden gestoken in het creëren van communicatielijnen, zowel op lokaal niveau als naar de opdrachtgever terug. ■ Potentieel conflict tussen de opdrachtgever en de lokale overheid over het beleid van de contractonderneming. ■ Weinig controle, waardoor het vermogen van een opdrachtgever de capaciteit van de onderneming te ontwikkelen ook wordt beperkt.

Tabel 9.3: Voor- en nadelen van de verschillende tussenvormen (vervolg)

Hiërarchische entreestrategie	Voordelen	Nadelen
Binnenlandse verkopers	■ Betere controle over verkoopactiviteiten in vergelijking met onafhankelijke tussenpersonen. ■ Nauw contact met grote klanten op buitenlandse markten dicht bij het thuisland.	■ Hoge reiskosten. ■ Te duur voor buitenlandse markten die ver van het thuisland liggen.
Buitenlandse verkooptak/ verkoop- en productie-dochter	■ Volledige controle over de operatie. ■ Sluit de mogelijkheid uit dat een buitenlandse partner 'gratis meelift'. ■ Markttoegang (verkoopdochter). ■ Direct marktkennis vergaren (verkoopdochter). ■ Transportkosten verlagen (productiedochter). ■ Geen invoerrechten (productiedochter). ■ Toegang tot grondstoffen en arbeid (productiedochter).	■ Grote initiële kapitaalinvestering nodig (dochterbedrijf). ■ Minder flexibiliteit. ■ Hoog risico (markt, politiek en economisch) ■ Problemen met belastingheffing.
Regiocentra/ transnationale organisatie	■ Potentiële synergieën op regionaal/internationaal niveau. ■ Regionale/internationale schaalefficiëntie. ■ Profiteren van kennis op transnationale basis. Middelen en mensen zijn flexibel en kunnen in operatie-eenheden overal ter wereld worden ingezet.	■ Mogelijke dreiging: - toenemende bureaucratie ■ Een beperkte responsiviteit en flexibiliteit op nationaal niveau. ■ Een nationale manager kan het gevoel hebben dat hij/zij geen invloed heeft. ■ Communicatie tussen het hoofdkantoor en de regiocentra ontbreekt.

Acquisitie	■ Snelle toetreding tot nieuwe markten.
	■ Snelle toegang tot:
	  - distributiekanalen
	  - een gekwalificeerde beroepsbevolking
	  - bestaande managementervaring
	  - lokale kennis
	  - contacten met de lokale markt en overheid
	  - gevestigde merknamen/reputatie.
		■ Meestal een dure optie.
		■ Hoog risico (het overnemen van buitenlandse bedrijven die worden beschouwd als onderdeel van het erfgoed van een land kan resulteren in een grote nationale verbolgenheid).
		■ Mogelijke dreigingen:
		  - weinig integratie met de bestaande operatie
		  - communicatie- en coördinatieproblemen tussen overgenomen bedrijf en overnemer

Tabel 9.4 Voor- en nadelen van de hiërarchische entreestrategieën

Hiërarchische entreestrategie	Voordelen	Nadelen
Greenfield-investering	■ Mogelijkheid om het dochterbedrijf 'optimaal' op te bouwen, dat wil zeggen op een manier die bij de belangen van het bedrijf past (bijvoorbeeld integratie van de productie met de productie in het thuisland). ■ Mogelijkheid om gebruik te maken van de nieuwste technologie (met een verhoogde operationele efficiency als resultaat).	■ Hoge investeringskosten. ■ Langzame toetreding tot nieuwe markten (tijdrovend proces).

Tabel 9.4 Voor- en nadelen van de hiërarchische entreestrategieën (vervolg)

Discussievragen

1. Waarom wordt vaak gedacht dat export de eenvoudigste manier is om tot buitenlandse markten toe te treden en geven MKB-bedrijven er de voorkeur aan?

2. Welke procedures moet een bedrijf volgen bij de selectie van een distributeur?

3. Waarom is het moeilijk – zowel financieel als juridisch gezien – om een relatie met buitenlandse tussenpersonen te verbreken? Wat zou gedaan moeten worden om dergelijke moeilijkheden te voorkomen of te minimaliseren?

4. Wat is het verschil tussen directe en indirecte export?

5. Bespreek de financiële technieken en prijstechnieken die gebruikt kunnen worden om buitenlandse distributeurs te motiveren.

6. Welke marketingtaken moet de exporteur verrichten en welke zijn tussenpersonen op buitenlandse markten?

7. Hoe kunnen drager en meelifter allebei profiteren van piggybacking?

8. Als je naar een markt exporteert, bepaalt je tussenpersoon hoe goed je het op die markt doet. Bespreek dit.

9. Waarom geven gastlanden de voorkeur aan joint ventures als toetredingsstrategie voor buitenlandse bedrijven?

10. Waarom worden bij het ontwikkelen van nieuwe producten strategische allianties gebruikt?

11. Onder welke omstandigheden moet franchising overwogen worden? Waarin verschillen deze omstandigheden van de omstandigheden waaronder licentieverlening overwogen moet worden?

12. Vind jij het nemen van een licentie een geschikte langetermijnstrategie voor de productontwikkeling van een bedrijf? Bespreek dit met betrekking tot de interne productontwikkeling.

13. Waarom zou een bedrijf overwegen partnerschappen met concurrenten te vormen?

14. De managementvergoeding buiten beschouwing gelaten, wat zijn de voordelen voor een bedrijf van het afsluiten van managementcontracten in het buitenland?

15. Welke criteria zou jij gebruiken om te beoordelen of een bepaalde directe investering in het buitenland succesvol is gebleken of heeft gefaald?

16. Wat zijn de belangrijkste beweegredenen van een bedrijf om te besluiten in het buitenland productiefaciliteiten op te zetten?

17. Is het opzetten van volle dochterbedrijven in het buitenland als internationale marktontwikkeling geschikt voor MKB-bedrijven?

18. Wat is het idee achter het aanwijzen van een 'leidend land' in een regio?

Competentietraining

1. Kies twee concurrerende buitenlandse ondernemingen en analyseer hoe zij de Nederlandse markt bewerken. Probeer een verklaring te vinden voor eventuele verschillen.

2. Stel dat bierbrouwer Grolsch de Turkse markt wil betreden. Geef een advies omtrent de te volgen entreestrategie. Onderbouw je advies.

Casestudy 9.1 Lysholm Linie Aquavit: De internationale vermarkting van het Noorse Aquavit-merk

Aquavit, dat 'levenswater' betekent, is een gelige of kleurloze sterkedrank die in de Scandinavische landen wordt geproduceerd. Neutrale sterkedranken gemaakt van bijvoorbeeld aardappels of granen worden geherdistilleerd en krijgen met karwijzaad een smaakje. De drank wordt vaak als aperitief gedronken.

Het alcoholpercentage van de verschillende aquavits varieert iets, maar het minimumpercentage is 37,5 procent. De meeste merken bevatten ongeveer 40 procent alcohol, maar Lysholm Linie Aquavit heeft een alcoholpercentage van 41,5 procent ('Lysholm' is de naam van een distilleerderij in Trondheim waar de aquavit wordt geproduceerd. Vanaf nu gebruiken we de naam 'Linie Aquavit').

De geschiedenis van aquavit

Oorspronkelijk werd aquavit voor medicinale doeleinden gebruikt, maar vanaf de achttiende eeuw werd in steeds meer Scandinavische huizen zelf aquavit gedistilleerd.

De definitie van aquavit wordt een beetje gecompliceerd als je onderscheid probeert te maken tussen deze drank en andere sterkedranken die in het noordelijke klimaat populair zijn. De term 'schnapps' wordt bijvoorbeeld in Duitsland, Zwitserland en Scandinavië veel gebruikt (de Denen zeggen 'snaps') als algemene term voor neutrale sterkedrank met of zonder smaakje. Dan heb je 'brannvin', een term die in Zweden op dezelfde manier wordt gebruikt. (Net als het Nederlandse woord 'brandewijn', waar 'brandy' van is afgeleid. Dit betekent 'verbrande wijn'.) De beroemde Zweedse wodka Absolut begon zijn leven in 1879 als 'Absolut Renat Brannvin', dat vertaald kan worden als 'absoluut pure schnapps'. Naar verluidt was hij tien keer gedistilleerd. Toen de Zweedse overheid met haar monopolie op alcohol in 1979 de drank als internationaal merk lanceerde, noemde ze het echter wodka.

De productie van Linie Aquavit

Karwijzaad is het belangrijkste kruid in aquavit, maar het mengsel van kruiden dat wordt gebruikt, varieert van merk tot merk. Linie Aquavit wordt gemaakt van Noorse aardappelalcohol vermengd met specerijen en kruidenaftreksels. Karwij en anijs voeren de boventoon. Nadat de alcohol en de kruiden zijn vermengd, wordt de aquavit in eiken vaten van vijfhonderd liter gegoten die zorgvuldig zijn uitgekozen. Noorse specialisten reizen naar Spanje af om uit vaten die enkele jaren zijn gebruikt voor de productie van oloroso-sherry de beste te kiezen. Met opzet worden sherryvaten gebruikt, want die halen de rauwe kantjes van de sterkedrank af. Ze geven de aquavit een gouden kleur en het sherryresidu geeft de drank een iets zoete smaak.

Er bestaan veel theorieën over hoe de man achter Linie Aquavit, Jørgen B. Lysholm, op het idee is gekomen aquavit in zeilboten de wereld over te sturen om de drank een speciale smaak te geven. De geschiedenis vertelt ons dat zijn familie in het begin van de negentiende eeuw aquavit naar West-Indië probeerde te exporteren maar dat het schip, de *Trondheim's Prøve*, met een onverkochte lading terugkeerde. Toen ontdekten ze het positieve effect dat de lange oceaanreis en de speciale opslag op de aquavit had: door de lengte van de reis, het voortdurende zachte geschommel van de boot en de temperatuurschommelingen aan dek had Linie Aquavit zijn karakteristieke smaak gekregen. Vervolgens commercialiseerde Jørgen B. Lysholm zijn rijpingsmethode; tot op de dag van vandaag wordt deze gebruikt.

Een van de oudste scheepvaartmaatschappijen van Noorwegen is de vaste reispartner van Linie Aquavit. Het eerste lijnschip van Wilhelmsen dat Lysholm Linie Aquavit aan boord had, voer in 1927 uit. Sindsdien is Wilhelmsen de enige geweest die dit beroemde product aan boord heeft gehad. De vaten worden stevig vastgemaakt in speciaal ontworpen kisten voordat ze in containers worden geplaatst. Deze containers blijven de hele reis aan dek. De reis van Noorwegen naar Australië en terug neemt vierenhalve maand in beslag, waarbij de schepen tweemaal de evenaar (of de lijn, zoals zeelieden de evenaar liever noemen) kruisen. Dat is dan ook waar Linie Aquavit zijn naam aan ontleent. Achter op elk etiket staat de naam van het schip en de datum waarop het voor het eerst de evenaar heeft gekruist.

De internationale verkoop van Linie Aquavit

Arcus AS, de enige producent van sterkedrank in Noorwegen, produceert Linie Aquavit. Ook importeert het bedrijf wijn uit vaten van producenten overal ter wereld en een sortering exclusieve wijn in flessen. Met een marktaandeel van ongeveer dertig procent is Arcus AS leider op de Noorse wijn- en sterkedrankmarkt.

De internationale aquavitmarkten (hoofdzakelijk Zweden, Noorwegen, Denemarken, Duitsland en de Verenigde Staten) worden gedomineerd door lokale aquavitmerken (behalve de VS). Met een marktaandeel van twintig procent is Linie Aquavit tegenwoordig marktleider in Noorwegen. In Denemarken en Zweden heeft Linie Aquavit een marktaandeel van drie tot vijf procent. Duitsland is de belangrijkste exportmarkt; daar heeft Linie Aquavit een marktaandeel van twaalf procent van de aquavitmarkt en concurreert het met merken als Malteserkreutz en Bommerlunde.

Op alle exportmarkten gebruikt Arcus exportmethoden (buitenlandse vertegenwoordigers). In het jaar 2000 werden de grootste distributeurs in Duitsland (de Berentzen-Gruppe) en Denemarken (Hans Just) deeleigenaar van Arcus AS, omdat ze de exclusieve distributeur van Linie Aquavit in hun land wilden zijn. Berentzen biedt op de Duitse markt een scala aan alcoholische dranken aan. In 2001 stond het bedrijf met een volumeaandeel van zeven procent op de sterkedrankmarkt op de derde plaats. Berentzen is van plan zijn internationale sterkedrankbusiness de aankomende jaren uit te breiden om langetermijngroei te realiseren.

Bronnen: www.arcus.no/english/; Christian Brink, hoofd Marketing, Sales en R&D bij Arcus AS.

Vragen

1. Wat zijn bij het vermarkten van Linie Aquavit de grootste voor- en nadelen voor Arcus van het gebruik van exportmethoden in vergelijking met ander entreestrategieën?
2. Welke voordelen levert het Arcus op distributeurs als deeleigenaar te hebben?
3. Stel: Arcus wil nieuwe distributeurs selecteren voor nieuwe markten waarop het Linie Aquavit wil verkopen. Wat zouden bij deze selectie de hoofdcriteria moeten zijn?
4. Zou het mogelijk zijn een internationale merkstrategie voor Linie Aquavit op te stellen?

Casestudy DEEL III — Stratech: Internationalisering als groeistrategie

Stratech, gevestigd te Enschede, is internationaal actief en specialist in ontwikkeling, verkoop en implementatie van gebruiksvriendelijke standaardsoftware (www.stratech.nl). Stratech is in 1989 begonnen met de ontwikkeling van standaardsoftware. Sindsdien is de onderneming uitgegroeid tot specialist in de ontwikkeling en implementatie van hoogwaardige software voor specifieke kennisgebieden. Binnen het bedrijf werken ruim zestig mensen.

Stratech bestaat uit Business Units Recreatie, Logistiek & Industrie en Publiek & Re-integratie:
- *Recreatie*: hier richt men zich voornamelijk op het bieden van softwareoplossingen voor verblijfsrecreatie (campings, bungalowparken), evenementenbureaus en outdoorbedrijven. De basis van de producten wordt gevormd door het reserveringsproces.
- *Logistiek & Industrie*: in dit segment worden softwareoplossingen aangeboden gericht op alle aspecten rondom documentenverwerking bij internationale zendingen, op het gebied van douanezaken en betalingsverkeer.
- *Publiek & Re-integratie*: deze businessunit biedt oplossingen voor subsidiebeheer, schuldhulpverlening, re-integratie, accommodatiebeheer en tijdregistratie. Klanten zijn bijvoorbeeld (semi-)overheden, sociale werkvoorzieningen, re-integratiebedrijven en HRM-organisaties.

Knowledge Driven Innovation, Product Leadership in kennisintensieve nichemarkten, standaardisatie en full service zijn de kernwoorden van de strategie van Stratech.

Onderstaand volgt de weergave van een interview met de algemeen directeur, dhr. Martin Engbers, waarin de belangrijkste aspecten van de internationaliseringsstrategie aan de orde komen.

Kunt u aangeven wanneer Stratech begonnen is met internationalisering en wat het motief hiervoor was?

Stratech heeft de eerste stappen in het internationaliseringsproces eind 2007 gezet. We zijn wat dat betreft dus nog relatief kort actief in het buitenland. De keuze om te gaan internationaliseren was een bewuste strategische keuze. Het hoofddoel was omzetverhoging realiseren vanuit de bestaande technologie. Door ons marktaandeel (ca. 30-40%) in Nederland zijn de kosten om verdere omzetverhoging te realiseren in Nederland relatief hoog.

Hoe heeft Stratech dit proces van internationalisering aangepakt?

De eerste stap was het contracteren van een Business Development Manager. Deze kreeg als taak een marktanalyse van Europa te maken. Zijn eerste taak was het maken van een landenscan. Uitgangspunt hierbij was de marktfit, oftewel zijn onze applicaties ook bruikbaar in andere landen? Op basis van deze eerste scan hebben we het aantal landen teruggebracht tot een behapbaar aantal. Vervolgens is er een productscan gemaakt. Hierbij is voornamelijk gekeken of de technologische en functionele opbouw van de applicatie aansloot bij het betreffende land. Het is namelijk efficiënter om vanuit bestaande technologie te starten dan dat je deze in vergaande mate moet aanpassen. Dit was de fase van de technologische fit. De derde fase bestond uit een 'interne audit': zijn onze businessunits klaar voor internationalisering?

Uiteindelijk leidde dit tot de conclusie dat de Business Unit Recreatie de meeste fit vertoonde. Hier zijn we dan ook mee begonnen, allereerst op de Franse markt. Dit land heeft namelijk het grootste marktpotentieel als we kijken naar verblijfsrecreatie en daarbij komt dat we er maar één serieuze concurrent hebben. We zijn vervolgens dieper in deze markt gedoken. We hebben onder andere recreatiebedrijven en beurzen bezocht en geanalyseerd wat de behoeften waren. Hierna hebben we bij een aantal klanten (launching customers) ons product getest. Op basis van deze ervaringen is onze software uitgebreid met enkele nieuwe functionaliteiten.

Welke entreestrategie heeft u vervolgens gekozen en waarom?

Stratech heeft in Frankrijk, op basis van interviews met potentiële klanten, gekozen voor een Frans verkoopkantoor, gevestigd in Toulouse. Voornaamste reden hiervoor is het feit dat het een kennisintensief product betreft. Klanten verwachten in deze situatie dat de betreffende softwareorganisatie alle ins en outs kent. Als zij zaken moeten doen met dealers is dit echter in hun beleving lang niet altijd het geval. Het verkoopkantoor kent op dit moment een volledig Franse bezetting bestaande uit Account Managers en Consultants. Deze medewerkers van Stratech en tevens de Franse klanten worden ondersteund door een Helpdesk en Marketing- en Sales-afdeling, ook bestaande uit Fransen, maar dan vanuit ons hoofdkantoor in Nederland.

Kunt u iets vertellen over de ervaringen tot nu toe in Frankrijk?

Al met al zijn we tot nu toe redelijk succesvol. We blijven echter wel bezig met optimalisatie van onze producten. Het blijkt dat details erg belangrijk zijn; 99% is niet goed genoeg. Achteraf bleek bijvoorbeeld dat het betalingsgedrag van de Franse consument nogal afwijkt van die in Nederland. Men betaalt nog steeds veel met cheques. Hiervoor werd door Franse klanten nog met een apart subsysteem gewerkt omdat de accountant ook bepaalde eisen stelt aan de informatievoorziening c.q. rapportage. Daarnaast blijkt dat de eindgebruiker redelijk veel ondersteuning nodig heeft, meer dan in Nederland. Volgens de Fransen ligt dan ook de ICT-kennis in Nederland gemiddeld op een hoger niveau. Het zelfoplossend vermogen lijkt hierdoor in Nederland gebruikelijker te zijn. Een belangrijke les die we hieruit geleerd hebben, is dat we ons nog meer in de uiteindelijke eindgebruiker moeten verdiepen. Verder lopen we tegen het feit aan dat de administratieve afwikkeling van zaken en het arbeidsrecht in Frankrijk nogal afwijken van Nederland. Maar al met al vallen de culturele verschillen best mee.

Stratech is ook actief in Duitsland. Hoe gaat u daar te werk?

In het algemeen gaan we pas bouwen aan een distributiekanaal als er minimaal vijf klanten zijn, want dit geeft ons enige informatie over de marktaantrekkelijkheid van de applicatie. De eerste verkopen geschieden dan ook vanuit Nederland. In Duitsland waren we echter al actief via een Nederlandse klant met belangen in Duitsland. Verkoop en marktscan verliepen op hetzelfde moment. Ook hier hebben we interviews met klanten gehouden. Hieruit bleek dat men geen probleem heeft met een distributiemodel bestaande uit een dealernetwerk. Op basis hiervan zijn we in zee gegaan met een Duitse businesspartner, een seniorconsultant op het gebied van recreatieprojecten. Deze persoon doet de presales, vervolgens wordt het overgenomen door een Nederlandse accountmanager, die hier verantwoordelijk voor is. Belangrijk, ook hier, is echter wel dat je je goed verdiept in de cultuur van de nieuwe markt. In het begin was de voertaal Engels en geen Duits. Momenteel zijn we bezig om enkele van onze medewerkers te scholen in de Duitse taal.

Hoe ziet u de toekomst wat de Duitse markt betreft?

Naar de toekomst toe overwegen we een multichanneldistributiesysteem. Voor het topsegment een eigen organisatie, voor het middensegment een dealernetwerk en/of accountmanagementstructuur en internet als distributiekanaal voor de kleinere klanten.

Kunt u ten slotte enkele belangrijke leeraspecten met betrekking tot internationalisering aangeven?

Allereerst, pas op dat je niet te vooringenomen bent, breid je referentiekader uit. De manier waarop je zaken in Nederland doet is slechts een van de manieren. Het wil niet zeggen dat je deze manier ook in het buitenland moet hanteren, sterker nog bij voorkeur niet. Daarnaast, zorg voor een goede structuur en een goede communicatie. Als laatste: ga niet te snel en neem niet te veel hooi op je vork. Doe datgene wat je doet goed.

DEEL IV

Het internationale marketingprogramma ontwerpen

Inleiding deel IV

Als een bedrijf eenmaal heeft besloten hoe het tot een of meer internationale markten gaat toetreden (zie deel III), is het tijd om de internationale marketingmix te ontwerpen.

Deel IV is hoofdzakelijk op de traditionele '4P'-marketingmix gebaseerd:
- Hoofdstuk 10: Beslissingen over product en prijsstelling
- Hoofdstuk 11: Beslissingen over distributie en communicatie

De oorspronkelijke 4P-marketingmix is voornamelijk ontleend aan onderzoek onder B2C-productiebedrijven. De kern van dit marketingmixconcept is dat het marketingmanagement een aantal beheersbare variabelen of 'gereedschappen' tot zijn beschikking heeft dat gebruikt kan worden om klanten te beïnvloeden. Vooral bij B2B-marketing wordt de marketingmix echter ook beïnvloed door de interactie tussen koper en verkoper. Anders dan bij de traditionele 4P-mix (beïnvloeding door overreding) wordt de klant beïnvloed door onderhandeling/interactie (Håkansson en Waluszewski, 2005). Bovendien wordt bij het klassieke 4P-model geen rekening gehouden met de kenmerken van diensten, namelijk de inherente ontastbaarheid, vergankelijkheid, heterogeniteit (variabiliteit), onscheidbaarheid en eigenaarschap.

De uitgebreide marketingmix

Er bestaan andere kaders dan het 4P-model, en de meest invloedrijke van deze is de 7P-mix van Booms en Bitner (1981). Zij stellen dat het traditionele 4P-model met drie P's uitgebreid moet worden, en wel met *participants* (deelnemers), *physical evidence* (fysiek bewijs) en *process* (proces). Deze worden hierna besproken.

Deelnemers

Iedereen die met klanten in contact komt, kan invloed hebben op de totale tevredenheid van die klanten. Deelnemers zijn alle menselijke actoren die bij de levering van diensten een rol spelen, namelijk het bedrijfspersoneel en andere klanten. Omdat productie en consumptie tegelijkertijd plaatsvinden, speelt het bedrijfspersoneel een sleutelrol bij het beïnvloeden van de indruk die klanten van de productkwaliteit hebben. Dit is vooral het geval bij diensten waarbij veel contact plaatsvindt, zoals in restaurants, bij luchtvaartmaatschappijen en bij professionele adviesdiensten. Feitelijk is het bedrijfspersoneel onderdeel van het product; de kwaliteit van het product is onlosmakelijk verbonden met de kwaliteit van de dienstverlener. Het is daarom belangrijk aandacht te besteden aan de kwaliteit van werknemers en nauwkeurig in de gaten te houden hoe ze presteren. Dit is vooral belangrijk bij diensten, want werknemers presteren niet altijd op hetzelfde niveau, wat tot een wisselend kwaliteitsniveau kan leiden. Bovenstaande heeft tot gevolg dat in internationale marketing personeelsbeleid van cruciaal belang is.

Tot de 'deelnemers' behoren ook de klant die de dienst koopt en andere klanten in de dienstomgeving. Marketingmanagers moeten niet alleen de interactie tussen dienstverlener en klant beheren, maar ook de acties van andere klanten. Om een voorbeeld te geven: het aantal mensen dat in een restaurant aanwezig is, het type mensen en het gedrag van die mensen zullen deels bepalen of een klant van een maaltijd in dat restaurant zal genieten.

Proces

Hiermee wordt het proces van het leveren van een dienst aan klanten bedoeld. Het betreft de procedures, mechanismen en activiteiten waarmee een dienst wordt verworven en geleverd. Het 'verwerven' van een maaltijd in een fastfoodrestaurant met zelfbediening als McDonald's verschilt duidelijk van het verwerven van een maaltijd in een restaurant met bediening aan tafel. Voor het verwerven van een dienst moeten klanten soms in de rij staan voordat ze bediend kunnen worden, en het leveren van de dienst kost tijd. Marketeers moeten er daarom voor zorgen dat klanten het proces van het verwerven van een dienst begrijpen en dat de wacht- en levertijden voor klanten acceptabel zijn.

Fysiek bewijs

In tegenstelling tot een product kan een dienst niet ervaren worden voordat hij wordt geleverd; een dienst is ontastbaar. Dit betekent dat potentiële klanten het gevoel hebben meer risico te lopen als ze beslissen van een dienst gebruik te maken. Om dit risicogevoel zo veel mogelijk weg te nemen en zo de kans op succes te vergroten, is het heel belangrijk klanten tastbare zaken te bieden aan de hand waarvan ze de waarde van de aangeboden dienst kunnen schatten. De fysieke omgeving zelf (bijvoorbeeld de gebouwen, het meubilair, de indeling enzovoort) speelt een grote rol bij de inschatting die de klant maakt van de dienst die hij kan verwachten, bijvoorbeeld in een restaurant, hotel of winkel. In feite is de fysieke omgeving onderdeel van het product.

Gesteld kan worden dat het niet nodig is het 4P-model aan te passen of uit te breiden, omdat de uitbreiding die Booms en Bitner voorstellen in het bestaande kader opgenomen kan worden. De achterliggende gedachte is dat de (on)tevredenheid die consumenten ervaren wordt veroorzaakt door alle dimensies van een product, of die nu tastbaar of ontastbaar zijn. Het proces kan onder het kopje 'distributie' worden ondergebracht. Buttle (1989) voert aan dat 'deelnemers' onder het kopje 'product' en/of 'promotie' ondergebracht kunnen worden en dat 'fysiek bewijs' en 'processen' als onderdeel van het product gezien kunnen worden. Booms en Bitner (1981) voeren aan dat bij beslissingen over producten de drie extra elementen in de mix die zij voorstellen in aanmerking genomen moeten worden.

Om deze reden wordt in deel IV de structuur van het 4P-model gebruikt maar komen de drie extra P's ook aan bod in hoofdstuk 10 en 11.

Mondialisering

Sinds begin jaren 1980 wordt al over de term 'mondialisering' (*globalization*) gediscussieerd. *The globalization of markets* (1983) van Theodore Levitt veroorzaakte veel onenigheid over de vraag wat voor bedrijven de geschiktste manier was om internationaal te worden. Levitt, een voorstander van mondialisering, kreeg zowel steunbetuigingen als kritiek. In de discussie zijn twee partijen te onderscheiden, namelijk voorstanders van lokale marketing en voorstanders van mondiale marketing, en de discussie richt zich op de centrale vraag welke de meeste merites heeft: een gestandaardiseerde mondiale marketingbenadering of een landspecifieke gedifferentieerde marketingbenadering. In deel IV zullen we zien dat er in de internationale omgeving verschillende krachten spelen; bij sommige is een toenemende mondialisering een betere optie, en bij andere een toenemende aanpassing van bedrijven. Het uitgangspunt is het bestaande evenwichtspunt in figuur 1. Welke kracht het zal winnen hangt niet alleen af van de krachten in de omgeving maar ook van de specifieke internationale marketingstrategie waar bedrijven de voorkeur aan geven. In figuur 2 zijn de uitersten van deze twee strategieën weergegeven.

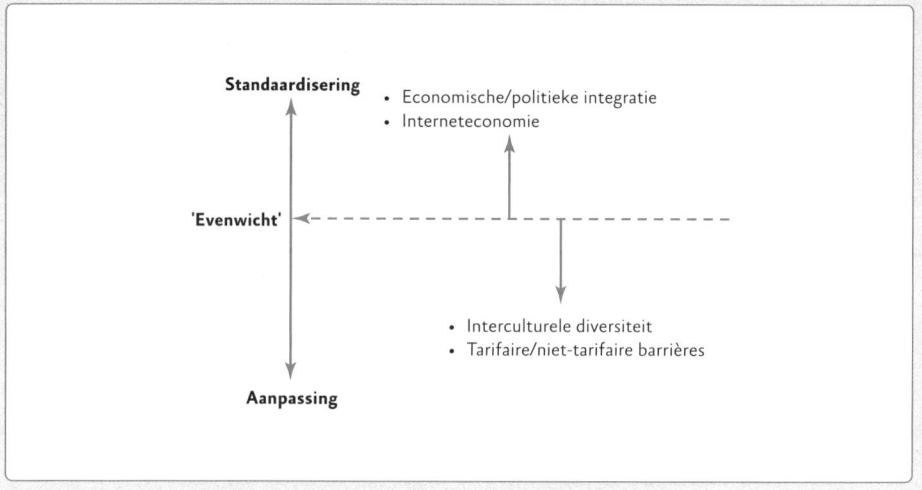

Figuur 1: Omgevingsfactoren die het evenwicht tussen standaardisering en aanpassing beïnvloeden

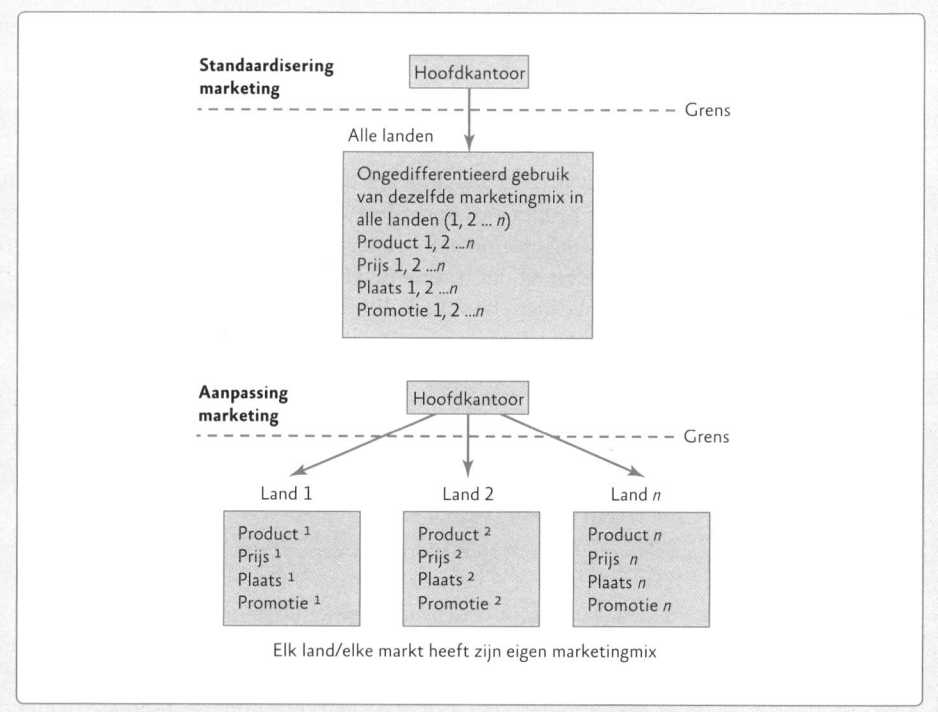

Figuur 2: Standaardisering en aanpassing van de internationale marketingmix

Een fundamentele beslissing die managers over hun mondiale marketingstrategie moeten nemen, is in welke mate ze hun mondiale marketingmix moeten standaardiseren of aanpassen. De volgende drie factoren vergemakkelijken de standaardisering van de marketing (Meffert en Bolz, 1993):
1. *De mondialisering van markten.* Klanten opereren steeds meer op wereldwijde basis. Kenmerkend is een sterk gecoördineerd, gecentraliseerd aankoopproces. Om te voorkomen dat individuele dochterbedrijven in andere landen bij onderhandelingen met bijvoorbeeld mondiale detailhandelaren tegen elkaar worden uitgespeeld, zetten producenten een mondiaal accountmanagement op.

2. *De mondialisering van industrieën.* Veel bedrijven kunnen zich niet meer op de thuismarkt verlaten om voldoende schaalvoordeel te behalen en te groeien. In veel industrieën, zoals de computerindustrie, de farmaceutische industrie en de auto-industrie, zijn de R&D-kosten hoog; deze kunnen alleen door de wereldwijde verkoop van grote hoeveelheden product worden terugverdiend.
3. *De mondialisering van de concurrentie.* Als gevolg van de wereldwijde homogenisering van de vraag zijn de verschillende markten nauw met elkaar verbonden. Bedrijven kunnen hun activiteiten daarom op wereldwijde schaal plannen en kunnen proberen ten opzichte van andere mondiale concurrenten een superieur profiel te creëren. Dochterbedrijven in andere landen zijn niet langer winstcentra maar worden gezien als onderdelen van het mondiale portfolio.

Het gestandaardiseerde marketingconcept heeft twee kenmerken:
1. Bij het standaardiseren van marketingprocessen gaat het vooral om het standaardiseren van het beslissingsproces voor transnationale marketingplanning. Door het lanceren van nieuwe producten, het controleren van activiteiten enzovoort te standaardiseren, wil men het algemene marketingproces rationaliseren.
2. Bij het standaardiseren van marketingprogramma's en de marketingmix gaat het vooral om de mate waarin individuele onderdelen van het 4P-model kunnen worden samengevoegd tot een algemene aanpak voor verschillende nationale markten.

Deze twee kenmerken van standaardisering houden vaak nauw verband met elkaar: voor veel strategische bedrijfseenheden is procesgerichte standaardisering een eerste vereiste voor de implementatie van gestandaardiseerde marketingprogramma's.

	Standaardiseringspotentieel		
	Groot	Gemiddeld	Klein
Productbeleid • Basisbehoefte • Esthetische criteria • Chemische, functionele criteria • Verpakking			
Prijsbeleid • Consumentenprijzen • Prijspositie • Interne verrekenprijzen			
Distributiebeleid • Distributiesystemen • Fysieke distributie			
Communicatiebeleid • Communicatiedoelen • Boodschap (unique selling proposition) • Opzet • Mediaselectie • Timing • Verkooppromotie • Merknaam			

● Standaardiseringsprofiel van een speciale weggooiluier (bijvoorbeeld Pampers)
■ Standaardiseringsprofiel van een speciale drank (bijvoorbeeld Johnny Walker)

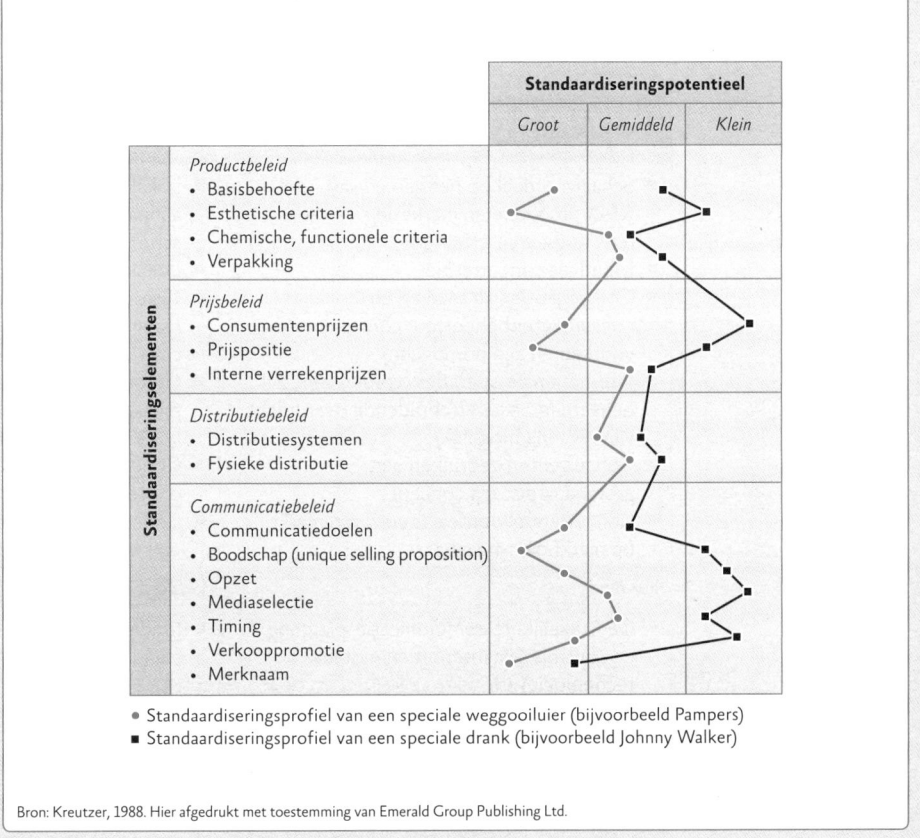

Bron: Kreutzer, 1988. Hier afgedrukt met toestemming van Emerald Group Publishing Ltd.

Figuur 3: Analyse van het standaardiseringspotentieel van een bedrijf

Veel auteurs bespreken standaardisering en aanpassing als twee afzonderlijke opties. De commerciële werkelijkheid is echter dat weinig marketingmixen volledig gestandaardiseerd of aangepast zijn. Het is veel relevanter om te praten over de *mate* van standaardisering. Daarom is in figuur 3 een profiel van het standaardiseringpotentieel van twee verschillende producten van hetzelfde bedrijf (Procter & Gamble) te zien.

Aan het resultaat is te zien dat er verschillende manieren zijn om binnen de marketingmix een gestandaardiseerd concept te realiseren. Bij beide producten is het mogelijk het pakket op zijn minst op een gemiddeld niveau te standaardiseren. Bij het prijsbeleid ontstaan moeilijkheden. Hier is alleen voor weggooiluiers een gestandaardiseerde prijspositie mogelijk. Procter & Gamble kiest dus alleen de markten die de benodigde koopkracht hebben om een prijs te betalen die binnen de door het bedrijf nagestreefde prijsmarge ligt. In het geval van alcoholische dranken is het vanwege wettelijke beperkingen bijna onmogelijk de prijspositie te standaardiseren. Vanwege belastingvoorschriften moeten consumenten in bijvoorbeeld Denemarken voor dezelfde whisky van Johnny Walker tweemaal zoveel betalen als consumenten in Duitsland. In veel gevallen is het mogelijk wereldwijd één merknaam te gebruiken. Slechts in een paar gevallen hebben bepaalde namen een negatief effect; als merknamen ongewenste beelden oproepen, moeten ze worden veranderd.

We sluiten deze inleiding van deel IV af door in tabel 1 de belangrijkste factoren om voor standaardisering dan wel aanpassing van het mondiale marketingprogramma te kiezen op een rijtje te zetten.

Bij het kiezen van een mondiale marketingstrategie speelt concurrentievoordeel een cruciale rol. Als er in verschillende internationale markten sprake is van vergelijkbaar concurrentievoordeel, zal een bedrijf voor deze markten vergelijkbare strategieën gebruiken, wat standaardisering van de strategie vergemakkelijkt. Concurrentievoordeel is het gevolg van kerncompetenties; bedrijven die kerncompetenties hebben, zijn dus beter in staat hun marketingstrategie te standaardiseren dan bedrijven die deze competenties niet hebben (Viswanathan en Dickson, 2007).

Factoren waarbij standaardisering de beste optie is	Factoren waarbij aanpassing de beste optie is
▪ Schaalvoordeel op het gebied van R&D, productie en marketing (ervaringscurve-effecten) ▪ Mondiale concurrentie ▪ Convergentie van smaken en consumentenbehoeften (consumentenvoorkeuren zijn homogeen) ▪ Internationale operaties worden centraal beheerd (grensoverschrijdende overdracht van ervaring mogelijk) ▪ Concurrenten gebruiken een gestandaardiseerd concept ▪ Concurrentievoordeel is *goed* van markt op markt overdraagbaar	▪ Lokale, door de omgeving aangezette aanpassing; invloed van overheid en voorschriften (geen ervaringscurve-effecten) ▪ Lokale concurrentie ▪ Consumentenbehoeften verschillen (vanwege cultuurverschillen zijn consumentenbehoeften heterogeen) ▪ Gefragmenteerd, gedecentraliseerd management met onafhankelijke buitenlandse dochterbedrijven ▪ Concurrenten gebruiken een aangepast concept ▪ Concurrentievoordeel is *slecht* van markt op markt overdraagbaar
Verder:	*Verder:*
▪ Gemakkelijkere communicatie, planning en controle (via internet en mobiele technologie) ▪ Reductie voorraadkosten	▪ Juridische kwesties – verschil in technische standaard

Tabel 1: Standaardisering versus aanpassing – de belangrijkste factoren

10

Beslissingen over
product en prijsstelling

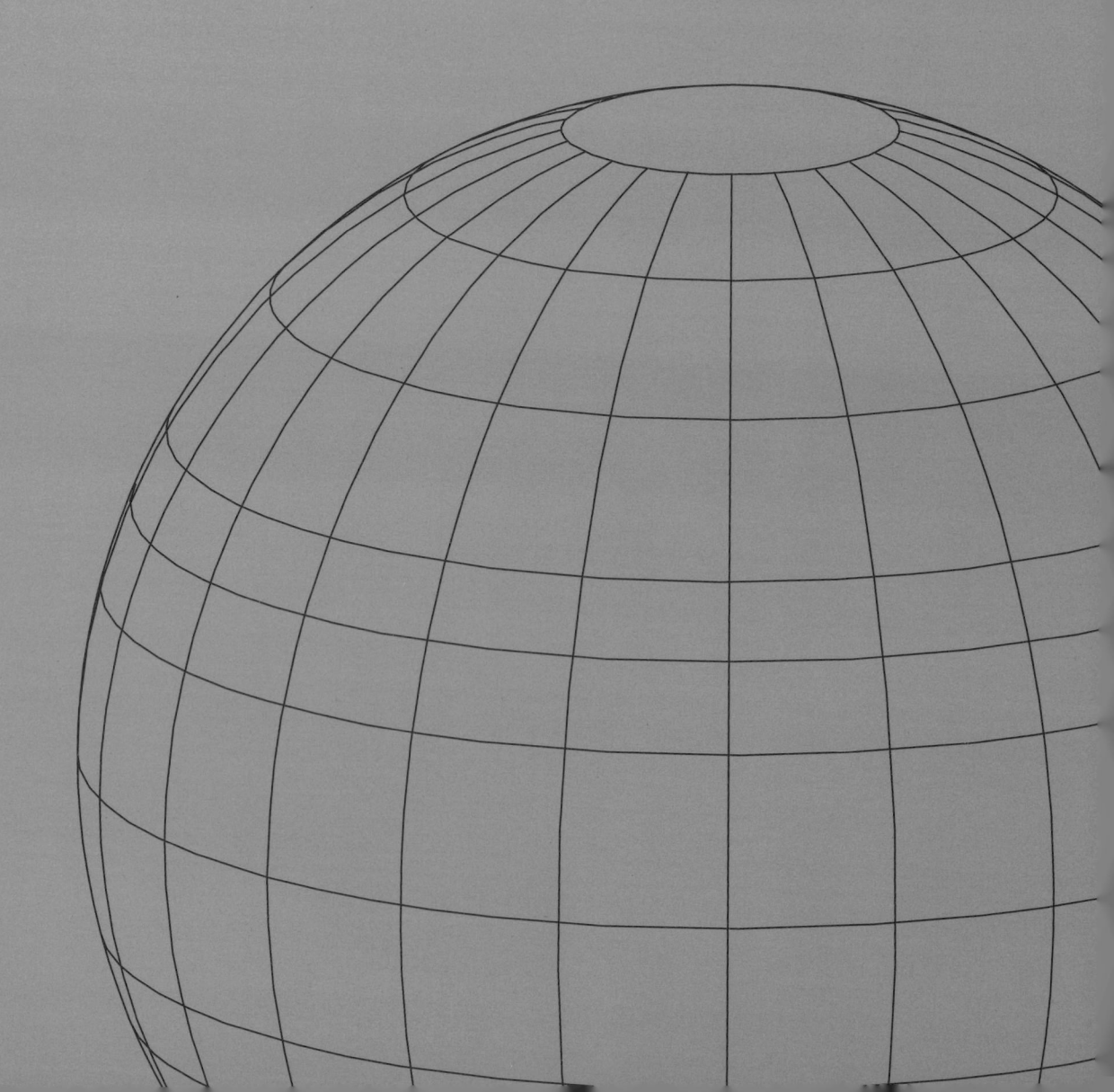

Leerdoelen

Na het bestuderen van dit hoofdstuk moet je in staat zijn het volgende te doen:

- Bespreken welke invloeden een bedrijf ertoe zetten zijn producten te standaardiseren of aan te passen.
- Onderzoeken hoe internationale strategieën voor diensten worden ontwikkeld.
- Bespreken met welke problemen bedrijven die nieuwe producten voor buitenlandse markten willen ontwikkelen, te maken kunnen krijgen.
- De alternatieven in de product/communicatiemix opnoemen en deze toelichten.
- De verschillende merkalternatieven definiëren en nader verklaren.
- Uitleggen wat met een 'groen' product wordt bedoeld.
- Alternatieve milieubeheersystemen bespreken.
- Uitleggen hoe interne en externe variabelen internationale prijsbeslissingen beïnvloeden.
- Uitleggen waarom en hoe prijzen bij de exportverkoop escaleren.
- Bespreken welke strategische opties bedrijven hebben bij het bepalen van het prijsniveau van een nieuw product.
- Uitleggen waarom bij een prijsdaling de hoeveelheid verkochte producten moet stijgen.
- Onderzoeken welke rol interne verrekenprijzen bij mondiale marketing spelen en welke problemen ze veroorzaken.
- Bespreken hoe schommelende wisselkoersen internationale marketeers voor problemen kunnen stellen.

10.1 Inleiding

De productbeslissing is een van de eerste beslissingen die een marketingmanager bij het ontwikkelen van een mondiale marketingmix neemt. In dit hoofdstuk komen productgerelateerde kwesties aan de orde en passeren conceptuele manieren om deze aan te pakken de revue. Ook worden internationale marktstrategieën en beleid ten opzichte van diensten besproken.

De prijsbeslissing moet in de andere drie P's van de marketingmix worden geïntegreerd. 'Prijs' is het enige gebied van de mondiale marketingmix waar het beleid snel veranderd kan worden zonder dat dit direct grote kostenimplicaties met zich meebrengt. Dit kenmerk, plus het feit dat buitenlandse consumenten vaak gevoelig voor prijsveranderingen zijn, kan tot gevolg hebben dat bedrijven prijsacties als lapmiddel gebruiken in plaats van op andere gebieden van hun marketingprogramma veranderingen door te voeren. Het is dus belangrijk dat het management beseft dat het de prijs op buitenlandse markten niet voortdurend moet bijstellen en dat het beter is problemen niet door middel van prijsacties op te lossen.

Over het algemeen is prijsbeleid een van de belangrijkste onderdelen van de marketingmix, maar dat wordt bijna nooit onderkend. De andere onderdelen van de marketingmix leveren allemaal kosten op. De enige winstbron van bedrijven zijn hun inkomsten; hoe hoog deze zijn, wordt bepaald door het prijsbeleid. In dit hoofdstuk richten we ons op verschillende prijskwesties die vooral voor internationale marketeers van belang zijn.

10.2 De dimensies van het internationale productaanbod

Om een acceptabel product op de internationale markt te kunnen aanbieden moeten we eerst bekijken waaruit het 'totale' productaanbod bestaat. Kotler (1997) noemt vijf niveaus die marketeers in aanmerking moeten nemen om een product voor internationale markten aantrekkelijk te maken. De productdimensies in figuur 10.1 omvatten niet alleen de belangrijkste fysieke eigenschappen maar ook elementen als verpakking, merk en dienstverlening na verkoop. Deze dimensies vormen het totaalpakket voor de koper.

In figuur 10.1 zien we ook dat het veel gemakkelijker is de kernvoordelen van een product (functionele kenmerken, prestatie enzovoort) te standaardiseren dan de ondersteunende diensten, die vaak afgestemd moeten worden op de bedrijfscultuur en soms op individuele klanten (personalisering) (Vesanen, 2007).

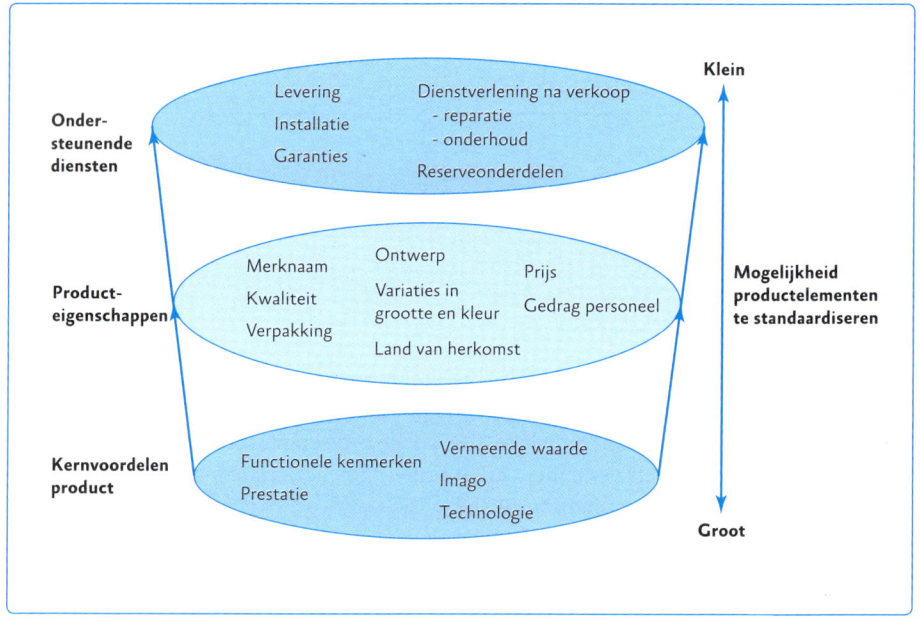

Figuur 10.1: De drie niveaus van een product

10.3 Het ontwikkelen van internationale strategieën voor diensten

Aan de definitie van een product hebben we kunnen zien dat diensten producten vaak begeleiden, maar diensten op zich maken ook een steeds belangrijker onderdeel van onze internationale economie uit. Zoals in figuur 10.2 te zien is, kan de mix van product- en dienstelementen sterk variëren.

10.3.1 Kenmerken van diensten

Voordat bedrijven mogelijke internationale strategieën voor diensten in overweging nemen, is het belangrijk stil te staan bij de bijzondere aard van mondiale dienstmarketing. Diensten hebben de volgende kenmerken:

- *Ontastbaarheid*. Aangezien diensten als luchtvervoer en onderwijs niet aangeraakt of uitgeprobeerd kunnen worden, kunnen de kopers niet eigenaar worden van iets tastbaars in de traditionele zin des woords. Ze betalen voor het gebruik of de prestatie van de dienst. Tastbare elementen van diensten, zoals eten of drinken tijdens vluchten, worden gebruikt om het profijt van het gebruik van de dienst voor de klant te bevestigen en de vermeende waarde van de dienst te vergroten.

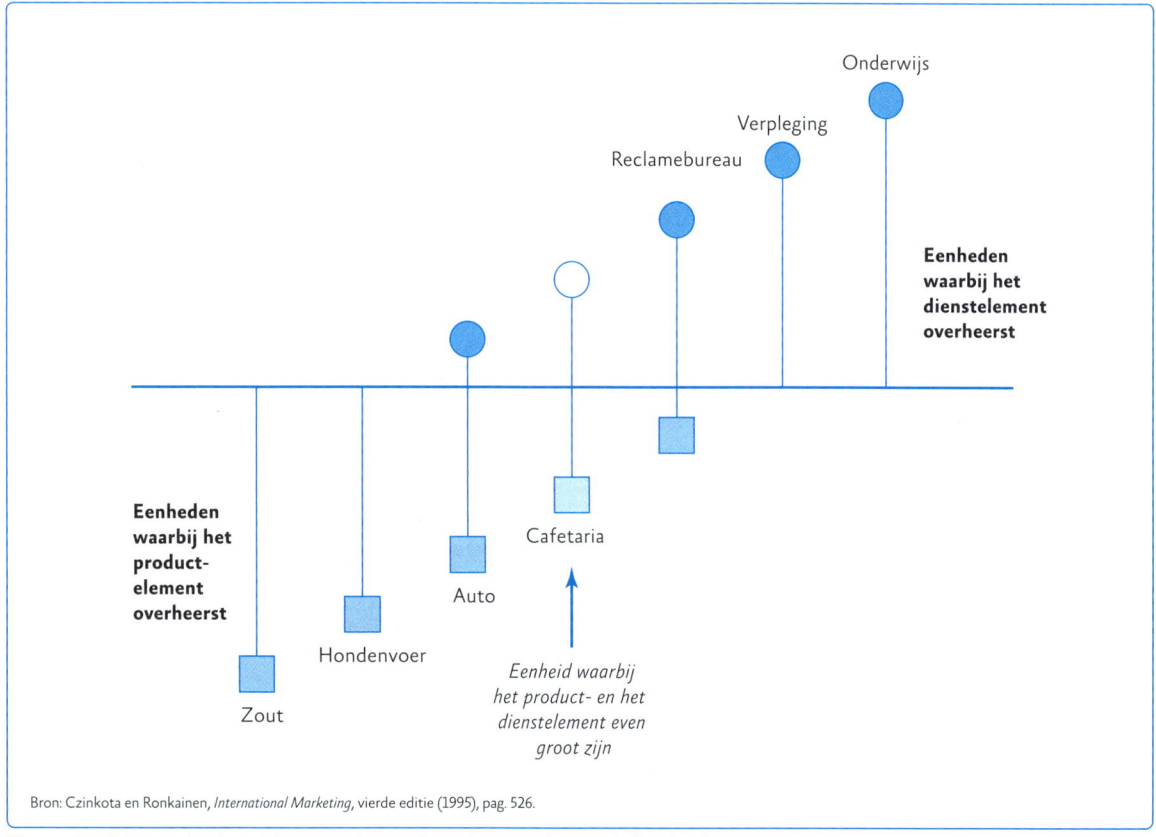

Bron: Czinkota en Ronkainen, *International Marketing*, vierde editie (1995), pag. 526.

Figuur 10.2: Een schaalverdeling van de overheersing van de verschillende elementen

- *Vergankelijkheid.* Diensten kunnen niet worden opgeslagen om op een later tijdstip te gebruiken. Zodra een vliegtuig vertrekt, zijn de onbezette stoelen in dat vliegtuig 'verloren'. Dit kenmerk veroorzaakt grote problemen bij de planning en promotie van de dienst, want het is daarom moeilijk vraag en aanbod op elkaar af te stemmen. Het is erg duur om de capaciteit van een dienst voortdurend op een niveau te houden dat hoog genoeg is om aan vraagpieken te voldoen. Marketeers moeten daarom proberen het vraagniveau zo in te schatten dat optimaal gebruik wordt gemaakt van de capaciteit.
- *Heterogeniteit.* Vanwege het feit dat er interactie tussen mensen plaatsvindt, zijn diensten zelden hetzelfde. Bovendien zijn klanten nauw betrokken bij de productie van diensten. Dit kan problemen opleveren voor de handhaving van een bepaald kwaliteitsniveau, vooral op internationale markten, waar men heel verschillend tegen dienstverlening aankijkt.
- *Onscheidbaarheid.* Het tijdstip waarop een dienst wordt geproduceerd ligt heel dicht bij of valt zelfs samen met het tijdstip waarop deze wordt geconsumeerd. De dienst wordt op het verkooppunt geproduceerd. Dit betekent dat het moeilijk is schaal- en ervaringscurvevoordeel te behalen en dat het leveren van de dienst aan verspreide markten duur kan zijn, vooral in het opstartstadium.

10.3.2 De internationale marketing van diensten

Bij de internationale marketing van diensten doen zich specifieke problemen voor. Het is moeilijk de verschillende marketingparameters te uniformeren op afgelegen locaties, waar het uitoefenen van controle problematisch kan zijn. Prijsstelling kan ook erg moeilijk zijn, want vaste kosten kunnen een zeer aanzienlijk deel van de totale kosten van een dienst uitmaken. De koopkracht van consumenten en hun perceptie van de dienst die ze ontvangen kunnen van markt tot markt sterk verschillen, wat tot gevolg heeft dat prijzen sterk uiteen zullen lopen, net als de winst die wordt gemaakt. Bovendien kan het nodig zijn gepersonaliseerde diensten te leveren, wat het moeilijk kan maken de loyaliteit van klanten te behouden en op die manier herhaalbestellingen te krijgen.

10.3.3 Dienstencategorieën

Alle producten, zowel goederen als diensten, bestaan uit een kernelement dat omgeven wordt door verschillende optionele supplementaire elementen. Als we eerst naar de kerndiensten kijken, kunnen we ze in een van de drie brede categorieën onderbrengen, afhankelijk van hun tastbaarheid en de mate waarin klanten fysiek aanwezig moeten zijn bij de productie van de dienst. In tabel 10.1 wordt een overzicht van de categorieën gegeven.

10.3.4 Categorieën supplementaire diensten

De verlening van de kerndienst, of dat nu een bed voor de nacht of een bankrekening is, gaat meestal gepaard met verschillende supplementaire elementen. Deze kunnen in acht categorieën worden ingedeeld (Lovelock en Yip, 1996):
- *Informatie.* Om de volle waarde van een goed of dienst te ervaren, hebben klanten relevante informatie nodig, variërend van dienstregelingen tot gebruiksaanwijzingen en van waarschuwingen voor de gebruiker tot prijzen. Mondialisering heeft invloed op de aard van deze informatie (inclusief de talen en de stijl waarin de informatie wordt geleverd). Vooral nieuwe en potentiële klanten willen graag informatie hebben; het kan zijn dat ze training nodig hebben om een onbekende dienst te leren gebruiken.
- *Overleg en advies.* Door gesprekken met klanten te voeren, kan worden vastgesteld wat de klanteisen zijn en kan vervolgens een daarop afgestemde oplossing worden ontwikkeld. De behoefte aan advies die klanten hebben kan wereldwijd sterk verschillen en is vaak afhankelijk van factoren als de mate van economische ontwikkeling, de lokale infrastructuur, de topografie, het klimaat, het technische ontwikkelingsniveau en het onderwijsniveau.

Diensten-categorie	Kenmerken	Voorbeelden (dienstleveraar)	Mogelijkheid tot wereldwijde standaardisering (en dus profiteren van schaalvoordeel, ervaringsvoordeel en lagere kosten)
Mensen 'verwerken'	Klanten worden onderdeel van het productieproces. De dienstverlener moet lokaal aanwezig zijn.	■ Onderwijs (scholen, universiteiten) ■ Personenvervoer (luchtvaartmaatschappijen, autoverhuur) ■ Gezondheidszorg (ziekenhuizen) ■ Voedingsdiensten (fastfood, restaurants) ■ Logeerdiensten (hotels)	Wereldwijde standaardisering niet goed mogelijk. Omdat klanten bij de productie betrokken zijn, is het nodig veel lokale aanbiedingspunten te hebben, waardoor dit type dienst moeilijk mondiaal aan te bieden is.
Bezittingen 'verwerken'	Tastbare handelingen met fysieke objecten om hun waarde voor klanten te vergroten. Het voorwerp moet in het productieproces betrokken zijn, maar dat geldt niet voor de eigenaar van het voorwerp (de klant).	■ Autoreparatie (garages) ■ Vrachtvervoer (expediteur) ■ Installatie van apparatuur (bijvoorbeeld door elektriciën) ■ Wasdiensten (wasserette)	Wereldwijde standaardisering is beter mogelijk dan bij het hierboven genoemde type dienst omdat er bij dit type minder contact tussen klant en dienstverlenend personeel nodig is. Dit type dienst is niet zo cultuurgevoelig.
Informatie-diensten	Het verzamelen, bewerken, vertalen en overbrengen van gegevens om waarde te creëren. Minimale tastbaarheid. Minimale betrokkenheid van de klant bij het productieproces.	■ Telecommunicatiediensten (telefoonmaatschappijen) ■ Bankdiensten ■ Het nieuws ■ Marktanalyse ■ Internetdiensten (makers van homepages op internet, database-aanbieders)	Wereldwijde standaardisering is heel goed mogelijk. Vanwege de 'virtuele' aard van dit type dienst is levering vanaf één centraal punt (*single sourcing*) mogelijk.

Tabel 10.1: Drie categorieën diensten

- *Bestellingen opnemen.* Als klanten eenmaal klaar zijn om een dienst te kopen, moeten dienstleveranciers het gemakkelijk voor ze maken om in de taal van hun keuze een bestelling te plaatsen of een reservering te maken, via telecommunicatiekanalen en andere kanalen, op een tijdstip en vanaf een locatie die hun uitkomt.
- *Gastvrijheid: voor de klant zorgen.* Als klanten de vestiging van een dienstleverancier moeten bezoeken, proberen goed geleide bedrijven klanten als gast te behandelen, vooral als ze een aantal uur moeten wachten, zoals bij 'mensverwerkende' diensten vaak het geval is. De culturele definitie van wat gepaste gastvrijheid is kan per land sterk verschillen. De maximaal duldbare wachttijd is in Brazilië bijvoorbeeld veel langer dan in Duitsland, en in Indonesië verwachten klanten een veel persoonlijkere dienstverlening dan bijvoorbeeld in Scandinavië.
- *Veilige bewaring: voor de bezittingen van de klant zorgen.* Als klanten een dienstvestiging bezoeken, willen ze vaak geholpen worden met hun persoonlijke bezittingen. Dit varieert van het parkeren van hun auto tot het inpakken en afleveren van nieuwe aankopen. De mate waarin klanten dit verwachten verschilt van land tot land en is afhankelijk van cultuur en welvaartsniveau.
- *Uitzonderingen.* Uitzonderingen zijn zaken die buiten de normale dienstlevering vallen, zoals speciale verzoeken, het oplossen van problemen, het afhandelen van klachten/suggesties/complimenten en restituties (het compenseren van de klant voor wanprestatie). Speciale verzoeken komen bij 'mensverwerkende' diensten veel voor, bijvoorbeeld in de reis- en hotelindustrie. Door verschillen in culturele normen kan het moeilijk zijn aan deze speciale verzoeken tegemoet te komen. Luchtvaartmaatschappijen moeten bijvoorbeeld tegemoetkomen aan een breed scala aan medische behoeften en dieetëisen die soms het gevolg zijn van bepaalde religieuze en culturele waarden van hun klanten.

- *Rekening*. Klanten moeten op tijd een duidelijke rekening ontvangen waarin staat hoe het bedrag dat op die rekening staat is berekend. Nu in veel landen de valutarestricties zijn afgeschaft, kunnen rekeningen in de valuta van het thuisland van de klant worden opgesteld. De valuta's en de gebruikte wisselkoers moeten dan wel duidelijk op rekeningen worden vermeld. In sommige gevallen worden prijzen in verschillende valuta's weergegeven, hoewel in dat geval vanwege koersschommelingen de prijs regelmatig zal moeten worden bijgesteld.
- *Betaling*. Bij het kopen van veel verschillende diensten verwachten klanten steeds vaker betaalgemak (inclusief krediet). Door bij het doen van aankopen creditcards en reischeques te gebruiken wordt het probleem van het betalen in buitenlandse valuta opgelost, maar het kan zijn dat bedrijven die diensten kopen liever elektronisch geld overmaken in de valuta van hun keuze.

Copyright 1966 door het bestuur van de Universiteit van Californië. Overgenomen uit *California Management Review*, vol. 38, nr. 2. Met toestemming van het bestuur.

Niet alle kerndiensten zijn omgeven door alle acht supplementaire elementen. In de praktijk bepalen de aard van het product, de behoeften van de klant en de druk van de concurrentie welke supplementaire diensten moeten worden aangeboden. In veel gevallen bevindt de aanbieder van de supplementaire dienst zich in één deel van de wereld en worden de diensten elektronisch aan een ander deel van de wereld geleverd. Het aannemen van bestellingen, het vastleggen van reserveringen en het verwerken van betalingen kunnen bijvoorbeeld worden afgehandeld via allerlei telecommunicatiekanalen, van spraaktelefoon tot internet. Zolang de benodigde talen beschikbaar zijn, kunnen veel van dergelijke dienstelementen van bijna overal ter wereld worden geleverd.

Samengevat kunnen informatiediensten het best mondiaal gestandaardiseerd worden. De andere twee types diensten ('mensverwerking' en 'bezittingverwerking') hebben het nadeel dat ze concurrentievoordeel niet over landsgrenzen heen kunnen verplaatsen. Toen Disney Eurodisneyland in Parijs opende, was het voor het bedrijf bijzonder nadelig dat het zijn zeer gemotiveerde Disney-personeel uit de Amerikaanse parken niet naar Europa kon overbrengen.

Omdat de informatietechnologie (internet) zich steeds sneller ontwikkelt, verschijnen steeds meer nieuwe types informatiediensten (bijvoorbeeld informatie over internationale vluchtschema's) die heel goed gestandaardiseerd kunnen worden.

10.3.5 Diensten in de business-to-businessmarkt

Business-to-businessmarkten verschillen op veel manieren van klantenmarkten:
- er zijn minder en grotere kopers, vaak geografisch geconcentreerd;
- er is sprake van een afgeleide, fluctuerende en relatief inelastische vraag;
- veel deelnemers aan het koopproces;
- professionele kopers;
- een nauwere band;
- geen tussenpersonen;
- technologische verbindingen.

Als klanten op consumentenmarkten niet tevreden zijn over een dienst, kunnen ze altijd uit de relatie tussen leverancier en consument stappen omdat er meestal veel bedrijven zijn die hetzelfde soort product aanbieden. Voor consumenten is het gemakkelijk van bedrijf of product te wisselen.

Vanwege de banden tussen de koper en verkoper op de B2B-markt verbreken bedrijven niet graag de relatie. Natuurlijk bestaat ook op de B2B-markt tot op zekere hoogte de mogelijkheid om uit de relatie te stappen, maar het verlies aan investering in de relatie en het commitment werpt meestal uittredingsdrempels op. De kosten die het wisselen van leverancier met zich meebrengt, zijn hoog. Bovendien kan het moeilijk zijn een nieuwe leverancier te vinden.

Professionele dienstverleningsbedrijven, zoals technische adviesbureaus, vertonen overeenkomsten met typische B2B-dienstverleningsbedrijven, maar zij leveren diensten op maat en hebben veel contact met hun klanten. De diensten die zij leveren, hebben vaak de vorm van projecten waarmee miljoenen dollars zijn gemoeid. Een kenmerk van deze diensten is dat langetermijnrelaties tussen bedrijven worden opgebouwd, maar ook dat deze relaties tijdens het project van dag tot dag worden beheerd. Als een professioneel dienstverleningsbedrijf (of dat nu een accountant, architect, ingenieur of management-consultant is) diensten aan klanten verkoopt, verkoopt het niet zozeer de diensten van het bedrijf maar de diensten van bepaalde individuele personen. Daarom is het nodig dat professionele dienstverleningsbedrijven zeer deskundige mensen in dienst hebben.

Filiatrault en Lapierre (1997) hebben de cultuurverschillen tussen technische adviesbureaus in Europa (Frankrijk) en Noord-Amerika (Canada) onderzocht. In Noord-Amerika zijn de technische adviesbureaus over het algemeen kleiner en werken ze in een economische omgeving die meer in de buurt komt van pure competitie (dan in Europa). In Europa zijn de opdrachten heel groot en worden ze vaak toegekend door de overheid. De Franse adviseurs erkenden dat in Noord-Amerika het management flexibeler was dan in Europa. Ook lijkt onderaanneming in Noord-Amerika populairder dan in Europa.

10.4 De product/communicatiemix

Als een bedrijf eenmaal heeft besloten wat de optimale combinatie tussen standaardisering en aanpassing is en hoe nieuw het product moet zijn, is internationale promotie de volgende belangrijke (en cultuurgevoelige) factor waarover nagedacht moet worden.

Op buitenlandse markten gaan product en promotie hand in hand, en samen kunnen ze binnen heel korte tijd een markt creëren of vernietigen. Hierboven hebben we stilgestaan

		Product		
		Standaard	Aanpassen	Nieuw
Promotie	Standaard	'Rechte' extensie	Productaanpassing	Productuitvinding
	Aanpassen	Promotieaanpassing	Tweeledige aanpassing	

Bron: gebaseerd op Keegan, 1995, pag. 489-94 en pag. 498, tabel 13.1.

Figuur 10.3: De product/communicatiemix

bij de factoren die een bedrijf ertoe kunnen zetten zijn productassortiment te standaardiseren of aan buitenlandse markten aan te passen. De promotie- en prestatiebeloften die het bedrijf voor zijn product of dienst op de doelmarkt maakt, zijn net zo belangrijk. Net als bij productbeslissingen kan promotie gestandaardiseerd zijn of aangepast worden aan buitenlandse markten.

Keegan (1995) heeft de sleutelaspecten van de marktstrategie weergegeven als een combinatie van de standaardisering of aanpassing van de product- en promotie-elementen van de mix. Hij biedt vijf alternatieve, meer specifieke manieren om het productbeleid te benaderen. Deze manieren zijn in figuur 10.3 weergegeven.

10.4.1 'Rechte' extensie

Hierbij wordt overal op de wereldmarkt een gestandaardiseerd product aangeboden met overal dezelfde promotiestrategie (één product, één wereldwijde boodschap). Door deze strategie succesvol toe te passen, kan veel geld worden bespaard op marktonderzoek en productontwikkeling. Sinds de jaren 1920 is dit hoe Coca-Cola de mondiale verkoop heeft aangepakt, waardoor het bedrijf enorm veel kosten heeft bespaard en veel profijt heeft gehad van het feit dat dezelfde boodschap voortdurend werd bekrachtigd. Hoewel een aantal auteurs heeft gesteld dat deze strategie in de toekomst voor veel producten zal worden gebruikt, is er in de praktijk slechts een handjevol bedrijven waarvan gezegd kan worden dat ze dit al hebben bereikt. Een aantal bedrijven heeft het geprobeerd maar heeft gefaald. Campbell is er bijvoorbeeld achtergekomen dat wat soep betreft een 'internationale smaak' niet bestaat.

Een voorbeeld van een succesvolle extensie is de wereldwijde introductie van het shampoomerk Organics van Unilever. Eind 1993 was Thailand het eerste land waar deze shampoo werd gelanceerd, nadat de Hair Innovation Centres van Unilever in Bangkok en Parijs het product gezamenlijk hadden ontwikkeld. Tegen 1995 werd het merk in meer dan veertig landen verkocht en leverde de verkoop 170 miljoen pond op.

10.4.2 Promotie-aanpassing

Hierbij wordt het product niet veranderd maar wordt de promotieactiviteit aangepast om met de cultuurverschillen tussen markten rekening te houden. Het is een relatief kosteneffectieve strategie, omdat het veranderen van promotieboodschappen niet zo duur is als het aanpassen van producten. Het voorbeeld van Lux hieronder is een voorbeeld van deze strategie.

Lux-zeep (Unilever): het Verenigd Koninkrijk versus India

De Britse versie van de Lux-reclame is gebaseerd op de klassieke grensoverschrijdende advertentiecampagne 'de schoonheidszeep van filmsterren', die in hoge mate gestandaardiseerd is. In India heeft de Lux-campagne een speciaal lokaal tintje gekregen.

De Indiase reclameversie is een van drie reclames waarin de associatie van Lux met filmsterren uit het verleden wordt doorgetrokken naar filmsterren van tegenwoordig en potentiële filmsterren van de toekomst. De reclame richt zich op drie legendarische schoonheden uit oude Indiase films die reclame voor het zeepmerk hebben gemaakt. Het creatieve statement heeft de stijl van een bioscoopposter gekregen om mensen aan het merkimago te herinneren en is in sepiatinten gedrukt om de posters een nostalgische uitstraling te geven.

Reclame voor Lux in het VK en India

10.4.3 Productaanpassing

Door alleen het product aan te passen, handhaaft een producent de kernfuncties van het product op de verschillende markten. Zo moeten elektrische apparaten aan de verschillende voltages in landen worden aangepast. Een product kan ook worden aangepast om onder verschillende fysieke omgevingsomstandigheden te kunnen werken. Exxon heeft de chemische samenstelling van zijn benzine zo veranderd dat het product ook onder extreme klimaatomstandigheden kan worden gebruikt, maar het bedrijf gebruikt overal ter wereld dezelfde 'Stop een tijger in je tank'-reclamecampagne.

10.4.4 Tweeledige aanpassing

Hierbij past een bedrijf zowel product als promotie voor elke markt aan. Deze strategie wordt vaak door bedrijven gevolgd als een van de eerder genoemde strategieën is mislukt,

De tweeledige aanpassing van Kellogg's voor de Indiase markt

maar vooral als het bedrijf geen leiderschapspositie heeft en dus op de markt reageert of concurrenten volgt. Bij de meeste producten op de wereldmarkt wordt deze strategie gebruikt. De aanpassing van zowel product als promotie is een dure maar vaak noodzakelijke strategie.

Een voorbeeld van tweeledige aanpassing is de lancering van Kellogg's Basmati Flakes op de opkomende markt voor ontbijtgranen in India. Het product was speciaal voor India ontworpen, gezien het feit dat het een groot land is waar men veel rijst eet. De lokale reclamecampagne was gebaseerd op een internationaal concept. Opgemerkt moet worden dat dit product alleen in Mumbai en omstreken verkrijgbaar is.

10.4.5 Productuitvinding

Productuitvinding wordt gebruikt door bedrijven, gewoonlijk uit ontwikkelde landen, die producten aan minder ontwikkelde landen leveren. Producten worden specifiek ontwikkeld om tegemoet te komen aan de behoeftes van de individuele markten. Bestaande producten zijn soms te complex om in minder ontwikkelde landen hun functie te kunnen vervullen, omdat er bijvoorbeeld niet altijd elektriciteit verkrijgbaar is of er weinig lokale deskundigheid is. Keegan (1995) gebruikt als productvoorbeeld een met de hand aangedreven wasmachine.

10.5 Productpositionering

Productpositionering is een sleutelelement in de succesvolle marketing van alle organisaties op alle markten. Het product of bedrijf dat geen duidelijke positie in het hoofd van de klant inneemt betekent niets en zal zelden meer dan een simpele basisprijs kunnen vragen. Of bedrijven premiumprijzen kunnen vragen en concurrentievoordeel hebben, hangt grotendeels af van de visie van de klant: vindt hij/zij dat de aangeboden dienst of het aangeboden product op een bepaalde manier duidelijk anders is dan wat de concurrentie aanbiedt? Hoe kunnen we op internationale markten een geloofwaardige positie behalen?

Wat belangrijk is, is hoe kopers/gebruikers de waarde van producteigenschappen schatten, dat wil zeggen: hun perceptie van de voordelen die deze eigenschappen hun opleveren. Productpositionering is de activiteit die ervoor zorgt dat het product de gewenste 'positie' in het hoofd van de klant krijgt. Het positioneren van een product voor internationale markten begint met het omschrijven van specifieke producten als verzamelingen van verschillende eigenschappen die voor kopers en gebruikers een reeks voordelen kunnen genereren.

Internationale marketingplanners maken bundels van deze eigenschappen, waarbij ze ervoor zorgen dat de voordelen die worden gegenereerd overeenkomen met de behoeften en eisen van specifieke marktsegmenten. Bij dit productontwerp gaat het niet alleen om de basisonderdelen van producten (fysiek, verpakking, dienstverlening en land van herkomst) maar ook om de merknaam, vormgeving en dergelijke eigenschappen.

In een multidimensionale ruimte kan een product grafisch worden weergegeven door een punt, gespecificeerd door zijn eigenschappen. Dit wordt ook wel *perceptual mapping* genoemd. De locatie van de punt van een product in een perceptuele ruimte is zijn 'positie'. De producten van concurrenten krijgen op dezelfde manier een plek in de ruimte (zie ook Johansson en Thorelli, 1985). Als punten die andere producten weergeven dicht bij het punt van het prototype liggen, zijn deze andere producten naaste concurrenten van het prototype. Als het prototype op sommige internationale markten ver van zijn naaste concurrenten af ligt en zijn positie impliceert dat het eigenschappen heeft die klanten belangrijk zullen vinden, heeft het waarschijnlijk een aanzienlijk concurrentievoordeel.

10.5.1 Het 'land van herkomst'-effect

Het land van herkomst van een product, gewoonlijk weergegeven door 'made in (naam land)', heeft een grote invloed op de kwaliteitsperceptie van dat product. Wat bepaalde producten betreft hebben sommige landen een goede reputatie en andere een slechte. In het geval van bijvoorbeeld autofabricage hebben Japan en Duitsland een goede reputatie. Vooral in Oost-Europese landen speelt het 'land van herkomst'-effect een grote (negatieve) rol. In een onderzoek (Ettensén, 1993) werd gekeken naar de merkbeslissing van Russische, Poolse en Hongaarse klanten bij het kopen van een televisie. Deze consumenten waardeerden in eigen land geproduceerde televisies veel lager dan in het Westen gemaakte producten, ongeacht de merknaam. De voorkeur ging over het algemeen uit naar televisies die in Japan, Duitsland of de Verenigde Staten waren gemaakt.

> **Voorbeeld 10.1** **Chinese pianofabrikanten ervaren het 'land van herkomst'-effect**
>
> De kansen en problemen waar Chinese merken mee te maken krijgen, kunnen goed worden toegelicht aan de hand van de Chinese piano-industrie. China heeft Japan en Zuid-Korea ingehaald en is nu het grootste pianoproducerende land ter wereld. Een van de merkproducenten, Pearl River, is 's werelds grootste pianoproducent geworden, met een jaaromzet van ongeveer honderdduizend eenheden. Omdat het maken van piano's nog steeds arbeidsintensief is, genieten Chinese producenten van grote kosten- en prijsvoordelen. Aangezien internationale handelaren met Chinese piano's een grotere winstmarge kunnen behalen, motiveert dit ze Chinese piano's op voorraad te hebben. Het grootste merkdilemma waar Chinese producenten mee te maken krijgen, is echter de negatieve perceptie van het etiket 'made in China'. Voor individuele bedrijven is het moeilijk deze perceptie te veranderen; het land zelf moet zijn imago verbeteren, en dat kan wel een generatie duren. Het heeft het Japanse merk Yamaha meer dan dertig jaar gekost om zijn imago te veranderen van goedkoop imitatieproduct tot een leidend mondiaal merk. Muziekleraren hebben ook een belangrijke invloed op wat klanten kopen, want veel muziekleraren adviseren hun studenten geen instrumenten te kopen die in China zijn gemaakt.
>
> Om dit probleem de baas te worden, zouden Chinese producenten kunnen proberen hun merken aan westerse waarden of namen te koppelen. Longfeng Piano zou bijvoorbeeld kunnen benadrukken dat zijn Kingsburg-model door de wereldberoemde Duitse ontwerper Klaus Fenner is ontworpen.
>
> Bronnen: Fan (2007)

Het land van herkomst is belangrijker dan de merknaam. Dit is goed nieuws voor westerse bedrijven die de Oost-Europese markten proberen te penetreren met importproducten waarvan het merk nog niet bekend is. Uit een ander onderzoek (Johansson et al., 1994) blijkt dat sommige producten uit Oost-Europa het in het Westen goed doen, ondanks negatieve 'land van herkomst'-percepties. Zo worden tractoren uit Wit-Rusland in Europa en de Verenigde Staten goed verkocht, niet alleen vanwege hun redelijke prijs maar ook hun robuustheid. Slechts het ontbreken van een effectief distributienetwerk weerhoudt het bedrijf ervan westerse markten verder te penetreren.

Als je bij de implicaties van productpositionering stilstaat, is het belangrijk te beseffen dat positionering van markt tot markt kan verschillen omdat de doelklanten voor het product van land tot land verschillen. Bij het bevestigen van de positionering van een product of dienst op een bepaalde markt moet een bedrijf ervoor zorgen dat de consument ingeprent wordt waar het product precies voor staat en hoe het verschilt van bestaande en potentiële concurrenten. Bij de ontwikkeling van een marktspecifieke productpositionering kan het bedrijf zich op één of meer onderdelen van het totale productaanbod richten. De differentiatie kan dus gebaseerd zijn op prijs en kwaliteit, een of meer eigenschappen, een specifieke toepassing, een doelconsument of een directe vergelijking met een concurrent.

10.6 Merkmeerwaarde

Uit onderzoek van Citibank en Interbrand uit 1997 is gebleken dat bedrijven die hun business op merken hadden gebaseerd vijftien jaar lang het marktgemiddelde van de aandelenmarkt overtroffen. In hetzelfde onderzoek wordt echter opgemerkt dat sommige merkeigenaren de riskante neiging hadden midden jaren 1990 hun investeringen in merken te reduceren, wat een negatieve impact had op de prestatie van die merken (Hooley et al., 1998, pag. 120).
Uit de volgende twee voorbeelden blijkt dat merken voor klanten waarde aan het product toevoegen:
1. Het klassieke voorbeeld is dat in blinde tests 51 procent van de consumenten de voorkeur geeft aan Pepsi boven Coca-Cola, maar in open tests geeft 65 procent de voorkeur aan Coca-Cola boven Pepsi. Voorkeur voor een bepaalde frisdrank is gebaseerd op merkimago, niet op smaak (Hooley et al., 1998, pag. 119).
2. Auto's van het merk Skoda zijn in het Verenigd Koninkrijk het best bekend als mikpunt van slechte grappen, wat de algemene mening weergeeft dat dit auto's van slechte kwaliteit zijn. In 1995 bereidde Skoda zich voor om in het Verenigd Koninkrijk een nieuw model op de markt te brengen. Om het oordeel van consumenten over de auto te peilen, deed het een test waarbij consumenten in eerste instantie niet te horen kregen om welk merk auto het ging. Toen de consumenten het merk van de auto nog niet wisten, vonden ze hem beter ontworpen en meer waard dan toen ze daarna te horen kregen om welk automerk het ging. En daarmee zijn we van de reputatie van het bedrijf bij de merknaam van producten aangekomen (Holley et al., 1998, pag. 117).

Voorbeeld 10.2 Madame Tussauds – een merk dat mensen over de hele wereld dichter bij beroemdheden brengt

Deze attractie heeft een rijke, fascinerende geschiedenis die in 1770 in Parijs begint, toen Madame Tussaud onder het toeziend oog van haar mentor, Dr Philippe Curtius, gelijkenissen van was leerde modelleren. Haar vaardigheden werden tijdens de Franse Revolutie op de proef gesteld toen ze gedwongen was haar loyaliteit te bewijzen door de dodenmaskers van geëxecuteerde aristocraten te maken. In het begin van de negentiende eeuw kwam ze met haar reizende tentoonstelling van overblijfselen uit de revolutie en beelden van publieke helden en boeven naar Groot-Brittannië.

De strategie van de Tussauds Group is een internationale entertainmentbusiness

Bronnen: Madame Tussauds Londen (links) en Madame Tussauds Sjanghai (rechts).
Robbie Williams (Londen) en lokale Chinese popsterren (Twins) (Sjanghai)

op te bouwen die uit succesvolle, bijzondere en fantasierijke attracties met een bijzondere klantwaarde bestaat.

Met meer dan dertien miljoen bezoekers per jaar is de Tussauds Group tegenwoordig de grootste beheerder en ontwikkelaar van bezoekersattracties van Europa en op vijf na de grootste van de wereld. In 1998 werd de Tussauds Group overgenomen door Charterhouse Development Capital, nadat het twintig jaar in handen van Pearson plc was geweest.

In maart 2005 werd de Tussauds Group, de eigenaar van Madame Tussauds, verkocht aan Dubai International Capital, een private equity-bedrijf dat wordt gesteund door de overheid van Dubai en de kroonprins van Dubai. Zij betaalden achthonderd miljoen pond om de Group in handen te krijgen.

Merkervaring
Merken hebben een toekomst als ze gedenkwaardige consumentervaringen kunnen creëren. Ervaringsgerichte bedrijven als Madame Tussauds moeten iets hebben wat verdergaat dan het product alleen. Bij Madame Tussauds gaat het niet om wassen beelden, het gaat erom mensen dichter bij beroemdheden en wat ze in hun leven doen te brengen.

Een nieuwe locatie kiezen
Het kiezen van een nieuwe locatie gebeurt op basis van veel verschillende criteria. Madame Tussauds heeft een productontwikkelingsteam dat onderzoekt hoeveel toeristen een stad bezoeken, of ze in het profiel van de bezoekers van de attractie passen en of er genoeg ruimte is. Gedegen onderzoek is van cruciaal belang voor een succesvolle introductie van het concept op een nieuwe markt. Na een attractie in Hong Kong geopend te hebben, heeft Madame Tussauds onlangs zijn tweede Aziatische attractie geopend, en wel in Sjanghai. Als grootste en rijkste stad van China, met dertien miljoen inwoners en bijna veertig miljoen bezoekers per jaar, biedt Sjanghai goede kansen voor Madame Tussauds.

Interactiviteit met wassen beelden
De nieuwe attractie in Sjanghai is het meest interactief van alle attracties, met minder wassen beelden en meer activiteiten om de beelden heen. Zo kunnen bezoekers bij het wassen beeld van Tiger Woods een balletje slaan en kijken wat hun score is. De naam van de gast die het laatst een hole-in-one heeft geslagen, wordt op een scorebord vermeld. Ook kunnen bezoekers met wassen beelden van enkele beroemde Chinese popsterren, Twins (zie foto), in een karaokehokje een lied zingen en zichzelf op video terugzien. Bovendien kunnen mensen zich als Charlie Chaplin verkleden en zichzelf in zwart-wit op een filmdoek zien.

> **Evenwicht tussen lokale en mondiale merken**
>
> Uit onderzoek van Madame Tussauds is gebleken dat 98 procent van het Britse publiek het merk Madame Tussauds kent. In Azië echter roept het woord 'madame' bij veel consumenten associaties met bars of clubs op, en zeggen dat het merk een 'wassenbeeldenattractie' is, betekent op de Aziatische markt niets, want daar hebben ze dat soort musea niet.
>
> Het is voor Madame Tussauds belangrijk ervoor te zorgen dat het merk een goede mix van lokale en mondiale inhoud behoudt. Dit is een delicaat evenwicht: een overschot aan lokale inhoud past niet bij het idee van een mondiaal merk, maar als er te weinig nadruk wordt gelegd op mondiale figuren, kunnen internationale klanten teleurgesteld zijn. In de nieuwe Chinese attractie zijn voornamelijk lokale figuren te zien, zoals de acteur Ge You, de koning van de kungfu Jackie Chan, de popgroep Twins en basketballer Yao Ming. Ook zijn er mondiale figuren te zien, zoals David Beckham, Michael Jackson en Brad Pitt. Bij Madame Tussauds in Londen is een scala aan mondiale figuren te zien, zoals Angelina Jolie, Beyoncé Knowles en Robbie Williams (zie foto), maar internationale toeristen vinden het ook prachtig om Margaret Thatcher, prinses Diana, Winston Churchill en koningin Elizabeth te zien. De foto's illustreren de mix van mondiale (zoals Robbie Williams) en lokale inhoud (zoals de popgroep Twins) die kenmerkend is voor Madame Tussauds.
>
> Het is een uitdaging het merk Madame Tussauds wereldwijd uit te breiden, maar als puntje bij paaltje komt, gaat het bij Madame Tussauds niet om wassen beelden – het gaat om consumentervaringen en mensen interactief met beroemdheden bezig te laten zijn.
>
> Bronnen: met toestemming van de Madame Tussauds Group, vooral Global Marketing Director Nicky Marsh uit Londen (www.madame-tussauds.com) en Catty Wong, External Affairs Consultant uit Sjanghai (www.madame-tussauds.com.cn); Marsh, N. 'Translating experiences across the world', *Brand Strategy*, juni, pag. 11; Macalister, T. (2005) 'Madame Tussauds to open in Shanghai', *The Guardian* (Londen), 19 september, pag. 20.

MARKTMEER-WAARDE (BRAND EQUITY)
Verschillende merkbaten en -lasten die in vijf categorieën kunnen worden ondergebracht: merktrouw, merkbekendheid, vermeende kwaliteit, merkassociaties en andere merkbaten. Merkmeerwaarde is de premium die een consument bereid is te betalen voor het merkproduct of de merkdienst in vergelijking met een identieke merkloze versie van hetzelfde product of dezelfde dienst.

10.6.1 De definitie van 'merkmeerwaarde'

Hoewel er veel gediscussieerd wordt over de definitie van merkmeerwaarde, gaat het bij merkmeerwaarde over de waarde die het merk heeft naast de fysieke baten die samenhangen met de productie van het product of de dienst.

David Aaker van de Universiteit van Californië in Berkeley, een van de meest vooraanstaande autoriteiten op het gebied van merkmeerwaarde, heeft de term gedefinieerd als 'een reeks merkbaten en -lasten die met het merk, de naam en het symbool verbonden zijn en de waarde die een product of dienst het bedrijf of de klanten van het bedrijf levert, vermeerdert of vermindert (Aaker, 1991, pag. 15).

Aaker heeft deze baten en lasten in vijf categorieën ondergebracht:
1. *Merktrouw.* Merktrouw stimuleert klanten keer op keer een bepaald merk te kopen en ongevoelig te zijn voor de producten/diensten die concurrenten aanbieden.
2. *Merkbekendheid.* Merknamen trekken de aandacht en drukken vertrouwdheid uit. Merkbekendheid drukt uit hoe groot het percentage consumenten is dat de merknaam kent.
3. *Vermeende kwaliteit.* 'Vermeend' betekent dat de klanten bepalen wat het kwaliteitsniveau van een product of dienst is, niet het bedrijf.
4. *Merkassociaties.* De waarden en 'persoonlijkheid' die aan het merk worden verbonden.
5. *Andere merkbaten.* Bijvoorbeeld handelsmerken, octrooien en relaties in marketingkanalen.

Merkmeerwaarde kan worden beschouwd als de extra cashflow die wordt gegenereerd door een merk met de onderliggende waarden van het product of de dienst te verbinden. Het is nuttig (maar niet voldoende) de meerwaarde van een merk te zien als de premium die een consument bereid is te betalen voor een merkproduct of -dienst ten opzichte van een identieke merkloze versie van hetzelfde product of dezelfde dienst.

Merkmeerwaarde heeft dus betrekking op de kracht, waarde en aard van de relatie tussen consument en merk. Een sterke meerwaarde impliceert een positieve kracht die consument en merk ondanks weerstand en spanning samenhoudt. De kracht, diepte en aard van de relatie tussen klant en merk wordt de merkrelatiekwaliteit genoemd (Marketing Science Institute, 1995).

10.7 Merkbeslissingen

De branding van producten is nauw verbonden met de productpositionering. Het fundamentele doel van merken is overal ter wereld hetzelfde. Over het algemeen krijgen producten een merknaam:
- om onderscheid te maken tussen de producten die een bedrijf aanbiedt en een bepaald product van concurrerende producten te onderscheiden;
- om identificatie en merkbekendheid te creëren;
- om een bepaald kwaliteitsniveau en een bepaalde klanttevredenheid te garanderen;
- ter ondersteuning van de promotie van een product.

Deze vier factoren hebben allemaal hetzelfde doel: nieuwe verkopen creëren (marktaandeel van concurrenten afnemen) of klanten tot herhalingsaankopen aanzetten (klantentrouw behouden).

Zoals in figuur 10.4 te zien is, zijn er bij merkbeslissingen vier niveaus te onderscheiden. Alle opties op de vier niveaus hebben voor- en nadelen; deze zijn in tabel 10.2 op een rij gezet. Hierna zullen we deze opties nader bespreken.

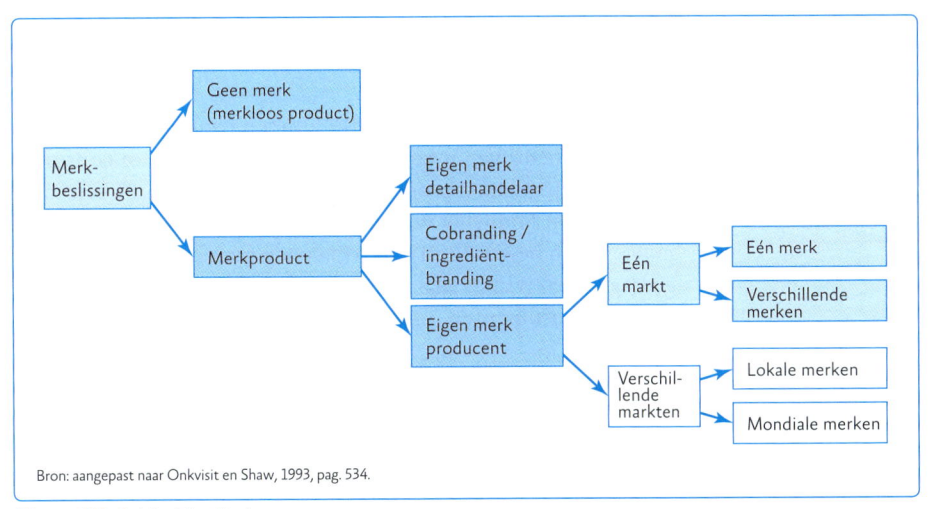

Bron: aangepast naar Onkvisit en Shaw, 1993, pag. 534.

Figuur 10.4: Merkbeslissingen

> **Voorbeeld 10.3 — Robijn wasverzachter van Unilever – een voorbeeld van lokale merken op diverse markten**
>
> Robijn, een merk wasverzachter dat door Unilever wordt geproduceerd, is een goed voorbeeld van promotieaanpassing. Het product werd in eerste instantie als voordelig merk in Duitsland gelanceerd, in een categorie die door Procter & Gamble werd gedomineerd. Om de negatieve implicaties van de lage prijs voor de kwaliteitsperceptie te neutraliseren, benadrukte Unilever dat zachtheid het grote verschilpunt van het product ten opzichte van concurrerende producten was. De associatie met zachtheid werd opgeroepen door de naam van het product, 'Kuschelweich', wat zoveel als 'omgeven door zachtheid' betekent, en dit werd geïllustreerd door de afbeelding van een teddybeer op de verpakking. Toen het product in Frankrijk werd gelanceerd, handhaafde Unilever de positionering van het merk (voordeel en zachtheid) maar veranderde de naam in 'Cajoline', wat in het Frans 'zachtheid' betekent. Anders dan in Duitsland speelde de teddybeer in Frankrijk een actieve rol in de reclame voor het merk en werd hij het merksymbool voor zachtheid en kwaliteit. Het succes in Frankrijk leidde tot mondiale expansie. In elk land waar de wasverzachter werd gelanceerd, werd de merknaam veranderd in een woord dat in de lokale taal een gevoel van zachtheid opriep, terwijl de teddybeer op alle markten vrijwel hetzelfde bleef. Tegen de jaren 1990 verkocht Unilever de wasverzachter overal ter wereld en had het product meer dan twaalf merknamen, terwijl de productpositionering en promotieondersteuning overal hetzelfde waren. En wat nog belangrijker was: op vrijwel alle markten was de wasverzachter de best verkochte of op één na best verkochte.
>
> Bron: Keller en Sood (2001).

10.7.1 Merk versus merkloos

De branding van producten wordt geassocieerd met extra kosten in de vorm van marketing, etikettering, verpakking en promotie. Basisproducten zijn 'merkloze' of ongedifferentieerde producten. Voorbeelden van merkloze producten zijn cement, metalen, zout, rundvlees en andere landbouwproducten.

10.7.2 Eigen merk detailhandelaar/cobranding/eigen merk producent

Hoe deze drie opties gerangschikt kunnen worden, is in figuur 10.5 te zien.

Voor bedrijven is het heel belangrijk te weten of consumenten merktrouw of winkeltrouw zijn. Omdat producenten en detailhandelaren een concurrentiestrijd met elkaar voeren, is het nodig het winkelgedrag van consumenten beter te begrijpen. Beide actoren moeten zich bewust zijn van bepalende factoren als winkelkeuze, winkelfrequentie en gedrag in een winkel. Als producenten weinig aandacht schenken aan het winkelgedrag van hun consumenten, zullen detailhandelsketens steeds machtiger worden.

	Voordelen	Nadelen
Geen merk	■ Lagere productiekosten ■ Lagere marketingkosten ■ Lagere juridische kosten ■ Flexibele kwaliteitscontrole	■ Zware prijsconcurrentie ■ Gebrek aan marktidentiteit
Wel merk	■ Betere identificatie en bekendheid ■ Betere kans op productdifferentiatie ■ Mogelijk merktrouw. Mogelijk premiumprijs	■ Hogere productiekosten ■ Hogere marketingkosten ■ Hogere juridische kosten
Eigen merk detailhandelaar (private label)	■ Mogelijk groter marktaandeel ■ Geen promotieproblemen	■ Zware prijsconcurrentie ■ Gebrek aan marktidentiteit
Cobranding/ ingrediëntbranding	■ Voegt meer waarde aan het merk toe ■ Gedeelde productie- en promotiekosten ■ Vergroot de macht van de producent om zijn product op de winkelschappen te krijgen ■ Kan zich ontwikkelen tot een langdurige relatie die op wederzijds commitment is gebaseerd	■ Consumenten kunnen verward raken ■ De ingrediëntenleverancier is erg afhankelijk van het succes van het eindproduct ■ Promotiekosten voor de ingrediëntenleverancier
Eigen merk producent	■ Een betere prijs door een grotere prijsinelasticiteit ■ Behoud van merktrouw ■ Meer onderhandelingsmacht ■ Betere controle over distributie	■ Moeilijk voor kleine producent met onbekend merk ■ Merkpromotie noodzakelijk
Eén markt, één merk	■ Marketingefficiency ■ Marketing kan gerichter plaatsvinden ■ Elimineert merkverwarring ■ Goed voor producten met een goede reputatie (het stralenkranseffect)	■ Verondersteld wordt dat de markt homogeen is ■ Bij *trading up/down* wordt het imago van het bestaande merk geschaad ■ Beperkte schapruimte
Eén markt, verschillende merken	■ Markt gesegmenteerd voor verschillende behoeften ■ Creëert een competitief klimaat ■ Vermijdt negatieve connotaties van consumenten bij een bestaand merk ■ Meer schapruimte in detailhandels ■ Schaadt het imago van het bestaande merk niet	■ Hogere marketingkosten ■ Hogere voorraadkosten ■ Verlies van schaalvoordeel
Verschillende markten, lokale merken (zie ook Voorbeeld 10.4)	■ Betekenisvolle namen ■ Lokale identificatie ■ Belastingheffing op internationale merken wordt vermeden ■ Biedt de mogelijkheid kwantiteit en kwaliteit van markt tot markt te laten variëren	■ Hogere marketingkosten ■ Hogere voorraadkosten ■ Verlies van schaalvoordeel ■ Diffuus imago
Verschillende markten, mondiaal merk	■ Maximale marketingefficiency ■ Vermindering van reclamekosten ■ Geen merkverwarring ■ Goed voor cultuurvrije producten ■ Goed voor prestigieuze producten ■ Biedt internationale reizigers gemakkelijke identificatie/herkenning ■ Imago is wereldwijd uniform	■ Verondersteld wordt dat de markt homogeen is ■ Problemen met zwarte en grijze markten ■ Negatieve connotaties mogelijk ■ Kwaliteit en kwantiteit moeten constant zijn ■ Weerstand en wrok vanuit ontwikkelingslanden ■ Juridische complicaties

Bron: Onkvisit en Shaw, 1989. Gepubliceerd met toestemming van Emerald Publishing Ltd. www.emeraldinsight.com.

Tabel 10.2: Voor- en nadelen van de verschillende merkopties

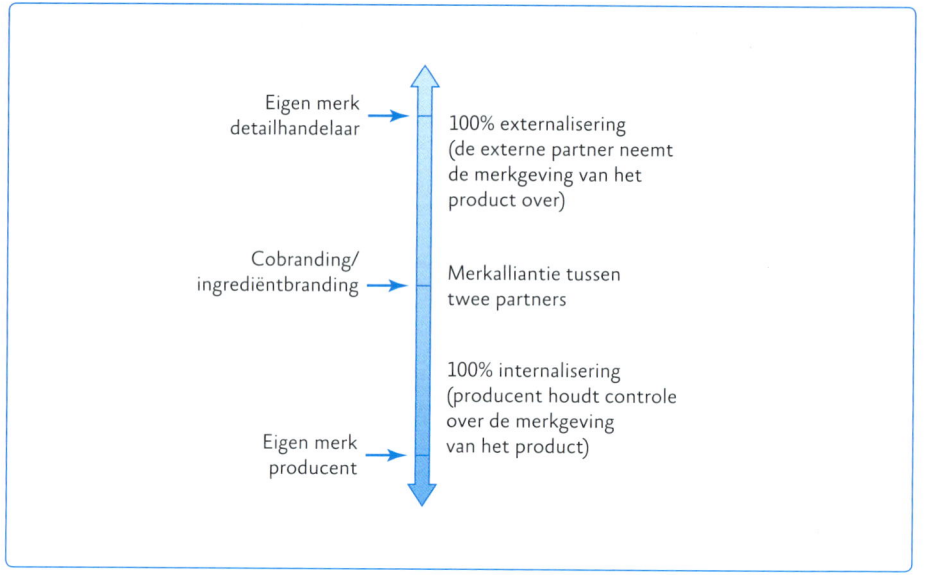

Figuur 10.5: De drie merkopties

Diagram met van boven naar beneden:
- Eigen merk detailhandelaar → 100% externalisering (de externe partner neemt de merkgeving van het product over)
- Cobranding/ingrediëntbranding → Merkalliantie tussen twee partners
- Eigen merk producent → 100% internalisering (producent houdt controle over de merkgeving van het product)

EIGEN MERK
Het eigen merk van een detailhandelaar (private label), bijvoorbeeld Euroshopper van Albert Heijn.

10.7.3 Eigen merk detailhandelaar

Het *privatelabel*concept is het meest ontwikkeld in het Verenigd Koninkrijk, waar bijvoorbeeld Marks & Spencer alleen producten onder het eigen merk verkoopt. Bij Sainsbury's is het huismerk goed voor zestig procent van de verkoop. Hoewel het percentage van de totale verkoop in Noord-Europa hoog is, is dat in Zuid-Europa (bijvoorbeeld Spanje en Portugal) maar tien procent.

Vanuit het oogpunt van de detailhandelaar gezien

Het verkopen van producten met een eigen merk heeft voor detailhandelaren twee voordelen:

1. *Een betere winstmarge.* 70-85 procent van de totale kosten van een detailhandelaar zijn goederenkosten (*The Economist*, 4 maart 1995, pag. 10). Als een detailhandelaar van een producent een kwaliteitsproduct tegen een lagere prijs kan kopen, levert dit de detailhandelaar een betere winstmarge op. Het voeren van hun eigen merk heeft Britse voedseldetailhandelaren een winstmarge op de verkoop van acht procent opgeleverd, wat naar internationale maatstaven hoog is. Het gewoonlijke percentage in Frankrijk en de Verenigde Staten is één tot twee procent.
2. *Een eigen merk versterkt het imago van de detailhandelaar bij klanten.* Veel detailhandelsketens proberen klantentrouw voor hun winkelketen te genereren door hun eigen kwaliteitsproducten aan te bieden. Het marktaandeel premiumproducten met het merk van een detailhandel, bijvoorbeeld St. Michael van Marks & Spencer, dat qua kwaliteit met de topmerken van producenten kan concurreren, is dan ook fors gestegen, terwijl het aandeel goedkope basisproducten klein is en slinkt.

Vanuit het oogpunt van de producent gezien

Hoewel merken van detailhandels gewoonlijk als bedreiging voor producenten worden gezien, kunnen er situaties zijn waarin het privatelabelconcept de voorkeursoptie is (Herstein en Gamliel, 2006):

- Omdat producenten bij het privatelabelconcept geen promotiekosten maken, is deze strategie vooral geschikt voor MKB-bedrijven met beperkte financiële middelen en beperkte competenties in de downstream functies.

- Producenten van producten die onder het merk van een detailhandelaar worden verkocht, krijgen toegang tot schapruimte in detailhandelsketens. Gezien de toenemende internationalisering van de grote detailhandelsketens kan dit resulteren in exportbusiness voor MKB-bedrijven die nog nooit op de internationale markt hebben geopereerd.

Er is ook een aantal redenen waarom het privatelabelconcept slecht is voor producenten:
- Omdat producenten geen eigen identiteit hebben, moeten ze vooral op prijs concurreren, want detailhandelsketens kunnen altijd van leverancier veranderen.
- Producenten verliezen de controle over de promotie van hun producten. Als detailhandelaren de producten niet goed bij de consument onder de aandacht brengen, kan dat voor producenten ernstige gevolgen hebben.
- Als producenten zowel hun eigen merken produceren als producten die het merk van een detailhandel krijgen, bestaat het gevaar dat deze laatste de merkproducten van de producent zullen kannibaliseren.

In Voorbeeld 10.4 is te lezen hoe Kellogg van een productmerk naar een detailhandelsmerk is overgestapt

Voorbeeld 10.4 — Kellogg onder druk om producten te produceren die het eigen merk van Aldi krijgen

In februari 2000 sloot Kellogg, de ontbijtgranengigant, een overeenkomst met de Duitse supermarktketen Aldi om producten voor het eigen merk van Aldi te gaan produceren. Het is de eerste keer dat Kellog een dergelijke stap heeft gezet.

De slagzin op de dozen waarin Kellogg's wordt verkocht, luidt: 'Als er geen Kellogg's op de doos staat, zit er geen Kellogg's in de doos.' Maar nu heeft Kellogg een overeenkomst met Aldi gesloten om in Duitsland producten te leveren die onder een andere merknaam verkocht zullen worden. In Duitsland wordt gezegd dat de overeenkomst is gesloten nadat Aldi had aangekondigd dat het niet langer de prijzen van de merkproducten van leveranciers wilde betalen en had gedreigd de topmerken van zijn schappen te verwijderen.

Quelch en Harding (1996) stellen dat veel producenten te sterk hebben gereageerd op de bedreiging die eigen merken van detailhandelaren vormen. Om productieovercapaciteit te absorberen, beginnen steeds meer producenten privatelabelproducten te produceren. Volgens Quelch en Harding (1996) maakt meer dan vijftig procent van de Amerikaanse producenten van verpakte merkgoederen voor consumenten al private labelproducten.

Gewoonlijk kijken managers bij het onderzoeken van de mogelijkheid privatelabelproducten te produceren naar de marginale kosten. De vaste overheadkosten van de overcapaciteit die wordt gebruikt om deze producten te produceren zouden toch al worden gemaakt. Maar als deze managers naar de totale in plaats van de marginale kosten zouden kijken, zou deze productie in veel gevallen veel minder winstgevend blijken. Hoe meer de productie van privatelabelgoederen als percentage van de totale productie toeneemt, hoe relevanter het voor producenten is een analyse gebaseerd op de totale kosten uit te voeren (Quelch en Harding, 1996).

10.7.4 Eigen merk van de producent

Vanaf de Tweede Wereldoorlog tot de jaren 1960 slaagden merkproducenten erin over de hoofden van detailhandelaren heen een brug naar consumenten te slaan. Door middel van geraffineerde reclame (en uiteindelijk televisiereclame) en andere promotietechnieken creëerden ze consumententrouw voor hun eigen merk. Het is niet gemakkelijk een mondiaal merk te ontwikkelen. Bedrijven moeten besluiten hoe ze merken beheren die zich over verschillende geografische regio's en productlijnen uitstrekken en wie de positionering en marketing van dergelijke merken moet leiden. B2B-merken zijn goede kandidaten voor mondiale merken. De reputatie van de verkoper, de mate van merkbekendheid bij de koper en de consumententrouw van de koper voor de producent (de verkoper) zijn bij koopbeslissingen belangrijke punten van overweging (Beverland et al., 2007; Kotler en Pfoertsch, 2007).

Sinds de jaren 1960 hebben verschillende sociologische veranderingen (met name de auto) de opkomst van grote, efficiënte detailhandels gestimuleerd. Tegenwoordig wordt het distributiesysteem op zijn kop gezet. De traditionele aanbodketen, aangedreven door het 'duwen' van producenten, is in een vraagketen aan het veranderen die wordt aangedreven door het 'trekken' van consumenten. Detailhandelaren hebben de controle over de distributie gekregen, niet alleen omdat zij de prijs bepalen waarvoor goederen worden verkocht maar ook omdat zowel individuele winkels als detailhandelsketens veel groter en efficiënter zijn geworden. Ze kunnen massa-aankopen doen en schaalvoordeel behalen, vooral vanwege de vooruitgang op het gebied van transport en, korter geleden, informatietechnologie. De meeste detailhandelsketens hebben niet alleen computerverbindingen tussen alle winkels en distributiemagazijnen opgezet maar zijn ook via een systeem (voor elektronische gegevensuitwisseling) verbonden met de computers van hun belangrijkste leveranciers.

Nadat privatelabelmerken een aantal decennia afwezig waren geweest, deden ze in de jaren 1970 opnieuw hun intrede. In die tijd bracht Carrefour in Frankrijk als eerste detailhandelsketenproducten onder eigen merk op de markt. Dit werd algauw overgenomen door Britse en Amerikaanse detailhandelaren. Tien jaar geleden bestond er een groot verschil tussen het kwaliteitsniveau van privatelabelproducten en merkproducten. Tegenwoordig is dat verschil veel kleiner: het kwaliteitsniveau van privatelabelproducten is hoger dan ooit tevoren en het niveau is stabiel, vooral in productcategorieën die van oudsher gekenmerkt worden door weinig productinnovatie.

10.7.5 Cobranding/ingrediëntbranding

Ondanks de overeenkomsten tussen cobraning en ingrediëntbranding is er ook een belangrijk verschil, zoals we hierna zullen zien.

COBRANDING
Een vorm van samenwerking tussen twee of meer merken die synergieën kan creëren die alle deelnemers waarde opleveren, boven op de waarde die ze in hun eentje zouden genereren.

Cobranding

Cobranding is een vorm van samenwerking tussen twee of meer merken met een aanzienlijke klantherkenning, waarbij de merknaam van alle deelnemers behouden blijft. De samenwerking is van middellange tot lange duur, en het potentieel om nettowaarde te creëren is te klein om het opzetten van een nieuw merk en/of wettelijke joint venture te rechtvaardigen. De drijfveer voor cobranding is de verwachting dat synergieën kunnen worden gecreëerd die alle deelnemers waarde opleveren, boven op de waarde die ze in hun eentje zouden genereren (Bengtsson en Servais, 2005).

In het geval van cobranding zijn de producten vaak complementair, dat wil zeggen dat het ene product onafhankelijk van het andere kan worden gebruikt of geconsumeerd (bijvoorbeeld Bacardi-rum en Coca-Cola). Vandaar dat cobranding een efficiënt alternatief kan zijn voor de traditionele merkextensiestrategieën (figuur 10.6).

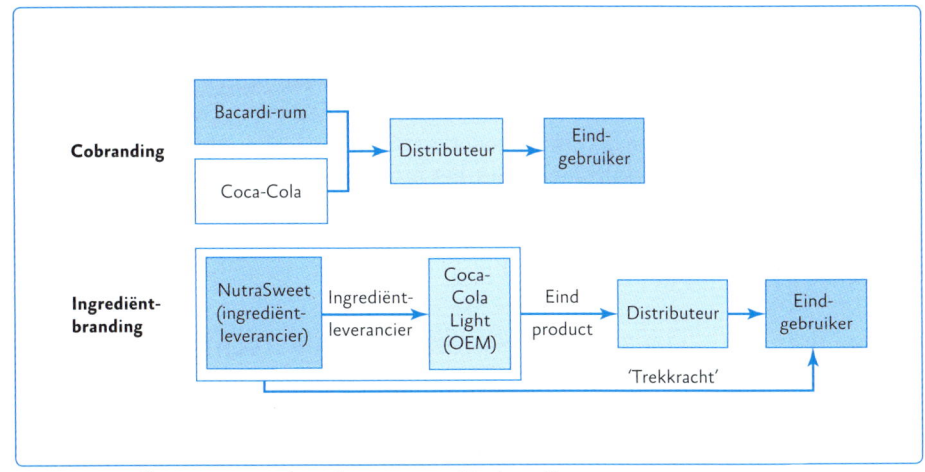

Figuur 10.6: Illustratie van cobranding en ingrediëntbranding

| Voorbeeld 10.5 | De cobranding van Shell met Ferrari en LEGO |

In 1999-2000 voerde Shell met Ferrari en LEGO een cobrandingcampagne ter waarde van vijftig miljoen pond. Sommige mensen hebben misschien gedacht dat dit een poging was om mensen, vooral in het Westen, ervan te overtuigen dat de controversiële poging van Shell om het olieplatform Brent Spar in de Noordzee af te laten zinken geen goede afspiegeling was van wat het bedrijf echt was.

Het is waarschijnlijk accurater te stellen dat Shell probeerde zijn merkimago te veranderen. Op de benzinemarkt, die van oudsher wordt aangedreven door prijspromotie na prijspromotie, wilde Shell zowel het sexy, sportieve imago van Ferrari als de gezinswaarden van LEGO hebben. Bovendien opereerde (en opereert) Shell niet langer alleen in de aardolie-industrie, waar marketingactiviteiten zich vooral richten op prijspromotie. Het bedrijf houdt zich ook bezig met de detailhandel in voedsel, waar loyaliteitsprogramma's belangrijk zijn.

Wat waren de voordelen voor Ferrari en LEGO? Ferrari werd door Shell gesponsord en ontving royalty's uit de verkoop van modelauto's, terwijl LEGO profiteerde van een verbeterde mondiale distributie. Bij de cobrandingstrategie werd gebruikgemaakt van tien exclusieve kleine speeltjes in doosjes en een grote van LEGO-steentjes gemaakte Ferrari met het Shell-logo. Shell wilde wereldwijd tussen de twintig en veertig miljoen eenheden LEGO verkopen. Het heeft Shell een van de grootste speelgoeddistributeurs ter wereld gemaakt.

Bron: verschillende publieke media

INGREDIËNT-BRANDING
De leverancier levert een sleutelcomponent voor het OEM-eindproduct. Intel levert bijvoorbeeld zijn processor aan de belangrijkste producenten van pc's.

Ingrediëntbranding

Gewoonlijk creëert degene die het eindproduct op de markt brengt (de *original equipment manufacturer* of OEM) in de ogen van consumenten alle waarde. Maar in het geval van Intel en NutraSweet probeert de ingrediëntleverancier waarde in zijn producten te bouwen door het sleutelonderdeel van een eindproduct een merk te geven en het te promoten. Als de ingrediëntleverancier degene is die sleutelonderdeel promoot (de 'trek'-strategie, zie figuur 10.6), heeft hij als doel bij consumenten bekendheid met en voorkeur voor het ingrediëntmerk te kweken. Ook kan het zijn dat de producent (OEM) probeert van een erkend ingrediëntmerk te profiteren. Sommige computerfabrikanten profiteren van het kwaliteitsimago van de Intel-chip.

Ingrediëntbranding is echter niet voor alle onderdelenleveranciers geschikt. Een ingrediëntleverancier moet aan de volgende eisen voldoen:
- De ingrediëntleverancier moet een product bieden dat ten opzichte van bestaande producten een aanzienlijk voordeel biedt. Teflon van DuPont, NutraSweet, Intel-chips en het lawaaireductiesysteem van Dolby zijn allemaal voorbeelden van grote technologische innovaties, het resultaat van grote investeringen in R&D.
- Het ingrediënt moet van cruciaal belang zijn voor het succes van het eindproduct. NutraSweet is niet alleen een zoetmiddel met weinig calorieën, het heeft ook bijna dezelfde smaak als suiker.

10.7.6 Eén merk versus verschillende merken (één markt)

Door een enkel merk of familiemerk (voor een aantal producten) te voeren, kunnen producenten consumenten ervan overtuigen dat alle producten met dat merk dezelfde kwaliteit hebben of aan bepaalde gestelde eisen voldoen. Met andere woorden: als één merk door een producent op één markt wordt gebracht, is het zeker dat dat merk de volle aandacht krijgt en een maximale indruk zal maken.

Een bedrijf kan er ook voor kiezen verschillende producten op één markt te brengen. Dan baseert het zich op de veronderstelling dat de markt heterogeen is en uit verschillende segmenten bestaat.

10.7.7 Lokale merken versus een mondiaal merk (verschillende markten)

Een bedrijf heeft de optie hetzelfde merk op de meeste van zijn (of alle) buitenlandse markten te gebruiken of individuele lokale merken te gebruiken. Een enkel mondiaal merk wordt ook wel een internationaal of universeel merk genoemd. Een Euromerk is een lichte aanpassing van dit concept: het is één product voor één markt die uit vijftien of meer Europese landen bestaat, waarbij de nadruk ligt op het zoeken naar overeenkomsten in plaats van verschillen tussen de markten.

Als een product een goede reputatie heeft of bekendstaat om zijn kwaliteit, is het goed er een mondiaal merk van te maken. In dat geval doet een bedrijf er goed aan andere producten in de productlijn dezelfde merknaam te geven. Voorbeelden van mondiale merken zijn Coca-Cola, Shell en Visa. Hoewel het mogelijk is voorbeelden van mondiale merken te vinden, komen lokale merken bij grote multinationals meer voor dan mensen beseffen. Boze en Patton (1995) hebben de brandingpraktijken van zes multinationals in 67 landen over de hele wereld bestudeerd:
1. Colgate-Palmolive – hoofdkwartier in de Verenigde Staten.
2. Kraft General Foods (nu onderdeel van Philip Morris) – hoofdkwartier in de Verenigde Staten.
3. Nestlé – hoofdkwartier in Zwitserland.
4. Procter & Gamble – hoofdkwartier in de Verenigde Staten.
5. Quaker Oats – hoofdkwartier in de Verenigde Staten.
6. Unilever – hoofdkwartier in het Verenigd Koninkrijk en Nederland.

De uitkomsten van het onderzoek zijn in tabel 10.3 samengevat weergegeven. Van de 1792 merken die in de 67 landen werden aangetroffen, werd 44 procent maar in één land aangetroffen. Slechts 68 merken (4 procent) werden in meer dan de helft van de landen aangetroffen. Van deze 68 merken werden alleen de volgende zes in alle 67 landen aangetroffen: Colgate, Lipton, Lux, Maggi, Nescafé en Palmolive. Vandaar dat deze merken de enige echte wereldmerken zijn.

Verbazend genoeg lijkt elk van de zes multinationals de praktijk van 'verschillende merken op één markt' te volgen. Voor deze strategie werd geen officiële verklaring gegeven, maar een manager bij Nestlé legde uit 'dat hij het een heel belangrijk marketingvoordeel vond producten onder een merknaam op de markt te brengen die in geen enkel ander land bestaat, vooral niet in buurlanden of landen die groter zijn' (Boze en Patton, 1995, pag. 24).

Het gebruik van paraplumerken verschilt sterk bij de onderzochte multinationals. Van de zes multinationals is Colgate degene die zijn twee bedrijfsnamen het intensiefst gebruikt:
1. *Colgate*. Voornamelijk tandverzorgingsproducten: tandpasta, tandpoeder, tandenborstels, tandzijde, mondwater en scheercrème.
2. *Palmolive*. Haarverzorgingsproducten, scheerproducten, handlotion, talkpoeder, deodorant, zonnebrandcrème, toiletzeep, badproducten, vloeibare wasmiddelen (voor de vaat en tere stoffen) en afwasmiddel voor vaatwassers.

Benadrukt moet worden dat de grote multinationals er de voorkeur aan geven lokale merken over te nemen in plaats van een mondiaal merk te gebruiken.

Bedrijf	Totaal aantal merken	Merken die in 50% of meer van de landen zijn aangetroffen		Merken in slechts één land	
		Aantal	% van totaal	Aantal	% van totaal
Colgate	163	6	4	59	36
Kraft GF	238	6	3	104	44
Nestlé	560	19	4	250	45
P & G	217	18	8	80	37
Quaker	143	2	1	55	38
Unilever	471	17	4	236	50
Totaal	1792	68	4	784	44

Bron: Boze en Patton, 1995, pag. 22. Hier afgebeeld met toestemming van het *Journal of Consumer Marketing*, Emerald Group Publishing Ltd.

Tabel 10.3: Merken van zes multinationals in 67 landen

10.8 De implicaties van internet voor de samenwerking met klanten op het gebied van productbeslissingen

Bedrijven beseffen dat het belangrijk is samen te werken om concurrentievoordeel te creëren en te handhaven. Samenwerking met partners en zelfs concurrenten is een noodzakelijke strategie geworden voor bedrijven in het netwerk dat de zakenwereld is. Recentelijk hebben wetenschappers op het gebied van strategie en marketing zich gericht op de samenwerking met klanten om samen waarde te creëren (Prahalad en Ramaswamy, 2004).

Het internet is een open, kosteneffectief en alomtegenwoordig netwerk. Deze kenmerken maken het een mondiaal medium met een ongekende reikwijdte dat beperkingen vanwege geografische ligging en afstand helpt verkleinen. Het internet vergroot de mogelijkheid die bedrijven hebben om klanten op verschillende manieren bij collaboratieve innovatie te betrekken. Het stelt bedrijven in staat onregelmatige interactie met klanten en interactie die één richting opgaat om te zetten in een voortdurende dialoog met klanten. Door middel van virtuele omgevingen op internet kunnen bedrijven met veel meer klanten tegelijk in wisselwerking staan, zonder dat het iets afdoet aan de kwaliteit van de interactie (Evans en Wuster, 2000).

10.8.1 Maatwerkproducten en nauwere banden

Het wordt steeds belangrijker producten en diensten aan de wensen en eisen van consumenten aan te passen (*customization*). De toenemende veralgemenisering (*commodization*) van standaardaspecten kan alleen worden tegengegaan door maatwerkproducten te leveren. Hiervoor is een grondige analyse van klantgegevens nodig.

Massamarketingexperts als Nike zijn aan het experimenteren met manieren om door middel van digitale technologie de levering van maatwerkproducten mogelijk te maken. Op websites kunnen bijvoorbeeld driedimensionale beelden worden weergegeven, wat de aantrekkelijkheid van op maat gemaakte producten zeker zal vergroten.

De uitdaging is duidelijk: IT gebruiken om dichter bij klanten te komen. Daar zijn al veel voorbeelden van. Dell bouwt een nauwere band met zijn eindklanten op door ze via internet hun eigen pc's te laten ontwerpen. Klanten die hun computer bij Dell hebben besteld, kunnen via een persoonlijke website de verschillende productiestadia van hun computer in werkelijke tijd volgen. Dergelijke experimenten zijn aan te raden, want het succes van 'op maat gebouwde' computers zoals die van Dell vormt een uitdaging voor de huidige standaardcomputers die bijvoorbeeld Compaq verkoopt. Een vergelijking tussen de bedrijfsmodellen van Dell en HP laat zien dat het fundamentele bedrijfsprincipe van Dell de nauwe band tussen de pc-fabrikant en de eindklant is, zonder verdere tussenpersonen in het distributiekanaal. Hierdoor kan Dell de computers naar de specifieke eisen van zijn klanten bouwen.

Tegenwoordig kunnen computerproblemen op afstand worden vastgesteld en verholpen; wellicht geldt dit in de toekomst ook voor problemen met andere apparaten. Via e-mail en speciale websites stellen luchtvaartmaatschappijen bepaalde klanten, de *preferred customers*, op de hoogte van speciale tarieven. Auto's krijgen in de toekomst een IP-adres, waardoor het mogelijk wordt in de auto zelf een scala aan persoonlijke informatiediensten te leveren.

Klanten kunnen ook betrokken worden bij het beginstadium van de ontwikkeling van een product, zodat ze met hun inbreng invloed hebben op de productkenmerken en de functionaliteit van het product. Farmaceutische bedrijven experimenteren met de mogelijkheid de genen van klanten te analyseren om precies te kunnen bepalen welke medicijnen in welke dosering toegediend moeten worden.

De transformatie die zich binnen sectoren voltrekt, is goed te zien bij uitgeverijen van universitaire studieboeken. Deze sector, waar sinds de komst van de drukpers weinig innovatie heeft plaatsgevonden, maakt nu grote veranderingen door. Als aanvulling op de studieboeken zetten uitgevers websites op waardoor het voor studenten en docenten mogelijk is tijdens het hele studiejaar in verbinding te staan met de uitgeverij (bijvoorbeeld www.pearsoneduc.com en www.wiley.com). De rol van de uitgever, die van oudsher bestond uit het verkopen van studieboeken aan het begin van een studiejaar, wordt langzamerhand die van onderwijsconsultant of partner die gedurende het hele studiejaar waarde aan zijn product toevoegt.

> **Voorbeeld 10.6** — **Motorfietsen van Ducati – productontwikkeling via webgemeenschappen**

Het Italiaanse bedrijf Ducati, dat in 1926 is opgericht, bouwt op de motorracerij geïnspireerde motorfietsen die gekenmerkt worden door unieke motoraspecten, innovatieve ontwerpen, geavanceerde techniek en technische voortreffelijkheid. Het bedrijf produceert in zes marktsegmenten motorfietsen die verschillen qua techniek, ontwerp en doelklanten: Superbike, Supersport, Monster, Sport Touring, Multistrada en de nieuwe SportClassic. De motorfietsen van het bedrijf worden in meer dan zestig landen over de hele wereld verkocht, waarbij de nadruk ligt op de Europese, Japanse en Noord-Amerikaanse markt. Ducati heeft dertien van de laatste vijftien World Superbike-kampioenschappen gewonnen en heeft meer individuele overwinningen behaald dan alle concurrenten samen.

Ducati zag al snel het potentieel van het internet om klanten bij de ontwikkeling van nieuwe producten te betrekken. Geïnspireerd door de internetverkoop van de MH900 Evoluzione, een motorfiets die in beperkte oplage was geproduceerd, zette het bedrijf begin 2000 een webafdeling en een website (www.ducati.com) op. Binnen een halfuur was de productie van het hele jaar uitverkocht, waardoor Ducati een toonaangevende speler op het gebied van de e-commerce was geworden. Sindsdien heeft Ducati zijn website verder ontwikkeld om een sterke virtuele klantengemeenschap te creëren. In juli 2004 telde deze gemeenschap 160.000 geregistreerde gebruikers. De gemeenschap is zo belangrijk geworden voor Ducati dat het management de woorden 'marketing' en 'klant' heeft vervangen door 'gemeenschap' en 'fan'. Voor Ducati is de gemeenschap van fans een waardevolle aanwinst, en het bedrijf probeert dan ook via internet de 'fan-ervaring' te versterken. Ducati betrekt zijn fans op een systematische manier bij het bepalen van de plaatsen, evenementen en mensen die de levensstijl en het gewenste merkimago van Ducati weerspiegelen. Er bestaat een nauw verband tussen de gemeenschap en productontwikkeling; de betrokkenheid van fans bij de gemeenschap heeft een directe invloed op de productontwikkeling.

Virtuele gemeenschappen spelen voor Ducati een sleutelrol bij het verkennen van nieuwe productconcepten. Meer dan drie jaar lang heeft Ducati online fora en chatrooms gepromoot en beheerd om Ducati-fans een sterk gemeenschapsgevoel te geven.

Ducati beseft ook dat een aanzienlijk aantal fans hun vrije tijd niet alleen besteden aan het rijden op hun motorfiets maar ook aan het onderhouden en 'persoonlijker' maken van hun motorfiets. Veel Ducati-fans hebben technische kennis in huis die ze graag met andere fans willen delen. Om het delen van die kennis te bevorderen, heeft het bedrijf het 'Tech Café' opgezet, een forum dat speciaal bedoeld is om technische informatie uit te wisselen. In deze virtuele omgeving kunnen fans projecten voor het aanpassen van motorfietsen aan de eigen smaak en wensen delen, suggesties opperen voor het verbeteren van de volgende generatie producten en zelfs hun eigen mechanische en technische ontwerpen weergeven, met suggesties voor innovatie op het gebied van zowel esthetische kenmerken als mechanische functies.

Hoewel niet alle fans aan de online fora meedoen, geven degenen die meedoen veel inbreng op het gebied van nieuwe productconcepten en technische oplossingen. Door deze fora vergroot Ducati de klantloyaliteit: fans zullen eerder geneigd zijn producten te kopen die mede dankzij hun inbreng zijn ontworpen.

Bij Ducati houden managers verticale portaalsites als Motorcyclist.com en Motoride.com nauwkeurig in de gaten, net als andere virtuele gemeenschappen van mensen die qua levensstijl een connectie met het merk Ducati hebben. Zo is het bedrijf een partnerschap met het modebedrijf DKNY aangegaan om van de webgemeenschap van dit bedrijf gebruik te kunnen maken en contact te kunnen krijgen met de leden van die gemeenschap.

Om te kijken wat klanten van de inzichten die Ducati heeft ontwikkeld vinden, gebruikt het bedrijf online klantonderzoeken. Via deze onderzoeken worden productconcepten getest en klantvoorkeuren gekwantificeerd. Uit het feit dat veel mensen aan deze onderzoeken meedoen, vaak meer dan 25 procent, blijkt wel dat het bedrijf

> voortdurend in dialoog staat met zijn klanten en zijn fans een gevoel van betrokkenheid geeft. Voor activiteiten die verdergaan dan productontwikkeling gebruikt Ducati de feedback van klanten.
>
> Ook aan het einde van het ontwikkelingsproces van nieuwe producten maakt Ducati gebruik van de samenwerking van klanten. Bij het ontwerpen van nieuwe producten (het beginstadium) en het uittesten van deze producten op de markt (het eindstadium van het ontwikkelingsproces) spelen virtuele gemeenschappen een belangrijke rol. Begin 2001 zagen de gemeenschapsbeheerders van Ducati.com dat een groep klanten een zeer sterke band met het bedrijf had. Ze besloten van dergelijke klanten actieve partners te maken door ze in virtuele teams onder te brengen die met deskundigen van Ducati op het gebied van R&D, productmanagement en ontwerp samenwerkten. Deze virtuele klantenteams werken met technici van het bedrijf samen om vast te stellen welke attributen en technische kenmerken de volgende generatie motorfiets moet hebben.
>
> Binnen de virtuele gemeenschap bespreken en beoordelen huidige en toekomstige eigenaren van een Ducati-motorfiets voorgestelde productaanpassingen die online in de vorm van virtuele prototypes getest kunnen worden. Ze kunnen zelf voorgestelde aanpassingen 'wegstemmen', producten aan hun voorkeuren aanpassen en technici van Ducati om suggesties vragen voor het aanpassen van hun motorfiets aan hun persoonlijke smaak.
>
> Bron: www.ducati.com en Sawhney et al. (2005).

10.8.2 De dynamische maatwerkproductie van goederen en diensten

Het tweede stadium van de interactie met de klant is gericht op de kansen en uitdagingen die de dynamische maatwerkproductie van goederen en diensten biedt. Door prijsconcurrentie worden de winstmarges op markten met veel concurrentie snel uitgeheld. Daarom proberen bedrijven hun winstmarge te vergroten door producten en diensten aan te bieden die aan de wensen en eisen van consumenten zijn aangepast. Dynamische maatwerkproductie is gebaseerd op drie principes:

1. *Modulariteit*: een manier om complexe producten en processen efficiënt te organiseren. Bij product- of dienstmodulariteit moeten taken in onafhankelijke modules worden opgesplitst; deze modules functioneren binnen de totale structuur als één geheel.
2. *Intelligentie*: door voortdurend informatie met klanten uit te wisselen, kunnen bedrijven de beste modules gebruiken om producten en processen te creëren. Websitebeheerders kunnen profielen van kopers en verkopers matchen en aanbevelingen doen die op hun gedeelde interesses gebaseerd zijn. Het resultaat is intelligente websites die 'leren' wat de smaken van hun bezoekers (potentiële kopers) zijn en dynamische, op de persoon afgestemde informatie over producten of diensten leveren.
3. *Organisatie*: de dynamische maatwerkproductie van producten en diensten vergt een op de klant gerichte en flexibele aanpak die bedrijven moeten blijven volgen.

10.8.3 Hoe kan internet in de toekomst in de innovatie van producten worden geïntegreerd?

In figuur 10.7 is te zien wat de gevolgen van het internet voor de toekomstige productinnovatie zijn. Het internet wordt gezien als het medium via welk elk 'hokje' met de R&D-functie van een bedrijf communiceert.

- *Ontwerp*. Gegevens worden rechtstreeks vanuit het product verzameld en maken deel uit van het ontwerp- en ontwikkelingsproces van het product. Nieuwe productelementen (zoals nieuwe versies van softwareprogramma's) kunnen via internet direct in het product worden ingebouwd.

- *Dienstverlening en ondersteuning.* Een serviceafdeling kan via internet rechtstreeks storingen opsporen en verhelpen. Zo kan een Mercedes die op de autoweg rijdt via internet direct verbonden worden met de serviceafdeling van Mercedes. Deze afdeling kan de belangrijkste functies van de auto controleren en indien nodig online reparaties aan bijvoorbeeld de software van de auto uitvoeren.

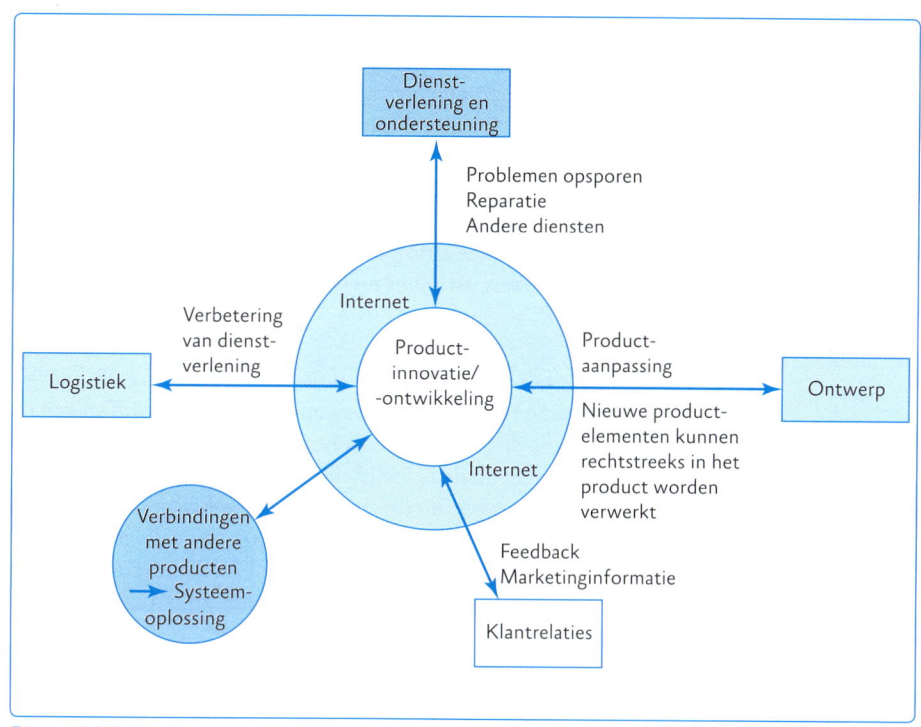

Figuur 10.7: Productinnovatie via internet

- *Klantrelaties.* Gegevens die vanuit het product zijn verzameld, kunnen onderdeel vormen van statistieken, klantvergelijkingen enzovoort. Op deze manier kunnen klanten de prestatie van hun product (bijvoorbeeld een auto) met het product van andere klanten vergelijken (een soort benchmarking). Dit kan een bestaande klantrelatie versterken.
- *Logistiek.* De vraag naar 'just-in-time'-leveringen, waarbij productie en levering zo nauw mogelijk op elkaar zijn afgestemd, neemt toe. Via internet kan automatisch de juiste distributie en het juiste transport worden gevonden om de goederen op de goedkoopste en efficiëntste manier (en op tijd) van de onderleverancier naar de producent en vervolgens naar klanten te brengen.

Omdat een fundamentele denkverandering heeft plaatsgevonden, zou de term 'aanbodketen' door 'vraagketen' moeten worden vervangen. Het cruciale verschil is dat een vraagketen bij de klant begint en dan achteruitgaat. Dit is iets heel anders dan de kortzichtige benaderingen waarbij alleen naar het verminderen van de transportkosten wordt gekeken. Dit bevestigt de optiek van het massamaatwerk, waarbij bundels goederen en diensten worden aangeboden op manieren die de individuele doelen van klanten ondersteunen.

Dit betekent niet per definitie dat productdifferentiatie nodig is. Het zijn vaak juist de dienstverlenende aspecten die gedifferentieerd moeten worden. Een bedrijf zoals Unilever levert bijvoorbeeld dezelfde margarine aan Tesco en Sainsbury's. De manier waarop het product wordt geleverd, transacties worden afgehandeld en met andere aspecten van de relatie wordt omgegaan kan en moet verschillend zijn, omdat deze twee concurrerende supermarkten elk hun eigen manier hebben om de prestatie van een product te evalueren.

De informatiesystemen die gebruikt worden om bedrijven langs de vraagketen te coördineren, zijn anders dan de informatiesystemen die binnen individuele bedrijven worden gebruikt. Sommige managers denken dat als zij en hun leveranciers hetzelfde standaardsoftwarepakket kiezen, bijvoorbeeld SAP, ze hun informatiesystemen kunnen integreren.

- *Verbindingen met andere producten.* Soms wordt een product als subcomponent in andere producten gebruikt. Via verbindingen op internet kunnen dergelijke subcomponenten essentiële input voor complexere productoplossingen zijn. De auto-industrie is een voorbeeld van een industrie die een doelbewuste poging in die richting doet. Nieuwe 'moderne' auto's zijn via internet met elkaar verbonden. In het spoor van deze ontwikkeling wordt een nieuwe industrie gecreëerd die als doel heeft geïntegreerd transport aan te bieden. In deze nieuwe industrie is het ontwikkelen en produceren van auto's slechts een van de verschillende belangrijke diensten die worden geleverd. Men is systemen aan het ontwikkelen waarmee problemen in auto's kunnen worden opgespoord (en verholpen) terwijl de auto rijdt, systemen voor het regelen van verkeer, interactieve systemen waarmee automobilisten het gewenste transportmiddel tot hun beschikking kunnen hebben wanneer en waar ze willen zonder dat ze een auto hoeven te huren enzovoort.

De muziekindustrie ondergaat ook een verandering. Vandaag de dag kun je draagbare afspeelsystemen kopen waarmee je muziek in mp3-formaat van internet kunt downloaden en vervolgens de muziek die in het systeem is opgeslagen kunt afspelen. De cd wordt overgeslagen, net als de hele distributiefaciliteit. Hierdoor zal de muziekindustrie volledig veranderen. Waar het nu om zal gaan is wie het beste internetportaal kan bouwen waar consumenten de beste informatie over muziek en de grootste selectie muziek kan vinden. Hierbij steken echter problemen omtrent de auteursrechten op gedownloade muziek de kop op. Voordat de markt verder kan groeien, zullen advocaten en politici deze problemen moeten oplossen.

Innovatieve productontwikkeling om in de toekomst aan de vraag van consumenten tegemoet te kunnen komen heeft dus de volgende kenmerken:

- *Innovatieve productontwikkeling en strategisch denken.* Bij productontwikkeling komt veel technologie kijken. Interdisciplinair strategisch overzicht en kennis zijn nodig om te kunnen bepalen welke nieuwe diensten het waard zijn ontwikkeld te worden.
- *Het beheren van allianties.* Weinig bedrijven hebben alle benodigde kwalificaties zelf in huis. Voor innovatieve productontwikkeling en de daaruit voortvloeiende diensten moeten bedrijven op een heel dynamische maar toch gestructureerde manier allianties met andere bedrijven aangaan.
- *Nieuwe klantrelaties.* Uit het eerder genoemde voorbeeld van de auto-industrie blijkt dat klanten geen autokopers meer zijn, maar kopers van transportdiensten. Dat is iets heel anders. Dit betekent dat bedrijven zich op een heel andere manier moeten richten op het begrijpen van de behoeften van klanten.

10.8.4 Merken via internet ontwikkelen

Producenten van consumentenproducten als Procter & Gamble, Colgate, Kraft Foods en producenten van duurzame gebruiksgoederen en B2B-bedrijven als General Motors, General Electric, Allied Signal en Caterpillar hebben hun bedrijfsstrategie opgebouwd door middel van fysieke activa en krachtige mondiale merken, ondersteund door massareclame en massadistributie. Maar deze bedrijven staan ook van op afstand in contact met klanten. Nu de concepten 'merkidentiteit' en 'merkmeerwaarde' door de komst van het internet worden geherdefinieerd, is het van cruciaal belang van op afstand voortdurend contact met klanten te houden.

De Kraft Interactive Kitchen (www.kraftfoods.com) van Kraft Foods is een voorbeeld van een manier waarop een producent van consumentenproducten contact met zijn klanten houdt. Via deze website levert het bedrijf zijn klanten informatiediensten als maaltijdideeën, recepten, tips en kooktechnieken. Het doel van Kraft is op nieuwe manieren op afstand contact en interactie met klanten te hebben.

Sommige bedrijven vinden het echter moeilijk een merk dat offline sterk is (zoals Nike en Levi's) naar het internet te vertalen. Veel bekende merken worden via een uitgebreid 'fysiek' netwerk van detailhandels verkocht; uit angst voor desintermediatie laten veel detailhandelaren zich liever niet in met merken die via internet worden verkocht (zie paragraaf 10.5 voor meer over dit onderwerp).

Volgens een rapport van Forrester Research worden websites van topmerken maar heel weinig bezocht. Forrester bestudeerde de bekendheid met merken en het surfgedrag op internet van mensen van 16-22 jaar. Volgens adverteerders is deze groep erg merkgevoelig.

Door de merkgeving van producten in hun algemene reclame- en marketingstrategie te integreren, pakken bedrijven het breed aan. Op internet is merkgeving meer dan logo's en kleurschema's; bij merkgeving gaat het om het creëren van ervaringen en het begrijpen van klanten. Daarom is het opbouwen van merken op internet niet goedkoop. Voor het opbouwen van een merk moeten bedrijven voortdurend op internet aanwezig zijn. Voor sommige bedrijven houdt dat in dat ze een website moeten bouwen die veel mensen aanspreekt, en voor andere dat ze verschillende initiatieven moeten combineren, van reclamebanners tot sponsoring.

10.9 Groene marketingstrategieën

Naarmate beter bekend wordt wat de impact van menselijke activiteiten op de ecosystemen in de wereld is, zal de zorg van consumenten over het milieu en het verband tussen milieu en gezondheid en veiligheid toenemen. Tegelijkertijd zullen mensen altijd blijven consumeren. Het zal een uitdaging voor bedrijven worden bedrijfspraktijken en producten te ontwikkelen die milieuvriendelijk zijn maar ook tegemoetkomen aan de behoeften van consumenten.

Ooit werd gedacht dat milieudeskundigen de enigen waren die zich zorgen maakten over de uitputting van de voorraad natuurlijke hulpbronnen, het afvalprobleem en milieuvervuiling. Vandaag de dag hebben de activiteiten van milieudeskundigen een mondiale reikwijdte. Hun doel is mensen ervan bewust te maken dat het belangrijk is het milieu op mondiale schaal te beschermen en dat het een schadelijk effect op onze planeet heeft als dat niet gebeurt.

Omdat publieke ecologische campagnes brede erkenning en steun krijgen en mondiale medianetwerken als CNN verslag blijven uitbrengen over milieuproblemen en -rampen worden consumenten tegenwoordig steeds milieubewuster. Uit verschillende enquetes en onderzoeken blijkt dat veel consumenten stilstaan bij het milieu als ze producten kopen, consumeren en weggooien. Er bestaat dus een direct verband tussen het vermogen van een bedrijf consumenten aan te trekken en te houden en het vermogen milieuvriendelijke strategieën te ontwikkelen en uit te voeren.

Omdat consumenten en overheden steeds meer willen dat bedrijven milieukwesties op een evenwichtige manier aanpakken, besteden managers meer aandacht aan het strategische belang van hun milieubeslissingen. Het onverantwoorde gedrag van sommige bedrijven heeft tot consumentenboycots, slepende rechtszaken en grote boetes geleid. Dergelijke acties hebben bedrijven ook op minder directe manieren geschaad; denk aan negatieve pr, de aandacht van het management die afgeleid is en de moeite die het daarna kost toppersoneel aan te trekken.

Vooral in Europa is er een grote 'groene' consumentenbeweging, en deze beweging wordt steeds groter. Bepaalde landen kunnen als leiders op dit gebied worden beschouwd. Deze landen bepalen de mate van milieubewustzijn bij consumenten. Tachtig procent van de Duitse consumenten is bijvoorbeeld bereid premiumprijzen te betalen voor huishoudproducten die gerecycled, recyclebaar en onschadelijk voor het milieu zijn. In Frankrijk betaalt vijftig procent van de consumenten in de supermarkt meer voor producten die volgens hen milieuvriendelijk zijn. Elders groeit deze trend ook: volgens een Europees onderzoek zijn consumenten in alle OESO-landen bereid meer te betalen voor 'groene' producten (Vandermerwe en Oliff, 1991).

Ook verschillende detailhandelaren zetten zich in om groene producten te vermarkten ('groene marketing'). Duidelijk is dat als bedrijven niet stilstaan bij de impact die hun strategische beslissingen op het milieu hebben, dit een negatieve invloed kan hebben op hun financiële stabiliteit en hun vermogen met andere bedrijven in de sector te concurreren.

GROENE MARKETING
Het integreren van bedrijfspraktijken en producten die milieuvriendelijk zijn, terwijl ook tegemoet wordt gekomen aan de behoeften van consumenten.

10.9.1 Strategische opties

Bedrijven beseffen dat ze bereid moeten zijn hun klanten informatie te verschaffen over de impact die hun producten en productieprocessen op het milieu hebben.

		Gericht op waardeschepping	
		Meer profijt voor klanten	*Kostenreductie*
Gericht op verandering	*Proactief*	Groene productinnovatie (grote aanpassing) ①	Vervuilingpreventie Meer dan volgens de wet vereist is ③
	Accommodabel	② Groene productdifferentiatie (kleine aanpassing)	④ Vervuilingpreventie Volgens de wet vereist

Bron: aanpassing van Starik et al. (1996), 'Growing an environmental strategy', *Business Strategy and the Environment*, 5, pag. 17.

Figuur 10.8: Verschillende strategische houdingen ten opzichte van het milieu

In figuur 10.8 staan vier strategische opties waaruit bedrijven die zich zorgen maken om het milieu een keuze kunnen maken. De keuze die bedrijven maken, hangt af van hoe ze voor hun 'groene' klanten waarde willen creëren en hoezeer ze op verandering gericht zijn.

Zoals in figuur 10.8 te zien is, zal een bedrijf dat meer op kostenreductie dan op het creëren van meer profijt voor klanten is gericht waarschijnlijk eerder voor vervuilingpreventiestrategieën (optie 3 en 4) kiezen dan voor het ontwikkelen van groene producten, door bijvoorbeeld natuurlijke of gerecyclede materialen te gebruiken. Als een bedrijf meer proactief dan accommodabel is, is het meestal innovatiever dan wanneer het meer accommodabel was geweest (optie 1 en 3).

Hoewel meer doen dan wettelijk vereist is door klanten over het algemeen zeer hoog wordt gewaardeerd, hebben MKB-bedrijven niet altijd de middelen om proactief te handelen. Als dat het geval is, moeten ze zich richten op doen wat wettelijk vereist is en kleine productaanpassingen doorvoeren (optie 2 en 4).

Omdat consumenten producten en diensten hoofdzakelijk kopen om individuele behoeften en wensen te bevredigen, moeten bedrijven consumenten blijven wijzen op de directe voordelen van hun producten. Ze mogen niet vergeten de traditionele productkenmerken – prijs, kwaliteit, gebruiksgemak en beschikbaarheid – te benadrukken. Daarna kunnen ze consumenten op de milieuaspecten van hun producten wijzen (Ginsberg en Bloom, 2004).

10.9.2 Groene allianties tussen bedrijven en milieuorganisaties

Het aangaan van strategische allianties met milieugroeperingen (bijvoorbeeld Greenpeace) kan marketeers van consumentengoederen vijf voordelen bieden (Mendleson en Polonsky, 1995):

- *Het vertrouwen van consumenten dat groene producten inderdaad groen zijn, wordt vergroot.* Als een milieugroepering een bedrijf, product of dienst steunt, zullen consumenten eerder geloven dat het product of de dienst milieuvriendelijk is.
- *Bedrijven krijgen toegang tot informatie over het milieu.* In hun rol als informatieverschaffer kunnen milieugroeperingen enorm nuttig zijn voor organisaties waarmee ze een strategische alliantie aangaan. Bedrijven die met milieuproblemen te maken krijgen, kunnen hun strategische partner om advies en informatie vragen. In sommige gevallen hebben milieugroeperingen technisch personeel dat behulpzaam kan zijn bij het oplossen van bedrijfsproblemen of het implementeren van bestaande oplossingen.
- *Marketeers krijgen toegang tot nieuwe markten.* De meeste milieugroeperingen hebben een brede ledenbasis. Vaak ontvangen deze mensen nieuwsbrieven of andere groepsmailings. Ook ontvangen ze catalogi via welke producten onder licentie worden verkocht die allemaal minder milieuonvriendelijk zijn dan andere commerciële alternatieven. Leden van milieugroeperingen vormen een potentiële markt die door producenten kan worden gebruikt, zelfs als de groeperingen geen speciale catalogus uitgeven. In de nieuwsbrief van een milieugroepering kan beschreven worden hoe een bedrijf een strategische alliantie met de groepering is aangegaan en iets over de minder milieuonvriendelijke producten van het bedrijf. Dit is een nuttige vorm van publiciteit.
- *Bedrijven krijgen positieve publiciteit en minder openbare kritiek.* Door een strategische alliantie met milieugroeperingen aan te gaan, kunnen bedrijven meer publiciteit krijgen. Toen het comité dat de Olympische Spelen naar Sydney moest halen aankondigde dat Greenpeace het Olympische Dorp van 2000 zou ontwerpen, verscheen het bericht in alle grote kranten en kwam het zelfs op het nationale nieuws. Het is onwaarschijnlijk dat dit zoveel publiciteit zou hebben gekregen als de naam van een 'gewone' architect als ontwerper van het dorp was genoemd. De publiciteit die door de alliantie werd gegenereerd was positief en geloofwaardig.
- *Consumenten worden geïnformeerd over milieukwesties die voor bedrijven en hun producten belangrijk zijn.* Milieugroeperingen zijn een waardevolle bron van educatieve informatie en materialen. Ze brengen consumenten en het algemene publiek kennis bij over milieuproblemen en stellen ze ook op de hoogte van mogelijke oplossingen. In veel gevallen ziet het publiek deze groeperingen als een geloofwaardige bron van informatie, zonder gevestigde belangen. Via hun marketingactiviteiten kunnen marketeers ook belangrijke verschaffers van milieu-informatie zijn. Op die manier creëren ze milieubewustzijn over bepaalde kwesties, hun producten en hun organisatie. Een voorbeeld: door informatie over verschillende regionale milieuproblemen op de verpakking van zijn producten te zetten, bracht Kellogg's consumenten in Noorwegen kennis over het milieu bij en promootte het zijn imago als milieubewust bedrijf (Wereldnatuurfonds, 1993).

Het kiezen van de juiste alliantiepartner is niet eenvoudig, want milieugroeperingen kunnen qua doelen en imago sterk verschillen. Sommige groeperingen zullen bereid zijn een exclusieve alliantie aan te gaan, waarbij ze voor slechts één product in een bepaalde productcategorie van een bedrijf partner van dat bedrijf zijn. Andere groeperingen zullen bereid zijn allianties aan te gaan voor alle producten die aan hun specifieke criteria voldoen.

Marketeers moeten bepalen welke capaciteiten en kenmerken een alliantiepartner in de alliantie kan inbrengen. Net als bij alle symbiotische relaties moeten beide partners bijdragen aan het succes van de alliantie. Als deze kenmerken niet goed gedefinieerd worden, kan dat tot gevolg hebben dat bedrijven met de verkeerde partner in zee gaan.

McDonald's is een voorbeeld van een bedrijf dat aan geloofwaardigheid won door met een milieugroepering samen te werken. Begin jaren 1990 besloot het bedrijf van polystyreen verpakkingen over te stappen op papieren verpakkingen. Door toen met het EDF (Environmental Defense Fund) samen te werken, vergrootte het bedrijf de geloofwaardigheid die het op milieugebied bij consumenten had (Argenti, 2004).

10.10 Factoren die internationale prijsbeslissingen beïnvloeden

MKB-bedrijven die voor het eerst producten exporteren en weinig kennis hebben van de markt waarin ze toetreden, zullen waarschijnlijk de prijs zo bepalen dat de inkomsten uit de verkoop op zijn minst de gemaakte kosten dekken. Bedrijven moeten beseffen dat de kostenstructuur van producten heel belangrijk is, maar bij het bepalen van prijzen moet die niet als enige bepalende factor worden gezien.

Het prijsbeleid van bedrijven is een belangrijk strategisch en tactisch concurrentiewapen dat, in tegenstelling tot de andere onderdelen van de mondiale marketingmix, zeer goed beheersbaar is. Bovendien brengt het veranderen en implementeren van een prijsbeleid niet veel kosten met zich mee. Daarom moeten prijsstrategieën en -activiteiten in de andere onderdelen van de mondiale marketingmix worden geïntegreerd.

In figuur 10.9 is een algemeen kader voor internationale prijsbeslissingen weergegeven. Volgens dit model kunnen de factoren die de internationale prijsstelling beïnvloeden, worden ingedeeld in twee hoofdgroepen (interne en externe factoren) en vier subgroepen, die we nu nader gaan bekijken.

10.10.1 Factoren op bedrijfsniveau

De internationale prijsstelling van producten wordt beïnvloed door zowel de huidige bedrijfsfilosofie en het huidige organisatie- en managementbeleid van bedrijven als die uit het verleden. Veel managers gebruiken prijsstelling als tactisch middel voor de korte termijn, bijvoorbeeld in de vorm van korting en aanbiedingen, wat ten koste gaat van de strategische rol van prijsstelling. Toch heeft prijsstelling de afgelopen jaren een belangrijke rol gespeeld bij de herstructurering van vele industrieën, resulterend in de groei van sommige bedrijven en de neergang van andere. Vooral Japanse bedrijven hebben nieuwe markten benaderd om in de loop van een aantal jaren marktaandeel op te bouwen door prijzen te verlagen, de merknaam te vestigen, en effectieve distributie- en dienstverleningsnetwerken op te zetten. Het doel van deze Japanse bedrijven – het behalen van marktaandeel – is meestal ten koste van de kortetermijnwinst behaald, maar internationale Japanse bedrijven hebben

Hoofdstuk 10 BESLISSINGEN OVER PRODUCT EN PRIJSSTELLING

INTERN

Factoren op bedrijfsniveau
- Bedrijfsdoelen en marketingdoelen
- Concurrentiestrategie
- Bedrijfspositionering
- Productontwikkeling
- Productlocaties (kosten productie-input)
- Markttoetredingsmethoden

Productfactoren
- Stadium in productlevenscyclus
- Plaats in productielijn
- Belangrijkste productkenmerken: kwaliteit, service etc.
- Productpositionering (unique selling point)
- Kostenstructuur product (productie, ervaringseffect etc.)

EXTERN

Omgevingsfactoren
- Invloed en restricties van overheidswege: importregulering, belastingheffing, prijsregulering
- Inflatie
- Koersschommelingen
- Stadium in bedrijfscyclus

Marktfactoren
- Percepties van klanten (behoeften, smaken, cultuur)
- Betaalvermogen van klanten, gemiddelde betalingstermijn
- Aard van de concurrentie
- Doelen, strategieën en relatieve sterke/zwakke punten van concurrenten
- De aantrekkelijkheid van de 'grijze markt'

Prijsstrategieën
- Prijsniveau (eerste prijsstelling)
- Prijsveranderingen gedurende de productlevenscyclus
- Productenbrede prijsstelling (prijsstelling productlijn)
- Landenbrede prijsstelling (standaardisering versus differentiatie)

Andere onderdelen van de marketingmix (de andere drie P's)

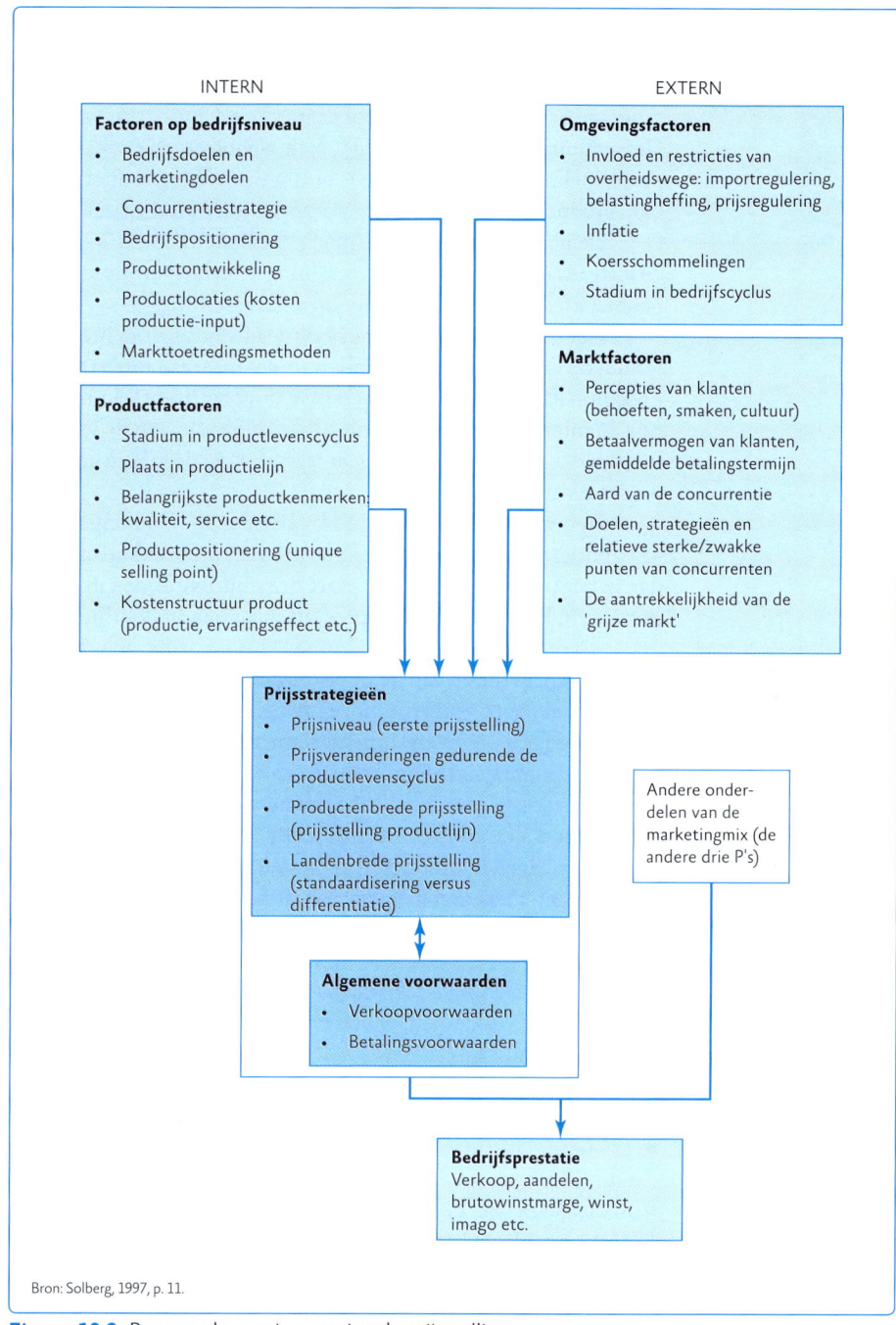

Algemene voorwaarden
- Verkoopvoorwaarden
- Betalingsvoorwaarden

Bedrijfsprestatie
Verkoop, aandelen, brutowinstmarge, winst, imago etc.

Bron: Solberg, 1997, p. 11.

Figuur 10.9: Raamwerk voor internationale prijsstelling

wat het maken van winst betreft altijd een langetermijnvisie gehad. Doorgaans zijn ze bereid veel langer op rendement op investeringen te wachten dan sommige van hun westerse tegenhangers.

De methode die wordt gekozen om tot een buitenlandse markt toe te treden heeft ook invloed op het prijsbeleid. Een producent die een dochterbedrijf in het buitenland heeft, heeft een grote mate van controle over het prijsbeleid in dat land.

10.10.2 Productfactoren

Belangrijke productiefactoren zijn onder andere de unieke en innovatieve kenmerken van het product en de beschikbaarheid van substituutproducten. Deze factoren hebben een grote impact op het stadium van de productlevenscyclus waarin een product zich bevindt. Het stadium waarin een product zich bevindt is ook afhankelijk van de marktomgeving op de doelmarkten. Bovendien is belangrijk of het product een dienst, een fabricaat of een basisproduct is dat op consumentenmarkten of industriële markten wordt verkocht.

De mate waarin een bedrijf een product of dienst moet veranderen of aanpassen en de mate waarin de markt dienstverlening rond het kernproduct verlangt, zullen ook invloed hebben op de kosten en daarom op de prijsstelling.

Het is nuttig te weten hoe hoog de kosten zijn om in te kunnen schatten hoe concurrenten op een bepaalde prijs zullen reageren, ervan uitgaande dat als bedrijven weten hoe hoog hun kosten zijn, ze de reactie van de concurrentie kunnen inschatten. Daarbij komen nog de intermediaire kosten, die afhankelijk zijn van de lengte van het distributiekanaal, intermediaire factoren en logistieke kosten. Al deze factoren bij elkaar opgeteld leiden tot prijsescalatie.

Het voorbeeld in tabel 10.4 laat zien dat door bijkomende transport-, verzekerings- en distributiekosten het geëxporteerde product op de exportmarkt bijna 21 procent meer kost dan in het thuisland. Door een extra distributielink (een importeur) toe te voegen kost het product in het buitenland 39 procent meer dan in het thuisland.

Als prijzen snel escaleren, zijn veel exporteurs zich daar niet van bewust; zij richten zich op de prijs die ze van de importeur vragen. Ze zouden zich echter moeten richten op de uiteindelijke consumentenprijs, want consumenten op de exportmarkt vergelijken die prijs met de prijs van verschillende concurrerende producten. Deze eindprijs bepaalt uiteindelijk de vraag naar het product vanuit de exportmarkt.

Prijsescalatie is niet alleen voor exporteurs een probleem. Het beïnvloedt alle bedrijven die zich met grensoverschrijdende transacties bezighouden. Bedrijven waar intern grote hoeveelheden producten en materialen over landsgrenzen heen worden getransporteerd, krijgen te maken met veel van de bijkomende kosten die prijsescalatie veroorzaken.

Om prijsescalatie het hoofd te bieden, zijn de volgende managementopties beschikbaar:
- *Rationalisering van het distributieproces*. Het is een optie het aantal links in het distributieproces te verkleinen, bijvoorbeeld door meer intern te doen of sommige kanaalleden te omzeilen.
- *De exportprijs af fabriek (de nettoprijs van het bedrijf) te verlagen*, waardoor het vermenigvuldigingseffect van alle winstopslagen wordt verminderd.
- *Lokale productie van het product*, binnen de exportmarkt, om sommige kosten te elimineren.
- *Kanaalleden onder druk zetten om een lagere winstmarge te accepteren*. Dit kan een goede optie zijn als de kanaalleden voor veel van hun omzet afhankelijk zijn van de producent.

Het kan gevaarlijk zijn traditionele kanaalleden over het hoofd te zien. Omdat bijvoorbeeld het distributiesysteem in Japan erg complex is, met veel verschillende kanaalleden, kan het verleidelijk zijn een distributiekanaal radicaal te veranderen. Bestaande kanaalleden worden echter niet graag over het hoofd gezien. Vanwege het feit dat ze mogelijk een netwerk met andere kanaalleden en de overheid hebben, kan het voor buitenlandse bedrijven gevaarlijk zijn te proberen deze leden uit een kanaal te verwijderen.

PRIJSESCALATIE
Alle kostenfactoren in het distributiekanaal (bijvoorbeeld de nettoprijs af fabriek, transportkosten, tarieven en de winstopslag van distributeurs) worden bij elkaar opgeteld en leiden tot prijsescalatie. Hoe langer het distributiekanaal is, hoe hoger de uiteindelijke prijs op de buitenlandse markt.

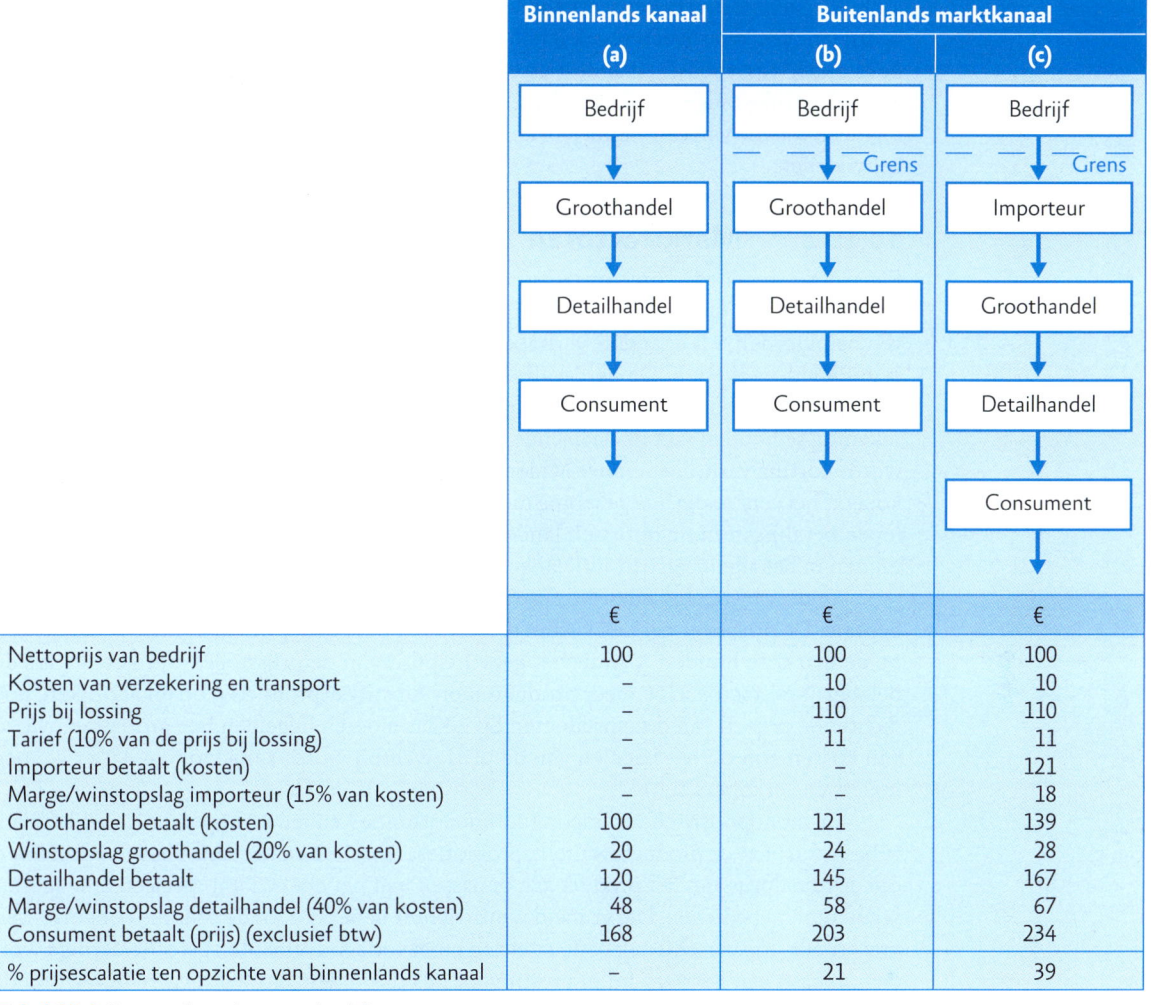

	Binnenlands kanaal (a)	Buitenlands marktkanaal (b)	Buitenlands marktkanaal (c)
	Bedrijf → Groothandel → Detailhandel → Consument	Bedrijf →(Grens) Groothandel → Detailhandel → Consument	Bedrijf →(Grens) Importeur → Groothandel → Detailhandel → Consument
	€	€	€
Nettoprijs van bedrijf	100	100	100
Kosten van verzekering en transport	–	10	10
Prijs bij lossing	–	110	110
Tarief (10% van de prijs bij lossing)	–	11	11
Importeur betaalt (kosten)	–	–	121
Marge/winstopslag importeur (15% van kosten)	–	–	18
Groothandel betaalt (kosten)	100	121	139
Winstopslag groothandel (20% van kosten)	20	24	28
Detailhandel betaalt	120	145	167
Marge/winstopslag detailhandel (40% van kosten)	48	58	67
Consument betaalt (prijs) (exclusief btw)	168	203	234
% prijsescalatie ten opzichte van binnenlands kanaal	–	21	39

Tabel 10.4: Prijsescalatie (een voorbeeld)

10.10.3 Omgevingsfactoren

Omgevingsfactoren zijn externe factoren voor bedrijven en dus oncontroleerbare factoren op de buitenlandse markt. De controle van de export en import door buitenlandse overheden is vaak gebaseerd op politieke en strategische overwegingen.

Over het algemeen gesproken is importcontrole bedoeld om de import te beperken met het oog op bescherming van binnenlandse producenten of vermindering van de uitstroom van buitenlandse valuta. Directe beperkingen zijn meestal tarieven, quota en verschillende niet-tarifaire barrières. Door tarieven wordt de prijs van importproducten direct verhoogd, tenzij de exporteur of importeur bereid is de belasting te absorberen en een lagere winstmarge te accepteren. Quota hebben een indirecte impact op prijzen. Door quota wordt de aanvoer van importproducten beperkt, waardoor de prijs van deze stijgt.

Omdat de hoogte van tarieven van land tot land verschilt, kan dat exporteurs stimuleren de prijs van land tot land iets te laten verschillen. In sommige landen zijn de invoerrechten en prijselasticiteit hoog. Als bedrijven op deze markten voldoende producten willen verkopen, kan het zijn dat ze een lagere basisprijs moeten vragen. Als de vraag niet erg elastisch is, kan een hogere prijs worden gevraagd zonder dat dit een grote negatieve invloed heeft op de hoeveelheid producten die wordt verkocht, tenzij concurrenten hun producten tegen lagere prijzen verkopen.

Prijsregulering door overheden kan ook invloed hebben op de prijsstrategie van bedrijven. Veel overheden reguleren de prijzen van producten op het gebied van gezondheid, onderwijs, voedsel en andere essentiële zaken. Wisselkoersschommelingen zijn ook een belangrijke omgevingsfactor. Een toename (revaluatie) of afname (devaluatie) van de relatieve waarde van een valuta kan de prijsstructuur en winstgevendheid van een bedrijf beïnvloeden.

10.10.4   Marktfactoren

Een van de cruciale factoren op de buitenlandse markt is de koopkracht (het betaalvermogen) van klanten. Ook kan druk van concurrenten de internationale prijsstelling van bedrijven beïnvloeden. Als er andere verkopers op de markt zijn, moeten bedrijven een concurrerender prijs bieden. De aard van de concurrentie (bijvoorbeeld een oligopolie of monopolie) kan ook van invloed zijn op de prijsstrategie van bedrijven. Tevens dient men rekening te houden met de heersende cultuur omtrent het verkrijgen van kortingen. Zo wordt korting verkrijgen in het Midden-Oosten als een teken van status gezien. Als verkoper is het verstandig hier rekening mee te houden bij het doen van een offerte. Daarnaast lopen betalingstermijnen tussen landen nogal uiteen. In Zuid-Europa zijn betalingstermijnen in het algemeen een stuk langer dan in Noord-Europa (www.atradius.nl).

Onder omstandigheden die pure concurrentie benaderen, wordt de prijs op de markt bepaald. De prijs overstijgt de kosten dan meestal net genoeg om marginale producenten op de markt te houden. Vanuit het gezichtspunt van de prijssteller zijn kosten dus de belangrijkste factor. Hoe meer producten en substituutproducten op elkaar lijken, hoe dichter de prijzen van deze producten bij elkaar moeten liggen en hoe groter de invloed van kosten zijn op het bepalen van de prijs (waarbij wordt aangenomen dat er genoeg kopers en verkopers zijn).

Bij monopolistische of imperfecte concurrentie hebben verkopers enige vrijheid om te beslissen of ze de productkwaliteit, promotieactiviteiten en het kanaalbeleid veranderen om de totaalprijs van het product aan te passen met het doel vooraf geselecteerde marktsegmenten te bedienen. Die vrijheid wordt echter beperkt door de prijs die concurrenten vragen; alle prijsverschil met concurrenten moet voor consumenten gerechtvaardigd worden op basis van het verschil in profijt voor de consument, dat wil zeggen de vermeende waarde.

Als bedrijven nadenken over hoe klanten op een bepaalde prijsstrategie zullen reageren, heeft Nagle (1987) negen factoren genoemd die ze daarbij in overweging kunnen nemen. Dit zijn factoren die de prijsgevoeligheid van klanten beïnvloeden:

1. Een karakteristieker product.
2. Producten met een grotere vermeende waarde.
3. Consumenten zijn zich minder bewust van substituutproducten op de markt.
4. Het is moeilijk vergelijkingen te maken (bijvoorbeeld tussen de kwaliteit van diensten als consultancy of accountancy).
5. De prijs van een product is slechts een klein onderdeel van de totale uitgaven van de klant.
6. Het vermeende profijt voor de klant neemt toe.
7. Het product wordt samen met een eerder gekocht product gebruikt, zodat bijvoorbeeld onderdelen en vervangingsproducten doorgaans heel duur zijn.
8. Kosten worden met andere partijen gedeeld.
9. Het product of de dienst kan niet worden opgeslagen.

In al deze negen gevallen neemt de prijsgevoeligheid van klanten af.

In de volgende paragrafen bespreken we de verschillende prijsstrategieën die beschikbaar zijn.

10.11 Internationale prijsstrategieën

De algemene alternatieven voor het bepalen van het prijsniveau voor een nieuw product zijn in figuur 10.10 weergegeven.

10.11.1 Afroming (skimming)

Bij deze strategie wordt een hoge prijs gevraagd om de bovenkant van de markt 'af te romen', met als doel in de kortst mogelijke tijd de hoogst mogelijke contributie te verkrijgen. Als marketeers deze strategie willen gebruiken, moet het product uniek zijn en moeten bepaalde segmenten van de markt bereid zijn de hoge prijs te betalen. Naarmate meer marktsegmenten doelsegment worden en meer van het product beschikbaar wordt, wordt de prijs langzaam maar zeker verlaagd. Het succes van afroming hangt af van de beschikbaarheid van concurrerende producten en de snelheid waarmee de concurrentie reageert.

Producten moeten zo ontworpen zijn dat ze rijke, veeleisende consumenten aanspreken. Ze moeten extra kenmerken en meer gebruiksgemak bieden en op verschillende manieren te gebruiken zijn. Als bedrijven afroming gebruiken, betekent dit dat ze in ruil voor een hogere winstmarge accepteren dat ze een kleiner marktaandeel bezitten.

Afroming kent de volgende problemen:
- Omdat bedrijven die deze strategie gebruiken een klein marktaandeel hebben, zijn ze kwetsbaar voor agressieve lokale concurrentie.
- Het onderhouden van een product van hoge kwaliteit vergt veel middelen (promotie, dienstverlening na verkoop) en een zichtbare lokale aanwezigheid, wat in het geval van verafgelegen markten moeilijk kan zijn.
- Als het product op de thuismarkt of in een ander land goedkoper wordt verkocht, is het waarschijnlijk dat 'grijze' marketing (parallelle import) zich voor zal doen.

10.11.2 Marktprijsstelling

Als op de doelmarkt al soortgelijke producten worden verkocht, kan marktprijsstelling worden gebruikt. De prijs voor de eindklant is dan gebaseerd op de prijs van concurrenten. Exporteurs die deze strategie gebruiken, moeten goed weten wat de productkosten zijn en het vertrouwen hebben dat de productlevenscyclus van het product lang genoeg is om toetreding tot de markt te rechtvaardigen. Het is een reactieve aanpak die tot problemen kan leiden als de hoeveelheid producten die wordt verkocht nooit genoeg is om voldoende winst te maken. Hoewel bedrijven prijsstelling doorgaans als differentiatie-instrument gebruiken, kan het zijn dat managers internationale marketing de gangbare prijs op de wereldmarkt wel moeten accepteren.

Afroming — Hoge prijs

Marktprijsstelling

Penetratieprijsstelling — Lage prijs

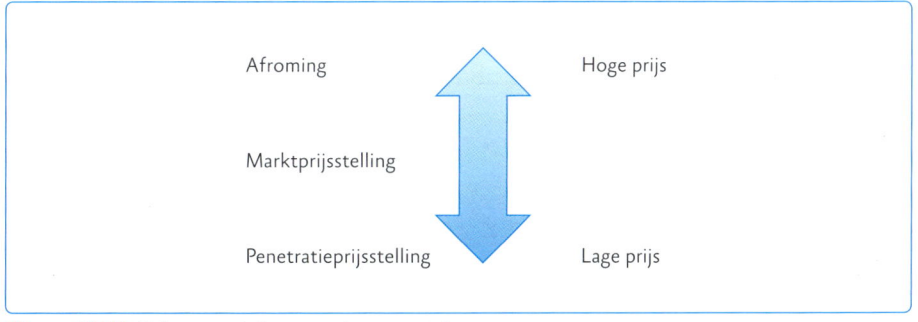

Figuur 10.10: Prijsstrategieën voor nieuwe producten

Het is mogelijk vanuit de prijs die klanten bereid zijn te betalen een zogenaamde retrograde berekening te maken; bedrijven gebruiken dan een 'omgekeerde' prijsescalatie om vanaf de marktprijs de benodigde (af fabriek) nettoprijs te berekenen. Als deze nettoprijs een contributiemarge kan genereren die hoog genoeg is, kan het bedrijf deze strategie gebruiken.

10.11.3   Penetratieprijsstelling

Penetratieprijsstelling wordt gebruikt om marktgroei te stimuleren en marktaandeel te verkrijgen door producten opzettelijk tegen lage prijzen aan te bieden. Voor deze strategie zijn massamarkten, prijsgevoelige klanten en een verlaging van de eenheidskosten door schaal- en ervaringscurvevoordelen vereisten. De veronderstelling dat door lage prijzen meer producten verkocht zullen worden, gaat niet op als de belangrijkste concurrenten hun prijzen navenant verlagen. Een ander gevaar is dat prijzen zo laag worden gesteld dat ze voor consumenten niet meer geloofwaardig zijn. Er is een 'vertrouwensniveau' voor prijzen; als prijzen onder dat niveau zakken, verliezen klanten het vertrouwen in de kwaliteit van het product.

Beweegredenen om de prijs van een product op sommige buitenlandse markten laag te stellen kunnen onder andere zijn:
- Hevige lokale concurrentie door rivaliserende bedrijven.
- Lokale consumenten hebben een lager inkomensniveau.
- Sommige bedrijven stellen dat hun R&D-kosten en andere overheadkosten gedekt worden door de verkoop op de thuismarkt en dat de export een marginale activiteit is die als doel heeft zo veel mogelijk extra inkomsten te genereren door een lage verkoopprijs te bieden.

Japanse bedrijven hebben penetratieprijsstelling intensief gebruikt om op een aantal markten marktleider te worden, bijvoorbeeld op de automarkt, de markt voor home entertainmentproducten en de markt voor elektronische onderdelen.

10.11.4   Prijsveranderingen

Als een nieuw product is gelanceerd of de algemene marktomstandigheden veranderen (bijvoorbeeld in het geval van schommelingen in de wisselkoers van buitenlandse valuta) is prijsverandering aan de orde.

In tabel 10.5 is te zien hoe het percentage verkochte producten moet stijgen of dalen om het winstniveau te handhaven. Aan de hand van een voorbeeld zullen we zien hoe de tabel werkt. Een bedrijf heeft een product met een contributiemarge van twintig procent. Het bedrijf wil graag weten hoeveel meer producten het moet verkopen als het de prijs met vijf procent omlaag brengt als het dezelfde totale winstcontributie wil behouden. De berekening is als volgt:

Voor prijsverlaging
Per product	verkoopprijs	€ 100
	variabele kosten per eenheid	€ 80
	contributiemarge	€ 20

Totale contributiemarge: 100 eenheden @ £ 20 = £ 2000

Na prijsverlaging
Per product	verkoopprijs	€ 95
	variabele kosten per eenheid	€ 80
	contributiemarge	€ 15

Totale contributiemarge: 100 eenheden @ € 15 = € 1995

Bij een prijsverlaging van 5 procent moet 33 procent meer worden verkocht.

Als besloten wordt een prijs te veranderen, moet ook overwogen worden andere elementen die daarmee samenhangen te veranderen. Als een prijs bijvoorbeeld moet worden verhoogd, kunnen bedrijven dat op zijn minst in het begin gepaard laten gaan met meer reclame voor het betreffende product.

Bij het verlagen van prijzen genieten beslissingnemers bij bestaande producten minder flexibiliteit dan bij nieuwe. De reden hiervoor is dat bestaande producten minder uniek zijn, sterker beconcurreerd worden en op een breder marktsegment gericht zijn. In dat geval moeten beslissingnemers meer aandacht besteden aan de concurrentie- en kostenfactoren in het prijsstellingproces.

De timing van prijsveranderingen kan bijna net zo belangrijk zijn als de prijsveranderingen zelf. Als een bedrijf bijvoorbeeld iets later dan zijn concurrenten een prijsverhoging aankondigt – een eenvoudige tactiek – kan dat consumenten het idee geven dat dat bedrijf de meest consumentgerichte leverancier is. Hoeveel later een bedrijf dat doet, kan ook belangrijk zijn.

Uit onafhankelijk onderzoek onder de klanten van één bedrijf (Garda, 1995) is gebleken dat het klanten niet uitmaakte of het bedrijf zes weken of zes maanden later dan een concurrent een prijsverhoging afkondigde; in beide gevallen vonden ze het bedrijf even consumentgericht. Als het bedrijf vierenhalve maand had gewacht met het afkondigen van prijsverhoging, had dat het bedrijf veel geld gekost.

Prijsafname (%)	Winstcontributiemarge (prijs - variabele kosten per eenheid als % van de prijs)								
	5	10	15	20	25	30	35	40	50
	Vereiste toename in aantal verkochte producten (%) om totale winstcontributie te handhaven								
2,0	67	25	15	11	9	7	7	5	4
3,0	150	43	25	18	14	11	9	8	6
4,0	400	67	36	25	19	15	13	11	9
5,0		100	50	33	25	20	17	14	11
7,5		300	100	60	43	33	27	23	18
10,0			200	100	67	50	40	33	25
15,0				300	150	100	75	60	43
Prijsstijging (%)	Winstcontributiemarge (prijs - variabele kosten per eenheid als % van de prijs)								
	5	10	15	20	25	30	35	40	50
	Maximale verkoopafname (%) om totale winstcontributie te handhaven								
2,0	29	17	12	9	7	6	5	5	4
3,0	37	23	17	13	11	9	8	7	6
4,0	44	29	21	17	14	12	10	9	7
5,0	50	33	25	20	17	14	12	11	9
7,5	60	43	33	27	23	20	18	16	13
10,0	67	50	40	33	29	25	22	20	17
15,0	75	60	50	43	37	33	30	27	23

Tabel 10.5: Toename of afname (%) in de hoeveelheid verkochte producten nodig om de totale winstcontributie te handhaven

10.11.5 Landenbrede prijsstelling (standaardisering versus differentiatie)

Het coördineren van prijzen tussen landen is een groot probleem voor bedrijven. Er zijn twee tegengestelde krachten in het spel: ten eerste het behalen van eenzelfde positionering op verschillende markten door grotendeels gestandaardiseerde prijzen, en ten tweede het maximaliseren van de winst door prijzen aan verschillende marktomstandigheden aan te passen. Om te bepalen in welke mate prijzen landenbreed gestandaardiseerd zouden moeten worden, zijn er twee fundamentele benaderingen die in overweging genomen moeten worden:

1. *Prijsstandaardisering.* Hierbij krijgt een product een prijs als het de fabriek verlaat. De meest simpele vorm van prijsstandaardisering is het vaststellen van een wereldprijs door het hoofdkantoor van een bedrijf. Deze vaste wereldprijs wordt dan op alle markten toegepast, na factoren als wisselkoersen en verschillen in overheidsreguleringen enzovoort in aanmerking genomen te hebben. Voor bedrijven is dit een vrij risicoloze strategie. Er wordt echter niet gereageerd op lokale omstandigheden en dus wordt er geen poging gedaan de winst te maximaliseren. Deze prijsstrategie is geschikt voor bedrijven die hun producten aan zeer grote klanten verkopen die in verschillende landen bedrijven hebben. In een dergelijke situatie kan een klant een bedrijf dwingen aan alle dochterbedrijven binnen de multinationale organisatie van de klant alleen producten tegen dezelfde prijs te leveren. In figuur 10.11 wordt dit weergegeven als 'de internationale activiteiten van grote detailhandelsbedrijven'. Een ander voordeel van prijsstandaardisering is de mogelijkheid snel nieuwe producten op internationale markten te lanceren en het feit dat bedrijven hierdoor op alle markten hetzelfde (prijs)imago hebben.

2. *Prijsdifferentiatie.* Hierbij kunnen alle lokale dochterbedrijven of partners (agenten, distributeurs enzovoort) een prijs stellen die onder de lokale omstandigheden het meest geschikt lijkt. Er wordt niet geprobeerd prijzen van land tot land te coördineren. Uit intercultureel empirisch onderzoek is gebleken dat er belangrijke verschillen bestaan tussen de kenmerken, de voorkeuren en het koopgedrag van klanten in verschillende landen (Theodosiou en Katsikeas, 2001). De zwakke plek van prijsdif-

Prijsdifferentiatie

Verschillen in:
- gemiddelde industrieprijs
- prijssegmenten
- vorm en belang van speciale aanbiedingen
- belang van eigen merken
- kracht van lokale concurrenten
- kracht van detailhandel
- voorwaarden
- consumentenvoorkeuren
- prijsinteresse en -bewustzijn

Consumentenprijzen
Detailhandelsprijzen
Prijspositionering
Voorwaarden
Prijsstelling productlijn
Speciale aanbiedingen

Prijsstandaardisering

- Internationalisering van de concurrentie
- Homogenisering van concurrerende structuren
- Internationale activiteiten van grote detailhandelsorganisaties
- Toenemend gevaar van transnationale arbitrage

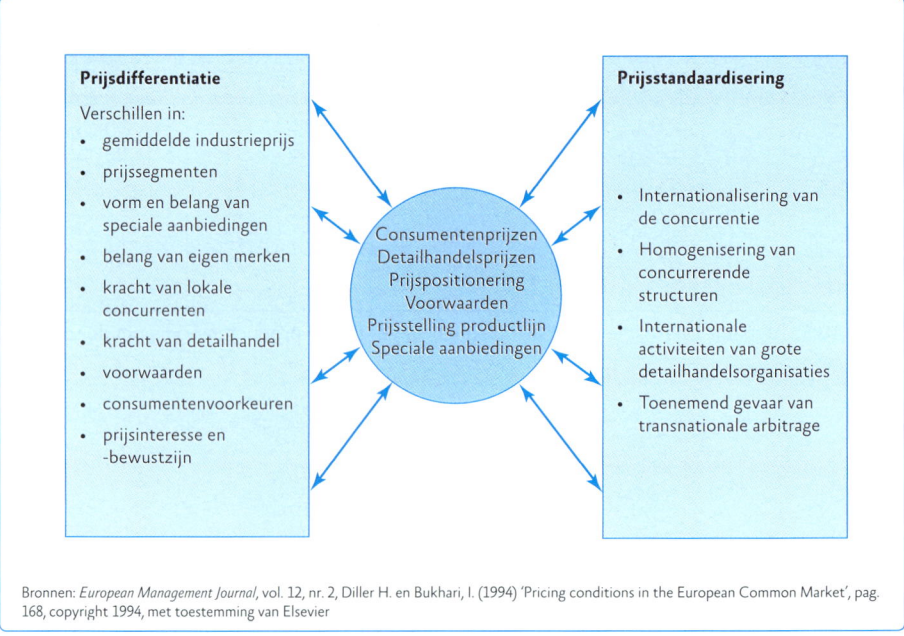

Bronnen: *European Management Journal*, vol. 12, nr. 2, Diller H. en Bukhari, I. (1994) 'Pricing conditions in the European Common Market', pag. 168, copyright 1994, met toestemming van Elsevier

Figuur 10.11: Structurele factoren van gestandaardiseerde versus gedifferentieerde prijsstelling op Europese markten voor consumentengoederen

ferentiatie is het feit dat het hoofdkantoor geen controle heeft over de prijzen die door dochterbedrijven of externe partners worden gesteld. In aangrenzende markten kunnen zeer verschillende prijzen worden gesteld, wat het imago van multinationale bedrijven kan schaden. Het stimuleert ook de parallelle import/grijze markten, waarbij producten op de ene markt tegen een lage prijs worden ingekocht en op de andere tegen een hogere prijs worden verkocht, en vastgestelde marktprijzen worden ondermijnd.

In figuur 10.11 zijn de krachten te zien die aan standaardisering en differentiatie ten grondslag liggen.

10.11.6 Een classificering van internationale prijsstellingpraktijken

Zoals we eerder hebben besproken, worden prijzen in de internationale omgeving meestal vastgesteld op basis van een samenspel van de complexe externe marktgerelateerde factoren die bedrijfsoperaties vormen en de capaciteiten van bedrijven om effectief op deze factoren te reageren. In het kader van Solberg (1997) wordt dit samenspel op een zinvolle manier weergegeven. Dit heeft belangrijke consequenties voor het prijsstellinggedrag van bedrijven op buitenlandse markten. Solberg oppert dat het internationale strategische gedrag van bedrijven voornamelijk door twee dimensies wordt gevormd: (a) de mate van mondialisering van de industrie van het bedrijf (indicatief voor de marktgerelateerde factoren) en (b) hoe gereed bedrijven zijn om te internationaliseren (indicatief voor het vermogen van bedrijven op deze factoren te reageren). In hoofdstuk 1 (figuur 1.2) worden deze twee dimensies besproken met als doel te bepalen onder welke omstandigheden bedrijven thuis zouden moeten blijven, hun mondiale positie zouden moeten versterken of iets daartussenin. In figuur 10.12 wordt een classificering van de internationale prijsstelling aan de hand van deze twee dimensies voorgesteld (Solberg et al., 2006).

Een mondiale industrie wordt gedomineerd door een klein aantal grote concurrenten die binnen hun productcategorie over hun categorieën op wereldmarkten 'heersen'. Als je kijkt naar de dimensie 'industriële mondialisering', ligt de mate van mondialisering van bedrijven tussen twee extremen: een monopolie aan de ene kant (rechts) en atomistische concurrentie aan de andere (links).

	Multilokale markten	Mondiale markten
Hoog	**3. Multilokale prijssteller** • Lokale marktleiders op bepaalde markten • Marktgericht, aangepaste prijzen • Lokale concurrentie	**4. Mondiale prijsleider** • Mondiale marktleiders • Markt- en kostengerichte 'mondiale' prijzen • Mondiale concurrentie maar lokale verschillen
Laag	**1. Lokale prijsvolger** • Beperkte middelen en macht • Afhankelijk van lokale tussenpersoon voor export • Kostengericht, standaardprijzen • Niet blootgesteld aan mondiale krachten	**2. Mondiale prijsvolger** • Nieuwkomers op mondiale markten • Marktgericht, standaardprijzen • Mondiale concurrentie maar lokale verschillen

Mate van gereedheid voor internationalisering / Mondialisering industrie

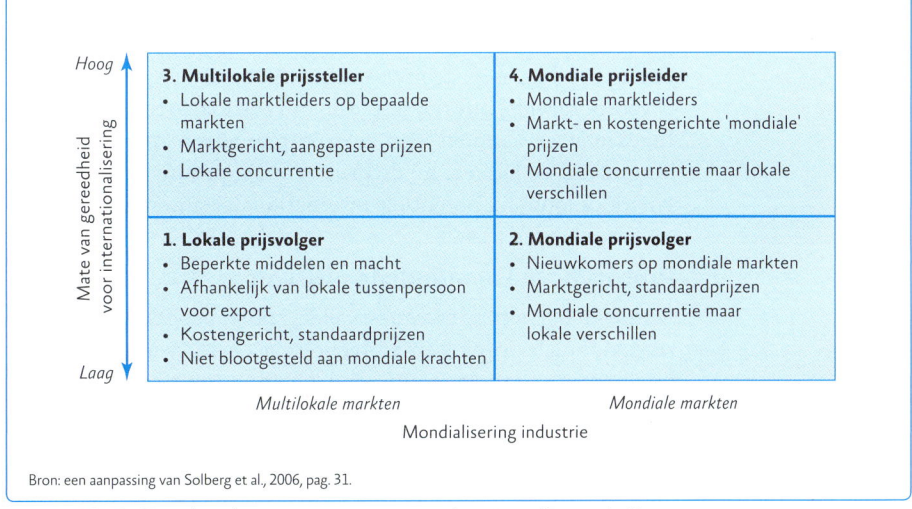

Bron: een aanpassing van Solberg et al., 2006, pag. 31.

Figuur 10.12: Een classificering van internationale prijsstellingpraktijken

De strategische implicatie van dit perspectief is dat de monopolistische en oligopolistische mondiale spelers de prijsstellers zijn, terwijl bedrijven in de atomistische (multilokale) markt blootgesteld worden aan lokale marktkrachten, waardoor ze steeds de marktprijzen moeten volgen. Hoewel de meeste bedrijven in tussenliggende categorieën vallen, zijn wij van mening dat de macht van individuele internationale bedrijven om hun eigen prijsstrategie te bepalen sterk wordt beïnvloed door de mondialisering van de concurrentieomgeving waarin ze opereren.

In de andere dimensie, de gereedheid voor internationalisering, vinden ervaren bedrijven de internationale prijsstelling een ingewikkelde kwestie, ook al besteden ze extra middelen aan het verzamelen en verwerken van grote hoeveelheden informatie. Deze bedrijven hebben de internationale 'gereedheid' die nodig is om de effecten van verlaagde prijzen te compenseren als ze nieuwe markten penetreren, op aanvallen van de concurrentie te reageren, zelfverzekerder te zijn bij het bepalen van prijsstrategieën en over het algemeen een groter marktaandeel op de exportmarkt te verkrijgen. In tegenstelling tot deze bedrijven lijken kleinere, onervarener bedrijven erg zwak, zowel in vergelijking met hun lokale tegenhangers als met betrekking tot het verkrijgen van inzicht in de lokale markt om op buitenlandse markten een effectief prijsniveau voor hun producten vast te kunnen stellen. Daarom hebben ze meestal een kleiner marktaandeel op hun markten en volgen ze de prijsstellingpraktijken van hun concurrenten of segmentleiders.

Vanuit dit raamwerk bezien kunnen we aannemen dat grote bedrijven met ervaring op internationaal gebied hun prijsbeslissingen waarschijnlijk centraal zullen nemen en graag veel controle over deze beslissingen hebben, terwijl kleinere bedrijven die vaak nog niet eerder geëxporteerd hebben en op internationaal gebied onervaren zijn waarschijnlijk met gedecentraliseerde en vaak opportunistische manieren van prijsstelling op hun markt zullen experimenteren.

Hierna worden de kenmerken van elk van de vier strategische prototypes uit figuur 10.4 besproken.

Prototype 1: De lokale prijsvolger

Een bedrijf (producent) van dit prototype heeft slechts in beperkte mate ervaring op internationaal gebied; de lokale tussenpersoon voor de export (een agent of distributeur) treedt op als belangrijkste informatieverschaffer. Deze informatieasymmetrie levert gevaar op, want de tussenpersoon voor de export kan de exporteur misleiden door opportunistisch gedrag te vertonen of doelen na te streven die botsen met de doelen van de exporteurs. Dit kan tot hogere transactiekosten en internalisering leiden.

Omdat de exporteur een beperkte marktkennis heeft, zal hij zijn prijzen onnauwkeurig berekenen en zeer waarschijnlijk baseren op kosten en de (soms onvoldoende of bevooroordeelde) informatie die hij van zijn lokale tussenpersoon voor de export ontvangt. In extreme gevallen reageert de exporteur alleen op ongevraagde bestellingen vanuit het buitenland en baseert hij de prijs van zijn product op informatie over interne kosten. Hierdoor loopt hij potentiële internationale kansen mis.

Prototype 2: De mondiale prijsvolger

Bedrijven die in deze categorie vallen, zijn in beperkte mate gereed voor internationalisering. Mondiale prijsvolgers zijn echter vaak beter gemotiveerd om meer betrokken te raken bij de internationale markt, omdat ze door de mondiale markt 'geduwd' worden. Van bedrijven in deze categorie wordt verwacht dat ze in alle landen een standaardprijs vragen, omdat het prijsniveau op internationale markten die onderling verbonden zijn min of meer hetzelfde is.

Gezien de marginale positie van deze bedrijven op internationale markten hebben ze weinig onderhandelingsmacht en kunnen ze zich gedwongen voelen het prijsniveau te volgen dat door mondiale marktleiders – vaak heel grote mondiale klanten – is vastgesteld. Bedrijven van prototype 2 worden vaak voortdurend door hun tegenhangers, die een efficiëntere distributie en een mondiaal merk hebben, onder druk gezet om hun prijzen aan te passen.

Prototype 3: De multilokale prijssteller

Bedrijven van dit prototype zijn goed voorbereide internationale marketeers met een gevestigde positie op lokale markten. Gewoonlijk zijn ze in staat de lokale marktomstandigheden te beoordelen aan de hand van diepgaande analyses, het evalueren van marktinformatie, gevestigde marktinformatiesystemen en/of een diepgewortelde marktkennis. Via informatie- en feedbacksystemen hebben ze hun lokale marktdistributienetwerken meestal strak onder controle. Vanwege de verschillende eisen en behoeften op lokale markten passen bedrijven van prototype 3 hun prijs aan de verschillende markten aan en beheren ze de verschillende markt- en prijsstructuren op hun vele (multinationale) markten op een relatief geavanceerde manier.

In tegenstelling tot hun tegenhangers, de lokale prijsvolgers (prototype 1), zijn deze bedrijven vaak prijsleiders op hun lokale markten en baseren ze hun prijsstrategie voornamelijk op de lokale omstandigheden op elke markt. Vanwege hun multinationale gerichtheid verschuiven ze de verantwoordelijkheid voor het nemen van prijsbeslissingen vaak naar managers van lokale dochterbedrijven, hoewel op het hoofdkantoor de verkooptrends op elke lokale markt nauwlettend in de gaten worden gehouden. Bedrijven van dit prototype ondervinden problemen van de grijze import op hun lokale markten, die goedkopere producenten de kans biedt de prijsverschillen op verschillende markten uit te buiten.

Prototype 4: De mondiale prijsleider

Bedrijven van dit prototype hebben een sterke positie op de belangrijkste wereldmarkten. Ze beheren soepel functionerende marketingnetwerken en opereren op grote wereldmarkten hoofdzakelijk via hiërarchische toetredingsmethoden of een combinatie van hiërarchische en tussenliggende toetredingsmethoden als joint ventures of strategische alliantie. Bedrijven van prototype 4 concurreren op elke grote markt met een beperkt aantal concurrenten, net als bij een mondiale (of regionale) oligopolie. Typerend voor oligopolisten is dat ze de transnationale transparantie van het prijsmechanisme vaak als een probleem ervaren, dat ze te maken krijgen met mondiale (of regionale) restricties, zoals vraagpatroon- en marktreguleringmechanismen en dat ze panregionaal (dat wil zeggen EU-breed) prijzen vaststellen. Mondiale prijsleiders handhaven een relatief hoog prijsniveau op hun markten maar doen dat vaak niet zo effectief als hun multilokale tegenhangers. In vergelijking met mondiale prijsleiders werpen multilokale prijsstellers veel effectiever lokale toetredingsdrempels op, bijvoorbeeld merkleiderschap, hebben ze een nauwere band met lokale distributeurs en begrijpen ze de lokale omstandigheden op elke lokale markt beter. Hierdoor beschermen ze zichzelf tegen de keerzijde van internationale prijsconcurrentie (Solberg et al., 2006).

Het opstellen van mondiale prijscontracten

MONDIAAL PRIJSCONTRACT
Een klant eist van de leverancier één mondiale prijs (per product) voor al zijn buitenlandse SBU's en dochterbedrijven.

Naarmate de mondialisering toeneemt, wordt de volgende zin bij mondiale leveranciers en klanten vaak gehoord: 'Geef me een mondiaal prijscontract, dan doe ik al mijn wereldwijde aankopen bij jou.' Steeds vaker eisen mondiale klanten een dergelijk contract van leveranciers. In 1998 zei de Powertrain Group van General Motors bijvoorbeeld tegen de leveranciers van onderdelen van de motoren, transmissies en *subassemblies* (zaken als autodaken en kofferdeksels) van General Motors dat ze voor onderdelen uit de ene regio dezelfde prijs moesten rekenen als voor onderdelen uit een andere regio.

Als klanten internationaliseren, hoeven leveranciers daar niet onder te lijden. De aantrekkelijkste kansen wat mondiale prijsstelling betreft zijn de kansen waarbij leveranciers en klanten samenwerken om inefficiënties die voor beide schadelijk kunnen zijn te identificeren en te elimineren. Soms hebben leveranciers echter geen keuze – ze kunnen het zich niet permitteren de klandizie van hun grootste en snelst groeiende klanten te verliezen.

Mondiale prijscontracten hebben verschillende voor- en nadelen voor leveranciers en klanten. In tabel 10.6 is een aantal van deze voor- en nadelen op een rijtje gezet.

	Klanten	**Leveranciers**
Voordelen	■ Lagere prijzen wereldwijd, gekoppeld aan een hoger dienstverleningsniveau. ■ Standaardisering van producten en diensten die marktenbreed worden aangeboden. ■ Efficiëntie in alle processen, waaronder de ontwikkeling van nieuwe producten, productie, voorraadbeheer, logistiek en klantenservice. ■ Snellere wereldwijde verspreiding van innovaties.	■ Gemakkelijke toegang tot nieuwe markten en groei van het bedrijf. ■ Operaties samenvoegen en schaalvoordeel behalen. ■ Met industrieleiders werken en de ontwikkeling van de markt beïnvloeden door deze accounts te vermelden bij marketingactiviteiten. ■ Met klanten samenwerken en een sterke relatie ontwikkelen waar potentiële concurrenten moeilijk tussen kunnen komen. ■ In klantrelaties die zich over markten in verschillende landen uitstrekken onregelmatigheden qua prijs en dienstverlening rechttrekken.
Nadelen	■ Klant kan zich in de loop der tijd minder goed aanpassen aan verschillen en veranderingen op lokale markten. ■ Leverancier heeft misschien niet de capaciteiten om marktenbreed een constante kwaliteit en prestatie te leveren. ■ Leverancier kan de sterke afhankelijkheid van de klant gebruiken om een hogere prijs af te dwingen. ■ Lokale managers kunnen zich tegen mondiale contracten verzetten en ervoor kiezen met lokale leveranciers zaken te doen. ■ De kosten van het monitoren van mondiale contracten kunnen de voordelen tenietdoen.	■ Lokale managers verzetten zich soms tegen verandering, waardoor leveranciers tussen twee vuren kunnen komen te zitten, namelijk het hoofdkantoor van de klant en de lokale managers. ■ Het kan zijn dat leveranciers geen andere aantrekkelijke klanten meer kunnen bedienen. ■ Het kan zijn dat de klant zijn belofte niet na kan komen. ■ Een klant kan misbruik maken van de kosteninformatie die in de relatie is gedeeld. ■ Een leverancier kan sterk afhankelijk van één klant worden, zelfs als er andere, aantrekkelijkere klanten te bedienen zijn. ■ Een leverancier kan een probleem hebben met de bestaande distributiekanalen op de nieuwe markten.

Bron: aanpassing van Narayandas et al., 2000, pag. 61-70.

Tabel 10.6: Mondiale prijscontracten: voor- en nadelen

Een producent van chemicaliën richtte zich op het vormen van relaties met een paar selecte klanten. Het bedrijf had besloten dat zijn sterke punt de verlening van diensten was die waarde aan zijn producten toevoegden, maar dat potentiële klanten in opkomende markten op de prijs gefixeerd waren. De selecte klanten waren echter geïnteresseerd in de geldbesparende initiatieven op het gebied van levering en voorraadbeheer die ze samen met de leverancier hadden ontwikkeld.

De vraag van mondiale klanten naar gedetailleerde kosteninformatie kan leveranciers ook in gevaar brengen. Toyota, Honda, Xerox en andere bedrijven dwingen leveranciers hun boeken te openen zodat ze ze kunnen inspecteren. Volgens deze bedrijven doen ze dit om leveranciers te helpen manieren te vinden om hun processen en kwaliteit te verbeteren terwijl kosten worden verlaagd – en om vertrouwen op te bouwen. Maar in het geval van een economische baisse kan het zijn dat mondiale klanten prijsverlagingen en aanvullende diensten verlangen.

De Europese prijsstrategie

In 1991 lag het prijsverschil voor identieke consumentengoederen in Europa gemiddeld op twintig procent, maar bij bepaalde producten was dat verschil veel hoger (Simon en Kucher, 1993). Uit een ander onderzoek (Diller en Bukhari, 1994) bleken er tussen identieke ijsproducten om thuis op te eten ook aanzienlijke prijsverschillen te bestaan.

De oorzaken van prijsverschillen zijn verschillen in overheidsregelingen, concurrentie, distributiestructuren en consumentengedrag, zoals bereidheid om te betalen. Koersschommelingen kunnen prijsverschillen op de korte termijn ook beïnvloeden. Door de toenemende regionalisering wordt er druk uitgeoefend prijzen sneller te uniformeren, maar Simon en Kucher (1993) waarschuwen dat dit een potentiële tijdbom is, omdat er druk wordt uitgeoefend om prijzen op het laagste prijsniveau te uniformeren.

Zolang de markten gescheiden waren, was Europa een prijsverschillenparadijs. Maar het wordt steeds moeilijker de oude prijsverschillen vast te houden. Er zijn twee belangrijke ontwikkelingen waardoor bedrijven gedwongen kunnen worden in Europa de prijzen landenbreed te standaardiseren:
1. De internationale koopkracht van intra-Europese detailhandelsgroepen.
2. Parallelle import/grijze markten. Omdat prijzen van land tot land verschillen, kunnen kopers in één land producten tegen een lagere prijs kopen dan in een ander land. Hierdoor worden klanten gestimuleerd producten op markten met een lagere prijs te verkopen op markten waar de prijs hoger ligt, zodat ze winst maken.

Simon en Kucher (1993) stellen een 'prijscorridor' voor (figuur 10.13). De prijzen in de individuele landen mogen alleen binnen die marge verschillen. Figuur 10.13 is ook interessant in relatie tot de euro, die in januari 2002 volledig is ingevoerd. Prijsverschillen die gerechtvaardigd kunnen worden door transportkosten en concurrentieomstandigheden op de korte termijn zullen echter blijven bestaan. Zij bevelen aan dat, indien nodig, de handel in de kleinere landen moet worden opgeofferd om op grote markten als Frankrijk, Duitsland, het Verenigd Koninkrijk en Italië acceptabele prijsniveaus te behouden. Voor een producent van farmaceutische producten is het bijvoorbeeld winstgevender geen producten op de Portugese farmaceutische markt te verkopen dan een prijsverlaging van tien procent op de Duitse markt te accepteren vanwege parallelle import uit Portugal.

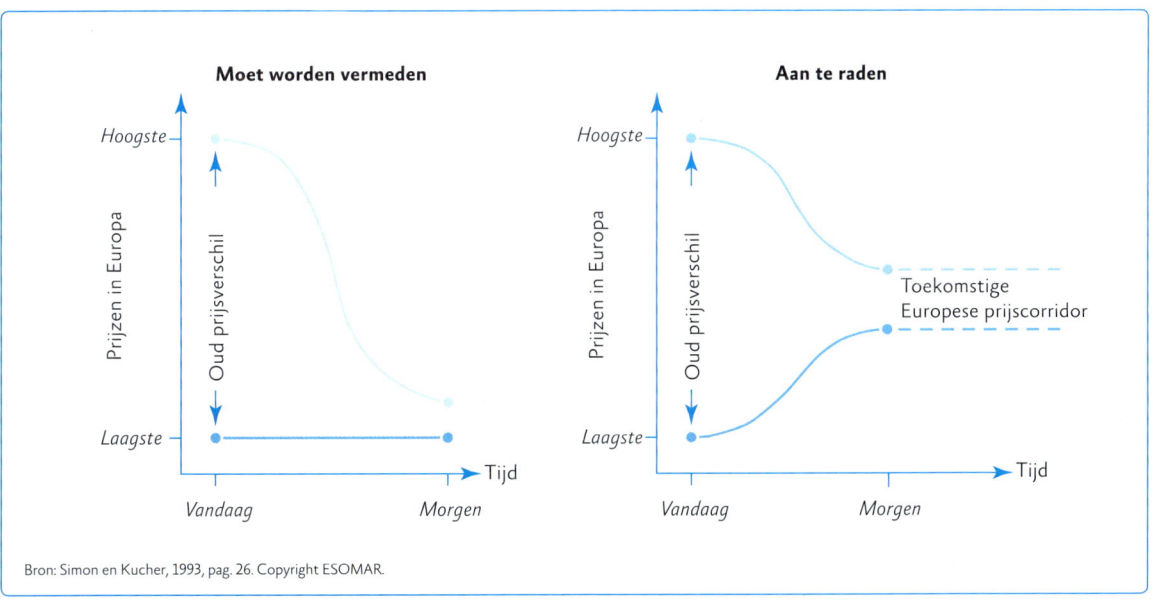

Bron: Simon en Kucher, 1993, pag. 26. Copyright ESOMAR.

Figuur 10.13: De ontwikkeling van prijzen in Europa

INTERNE VERREKENPRIJZEN
Prijzen die worden gerekend voor het transport van goederen en diensten binnen een bedrijf. Hoewel deze verrekenprijzen intern zijn (binnen het bedrijf vallen), zijn ze extern belangrijk voor de belastingheffing aan de grens.

10.11.7 Interne verrekenprijzen

Interne verrekenprijzen zijn de prijzen die berekend worden voor het transport van goederen en diensten binnen een bedrijf. Veel puur binnenlandse bedrijven moeten beslissingen over verrekenprijzen nemen als goederen van de ene binnenlandse eenheid naar de andere worden vervoerd. Hoewel deze verrekenprijzen interne prijzen zijn, zijn ze extern ook belangrijk, want goederen die van land naar land worden vervoerd, moeten voor de belastingheffing aan de grens een waarde hebben.

In dat geval moeten bedrijven ervoor zorgen dat de interne verrekenprijs die wordt betaald de bedrijfsdoelen en niet de divisiedoelen ten goede komt. Dit kan moeilijk zijn als bedrijven internationaal als winstcentra zijn georganiseerd. Om winstcentra effectief te laten zijn, moet voor alles wat getransporteerd wordt een prijs worden vastgesteld, of dat nu werkmaterialen, onderdelen, eindproducten of diensten zijn. Bij een hoge verrekenprijs – bijvoorbeeld van de productiedivisie naar een buitenlands dochterbedrijf – lijkt het buitenlandse dochterbedrijf slecht te presteren (zie tabel 10.7 onder 'Beleid: hoge winstopslag'), terwijl een lage prijs voor de binnenlandse divisie die de goederen levert niet acceptabel is (zie tabel 10.7 onder het kopje 'Beleid: lage winstopslag'). Alleen dit al kan de oorzaak van veel wantrouwen tussen dochterbedrijven zijn.

	Gelieerd productiebedrijf (divisie)	**Gelieerd bedrijf voor verkoop/ distributie (dochterbedrijf)**	**Geconsolideerd bedrijfstotaal**
Beleid: lage winstopslag			
Omzet	1400	2000	2000
Minus inkoopwaarde omzet	100	1400	1000
Brutowinst	**400**	**600**	**1000**
Minus bedrijfskosten	100	100	200
Nettowinst voor belastingen	**300**	**500**	**800**
Minus inkomstenbelasting (25%/50%)	75	250	325
Netto-inkomsten	225	250	475
Beleid: hoge winstopslag			
Omzet	1700	2000	2000
Minus inkoopwaarde omzet	1000	1700	1000
Brutowinst	**700**	**300**	**1000**
Minus bedrijfskosten	100	100	200
Nettowinst voor belastingen	**600**	**200**	**800**
Minus inkomstenbelasting (25%/50%)	150	100	250
Netto-inkomsten	450	100	550

Noot: Het gelieerde productiebedrijf betaalt 25% inkomstenbelasting, het gelieerde distributiebedrijf 50%.
Bron: aanpassing van Eiteman en Stonehill, 1986. *Multinational Business Finance*, vierde editie, pub. Addison Wesley.

Tabel 10.7 Belastingeffect op hoge versus lage verrekenprijs op de netto-inkomsten (€)

Vanuit het geconsolideerde gezichtspunt bezien is het 'beste' beleid een hoge winstopslag te gebruiken, want daarmee worden netto-inkomsten ter waarde van € 550 gegenereerd, terwijl bij een lage winstopslag slechts € 475 wordt gegenereerd. De 'beste' oplossing hangt af van de belastingtarieven in de landen waar de productie- en distributiebedrijven (dochterbedrijven) zich bevinden.

Interne verrekeningsprijzen kunnen op drie fundamentele manieren worden benaderd:
1. *Verrekenprijs 'tegen kosten'*. De verrekenprijs wordt op het niveau van de productiekosten gesteld en de internationale divisie wordt gecrediteerd voor de totale winst die een bedrijf maakt. Dit betekent dat het productiecentrum op basis van efficiencyparameters in plaats van winstgevendheid wordt geëvalueerd. Productiedivisies

houden er doorgaans niet van producten tegen productiekosten te verkopen omdat ze dan het gevoel hebben de verkoopdochter te subsidiëren. Als een productiedivisie ontevreden is, kan het zijn dat ze de verkoopdochter minder goed van dienst is omdat ze aantrekkelijker klanten eerst zal bedienen.

2. *Verrekenprijs 'op afstand'*. Hierbij wordt de internationale divisie dezelfde prijs in rekening gebracht als kopers buiten het bedrijf. Als de buitenlandse divisie toestemming heeft elders in te kopen als de prijs niet concurrerend of het product van inferieure kwaliteit is, ontstaan er problemen. Ook ontstaan problemen als er geen externe kopers zijn, waardoor het moeilijk is een relevante prijs vast te stellen. Toch is dit principe nu wereldwijd geaccepteerd als de voorkeursstandaard (niet de vereiste standaard) voor het vaststellen van interne verrekenprijzen (Fraedrich en Bateman, 1996).

3. *Verrekenprijs 'tegen kosten plus'*. Dit is een veel gebruikt compromis waarbij de winst tussen de productiedivisie en de internationale divisies wordt verdeeld. De formule die wordt gebruikt om de interne verrekenprijs te bepalen kan verschillen, maar dit is de methode waarbij de kans het grootst is dat de tijd die managers moeten besteden aan het oplossen van geschillen over verrekenprijzen wordt geminimaliseerd, de bedrijfswinst wordt geoptimaliseerd en de binnenlandse en internationale divisies worden gemotiveerd samen te werken en goed te presteren. Vaak wordt een senior manager aangesteld om bij geschillen een beslissing te nemen.

Bij het kiezen van de juiste verrekenprijsmethode moet het totale bedrijfsprofiel in aanmerking worden genomen en moet samenwerking tussen de divisies worden gestimuleerd. Een goede methode moet de tijd die managers kwijt zijn aan het oplossen van geschillen over verrekenprijzen en de boekhoudkundige last tot een minimum beperken.

10.11.8 Valutakwesties

Een moeilijk aspect van het vaststellen van de exportprijs van een product is de beslissing in welke valuta die prijs in offertes vermeld moet worden. Exporteurs hebben de volgende opties:
- de valuta van het land van de koper (lokale valuta)
- de valuta van het land van de exporteur (binnenlandse valuta)
- de valuta van een derde land (meestal Amerikaanse dollars)
- een valuta-eenheid als de euro

Als exporteurs in offertes de prijs in binnenlandse valuta vermelden, is dat administratief gezien niet alleen veel gemakkelijker, maar het risico dat gepaard gaat met veranderingen in de wisselkoers wordt door de koper gedragen, terwijl bij een prijs in buitenlandse valuta de exporteur dat risico draagt. Het vermelden van de prijs in buitenlandse valuta kan de exporteur echter ook voordelen opleveren:
- Het vermelden van de prijs in buitenlandse valuta kan een contractvoorwaarde zijn.
- Het kan de exporteur toegang bieden tot financiering in het buitenland tegen lagere rente-tarieven.
- Goed valutamanagement kan een manier zijn om extra winst te maken.
- Klanten geven er doorgaans de voorkeur aan dat prijzen in hun eigen valuta worden vermeld, zodat ze de prijs met die van concurrenten kunnen vergelijken en precies weten wat de uiteindelijke prijs zal zijn.

Een ander probleem waar exporteurs mee te maken krijgen, wordt veroorzaakt door schommelende wisselkoersen. Bedrijven in landen met een gedevalueerde valuta kunnen (als alle andere dingen hetzelfde zijn) hun internationale concurrentiepositie versterken. Ze kunnen ervoor kiezen prijzen in buitenlandse valuta te verlagen of prijzen onveranderd te laten en zo hun winstmarge te vergroten.

Toen de Italiaanse lira ten opzichte van de Duitse mark vijftien tot twintig procent in waarde daalde, gaf dat de Italiaanse autofabrikant Fiat wat prijsstelling betreft een concurrentievoordeel. Duitse auto-exporteurs, zoals Volkswagen, werden hier negatief door getroffen en moesten hun catalogusprijzen verlagen. In dit opzicht wordt het geografische patroon van de productie- en verkoopdochters van een bedrijf ten opzichte van die van zijn belangrijkste concurrenten ineens heel belangrijk, want een lokaal dochterbedrijf kan de negatieve effecten van een devaluatie absorberen.

Er staan een exporteur verschillende instrumenten ter beschikking om valutarisico's af te dekken. Hierbij valt te denken aan opties, futures en swaps. Het voert te ver om hier uitgebreid op in te gaan. Voor de exacte betekenis hiervan verwijzen we graag naar specialistische financiële literatuur.

10.12 Betalingsvoorwaarden

In de internationale handel worden verschillende betalingscondities gehanteerd. Een aantal van de meest gebruikte worden besproken.

Vooruitbetaling

Deze voorwaarde kent de grootste zekerheid voor de exporteur. Het debiteurenrisico (kans dat de klant niet betaalt) is immers afwezig evenals rentekosten. Deze conditie wordt vaak toegepast in de volgende situaties: onbekende klant, klant met slechte betalingservaringen in het verleden, landen met een onzekere politiek-economische situatie. Afhankelijk van het moment van vooruitbetaling loopt de verkoper het risico dat zijn fabricagekosten de vooruitbetalingen overtreffen (fabricagerisico).

Letter of Credit

Bij een documentair krediet (L/C) stelt de importeur bij zijn bank een bedrag beschikbaar voor betaling van de bestelde goederen. De bank gaat pas over tot betaling aan de exporteur als deze alle afgesproken documenten aan de bank heeft overgedragen. Een Letter of Credit moet voldoen aan de afspraken zoals deze zijn vastgelegd in de UPC 600 (Uniform Customs and Practice for Documentary Credits), een publicatie van de Internationale Kamer van Koophandel (ICC) te Parijs.

In het figuur 10.14 wordt het proces met betrekking tot de afhandeling van een L/C weergegeven.

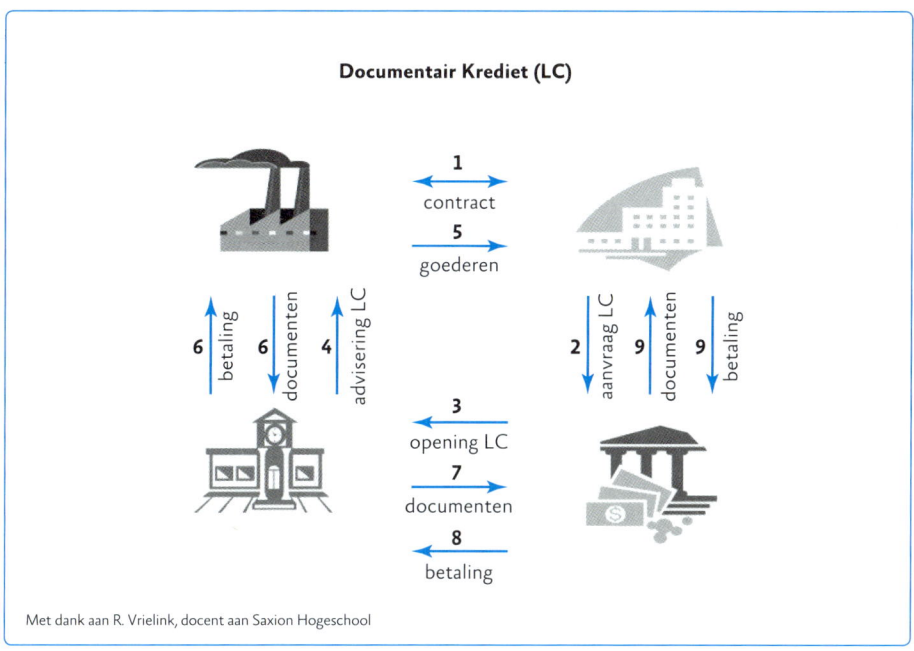

Figuur 10.14: Afhandelingsproces LC

De klant doet een aanvraag die vervolgens door de verkoper (exporteur) bevestigd wordt door een pro forma invoice te sturen (1). Hierin staan onder andere de prijs en (betalings)voorwaarden. Met deze pro forma invoice kan de klant de order bevestigen en zijn bank (kredietopende bank) vragen een L/C te openen (2). Meestal gebeurt dit via de bank van de verkoper (adviserende/confirmerende bank)(3). Deze adviseert de L/C vervolgens aan de exporteur (4). Nadat de goederen verscheept zijn (5) worden alle in het L/C voorgeschreven documenten ingeleverd bij de bank van de verkoper (6). Deze controleert of ze voldoen aan de eisen en stuurt ze door naar de kredietopende bank (7), waarna betaling volgt (8). De klant krijgt vervolgens tegen betaling de beschikking over de documenten (9) waarmee de goederen ingeklaard kunnen worden. De meest gangbare vorm is een onherroepelijk, geconfirmeerd L/C. Onherroepelijk wil zeggen dat de kredietopende bank niet eenzijdig de voorwaarden kan aanpassen. Confirmatie houdt in dat de adviserende bank zich garant stelt voor de betaling aan de verkoper. Deze vorm biedt de meeste zekerheid voor een verkoper.

FORTIS

Documentary Credit nr. 0691ITS00000000
Irrevocable

Date and place of expiry 061127 The Netherlands	Date of issue of the D/C 060613
Applicant "name client"	Beneficiary "name supplier" Available with Turkiye Cumhuriyeti Bankasi A.S. Ankara
Amount EUR 47.500,00	By payment
Partial shipment Permitted	Transshipment Permitted

From: Amsterdam
To: Ankara Turkey by plane
Latest: 061106

Goods: Optical Spectrum Analyzer
         As per order acknowledgement dd.01.06.2006
         No. 373373

Docs: + Commercial invoice in 1 original, 4 copies, covering value amount FCA Eur. 47.500,00 as per order acknowledgement dd.01.06.2006, no. 373373
        + Air Waybill in 1 original, 3 copies issued to the name of applicant and marked
          'freight payable at destination in Turkish currency'

Cond.: + Beneficiary's shipment fax will be sent to our branch's fax nr. 00 90 ..... informing the exact amount, embarkation date city, marking of the packings, quantity of shipment, flight nr. not later than shipment date
        + Our L/C is subject to USPDC 1993 REV ICC PUB 500
        + In case of presentation of docs with discrepancy USD. 100,00 will be deducted from proceeds as an additional process fee.
        + Payment to beneficiary under reserve and any kind of guarantee are not acceptable
        + All documents must bear our L/C Ref.
        + Docs issued before L/C issuing date not acceptable
        + All documents must be issued in English language
        + Insurance will be covered by applicant
        + Notwithstanding, the provisions of UCP 500, if we give notice of refusal of docs. presented under this credit, we shall however retain the right to accept a waiver of discrepancies from the applicant and subject to such waiver being acceptable to us, to release the docs. against that waiver without reference to the presenter provided that no written instructions to the contrary have been received by us from the presenter before the release of the docs. we shall have no liability to the presenter in respect of any such release.

Charges: All charges occurring abroad are for beneficiary's account
Without   Without adding your confirmation

Instructions to the paying/accepting/negotiating bank
        + against receipt of credit conform documents we shall pay the proceeds to you as per our instructions
        + pls advise us the remittance of the docs by swift message quoting our ref.

                                            Bank to bank information
                                            + pl sack receipt by swift
                                            + pls send the docs to following address by DHL

Voorbeeld van een L/C.

Documentair Incasso

Bij gebruik van deze voorwaarde worden banken als tussenpersoon gebruikt. Na verzending van de goederen worden alle benodigde documenten door de exporteur naar zijn bank (remitterende bank) gestuurd. Deze stuurt de documenten vervolgens naar de bank van de klant (incasserende bank). De klant krijgt de beschikking over de documenten tegen betaling van het overeengekomen bedrag. Er zijn twee soorten documentaire incasso's:
1. Documents against payments (D/P). Hierbij ontvangt de klant de documenten, waarmee hij de goederen in zijn bezit kan krijgen, tegen onmiddellijke betaling.
2. Documents against acceptance (D/A). De klant ontvangt de documenten tegen acceptatie van een wissel. Deze wissel wordt op de vervaldag aan de importeur aangeboden, wat in een betaling resulteert.

Deze voorwaarde biedt minder zekerheid aan de exporteur dan de Letter of Credit. Men zal altijd de kredietwaardigheid van de klant moeten evalueren alvorens een order te accepteren. Ook blijft het politieke (landen)risico bestaan.

Blanco betaling

De exporteur verstuurt de goederen zonder dat er documenten via banken gaan. De importeur kan de goederen verkrijgen zonder eerst een betaling te verrichten. De benodigde documenten worden rechtstreeks naar de klant gestuurd. De importeur geeft vervolgens zijn bank de opdracht het overeengekomen bedrag over te maken. Voordelen van deze methode zijn de relatief lage kosten en de eenvoud. Het grote nadeel is echter het hogere risico dat de exporteur loopt. Dit risico kan eventueel verminderd worden door een kredietverzekering. In de praktijk zien we dan ook dat deze methode met name gebruikt wordt bij betrouwbare klanten bij wie niet getwijfeld wordt aan de kredietwaardigheid.

Consignatie

Bij het gebruik van deze voorwaarde krijgt de exporteur pas betaald op het moment dat de importeur de goederen verkocht heeft. Tot op dat moment blijft de exporteur eigenaar van de goederen. Deze methode kent dan ook het hoogste risico vergeleken met de eerder genoemde betalingsvoorwaarden.

10.12.1 Financiële risico's

Naast het reeds genoemde fabricagerisico loopt de exporteur nog twee andere financiële risico's:
- *Debiteurenrisico*: de kans dat de afnemer niet betaalt.
- *Landenrisico*: kans dat er geen financiële transacties meer verricht mogen worden door politiek-economische wijzigingen of catastrofes.
- *Valutarisico*: risico dat men loopt in geval van waardevermindering van de munt waarin men betaald wordt.

Bovenstaande risico's kunnen onder andere afgedekt c.q. verminderd worden door de juiste keuze van een bepaalde betalingsvoorwaarde, een kredietverzekering af te sluiten, hedging toe te passen of aan factoring te doen.

10.12.2 Keuze van betalingsvoorwaarde

Bij de keuze spelen onder andere de volgende factoren een rol:
- de mate van risico die men kan en wil lopen;
- ervaring met internationaal betalingsverkeer;
- marktsituatie: concurrentie, gewoonte in een land;
- onderhandelingsmacht van de betrokken partners.

10.13 Leveringsvoorwaarden

Een van de aspecten die, behalve prijs, productspecificatie en betalingsvoorwaarde, in een offerte aan de orde moet komen is de afbakening van de verantwoordelijkheid van de koper en verkoper. Een gestandaardiseerde manier om dit te doen is het gebruik van de Incoterms 2000. Dit is een aantal algemene, internationaal geaccepteerde leveringsvoorwaarden opgesteld door de International Chamber of Commerce. De laatste versie van deze standaardregels stamt uit het jaar 2000. Incoterms regelen de volgende zaken:
- *Taakverdeling*: wie doet wat.
- *Kostenverdeling*: tot wanneer draagt de verkoper bepaalde kosten en wanneer gaat de koper deze dragen.
- *Risicoverdeling*: tot welk moment is het risico van verlies of schade aan de goederen voor de verkoper en vanaf welk moment is het voor rekening van de koper.

Hieronder volgen de meest gehanteerde leveringsvoorwaarden met de belangrijkste kenmerken:
- *Ex Works (EXW) ... (genoemde plaats)*: de verkoper stelt de goederen beschikbaar op de genoemde plaats, niet geladen. De koper exporteert de goederen.
- *Free On Board (FOB)... (genoemde haven van vertrek)*: verkoper regelt en betaalt vervoer tot aan boord van het schip in de haven van vertrek. Verkoper exporteert.
- *Cost and Freight (CFR)... (genoemde aankomsthaven)*: verkoper regelt en betaalt alle vervoer tot aan de genoemde aankomsthaven. Koper moet zelf de verzekering regelen. Verkoper exporteert.
- *Cost, Insurance and Freight (CIF)... (genoemde aankomsthaven)*: Dezelfde inhoud als CFR met dien verstande dat de verkoper de verzekering regelt.
- *Delivery Duty Paid (DDP)... (genoemde plaats)*: verkoper regelt en betaalt alle vervoer tot aan genoemde bestemming, betaalt tevens de kosten van inklaren en de importtarieven.

EXW	Ex-works (...genoemde plaats)
FCA	Free Carrier (...genoemde plaats)
FAS	Free Alongside Ship (...genoemde haven van vertrek)
FOB	Free on Board (...genoemde haven van vertrek)
CFR	Cost and Freight (...genoemde aankomsthaven)
CIF	Cost, Insurance and Freight (...genoemde aankomsthaven)
CPT	Carriage Paid To (...genoemde plaats van bestemming)
CIP	Carriage and Insurance Paid to (...genoemde plaats van bestemming)
DAF	Deliverd at Frontier (...genoemde plaats)
DES	Deliverd ex-ship (...genoemde aankomsthaven)
DEQ	Delivered ex-quay (...genoemde aankomsthaven)
DDU	Delivery Duty Unpaid (...genoemde plaats van bestemming)
DDP	Delivery Duty Paid (...genoemde plaats van bestemming)

(voor meer informatie zie o.a. http://www.iccwbo.org/incoterms/id3040/index.html)

Tabel 10.8: Een compleet overzicht van alle dertien Incoterms

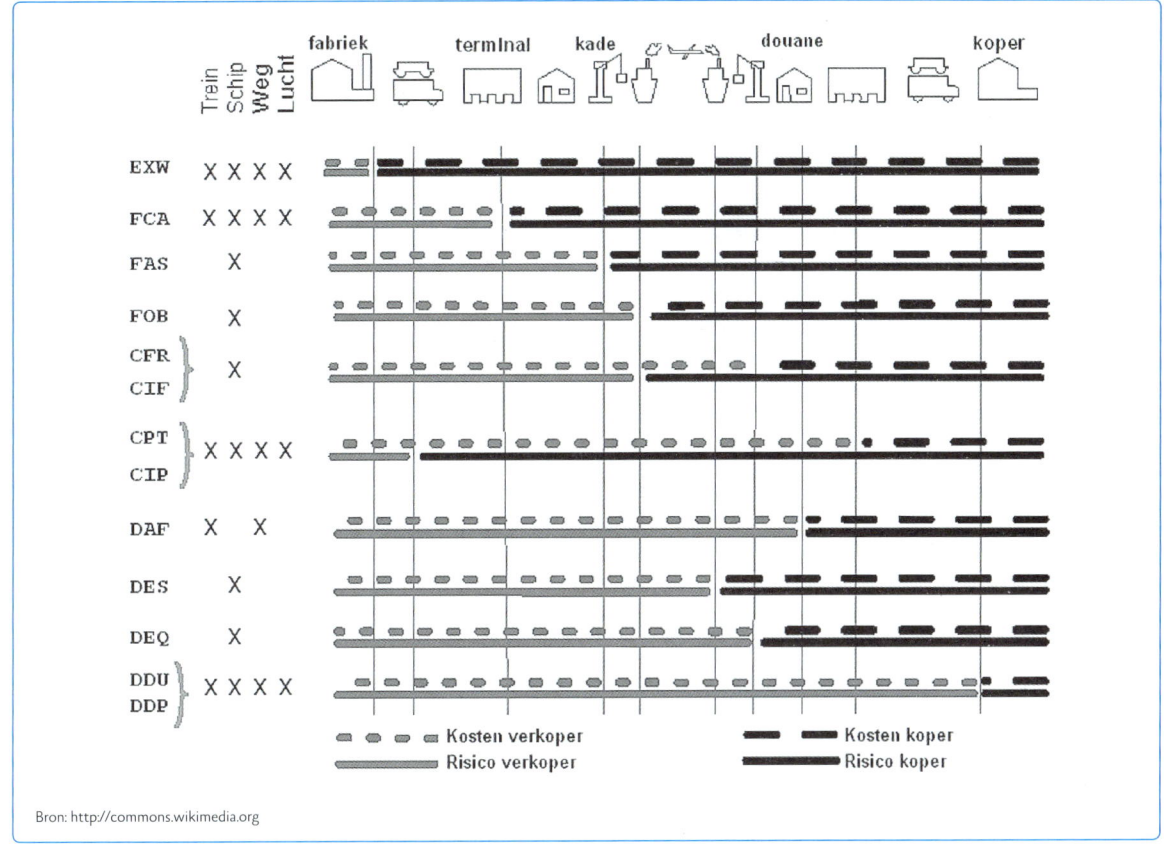

Figuur 10.15: Incoterms

Het is aan te bevelen al in een vroeg stadium van de onderhandelingen de toe te passen Incoterm te bespreken. Een van de argumenten die voor de koper een rol speelt bij de keuze is het niveau van customer service dat hij wenst te bieden.

10.14 De implicaties van internet voor de landenbrede prijsstelling

Na meer dan tien jaar planning en voorbereiding werd de eenheidsmunt van Europa, de euro (http://europa.eu.int/euro/), eindelijk werkelijkheid. In één klap ontstond door deze eenheidsmunt de grootste economie van de wereld, met een groter aandeel in de mondiale handel en een groter aantal consumenten dan de Verenigde Staten.

Tegen het einde van 2000 werd Europa plotseling één grote markt. Sindsdien kunnen mensen net zo gemakkelijk iets in een ander land dat de euro voert kopen als in de winkel op de hoek. Iedereen gebruikt dezelfde valuta; het enige probleem zijn de verschillende talen die worden gesproken in de landen die de euro voeren. Naarmate meer mensen in Europa een internetverbinding krijgen en in meer landen de euro wordt gevoerd, verwacht men dat online winkelen een grote vlucht zal nemen.

Deze vlucht is vooral te danken aan agressieve prijsverlagingen door internetdienstverleners (ISP's). Een aantal Britse bedrijven biedt bijvoorbeeld gratis internet aan of internet op basis van het principe 'je betaalt voor wat je gebruikt'. Dit heeft nieuwe delen van de bevolking gestimuleerd voor het eerst internet uit te proberen.

Een eenheidsmunt voor Europa was een lang gekoesterde ambitie. In de jaren 1970 werd al over het idee nagedacht, maar vanwege de stijging van de olieprijs werd het idee in de ijskast gezet. Begin jaren 1980 kwam het weer ter tafel, en in 1992 werd de eenheidsmunt met het Verdrag van Maastricht een feit. De landen die mee wilden doen, moesten aan veel financiële criteria voldoen, zoals beheersing van het inflatiepercentage en de verhouding tussen de overheidsschuld en het bruto binnenlands product. De meeste landen voldeden aan deze criteria en werden toegelaten tot de Europese Monetaire Unie.

De euro is nu de valuta van zestien lidstaten van de Europese Unie: België, Duitsland, Griekenland, Spanje, Frankrijk, Ierland, Italië, Luxemburg, Nederland, Oostenrijk, Portugal, Finland, Slovenië, Malta, Cyprus en Slowakije. In de nabije toekomst zal de euro in andere landen worden ingevoerd.

Voor Amerikaanse bedrijven die veel handel drijven met het Verenigd Koninkrijk of Britse dochterbedrijven hebben, zal het lastig zijn dat het Verenigd Koninkrijk buiten de euro-regio valt.

De belangrijkste implicaties van de invoering van de euro zijn dat:

- door de eenheidsmunt prijzen voor consumenten lager zijn, omdat prijzen in heel Europa transparant zijn;
- één markt wordt gecreëerd, omdat de handelsfrictie die het gevolg is van hoge transactiekosten en schommelende valuta's wordt gereduceerd;
- de concurrentie zal toenemen, omdat bedrijven zich nu moeten richten op prijs, kwaliteit en productie in plaats van zich te verstoppen achter zwakke valuta's;
- MKB-bedrijven en consumenten baat hebben bij de eenheidsmunt; voor de eerstgenoemde wordt het gemakkelijker tot 'buitenlandse' markten toe te treden, en de laatstgenoemden kunnen – steeds vaker via internet – hun aankopen op markten met de laagste prijzen doen;
- de Europese Centrale Bank voor een stabiel inflatie- en rentepercentage kan zorgen;
- de kosten van het zakendoen worden verlaagd als gevolg van lagere prijzen, lagere rentepercentages, geen transactiekosten of verlies als gevolg van het uitwisselen van valuta's en de afwezigheid van koersschommelingen.

Kortom, de eenheidsmunt zal de concurrentie aanzienlijk verhogen, transactiekosten omlaag brengen en voor meer zekerheid zorgen. Deze nieuwe krachten zullen in Europa structurele hervormingen teweegbrengen. Bijna alle aspecten van de zakelijke en politieke omgeving zullen erdoor worden beïnvloed.

Wat misschien nog belangrijker is, is dat bedrijven opnieuw moeten nadenken over hun marketing- en prijsstrategieën. Omdat het door de euro eenvoudig is prijzen in heel Europa met elkaar te vergelijken (vooral via internet) zullen de verschillen tussen markten met hoge en lage prijzen snel duidelijk worden.

Voor bedrijven die producten via internet verkopen zal het door de euro gemakkelijker worden zaken te doen. Het zal bedrijven stimuleren hun producten aan Europese klanten aan te bieden. Omdat Europeanen nu met een muisklik aankopen kunnen doen en prijzen met elkaar kunnen vergelijken, zullen ook zij positiever staan tegenover e-handel.

In individuele Europese landen is er gewoonlijk niet veel concurrentie, omdat mensen hun aankopen altijd lokaal (in eigen land) hebben gedaan. Nu Europeanen via internet hun aankopen internationaal kunnen doen, zullen ze zien dat er voor hetzelfde product verschillende prijzen worden gevraagd en dat ze andere keuzes kunnen maken, iets waar ze zich voorheen niet van bewust waren. Om de euro's van kopers binnen te halen zullen bedrijven hevig met elkaar concurreren, en dit zal de prijs van producten omlaag brengen.

Uit recent onderzoek is echter gebleken dat het internet niet voor een perfecte concurrentie zorgt die resulteert in dalende prijzen. Integendeel: in sommige gevallen zijn prijzen op internet hoger dan in traditionele detailhandels. Uit onderzoek is ook gebleken dat online consumenten niet zo prijsgevoelig zijn als men voorheen had gedacht. Consumenten worden minder prijsgevoelig en loyaler naarmate het niveau van kwalitatief hoogwaardige informatie op websites stijgt (Kung en Monroe, 2002).

Samenvatting

Bij het bepalen van het productbeleid voor het buitenland is het belangrijk te beslissen welke onderdelen (productniveaus) gestandaardiseerd moeten worden en welke aangepast moeten worden aan de lokale omgeving. In dit hoofdstuk zijn de verschillende factoren besproken die voor deze beslissing relevant zijn.

Branding is heel belangrijk. In dit hoofdstuk zijn verschillende vormen van branding besproken. Omdat bijvoorbeeld grote (en vaak transnationale) detailhandelsketens de controle over de distributie in handen hebben, proberen ze hun eigen merk te ontwikkelen. Producten met een eigen merk van een detailhandelaar, ook wel privatelabelproducten genoemd, leveren een betere winstmarge op en versterken het imago van de detailhandelaar bij de klanten. Vanwege een machtsverschuiving naar de detailhandelaren is het verkooppercentage privatelabelproducten de laatste jaren gegroeid.

In dit hoofdstuk zijn ook zaken besproken die steeds meer aandacht krijgen, bijvoorbeeld groene marketingstrategieën, inclusief de noodzaak om producten aan te passen zodat ze 'groener' zijn. Consumenten, aandeelhouders en de maatschappij in het algemeen profiteren er allemaal van als een bedrijf milieuvriendelijkheid in zijn marketingstrategie opneemt. Als groene marketing op de juiste manier wordt gebruikt, kan ze de emotionele band tussen consumenten en merken versterken. Als een bedrijf het predicaat 'groen' heeft gekregen, kan dat een positiever publiek imago genereren, wat weer kan leiden tot een grotere verkoop en hogere aandelenprijzen. Ook kan het zijn dat consumenten meer affiniteit voelen met een groen product of bedrijf, waardoor de merktrouw toeneemt.

De belangrijkste prijsstellingproblemen die in dit hoofdstuk zijn behandeld, zijn de prijsdeterminanten, de prijsstrategie, hoe buitenlandse prijzen zich tot binnenlandse prijzen verhouden, prijsescalatie, hoe prijzen in een offerte kunnen worden vermeld en interne verrekenprijzen.

Bij het vaststellen van prijzen moeten verschillende factoren in aanmerking genomen worden, waaronder kosten, de prijzen van concurrenten, het productimago, marktaandeel/marktvolume, het stadium van de productlevenscyclus waarin het product zich bevindt en het aantal producten waarom het gaat. Wat de optimale mix van deze factoren is, is per product, markt en bedrijfsdoel verschillend. Factoren als wisselkoersen, verschillende concurrentiesituaties op verschillende exportmarkten, verschillen in arbeidskosten en verschillen in inflatiepercentage in verschillende landen bemoeilijken de prijsstelling in de internationale context. Ook lokale en regionale reguleringen en wetten op het gebied van prijsstelling moeten in overweging genomen worden. Daarnaast is ook de gehanteerde leveringsvoorwaarde (Incoterm) van belang.

Een ander belangrijk aspect is de keuze van de juiste betalingsvoorwaarde. Hierbij heeft de exporteur de keuze uit verschillende alternatieven. Een belangrijk criterium bij de keuze is de mate van risico die men wenst te lopen.

Discussievragen

1. Welk onderscheid zou jij maken tussen diensten en producten? Wat zijn de belangrijkste implicaties van dit verschil voor de internationale marketing van diensten?

2. Tot op welke hoogte zou op internationale markten een gestandaardiseerd dienstverlenings- en garantiebeleid moeten worden aangeboden dat van markt tot markt niet sterk verschilt?

3. Waarom krijgt het internationale productbeleid bij de meeste bedrijven een hogere prioriteit dan andere elementen van de mondiale marketingmix?

4. Wat zijn de vereisten waaraan moet worden voldaan om een basisproduct effectief in een merkproduct te kunnen veranderen?

5. Bespreek de factoren die in aanmerking genomen moeten worden als je voor internationale productlijnen beslissingen over de verpakking neemt.

6. Wat zijn de typische kenmerken van diensten? Leg uit waarom het door deze kenmerken moeilijk is diensten op buitenlandse markten te verkopen.

7. Identificeer de belangrijkste hindernissen bij de ontwikkeling van internationale merken.

8. Bespreek de beslissing op internationale markten producten uit een productlijn te schrappen of aan een productlijn toe te voegen.

9. Wat zijn de kenmerken van een goede internationale merknaam?

10. Wat zijn de hoofdoorzaken van internationale prijsescalatie? Noem mogelijke manieren om dit probleem het hoofd te bieden.

11. Leg uit hoe wisselkoersen en inflatie invloed hebben op de manier waarop je je product prijst.

12. Hoe moeten marketeers hun product in een land met hoge inflatie prijzen als ze zichzelf willen beschermen?

13. Internationale kopers en verkopers van technologie zijn het vaak oneens met elkaar over de juiste prijs voor kennis. Waarom?

14. Welke methoden kunnen worden gebruikt om een interne verrekenprijs (voor transacties tussen gelieerde bedrijven) te berekenen?

15. Waarom is het vaak moeilijk faire 'op afstand'-verrekenprijzen te berekenen?

Competentietraining

1. Analyseer het productbeleid van een Nederlands product dat in het buitenland verkocht wordt. Besteed hierbij vooral aandacht aan de aspecten: wel of niet aangepast, land van origine, effect en merkbeleid. Probeer een verklaring te vinden voor eventuele verschillen met het productbeleid op de Nederlandse markt.

2. Neem een Nederlands product dat in het buitenland verkocht wordt en probeer de prijsopbouw van dit product te analyseren. Neem als basis de (geschatte) Ex Worksprijs in Nederland en geef vervolgens aan welke kostenposten, inclusief bedragen, er nog bij komen.

3. Kies een dienstverlenend bedrijf dat internationaal actief is en analyseer in welke mate de aard van het product (dienst) de keuzes met betrekking tot het internationale beleid beïnvloedt.

Casestudy 10.1 — Zippo Manufacturing Company: Is het bedrijf te ver gegaan met de productdiversificatie?

Geschiedenis

Zippo (www.zippo.com) werd in 1932 in Bradford (Pennsylvania) opgericht, toen George G. Blaisdell besloot een aansteker te ontwikkelen die er zowel goed uitzag als eenvoudig te bedienen was. Blaisdell verkreeg de rechten op een Oostenrijkse stormaansteker met afneembare kap en paste de vormgeving aan zijn eigen eisen aan. Hij maakte de behuizing rechthoekig en bevestigde de klep met een gelast scharnier aan het onderste gedeelte. De pit omhulde hij met een windbescherming. Gefascineerd door de naam van een andere uitvinding in deze tijd, de ritssluiting (*zipper* in het Amerikaans) noemde hij zijn nieuwe aansteker Zippo en gaf er levenslang garantie op. Het zeventig jaar oude merk kreeg pas echt bekendheid tijdens de Tweede Wereldoorlog, toen alle Zippo's die werden geproduceerd via commerciële verkooppunten van het Amerikaanse leger werden verkocht.

Tegenwoordig

Sinds de oprichting in 1932 heeft Zippo meer dan 375 miljoen stormaanstekers geproduceerd. Op verbeteringen van het wieltje en verschillende afwerkingen van de kast na is er vrijwel niets veranderd aan het oorspronkelijke ontwerp van Blaisdell. De levenslange garantie op alle Zippo's luidt nog steeds: *'It works or we fix it free'*, dus als de aansteker niet werkt, wordt hij gratis gerepareerd.

Hoewel de stormaansteker nog steeds het populairste product van Zippo is, is het bedrijf geschaad door antirookcampagnes. Omdat er een direct verband bestaat tussen Zippo en rokers, heeft het bedrijf te lijden gehad van Amerikaanse overheidsbesluiten op het gebied van tabaksproducten. Sigarettenfabrikanten bestellen duizenden Zippo's om hun merk te promoten en delen ze in ruil voor waardebonnen aan rokers uit. In een recente reclamecampagne van het bedrijf passeerden 101 manieren om je Zippo te gebruiken de revue. Je handen opwarmen en een autoslot ontdooien stonden wel op de lijst, een sigaret aansteken niet.

Het succes van de aansteker heeft het bedrijf gestimuleerd de productlijn uit te breiden tot een productfamilie. Deze omvat nu meetlinten, zakmessen, geldklemmen, schrijfgerei, sleutelhangers en het nieuwste product, de Zippo Multi-Purpose Lighter, een aansteker die voor verschillende doeleinden kan worden gebruikt. Al deze producten kunnen worden voorzien van een bedrijfslogo of handelsmerk.

In 1993 verleende Zippo aan Itochu Fashion System Co., een grote Japanse kledingfabrikant, een licentie om de bedrijfsnaam te gebruiken. Er zijn nu leren jasjes, jeans en handschoenen van Zippo te koop. Misschien gaat Zippo hetzelfde in Amerika doen. Vandaag de dag is Japan nog steeds de grootste exportmarkt voor Zippo.

Zippo heeft zijn verkoopoperaties nationaal en internationaal via een groot netwerk van verkoopvertegenwoordigers uitgebreid. In meer dan 120 landen wereldwijd is Zippo synoniem met in de Verenigde Staten geproduceerde kwaliteit en vakmanschap.

Als verzamelobject hebben de stormaanstekers van Zippo een benijdenswaardige reputatie. Het bedrijf geeft de *Zippo Lighter Collectors' Guide* uit, een gids met afbeeldingen van de aanstekers, een beschrijving van de verschillende series en uitleg over de datumcodes die onder op alle Zippo-aanstekers staan. In het Verenigd Koninkrijk, Italië, Zwitserland, Duitsland, Japan en de Verenigde Staten zijn er clubs voor aanstekerverzamelaars. Zippo sponsort ook zijn eigen verzamelaarsclub, Zippo Click.

Vragen

1. Wat zijn de voor- en nadelen van de productdiversificatiestrategie die Zippo recentelijk heeft gevolgd?
2. Ga naar de website www.zippo.com en analyseer de internationale strategie van Zippo. Geef de hoofdlijnen van hun internationale strategie weer en probeer verklaringen te vinden voor gemaakte keuzes.
3. Op bovengenoemde website kun je zien dat Zippo een online shop heeft die alleen in de VS levert. Stel dat men de online shop ook voor de rest van de wereld wil openstellen. Welke aspecten met betrekking tot de prijsstelling moet men in dit geval overwegen? Geef aan hoe jij hiermee zou omgaan.

11

Beslissingen over
distributie en communicatie

Hoofdstuk 11 BESLISSINGEN OVER DISTRIBUTIE EN COMMUNICATIE

Leerdoelen

Na het bestuderen van dit hoofdstuk moet je in staat zijn het volgende te doen:

- Onderzoeken wat bij het nemen van kanaalbeslissingen de bepalende factoren zijn.
- Bespreken wat bij het opzetten en managen van mondiale marketingkanalen de belangrijkste punten zijn.
- Bespreken welke factoren de kanaalbreedte bepalen (intensieve, selectieve en exclusieve dekking).
- Uitleggen wat wordt bedoeld met de integratie van het marketingkanaal.
- Inzicht krijgen in de fysieke distributiebeslissingen.
- De verschillende soorten communicatie-instrumenten definiëren en classificeren.
- Beschrijven wat de belangrijkste stappen zijn die bij reclamebeslissingen genomen moeten worden en deze nader verklaren.
- Beschrijven welke technieken beschikbaar en geschikt zijn voor het bepalen van het reclamebudget op buitenlandse markten.
- De mogelijkheden van marketing via internet bespreken.
- Uitleggen hoe belangrijk persoonlijke verkoop en het managen van verkooppersoneel op de internationale markt zijn.
- Het concept 'virale marketing' definiëren en uitleggen.
- Bespreken waarom gestandaardiseerde internationale reclame zowel voor- als nadelen heeft.

11.1 Inleiding

Toegang tot internationale markten is een gebied waarop bedrijven in de 21ste eeuw belangrijke beslissingen moeten nemen. In deel III hebben we stilgestaan bij het kiezen van een geschikte markttoetredingsmethode om producten en diensten van bedrijven op een buitenlandse markt te kunnen brengen. Nadat bedrijven een strategie hebben gekozen om hun producten op buitenlandse markten te brengen, is de distributie van de producten binnen die buitenlandse markten de volgende uitdaging waar ze mee te maken krijgen (en het onderwerp van dit hoofdstuk: zie figuur 11.1). Het eerste deel van dit hoofdstuk gaat over de structuur en het beheer van de buitenlandse distributie. Het tweede deel gaat over het managen van de internationale logistiek.

De kosten van distributiekanalen maken doorgaans vijftien tot veertig procent van de detailhandelsprijs van goederen en diensten in een sector uit.

Door ontwikkelingen op technologisch gebied zullen distributiekanalen de komende jaren sneller evolueren, waardoor bedrijven met steeds meer uitdagingen en kansen op het gebied van kanaalmanagement te maken zullen krijgen. Door middel van datanetwerken zijn eindgebruikers steeds meer in staat traditionele kanalen te omzeilen en direct met producenten en dienstenleveranciers zaken te doen.

Nu volgt een systematische aanpak van de hoofdbeslissingen die ten aanzien van internationale distributie genomen moeten worden. De belangrijkste kanaalbeslissingen en de factoren die hierbij een bepalende rol spelen, zijn in figuur 11.1 te zien. Distributiekanalen vormen de schakel tussen producent en eindklant. Algemeen gesproken doen internationale marketeers aan directe of indirecte distributie. Zoals we in hoofdstuk 9 hebben gezien, houdt directe distributie in dat een bedrijf zakendoet met een buitenlands bedrijf, terwijl het bij indirecte distributie zakendoet met een ander binnenlands bedrijf dat dienst doet als tussenpersoon. Figuur 11.1 laat zien dat het kiezen van bepaalde kanaalschakels sterk wordt beïnvloed door de verschillende kenmerken van buitenlandse markten. Dat gaan we nu nader bekijken.

Extern (paragraaf 11.2)	Klantkenmerken	Aard van product	Aard van vraag (locatie)	Concurrentie	Juridische bepalingen/lokale handelspraktijken

Intern	Hoofdbeslissingen	Deelbeslissingen
	Beslissingen over de structuur van het kanaal (paragraaf 11.3)	• Soorten tussenpersonen (alternatieve distributiekanalen) • Dekking (intensief, selectief of exclusief) • Lengte (aantal niveaus) • Controlemiddelen (mate van integratie) • Mate van integratie
	Distributiekanalen managen en controleren (paragraaf 11.4)	• Het screenen en selecteren van tussenpersonen • Het afsluiten van een contract (distributieovereenkomst) • Motiveren • Controleren • Beëindigen
	Fysieke distributie (paragraaf 11.5)	Fysieke distributie • Order handling • Transport • Inventory • Storage/warehousing • Verpakking • Third-party logistics

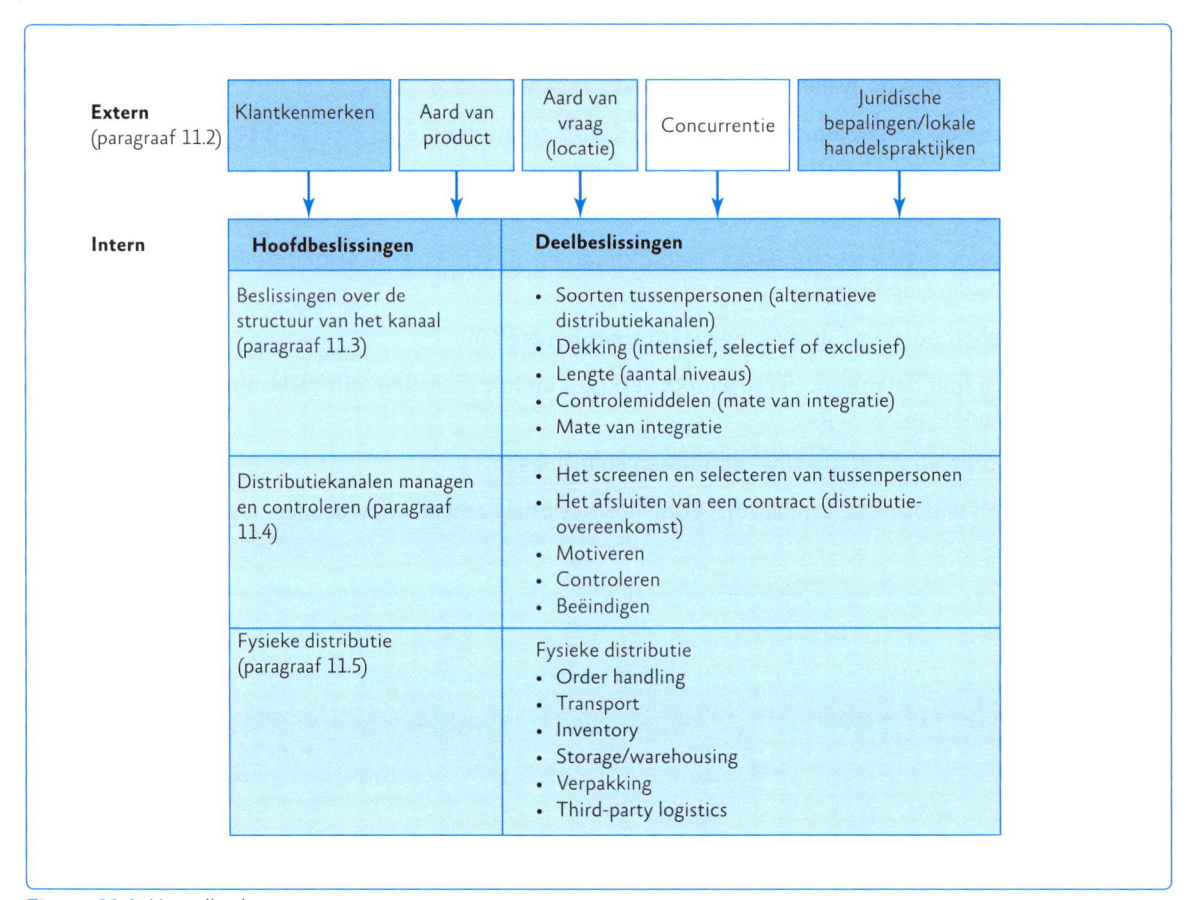

Figuur 11.1: Kanaalbeslissingen

Communicatie is het vierde en laatste gebied waarop in het kader van het mondiale marketingprogramma beslissingen moeten worden genomen. De rol van communicatie bij mondiale marketing is dezelfde als bij binnenlandse operaties: met klanten communiceren om informatie te verschaffen die kopers nodig hebben om koopbeslissingen te nemen. Hoewel de communicatiemix informatie biedt die interessant is voor kopers, is het uiteindelijke doel van de mix klanten over te halen een product te kopen – nu of in de toekomst.

Er zijn verschillende instrumenten waardoor bedrijven met klanten kunnen communiceren en hen kunnen beïnvloeden. Reclame is gewoonlijk het zichtbaarste onderdeel van de promotiemix, maar persoonlijke verkoop, sales promotions, publiciteit (public relations) en direct marketing (inclusief internet) zijn ook onderdelen van een bruikbare internationale promotiemix.

Een belangrijk punt van overweging is de vraag of de promotiemix gestandaardiseerd moet worden of aan de omgeving van elk land aangepast moet worden. Een ander is de beschikbaarheid van media in verschillende landen.

11.2 Externe bepalende factoren bij kanaalbeslissingen

11.2.1 Klantkenmerken

De klant, of eindklant, is de hoeksteen van alle kanaalontwerpen. Daarom moeten de omvang, geografische verspreidheid, koopgewoonten, winkelvoorkeuren en gebruikspatronen van klantgroepen bij het nemen van distributiebeslissingen in overweging genomen worden.

Distributiekanalen voor consumentenproducten zijn meestal langer dan die voor industriële producten omdat het aantal klanten groter is, de klanten geografisch meer verspreid zijn en ze kleinere hoeveelheden kopen. Koopgewoontes, winkelvoorkeuren en gebruikspatronen verschillen aanzienlijk van land tot land en worden sterk beïnvloed door sociaal-culturele factoren.

11.2.2 Aard van het product

Productkenmerken spelen een belangrijke rol bij het bepalen van de distributiestrategie. Voor laaggeprijsde convenience goods met een grote omzet is een intensief distributienetwerk nodig. Aan de andere kant is brede distributie voor prestigieuze producten niet nodig of zelfs niet wenselijk. In dat geval kunnen producenten hun distributiekanaal inkorten en versmallen. Consumenten zullen waarschijnlijk producten in winkels met elkaar vergelijken en zullen actief naar informatie zoeken over alle producten die ze in aanmerking nemen. In het geval van prestigieuze producten is een beperkte exposure geen belemmering voor marktsucces.

De kosten van het transporteren en opslaan van producten zijn belangrijke punten van overweging bij de distributie en verkoop van industriële goederen als bulkchemicaliën, metalen en cement. Bij de distributie van industriële producten als computers, machines en vliegtuigen spelen de directe verkoop, dienstverlening en reparatie en de opslag van reserveonderdelen een belangrijke rol. De duurzaamheid van een product, het gemak waarmee het te vervalsen is, het aantal en type klantendiensten dat gevraagd wordt, de eenheidskosten en speciale hanteringvereisten (zoals opslag in koelcellen) zijn ook belangrijke factoren die meespelen.

11.2.3 Aard van de vraag/locatie

De perceptie die doelklanten van bepaalde producten hebben, kan bedrijven dwingen hun distributiekanalen aan te passen. De productperceptie van klanten wordt beïnvloed door het inkomen en de productervaring van klanten, het eindgebruik van het product, in welk stadium van de levenscyclus het product zich bevindt en het economische ontwikkelingsniveau van het land.

De geografie van een land en de ontwikkeling van de transportinfrastructuur kunnen ook van invloed zijn op kanaalbeslissingen.

11.2.4 Concurrentie

Het is voor bedrijven belangrijk te weten welke kanalen voor de distributie van concurrerende producten en substituutproducten wordt gebruikt, want er bestaat vaak concurrentie tussen verschillende kanalen die eenzelfde markt bedienen. Over het algemeen verwachten consumenten bepaalde producten in bepaalde winkels (bijvoorbeeld speciaalzaken) aan te treffen of zijn ze eraan gewend geraakt bepaalde producten bij bepaalde bronnen te kopen. Daarnaast kan het zijn dat lokale en mondiale concurrenten met de belangrijkste groothandels op een buitenlandse markt een overeenkomst hebben gesloten, waardoor barrières zijn opgeworpen die bedrijven uit de belangrijkste kanalen houdt.

Soms is het enige alternatief de distributie op een manier aan te pakken die volkomen anders is dan die van de concurrentie en dan te hopen dat je zo concurrentievoordeel creëert.

11.2.5 Juridische bepalingen/lokale handelspraktijken

Een land kan bepaalde wetten hebben waardoor bepaalde kanalen of tussenpersonen niet kunnen worden gebruikt. Tot voor kort moesten alcoholische dranken in Zweden en Finland bijvoorbeeld gedistribueerd worden via winkels die staatseigendom waren. In andere landen is colportage verboden. Ook de marktdekking kan door wetten worden beïnvloed. Exclusieve vertegenwoordiging kan over het algemeen gezien worden als een handelsbelemmering, vooral als het om een product gaat dat een dominante marktpositie heeft. De antikartelautoriteiten van de EU houden nauwkeuriger dan ooit tevoren toezicht op overeenkomsten voor exclusieve verkoop. Het Verdrag van Rome verbiedt distributieovereenkomsten (bijvoorbeeld toekenning van exclusiviteit) die de handel beïnvloeden of concurrentie belemmeren.

Bovendien kunnen lokale handelspraktijken de efficiency en productiviteit van bedrijven belemmeren; bedrijven kunnen worden gedwongen een distributiekanaal te gebruiken dat langer en breder dan gewenst is. Vanwege het feit dat het distributiesysteem in Japan vele niveaus kent, met veel verschillende tussenpersonen, hebben buitenlandse bedrijven dit complexe systeem lang beschouwd als de meest effectieve niet-tarifaire handelsbarrière op de Japanse markt.

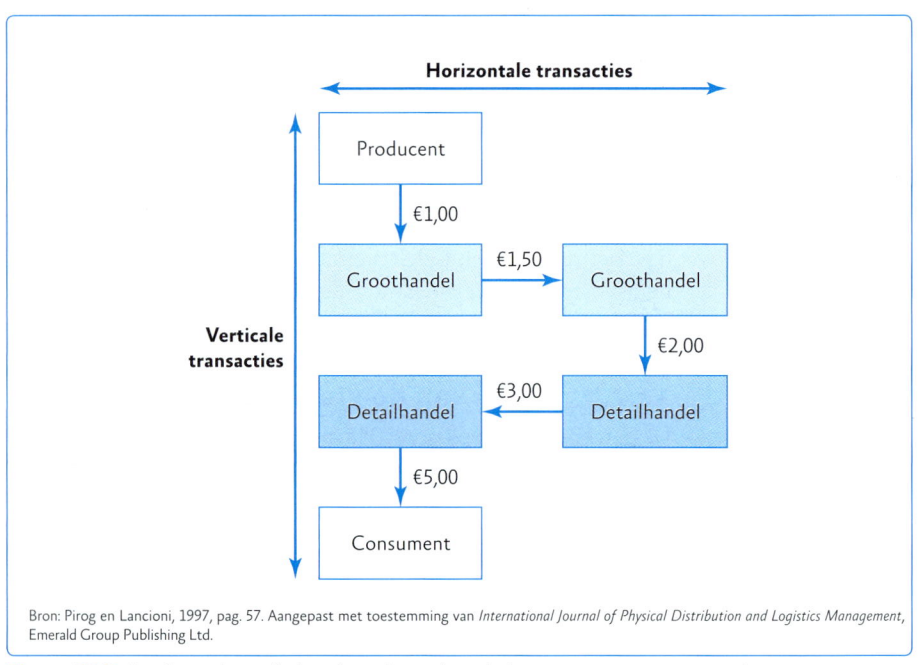

Bron: Pirog en Lancioni, 1997, pag. 57. Aangepast met toestemming van *International Journal of Physical Distribution and Logistics Management*, Emerald Group Publishing Ltd.

Figuur 11.2: Een hypothetisch distributiekanaal op de Japanse consumentenmarkt

In figuur 11.2 is te zien hoe het complexe Japanse systeem door zowel verticale als horizontale transacties (bijvoorbeeld van de ene groothandel naar een andere) prijzen met een factor vijf doet escaleren.

Nu gaan we kijken naar de belangrijkste beslissingen over de structuur van een distributiekanaal (figuur 11.1).

11.3 De structuur van het kanaal

11.3.1 Marktdekking

MARKTDEKKING
Deze dekking kan geografische gebieden of het aantal detailhandels betreffen. Er zijn drie soorten marktdekking: intensieve, selectieve en exclusieve dekking.

De mate van marktdekking die kanaalleden bieden is belangrijk. 'Dekking' is een flexibele term. Het kan verwijzen naar geografische gebieden in een land (zoals steden en grotere plaatsen) of naar het aantal detailhandels (als percentage van alle detailhandels). Ongeacht de maten die voor marktdekking worden gebruikt, moeten bedrijven een distributienetwerk (dealers, distributeurs en detailhandels) opzetten om hun dekkingsdoelen te behalen.

Zoals in figuur 11.3 te zien is, zijn er drie verschillende soorten marktdekking:
1. *Intensieve dekking.* Hierbij worden producten via het grootste aantal verschillende soorten tussenpersonen en het grootste aantal individuele tussenpersonen van elke soort gedistribueerd.
2. *Selectieve dekking.* Hierbij kiezen bedrijven een aantal tussenpersonen voor elk gebied dat gepenetreerd moet worden.
3. *Exclusieve dekking.* Hierbij kiezen bedrijven slechts één tussenpersoon.

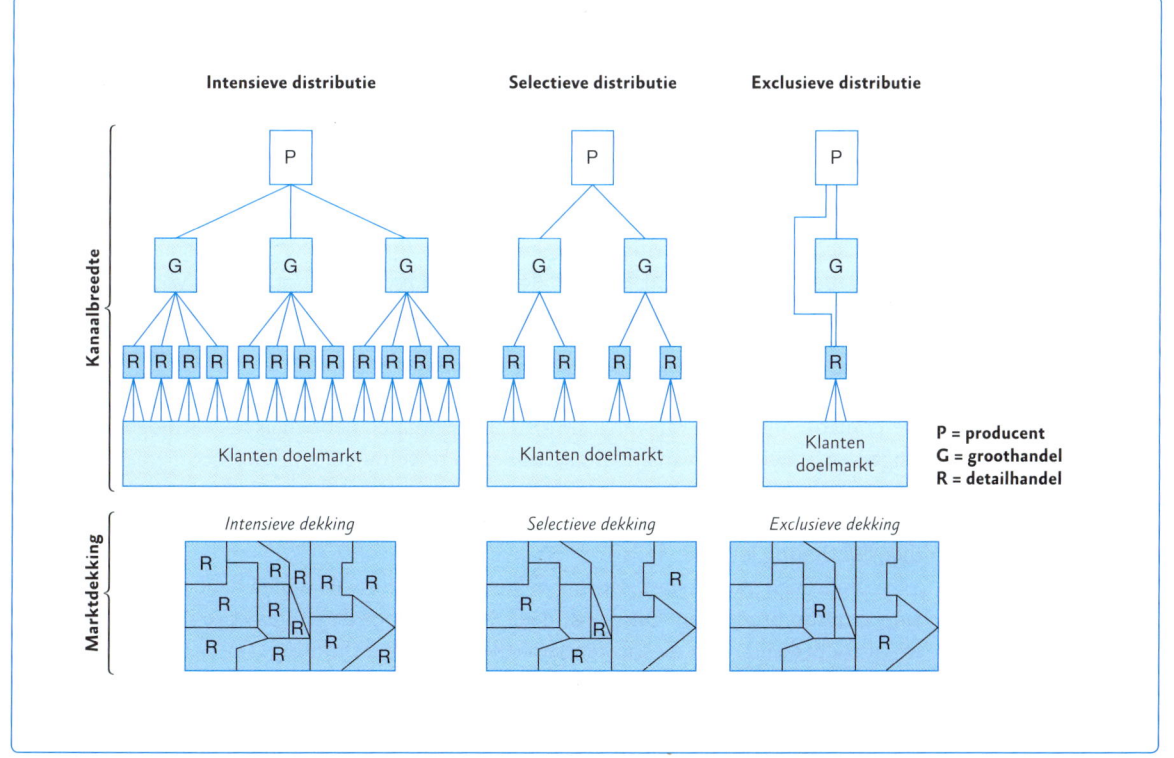

Figuur 11.3: Drie marktdekkingstrategieën

De marktdekking (kanaalbreedte) kan weergegeven worden als een oplopende schaal die loopt van brede kanalen (een intensieve dekking) naar smalle kanalen (een selectieve dekking). In figuur 11.4 wordt een overzicht gegeven van factoren die bedrijven zullen doen kiezen voor intensieve, selectieve dan wel exclusieve distributie.

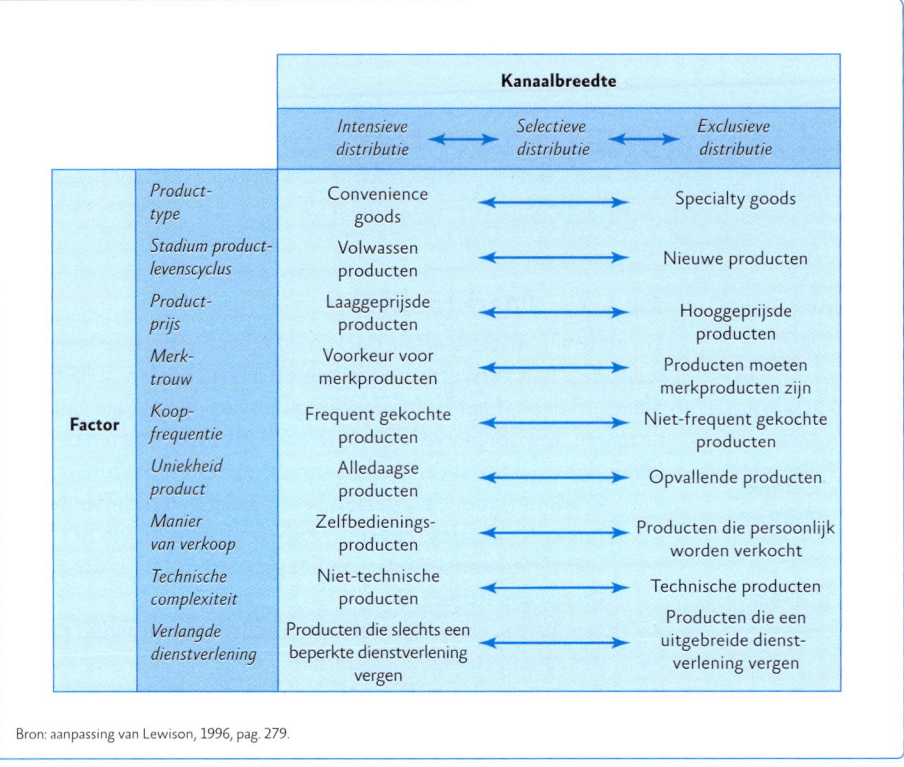

Factor		Kanaalbreedte		
		Intensieve distributie	*Selectieve distributie*	*Exclusieve distributie*
	Producttype	Convenience goods	←→	Specialty goods
	Stadium productlevenscyclus	Volwassen producten	←→	Nieuwe producten
	Productprijs	Laaggeprijsde producten	←→	Hooggeprijsde producten
	Merktrouw	Voorkeur voor merkproducten	←→	Producten moeten merkproducten zijn
	Koopfrequentie	Frequent gekochte producten	←→	Niet-frequent gekochte producten
	Uniekheid product	Alledaagse producten	←→	Opvallende producten
	Manier van verkoop	Zelfbedieningsproducten	←→	Producten die persoonlijk worden verkocht
	Technische complexiteit	Niet-technische producten	←→	Technische producten
	Verlangde dienstverlening	Producten die slechts een beperkte dienstverlening vergen	←→	Producten die een uitgebreide dienstverlening vergen

Bron: aanpassing van Lewison, 1996, pag. 279.

Figuur 11.4: Factoren die de kanaalbreedte beïnvloeden

11.3.2 Kanaallengte

KANAALLENGTE:
Het aantal niveaus (tussenpersonen) in het distributiekanaal.

De kanaallengte wordt bepaald door het aantal niveaus of de verschillende soorten tussenpersonen. Langere kanalen, dus kanalen met verschillende tussenpersonen, worden meestal geassocieerd met convenience goods en massadistributie. Vanwege de historische ontwikkeling van het distributiesysteem in Japan zijn de kanalen voor convenience goods aldaar lang (zie figuur 11.2). Een van de gevolgen hiervan is dat de prijs voor de eindconsument fors wordt verhoogd (prijsescalatie: zie paragraaf 11.3).

11.3.3 Controle/kosten

De 'controle' die leden van verticale distributiekanalen hebben, is het vermogen de beslissingen en activiteiten van andere kanaalleden te beïnvloeden. Kanaalcontrole is van cruciaal belang voor internationale marketeers die wereldwijd internationale merken willen vestigen en naam willen maken als bedrijf dat wereldwijd een constante kwaliteit en dienstverlening levert.

Bedrijven moeten beslissen in welke mate ze controle willen hebben over de marketing van hun producten. Dit wordt deels bepaald door de strategische rol die elke markt krijgt toebedeeld. Ook de soorten kanaalleden die beschikbaar zijn, de voorschriften en regels betreffende de distributie die er op buitenlandse markten zijn en tot op zekere hoogte de rol die kanaalleden van oudsher toebedeeld krijgen, zijn bepalende factoren.

Als bedrijven hun eigen verkooppersoneel op internationale markten gebruiken, hebben ze doorgaans een hoge mate van controle over de distributie van hun producten. Het gebruik van tussenpersonen zal automatisch tot enig verlies van controle over de marketing van producten leiden.

Een tussenpersoon voert gewoonlijk bepaalde functies uit:
- producten op voorraad hebben;
- vraag genereren of producten verkopen;
- fysieke distributie;
- dienstverlening na verkoop;
- krediet verlenen aan klanten.

Om hun producten bij de eindgebruikers te krijgen, kunnen producenten al deze functies zelf op zich nemen. Ook kunnen ze sommige (of alle) functies naar tussenpersonen overhevelen. Een oud gezegde luidt: 'Je kunt de tussenpersoon elimineren, maar niet de functies van die tussenpersoon.'

In de meeste marketingsituaties is er sprake van een compromis tussen het vermogen van producenten de controle over belangrijke kanaalfuncties te houden en de financiële middelen die nodig zijn om die controle in handen te houden. Hoe meer tussenpersonen bij de distributie van producten betrokken zijn, hoe minder controle producenten over het algemeen hebben over de gang van hun producten door het distributiekanaal en de manier waarop ze aan de consument worden gepresenteerd. Aan de andere kant is het voor het inkorten en versmallen van een distributiekanaal doorgaans nodig dat producenten zelf meer functies uitvoeren. Dit betekent dat producenten meer financiële middelen in activiteiten als opslag, transport, krediet en de verkoop en dienstverlening op de buitenlandse markt zullen moeten steken.

Samengevat: bij het nemen van de beslissing een tussenpersoon te gebruiken dan wel producten via eigen verkooppersoneel te verkopen, moeten bedrijven een afweging maken tussen de wens zelf de controle over mondiale marketingactiviteiten te houden en de wens zo weinig mogelijk middelen in deze activiteiten te steken.

11.3.4 Mate van integratie

Door middel van integratie kan ook controle worden uitgeoefend. Kanaalintegratie is het proces waarbij alle kanaalleden in één kanaalsysteem worden samengevoegd, met één leider en één serie doelstellingen. Er zijn twee vormen van integratie:
1. *Verticale integratie*: proberen de controle over kanaalleden op verschillende kanaalniveaus te krijgen.
2. *Horizontale integratie*: proberen de controle over kanaalleden binnen hetzelfde kanaalniveau (concurrenten) te krijgen.

Integratie wordt door acquisitie (eigenaarschap) of nauwe samenwerkingsrelaties tot stand gebracht. Het kan moeilijk zijn kanaalleden zover te krijgen dat ze gaan samenwerken om gezamenlijk voordeel te behalen. Vandaag de dag zijn samenwerkingsrelaties echter essentieel voor het efficiënt en effectief functioneren van distributiekanalen.

In figuur 11.5 is een voorbeeld van verticale integratie te zien.

Uitgangspunt in figuur 11.5 zijn de conventionele marketingkanalen die bestaan uit op zichzelf staande en autonoom deelnemende kanaalleden. Door onderhandelingen op afstand wordt het kanaal gecoördineerd. Verticale integratie kan twee kanten opgaan: voorwaarts of achterwaarts.
- De producent kan voorwaarts integreren door controle te krijgen over bedrijven op het groothandels- en detailhandelsniveau van het kanaal.
- De detailhandel kan achterwaarts integreren door controle te krijgen over bedrijven op het groothandels- en producentenniveau van het kanaal.
- De groothandel heeft twee mogelijkheden: voorwaartse of achterwaartse integratie.

VERTICALE INTEGRATIE
Proberen de controle over kanaalleden op verschillende kanaalniveaus te krijgen, bijvoorbeeld door als producent een distributeur over te nemen.

HORIZONTALE INTEGRATIE
Proberen de controle over kanaalleden binnen hetzelfde kanaalniveau te krijgen, bijvoorbeeld door als producent een concurrent over te nemen.

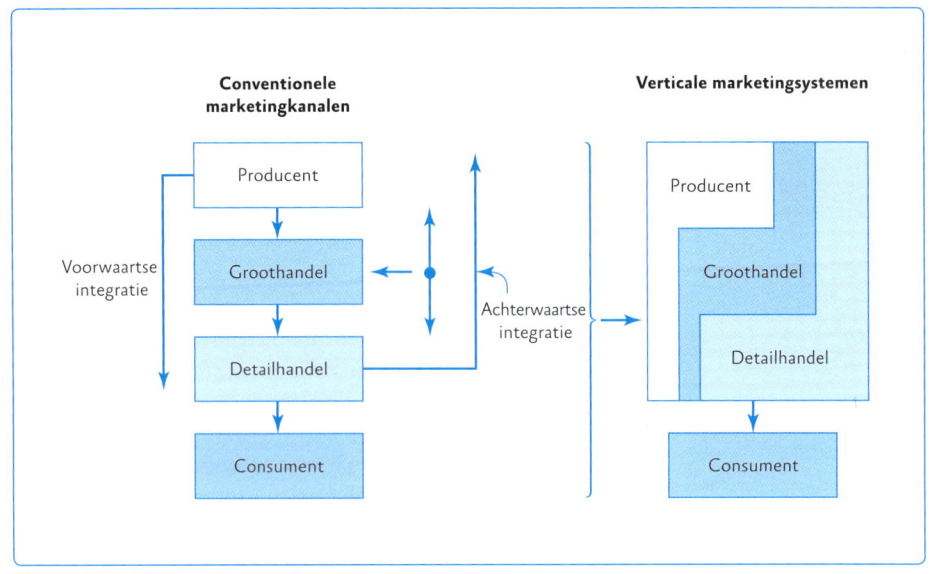

Figuur 11.5: Verticale integratie

Het resultaat van deze manoeuvres is een verticaal marketingsysteem (figuur 11.5). Hierbij bestaat het kanaal uit geïntegreerde deelnemers. Doordat bij een dergelijk systeem de loyaliteit van leden en de commitment op de lange termijn gegarandeerd is, is het erg stabiel.

11.4 Distributiekanalen managen en controleren

In het beginstadium van de markttoetreding is het verstandig met lokale distributeurs een partnerschap aan te gaan. Distributeurs kennen de specifieke kenmerken van hun markt, en de meeste klanten doen liever zaken met lokale partners. Arnold (2000) noemt enkele richtlijnen die internationale marketeers kunnen volgen om problemen te voorkomen en op te lossen:
- *Kies zelf je distributeurs – laat ze jou niet kiezen.* Gewoonlijk worden producenten op internationale beurzen door potentiële distributeurs benaderd, maar de meest enthousiaste distributeurs zijn vaak de verkeerde mensen om een partnerschap mee aan te gaan.
- *Zoek naar distributeurs die in staat zijn markten te ontwikkelen in plaats van distributeurs die een paar contacten hebben.* Dit betekent soms dat producenten de meest voor de hand liggende keus – de distributeur die de juiste klanten heeft en een snelle verkoop kan genereren – moeten laten schieten en in zee moeten gaan met een partner die bereid is langetermijninvesteringen te doen en een open relatie accepteert.
- *Behandel plaatselijke distributeurs als langetermijnpartner, niet als tijdelijk markttoetredingsmiddel.* Veel bedrijven laten distributeurs duidelijk weten dat ze slechts op de korte termijn gebruik van ze willen maken, door bijvoorbeeld een contract op te stellen waarmee ze na een paar jaar de distributierechten terug kunnen kopen. Het probleem van dergelijke kortetermijncontracten is dat lokale distributeurs op die manier niet worden gestimuleerd te investeren in de benodigde marketingontwikkeling voor de lange termijn.

- *Ondersteun de markttoetreding door er geld, managers en goede marketingideeën aan toe te wijzen.* In het beginstadium van de markttoetreding willen veel producenten hier geen middelen aan toewijzen. Om de strategische controle te behouden, moeten internationale marketeers er echter voldoende bedrijfsmiddelen in steken, vooral als ze eenmaal weten wat het vooruitzicht van hun bedrijf op de nieuwe markt is.
- *Houd vanaf het begin de controle over de marketingstrategie.* Onafhankelijke distributeurs moeten de gelegenheid krijgen de strategie van de producent aan lokale omstandigheden aan te passen. Maar alleen bedrijven die bij de marketing van hun producten de touwtjes in handen hebben, kunnen van het volle potentieel van een mondiaal marketingnetwerk profiteren.
- *Zorg ervoor dat distributeurs je gedetailleerde informatie geven over de marktprestatie en financiële prestatie van je product(en).* De meeste distributeurs beschouwen gegevens als klantidentificatie en lokale prijsniveaus als belangrijke machtsbronnen in de relatie met producenten. Of producenten van hun concurrentievoordeel op de internationale markt kunnen profiteren, hangt sterk af van de kwaliteit van de informatie die ze uit de markt krijgen. In contracten met distributeurs moet daarom vermeld staan dat dergelijke gegevens uitgewisseld moeten worden, bijvoorbeeld gedetailleerde gegevens over de marktprestatie en financiële prestatie van producten.
- *Verbind nationale distributeurs zo snel mogelijk met elkaar.* Op die manier kunnen onafhankelijke nationale raden van distributeurs of regionale bedrijfskantoren worden opgezet. De overdracht van ideeën binnen lokale markten kan de prestatie ten goede komen en resulteren in een consistentere uitvoering van internationale marketingstrategieën, aangezien verbinding met andere nationale distributeurnetwerken kan worden gelegd. Dit kan leiden tot een transnationale overdracht van efficiënte marketinginstrumenten.

Als het basisontwerp van een kanaal eenmaal is vastgesteld, moeten internationale marketeers de best mogelijke kandidaten voor het kanaal zoeken en ervoor zorgen dat deze met hen samen zullen werken.

11.4.1 Het screenen en selecteren van tussenpersonen

In figuur 11.6 zijn de belangrijkste criteria (kwalificaties) voor het selecteren van buitenlandse distributeurs in vijf categorieën ondergebracht.

Na alle belangrijke criteria op een rijtje gezet te hebben (zoals in figuur 11.6), moeten producenten een aantal criteria uitkiezen op basis waarvan potentiële kandidaten met elkaar worden vergeleken.

In het voorbeeld in tabel 11.1 worden de eerste twee criteria uit de vijf categorieën geselecteerd om potentiële kanaalleden te screenen, dus tien criteria in totaal. Welke criteria een bedrijf selecteert, zal afhangen van de aard van het bedrijf en de distributiedoelen die het op de gegeven markten nastreeft. De lijst van criteria moet aansluiten bij de factoren die het succes van het bedrijf bepalen – alle zaken die belangrijk zijn om de concurrentie te verslaan.

De hypothetische producent (een bedrijf waar verpakte consumentengoederen worden geproduceerd) in tabel 11.1 vond de expertise van distributeurs op het gebied van marketingmanagement en hun financiële gezondheid het belangrijkst. Deze indicatoren laten zien of de distributeur geld verdient en in staat is enkele noodzakelijke marketingfuncties, zoals het verlenen van krediet aan klanten en het absorberen van risico, kan uitvoeren. Financiële rapporten zijn niet altijd volledig of betrouwbaar; ook kunnen veel financiële rapporten op verschillende manieren worden geïnterpreteerd. Daarom moet een derde partij ernaar kijken en een mening erover geven. Om de potentiële distributeurs te kunnen 'wegen' en ze een cijfer te kunnen geven, zoals in tabel 11.1 is gebeurd, moet de producent

Sterke punten qua financiën en bedrijf	Productfactoren	Marketingvaardigheden	Commitment	Faciliterende factoren
• Financieel gezond • Het vermogen de eerste verkoop en verdere groei te financieren • Het vermogen aanvullende financiering te verkrijgen • Het vermogen voldoende financiële middelen voor promotie en reclame te leveren • Product- en marktexpertise • Het vermogen producten op voorraad te houden • Kwaliteit van het managementteam • Reputatie bij huidige en vroegere klanten • Het vermogen een twee- en driejarenplan voor marketing op te stellen en te implementeren	• De kwaliteit en verfijning van de productlijnen • De complementariteit van producten (synergie of botsing?) • Bekendheid met het product • Technische knowhow bij personeel • De staat van de fysieke faciliteiten • Octrooibescherming	• Expertise en geavanceerdheid op het gebied van marketingmanagement • Het vermogen voldoende geografische marktdekking te bieden • Ervaring met de doelklanten • Dienstverlening aan klanten • Tijdige levering • Verkooppersoneel • Marktaandeel • Deelname aan handelsbeurzen • Lidmaatschap van bedrijfsverenigingen	• De bereidheid te investeren in verkooptraining • De commitment de minimale verkoopdoelen te behalen • Een positieve houding ten opzichte van het productprogramma van de producent • De onverdeelde aandacht voor het product • De bereidheid middelen in reclame te steken • De bereidheid concurrerende productlijnen te laten vallen • De veranderlijkheid van de productmix • Het percentage business dat voor individuele leveranciers wordt gedaan • De bereidheid voldoende producten op voorraad te houden	• Connecties met invloedrijke mensen (netwerk) • Werkervaring/ relaties met andere producenten (exporteurs) • Staat van dienst bij vroegere leveranciers • Kennis van de betreffende business • Overheidsvoorschriften • Kennis van de Engelse taal

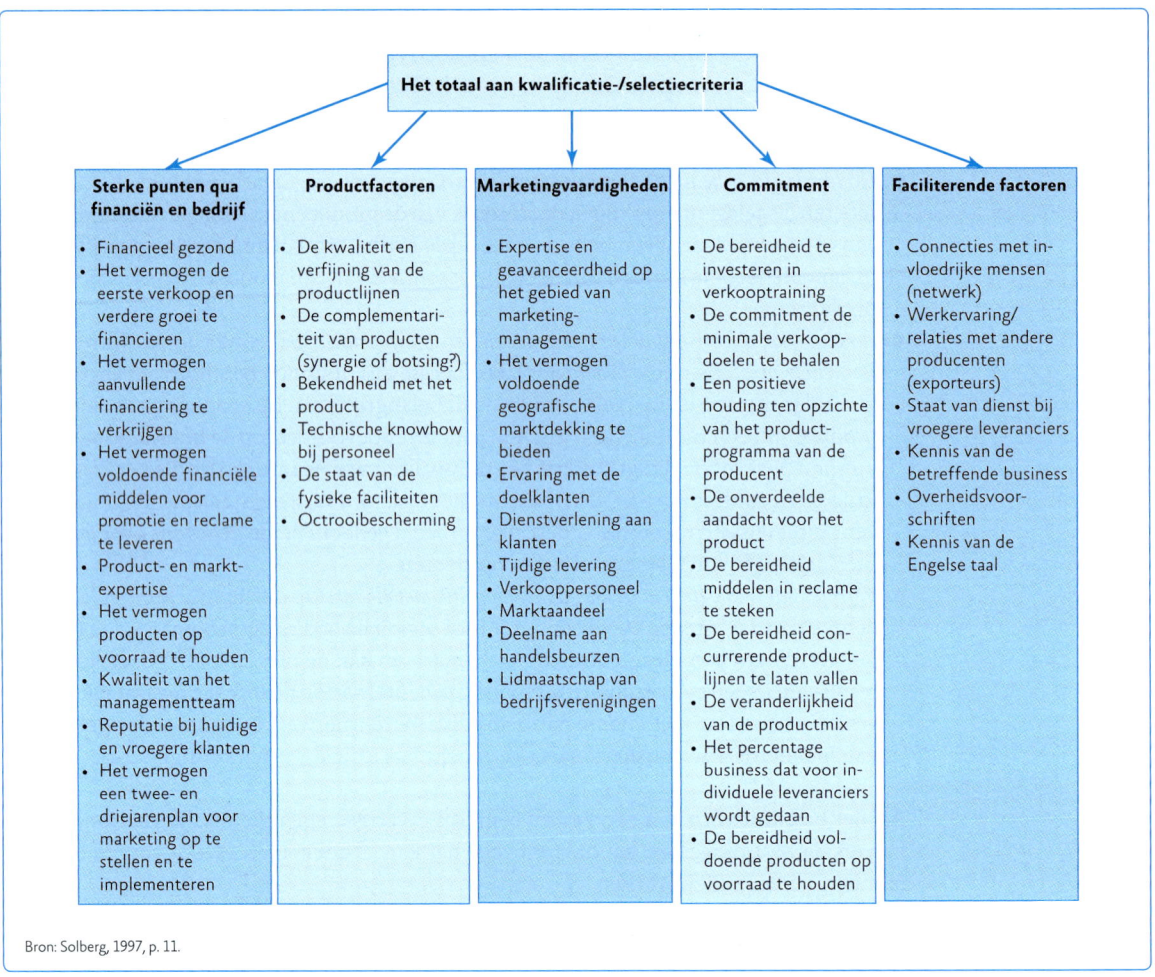

Bron: Solberg, 1997, p. 11.

Figuur 11.6: Criteria voor het evalueren van buitenlandse distributeurs

met het management van elk van de distributeurs een aantal persoonlijke gesprekken hebben gevoerd. In het voorbeeld in de tabel zou de producent distributeur 1 kiezen.

Een bedrijf dat industriële goederen produceert, zou waarschijnlijk andere evaluatiecriteria belangrijk vinden, zoals productcompatibiliteit, de technische knowhow en technische faciliteiten van de distributeur, ondersteunende dienstverlening, de infrastructuur van de distributeur, de klantprestatie en de houding ten opzichte van zijn weinig belangrijke producten. Vaak ontdekken mondiale marketeers dat de beste – dat wil zeggen de voor hen meest geschikte – distributeurs al concurrerende producten hanteren en daarom niet beschikbaar zijn.

Een bedrijf dat hightechconsumentengoederen produceert, zal juist zoeken naar financiële gezondheid, expertise op het gebied van marketingmanagement, reputatie, technische knowhow, technische faciliteiten, ondersteunende dienstverlening en overheidsrelaties. Door religieuze of etnische verschillen in sommige landen kan het zijn dat een agent geschikt is voor een bepaald deel van de markt maar niet voor een ander. In dat geval zijn meer kanaalleden nodig om de markt voldoende te dekken.

11.4.2 Het afsluiten van een contract (distributieovereenkomst)

Als internationale marketeers een geschikte tussenpersoon hebben gevonden, wordt een contract voor de buitenlandse verkoop opgesteld. Voordat de laatste hand aan een contract wordt gelegd, is het verstandig het toekomstige kanaallid een aantal persoonlijke bezoeken

Hoofdstuk 11 BESLISSINGEN OVER DISTRIBUTIE EN COMMUNICATIE

Criteria (niet op volgorde van belangrijkheid)	Gewicht	Distributeur 1		Distributeur 2		Distributeur 3	
		Cijfer	Score	Cijfer	Score	Cijfer	Score
Sterke punten qua financiën en bedrijf: ■ Financieel gezond ■ Het vermogen de eerste verkoop en verdere groei te financieren ■ Het vermogen aanvullende financiering te verkrijgen	4 3	5 4	20 12	4 4	16 12	3 3	12 9
Productfactoren: ■ De kwaliteit en verfijning van de productlijnen ■ De complementariteit van producten (synergie of botsing?) ■ Bekendheid met het product	3 3	5 3	15 9	4 4	12 12	3 2	9 6
Marketingvaardigheden: ■ Expertise en geavanceerdheid op het gebied van marketingmanagement ■ Het vermogen voldoende geografische marktdekking te bieden ■ Ervaring met de doelklanten	5 4	4 5	20 20	3 4	15 16	2 3	10 12
Commitment: ■ De bereidheid te investeren in verkooptraining ■ De commitment de minimale verkoopdoelen te behalen ■ Een positieve houding ten opzichte van het productprogramma van de producent	4 3	3 4	12 12	3 3	12 9	3 3	12 9
Faciliterende factoren: ■ Connecties met invloedrijke mensen (netwerk) ■ Werkervaring/relaties met andere producenten (exporteurs) ■ Staat van dienst bij vroegere leveranciers	3 2	5 4	15 8	4 3	12 6	4 3	12 6
Score			143		122		94

Cijfers
5 = uitstekend
4 = bovengemiddeld
3 = gemiddeld
2 = onder het gemiddelde
1 = onvoldoende

Gewicht
5 = kritieke succesfactor
4 = noodzakelijke succesfactor
3 = belangrijke succesfactor
2 = van enig belang
1 = standaard

Tabel 11.1: Een voorbeeld van de evaluatie van distributeurs aan de hand van selectiecriteria uit figuur 11.6

te brengen. De overeenkomst zelf hoeft niet ingewikkeld te zijn, maar gezien het grote aantal verschillen in marktomgeving zijn bepaalde elementen van cruciaal belang. Deze zijn in figuur 11.7 op een rij gezet.

Als het contract tussen een bedrijf en een kanaallid niet zorgvuldig is opgesteld, kan het heel moeilijk zijn de commitment voor de lange termijn op te brengen die in distributiekanalen nodig is. Naast de specifieke verantwoordelijkheden van beide partijen is het normaal een tijdslimiet en een minimumverkoopniveau vast te stellen. Als dit niet wordt gedaan, kan het zijn dat het bedrijf wordt opgescheept met een slecht presterende partner die niet uit het kanaal verwijderd kan worden of alleen tegen heel veel geld uitgekocht kan worden.

Het is belangrijk de contractduur vast te stellen, vooral als een overeenkomst wordt afgesloten met een nieuwe distributeur. Over het algemeen worden distributieovereenkomsten voor een korte tijd afgesloten (een tot twee jaar). In het eerste contract met een nieuwe distributeur moet een proefperiode van drie of zes maanden worden opgenomen, mogelijk met een minimumverkoopvereiste. De duur van een contract hangt ook af van wat door lokale wetten met betrekking tot distributieovereenkomsten wordt voorgeschreven.

Vooral kleine bedrijven moeten de geografische grenzen waarbinnen een distributeur zijn werk doet zorgvuldig bepalen. Als een distributeur het recht op bepaalde gebieden opeist, kan het moeilijk zijn later de productmarkt uit te breiden. Marketeers moeten het recht houden producten onafhankelijk te distribueren en bepaalde klanten zelf te bedienen.

In het onderdeel van het contract dat over betaling gaat, moet zowel de betaalwijze als de manier waarop de distributeur of agent voor zijn werk wordt vergoed vermeld staan. Distributeurs ontlenen hun vergoeding aan verschillende kortingen, zoals functionele korting, terwijl agenten een specifiek percentage van de nettoverkoop (meestal tien tot twintig procent) als provisie ontvangen. Gezien de volatiliteit van de valutamarkten moet in het contract bovendien worden vermeld in welke valuta de vergoeding of provisie wordt betaald.

Ook over het te distribueren product en de verkoopvoorwaarden moeten bedrijven en distributeurs het eens zijn. De producten of productlijnen moeten in het contract worden vermeld, net als de functies en verantwoordelijkheden van de tussenpersoon wat betreft het op voorraad houden van de goederen, de eventuele dienstverlening en het promoten van de goederen. In de verkoopvoorwaarden wordt bepaald welke partij verantwoordelijk is voor bepaalde kosten die bij verkoop worden gemaakt (bijvoorbeeld marketingkosten), wat een effect zal hebben op de producentenverkoopprijs. Krediet- en transportvoorwaarden vallen ook onder de verkoopvoorwaarden.

Om de relatie tussen marketeers en distributeurs succesvol te laten zijn, moet in het contract worden opgenomen op welke manier met elkaar wordt gecommuniceerd. Marketeers moeten toegang hebben tot alle informatie die een distributeur heeft over de vermarkting van hun producten in het gebied van de distributeur, inclusief gegevens uit het verleden, een evaluatie van de huidige situatie en marketingonderzoek.

- Naam en adres van beide partijen
- Datum waarop de overeenkomst ingaat
- Duur van de overeenkomst
- Bepalingen omtrent het verlengen of ontbinden van de overeenkomst
- Omschrijving van het verkoopgebied
- Vaststelling van korting en/of provisie en bepaling wanneer en hoe de tussenpersoon wordt betaald
- Bepalingen omtrent het wijzigen van de provisie of de korting
- Vaststelling van beleid omtrent de producentenverkoopprijs
- Vaststelling welke diensten verleend moeten worden
- Restricties om de productie en verkoop van soortgelijke of concurrerende producten te verbieden
- Bepaling bij welke partij de verantwoordelijkheid voor onderhandelingen over octrooien en handelsmerken en/of prijsstelling ligt
- De overdraagbaarheid of niet-overdraagbaarheid van de overeenkomst en alle beperkende factoren
- Vaststelling onder de jurisdictie van welk land en welke staat (indien van toepassing) het contract valt, voor het geval dat geschillen moeten worden opgelost

Figuur 11.7: Elementen die onderdeel moeten uitmaken van overeenkomsten met een buitenlandse tussenpersoon (distributeur)

11.4.3 Motiveren

Als de geografische en/of culturele afstand tussen een bedrijf en zijn kanaalleden groot is, kan het moeilijk zijn deze te motiveren. Ook het feit dat ze geen eigendom van het bedrijf zijn, maakt het moeilijk ze te motiveren. Omdat tussenpersonen onafhankelijke bedrijven zijn, zullen ze proberen hun eigen doelen te behalen, en deze doelen komen niet altijd overeen met die van de producent. Internationale marketeers kunnen tussenpersonen zowel financieel als psychologisch belonen. Tussenpersonen zullen sterk worden beïnvloed door het inkomstenpotentieel van een product. Als de handelsmarge van een product laag is en het moeilijk is het product te verkopen, verliezen tussenpersonen interesse in dat product. Aangezien ze producten en diensten van verschillende bedrijven in hun assortiment hebben, zullen ze zich concentreren op producten die beter op hun verkoopinspanningen reageren.

Het is belangrijk regelmatig contact te onderhouden met agenten en distributeurs. Als deze voortdurend op verschillende manieren van relevante informatie worden voorzien, zullen ze geïnteresseerd blijven in het product en gestimuleerd worden dit te verkopen. Internationale marketeers kunnen binnen hun bedrijf één persoon aanwijzen die verantwoordelijk is voor de communicatie met distributeurs. Ook kunnen ze uitwisselingsprogramma's voor het personeel opzetten, zodat beide organisaties beter inzicht krijgen in hoe de ander werkt.

11.4.4 Controleren

Door hun tussenpersonen zorgvuldig uit te kiezen, kunnen bedrijven controleproblemen vermijden. Het gezamenlijk vaststellen en vastleggen van prestatiedoelen is voor bedrijven de beste manier om de controle in handen houden. Deze doelen kunnen onder andere zijn: omzet per jaar, groeipercentage van het marktaandeel, de introductie van nieuwe producten, de prijs van het product en ondersteuning bij marketingcommunicatie. Controle kan worden uitgeoefend door tussenpersonen regelmatig persoonlijk te ontmoeten.

Bij het evalueren van de prestatie van een tussenpersoon moeten eventuele veranderingen in de omgeving in aanmerking worden genomen. In het geval van een economische recessie of felle concurrentie kan het zijn dat doelen niet behaald kunnen worden. Als echter is vastgesteld dat de tussenpersoon slecht presteert, moet het contract tussen het bedrijf en het kanaallid heroverwogen en wellicht ontbonden worden.

11.4.5 Ontbinden

Een kanaalrelatie wordt doorgaans ontbonden omdat:
- de internationale marketeer in het gastland een dochterbedrijf heeft opgezet;
- de internationale marketeer ontevreden is over de prestatie van de tussenpersoon.

Om de overgang soepel te laten verlopen, is het nodig open met elkaar te communiceren. De tussenpersoon kan worden gecompenseerd voor investeringen die hij heeft gedaan en belangrijke klanten kunnen samen worden bezocht om ze ervan te verzekeren dat de dienstverlening niet onderbroken zal worden.

Ontbindingsvoorwaarden zijn een van de belangrijkste soorten voorwaarden in een distributieovereenkomst. Er zijn verschillende redenen waarom een overeenkomst ontbonden kan worden, en als de ontbindingsvoorwaarden niet zorgvuldig worden opgesteld, kan dat de internationale marketeer duur komen te staan. Het is vooral belangrijk erachter te komen wat lokale wetten over ontbinding van dergelijke contracten voorschrijven en na te gaan wat de ervaring van andere bedrijven in een bepaald land is.

In sommige landen kan het beëindigen van een contract met een slecht presterende tussenpersoon tijdrovend en kostbaar zijn. In de EU moeten bedrijven bij ontbinding zonder gegronde reden de tussenpersoon een bedrag betalen ter hoogte van de gemiddelde jaarprovisie. De tussenpersoon moet drie tot zes maanden van tevoren van de ontbinding op de hoogte worden gesteld. Als een contract wordt ontbonden omdat een producent een lokaal dochterbedrijf heeft opgezet, kan die producent overwegen goed personeel van de tussenpersoon aan te nemen, bijvoorbeeld als manager bij de nieuwe verkoopdochter. Zo kan worden voorkomen dat de productknowhow die in het bedrijf van de tussenpersoon is opgebouwd verloren gaat. Ook kunnen internationale marketeers overwegen het bedrijf van de tussenpersoon over te nemen als deze bereid is het te verkopen.

11.5 Fysieke distributiebeslissingen

Het totale logistieke traject kan men opsplitsen in *materials management* en fysieke distributie. In deze paragraaf beperken we ons tot de fysieke distributie, het deel nadat productie heeft plaatsgevonden tot aan de ontvangst door de klant. De kosten van internationale distributie zijn hoger dan die van nationale distributie. Dit wordt onder andere veroorzaakt door een grotere afstand, verschillende vormen van transport, extra documentatie, afwijkende verpakkingen, verschil in taal, meer bureaucratie en langere communicatielijnen.

Een belangrijk aspect bij het nemen van fysieke distributiebeslissingen is het begrip customer service. Dit kunnen we omschrijven als het geheel van eisen, anders dan kwaliteit en prijs, waaraan een bedrijf moet voldoen met als doel klanttevredenheid te realiseren. Enkele belangrijke elementen zijn:
- leveringsbetrouwbaarheid;
- ordergrootte, ordergemak;
- levertijd;
- flexibiliteit;
- nauwkeurigheid.

Een exporteur dient zich terdege te realiseren dat klanttevredenheid niet alleen bepaald wordt door een goed product en een dito prijs. Als een klant namelijk regelmatig met onjuiste documenten geconfronteerd wordt, die bovendien ook nog te laat arriveren, met als gevolg extra kosten en nee-verkopen, dan zal de klant uiteindelijk misschien wel besluiten om de relatie te beëindigen.

In deze paragraaf zal aandacht besteed worden aan de beschikbare transportmiddelen en het aspect verpakking. De exportdocumenten worden besproken in 11.7. Overige aspecten zoals verschillende soorten tussenpersonen in de distributie vallen buiten het kader van dit boek.

11.5.1 Transport

Welk transportmiddel te kiezen? De belangrijkste alternatieven met enkele van hun kenmerken zijn:
- Zeevaart: grote volumes, lage snelheid, goedkoopste op lange afstand, bijvoorbeeld auto's.
- Binnenvaart: grote volumes over lange afstand, bijvoorbeeld grind.
- Wegvervoer: hoog bereik, flexibiliteit, milieubelasting, allerlei soorten goederen.
- Spoorwegvervoer: interessant in geval van grote volumes over lange afstanden, bijvoorbeeld bulkgoederen.
- (Pijp)leiding: continu bruikbaar, lage milieubelasting, bijvoorbeeld olie en gas.
- Luchtvaart: snel, duur, bijvoorbeeld bloemen.

Bij de keuze tussen bovenstaande alternatieven kunnen de volgende criteria gehanteerd worden: kosten, snelheid, leveringsbetrouwbaarheid, wettelijke eisen, kenmerken van het product (bijvoorbeeld bederfelijkheid) en bereikbaarheid.

11.5.2 Verpakking

In het internationale goederenverkeer worden er, in vergelijking met de binnenlandse markt, hogere eisen gesteld aan het aspect verpakking. Redenen hiervoor zijn onder meer: langere afstand, meer op- en overslag, wettelijke en klimatologische verschillen. Zo moeten bepaalde producten geseald worden verpakt in verband met een hoge vochtigheidsgraad. Ook komt het voor dat de verpakking steviger moet zijn (3 lagen papier in plaats van 2 lagen) om beschadiging tijdens de handling en transport te voorkomen.

Bovenstaand impliceert dat een exporteur zich terdege moet verdiepen in kenmerken van het bestemmingsland en de gevolgen hiervan voor de verpakking van zijn product.

11.6 Implicaties van internet voor distributiebeslissingen

Internet heeft de kracht de machtsbalans tussen consumenten, detailhandelaren, distributeurs, producenten en dienstleveraars drastisch te veranderen. Sommige deelnemers aan de distributieketen zullen hun macht en winst zien toenemen en anderen zien juist het tegenovergestelde. Sommige zullen zelfs zien dat ze zijn overgeslagen en hun marktaandeel kwijt zijn geraakt.

Fysieke distributeurs en handelaren in goederen en diensten die gemakkelijker via internet besteld en/of geleverd kunnen worden, ondervinden steeds meer druk van e-commerce. Dit desintermediatieproces, waarbij steeds meer directe verkoop via internet verloopt, leidt ertoe dat producenten met hun wederverkopers gaan concurreren. Dit kan uitlopen op een kanaalconflict. Het is inderdaad zo dat internet de traditionele 'fysieke' distributeurs kan elimineren, maar in het hervormingsproces van de waardeketen kunnen ook nieuwe soorten tussenpersonen ontstaan. Zo wordt het desintermediatieproces gecompenseerd door een herintermediatiekracht – de evolutie van nieuwe tussenpersonen die op maat gemaakt zijn voor de wereld van internet.

De hervorming van industriestructuren in de interneteconomie verloopt meestal via de intermediatie-desintermediatie-herintermediatiecyclus (IDH-cyclus), zoals afgebeeld in figuur 11.8. Door de opkomst van nieuwe technologieën verandert de relatie tussen kopers, leveranciers en tussenpersonen. Intermediatie vindt plaats als een bedrijf de schakel wordt tussen twee kanaalleden (bijvoorbeeld koper-leverancier, koper-tussenpersoon of tussenpersoon-leverancier). Desintermediatie vindt plaats als een tussenpersoon uit de waardeketen wordt geëlimineerd. Herintermediatie vindt plaats als een speler die ooit uit de keten is geëlimineerd zich weer als tussenpersoon kan vestigen.

11.6.1 Het verschil tussen e-marketing en m-marketing

Een belangrijk verschil tussen e-marketing en m-marketing (mobiele marketing) zijn de verschillende technologieën die deze vormen van marketing mogelijk maken. Voor e-marketing wordt vaak gebruikgemaakt van pc's, relatief grote, logge apparaten die ergens moeten staan en via kabels met een krachtbron en internet verbonden zijn. Zelfs laptops zijn niet gemakkelijk mee te nemen. Bij m-marketing heeft men met de uitdaging te maken dat binnen het kader van mobiliteit veel meer verschillende technische capaciteiten moeten worden ontwikkeld. Nu verschillen mobiele telefoons nog qua netwerk (de Europese en Amerikaanse standaard).

Door snelle innovaties wordt het mogelijk 'slimme' telefoons te ontwerpen waarmee via streepjescodes op producten productinformatie kan worden opgevraagd en telefoons die als e-portemonnee dienstdoen (als chipknip of creditcard).

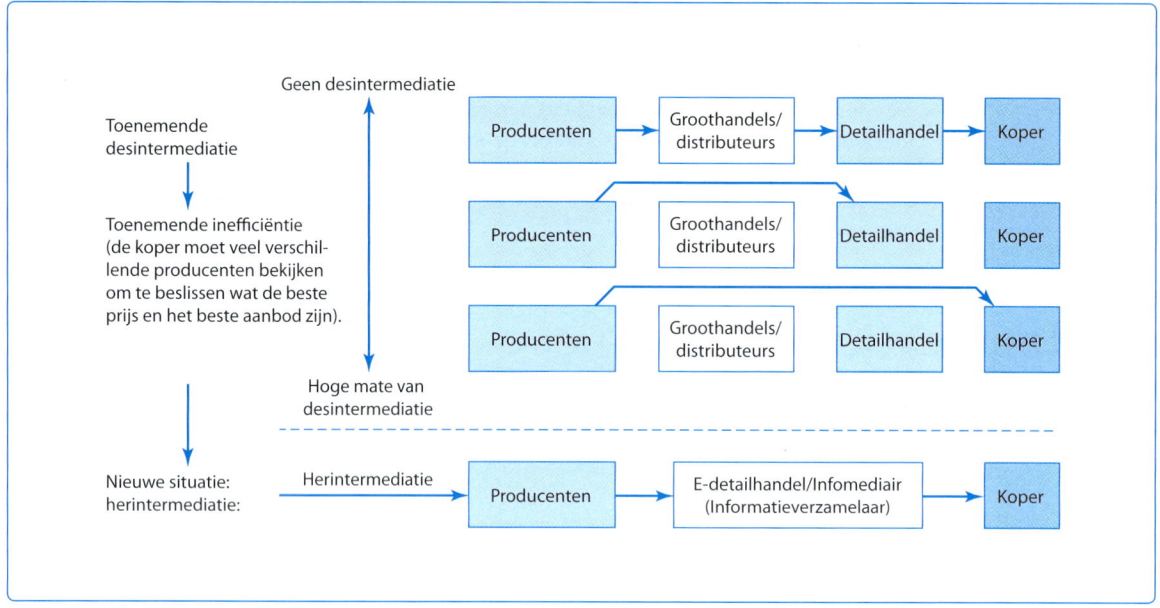

Figuur 11.8: Desintermediatie en herintermediatie

11.6.2 Voordelen van m-marketing

De introductie van m-marketing zal consumenten, handelaren en telecommunicatiebedrijven een aantal voordelen opleveren. Net als bij alle technologieën zullen zich in de toekomst voordelen voordoen die men nu nog niet eens kan voorzien. Voordelen die nu al duidelijk zijn, zijn onder andere:

Voor consumenten

- *Prijzen vergelijken*: wanneer ze maar willen, hebben consumenten toegang tot de beste prijzen op de markt. Om prijzen te vergelijken, hoef je niet mobiel te zijn; dit kan door middel van diensten als pricescan.com.
- *De kloof tussen winkel en internet ('bricks and clicks') overbruggen*: diensten die het gebruikers mogelijk maken producten in een winkel te bekijken maar toch elektronisch de beste prijs te zoeken.
- *Opt-in zoekopdrachten*: klanten kunnen door handelaren bijvoorbeeld via een berichtje op de hoogte worden gesteld als producten waarnaar ze op zoek zijn in de verkoop komen.
- *Reizen*: de mogelijkheid om geplande reizen overal en altijd te veranderen.

Voor handelaren

- *Impulsaankopen*: consumenten kunnen via internetreclame of een sms-bericht op de hoogte worden gesteld van afgeprijsde producten, waar ze zich op dat moment ook bevinden (misschien zelfs in de buurt van of in de betreffende winkel). Hierdoor wordt de kans dat ze de producten kopen en dus de omzet van de handelaar groter.
- *Het koopverkeer leiden*: omdat mobiele telefoons tijd- en locatiegevoelige persoonlijke apparaten zijn, zullen bedrijven hun klanten naar de plek leiden waar de transactie het gemakkelijkst uit te voeren is, of dat op dat moment nu een webwinkel of een 'echte' winkel is.
- *Informatievoorziening consumenten*: bedrijven sturen consumenten informatie toe over productvoordelen of nieuwe producten.
- *Vergankelijke producten*: dit is vooral belangrijk bij producten die hun waarde niet behouden als ze niet worden gebruikt, zoals bepaalde diensten. Een stoel in een vliegtuig die

niet wordt bezet, genereert geen inkomsten, en de waarde gaat verloren. Door m-marketing kunnen bedrijven hun voorraad beter beheren.
- *Efficiëntie vergroten*: bedrijven hoeven minder tijd aan hun klanten te besteden. Omdat productinformatie direct via de mobiele telefoon beschikbaar is, hoeven ze niet over de voordelen van verschillende producten of over prijzen te praten.
- *Doelmarkt*: bedrijven zijn beter in staat hun producten en promotieactiviteiten op een bepaald tijdstip te richten op doelmarkten in een bepaald geografisch gebied.

Voor telecommunicatiebedrijven zijn de voordelen hoofdzakelijk dat consumenten hun mobiel meer zullen gebruiken en dat ze contentproviders voor m-commercetransacties een hoger tarief in rekening zullen brengen. Als gevolg van m-marketing moeten directe marketeers hun strategie heroverwegen om gebruik te kunnen maken van bestaande gemeenschappen als sportfans, surfers en muziekfans, tijdgebonden gemeenschappen zoals toeschouwers bij sportevenementen en festivals en locatiegevoelige gemeenschappen als bezoekers van galerijen en mensen die kleine inkopen doen. Ze moeten manieren ontwikkelen om deze gemeenschappen over te halen zelf aan te geven dat ze aan m-commerce willen meedoen. Applicaties moeten afgestemd worden op locatie, klantbehoeften en de capaciteiten van mobiele telefoons. Zo zullen drukke jonge stadsmensen vooral geïnteresseerd zijn in tijd- en locatiegevoelige applicaties als het boeken van reizen, het reserveren van bioscoopkaartjes en het afhandelen van bankzaken.

Zoals al gezegd is, maakt m-marketing de verspreiding van informatie naar klanten op het meest effectieve tijdstip, de meest effectieve plaats en in de juiste context mogelijk. Je zou dus kunnen stellen dat m-marketing (marketing via mobiele telefoons) interactieve marketingrelaties verder versterkt.

11.7 Exportdocumenten

In de internationale handel kan men te maken krijgen met een veelheid aan documenten. Een exporteur doet er dan ook verstandig aan zich hierin goed te verdiepen. Een organisatie die gaat exporteren moet zich goed realiseren dat overheidsmaatregelen een erg grote invloed hebben. Niets is tenslotte vervelender dan een klant die zijn goederen niet kan inklaren, omdat de documenten niet correct of niet volledig zijn. Wat documenten betreft kunnen we een onderscheid maken in een aantal soorten. Een paar worden hieronder genoemd:

Transportdocumenten
- Bill of Lading (B/L): Een Bill of Lading, ook wel connossement genoemd, bewijst dat de rederij de goederen heeft ontvangen voor transport en het vertegenwoordigt de goederen. Dit betekent dat een connossement verhandelbaar is. Met het document kunnen dus de goederen van eigenaar verwisselen. Het is het eigendomsbewijs van de goederen.
- CMR: dit is een internationale overeenkomst waarin rechten en plichten zijn opgenomen van de bij het wegvervoer betrokken partijen: afzender, vervoerder en geadresseerde. Door het tekenen van de CMR-vrachtbrief neemt de vervoerder de verantwoordelijkheid over de goederen tijdelijk op zich en kan hij ook aansprakelijk worden gesteld bij het vermoeden van schade of verlies. Een CMR is niet verhandelbaar.
- Airway Bill: dit document is zowel een vervoersovereenkomst, een ontvangstbewijs en indien gewenst een transportverzekeringsbewijs. De Airway Bill is niet verhandelbaar.

Oorsprongsdocumenten

- Certificaat van Oorsprong: dit document geeft aan waar het product geproduceerd is.
- Eur-1: de EU heeft met een aantal landen (groepen) handelsakkoorden gesloten wat ertoe leidt dat korting of vrijstelling van invoerrecht verkregen kan worden. Om hier gebruik van te maken moet het product gemaakt zijn in een van de 'overeenkomstgebieden'. Dit wordt vastgelegd in het Eur-1 certificaat.

Overige documenten

- Administratieve documenten: Enig Document, Pro forma factuur, factuur, leveranciersverklaring, offerte
- Vergunningen: invoer- en uitvoervergunning

Voor een volledig overzicht verwijzen we naar de site van de Kamer van Koophandel (www.kvk.nl). Een andere bron van informatie is de site van de EVD (www.evd.nl) of de Market Acces Database-site van de Europese Unie (http://mkaccdb.eu.int). Hier kan men per land vinden welke documenten benodigd zijn.

In sommige gevallen komt het voor dat documenten gelegaliseerd en/of gecertificeerd moeten worden. Legalisatie wil zeggen dat er aangetoond moet worden dat de documenten getekend zijn door een gevolmachtigde persoon. Certificering houdt in dat verklaard wordt dat de inhoud van bepaalde documenten juist is.

11.8 Douane

Een van de organisaties die een belangrijke rol speelt in de materie rondom exportdocumenten is de douane. Deze zorgt onder andere voor heffing van invoerrechten en is daarnaast ook verantwoordelijk voor grenscontroles, vaak als intermediair voor andere overheidsinstanties, zoals de Belastingdienst in het kader van de btw-heffing.

In deze paragraaf willen we kort ingaan op de heffing van de invoerrechten. Deze heffing is vaak een percentage van de CIF-waarde (transactiewaarde van de goederen). Dit wordt ook wel een ad-valorem recht genoemd. Bij de bepaling van de heffing wordt gebruikgemaakt van het Geharmoniseerd Systeem (GS), ook wel het *Harmonized System* (HS) genoemd. Dit is een internationale goederenclassificatie opgesteld door de Wereld Douane Organisatie (WDO). Een exporteur dient te weten in welke categorie zijn product geclassificeerd wordt. Indien men twijfelt, kan bij de douane een bindende tariefinlichting (BTI) worden aangevraagd. Informatie over de hoogte van de heffing is onder andere te vinden op de eerdergenoemde website van de Europese Unie (http://mkaccdb.eu.int).

Behalve invoerrechten worden in veel landen ook nog andere heffingen toegepast. Hierbij moet men denken aan btw, accijnzen en havenrechten. Inzicht in al deze heffingen is noodzakelijk om een goed beeld te krijgen van de uiteindelijke verkoopprijs.

Een van de laatste ontwikkelingen op douanegebied is de invoering van de *Authorised Economic Operator* (AEO)-status voor bedrijven die deelnemen aan het internationale handelsverkeer. Een dergelijk certificaat biedt bedrijven allerlei voordelen in de afhandeling van het internationale handelsverkeer. Bedrijven die hiervoor in aanmerking willen komen, moeten aan een aantal criteria voldoen. Door de introductie van dit certificaat bestaat de internationale goederenstroom uit twee delen: gecertificeerd en niet-gecertificeerd. Gecertificeerde bedrijven krijgen een aantal faciliteiten die gelden voor de gehele EU: minder fysieke en documentcontroles, controle met voorrang, de aanvraag of een controle op een bepaalde plaats gebeurt.

11.9 Het communicatieproces

Bij 'communicatieproces' denken we meestal aan een producent (zender) die een boodschap via een bepaald medium naar een identificeerbaar doelpubliek stuurt. Hier is de verkoper de initiator van het communicatieproces. Als de verkoper en de koper echter al een relatie hebben, is het waarschijnlijker dat de koper in het communicatieproces het initiatief zal nemen. Als de ervaringen van de koper na het kopen van een bepaald product op een bepaald tijdstip positief zijn, is er een kans dat hij dit product later weer zal kopen, dat wil zeggen dat hij het initiatief zal nemen informatie in te winnen of een bestelling te plaatsen (de zogenaamde inkoopmarketing).

Hoe de splitsing tussen het totale verkoopvolume dat aan kopers- en verkopersinitiatief toe te schrijven is zich ontwikkelt, is in figuur 11.9 te zien. Het relatieve aandeel verkoopvolume dat aan kopersinitiatieven is toe te schrijven, zal in de loop der tijd toenemen. Huidige en toekomstige kopersinitiatieven zijn een functie van alle aspecten van de vroegere marktprestatie van een bedrijf, dat wil zeggen de hoeveelheid verkopersinitiatieven, hun aard, de tijd waarop ze genomen werden, de concurrerendheid van aangeboden producten, de ervaring na aankoop, de relaties die met kopers zijn ontwikkeld alsmede de manier waarop met kopersinitiatieven is omgegaan (Ottesen, 1995).

11.9.1 Hoofdkenmerken van effectieve communicatie

De rest van dit hoofdstuk gaat over het communicatieproces en communicatie-instrumenten gebaseerd op verkopersinitiatieven. Alle effectieve marketingcommunicatie bestaat uit vier onderdelen: een zender, een boodschap, een communicatiekanaal en een ontvanger (publiek). In figuur 11.10 zijn de hoofdkenmerken van effectieve communicatie te zien.

Om op een effectieve manier te kunnen communiceren, moet de zender goed begrijpen wat het doel van de boodschap is, welk publiek bereikt moet worden en hoe dit publiek de boodschap uit zal leggen en erop zal reageren. Vanwege het 'lawaai' dat concurrerende

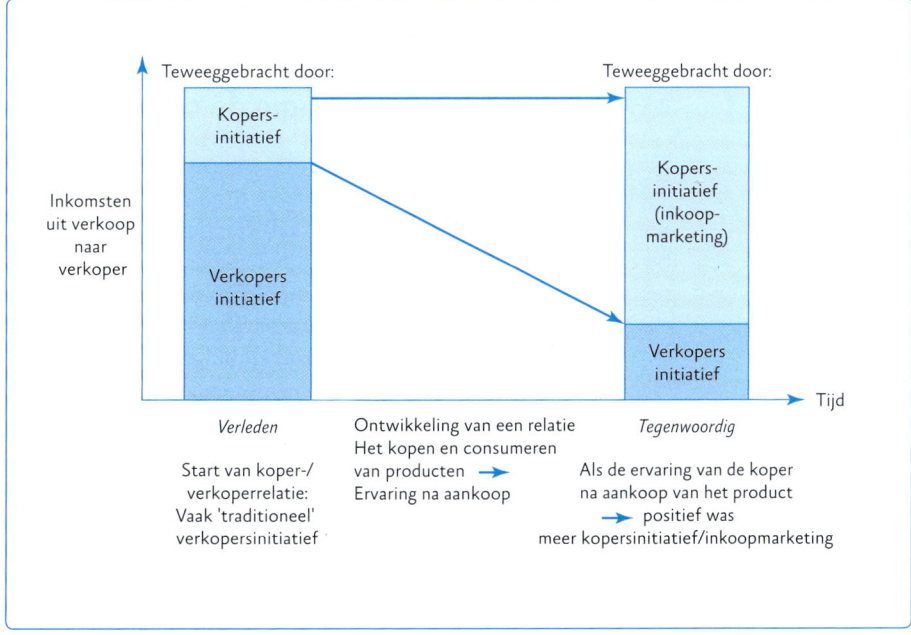

Figuur 11.9: De verschuiving van verkopers- naar kopersinitiatief in koper-/verkoperrelaties

bedrijven met hun vaak tegenstrijdige claims over hun producten maken, kan een publiek soms niet goed horen wat de zender over zijn product probeert te zeggen.

Een ander belangrijk punt om in overweging te nemen is de mate waarin het medium en de boodschap bij elkaar passen. Een complexe verbale boodschap kan bijvoorbeeld beter via de geschreven pers overgebracht worden dan via een visueel medium als televisie.

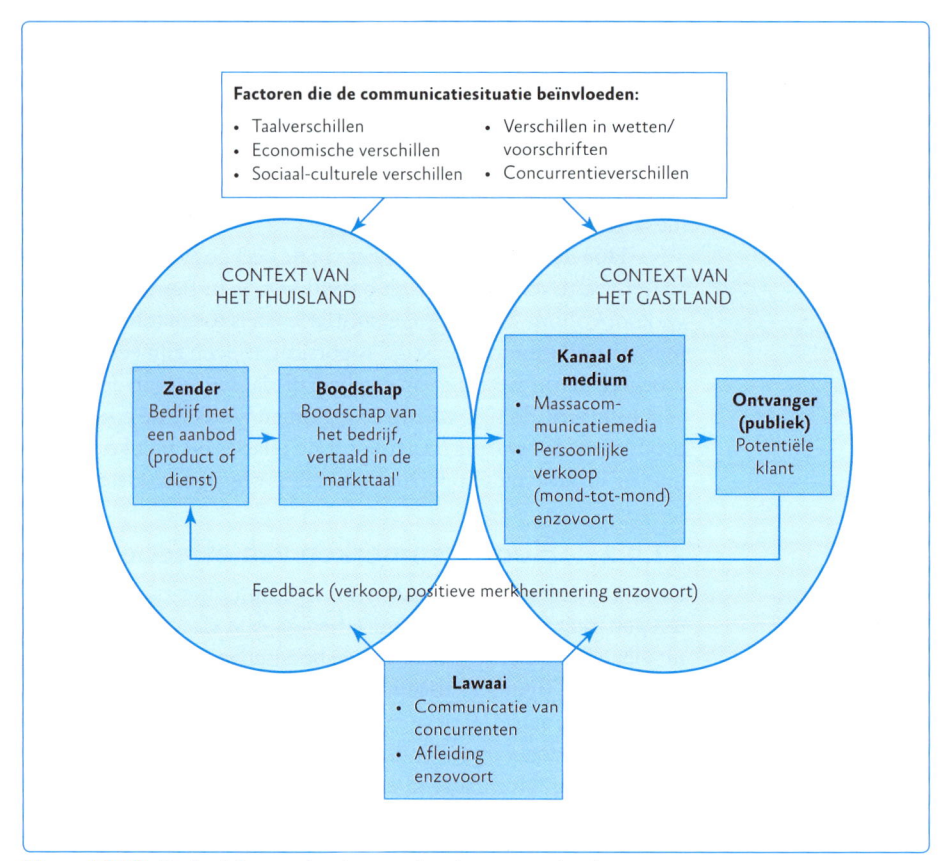

Figuur 11.10: Onderdelen van het internationale communicatieproces

11.9.2 Andere factoren die de communicatiesituatie beïnvloeden

Taalverschillen

Een slogan of reclame die in de ene taal effectief is, kan in een andere taal iets heel anders betekenen. Daarom kan het zijn dat de handelsnamen, verkooppresentatiematerialen en reclame die door bedrijven op de binnenlandse markt worden gebruikt moeten worden aangepast en vertaald als ze op markten in het buitenland worden gebruikt.

Er zijn veel voorbeelden van ongelukkige vertalingen van merknamen en slogans. General Motors heeft een merknaam voor een van zijn modellen, de Vauxhall Nova, die in Spaanssprekende landen niet goed werkt: daar betekent Nova 'niet gaan'. In Latijns-Amerika werd *Avoid embarrassment – use Parker Pens* vertaald als *Avoid pregnancy – use Parker Pens*. Electrolux, de Scandinavische producent van stofzuigers, gebruikte in een reclamecampagne in de VS de volgende slogan: *Nothing sucks like an Electrolux*.

Een Deens bedrijf verzon de volgende slogan voor zijn kattenbakvulling op de Britse markt: *Sand for Cat Piss*. Het zal niemand verbazen dat de verkoop van deze kattenbakvulling niet toenam. Een ander Deens bedrijf vertaalde *Teats for baby's bottles* met *Loose tits*. Op de luchthaven van Kopenhagen was tot voor kort een poster met het volgende bericht te zien: *We take your baggage and send it in all directions*. Zo kan een goedbedoelde slogan het publiek het idee geven dat ze er niet zeker van zijn waar hun bagage uiteindelijk zal belanden als ze met het betreffende bedrijf in zee gaan.

Economische verschillen

In tegenstelling tot geïndustrialiseerde landen hebben mensen in ontwikkelingslanden soms wel een radio maar zelden een tv. In landen met een hoog percentage analfabetisme is geschreven communicatie niet zo effectief als visuele of gesproken communicatie.

Sociaal-culturele verschillen

Culturele dimensies (religie, opvattingen, sociale omstandigheden en onderwijs) hebben invloed op de manier waarop mensen hun omgeving zien en signalen en symbolen interpreteren. Bij het gebruik van kleur in reclames moeten bedrijven gevoelig zijn voor culturele normen. In veel Aziatische landen wordt de kleur wit met verdriet geassocieerd; daarom zal een reclame voor wasmiddel waarin witheid wordt benadrukt voor een land als India moeten worden aangepast.

Voorbeeld 11.1 — Op moslimmarkten is God de enige die groot is

Een belangrijke autofabrikant gebruikte Muhammad Ali in een van zijn Arabische reclamecampagnes. Muhammad Ali is heel populair in het Midden-Oosten, maar het thema van de reclamecampagne was 'Ik ben de grootste', en Muhammad Ali was degene die dat moest zeggen. Mensen voelden zich hier beledigd door, want de enige die moslims als 'groot' beschouwen, is God.

Verschillen in wetten en voorschriften

Lokale reclamevoorschriften en industrieregels hebben een directe invloed op de mediakeuze en de inhoud van promotiemateriaal. In veel landen bestaan voor reclame strenge overheidsregels op het gebied van inhoud, taal en seksisme. Ook bestaan er voorschriften over het soort product waarvoor reclame gemaakt kan worden. Tabaksproducten en alcoholische dranken zijn de productgroepen waarvoor de strengste voorschriften gelden. De producenten van deze producten hebben hun promotieactiviteiten echter niet gestaakt. Met Joe Camel maakt sigarettenfabrikant Camel reclame om het bedrijfsimago te verbeteren. In geïndustrialiseerde landen is reclame meer aan voorschriften en regels gebonden dan in ontwikkelingslanden, waar de reclame-industrie nog niet zo ver ontwikkeld is.

Concurrentieverschillen

Omdat concurrenten qua aantal, omvang, soort en promotiestrategie van land tot land verschillen, kan het zijn dat bedrijven hun promotiestrategie en de timing van hun promotieactiviteiten aan de lokale omgeving moeten aanpassen.

11.10 Communicatie-instrumenten

Eerder in dit hoofdstuk hebben we de belangrijkste vormen van promotie genoemd. In deze paragraaf gaan we de verschillende communicatie-instrumenten (zie tabel 11.2) nader bekijken.

Eenrichtingsverkeer ←——————————————————————→ Tweerichtingsverkeer				
Reclame	**Public relations**	**Sales Promotions**	**Direct marketing**	**Persoonlijke verkoop**
■ Kranten ■ Tijdschriften ■ Vakbladen ■ Telefoonboeken ■ Radio ■ Televisie ■ Bioscoop ■ Buitenreclame	■ Jaarverslagen ■ Bedrijfsimago ■ Intern tijdschrift ■ Persrelaties ■ Publieksrelaties ■ Evenementen ■ Lobbyen ■ Sponsoring	■ Rabatten en prijskorting ■ Catalogi en brochures ■ Monsters, waardebonnen en geschenken ■ Wedstrijden	■ Direct mail/data-basemarketing ■ Internetmarketing ■ Telemarketing ■ Virale marketing	■ Verkoop-presentaties ■ Management van het verkooppersoneel ■ Vakbeurzen en tentoonstellingen

Tabel 11.2: Typische communicatie-instrumenten (media)

11.10.1 Reclame

Reclame is een van de zichtbaarste vormen van communicatie. Reclame kan breed ingezet worden maar kent beperkingen omdat het eenrichtingsverkeer is. Dit zorgt op interna-

---

Voorbeeld 11.2 — Baileys Irish Cream: verkoopexpansie met markt- en productontwikkeling

In 1993 besloot R&A Bailey & Co. de verkoop van zijn merk in Europa te vergroten door consumenten duidelijk te maken dat Baileys op meer dan een manier gedronken kon worden. Er werd een transnationale televisiereclamecampagne, 'Baileys met ijs', ontwikkeld om het moderne imago van Baileys als drank die het hele jaar door gedronken kon worden te versterken en het te onderscheiden van het 'duffe' imago van traditionele likeurs die doorgaans na het eten worden gedronken. Bailey & Co. wilde jonge consumenten overhalen Baileys bij meer gelegenheden te drinken. Er werden speciale promotieverpakkingen ontwikkeld die bestonden uit een literfles Baileys met twee gratis likeurglazen.

Na een periode van testmarketing werd Baileys begin 1993 ook op de Japanse markt gelanceerd. Naast het gewone merk werd een speciaal voor de Japanse markt ontwikkeld merk aangeboden, Baileys Gold, dat met tien jaar oude mout-whisky gemaakt is, om aan de Japanse voorkeur voor sterke-drank van hoge kwaliteit tegemoet te komen. Deze Baileys Gold was dan ook twee keer zo duur als het gewone merk.

Bron: MacNamee en McDonnell, 1995. Baileys® Irish Cream likeur. Afbeelding met toestemming van Diageo.

tionale markten voor een aantal problemen. Reclame is vaak het belangrijkste onderdeel van de communicatiemix voor consumentengoederen, waarbij er een groot aantal klanten is dat kleine hoeveelheden producten koopt en via massamedia bereikt kan worden. Voor de meeste business-to-businessmarkten is reclame minder belangrijk dan persoonlijke verkoop.

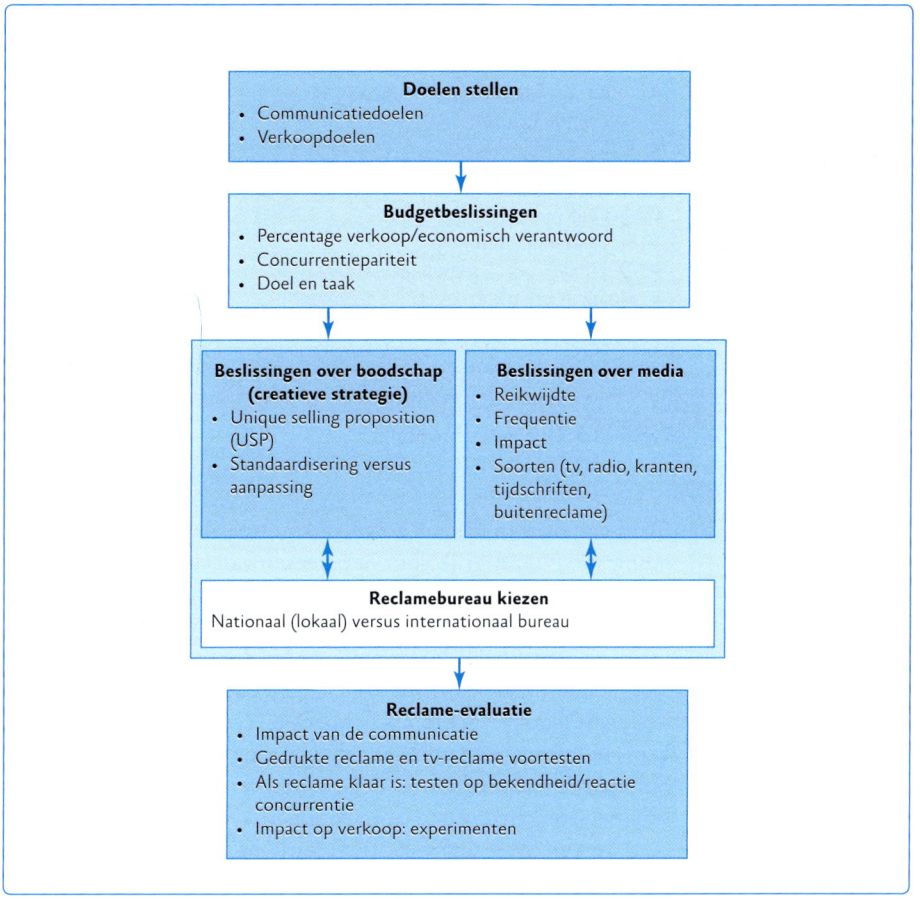

```
┌─────────────────────────────────────────────────────────────┐
│                                                             │
│                    ┌─────────────────────┐                  │
│                    │    Doelen stellen   │                  │
│                    │ • Communicatiedoelen│                  │
│                    │ • Verkoopdoelen     │                  │
│                    └──────────┬──────────┘                  │
│                               ▼                             │
│                 ┌────────────────────────────┐              │
│                 │     Budgetbeslissingen     │              │
│                 │ • Percentage verkoop/      │              │
│                 │   economisch verantwoord   │              │
│                 │ • Concurrentiepariteit     │              │
│                 │ • Doel en taak             │              │
│                 └──────┬──────────────┬──────┘              │
│                        ▼              ▼                     │
│        ┌──────────────────────┐  ┌──────────────────────┐   │
│        │ Beslissingen over    │  │ Beslissingen over    │   │
│        │ boodschap (creatieve │  │ media                │   │
│        │ strategie)           │  │ • Reikwijdte         │   │
│        │ • Unique selling     │  │ • Frequentie         │   │
│        │   proposition (USP)  │  │ • Impact             │   │
│        │ • Standaardisering   │  │ • Soorten (tv, radio,│   │
│        │   versus aanpassing  │  │   kranten,           │   │
│        │                      │  │   tijdschriften,     │   │
│        │                      │  │   buitenreclame)     │   │
│        └───────────┬──────────┘  └──────────┬───────────┘   │
│                    ▼                        ▼               │
│        ┌────────────────────────────────────────────┐       │
│        │           Reclamebureau kiezen             │       │
│        │ Nationaal (lokaal) versus internationaal   │       │
│        │ bureau                                     │       │
│        └────────────────────┬───────────────────────┘       │
│                             ▼                               │
│        ┌────────────────────────────────────────────┐       │
│        │            Reclame-evaluatie               │       │
│        │ • Impact van de communicatie               │       │
│        │ • Gedrukte reclame en tv-reclame voortesten│       │
│        │ • Als reclame klaar is: testen op          │       │
│        │   bekendheid/reactie concurrentie          │       │
│        │ • Impact op verkoop: experimenten          │       │
│        └────────────────────────────────────────────┘       │
│                                                             │
└─────────────────────────────────────────────────────────────┘
```

Figuur 11.11 De belangrijkste internationale reclame beslissingen

In figuur 11.11 zijn de belangrijkste beslissingen die bij reclame gemaakt moeten worden op een rijtje gezet.

11.10.2 Public relations

Mond-tot-mondreclame is niet alleen goedkoop maar ook heel effectief. Het doel van public relations (pr) is het opbouwen van het bedrijfsimago en het beïnvloeden van de media zodat deze een bedrijf positief zullen behandelen. Public relations (of publiciteit) is de marketingcommunicatiefunctie waarbij programma's worden uitgevoerd die bedoeld zijn om bij het publiek begrip en acceptatie te verkrijgen. Ze moet gezien worden als een integraal onderdeel van de mondiale marketingactiviteit.

Publiek of doelgroepen: binnenlandse markten	Extra internationale dimensies: internationale markten
Direct verbonden aan het bedrijf ■ Werknemers ■ Aandeelhouders	■ Een breder scala aan culturele kwesties ■ De afgelegen locatie van het hoofdkantoor
Leveranciers van grondstoffen en onderdelen ■ Leveranciers van financiële diensten ■ Leveranciers van marketingdiensten (bijv. marketingonderzoek, reclame, media)	■ Moet dit per land worden geregeld of is een bepaalde mate van standaardisering wenselijk?
Klanten van het bedrijf ■ Bestaande klanten ■ Vroegere klanten ■ Potentiële klanten	■ Kan minder kennis over het bedrijf hebben ■ Het 'land van herkomst'-effect zal de communicatie beïnvloeden
Omgeving ■ Het algemene publiek ■ Overheid: lokaal, regionaal, nationaal ■ Financiële markten over het algemeen	■ Veel verschillende soorten 'algemeen publiek' ■ Overheden van het gastland ■ Regionale groeperingen (bijvoorbeeld de EU), wereldgroeperingen

Bron: Phillips et al, 1994, pag. 362. Hier afgebeeld met toestemming van Thomson Publishing Services Ltd.

Tabel 11.3: Doelgroepen voor pr

Bij pr-activiteiten kan het zowel om interne als externe communicatie gaan. Interne communicatie is belangrijk voor het creëren van een goede bedrijfscultuur. In tabel 11.3 zijn de doelgroepen voor pr-activiteiten op een rijtje gezet.

Bij pr zijn er veel meer verschillende doelgroepen dan bij andere communicatie-instrumenten. Bij die doelgroepen horen doorgaans de belangrijkste belangengroepen van werknemers, klanten, distributiekanaalleden en aandeelhouders. Bedrijven die op internationale markten opereren, hebben een zeer groot aantal verschillende communicatietaken. Het is een grote uitdaging de interne communicatie binnen dochterbedrijven in het buitenland, waar mensen uit een aantal verschillende landen met verschillende culturele waarden werken, goed te laten verlopen.

In een meer marktgeoriënteerd opzicht zijn pr-activiteiten direct gericht op een invloedrijk maar relatief klein doelpubliek van redacteuren en journalisten die voor kranten en tijdschriften werken, of via uitzendingen op de klanten en belangengroepen van het bedrijf.

Omdat het doelpubliek klein is, is het op een relatief goedkope manier te bereiken. Er zijn verschillende manieren om pr te bedrijven, bijvoorbeeld:
■ door bij verschillende evenementen prijzen uit te reiken;
■ door het sponsoren van evenementen (op het gebied van sport, cultuur enzovoort);
■ door middel van persberichten over de producten, de fabriek en het personeel van het bedrijf;
■ door de promotiecampagnes van het bedrijf aan te kondigen;
■ door te lobbyen (overheid).

De mate van controle over de pr-boodschap kan sterk verschillen. Journalisten kunnen pr-materiaal verwerken in een artikel van een bepaald aantal woorden of een interview van een bepaald aantal seconden. Hoe het materiaal wordt gebruikt, hangt van de journalist en het gewenste verhaal af. Soms kan een persbericht dat is opgesteld om het bedrijfsimago te versterken leiden tot een zeer negatief verhaal.

Daarom moeten bedrijven bij pr-activiteiten erop voorbereid zijn kritiek te krijgen. Kritiek kan variëren van algemene kritiek op multinationals tot meer specifieke kritiek. Ze kan ook op een bepaalde markt gericht zijn, bijvoorbeeld als een bedrijf zakendoet met gevangenisfabrieken in China.

11.10.3 Sales promotions

Sales promotions wordt gedefinieerd als die verkoopactiviteiten die niet direct in de categorie 'reclame' of 'persoonlijke verkoop' vallen. Onder verkooppromotie vallen ook de zogenaamde *below the line*-activiteiten, zoals displays op verkooppunten (*point-of-purchase*-displays) en demonstraties, folders, het gratis uitproberen van producten, wedstrijden en premiums als 'twee voor de prijs van een'. Bij mediareclame, een *above the line*-activiteit, wordt provisie verdiend; bij below the line-activiteiten is dat niet het geval. Voor above the line-activiteiten worden reclamebureaus ingeschakeld die gebruikmaken van traditionele media en er een provisie voor ontvangen.

Sales promotions is een kortetermijnactiviteit die hoofdzakelijk op consumenten en/of detailhandelaren is gericht en bedoeld is om specifieke doelen te behalen, bijvoorbeeld:
- dat consumenten producten uitproberen en/of onmiddellijk kopen;
- dat consumenten kennismaken met de winkel;
- om detailhandelaren te stimuleren point-of-purchase-displays in hun winkel neer te zetten. Parfumproducent Chanel bijvoorbeeld richt zich heel sterk op point-of-purchase-displays in winkels, zoals muurdisplays en staande displays die elk seizoen anders zijn (Marber en Wellen, 2007);
- om winkeliers aan te moedigen een voorraad van het product aan te leggen.

Vooral in de Verenigde Staten is bij producenten van frequent gekochte consumptiegoederen het salespromotionsbudget vaak groter dan het reclamebudget. Factoren die bijdragen tot de uitbreiding van salespromotionsactiviteiten zijn onder andere:
- meer concurrentie tussen detailhandels, gecombineerd met steeds geavanceerdere verkoopmethoden;
- een hogere mate van merkbekendheid bij consumenten, waardoor het voor producenten nodig wordt hun merkaandeel te verdedigen;
- verbeterde detailhandelstechnologie (bijvoorbeeld elektronische scanners waarmee waardebonnen direct met de prijs kunnen worden verrekend);
- een grotere integratie van sales promotions, public relations en traditionele mediacampagnes.

Op markten waar consumenten vanwege mediabeperkingen moeilijk te bereiken zijn, is het percentage van het totale communicatiebudget dat voor sales promotions is bestemd ook relatief hoog. Hieronder volgt een aantal soorten sales promotions:
- *Korting*. Korting wordt veel gebruikt. Er is een scala aan prijsverlagingtechnieken dat kan worden gebruikt, zoals geldterugacties.
- *Catalogi/brochures*. Het kan zijn dat kopers op buitenlandse markten zich ver van het dichtstbijzijnde verkoopkantoor bevinden. In die situatie kan een buitenlandse catalogus heel effectief zijn. Door via een catalogus de klanten alle benodigde informatie te verschaffen, van prijzen, maten, kleuren en hoeveelheden tot verpakking, transporttijd en geaccepteerde betalingsvormen, kan de kloof tussen koper en verkoper worden overbrugd. Naast catalogi zijn brochures nuttig materiaal voor verkooppersoneel, distributeurs en agenten. De vertaling van catalogi en brochures moet in samenwerking met buitenlandse agenten en/of distributeurs gebeuren.
- *Waardebonnen*. Waardebonnen worden van oudsher vaak gebruikt bij frequent gekochte consumptiegoederen van een bepaald merk, vooral in de VS. Er zijn verschillende manieren om waardebonnen te verspreiden: huis aan huis, op de verpakking, in kranten enzovoort. Waardebonnen zijn niet in alle Europese landen toegestaan.
- *Monsters*. Door monsters krijgen potentiële buitenlandse kopers een idee van het bedrijf en de kwaliteit van het product dat zelfs door de beste grafische afbeelding niet kan worden overgebracht. Door monsters kunnen misverstanden over stijl, afmeting, model enzovoort worden vermeden.

- *Geschenken.* In de meeste Europese landen is de waarde die een premium of geschenk mag hebben aan bepaalde grenzen gebonden. Bovendien is het in sommige landen illegaal consumenten premiums aan te bieden onder voorwaarde dat ze eerst een ander product moeten kopen. In de VS is het niet toegestaan gratis bier als monster aan te bieden.
- *Wedstrijden.* Dit soort sales promotions moet aan de potentiële klant worden gecommuniceerd, bijvoorbeeld via de verpakking van een product, via folders in winkels of via mediareclame.

Of sales promotions succesvol is, hangt af van de mate waarin de promotieactiviteiten aan de lokale omgeving worden aangepast. Lokale wetten kunnen sales promotions sterk aan banden leggen, bijvoorbeeld als het verboden is premiums of gratis geschenken weg te geven. In sommige landen zijn er wetten die de korting die in de detailhandel mag worden gegeven aan banden leggen, en in andere moet de overheid voor alle sales promotions toestemming geven. Omdat het onmogelijk is de wetten van alle landen te kennen, moeten internationale marketeers het advies van lokale juristen en autoriteiten inwinnen voordat ze een promotiecampagne starten.

11.10.4 Direct marketing

Volgens Onkvisit en Sahw (1993, pag. 717) is direct marketing het totaal aan activiteiten waarmee producten en diensten aan marktsegmenten worden aangeboden, die als doel hebben consumenten via een of meer media te informeren of bij huidige of toekomstige klanten via mail, telefoon of een persoonlijk bezoek een directe reactie uit te lokken.

Direct marketing omvat direct mail (marketingdatabase), telefonische verkoop en marketing via internet. In het licht van de ontwikkeling van de internettechnologie is het zeer relevant om internet als instrument voor direct marketing te beschouwen.

11.10.5 Persoonlijke verkoop

De verschillen tussen reclame en persoonlijke verkoop zijn in tabel 11.2 weergegeven. Reclame is eenrichtingscommunicatie met relatief veel 'lawaai', terwijl persoonlijke verkoop tweerichtingscommunicatie met onmiddellijke feedback en relatief minder 'lawaai' is. Persoonlijke verkoop wordt vooral gebruikt om producten aan distributiekanaalleden en op B2B-markten te verkopen. Ook op sommige consumentenmarkten wordt persoonlijke verkoop gebruikt, bijvoorbeeld voor auto's en duurzame consumptiegoederen. In sommige landen zijn de arbeidskosten erg laag; hier zal persoonlijke verkoop meer worden gebruikt dan in landen met hoge arbeidskosten.

Als de kosten van persoonlijke verkoop op B2B-markten relatief hoog zijn, is het relevant hierop te besparen en persoonlijke verkoop alleen aan het eind van het koopproces van de potentiële klant te gebruiken (zie figuur 11.12). Bij het klantscreeningproces wordt gebruikgemaakt van gecomputeriseerde databasemarketing (direct mail enzovoort) om potentiële klanten aan te wijzen, waarna verkooppersoneel het overneemt. Het is hun taak serieuze en zeer serieuze kandidaat-klanten in echte klanten te veranderen.

De organisatie van internationale verkoopteams

Op internationale markten organiseren bedrijven hun verkoopteams op dezelfde manier als hun binnenlandse structuren, ongeacht de verschillen van land tot land. Dit betekent dat een verkoopteam georganiseerd wordt op basis van geografie, product, klant of een combinatie hiervan (tabel 11.4).

Een aantal bedrijven organiseert zijn internationale verkoopteams aan de hand van eenvoudige geografische gebieden binnen een bepaald land of een bepaalde regio. Het kan zijn dat bedrijven die brede productlijnen of een groot verkoopvolume hebben en/of op grote, ontwikkelde markten opereren de voorkeur geven aan een meer gespecialiseerde organisatie, bijvoorbeeld op basis van product of klant. Bedrijven kunnen hun verkoopteam ook organiseren op basis van factoren als cultuur of de taal die op de buitenlandse doelmarkten wordt gesproken. Zo delen bedrijven Zwitserland vaak in verschillende regio's op waar dezelfde taal wordt gesproken (Frans, Italiaans en Duits).

Structuur	Factoren die meespelen bij het kiezen van een organisatiestructuur	Voordelen	Nadelen
Geografisch	▪ Verschillende talen/culturen ▪ Eén productlijn ▪ Onderontwikkelde markten	▪ Duidelijk, eenvoudig ▪ Stimulans op lokale business en persoonlijke banden op te bouwen ▪ Reiskosten	▪ Klanten wijdverspreid ▪ Groot verspreidingsgebied producten
Product	▪ Gevestigde markt ▪ Brede productlijnen	▪ Productkennis	▪ Reiskosten ▪ Overlappende gebieden/klanten ▪ Lokale business en persoonlijke banden
Klant*	▪ Brede productlijnen	▪ Markt/klantkennis	▪ Overlappende gebieden/klanten ▪ Lokale business en persoonlijke banden ▪ Reiskosten
Combinatie	▪ Groot verkoopvolume ▪ Grote/ontwikkelde markten ▪ Verschillende talen/culturen	▪ Maximale flexibiliteit ▪ Reiskosten	▪ Complexiteit ▪ Verkoopmanagement ▪ Overlap product/markt/geografie

*Naar soort industrie, omvang account, distributiekanaal, individueel bedrijf

Tabel 11.4: Organisatiestructuur verkoopteams

Types internationale verkoopteams

Als managers gaan bepalen wat het geschiktste soort internationale verkoopteam is, moeten ze drie opties in overweging nemen. Het personeel dat voor een verkoopteam wordt aangenomen, kunnen expats, werknemers uit het gastland of werknemers uit een derde land zijn. Een Duitser die voor een Duits bedrijf in de VS werkt, is bijvoorbeeld een expatriant. Als dezelfde Duitser voor een Amerikaans bedrijf in Duitsland zou werken, zou hij een werknemer uit het gastland zijn. Als hij voor datzelfde Amerikaanse bedrijf in Frankrijk zou werken, zou hij een werknemer uit een derde land zijn.

▪ *Expats als verkooppersoneel.* Deze worden als een heel positieve keuze gezien, want ze zijn al bekend met de producten, technologie, geschiedenis en het beleid van het bedrijf. De 'enige' voorbereiding die zij nodig hebben, is kennis van de buitenlandse markt. Maar dit kan voor de expatriant juist een groot probleem zijn. Hoewel sommige expats het als een uitdaging zullen zien en zich snel zullen aanpassen, vinden andere het moeilijk te wennen aan een nieuwe, onbekende bedrijfsomgeving. Als ze de buitenlandse cultuur en de klanten niet begrijpen, zullen ze niet effectief werken. Het gezin van expats kan ook aanpassingsproblemen hebben. Heel dure producten moeten meestal echter direct vanuit het hoofdkantoor worden verkocht, en hiervoor zijn expats nodig.

▪ *Werknemers uit het gastland.* Dit is personeel uit het gastland. Omdat ze inwoners van het land zijn, zijn ze bekend met de markt en de cultuur, spreken ze de taal en kennen ze de lokale handelstradities. Omdat overheden en lokale gemeenschappen er zonder

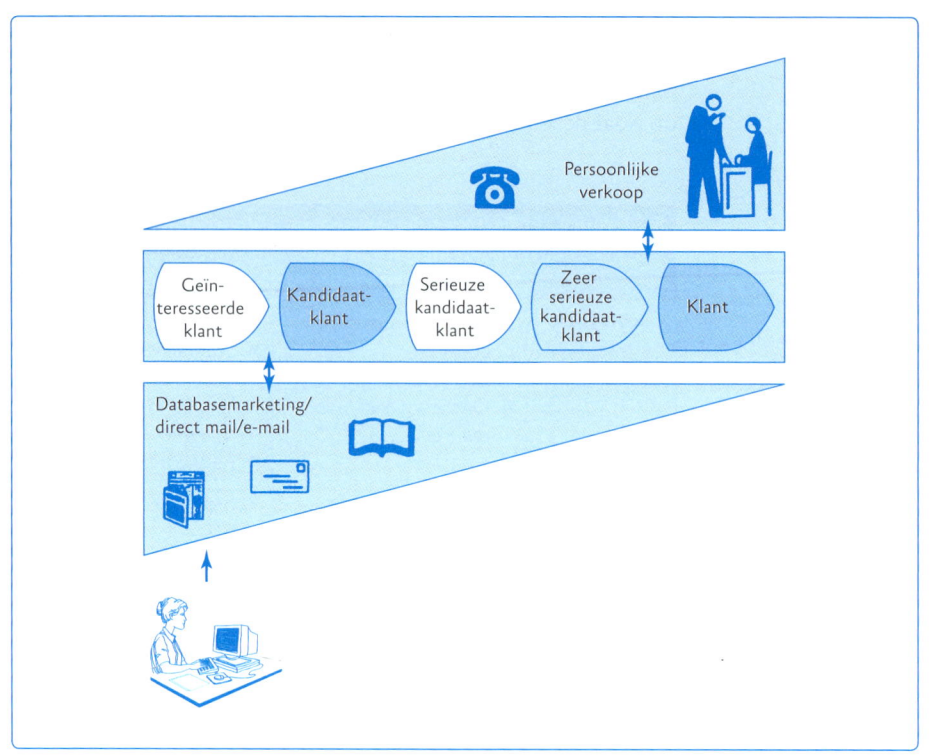

Figuur 11.12: Een combinatie van direct mail (databasemarketing) en persoonlijke verkoop

twijfel de voorkeur aan geven dat hun eigen mensen worden aangenomen in plaats van buitenstaanders, kunnen bedrijven op deze manier vermijden van uitbuiting beschuldigd te worden terwijl ze tegelijkertijd goodwill kweken. Door lokale verkoopvertegenwoordigers te gebruiken kunnen bedrijven op nieuwe markten ook sneller actief worden, omdat de aanpassingsperiode tot een minimum terug kan worden gebracht.

- *Werknemers uit een derde land.* Dit zijn werknemers die van het ene land naar het andere worden overgebracht. Ze zijn vaak in het ene land geboren, door een bedrijf in een ander land in dienst genomen en ze werken in een derde land.

De voor- en nadelen van de drie soorten internationale verkoopteams zijn samengevat in tabel 11.5

Categorie	Voordelen	Nadelen
Expats	■ Productkennis ■ Hoog serviceniveau ■ Training voor promotie ■ Grotere controle hoofdkantoor	■ Kost het meest ■ Groot verloop ■ Hoge trainingskosten
Gastland	■ Goedkoper ■ Grotere marktkennis ■ Taalvaardigheid ■ Beste kennis van de cultuur ■ Acties eerder uitvoeren	■ Heeft producttraining nodig ■ Heeft misschien niet veel aanzien ■ Taalvaardigheid minder belangrijk ■ Moeilijk om loyaliteit te garanderen
Derde land	■ Cultuurgevoelig ■ Taalvaardigheid ■ Goedkoop ■ Regionale verkoopdekking mogelijk ■ Verkoop aan land dat in conflict is met thuisland, is mogelijk	■ Identiteitsproblemen ■ Geblokkeerde promotie ■ Inkomenskloof ■ Heeft product-/bedrijfstraining nodig ■ Moeilijk om loyaliteit te garanderen

Bron: *Industrial Marketing Management*, vol. 24, Honeycutt, E.D. en Ford, J.B. (1995) 'Guidelines for managing an international sales force', pag. 138, copyright 1995, met toestemming van Elsevier.

Tabel 11.5 Voor- en nadelen van types verkoopteams

Expats en werknemers uit derde landen worden zelden voor lange tijd als verkooppersoneel ingezet. Ze worden om drie redenen gebruikt: om de verkoopprestatie van een dochterbedrijf te verbeteren, om managementposities op te vullen en om verkoopbeleid, -procedures en -technieken over te brengen naar een dochterbedrijf. Veel bedrijven gebruiken mensen uit het gastland zelf als verkooppersoneel. Zij kennen de lokale bedrijfspraktijken al en kunnen aan de hand daarvan gemanaged worden.

Vakbeurzen en tentoonstellingen

Vakbeurzen of tentoonstellingen zijn evenementen waarbij producenten, distributeurs en andere verkopers ten behoeve van toekomstige klanten, leveranciers, andere bedrijfspartners en de pers hun producten uitstallen en/of hun diensten beschrijven.

Door middel van vakbeurzen kunnen bedrijven binnen een paar dagen een geconcentreerde groep mogelijke klanten bereiken die anders misschien pas in de loop van een aantal maanden bereikt had kunnen worden. Potentiële kopers kunnen in korte tijd op een en dezelfde plek de producten/diensten van verschillende bedrijven met elkaar vergelijken. Ze kunnen de laatste ontwikkelingen zien en onmiddellijk contact met potentiële leveranciers leggen. Vakbeurzen bieden internationale bedrijven ook de gelegenheid snel, gemakkelijk en goedkoop belangrijke informatie te verzamelen. Binnen korte tijd kan een bedrijf bijvoorbeeld veel over zijn concurrentieomgeving te weten komen; als het bedrijf de informatie via andere bronnen (zoals secundaire informatie) zou verzamelen, zou dat veel langer duren en veel meer kosten.

Of marketeers aan vakbeurzen moeten deelnemen of niet, hangt grotendeels af van het soort bedrijfsrelatie dat ze met een bepaald land willen ontwikkelen. Voor bedrijven die eenmalig of voor korte tijd iets willen verkopen, zal een vakbeurs wellicht een te dure optie zijn, maar bedrijven die een langetermijnrelatie willen ontwikkelen zullen de investering de moeite waard vinden.

11.11 Internationale reclamestrategieën in de praktijk

In de inleiding van deel IV is de standaardisering dan wel aanpassing van de hele marketingmix besproken. Door standaardisering kan op het gebied van productie en reclamematerialen schaalvoordeel worden behaald, wat de reclamekosten omlaag brengt en de winstgevendheid vergroot. Maar omdat reclame vooral gebaseerd is op taal en beelden, wordt hij sterk beïnvloed door het sociaal-culturele gedrag van consumenten in verschillende landen.

In werkelijkheid is het geen kwestie van het een of het ander. Voor de meeste internationaal georiënteerde bedrijven is de mate van standaardisering/aanpassing belangrijk en niet zozeer volledige aanpassing of standaardisering. Uit onderzoek van Hite en Frazer (1988) is gebleken dat de meerderheid (54 procent) van de internationaal georiënteerde bedrijven een combinatiestrategie gebruikte (in sommige landen reclame aan de lokale omgeving aanpassen en in andere reclame standaardiseren). Slechts negen procent van de bedrijven gebruikte volledig gestandaardiseerde reclame op alle buitenlandse markten, veel minder dan uit voorgaande onderzoeken was gebleken (Sorenson en Weichman, 1975; Boddewyn et al., 1986). Dit zou erop kunnen duiden dat bedrijven minder standaardiseren. 37 procent van de bedrijven gaf aan dat ze alleen aan de lokale omgeving aangepaste reclame gebruikt. Veel van de mondiale bedrijven die gestandaardiseerde reclame gebruiken, zijn bekende bedrijven (bijvoorbeeld Coca-Cola, Intel, Philip Morris/Marlboro).

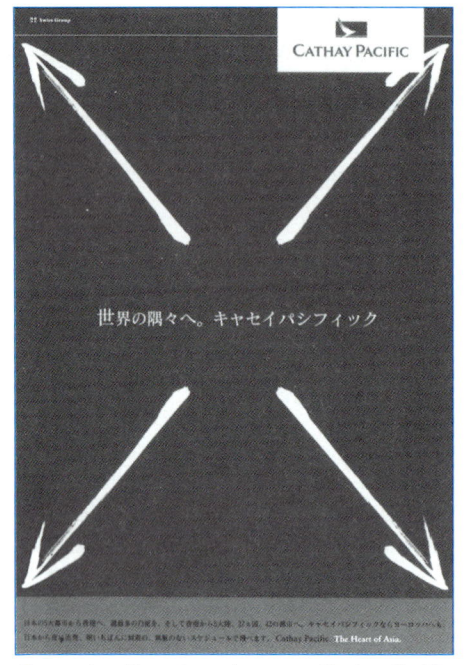

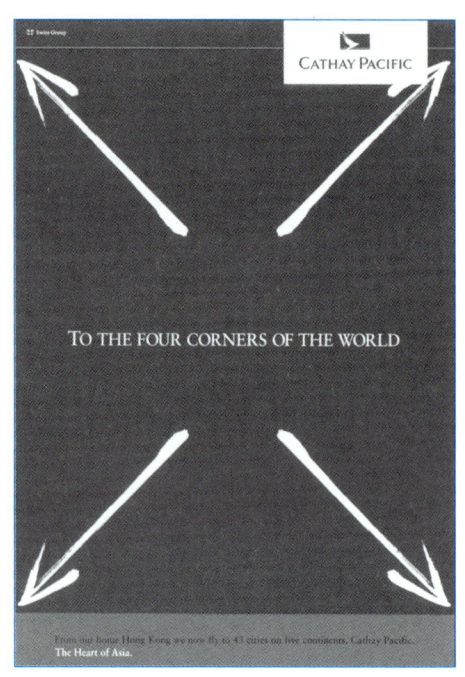

Gestandaardiseerde reclame van Cathay Pacific

11.11.1 Voorbeelden van aanpassingsstrategieën
Cognac van Courvoisier: Hong Kong/China versus Europa

Het drinken van cognac in West-Europa en Azië

De Chinese liefde voor westerse alcohol vindt haar oorsprong in de negentiende eeuw. In 1859 kwam de eerste geïmporteerde brandy in Sjanghai aan, toen Hennesey er zijn eerste lading loste. In 1949 werd de favoriete drank van 'het Parijs van het Oosten' ineens een symbool van westerse kapitalistische decadentie; de verscheping van alcohol kwam tot een abrupt einde en werd dertig jaar lang niet hervat. Toen buitenlandse sterkedrank eind jaren 1970 echter weer beschikbaar werd, verscheen cognac al snel weer op de Chinese eettafel.

Vandaag de dag zijn cognac en brandy nog steeds goed voor ongeveer tachtig procent van alle geïmporteerde sterkedrank in China. De meeste geïmporteerde brandy komt in Hong Kong via grijze markten China binnen (zie ook paragraaf 11.8). De bekendheid van het merk en de categorie cognac is vooral heel groot in het zuiden, waar men een voorbeeld neemt aan de drinkgewoontes van bezoekende zakenlieden uit Hong Kong. Bovendien kunnen miljoenen kijkers in de provincie Guangdong de alcoholreclame die in Hong Kong op tv wordt uitgezonden ontvangen, wat het effect nog eens versterkt.

De sleutel tot de Chinese consumptiepatronen ligt in het belang van aanzien en reputatie. Bij alle gelegenheden speelt brandy een uiterst belangrijke rol, of dat nu is als de vader van de bruid in Beijing op de familie van zijn schoonzoon proost of een ondernemer in Shenzhen een avondje uitgaat. Anders dan hun westerse tegenhangers, die zich graag met een glas cognac op de bank nestelen, beschouwen Chinezen het drinken van cognac als een zeer sociaal – en in het oog lopend – gebeuren.

Twee verschillende reclames van Courvoisier zijn hier afgebeeld: op de reclameposter voor de West-Europese markt zijn twee stellen te zien die bij hun koffie een glas cognac drinken, terwijl op de Aziatische reclameposter mensen te zien zijn die bij het eten cognac uit bierglazen drinken.

Zowel folklore als marketing heeft de groei van de cognacverkoop aangedreven. Cognac heeft bij Chinezen de naam het seksuele vermogen van mannen te vergroten, wat een commercieel voordeel van onschatbare waarde is. Tot genoegen van de producenten van cognac geloven de Chinezen dat hoe ouder (en duurder) cognac is, hoe krachtiger hij werkt.

Bron: een aanpassing van *Business Week*, 1984; Balfour, 1993.

Sigaretten van Prince: het Verenigd Koninkrijk versus Duitsland

In de Scandinavische landen heeft de Deense sigarettenfabrikant House of Prince een groot marktaandeel (vijftig tot negentig procent), maar buiten dit gebied is het marktaandeel heel klein, meestal een tot twee procent.

De afbeelding van House of Prince-sigaretten laat twee reclameposters zien die in het Verenigd Koninkrijk en Duitsland zijn gebruikt. In de Britse versie worden consumenten uitgenodigd het product te gebruiken ('Ik ga voor Prince'). De doelgroep is bovengemiddeld qua opleidingsniveau en inkomen. De Duitse reclame ziet er anders uit. Prince wordt daar gepromoot als 'originele import uit Denemarken'. Kennelijk botst dit niet met een 'koop Duits'-mentaliteit. In het hoofd van de Duitse consument wordt het product in vergelijking met de lichte Duitse sigaretten als sterk gepositioneerd. Daarom wordt het product afgebeeld als een 'mannenproduct', met associaties met Vikingen en vrijheid. De producten Prince en Prince Denmark zijn trouwens niet identiek. Het Duitse Prince Denmark heeft een mildere smaak dan Prince.

Gammel Dansk (Danish Distillers/Danisco): Denemarken versus Duitsland

Het Deense bitter Gammel Dansk heeft in Denemarken een marktaandeel van 75 procent van de bittermarkt. Het product heeft in dat land dus veel merkherkenning (bijna alle Deense volwassenen kennen het). Het doel van de Deense reclame is dus hoofdzakelijk de grote merkbekendheid van het product te handhaven.

Hoewel het marktaandeel in Denemarken heel groot is, heeft Gammel Dansk buiten Denemarken geen noemenswaardige positie op de markt. In Duitsland kent bijna niemand het merk en heeft het merk een te verwaarlozen marktaandeel. De Duitsers hebben hun eigen Jägermeister en de concurrentie op de markt is hevig. De strategie achter de Duitse campagne is dus mensen Gammel Dansk uit te laten proberen door ze een waardebon in te laten vullen. Als ze die opsturen, ontvangen ze een flesje Gammel Dansk en twee originele Gammel Dansk-glazen.

Reclame voor Prince-sigaretten in het Verenigd Koninkrijk en Duitsland

Reclame voor Gammel Dansk in Denemarken en Duitsland (Danisco Distillers Berlin GmbH)

LEGO FreeStyle: Europa versus het Verre Oosten

De afbeelding van LEGO Freestyle laat de reclame zien die voor Europa en het Verre Oosten is ontwikkeld. De Aziatische versie, 'Bouw aan het brein van je kind', zal Aziatische ouders sterk aanspreken, omdat het belangrijk voor ze is dat hun kinderen het goed doen op school.

In het Aziatische onderwijssysteem heerst onder scholieren veel concurrentie: alleen degenen met de hoogste cijfers worden tot de universiteit toegelaten. Op veel plekken in Azië is het voor ouders een nederlaag als hun kind het niet goed doet op school. De Aziatische versie is gebruikt in Hong Kong, Taiwan en Korea (bij voorkeur in de lokale talen, want de meeste consumenten verstaan geen Engels). In Hong Kong wordt de reclame in het Engels en Chinees gebruikt (afhankelijk van de taal van het tijdschrift waarin hij staat).

In de Europese versie komt naar voren dat kinderen hun creativiteit ontwikkelen als ze met de verschillende FreeStyle-steentjes spelen: 'Wat zal jouw kind ervan maken?'

Reclame voor LEGO® FreeStyle in het Verre Oosten, copyright 1997
Bron: copyright 2008 The LEGO Group, gebruikt met toestemming.

Reclame voor LEGO® FreeStyle in Europa, copyright 1997
Bron: copyright 2008 The LEGO Group, gebruikt met toestemming.

11.12 Implicaties van internet voor communicatiebeslissingen

Op de fysieke markt worden bij het koopproces van klanten verschillende communicatie-instrumenten gebruikt (zie figuur 11.13). Door middel van traditionele massacommunicatie-instrumenten (gedrukte reclame, tv en radio) kunnen consumenten zich bewust worden van het bestaan van een product, wat ertoe kan leiden dat ze nieuwe behoeften identificeren. Vanaf dat moment nemen andere elementen van de communicatiemix het over, zoals direct marketing (direct mail, persoonlijke verkoop) en promotie in winkels. In tegenstelling tot marketing op de fysieke markt beslaat het internet/e-commerce het hele koopproces. Om potentiële klanten over te halen online producten te kopen, maken internetmarkten natuurlijk ook gebruik van traditionele massareclame (vanaf links in figuur 11.13).

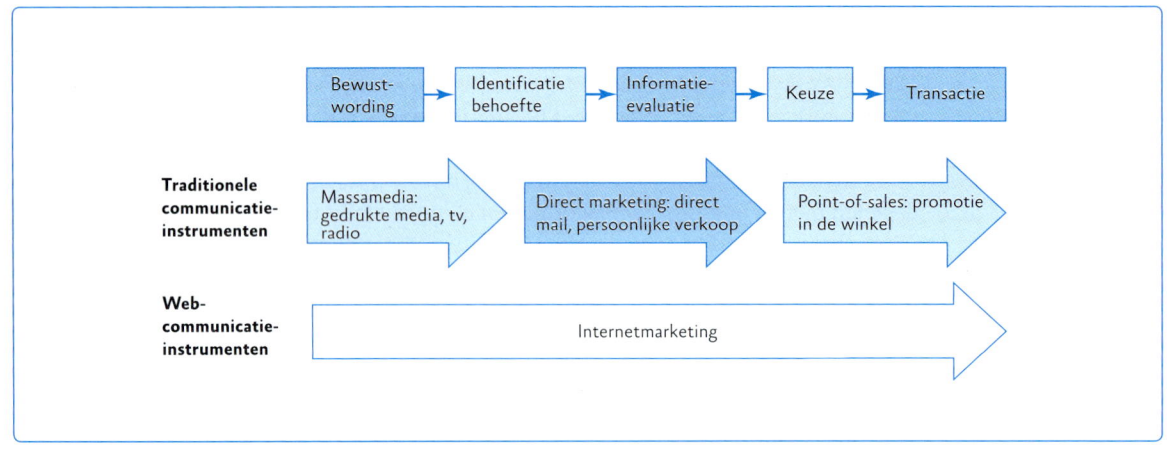

Figuur 11.13: De rol van internetcommunicatie in het koopproces van klanten

In de wereld van het internet veranderen marktcommunicatiestrategieën drastisch. Via internet is het gemakkelijker dan ooit tevoren een boodschap aan grote aantallen mensen over te brengen. In veel gevallen is het echter veel moeilijker om je boodschap boven het lawaai van je doelpubliek uit gehoord te krijgen. De afgelopen jaren zijn verschillende strategieën voor internetmarketing ontworpen, van de meest gangbare (het linken van websites) via de duurste (bannerreclame) tot de meest agressieve (spam), en alles ertussenin. Het is vrijwel zeker dat voordurend nieuwe marktcommunicatiestrategieën ontworpen zullen worden naarmate het internet zich verder ontwikkelt.

Hoe kan een internetpubliek worden gecreëerd? Een van de nieuwe mogelijkheden hiervoor is virale marketing.

11.12.1 Virale marketing

VIRALE MARKETING
Online mond-tot-mondreclame is een marketingtechniek waarbij wordt geprobeerd bestaande sociale netwerken te exploiteren om zo de bekendheid van een merk exponentieel te vergroten.

De mondiale aankoop en verkoop van producten en diensten is een sociaal proces. Het gaat hierbij niet alleen om een-op-eeninteractie tussen een bedrijf en een klant, maar ook om de vele uitwisselingen van informatie en invloed die tussen de mensen om de klant heen plaatsvinden.

Als een innovatie via bepaalde kanalen onder leden van een sociaal netwerk wordt verspreid, vindt diffusie plaats. Een innovatie is een idee, praktijk of object dat een individu of adoptie-eenheid als nieuw ervaart (Rogers, 1995). Volgens Rogers zijn massamediakanalen relatief belangrijker om consumenten op de hoogte te stellen van innovaties, terwijl interpersoonlijke communicatie vooral belangrijk is voor het overtuigen van consumenten. Consumenten zijn door middel van communicatie via e-mail meestal gemakkelijker te overtuigen dan via massamediareclame.

E-mails doorsturen is nog eenvoudiger dan zelf e-mails schrijven. Daarnaast is het doorsturen van e-mails erg handig voor het verspreiden van beelden en/of verbale inhoud die te gedetailleerd is om mondeling te verspreiden.

Internet heeft het concept 'mond-tot-mondreclame' zo drastisch veranderd dat Steve Jurvetson, een verstrekker van durfkapitaal, in 1997 de term 'virale marketing' verzon. De term werd gebruikt als omschrijving de gewoonte van Hotmail-reclame voor zichzelf aan uitgaande mail van Hotmail-gebruikers te 'plakken'. In het geval van Hotmail werd aan elk bericht dat werd verstuurd de boodschap *'Get your private, free email from Hotmail at http://www.hotmail.com'* geplakt.

De veronderstelling bij deze reclame is dat als een dergelijke reclame bij een 'ontvankelijke' gebruiker aankomt, deze gebruiker 'geïnfecteerd' raakt (dat wil zeggen een account aanmaakt) en dan op zijn beurt ontvankelijke gebruikers kan gaan infecteren.

Definitie

Virale marketing kan gedefinieerd worden als een marketingtechniek waarbij wordt geprobeerd bestaande sociale netwerken te exploiteren om via virale processen die lijken op een epidemie de bekendheid van een merk exponentieel te vergroten. Virale marketing is mond-tot-mondreclame die via internet versterkt wordt, want bij deze vorm van marketing wordt gebruikgemaakt van het netwerkeffect van internet. Via virale marketing kan snel een groot aantal mensen worden bereikt. Vanuit een marketingperspectief gezien is virale marketing een proces waarbij individuen worden gestimuleerd positieve of boeiende marketinginformatie, die zij in een hypermediaomgeving ontvangen, door te sturen. Deze informatie is met opzet of toevallig positief of boeiend.

Motieven voor virale marketing

Door de ontwikkeling van technologieën zoals sms, satellietradio en software waarmee internetreclame wordt geblokkeerd, vinden fundamentele veranderingen plaats in de manier waarop het publiek media en de daar vaak aan gekoppelde reclame consumeert. Televisiespotjes, radiospotjes en zelfs e-mail krijgen met steeds meer concurrentie te maken om de aandacht van kijkers op een effectieve manier te trekken en marketeers een positief rendement op investeringen te bieden. Bovendien worden consumenten steeds meer immuun voor massamarketing en reclame; virale marketing biedt hun iets waarbij ze niet het idee krijgen dat hen iets wordt opgedrongen. Daardoor zullen ze ontvankelijker voor het aanbod zijn.

Deze concurrentie, gecombineerd met de stijgende kosten van het inschakelen van media bij reclame, heeft ertoe geleid dat marketeers naar alternatieve manieren zoeken om klanten te bereiken. Virale marketing is een aantrekkelijke oplossing, omdat daarbij gebruik wordt gemaakt van het feit dat individuele mensen het product uit vrije wil goedkeuren en niet van aangekochte massamediatijd om een boodschap te verspreiden. Omdat het distributiemodel gratis is, kan virale marketing goedkoper en effectiever zijn dan traditionele marketing.

Voordelen van virale marketing

- Deze vorm van marketing kost weinig omdat het individu dat de verwijzing doorgeeft de kosten van het doorsturen van de merkboodschap draagt. Virale marketing biedt MKB-bedrijven de kans zich op een heel nieuwe groep klanten te richten terwijl ze de distributiekosten tot een minimum kunnen beperken.
- In tegenstelling tot traditionele reclame is virale reclame geen storende techniek. Virale campagnes gebruiken internet om via peer-to-peergoedkeuring exposure voor een product te krijgen. Virale campagnes worden door ontvangers meestal als positief ervaren, ook al kan het zijn dat ze er uiteindelijk een hekel aan krijgen. Het doorsturen van elektronische reclameboodschappen gebeurt vrijwillig, wat heel iets anders is dan massareclamecampagnes of aanbevelingen van mensen die ervoor zijn betaald. Hierdoor zullen ontvangers positiever tegen het ontvangen van deze reclameboodschappen aankijken. Bij virale marketing ligt de nadruk op campagnes waarbij materiaal wordt verspreid dat consumenten tot interactie aanzet en dat ze proactief willen verspreiden.
- Degenen die de boodschappen doorsturen, weten doorgaans beter wie van hun vrienden, familieleden en werkcollega's de reclameboodschap interessant zullen vinden en geneigd zullen zijn hem te lezen: de campagne wordt dus gerichter uitgevoerd. Met de term 'interessant' wordt hier niet alleen interesse in het product of de dienst bedoeld, maar ook in de manier waarop de boodschap wordt gepresenteerd, zoals de humor en de creativiteit die in de boodschap zijn verwerkt of het medium via welke de boodschap wordt overgebracht.

Nadelen van virale marketing

Net als alle marketing heeft virale marketing wisselend succes. Van nature is deze vorm

van marketing vaak riskanter en controversiëler dan traditionele marketing. Als virale marketing niet op de juiste manier wordt uitgevoerd, kan ze een averechtse uitwerking hebben en een negatieve sfeer creëren:
- Als bepaalde software nodig is die niet wijd en zijd gebruikt wordt, kunnen mensen de boodschap niet openen en lezen.
- Veel mensen ontvangen virale marketingboodschappen op kantoor; vanwege de door bedrijven geïnstalleerde antivirussoftware en firewalls kan het zijn dat mensen dergelijke boodschappen niet kunnen ontvangen of openen.
- Alleen als een virale marketingcampagne gemakkelijk te gebruiken is, zal hij succesvol zijn. Als een promotie bijvoorbeeld de vorm heeft van een spel of wedstrijd, mogen ontvangers pas na afloop worden gevraagd de boodschap door te sturen. Het doorsturen van de boodschap mag geen voorwaarde zijn om het spel te mogen spelen.

Voorbeeld 11.3 — Cloverfield: de promotie van een film van Paramount Pictures in januari 2008 door middel van een virale marketingcampagne

De film *Cloverfield* wordt gepresenteerd als een videofilm die door het Amerikaanse Ministerie van Defensie op een digitale handcamera is gevonden. Aan het begin van de film wordt gezegd dat de camera is 'gevonden in US-447, een gebied voorheen bekend onder de naam Central Park'.

In de film worden vijf jonge New Yorkers gevolgd die op de avond waarop een gigantisch monster de stad aanvalt een afscheidsfeestje voor hun vriend geven.

De film is zo opgenomen en bewerkt dat het lijkt alsof hij met één handcamera is opgenomen, inclusief de verspringende beelden die je bij thuisvideo's ook wel ziet. Het publiek kijkt naar een thuisvideo die iets anders wordt dan gepland was.

In eerste instantie kreeg de film de titel *Cloverfield*. Nadat de titel in de loop van het filmen verschillende keren was veranderd – vanwege de hype die als gevolg van de teasertrailer ontstond – werd *Cloverfield* toch de uiteindelijke titel. Er ontstond zoveel opwinding over de film dat de producenten de titel ineens niet meer konden gebruiken en hun toevlucht namen tot titels als *Slusho* en *Cheese*.

De filmmakers besloten een teasertrailer te maken die gezien de mediaverzadiging van tegenwoordig een verrassing was. De trailer werd tijdens de voorbereiding van het productieproces samengesteld. In de teasertrailer werd 18 januari 2008 als verschijningsdatum van de film vermeld, maar over de titel werd niets gezegd, wat in de media aanleiding gaf tot veel speculatie over de plot van de film. Zo stond bijvoorbeeld in *USA Today* dat de film mogelijk gebaseerd was op het werk van H.P. Lovecraft of een live-action versie van *Voltron*, een nieuwe film over Godzilla of een spin-off van de tv-show *Lost* was.

In de tweede trailer, die op 16 november 2007 verscheen, werd bekendgemaakt dat de titel van de film *Cloverfield* was.

Begin april 2008 werd een wedstrijdsite, *Where Were You When Cloverfield Hit*, geopend om de lancering van de dvd te promoten. Fans konden hun eigen vertolking van de *Cloverfield*-ervaring op deze website zetten. Op 22 april 2008 kwam de dvd in twee versies uit: de standaardeditie met één dvd en een exclusieve speciale uitgave in een stalen doos.

Het financiële resultaat
Omdat er geen dure acteurs in de film meespeelden, konden de productiekosten van *Cloverfield* worden beperkt tot 25 miljoen dollar. Op 18 januari 2008 verscheen *Cloverfield* in 3411 bioscopen en genereerde op die ene dag in de VS en Canada een bruto-opbrengst van bijna 17 miljoen dollar. In het eerste weekend dat de film in de bioscoop te zien was, genereerde hij een bruto-opbrengst van 40 miljoen dollar. Tot mei 2008 had de film wereldwijd bruto 170 miljoen dollar gegenereerd (www.boxofficemojo.com/movies/?id=cloverfield.htm). 47 procent van deze opbrengst was in de VS gegenereerd en 53 procent in het buitenland.

Bronnen: een aanpassing van www.cloverfieldmovie.com/, www.imdb.com/title/tt1060277/, www.boxofficemojo.com/movies/?id=cloverfield.htm, www.moviesonline.ca/movienews_12553.html (*JJ Adams talks Cloverfield*) en andere publieke bronnen.

Samenvatting

In dit hoofdstuk hebben we gekeken naar het managen van internationale distributieketens en logistiek. De hoofdlijnen van dit hoofdstuk zijn in figuur 11.1 weergegeven, en uit de discussie is duidelijk dat internationale marketeers bij het selecteren en ontwikkelen van een voordelig en efficiënt internationaal distributiekanaal dat grote hoeveelheden producten aankan gebruik kunnen maken van een breed scala aan mogelijkheden.

Vanwege de angst bestaande distributiekanalen te kannibaliseren en mogelijke conflicten in het distributiekanaal te veroorzaken, kunnen producenten het best bestaande verkopen via het traditionele distributienetwerk laten verlopen en potentiële toekomstige verkopen via internet. Helaas heeft het verleden ons geleerd dat de meeste bedrijven te lang vasthouden aan steeds slechter functionerende distributienetwerken.

Naast bovenstaande strategische distributiebeslissingen moet een exporteur ook terdege aandacht besteden aan de meer operationele, fysieke distributiebeslissingen. Deze hebben een grote invloed op de uiteindelijke klanttevredenheid en hiermee dus ook op het succes van een bedrijf op zijn internationale afzetmarkten.

In dit hoofdstuk zijn vijf bestanddelen van internationale communicatie aan de orde gekomen:
- reclame
- public relations
- sales promotions
- direct marketing
- persoonlijke verkoop.

Om de verschillende onderdelen van de promotiemix in verschillende omgevingen goed te kunnen toepassen, moeten internationale marketeers besluiten welke kanalen voor de communicatie worden gebruikt, wat de boodschap is, wie het programma moet uitvoeren of helpen uitvoeren en hoe de resultaten van het communicatieplan gemeten moeten worden. Over het algemeen neigen marketeers naar een steeds grotere harmonisering van hun strategie met tegelijkertijd een grotere flexibiliteit op lokaal niveau en de vroege integratie van lokale behoeften in de communicatieplannen.

Het is voor internationale marketeers dus belangrijk te besluiten of de verschillende elementen van de communicatie wereldwijd moeten worden gestandaardiseerd of aan de lokale omgeving moeten worden aangepast. De belangrijkste redenen voor standaardisering zijn:

- De klanten bevinden zich niet binnen de grenzen van een bepaald land.
- Het bedrijf probeert een internationaal merkimago op te bouwen.
- Het bedrijf kan schaalvoordeel behalen.
- De weinige goede creatieve ideeën die er zijn, kunnen op een zo breed mogelijk terrein worden benut.
- Er kan speciale expertise worden ontwikkeld en benut.

Sommige communicatie-instrumenten, en dan vooral de persoonlijke verkoop, moeten echter aan de lokale omstandigheden van individuele markten worden aangepast. Een andere reden om persoonlijke verkoop aan te passen, is dat distributiekanaalleden vaak in een gastland zijn gevestigd. Derhalve moeten beslissingen over het aantrekken, trainen, motiveren en evalueren van verkooppersoneel op lokaal niveau genomen worden.

Het kiezen van agenten is ook aan de orde gekomen. Het vereiste mengsel van kennis van de lokale omgeving en cultuur en managementexpertise op internationale markten is iets wat moeilijk te definiëren is. Te veel centralisering en standaardisering resulteert in onjuiste marketingcommunicatie.

Een heel belangrijk communicatie-instrument voor de toekomst is internet. Bedrijven die op mondiale schaal hun voordeel met internet willen doen, moeten voor hun internetactiviteiten een geschikt bedrijfsmodel kiezen en inschatten hoe de informatie en transacties die via dit nieuwe medium voor direct marketing worden aangeboden het bestaande distributie- en communicatiesysteem zullen beïnvloeden.

Virale marketing is geenszins een vervangmiddel voor een uitgebreide en gevarieerde marketingstrategie. Virale marketing is een tactiek die een positief rendement op investeringen kan opleveren als ze als onderdeel van een overkoepelend strategisch plan op de juiste manier wordt toegepast. Marketeers kunnen virale marketing gebruiken als berichten gelijktijdig verstuurd kunnen worden en een meetbaar bedrijfsdoel ondersteunen.

Discussievragen

1. Bespreek de huidige distributietrends op wereldmarkten.

2. Welke factoren zijn van invloed op de lengte en breedte van marketingkanalen en het aantal marketingkanalen?

3. Als een internationale marketeer de prestatie van een mondiaal marketingkanaal wil optimaliseren, waar moet hij dan de nadruk op leggen: training, motivatie of vergoeding? Waarom?

4. Wanneer zou het voor een mondiaal bedrijf haalbaar en wenselijk zijn de coördinatie van zijn distributiesystemen naar buitenlandse markten te centraliseren? Wanneer is decentralisering beter?

5. Vergelijk binnenlandse en internationale communicatie met elkaar. Leg uit waarom bij internationale communicatieprocessen de kans op 'lawaai' groter is.

6. Waarom standaardiseren maar zo weinig bedrijven hun reclameboodschappen wereldwijd? Identificeer de restricties vanuit de omgeving die de ontwikkeling en implementatie van gestandaardiseerde mondiale advertentiecampagnes belemmeren.

7. Op welke manier kan persoonlijke verkoop in het buitenland verschillen van persoonlijke verkoop op de thuismarkt?

8. Reclamevoorschriften verschillen wereldwijd. Wat wordt daarmee bedoeld?

9. Evalueer de 'percentage van de verkoop'-benadering die soms wordt gebruikt om het reclamebudget voor buitenlandse markten vast te stellen.

10. Leg uit waarom multinationals bij het trainen van verkoopteams en het evalueren van hun prestatie ten opzichte van lokale bedrijven in het voordeel zijn.

11. Identificeer en bespreek de problemen die het verdelen van een promotiebudget over verschillende buitenlandse markten met zich mee kan brengen.

Competentietraining

1. Voortbouwend op competentievraag 2 uit hoofdstuk 9: adviseer Grolsch omtrent de te volgen communicatiestrategie op de Turkse markt.

2. Een Nederlandse aanbieder van taalreizen (taalcursus in het buitenland inclusief overnachting en vervoer) wil zijn omzet verhogen en besluit om de Duitse markt te gaan bewerken. Adviseer deze onderneming omtrent de te volgen entree-/distributiestrategie.

Casestudy 11.1 — De Beers: Voorwaartse integratie in de waardeketen van de diamantindustrie

Sinds het einde van de negentiende eeuw reguleert de Zuid-Afrikaanse multinational De Beers (www.debeers.com) zowel de markt voor industriële diamanten als die voor diamanten die in sieraden worden verwerkt. Al net zo lang houdt het bedrijf de illusie in stand dat diamanten zeldzaam zijn. Het heeft het idee dat diamanten een kostbaar symbool van romantiek zijn ontwikkeld. Alle opvattingen die mensen tegenwoordig over diamanten hebben, zijn – in ieder geval deels – het resultaat van de aanhoudende inspanningen van De Beers.

Door de aanvoer en distributie van diamanten wereldwijd te controleren, heeft De Beers bovendien voor een verrassend gewoon mineraal – samengeperste koolstof – een ongekende mate van prijsstabiliteit geïntroduceerd en gehandhaafd. Deze unieke prijsstabiliteit is het gevolg van het feit dat de distributie van diamanten in handen is van een kartel. De Beers heeft een heel eenvoudige bedrijfsstrategie: het aantal diamanten dat per jaar op de markt wordt verkocht moet beperkt blijven, zodat de mythe dat ze zeldzaam zijn blijft bestaan en er dus hoge prijzen voor kunnen worden gevraagd.

De Beers geeft ongeveer tweehonderd miljoen dollar per jaar uit aan de promotie van diamanten en diamanten sieraden. *Diamonds are forever*, zo luidt de slogan, en De Beers heeft de controle over bijna zeventig procent van de markt voor ruwe diamanten.

De Beers beheert een producentenkartel dat voor elk lid een productiequotum vaststelt (net als OPEC dat doet). De Beers heeft deze producenten ervan kunnen overtuigen dat de toevoer van diamanten gereguleerd moet worden om hoge prijzen te kunnen blijven vragen en een hoge winst te blijven maken.

In het begin van de vorige eeuw had het diamantkartel veel macht omdat De Beers de controle over de Zuid-Afrikaanse diamantmijnen had. Tegenwoordig is de machtsbron niet langer alleen de productie van ruwe diamanten maar ook een geavanceerd netwerk van diamantbewerking, verkoopmarketing en promotiecampagnes, alle beheerd door De Beers.

Het is interessant op te merken dat de diamantprijzen weinig of geen verband houden met de winning (productie) van de edelstenen.

In tabel 11.6 is de 'normale' winstopslag in het distributiekanaal van diamanten weergegeven.

Distributiestadium	Winstopslag (%)	Gemiddelde waarde van een diamant van 0,5 karaat ($/karaat)
Winningskosten	–	100
Verkoop ruwe diamanten	67	167
Handelaren in ruwe diamanten	20	200
Slijpers	100	400
Groothandelaren	15	460
Detailhandel	100	920

Bron: een aanpassing van Ariovich, 1985 en Bergenstock en Maskula, 2001.

Tabel 1: Winstopslag bij diamanten

Als het winnen van een diamant $100 kost, kan die diamant een consument bij een lokale juwelier dus $920 kosten. Conjunctuurcycli en individuele commerciële praktijken kunnen deze prijs positief of negatief beïnvloeden, net als de kwaliteit van de diamant. De verkoop van diamanten, in de diamanthandel *sights* genoemd, vindt tien keer per jaar plaats in Londen, Luzern (Zwitserland) en Kimberley (Zuid-Afrika). De diamanten worden aan een beperkt aantal bevoorrechte *sightholders* – zo'n honderdzestig – verkocht. Dit zijn vooral eigenaren van diamantslijperijen in New York, Tel Aviv, Mumbai en Antwerpen, die de diamanten dan aan de rest van de diamanthandelaren verkopen.

De diamantwinning uit de mijnen die eigendom van De Beers zijn en door het bedrijf zelf worden ontgonnen, maakt slechts 43 procent van de totale waarde van ruwe diamanten op de wereldmarkt uit. Omdat het bedrijf niet de enige producent van ruwe diamanten in de wereld is, heeft het zich met andere grote diamantproducerende organisaties moeten verenigen. Zo is het internationale diamantkartel ontstaan dat bijna driekwart van de wereldmarkt beheerst.

De Beers heeft een gecontroleerde aanvoer- en distributieketen opgezet, waarbij alle producenten in het kartel contractueel verplicht zijn het grootste deel van hun totale productie aan één marketingeenheid te verkopen: de door De Beers beheerde Central Selling Organization (CSO) (zie figuur 11.14). De door de CSO gecontroleerde aanvoer van ruwe diamanten kent drie bronnen: de mijnen van De Beers/Centenary, externe leveranciers die een contract met de CSO hebben (kartelleden) en aankopen op de open markt via aankoopkantoren in Afrika, Antwerpen en Tel Aviv (ruwe diamanten die gekocht worden van landen die geen contract met De Beers hebben). De Beers fungeert als exclusieve distributeur van diamanten. Elk jaar gaat ongeveer 75 procent van alle ruwe diamanten ter wereld via de CSO naar slijpers en diamantmakelaars.

Voor het economische succes van het kartel is het strikt noodzakelijk dat klanten zich aan de geschreven en ongeschreven regels van het kartel houden. Klanten die dat doen, worden beloond met steeds betere en meer ruwe diamanten in hun doos, terwijl degenen die de regels omzeilen steeds slechtere stenen krijgen en het risico lopen niet meer voor sights te worden uitgenodigd.

Het besluit van De Beers voorwaarts te integreren

Tot 2001 richtte De Beers zich op de levering van diamanten aan merkproducenten als Cartier. De kernactiviteit van de De Beers Group blijft het ontginnen en vermarkten van ruwe diamanten. In januari 2001 besloten de De Beers Group, de voornaamste diamantgroep van de wereld, en LVMH Moet Hennessy Louis Vuitton, de mondiale marktleider op het gebied van luxeproducten, een onafhankelijk bestuurde joint venture op te richten, De Beers LV genaamd,

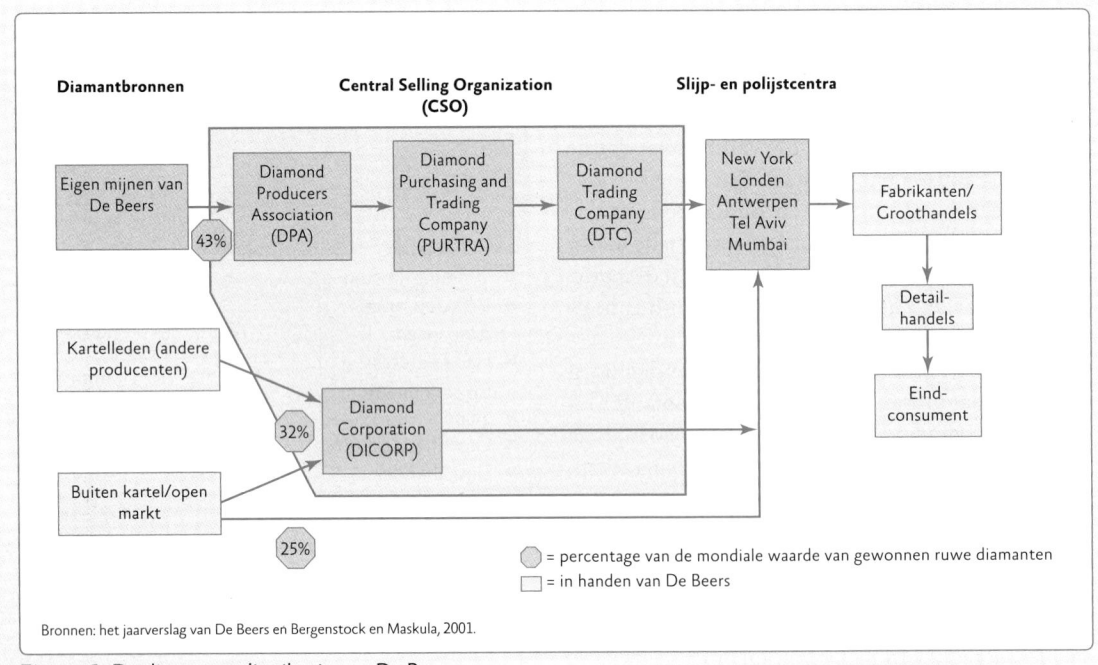

Figuur 1: De diamantendistributie van De Beers

om het mondiale potentieel van het merk De Beers voor consumptiegoederen te ontwikkelen.

LVMH Moet Hennessy Louis Vuitton is de thuishaven van een aantal vooraanstaande merken op het gebied van mode en lederwaren, horloges en sieraden, wijn en sterkedrank, en cosmetica en parfums. Wat LVMH aan de joint venture bijdraagt, is een uitgebreide ervaring op het gebied van zowel het ontwikkelen van luxemerken als het lanceren van detailhandelsconcepten voor premiummerken.

De bijdrage van het 'moederbedrijf', De Beers SA, aan de joint venture bestaat uit meer dan honderd jaar ervaring in de vorm van technologie en individuele experts, waardoor de mooiste diamanten geselecteerd kunnen worden.

Als onderdeel van de joint venture-overeenkomst heeft De Beers SA De Beers LV het recht gegeven het merk De Beers te gebruiken voor luxegoederen op mondiale consumentenmarkten. Vanaf nu zal De Beers kwalitatief uiterst hoogwaardige diamanten sieraden onder de eigen merknaam ontwerpen, slijpen en verkopen. Diamanten met de merknaam De Beers zullen exclusief via winkels van De Beers worden verkocht. In Londen heeft De Beers aan Oxford Street een *flagship store* geopend, en het bedrijf heeft plannen ook in New York en Parijs een winkel te openen.

Bron: informatie en nieuws op www.diamonds.net

Vragen

1. Wat zouden de beweegredenen van De Beers voor deze voorwaartse integratie in de detailhandels- en consumentenmarkt kunnen zijn?
2. Is het een wijs besluit?
3. Hoe zou De Beers na deze voorwaartse integratie zijn internetstrategie moeten ontwikkelen?
4. Zou De Beers, met zijn merkdiamanten, zijn internationale marketingstrategie landenbreed kunnen standaardiseren?

Casestudy DEEL IV
Grolsch: De weg naar internationaal succes voor een premiumbier

Grolsch (www.koninklijkegrolsch.nl) is een onderneming met een lange historie. De bierbrouwer kent een rijke traditie die teruggaat tot 1615. Grolsch brouwt uitsluitend bier en richt zich op het premiumsegment van de markt. Het sterke merk Grolsch staat daarbij centraal. De kracht van het merk vindt zijn oorsprong in 'Vakmanschap is Meesterschap' en in de unieke beugelfles. Het is de missie van Grolsch om de homogeniteit van de categorie te doorbreken en bier zijn premiumstatus terug te geven.

Grolsch is actief op zowel de Nederlandse als een groot aantal internationale drankenmarkten waaronder het Verenigd Koninkrijk, de Verenigde Staten, Canada, Frankrijk, Zuid-Afrika, Australië en Nieuw-Zeeland. Nederland is de thuismarkt van Grolsch, hier ligt dan ook het zwaartepunt van de commerciële activiteiten. Sinds 12 februari 2008 is Grolsch een dochteronderneming van SABMiller plc.

Onderstaand worden de belangrijkste aspecten van de internationale strategie van Grolsch besproken aan de hand van een interview met dhr. Jan van der Velde, werkzaam als International Brand Marketeer bij Grolsch.

Wat was de voornaamste reden voor de overname door SABMiller in 2008?

SABMiller kent een erg breed merkenportfolio. Deze bestaat voornamelijk uit lokale en regionale 'mainstream'-bieren. In het snelgroeiende internationale premiumsegment was men niet sterk genoeg vertegenwoordigd. In dit segment had men tot de overname van Grolsch de merken Miller Genuine Draft, Peroni Nastro Azzurro en Pilsner Urquell. De belangrijkste reden voor SABMiller om Grolsch over te nemen lag dan ook in de wereldwijde potentie van het merk Grolsch in dit internationale premiumsegment (ca. 4-5% van de totale mondiale biermarkt). Voor ons als Grolsch betekent dit dat we veel meer mogelijkheden krijgen tot internationale expansie, gezien het feit dat SABMiller in ongeveer zeventig landen eigen organisaties heeft.

Kunt u in het kort aangeven wat de hoofdlijnen zijn van de internationale marketingstrategie?

Grolsch heeft de wereld verdeeld in kern- en servicemarkten. De kernmarkten bestaan uit: Verenigd Koninkrijk, Verenigde Staten, Canada, Frankrijk, Zuid-Afrika, Australië en Nieuw-Zeeland. In deze landen wordt zo'n driekwart van onze internationale afzet gerealiseerd. Entreestrategieën in deze markten worden gekenmerkt door een grotere mate van centrale aansturing vergeleken met die in de niet-kern-/servicemarkten. Zo hebben we onder andere een zeer dominante marktpositie met onze eigen organisatie in Zuid-Afrika, eigen verkoopkantoren in Frankrijk en Canada, en een joint venture met MolsonCoors Ltd in de UK.

Een van de elementen van de internationale marketingmix is het product. Wat zijn hierin de belangrijkste elementen voor Grolsch?

Wat het product betreft proberen we zo veel mogelijk te harmoniseren: dezelfde smaak/receptuur, verpakking en design. Dit alles onder het motto 'one brand one voice'. We streven naar een eenduidige propositie in al onze afzetmarkten. Daarnaast levert het een stuk efficiëntie op. In verband met andere inhoudsmaten in bijvoorbeeld de VS en het VK wijken daar onze verpakkingen af van andere markten. Dit geldt alleen voor de kroonkurkfles en de blikken. De beugel, het icoon van Grolsch, kent overal dezelfde maat. Tevens kan de verpakking afwijken als gevolg van eisen van overheidswege met betrekking tot de label. Hierbij moet je denken aan de grootte van de letters en eventuele gezondheidswaarschuwingen.

Behalve het merk Grolsch heeft u ook het merk Amsterdam in het assortiment. Hoe wordt dit merk in de markt gezet?

Amsterdam is ons merk voor het 'strong beer segment'. Het alcoholpercentage varieert van 6 tot 12%. Dit merk heeft, net als Grolsch, een premiumpropositie. Het is vooral succesvol in Frankrijk en Rusland. Dit merk krijgt langzamerhand meer aandacht binnen de organisatie. Het heeft nu ook eigen commercieel management.

Hoe gaat Grolsch te werk met betrekking tot productintroductie in nieuwe markten?

We werken hier volgens een driefasemodel. In fase 1, de *seeding*-fase, introduceren we onze beugelfles. Dit vindt plaats in de goede horeca. Hierbij richten we ons op de *opinion leaders*. In een later stadium volgt dan bier op tap. In fase 2, *growth*-fase, komen de kroonkurkflessen erbij, eventueel in combinatie met blikken. Ten slotte breiden we in fase 3, *harvest*, het assortiment uit met andere bieren, literblikken en ons thuistapsysteem Cheersch. Belangrijk is echter dat je niet te snel te werk gaat. Het kan 10 tot 20 jaar duren voordat je in fase 3 aanbeland bent.

Essentieel bij de start in een nieuwe markt is de keuze van je partner. Deze moet passen bij de ambitie en de strategie van het merk Grolsch. Nu, na de overname door SABMiller, wordt hier in het algemeen eerst gekeken naar samenwerking met een van de zusterorganisaties uit de SABMiller-groep. Dit is echter geen 'must'. In de praktijk blijkt dat, ook al is het een bedrijf uit dezelfde groep, we nog erg veel tijd moeten steken in het overbrengen van de filosofie achter het merk Grolsch. SABMiller richt zich namelijk in het algemeen meer op de 'mainstream'-bieren terwijl Grolsch zich richt op het premium brand segment.

Kunt u aangeven hoe productintroducties promotioneel ondersteund worden?

Onze primaire doelgroep is de goed opgeleide *urban man* in de leeftijdsklasse van 25 tot 35 jaar. Centraal in al onze vormen van communicatie staat onze beugelfles. Kernwoorden hierbij zijn: robuust, stoer, authenticiteit en eigenzinnigheid. We proberen een link te leggen met creatieve mensen. Dit doen we door middel van het ondersteunen van kunstgaleries, kunstevenementen en andere evenementen waar onze doelgroep komt. Eventueel wordt dit gecombineerd met 'out of home'-communicatie. Er wordt meestal niet geadverteerd op tv. Voornaamste reden hiervoor is het benodigde budget. Bovenstaande geldt alleen voor de kernmarkten. In de niet-kernmarkten ondersteunen we onze partners met een Grolsch-toolkit.

Bij een premiumpositionering past natuurlijk ook een premiumprijs. Kunt u hier iets over vertellen?

Inderdaad, als we naar onze prijsstelling kijken, kunnen we concluderen dat we ook hier aan de bovenkant van de markt zitten. De prijsstelling moet consistent zijn met onze positionering. Wat de hoogte van de prijs betreft, zit Grolsch op dezelfde lijn als Heineken, Carlsberg, Beck's en Stella Artois, de zogenaamde *peer group*. Grolsch geeft wat prijsstelling betreft een advies aan de landenorganisaties. Deze zijn echter niet verplicht dit op te volgen. Belangrijk element in dit advies is wel om geen c.q. weinig prijspromoties toe te passen. Dit om zo veel mogelijk de consistentie van de marketingstrategie te waarborgen.

Ten slotte, welke toekomst ziet u weggelegd voor Grolsch op de internationale biermarkt?

Wij voorzien voor Grolsch in de komende jaren een snelle groei doordat we in vele markten een sterke *route-to-market* tot onze beschikking hebben nu we onderdeel zijn van 's werelds tweede brouwer SABMiller. Grolsch heeft een groot potentieel, door de unieke uitstraling, de onderscheidende smaak en de rijke heritage. De mondiale ontwikkeling van het segment waarin we acteren, kenmerkt zich door sterke groei. Uiteindelijk willen we naar een toptienpositie in de ranking van meest internationale biermerken. Nu bivakkeren we rondom plaats vijfentwintig op die lijst. Deze lijst wordt nu aangevoerd door Heineken, Corona en Carlsberg, maar Grolsch komt eraan!

DEEL V

Het mondiale marketingprogramma implementeren en coördineren

Inleiding deel V

In de eerste vier delen van dit boek hebben we gekeken naar wat nodig is om mondiale marketingactiviteiten uit te voeren. In deel V bespreken we de implementatie- en coördinatiefase.

Om producten en diensten in het buitenland succesvol te kunnen verkopen, moeten bedrijven zich aan alle bedrijfspartners, bedrijven en situaties kunnen aanpassen. Daarom komt in hoofdstuk 12 aan de orde hoe internationale onderhandelaars met de verschillende culturele achtergronden van hun tegenhangers moeten omgaan. In een deel van dit hoofdstuk wordt de transnationale overdracht van kennis en scholing binnen bedrijven en tussen samenwerkingspartners besproken.

Als bedrijven zich van puur binnenlandse bedrijven ontwikkelen tot multinationals, moet hun organisatiestructuur en hun coördinatie- en controlesysteem aan de nieuwe mondiale marketingstrategieën worden aangepast. In hoofdstuk 13 komt aan de orde hoe organisatiestructuren en marketingbudgetten (en andere controlesystemen) aangepast moeten worden als bedrijven en marktomstandigheden veranderen.

12

Interculturele verkooponderhandelingen

Leerdoelen

Na het bestuderen van dit hoofdstuk moet je in staat zijn het volgende te doen:

- Bespreken waarom interculturele verkoop door middel van onderhandelen een van de grootste uitdagingen op het gebied van mondiale marketing is.
- Uitleggen wat de hoofdfasen van het interculturele onderhandelingsproces zijn.
- Bespreken hoe de overdracht van scholing en kennis over landsgrenzen heen de internationale concurrentie kan versterken.
- Uitleggen wat belangrijke aspecten van interculturele voorbereiding zijn.
- Bespreken wat bij multiculturele mondiale projectgroepen de kansen en valkuilen zijn.
- Uitleggen waarom transnationale omkoping complex is en wat de gevaren ervan zijn.

12.1 Inleiding

Cultuur is een dimensie die in alle stadia van een verkooponderhandeling belangrijk is. Zelfs nog voordat een woord is gezegd, bepaalt cultuur hoe mensen een situatie ervaren. Als zich bij onderhandelingen een probleem voordoet, is cultuur vaak deels de veroorzaker van dit probleem. Cultuur heeft invloed op de strategische beslissing van bedrijven om met andere bedrijven te concurreren of samen te werken.

Om concurrerend te blijven en in de complexe en snel veranderende wereld van de internationale handel succesvol te blijven, moeten bedrijven over landsgrenzen heen kijken, niet alleen om potentiële markten te zoeken maar ook om bronnen van kwalitatief hoogwaardige maar minder dure materialen en arbeid te vinden. Zelfs managers van kleine bedrijven, die nooit het thuisland verlaten, zullen te maken krijgen met markten en werknemers met een andere culturele achtergrond. De managers die in staat zijn andere culturen te begrijpen en zich eraan aan te passen, zullen meer succes hebben met het vinden van potentiële markten enzovoort en zullen met meer succes op de wereldmarkt concurreren.

Wat gedrag betreft bepaalt cultuur wat wenselijk en niet acceptabel is. Omdat cultuur betekenis geeft aan wat mensen zien en communicatie structureert en codificeert, is ze bepalend voor de perceptie. Cultuur heeft invloed op het kiezen van de normen voor redelijkheid op basis waarvan uiteindelijk een overeenkomst wordt bezegeld. Door het belang en de betekenis die cultuur aan een context geeft, heeft ze een directe invloed op het onderhandelingsproces. In wezen is onderhandeling als proces met als oogmerk het bereiken van een doel een strategisch proces dat plaatsvindt in een culturele context en wordt uitgevoerd door mensen die zelf culturele krachten zijn. Het zou onrealistisch zijn hier geen rekening mee te houden.

Cultuur is de variabele die internationale onderhandelingen van alle andere soorten onderhandelingen onderscheidt. Voordat aan een langdurig en complex onderhandelingsproces als het aangaan van een joint venture wordt begonnen, moeten de internationale onderhandelaars, of dat nu kopers of verkopers zijn, basiselementen van de cultuur van hun tegenhanger assimileren. Hierdoor zullen ze beter begrijpen wat zich om de onderhandelingstafel en in de directe omgeving werkelijk afspeelt, zodat ze misverstanden kunnen voorkomen, effectiever kunnen communiceren, beter in staat zijn eventuele impasses te doorbreken en kunnen vaststellen wat de problemen werkelijk zijn.

Zakendoen met mensen uit andere culturen zal daarom nooit zo gemakkelijk zijn als zakendoen in eigen land.

In de beginstadia van het internationaliseringsproces behandelen MKB-bedrijven interculturele markten vaak als economische kansen voor de korte termijn die gegrepen moet worden om een zo groot mogelijke kortetermijnwinst te maken.

Als bedrijven echter de moeite nemen meer te weten te komen over de cultuur van de andere partij en hoe ze bedrijfspraktijken beïnvloedt, zal dit de kans op succes vergroten, zelfs bij de eerste interculturele onderhandelingen. Als mensen uit twee verschillende culturen zakendoen, is het vaak nadelig veronderstellingen over de cultuur van de ander te doen. Het kan resulteren in miscommunicatie. Managers van MKB-bedrijven moeten realistische veronderstellingen ontwikkelen die gebaseerd zijn op een oprechte waardering van de cultuur en zich weerhouden van culturele stereotypering. In Voorbeeld 12.1 is te lezen dat culturele invloeden moeilijk te voorspellen zijn.

> **Voorbeeld 12.1** **Het geven van geschenken in China en Japan**
>
> Een Amerikaanse zakenman gaf de dochter van zijn Chinese tegenhanger ooit een klok als huwelijksgeschenk, niet wetende dat het in China ongepast is een klok als geschenk te geven, omdat deze met de dood geassocieerd worden. Als gevolg van deze belediging werd de zakelijke relatie verbroken. Ook is het voor zakenlieden ongepast hun Japanse tegenhangers geschenken te geven die meer waard zijn dan de geschenken die ze van deze tegenhangers hebben ontvangen.
>
> Bron: Hendon et al, 1999.

Alle succesvolle internationale marketeers hebben een persoonlijke vertegenwoordiging in het buitenland. Persoonlijke onderhandelingen met klanten vormen de kern van het verkoopwerk. Onderhandelingen zijn noodzakelijk om overeenstemming te bereiken over alle elementen van de uitwisselingstransactie, zoals het product dat geleverd wordt, de prijs die betaald wordt, het betalingsschema en de dienstverleningsovereenkomst.

Internationale verkooponderhandelingen onderscheiden zich op vele manieren van onderhandelingen op de thuismarkt. Allereerst verschilt de culturele achtergrond van de onderhandelende partijen. Om succesvol met elkaar te kunnen onderhandelen, moeten beide partijen de cultuur van de ander tot op zekere hoogte begrijpen. Ook kan het nodig zijn een onderhandelingsstrategie te volgen die verenigbaar is met het culturele systeem van de andere partij. Het is interessant hier op te merken dat Japanse onderhandelaars meestal stelselmatig achtergrondinformatie over Amerikaanse bedrijven en belangrijke onderhandelaars opvragen. Hierdoor weten Japanse onderhandelaars vaak van tevoren al welke onderhandelingsstrategie de andere partij waarschijnlijk zal volgen.

12.2 Interculturele onderhandelingen

Als mensen geconfronteerd worden met andere gebruiken, opvattingen en een andere taal, is hun reactie meestal de andere partij op een negatieve manier te stereotyperen. Voordat partijen onderhandelingen voeren, is het van cruciaal belang dat ze weten waar ze op moeten letten en grondig hebben onderzocht wat de kenmerken van de cultuur van de andere partij zijn. Het begrijpen van andere culturen is vaak gebaseerd op tolerantie. In verschillende culturen, zoals de Japanse, Chinese, Mexicaanse en meeste Zuid-Amerikaanse, zijn vertrouwen en respect essentiële condities. Het kan zijn dat voor het onderhandelen met Japanse bedrijven eerst een aantal persoonlijke ontmoetingen moet plaatsvinden voordat de onderhandelingskwesties ter tafel komen, terwijl Noord-Amerikanen en Noord-Europeanen gewend zijn zo snel mogelijk tot zakendoen over te gaan. Israëli's geven de voorkeur aan een directe vorm van onderhandelen, terwijl Egyptenaren liever indirect onderhandelen. Egyptenaren vatten de Israëlische directheid als agressief op en voelen zich beledigd, terwijl de Egyptische indirectheid Israëli's ongeduldig maakt en als huichelachtig overkomt. Dit cultuurverschil vormt een gevaar voor alle onderhandelingen tussen zakenlieden uit de twee landen.

Zelfs de onderhandelingstaal kan misleidend zijn. Voor Noord-Amerikanen en West-Europeanen staat het sluiten van compromissen gelijk aan moraliteit, vertrouwen en fair play. Voor Mexicanen en andere Latijns-Amerikanen betekent het verlies van waardigheid en integriteit. In Rusland en het Midden-Oosten is het een teken van zwakte. Bovendien beschouwen leden van andere culturen het westerse ideaal, iemand die door sterke communicatie mensen kan overreden, als agressief, oppervlakkig en onoprecht.

12.2.1 Het interculturele onderhandelingsproces

ONDERHANDELINGSPROCES
Een proces waarbij twee of meer eenheden samenkomen om gezamenlijke en conflicterende belangen te bespreken met als doel tot een overeenkomst te komen waar beide partijen profijt van hebben.

Een onderhandelingsproces kan gedefinieerd worden als 'een proces waarbij twee of meer eenheden samenkomen om gezamenlijke en conflicterende belangen te bespreken met als doel tot een overeenkomst te komen waar beide partijen profijt van hebben' (Harris en Moran, 1987, pag. 55). Het onderhandelingsproces wordt sterk beïnvloed door de culturen waarin de onderhandelaars (gewoonlijk een koper en een verkoper) zijn opgegroeid en opgeleid. De cultuurverschillen die zich bij internationale verkooponderhandelingen voordoen, kunnen een enorme impact op zowel het proces zelf als de uitkomst ervan hebben.

Het interculturele onderhandelingsproces kan worden opgedeeld in twee verschillende onderdelen, namelijk de niet-taakgerelateerde en de taakgerelateerde interactie (zie figuur 12.1). Beide worden in de volgende paragrafen besproken (Simintiras en Thomas, 1998; Simintiras en Reynolds, 2001).

In figuur 12.1 is te zien dat het interculturele onderhandelingsproces sterk wordt beïnvloed door de culturele 'afstand' tussen koper en verkoper. Dit perspectief wordt verder uitgewerkt in figuur 12.2.

Niet-taakgerelateerde interactie

De niet-taakgerelateerde aspecten van het verkooponderhandelingsproces (statusdistinctie, correctheid van de indrukvorming en interpersoonlijke aantrekking) komen als eerste aan bod omdat dit factoren zijn die relevant zijn bij het vormen van een relatie met de koper, dat wil zeggen bij het benaderen van de koper.

```
┌─────────────────────────────────────────────────────────────────┐
│   ┌─────────────────────────────┐                               │
│   │ Niet-taakgerelateerde       │                               │
│   │ interactie                  │         ┌──────────────┐      │
│   │  ┌───────────────────────┐  │         │ Culturele    │      │
│   │  │ 1. Statusdistinctie   │  │         │ achter-      │      │
│   │  └───────────┬───────────┘  │         │ grond        │      │
│   │              ↓              │         │ verkoper     │      │
│   │  ┌───────────────────────┐  │         └──────┬───────┘      │
│   │  │ 2. Correctheid van de │←─┼──────┐         │              │
│   │  │    indrukvorming      │  │      │         │              │
│   │  └───────────┬───────────┘  │      │         │              │
│   │              ↓              │   Culturele    │              │
│   │  ┌───────────────────────┐  │   'afstand'    │              │
│   │  │ 3. Interpersoonlijke  │  │   tussen       │              │
│   │  │    aantrekking        │  │   koper en     │              │
│   │  └───────────┬───────────┘  │   verkoper     │              │
│   ├──────────────┼──────────────┤      │         │              │
│   │ Taakgerelateerde            │      │         │              │
│   │ interactie   ↓              │      │         │              │
│   │  ┌───────────────────────┐  │      │         │              │
│   │  │ 4. Informatie-        │←─┼──────┘         │              │
│   │  │    uitwisseling       │  │                │              │
│   │  └───────────┬───────────┘  │         ┌──────┴───────┐      │
│   │              ↓              │         │ Culturele    │      │
│   │  ┌───────────────────────┐  │         │ achter-      │      │
│   │  │ 5. Overredings- en    │  │         │ grond koper  │      │
│   │  │    onderhandelings-   │  │         └──────────────┘      │
│   │  │    strategie          │  │                               │
│   │  └───────────┬───────────┘  │                               │
│   │              ↓              │                               │
│   │  ┌───────────────────────┐  │                               │
│   │  │ 6. Concessies doen en │  │                               │
│   │  │    tot overeen-       │  │                               │
│   │  │    stemming komen     │  │                               │
│   │  └───────────┬───────────┘  │                               │
│   │              ↓              │                               │
│   │  ┌───────────────────────┐  │                               │
│   │  │ 7. Onderhandelings-   │  │                               │
│   │  │    resultaat          │  │                               │
│   │  └───────────────────────┘  │                               │
│   └─────────────────────────────┘                               │
│  Bron: aanpassing van Simintiras, A.C. en Thomas, A.H. (1998)   │
│  en Simintiras, A.C. en Reynolds, N. (2001).                    │
└─────────────────────────────────────────────────────────────────┘
```

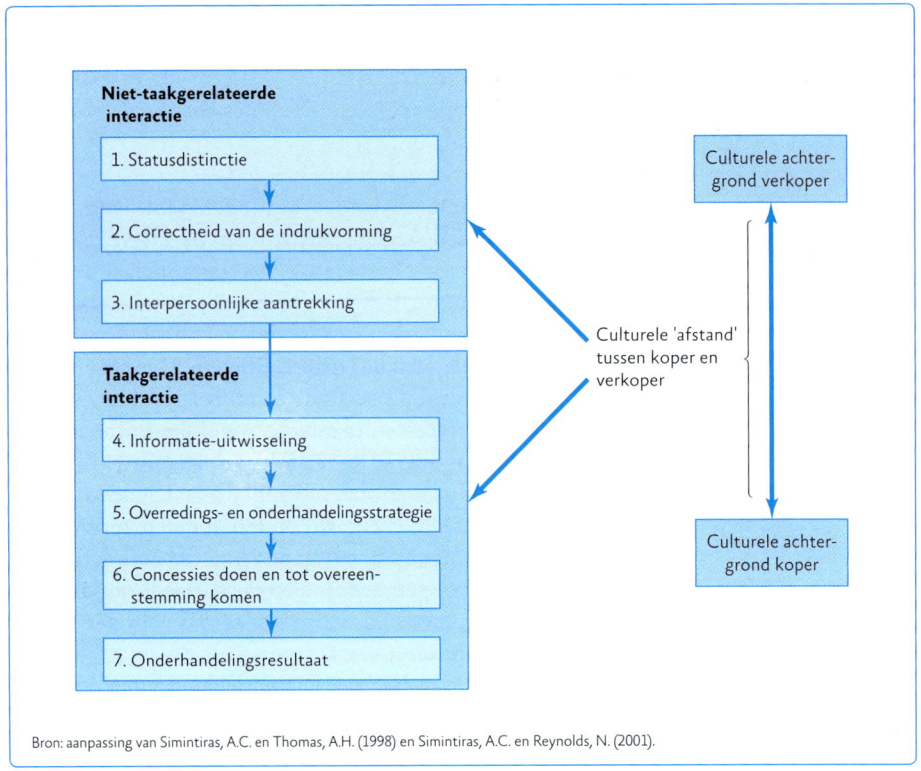

Figuur 12.1: Het interculturele onderhandelingsproces wordt beïnvloed door de culturele afstand tussen koper en verkoper

1 Statusdistinctie

Bij interculturele onderhandelingen is het uitermate belangrijk dat kopers en verkopers begrijpen wat statusdistinctie is. Statusdistinctie wordt bepaald door het verschil in rang, leeftijd, geslacht, opleiding, de positie van een individu binnen zijn bedrijf en de relatieve positie van het bedrijf. De mate van belang die bij onderhandelingen aan status wordt toegekend, verschilt per cultuur. In culturen met een hoge context is status belangrijk en vertegenwoordigt de persoon die communiceert het belang van de communicatie. De woorden die een onderhandelaar uit een cultuur met een hoge context gebruikt, zijn niet zo belangrijk als de status van de onderhandelaar. De statusdistinctie van onderhandelaars uit culturen met een hoge en lage context kan een bron van potentiële problemen zijn. Als bijvoorbeeld een verkoper uit een cultuur met een hoge context onderhandelt met een koper uit een cultuur met een lage context, zal de eerste waarde hechten aan de status van de koper. De verkoper zal verwachten dat de koper hetzelfde doet, maar dit zal zelden het geval zijn.

2 Correctheid van de indrukvorming

Dit heeft betrekking op het eerste contact tussen onderhandelaars. De eerste twee minuten van de eerste ontmoeting tussen een verkoper en een potentiële koper zijn het belangrijkst (het 'moment van de waarheid'). Als mensen iemand voor de eerste keer ontmoeten, hebben ze onmiddellijk gevoelens; deze gaan aan rationele denkprocessen vooraf. Deze gevoelens leiden tot het vormen van meningen die vaak op minimale informatie zijn gebaseerd. Aangezien mensen uit verschillende culturen verschillende percepties hebben, kan het zijn dat een onderhandelaar geen correcte indruk van zijn tegenhanger vormt. Een slechte indruk gebaseerd op een incorrecte indrukvorming kan ook een negatief effect hebben op de verdere onderhandelingsstadia.

3 Interpersoonlijke aantrekking

Hiermee wordt verwezen naar de onmiddellijke indruk die wordt beïnvloed door de gevoelens van aantrekking die kopers en verkopers voor elkaar hebben. Interpersoonlijke aantrekking kan een positief of negatief effect hebben op het onderhandelingsresultaat. Overeenkomsten tussen onderhandelaars kunnen vertrouwen wekken en dit kan tot interpersoonlijke aantrekking leiden. Individuen die zich tot een ander aangetrokken voelen, zullen waarschijnlijk concessies doen in het onderhandelingsproces. Het kan zijn dat onderhandelaars economische beloningen opgeven voor de voldoening die een relatie met een aantrekkelijke partner hun geeft. Zhang en Dodgson (2007) geven een interessante karakterschets van de oprichter van een jong Koreaans IT-bedrijf:

> *We ontdekten dat meneer Lee door zijn partners werd beïnvloed en soms hun advies opvolgde – zelfs al wist hij dat ze het niet per definitie bij het juiste eind hadden. Hij kon het gewoon niet verdragen binnen zijn persoonlijke netwerk connecties te verliezen. Het grootste probleem van meneer Lee is dat hij zijn zakelijke relaties niet van zijn persoonlijke netwerken kan scheiden (pag. 345).*

Hiermee wordt ook bevestigd dat de Koreaanse onderhandelingscultuur gebaseerd is op het confucianisme. De Koreaanse samenleving is doortrokken van de waarden van deze filosofie, die een basis voor moraliteit en sociale normen vormt. Net als in andere Aziatische landen zijn groepsharmonie binnen sociale netwerken en bedrijfsloyaliteit en -commitment in de Koreaanse samenleving hooggewaardeerde collectivistische eigenschappen.

Taakgerelateerde interactie

Als koper en verkoper eenmaal succesvol een relatie hebben opgebouwd, worden de taakgerelateerde aspecten van het interculturele onderhandelingsproces belangrijker. Wat echter niet vergeten mag worden, is dat de niet-taakgerelateerde factoren in dit stadium weliswaar niet meer van het grootste belang zijn maar dat ze nog steeds een impact kunnen hebben op het onderhandelingsproces en het uiteindelijke resultaat.

4 Informatie-uitwisseling

In dit stadium van het proces is het van cruciaal belang dat begrepen wordt wat de behoeften en verwachtingen van de onderhandelaar zijn, omdat zij als uitgangspunt dienen voor een effectieve communicatiestroom tussen de partners. Meer bepaald ligt de nadruk op hoe de partners de verschillende alternatieven die tot hun beschikking staan zullen benutten. De hoeveelheid informatie die uitgewisseld moet worden, zal van cultuur tot cultuur verschillen. Gezien het feit dat er op de wereld een paar duizend verschillende talen en lokale dialecten worden gesproken, is verbale communicatie bij interculturele onderhandelingen complex en moeilijk. Zelfs als deelnemers elkaar kunnen verstaan en elkaars taal vloeiend spreken, kan de betekenis van uitgewisselde informatie verloren gaan als gevolg van verschillende betekenissen van woorden en cultuurverschillen. Naast problemen met verbale communicatie hebben deelnemers aan interculturele onderhandelingen te maken met non-verbale problemen, zoals lichaamstaal. Hierdoor kan het voor onderhandelaars moeilijk zijn goed te begrijpen wat de overeenkomsten en verschillen tussen hen zijn.

5 Overredings- en onderhandelingsstrategie

Deze fase in het onderhandelingsproces heeft betrekking op de pogingen van onderhandelaars de prestatieverwachtingen die de andere partij heeft door middel van verschillende overredingstactieken te veranderen. Er zijn verschillende overredingsstijlen, en elke cultuur heeft haar eigen stijl. Volgens Anglemar en Stern (1978) worden bij onderhandelingsprocessen twee basisstrategieën gebruikt, namelijk de representatiestrategie en de instrumentele strategie.

Als een representatiestrategie wordt gebruikt, wordt communicatie gebruikt om problemen te identificeren, naar oplossingen te zoeken en het meest geschikte plan van aanpak te kiezen. Een verkoper kan bijvoorbeeld met een koper meewerken en informatie inwinnen over de visie van de koper op de situatie.

Als een instrumentele strategie wordt gebruikt, wordt communicatie gebruikt om het gedrag en de opvattingen van de andere partij te beïnvloeden. Een verkoper kan een koper bijvoorbeeld door middel van beloftes, toezeggingen, beloningen en straffen proberen te overreden. In een vriendelijk onderhandelingsklimaat gaat de voorkeur uit naar de representatiestrategie.

6 Concessies doen en tot overeenstemming komen

Dit stadium heeft betrekking op het proces dat onderhandelaars doormaken om vanaf hun initiële positie uit te komen op een punt van overeenstemming. Onderhandelaars uit verschillende culturen benaderen het doen van concessies op verschillende manieren. Zo zullen onderhandelaars uit culturen met een lage context vaak logica gebruiken, terwijl onderhandelaars uit culturen met een hoge context eerder persoonlijke argumenten zullen gebruiken.

7 Onderhandelingsresultaat

Overeenstemming is het laatste stadium van het onderhandelingsproces. De overeenstemming moet het uitgangspunt vormen voor de ontwikkeling van een 'diepere' relatie tussen koper en verkoper. De uiteindelijke overeenstemming in een onderhandelingsproces kan de vorm van een gentleman's agreement hebben, wat in culturen met een hoge context gebruikelijk is, of een formeel contract, wat in culturen met een lage context meer voorkomt.

12.2.2 Het kloofmodel bij internationale onderhandelingen

In onderhandelingssituaties is het verschil in culturele achtergrond de meest fundamentele kloof die de interactie tussen koper en verkoper beïnvloedt (kloof 1 in figuur 12.2). Deze culturele afstand kan uitgedrukt worden in termen van verschil in communicatie- en onderhandelingsgedrag, het besef van tijd en ruimte, werkpatronen en de aard van sociale rituelen en normen (Madsen, 1994). Door culturele afstand tussen twee partners nemen de transactiekosten meestal toe. Deze kunnen bij interculturele onderhandelingen hoog zijn.

De invloed van cultuur op personen en daarom op internationale onderhandelingen kan op verschillende maatschappelijke niveaus worden geanalyseerd. De manier waarop de culturele identiteit van mensen die in een bepaalde culturele omgeving is gevormd invloed heeft op hun visie op andere situaties in andere culturele omgevingen, heeft bovendien een 'leereffect'. Zowel koper als verkoper wordt beïnvloed door (op zijn minst) de nationale cultuur en organisatiecultuur waartoe ze behoren. Zoals in hoofdstuk 6 (figuur 6.2) te zien is, zijn er meer niveaus (cultuurlagen) waarop individueel onderhandelingsgedrag verklaard kan worden.

De mate van aanpassing die nodig is, hangt af van de mate van culturele overeenkomst tussen koper en verkoper. Tussen koper en verkoper zal er echter minder cultuurverschil zijn dan tussen de twee landen waar ze vandaan komen, omdat zij tot op zekere hoogte een 'zakencultuur' delen.

De invloed van de nationale cultuur

De nationale cultuur is een macrocultuur en sociale cultuur die voor een groep inwoners van een bepaald land een bepaalde manier van leven vertegenwoordigt. Deze nationale cultuur bestaat uit zowel de normen en waarden van de leden van de cultuur als bijvoorbeeld hun niveau van economische ontwikkeling, onderwijssysteem, nationale wetten en andere onderdelen van het regulerende systeem (Harvey en Griffith, 2002). Al deze factoren spelen een belangrijke rol bij het socialiseren van individuen binnen een bepaald geloofspatroon. Daarom zullen mensen die bij internationale interactie of relaties op cultuurverschillen stuiten, mensen uit andere culturen als vreemdelingen zien, dat wil zeggen onbekende mensen die bij een andere groep horen. Dit gevoel van afstand kan een directe invloed hebben op het vertrouwen en de persoonlijke band tussen personen, waardoor de kans op conflicten tussen koper en verkoper toeneemt.

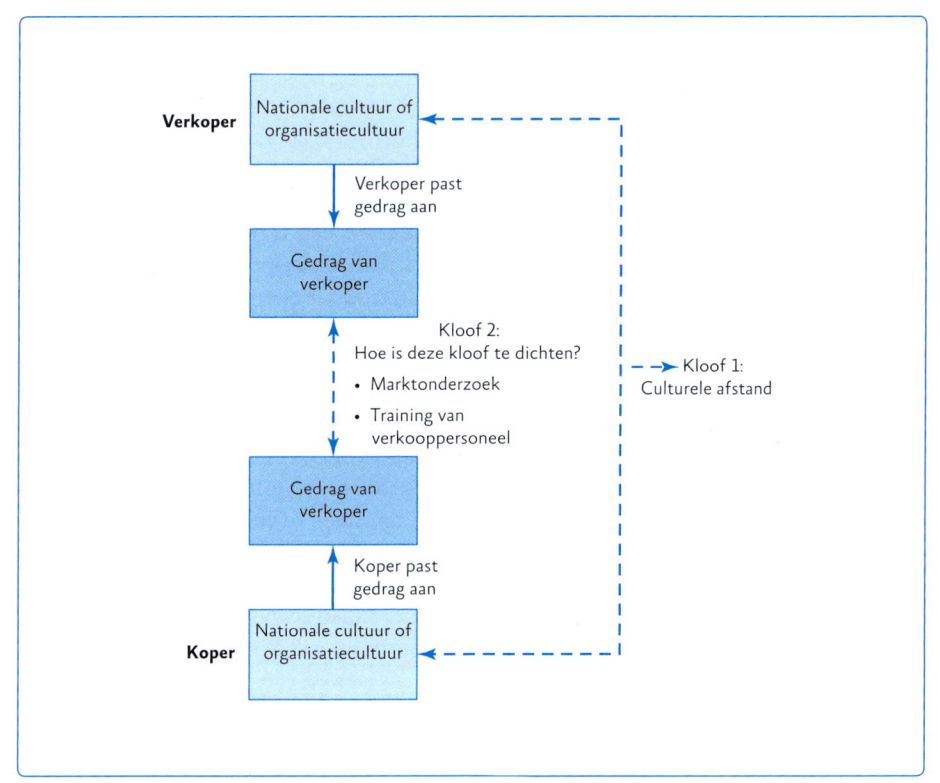

Figuur 12.2: Kloofanalyse bij een interculturele onderhandeling

De invloed van de organisatiecultuur

Een organisatiecultuur is het patroon van gedeeld gedrag, gedeelde waarden en gedeeld geloof dat de basis vormt voor het begrijpen van het functioneringsproces van een organisatie (Schein, 1985). Als twee of meer organisaties met elkaar onderhandelen, kan het relatieve consistentieniveau van kernelementen van organisatieculturen de effectiviteit van communicatie en onderhandeling direct beïnvloeden.

Als naar elementen van een nationale cultuur of organisatiecultuur wordt gekeken, zal de algemene complexiteit van de communicatieomgeving van bedrijven sterk verschillen. Als de afstand tussen de nationale cultuur van koper en verkoper groot is en de organisatieculturen inconsistent zijn (dat wil zeggen dat de afstand tussen de organisaties groot is), zal de onderhandelingsomgeving zeer complex zijn. Het is dan noodzakelijk de interculturele onderhandelingsstrategieën van het bedrijf zorgvuldig te plannen en controleren. Als de afstand tussen nationale culturen klein is en de culturen van de organisatie van koper en verkoper consistent, zullen beide partners het gemakkelijker vinden zonder al te veel aanpassing effectieve onderhandelingsstrategieën te gebruiken (Griffith, 2002).

Als er sprake is van een zekere afstand tussen de nationale cultuur en organisatiecultuur van koper en verkoper, zullen de koper en vooral de verkoper hun gedrag op een manier aanpassen waarvan ze denken dat de andere partij haar acceptabel vindt. Door aanpassing van het gedrag kan de initiële kloof 1 teruggebracht worden tot kloof 2. De mate waarin een verkoper zijn gedrag aan de communicatiestijl van de cultuur van de andere partij kan aanpassen, is een functie van zijn vaardigheden en ervaring. De benodigde vaardigheden zijn onder andere het aankunnen van stress, gesprekken kunnen beginnen en een zinvolle relatie kunnen opbouwen.

Maar verkoper noch koper zal de cultuur van de andere partij volledig begrijpen, dus zal er vaak een kloof tussen het cultuurgedrag van koper en verkoper blijven bestaan (kloof 2). Deze kloof kan voor frictie in het onderhandelings- en uitwisselingsproces zorgen en tot transactiekosten leiden.

Kloof 2 kan worden verkleind door marktonderzoek en training van verkooppersoneel (zie de volgende paragraaf). Verkopers brengen echter 'bagage' mee in de vorm van opvattingen en vaardigheden, zodat ze zich in verschillende stadia van intercultureel bewustzijn bevinden. De verschillende stadia van interculturele voorbereiding komen in de volgende paragraaf aan de orde. Als een trainer bijvoorbeeld verkopers die zich al in het acceptatiestadium bevinden en bereid zijn iets over gedragsstrategieën te leren een basisoefening in cultureel bewustzijn laat doen, zullen ze zich waarschijnlijk vervelen en niet de waarde van sommige vormen van diversiteittraining inzien.

Vaardigheid in persoonlijke communicatie blijft bij internationale verkooptraining een belangrijk onderwerp. Dit is vooral het geval bij consultatieve verkoop, waarbij vraag- en luistervaardigheden in de mondiale marketingcontext van cruciaal belang zijn. Door via trainingsprogramma's iets over culturele diversiteit te leren, zullen verkopers en marketingmanagers beter voorbereid zijn het gedrag van klanten en collega's van uiteenlopende culturele achtergronden te voorspellen. Toch staan veel verkopers sceptisch tegenover dit soort training en trekken ze de waarde ervan in twijfel. Werknemers zien diversiteittraining vaak als een 'modegril' of iets 'politiek corrects'. Als verkopers echter niet cultureel voorbereid zijn, zullen ze niet beseffen wat voor impact culturele diversiteit heeft totdat ze met een cultuur te maken krijgen die ze niet kennen.

Voorbeeld 12.2 — **Euro Disney wordt Disneyland Resort Parijs – Disney leert zich aan Europese culturen aan te passen**

Midden jaren 1980 begon de Walt Disney Company naar een locatie voor een Europees themapark te zoeken, waarbij Frankrijk en Spanje de meest kansrijke kandidaten waren. De stad Marne-la-Vallée (ongeveer 30 km ten oosten van Parijs) won uiteindelijk de strijd om het nieuwe 'muishuis', en in 1987 richtte Disney zijn dochterbedrijf Euro Disney op. Het jaar daarna werd met de bouw van het project van 4,4 miljard dollar begonnen, en in 1989 ging Euro Disney naar de beurs (Walt Disney behield 49 procent van de aandelen).

Bij de voorbereiding van de opening van Euro Disney in 1992 kondigde de eerste voorzitter van Euro Disney trots aan dat zijn bedrijf 'de aantrekkingskracht van Europa zou helpen vergroten'.

Er deden zich echter een paar interculturele blunders voor:

- Voordat het park werd geopend, stond Disney erop dat de werknemers zich aan gedetailleerde voorschriften op het gebied van kleding, sieraden en andere aspecten van het uiterlijk hielden. Van vrouwen werd verwacht dat ze 'gepaste onderkleding' droegen en hun vingernagels kortgeknipt hielden. Disney verdedigde dit door te zeggen dat in zijn andere parken dergelijke voorschriften ook werden nagevolgd. Het doel van deze voorschriften was ervoor te zorgen dat gasten de soort ervaring

kregen die met de naam Disney werd geassocieerd. Desondanks vonden de Fransen de voorschriften een belediging voor de Franse cultuur, het Franse individualisme en de privacy.
- De invoering van het Amerikaanse standaardbeleid dat in Disney-parken geen alcohol geschonken mag worden, betekende dat in Euro Disney geen wijn werd geschonken. Dit werd ook ongepast gevonden in een land dat bekendstond om zijn productie en consumptie van wijn.

Er was een aantal aanpassingen voor nodig, zoals het veranderen van de naam van het park in 'Disneyland Resort Parijs' en het toevoegen van een aantal speciale attracties, om het park vanaf 1996 weer winstgevend te maken.

Euro Disney is eigenaar van en runt het themapark Disneyland Resort Parijs, de toeristische topattractie van Europa. Met meer dan twaalf miljoen bezoekers per jaar heeft Disneyland Resort Parijs de Eiffeltoren als toeristenattractie van de eerste plaats gestoten.

In het fiscale jaar 2006 trok Disneyland Parijs ongeveer 12,8 miljoen bezoekers: veertig procent kwam uit Frankrijk, vijftien procent uit België, Luxemburg en Nederland, twintig procent uit het Verenigd Koninkrijk, negen procent uit Spanje en vijf procent uit Duitsland.

Voor het jaar 2006 rapporteerde Disneyland Resort Parijs inkomsten ter hoogte van 1.087,7 miljoen euro, met een geconsolideerd nettoverlies van 89 miljoen euro. Van de totale inkomsten was 53,2 procent afkomstig van de themaparken, 37,9 van de hotels en Disney Village, en de overige 8,9 procent van onroerend goed en andere zaken.

Disneyland Resort Parijs biedt zijn bezoekers zo'n vijftig achtbanen en andere attracties, meer dan zestig restaurants, 54 winkels en veel live-entertainment. Het bedrijf beheert ook zeven hotels, twee conferentieoorden en het entertainmentcomplex Disney Village, dat de schakel tussen het park en de hotels op het terrein vormt. Het nieuwste park, Walt Disney Studios Park, werd in 2002 geopend. Euro Disney betaalt royalty's en een managementvergoeding aan Walt Disney.

Begin 2005 heeft Euro Disney zijn schuld geherstructureerd; het richt zich nu weer op verkoop en marketing. Ook is het bedrijf van plan zijn hotels en achtbanen op grote schaal te verbeteren: eind 2005 knapte het de achtbaan Space Mountain op en opende hem als Space Mountain: Mission 2, en in 2006 werd de achtbaan Buzz Lightyear Laser Blast, die op de animatiefilm Toy Story 2 is gebaseerd, geopend.

In 2007 vierde Disneyland Resort Parijs zijn vijftiende verjaardag met een buitengewoon festijn. Gasten konden genieten van *Le Chateau de la Belle au Bois Dormant*, die voor deze gelegenheid speciaal versierd was. Disney-verhalen kwamen op een nieuwe manier tot leven komen, met speciale figuren en nieuwe attracties en shows. In 2008 werd in het Walt Disney Studios Park de Twilight Zone Tower of Terror geopend. Maar eerst deden in 2007 twee opwindende nieuwe attracties hun intrede in het nieuwe land in Walt Disney Studio Park dat Toon Studio wordt genoemd:
- **Crush's Coaster** – Gasten stappen vanuit de opnamestudio die de haven van Sydney moet voorstellen, uit de Disney/Pixar-hitfilm *Finding Nemo*, een avontuur binnen waarbij ze aan boord van een ronddraaiend schildpadschild dwars door de Oost-Australische golfstroom worden meegevoerd.
- **Cars Quatre Roues Rallye** – Gasten maken op een raceterrein in de vorm van een 8 een rit door een woestijnlandschap. Het is een pittige testrit voor de gasten en hun raceauto's, maar langs de zijlijn staan sterren uit de Disney/Pixar-hitfilm *Cars* klaar met racetips, aanmoedigingen en gejuich.

In de loop der jaren heeft het bedrijf geleerd zich meer te richten op Europese smaken door bijvoorbeeld eten en drinken als worstjes en wijn te serveren. Ook worden Europese acteurs gebruikt als virtuele rondleider.

Bronnen: Tagliableu, J, 2000; Della Cava, M.R., 1999, www.eurodisney.com, Hoovers Company Records: Euro Disney S.C.A., December 2006.
Bron: Copyright Disney.

Een van de belangrijkste problemen waar men vaak tegenaan loopt als men verkopers een zinvolle training wil bieden waarin ook culturele diversiteit (afstand) aan bod komt, is het feit dat het vaak onmogelijk is empirische leergelegenheden op locatie te bieden, omdat er de tijd en de middelen niet voor zijn. Hoewel het wenselijk is, kan men in veel gevallen verkopers niet van tevoren meenemen naar de cultuur waarmee ze te maken zullen krijgen om hun reacties te analyseren en ervan te leren. Een uitvoerbaar alternatief voor dit dilemma is verkopers bloot te stellen aan een simulatie van culturele diversiteit. De voordelen van deze aanpak zijn dat hij efficiënter is en dat verkopers er actief bij betrokken zijn, zodat ze door ervaring leren. Simulatie op basis van rollenspel en resultaatgericht leren is heel succesvol geweest bij het trainen van verkopers en managers (Bus en Ingram, 2001).

12.2.3 Onderhandelingsstrategieën

Wat bij onderhandelen fundamenteel is, is natuurlijk dat je je eigen sterke en zwakke kanten kent, maar ook dat je zo veel mogelijk over de andere partij weet, begrijpt hoe de ander denkt en onderkent wat hun standpunt is. Zelfs als verkopers vanuit een zwakke positie beginnen, zijn er strategieën die ze kunnen volgen om de onderhandeling een wending te kunnen geven die in hun voordeel is.

12.3 Interculturele voorbereiding

Veel verkopers zijn zich ervan bewust dat culturele diversiteit in hun werkomgeving een belangrijke kwestie is. Zoals echter uit veel verhalen over culturele blunders blijkt (zie Voorbeeld 12.2), beseffen verkopers niet altijd dat culturele diversiteit invloed heeft op hun vermogen te voorspellen hoe kopers zich in een verkoopsituatie zullen gedragen. Verkopers kunnen daarom een soort zelfrevelatie doormaken over hun eigen vermeende vaardigheden en de impact die deze vaardigheden op hun interactie met collega's of kopers met een andere culturele achtergrond hebben. Door aan dergelijke experimentele oefeningen deel te nemen kunnen verkoop- en marketingpersoneel gaan begrijpen dat culturele diversiteit op verschillende manieren een impact heeft.

12.3.1 Algemene interculturele voorbereiding

Om bedrijven te helpen hun verkopers voor te bereiden op het omgaan met culturele diversiteit op de verschillende internationale markten, wordt de volgende vijfstappenmethode voorgesteld (Bush en Ingram, 2001):
1. Creëer bewustzijn over de impact die culturele verschillen in de verkooporganisatie op hen hebben.
2. Motiveer verkooppersoneel en managers om hun gedrag en houding ten opzichte van klanten te heroverwegen.
3. Geef verkopers de kans hun eigen vooroordelen in een psychologisch veilige omgeving te bestuderen.
4. Onderzoek hoe stereotypen ontstaan en hoe ze misverstanden tussen kopers en verkopers kunnen veroorzaken.
5. Identificeer diversiteitkwesties in de internationale verkooporganisatie die moeten worden aangepakt.

Deze simulatie kan als waardevol uitgangspunt worden gezien om meer te leren over communicatiestijlen en culturele verschillen. De meeste bedrijven beseffen dat training over culturele diversiteit veel meer tijd kost dan verwacht. Een van de problemen van training in communicatie tussen culturen of subculturen is dat dit niet in slechts een uur of twee kan gebeuren. Het leren respecteren en succesvol communiceren met mensen uit andere culturen is een proces dat veel tijd kost. Door gedurende een lange periode deel te nemen aan oefeningen op dit gebied zullen verkopers beginnen te beseffen dat het concept 'diversiteit' verdergaat dan 'het juiste doen' of positieve discriminatie. Het waarderen van culturele diversiteit kan ook een impact hebben op het resultaat van een organisatie.

12.3.2 De evaluatie van de interculturele communicatie- en onderhandelingscompetenties van een partner

Om problemen betreffende de breedte en de verkleining van 'kloven' in onderhandelingsprocessen aan te pakken, moeten bedrijven proactief zijn en specifieke strategieën ontwikkelen waarmee de effectiviteit van de communicatie wordt vergroot. De meeste organisaties hebben het managen van communicatie niet geformaliseerd; toch zijn ten minste drie stappen nodig om de communicatie- en onderhandelingscompetenties van verkopende bedrijven te verbeteren:

1. *De communicatiecompetenties van verkopers evalueren.* Gezien het belang van de communicatiecompetenties van verkopers voor een succesvolle relatie, is het van cruciaal belang dat een verkopend bedrijf de competenties van deze mensen evalueert. Als eenmaal het technische niveau (dat wil zeggen de technische competenties en de standaardtaalcompetenties) is geëvalueerd, kan het bedrijf de eerder genoemde simulatiemethoden en empirische methoden gebruiken om de gedragscompetenties te peilen.
2. *De communicatiecompetenties van onderhandelaars van kopende bedrijven evalueren.* Zo mogelijk moet de procedure in (1) ook bij de kopers in de buitenlandse cultuur worden uitgevoerd. Het kan echter moeilijk zijn deze informatie over onderhandelaars van kopende bedrijven te verkrijgen.
3. *De communicatie- en onderhandelingscompetenties van kopende en verkopende bedrijven met elkaar vergelijken.* Alleen als er overeenkomsten tussen de communicatiecompetenties van de twee bedrijven zijn (en de 'kloof' niet te groot is), is het realistisch te verwachten dat de internationale onderhandeling en de mogelijke toekomstige relatie succesvol zullen zijn. Natuurlijk moet hierbij worden opgemerkt dat het verkopende bedrijf alleen controle heeft over zijn eigen interne competenties, niet over die van het kopende bedrijf.

Deze evaluatie van communicatiecompetenties kan ook in de criteria voor partnerselectie en -retentie van bedrijven worden opgenomen. Als een verkopend bedrijf deze communicatiecompetenties in zijn criteria voor partnerselectie en -retentie opneemt, is het ook belangrijk dat het hierin flexibel blijft en bereid is de bestaande competenties met betrekking tot zijn partner (het kopende bedrijf) te verbeteren.

12.4 Omgaan met expats

EXPATS
Werknemers die vanuit het hoofdkantoor worden uitgezonden om voor het bedrijf op buitenlandse markten te werken, vaak in dochterbedrijven.

De volgende bespreking is niet alleen van toepassing op expats in verkoopfuncties maar ook in andere functies bij een bedrijf dat in het buitenland is gesitueerd (bijvoorbeeld bestuursfuncties in buitenlandse dochterbedrijven). Expats in verkoopfuncties die in buitenlandse culturen moeten onderhandelen, ervaren vaak een cultuurschok als ze met een koper worden geconfronteerd. Deze cultuurschok wordt het hevigst ervaren door expats van wie de cultuur het sterkst verschilt van degene waarin ze nu werken. Wat kan het management van internationale bedrijven doen om het risico op een cultuurschok te minimaliseren? Daarbij moet het volgende in overweging worden genomen (Guy en Patton, 1996).

12.4.1 De beslissing een expat als verkoper in te zetten

Het eerste waarover een besluit moet worden genomen, is de vraag of het inzetten van expats uit het thuisland de beste keuze is om tot een buitenlandse markt toe te treden en deze te bedienen. Bedrijven moeten eerst kijken naar hun eigen ervaringen met cultuurschokken en de mate waarin verkoopvertegenwoordigers in andere culturen zich in het verleden hebben moeten aanpassen. Voor onervaren bedrijven is het aan te raden mogelijke agenten en distributeurs in het buitenland te zoeken in plaats van expats uit het thuisland in te zetten. Een andere optie voor bedrijven met eigen verkooppersoneel is het inzetten van personeel uit het gastland of een derde land (zie ook paragraaf 11.7).

Bedrijven moeten proberen vast te stellen op welke gebieden van de verkoopfunctie van een expat zich precies een cultuurschok zou kunnen voordoen. Als het om een erg technische baan gaat in een gebied met andere mensen uit het thuisland waar smaken en levensstijl lijken op die van het thuisland, kan het goed zijn expats als verkooppersoneel in te zetten.

Als een expat echter terechtkomt in een onbekende baan met tegenstrijdige verwachtingen, kunnen bedrijven beter andere opties overwegen. Hoe groter de culturele afstand, hoe groter de kans op een cultuurschok en aanpassingsproblemen. Hoe groter het contrast tussen culturen met een hoge en lage context, hoe groter de kans op problemen is. Als mensen een andere cultuur binnengaan, ontbreken veel vertrouwde symbolen en leidraden. Het ontbreken van deze alledaagse geruststellingen kan leiden tot gevoelens van frustratie, stress en angst.

12.4.2 Selectie van expats

Omdat expats met een verkoopfunctie een belangrijke functie voor hun bedrijf vervullen, moet aan het selectieproces veel aandacht worden besteed en mag er niet te snel worden beslist. De selectie mag niet primair op de technische competentie van de verkoper worden gebaseerd. Ook de volgende eigenschappen moeten nadrukkelijk in aanmerking worden genomen:
- kennis van vreemde talen;
- algemene relationele vaardigheden;
- emotionele stabiliteit;
- opleidingsachtergrond;
- ervaring met de cultuur in kwestie;
- het vermogen om met stress om te gaan.

Uit eerder onderzoek (Guy en Patton, 1996) blijkt dat expats met de volgende eigenschappen minder last hadden van een cultuurschok:

- ruimdenkendheid;
- empathie;
- culturele gevoeligheid;
- veerkracht;
- geen groot ego.

Als een potentiële expatriant een gezin heeft dat met hem meeverhuist, is het niet voldoende alleen hem te evalueren. Gezinskwesties die in overweging moeten worden genomen, zijn de huwelijksstabiliteit, de algemene emotionele stabiliteit van gezinsleden en de gezinsrelatie. Om erachter te komen hoe het hiermee is gesteld, is het nuttig diepgaande gesprekken met ten minste de partner van de expatriant en liefst ook met andere gezinsleden te hebben.

12.4.3 Training

Om voor individuele expats het meest geschikte trainingsprogramma te kunnen kiezen, moeten mensen in verschillende niveaus van interculturele vaardigheid worden ingedeeld. Voor elk niveau is een ander trainingsprogramma nodig. De eerste vereiste van de training is dat de expatriant en de gezinsleden die meeverhuizen op de hoogte worden gesteld van de belangrijkste sociaal-culturele, economische, politieke, juridische en technologische kwesties van het land waar ze naartoe gaan.

De trainingsactiviteiten kunnen onder andere bestaan uit:
- een omschrijving van het gebied/land;
- training op het gebied van culturele assimilatie;
- rollenspel;
- het omgaan met kritieke incidenten;
- stressreductietraining;
- praktijkervaring;
- een uitgebreide taaltraining.

Veel bedrijven zullen uiteraard niet alle benodigde training intern kunnen aanbieden of door één persoon kunnen laten verzorgen; zij zullen hun expats voor en tijdens de uitzending naar het buitenland een combinatie van verschillende methoden en externe programma's moeten aanbieden.

12.4.4 Ondersteuning

Het is heel belangrijk dat vanuit het hoofdkantoor een stevig ondersteuningsnetwerk wordt aangeboden, zodat expats niet het gevoel hebben dat ze moeten 'zwemmen of verzuipen'. Ondersteuning tijdens de uitzending naar het buitenland kan uit verschillende elementen bestaan, zoals:
- een adequate financiële vergoeding of andere voordelen;
- constante communicatie vanuit de thuisbasis over lopende operaties op het hoofdkantoor en in het gastland/gebied;
- de gelegenheid bieden regelmatig naar het thuisland terug te reizen om binnen het bedrijf contacten en relaties te onderhouden. Vanuit de thuisbasis kunnen expats ook op de hoogte gesteld worden van verwachte overplaatsingen waarin ze geïnteresseerd zouden kunnen zijn.

In het gastland moeten expats mensen zoeken die onderdeel van hun sociale netwerk kunnen worden. Ook is het belangrijk dat partners van expats en hun gezinnen in een sociaal ondersteuningsnetwerk opgenomen worden.

12.4.5 Repatriëring

Bedrijven die expats in dienst hebben, moeten voor deze mensen een geïntegreerd carrièreplan opstellen, met mogelijke verdere functies en een loopbaanontwikkeling. Als expats in de loop van hun carrière een aantal keer naar het buitenland zijn uitgezonden, moet elke uitzending zo worden geselecteerd dat hun bewustzijn van verschillende culturen zich geleidelijk aan ontwikkelt. Een Brits bedrijf kan een Britse expatriant bijvoorbeeld eerst naar een cultureel gelijksoortig of dichtbij gelegen land als de Verenigde Staten of Duitsland uitzenden. Het volgende land van uitzending zou Zuid-Afrika of Australië kunnen zijn, en daarna Hong Kong, dan Japan enzovoort. Op die manier wordt de kans op een cultuurschok geminimaliseerd, omdat het proces de expatriant stimuleert situaties in steeds verderaf gelegen culturen aan te kunnen.

Voor expats is het soms moeilijk naar het thuisland terug te keren. Een van de grootste problemen waar ze mee te maken krijgen, is het gebrek aan werkgarantie. Enkele maanden voor de terugkeer moeten expats de gelegenheid krijgen naar het thuisland terug te keren om managers te ontmoeten, waarna intern naar geschikte functies voor hen gezocht gaat worden. Op het hoofdkantoor moet een interne sponsor worden aangewezen om voortdurend contact te houden en de expatriant bij terugkeer te helpen een goede functie te vinden.

Soms ervaren de gezinnen van expats bij terugkeer in het thuisland juist een cultuurschok. Daarom moet tijdens de repatriëring enige ondersteuning worden geboden. Gedacht kan worden aan steun bij het zoeken naar werk voor partners en verlof om aan de veranderde omstandigheden te wennen voordat de expatriant weer aan het werk gaat.

12.5 Transnationale omkoping bij interculturele onderhandelingen

OMKOPING
Een proces waarbij een bedrijf uit een geïndustrialiseerd land illegaal een betaling aanbiedt aan een rijksambtenaar uit een ontwikkelingsland die een vermeende of echte invloed heeft op de toekenning van contracten. Bij omkoping kan de betaling bestaan uit een breed scala aan zaken, van geschenken tot grote sommen geld.

Op het eerste gezicht is omkoping zowel onethisch als illegaal. Maar als er beter naar wordt gekeken, wordt duidelijk dat omkoping niet een simpele kwestie is. De ethische en juridische problemen die met omkoping verband houden, kunnen heel complex zijn. Daarom kan de definitie van omkoping variëren van de relatief onschuldige betaling van een paar euro aan een laaggeplaatste ambtenaar of manager om het verwerken van documenten of het laden van een vrachtwagen te bespoedigen tot het betalen van miljoenen euro aan een staatshoofd om ervoor te zorgen dat een bedrijf een voorkeursbehandeling krijgt. Scott et al. (2002) definiëren omkoping in het algemeen als 'een proces waarbij een bedrijf uit een geïndustrialiseerd land illegaal een betaling aanbiedt aan een rijksambtenaar uit een ontwikkelingsland die een vermeende of echte invloed heeft op de toekenning van contracten' (pag. 2).

We moeten onderscheid maken tussen smeergeld en omkoping. Meestal gaat het bij het betalen van smeergeld om het verzoek aan personen iets sneller of efficiënter te doen. Bij smeergeldbetalingen worden relatief kleine geldsommen, geschenken of diensten 'betaald' aan laaggeplaatste ambtenaren in landen (bijvoorbeeld India, het Midden-Oosten) waar dergelijke betalingen niet illegaal zijn, met als doel de normale, legitieme uitvoering van een taak door die ambtenaar te bespoedigen. Deze praktijk komt in veel landen voor. Met omkoping zijn echter over het algemeen grote sommen geld gemoeid, waarvan vaak geen rekenschap wordt gegeven en die bedoeld zijn een ambtenaar over te halen ten voordele van de omkoper iets illegaals te doen.

Een ander soort betaling die op omkoping kan lijken maar dat vaak niet is, is de vergoeding die agenten ontvangen. Als zakenlieden niet zeker weten wat de wetten en voorschriften in een bepaald land zijn, kunnen ze een agent inhuren die hun bedrijf in dat land vertegenwoordigt. Deze persoon zal zijn werk efficiënter en grondiger doen dan iemand die niet bekend is met de landspecifieke procedures.

Er zijn veel tussenpersonen (juristen, agenten, distributeurs enzovoort) die slechts dienen als kanaal voor illegale betalingen. Het proces wordt nog verder bemoeilijkt door het feit dat juridische codes van land tot land verschillen: wat in het ene land illegaal is, wordt in het andere gedoogd en is in een derde legaal. In sommige landen kunnen illegale betalingen een forse kostenpost worden. Bedrijven in Hong Kong rapporteren dat omkoopgeld vijf procent van de kosten van het zakendoen met China uitmaakt. In Rusland is dat twintig procent en in Indonesië maar liefst dertig procent (Gesteland, 1996, pag. 93).

Op de vraag hoe bedrijven met omkoping om moeten gaan, is niet ondubbelzinnig een antwoord te geven. Het is gemakkelijk te generaliseren over de ethiek van politieke omkoping en andere vormen van betaling; het is echter veel moeilijker om de beslissing te nemen geen geld te betalen als dat betekent dat je bedrijf dan geen winst zal maken of je zelfs geen zaken zult kunnen doen. Gezien het grote aantal verschillende ethische standaarden en moraliteitsniveaus in de verschillende culturen kan het ethische en pragmatische dilemma waarmee de internationale zakenwereld wordt geconfronteerd niet worden opgelost totdat meer landen besluiten deze kwestie effectief aan te pakken.

Voorbeeld 12.3 Vallen seksuele gunsten ook onder omkoping? Lockheed Martin en een Zuid-Koreaans defensiecontract

Een Amerikaanse rechtbank heeft bepaald dat wapenfabrikant Lockheed Martin vervolgd kan worden voor het – naar verluidt – gebruiken van seksuele gunsten en steekpenningen om een Zuid-Koreaans defensiecontract binnen te halen. Lockheed Martin heeft ontkend dit te hebben gedaan.

De aanklacht was ingediend door Korea Supply Company (KSC) nadat het een contract voor de levering van een vliegtuigradarsysteem aan Zuid-Korea in 1996 was misgelopen en dit contract was toegekend aan een dochterbedrijf van Lockheed, Loral.

In het geding beweert KSC dat een werkneemster van Loral, Linda Kim – een voormalig model en zangeres – Zuid-Koreaanse militaire officieren heeft omgekocht en de minister van Defensie van het land, Lee Yang Ho, seksuele gunsten heeft aangeboden. Deze heeft toegegeven een 'onbehoorlijke' relatie met Linda Kim te hebben gehad, maar hij ontkent dat dit zijn beslissing heeft beïnvloed. Nadat de twee bij een andere omkopingszaak betrokken bleken te zijn, werden de liefdesbrieven van mejuffrouw Kim aan de minister van Defensie in heel Zuid-Korea voorpaginanieuws.

Een Amerikaanse wet, de Foreign Corrupt Practises Act, verbiedt Amerikaanse bedrijven buitenlandse functionarissen om te kopen om een officiële actie of beslissing te beïnvloeden.

Bron: een aanpassing van BBC News, 'Lockheed sex suit to go ahead', 3 mei 2003, news.bbc.co.uk/go/pr/fr/-/2/hi/business/2,820,939.stm

Samenvatting

Onderhandelingsvaardigheden zijn onontbeerlijk bij internationale marketing. Er bestaat een verband tussen onderhandelingsvaardigheden en persoonlijke verkoopvaardigheden. Persoonlijke verkoop vindt doorgaans op het niveau van de verkoop in het gastland en tijdens officiële onderhandelingsprocessen plaats. Culturele factoren zijn ook van cruciaal belang om de onderhandelingsstijl van buitenlanders te begrijpen.

Onderhandelingsprocessen worden sterk beïnvloed door de cultuur waarbinnen onderhandelaars (gewoonlijk kopers en verkopers) zijn opgevoed en geschoold. De cultuurverschillen die zich in het internationale verkooponderhandelingsproces voordoen, kunnen een enorme impact op zowel het proces zelf als het resultaat hebben.

Het interculturele onderhandelingsproces kan in twee delen worden opgedeeld, namelijk de niet-taakgerelateerde interactie en de taakgerelateerde interactie. De niet-taakgerelateerde aspecten van het verkooponderhandelingsproces (statusdistinctie, correctheid van de indrukvorming en interpersoonlijke aantrekking) zijn als eerste aan de orde, omdat deze factoren een rol spelen als een verkoper een koper benadert. Als deze eenmaal contact met elkaar hebben gelegd, zijn de taakgerelateerde aspecten van het verkooponderhandelingsproces aan de orde (informatie-uitwisseling, overredings- en onderhandelingsstrategie, concessies doen en tot overeenstemming komen).

Voordat twee partners een onderhandelingsproces ingaan, bestaat er een culturele afstand tussen hen. Om deze culturele afstand te verkleinen, hebben de onderhandelaars training nodig.

Vaak ervaren expats een cultuurschok, wat aangeeft dat het vaak moeilijk en complex is onderhandelaars en verkopers die naar het buitenland zijn uitgezonden succesvol te laten functioneren. Bij het inzetten van expats moet aan de volgende vijf aspecten aandacht worden besteed: (1) het nemen van de beslissing een uit expats bestaand verkoopteam in te zetten, (2) gekwalificeerde kandidaten aanwijzen en selecteren, (3) deze mensen een adequate training geven, (4) ze voortdurend ondersteunen en (5) zorgen voor een goede repatriëring.

De ethische vraag wat goed of toepasselijk is, stelt internationale marketeers voor veel dilemma's. Omkoping is een kwestie die van land tot land heel verschillend wordt gedefinieerd. Wat in het ene land acceptabel is, kan in een ander land volkomen onacceptabel zijn.

Discussievragen

1. Leg uit waarom het onderhandelingsproces in het buitenland van land tot land kan verschillen.

2. Je bent een Europeaan die voor het eerst met een Japans bedrijf gaat onderhandelen. Hoe zou je je hierop voorbereiden als de onderhandelingen (a) in het Japanse hoofdkantoor of (b) in een van de Europese dochterbedrijven van het Japanse bedrijf plaatsvinden?

3. Is het goed expats te gebruiken? Noem een paar van de problemen die ze in het buitenland kunnen tegenkomen. Wat kan worden gedaan om deze problemen te minimaliseren?

4. Vergelijk de onderhandelingsstijl van Europeanen en Aziaten met elkaar. Wat zijn de overeenkomsten? Wat zijn de verschillen?

5. Wat is jouw visie op lobbypogingen van buitenlandse bedrijven?

6. Waarom is het voor internationale marketeers zo moeilijk met omkoping om te gaan?

Competentietraining

1. Interview iemand die actief is in de internationale verkoop over de invloed van culturele aspecten op zijn werk. Probeer als dat mogelijk is twee duidelijk verschillende culturen met elkaar te vergelijken.

Casestudy 12.1 Mecca Cola: Het vermarkten van een 'moslim'-cola op de Europese markt

Tot nu toe heeft de colaoorlog zich voornamelijk beperkt tot Noord-Amerika en Europa. Maar in januari 2003 opende een Franse Tunesiër een tweede front door een frisdrank te produceren die hij Mecca Cola noemde. Zijn doel was munt te slaan uit anti-Amerikaanse gevoelens, vooral op de Europese markten. De nieuwe frisdrank wordt in flessen van 1,5 l en in blikjes van 33 cl verkocht.

Mecca Cola – een politieke keuze

Het nieuwe merk, dat opvallend veel lijkt op Coca-Cola, is specifiek bedoeld om een politiek statement te maken. De tekst op het Franse etiket en de reclameslogan voor de cola kunnen vertaald worden als 'Drink niet meer dom – drink uit overtuiging.'

De 'schepper' van Mecca Cola, de prominente Franse politieke activist Taoufiq Mathlouthi, beweert dat de frisdrank geen concurrentie voor Coca-Cola is en dat zijn campagne niet anti-Amerikaans is. Volgens hem is elke fles die wordt verkocht een protest tegen het buitenlandse beleid van de regering-Bush. Mathlouthi belooft dat tien procent van de winst naar Palestijnse doelen zal gaan, naar humanitaire hulp voor Palestijnse kinderen, onderwijs en het beschermen van hun erfgoed. Mathlouthi hoopt dat hij Mecca Cola dé frisdrank voor antiglobalisten wereldwijd kan maken en het icoon van het Amerikaanse kapitalisme, Coca-Cola, op die manier uit de markt kan duwen.

De heer Masood Shadjareh, voorzitter van de in Londen gevestigde Islamic Human Rights Commission, die oproepen om Amerikaanse merken te boycotten steunt, voorspelt een enorme interesse in de nieuwe cola. Hij vertelde de *Guardian*: 'De moslimgemeenschap richt zich op Coca-Cola omdat moslims het gevoel hebben dat Amerika economisch raken het enige is dat ze kunnen doen. Het speelt niet alleen bij mensen zoals ik, bij activisten. Onlangs kocht ik wat frisdrank. Toen mijn kinderen, die tien en twaalf zijn, ontdekten dat het een product van Coca-Cola was, wilden ze het niet drinken. Ik zei ze dat ik er al voor had betaald, waarop mijn dochter zei: "Maar papa, ik krijg het gewoon niet weg".'

Ondertussen maken enkele religieuze fundamentalisten bezwaar tegen het gebruik van de naam van de heilige stad van de moslims voor een frisdrank. Er is geen enkele indicatie dat Mecca Cola of geboycotte producten Amerikaanse multinationals op de lange termijn schade zullen berokkenen. Maar sommige Amerikaanse producenten geven toe dat de boycot een impact op hun verkoop heeft. En niemand ontkent hoe gemakkelijk het voor consumenten is hun politieke voorkeur duidelijk te maken door van merk te veranderen. Het commentaar van Coca-Cola was: 'Uiteindelijk is het de consument die de beslissing neemt.' Coca-Cola houdt vol dat het bij geen enkele politieke of etnische groep is aangesloten en zich niet met politiek bezighoudt.

Zam Zam Cola

Dit is niet de eerste keer dat Coca-Cola het doelwit is van een 'koop islamitisch'-campagne. Zam Zam Cola, een Iraanse drank die naar een heilige bron in Mekka is genoemd, is in Saoedi-Arabië en Bahrein met enthousiasme ontvangen.

Amerikaanse bedrijven als McDonald's, Starbucks, Nike en de twee colagiganten geven toe dat de campagne hen schaadt. De verkoop van Coca-Cola is in sommige landen met twintig tot veertig procent gedaald. In Marokko schat een rijksambtenaar dat de verkoop van Pepsi en Coca-Cola in het noorden, een bolwerk van islamitische groepen, wel eens met de helft zou kunnen teruglopen. In de Verenigde Arabische Emiraten is de verkoop van de plaatselijke Star Cola de afgelopen drie maanden met veertig procent gestegen.

Zam Zam, dat ook een alcoholvrij islamitisch 'bier' produceert, bestaat in Iran al geruime tijd. Het is daar in 1954 opgericht en heeft vandaag de dag op de binnenlandse markt een marktaandeel van 47 procent. Vele jaren lang was het de Iraanse partner van Pepsi Cola, totdat het contract tussen de twee bedrijven na de Iraanse revolutie van 1979 werd beëindigd.

Het Saoedi-Arabische bedrijf van een van de prinsen uit dat koninkrijk, Turki Abdallah al-Faisal, tekende in januari 2003 een overeenkomst met de Zam Zam Group, waardoor het bedrijf de exclusieve distributierechten in Saoedi-Arabië, Egypte en een aantal andere Arabische landen kreeg.

Zam Zam is overgenomen door de Foundation of the Dispossessed, een machtige Iraanse liefdadigheidsinstelling die door geestelijken wordt gerund, en biedt vandaag de dag werk aan meer dan zevenduizend mensen in zeventien fabrieken in Iran. Het plan is nu fabrieken aan de Perzische Golf te bouwen.

Zam Zam Cola wordt al geëxporteerd naar Saoedi-Arabië, Bahrein, Qatar, de Verenigde Arabische Emiraten, Oman, Koeweit, Afghanistan en Irak, en het bedrijf zegt dat het zijn dranken binnenkort zal exporteren naar Libanon, Syrië en Denemarken – zijn eerste Europese klant.

De vermarkting en internationalisering van Mecca Cola

Andere bedrijven in het Midden-Oosten hebben geprobeerd verschillende coladranken te ontwikkelen, maar geen enkele heeft zijn drank in een politiek wapen veranderd. De eerste bedrijven die Mecca Cola verkochten, waren wat de heer Mathlouthi omschrijft als 'kleine winkeltjes in moslimbuurten'. Nu kun je de frisdrank in de schappen van grote discountsupermarkten in Frankrijk, België en Duitsland terugvinden. Het bedrijf achter Mecca Cola zegt dat het Verenigd Koninkrijk ook een enorme markt is en dat het de opdracht heeft gekregen ongeveer twee miljoen flessen per maand aan Groot-Brittannië te leveren.

Mecca Cola was oorspronkelijk gericht op de moslimgemeenschap in Frankrijk, maar nu wordt de frisdrank ook in verschillende hypermarktketens in Frankrijk verkocht.

Hoewel de inkomsten van Coca-Cola in het Midden-Oosten minder dan twee procent uitmaken van de mondiale inkomsten, is het zuur voor het bedrijf dat het in deze regio achterligt op Pepsi. De 1,8 miljoen moslims in Groot-Brittannië hebben nog niet zo lang geleden een collectieve stem ontwikkeld, maar het is niet duidelijk of in dit land een boycot van Amerikaanse producten of 'koop islamitisch'-campagne zal plaatsvinden.

In de moslimbuurten van Parijs kost anderhalve liter Mecca Cola ongeveer evenveel als anderhalve liter van zijn Amerikaanse rivaal Coca-Cola.

De meest recente ontwikkelingen

Door mee te rijden op de antiwesterse woede over kwesties als de Palestijnse Gebieden, Irak, Iran en Afghanistan en ook de Deense spotprenten van de profeet Mohammed (januari-februari 2006) heeft Mecca Cola in verschillende moslimlanden een indrukwekkende verkoop behaald. Pakistan, Algerije, Jemen, Maleisië en Frankrijk zijn de topmarkten van Mecca Cola. In 2006 wordt de vraag naar Mecca Cola in het gebied rond de Perzische Golf alleen geschat op 1,5 miljoen blikjes per maand.

Mecca Cola (het hoofdkantoor is in de Verenigde Arabische Emiraten gevestigd) zegt dat het nu cafés met de naam Mecca Café wil openen om consumenten een alternatief te bieden voor de westerse cafés in moslimlanden. Het eerste café wordt in Dubai Healthcare City geopend, waarna cafés in Kuala Lumpur (Maleisië) en Islamabad (Pakistan) zullen volgen.

Mecca Cola is van plan in de hoofdstad van alle moslimlanden op zijn minst één café te openen. Daarna zal het met partners over franchising praten om de keten uit te breiden. Het bedrijf heeft ook een nieuwe energiedrank, Mecca Power, op de markt gebracht. Deze drank is gemaakt van enkel halal ingrediënten (Husain, 2006).

Bronnen: www.mecca-cola.com; Husain, S. (2006) 'Mecca Cola Rides Anti-West Wave With Café Chain Plan', Gulf News, 22 Februari.

Vragen

1. Wat zijn de belangrijkste redenen voor het succes van Mecca Cola?
2. Wat zijn de criteria om de internationale strategieën van Mecca Cola succesvol te kunnen implementeren?
3. Hoe moet Taoufiq Mathlouthi zijn verkopers 'cultureel' voorbereiden als ze Mecca Cola aan Europese supermarktketens gaan verkopen?
4. Kan Taoufiq Mathlouthi het internationale succes van Mecca Cola met de nieuwe caféketen en de nieuwe energiedrank Mecca Power herhalen?

13

Het organiseren en controleren van het internationale marketingprogramma

Hoofdstuk 13 HET ORGANISEREN EN CONTROLEREN VAN HET INTERNATIONALE MARKETINGPROGRAMMA

Leerdoelen

Na het bestuderen van dit hoofdstuk moet je in staat zijn het volgende te doen:

- Onderzoeken hoe bedrijven hun organisatiestructuur internationaal opbouwen en welke rol het hoofdkantoor kan spelen.
- Vaststellen welke variabelen het reorganisatieontwerp beïnvloeden.
- De functionele organisatie, geografische organisatie, product- en matrixorganisatie als belangrijkste internationale structuren beschrijven en evalueren.
- Uitleggen welke valkuilen en kansen *global account management* met zich meebrengt.
- De hoofdelementen van het marketingcontrolesysteem beschrijven.
- De belangrijkste maten opnoemen waarmee de marketingprestatie kan worden gemeten.
- Uitleggen hoe een internationale marketingbegroting wordt opgesteld.
- De stappen in de ontwikkeling van het internationale marketingplan begrijpen.

13.1 Inleiding

Het algemene doel van dit hoofdstuk is te kijken naar de intraorganisatorische relaties in relatie tot het verbeteren van de concurrentierespons van bedrijven op gebieden die van cruciaal belang zijn voor hun business. Als marktomstandigheden veranderen en bedrijven zich van puur binnenlandse bedrijven ontwikkelen tot multinationals, moeten hun organisatiestructuur en coördinatie- en controlesysteem ook veranderen.

Allereerst zal in dit hoofdstuk gekeken worden naar de voordelen en nadelen van de belangrijkste organisatiestructuren die er zijn. Ook zal bekeken worden hoe geschikt ze zijn in de verschillende stadia van het internationaliseringsproces. Verder zal de behoefte aan een controlesysteem om toezicht te houden op de internationale operaties van bedrijven aan de orde komen.

13.2 Het organiseren van internationale marketingactiviteiten

De manier waarop een internationale marketingorganisatie is gestructureerd, bepaalt in belangrijke mate haar vermogen om effectief en efficiënt gebruik te maken van de kansen die ze krijgt. Het bepaalt ook het vermogen van de organisatie te reageren op problemen en uitdagingen. Bedrijven die internationaal opereren, moeten besluiten of hun organisatie op basis van functies, producten, geografische gebieden of een combinatie van de drie (matrix) moet worden gestructureerd. De evolutie van organisatorische veranderingen wordt weergegeven in figuur 13.1. Hierna worden de verschillende organisatiestructuren besproken.

13.2.1 De functionele structuur

Indien functies en taken op basis van gelijksoortigheid van te verrichten werkzaamheden zijn ingedeeld, is er sprake van een functionele organisatie (functionele structuur). Zo ontstaan – onder het niveau van het topmanagement – afdelingen zoals export, R&D, verkoop en marketing, productie, inkoop en financiën.

Van alle organisatiestructuren is de functionele structuur (figuur 13.2) de eenvoudigste. Hierbij gaat het hoofdzakelijk om het managen van de functionele efficiëntie van het bedrijf.

Veel bedrijven beginnen hun internationale zakelijke activiteiten als gevolg van navraag uit het buitenland. Omdat het internationale zakendoen voor deze bedrijven nieuw is, hebben ze geen internationaal specialist en doorgaans weinig producten en weinig markten. In dit vroege stadium van internationalisering ligt de verantwoordelijkheid voor internationale marketingactiviteiten vaak bij de binnenlandse marketingafdeling. Maar als de internationalisering voortschrijdt, kan een exportafdeling of internationale afdeling deel uit gaan maken van de organisatiestructuur. De exportafdeling kan een onderafdeling van de afdeling verkoop en marketing zijn (zoals in figuur 13.2) of kan zich op hetzelfde niveau als de andere functionele afdelingen bevinden. Deze keuze is afhankelijk van de mate van belangrijkheid die aan de exportactiviteiten van het bedrijf wordt toegekend. Omdat de exportafdeling de eerste stap is in het internationaliseren van de organisatiestructuur, moet het een volwaardige marketingorganisatie zijn, dus niet alleen maar een verkooporganisatie. De opzet met een functionele exportafdeling is uitermate geschikt voor MKB-bedrijven maar ook voor grotere bedrijven die gestandaardiseerde producten produceren, aan het begin staan van het ontwikkelen van internationale business en weinig product- en gebiedsvariatie kennen.

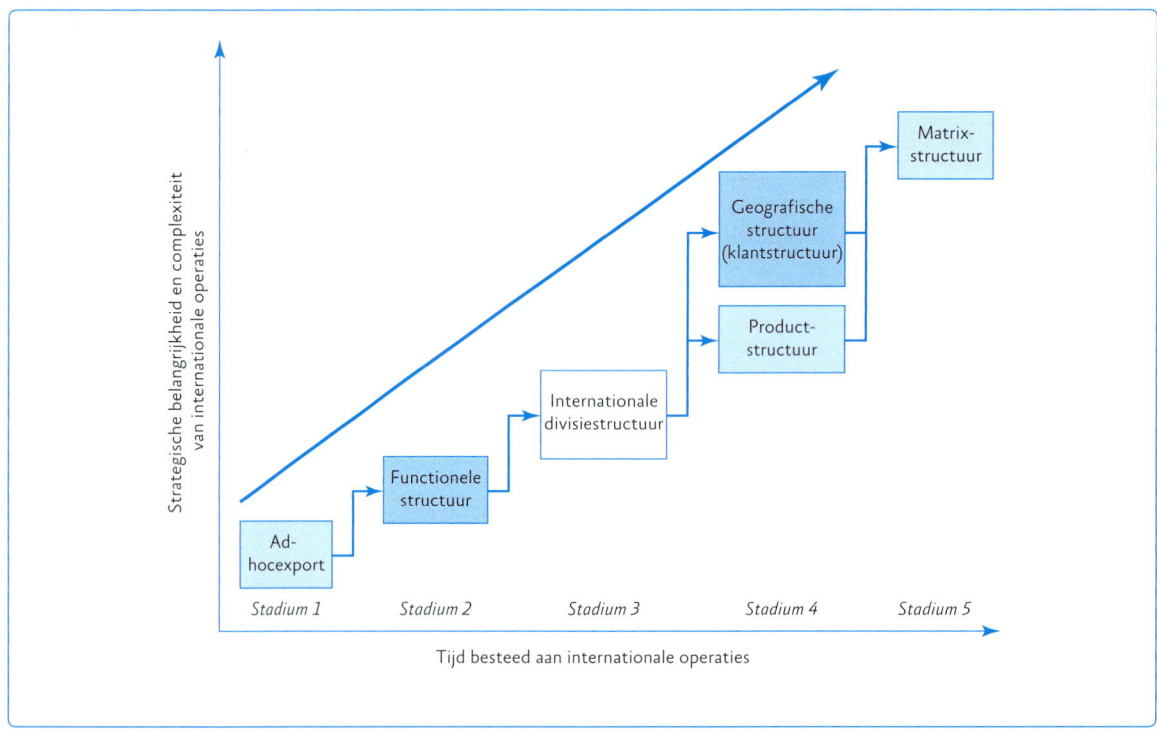

Figuur 13.1: De structuurevolutie van internationale operaties

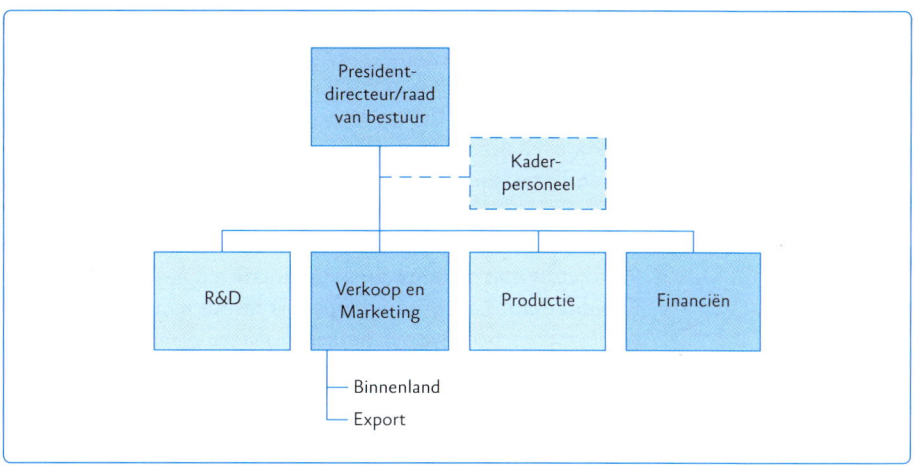

Figuur 13.2: Voorbeeld van een functionele structuur

13.2.2 De internationale divisiestructuur

De internationale divisiestructuur komt vaak voor bij de relatief grotere ondernemingen. Het bedrijf wordt als het ware onderverdeeld in aparte onderdelen. Uitgangspunt voor dit indelingstype (divisiestructuur) kan op basis van economische activiteit, geografische gebieden, product- en/of afnemerscategorie worden bepaald. In de praktijk zal een directie – als de internationale verkoop toeneemt – ervoor kiezen op een gegeven moment op hetzelfde niveau als de functionele afdelingen een internationale divisie te vormen.

Naarmate de internationale verkoop groeit, kan op een gegeven ogenblik een internationale divisiestructuur ontstaan. Deze divisie wordt direct verantwoordelijk voor de ontwikkeling en implementering van de algemene internationale strategie. De internationale divisie omvat internationale expertise, informatiestromen over kansen op buitenlandse markten en de controle over internationale activiteiten. Om van schaalvoordeel te kunnen profiteren, blijven de productie en andere gerelateerde functies echter bij de binnenlandse divisies.

Internationale divisies zijn het geschiktst voor bedrijven die nieuwe producten hebben die qua gevoeligheid voor de omgeving niet sterk van elkaar verschillen en waarvan de internationale verkoop en winst in vergelijking met die van binnenlandse divisies nog vrij onbeduidend zijn.

13.2.3 De productdivisiestructuur

Bij de productdivisiestructuur – ook wel P-indeling genoemd – is de organisatiestructuur ingedeeld op basis van de verschillende producten die de onderneming voortbrengt. Zo kan een producent van elektronica besluiten de onderneming op te delen in een divisie consumentenelektronica, telecommunicatie, medische apparatuur en computers. Ook kan men ervoor kiezen het niveau onder het topmanagement te verdelen in productdivisies, bijvoorbeeld Product A, B, C en D.

PRODUCTDIVISIE-STRUCTUUR
Het niveau onder het topmanagement is bijvoorbeeld verdeeld in productdivisies, bijvoorbeeld Product A, B, C en D.

In figuur 13.3 is een typische productdivisiestructuur weergegeven.

Over het algemeen is de productstructuur geschikter voor bedrijven die meer ervaring hebben in business en marketing op internationaal niveau, gediversifieerde productlijnen hebben en op grote schaal R&D-activiteiten ondernemen. De productdivisiestructuur is het meest toepasselijk in omstandigheden waarbij de producten het potentieel hebben wereldwijd gestandaardiseerd te worden. Een van de grootste voordelen van deze manier van aanpak is de verbeterde kostenefficiëntie als gevolg van de centralisering van de productiefaciliteiten voor elke productlijn. Dit is van cruciaal belang in industrieën waarin de concurrentiepositie wordt bepaald door het wereldmarktaandeel, dat op zijn beurt vaak wordt bepaald door de mate waarin de productie is gerationaliseerd (gebruik van schaalvoordeel). De grootste nadelen van dit type structuur zijn:

- Functionele middelen moeten gedupliceerd worden: elke productiedivisie heeft haar eigen R&D, productie, marketing, management van verkooppersoneel enzovoort.
- Verkoop- en distributiefaciliteiten in het buitenland (dochterbedrijven) worden onderbenut. In de 'productstructuur' bestaat de tendens dat de marketing van producten centraal vanuit de thuisbasis wordt geregeld ('Marketing (wereldwijd)'). Hierdoor is er bij lokale verkoopdochters minder behoefte aan deze faciliteiten.
- Productdivisies worden op wereldmarkten vaak volkomen onafhankelijk van elkaar. Een internationale productdivisiestructuur kan er bijvoorbeeld toe leiden dat verschillende dochterbedrijven in hetzelfde gastland aan verschillende productdivisies rapporteren en niemand op het hoofdkantoor verantwoordelijk is voor de algemene bedrijfsaanwezigheid in dat land.

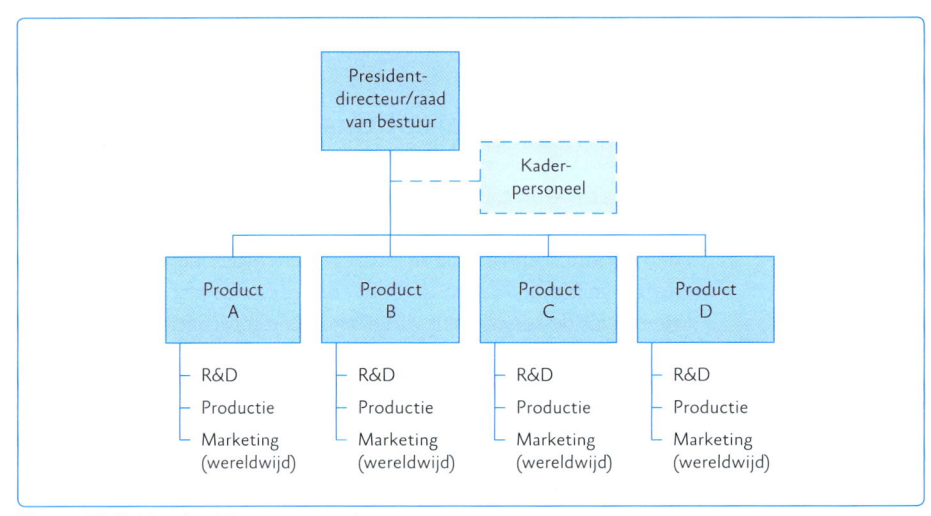

Figuur 13.3: Voorbeeld van een productstructuur

13.2.4 De geografische structuur

De geografische structuur is een indeling waarbinnen de structuur is onderverdeeld naar de geografische gebieden waarin het bedrijf actief is. Bij de G-indeling wordt een aantal bedrijfsmatige activiteiten in een bepaald geografische gebied, of een bepaalde plaats samengebracht. Hierdoor kan filiaalvorming of kunnen dochtermaatschappijen ontstaan. In dit boek worden deze fenomenen beschreven als regionale managementcentra en dochterbedrijven. Samengevat kunnen we stellen dat zodra het niveau onder het topmanagement is verdeeld in internationale divisies, bijvoorbeeld Europa, Noord-Amerika, Latijns-Amerika, Azië/Pacific en Afrika/Midden-Oosten er vrijwel zeker sprake is van een geografische structuur.

Als marktomstandigheden op het gebied van productacceptatie en werkomstandigheden op wereldmarkten sterk verschillen, is de geografische structuur de beste keuze. Deze structuur is vooral nuttig voor bedrijven die een homogeen assortiment producten bieden (gelijksoortige technologieën en gemeenschappelijke eindgebruikermarkten) maar tegelijkertijd een snelle en efficiënte wereldwijde distributie nodig hebben. Doorgaans wordt de wereld verdeeld in regio's (divisies), zoals in figuur 13.4 te zien is.

Veel producenten van voedingsmiddelen, autofabrikanten en farmaceutische bedrijven gebruiken dit type structuur. Het grootste voordeel van deze structuur is dat door middel van kleine aanpassingen van het productontwerp, de prijs, de marktcommunicatie en de verpakking gemakkelijk en snel gereageerd kan worden op eisen vanuit de omgeving of de markt van een regionaal of nationaal gebied. Daarom moeten bij deze structuur internationale marketingprogramma's worden gebruikt die kunnen worden aangepast. Ook kan binnen regio's schaalvoordeel worden behaald. Een andere reden waarom deze structuur zo populair is, is dat gebieden vaak autonoom worden. Dit kan het coördineren van productvariaties en de overdracht van nieuwe productideeën en marketingtechnieken van het ene land naar het andere echter ook compliceren.

Met de geografische structuur wordt de regionale expertise van bedrijven ten volle benut, maar het betekent ook een minder dan optimale allocatie van productexpertise en functionele expertise. Als iedere regio zijn eigen productspecialisten en functionele specialisten moet hebben, kunnen duplicatie en ook inefficiëntie het resultaat zijn. Zoals in figuur 13.4 is aangegeven, kunnen organisaties met een geografische structuur zowel regionale managementcentra (Europa, Noord-Amerika) als in gastlanden gevestigde dochterbedrijven hebben.

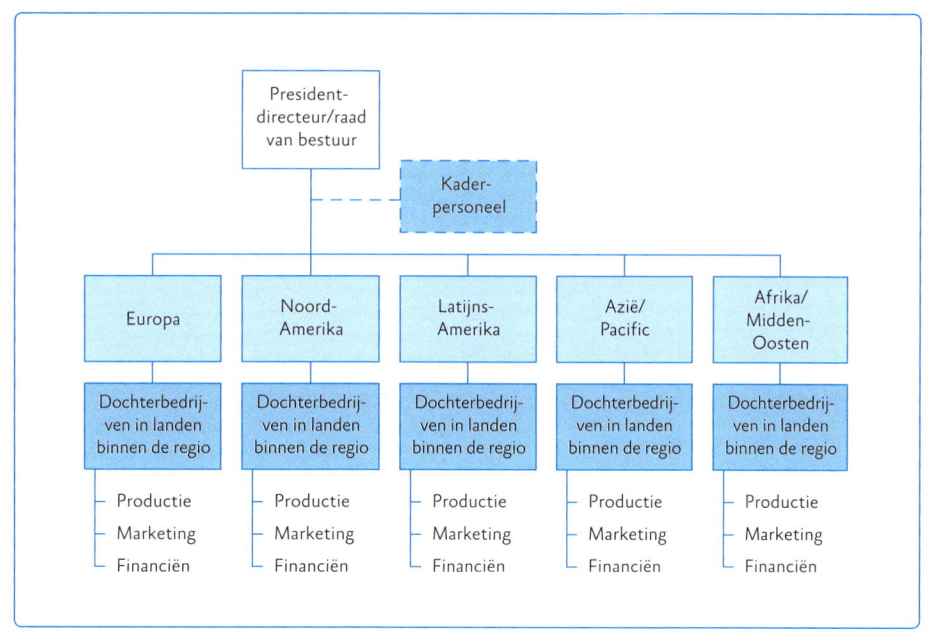

Figuur 13.4: Voorbeeld van een geografische structuur

Regionale managementcentra

Er zijn twee redenen waarom regionale managementcentra bestaan:
1. Als het verkoopvolume in een bepaalde regio erg groot is, moet gespecialiseerd personeel zich op die regio richten om het potentieel van een groeiende markt ten volle te benutten.
2. Vanwege de homogeniteit binnen regio's en heterogeniteit tussen regio's moet elke belangrijke regio apart worden behandeld. Hier zijn regionale managementcentra bij uitstek geschikt voor.

Dochterbedrijven in landen binnen een regio

In plaats van of naast een regionaal managementcentrum heeft elk land zijn eigen organisatie-eenheid. Een kenmerk van dochterbedrijven in landen binnen een bepaalde regio is de hoge mate van aanpassing aan lokale omstandigheden. Omdat elk dochterbedrijf zijn eigen unieke activiteiten en zijn eigen autonomie ontwikkelt, is het soms zinvol lokale dochterbedrijven met een regionaal managementcentrum te combineren, bijvoorbeeld om te profiteren van kansen die zich in Europa landenbreed voordoen.

Bedrijven kunnen hun operaties ook aan de hand van een klantstructuur organiseren, vooral als de klantengroepen die ze bedienen heel verschillend zijn, bijvoorbeeld bedrijven en overheden. Om deze uiteenlopende groepen te bedienen, kan het nodig zijn specialisten in bepaalde divisies samen te brengen. Het product kan hetzelfde zijn, maar het koopproces van de uiteenlopende klantengroepen kan verschillen. Een kenmerk van het koopproces van overheden is het bieden; bij een overheid als koper speelt de prijs daarom een grotere rol dan als de koper een bedrijf is. Veel van wat over de geografische structuur is gezegd, geldt ook voor de klantstructuur.

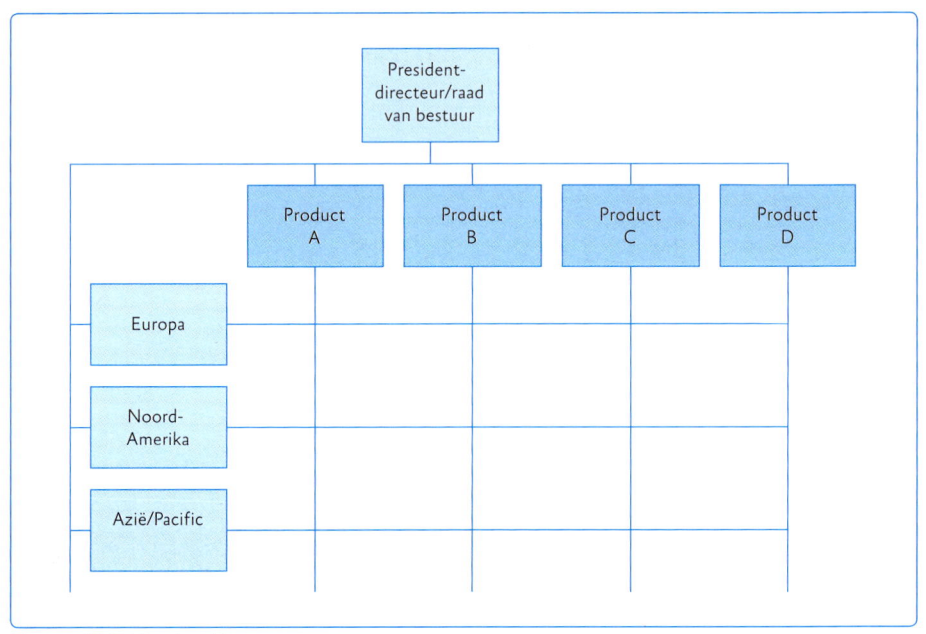

Figuur 13.5: Voorbeeld van een matrixstructuur

13.2.5 De matrixstructuur

MATRIX-STRUCTUUR
Het niveau onder het topmanagement bestaat uit twee organisatiestructuren (productstructuur en geografische structuur) die elkaar kruisen. Als gevolg hiervan zijn er twee rapportagelijnen (dual reporting).

De matrixstructuur komt voor als de onderneming een grote verscheidenheid aan te leveren prestaties kent en het samenbrengen van deskundigheid noodzakelijk wordt geacht. Een matrixorganisatie wordt vaak vergeleken met een projectorganisatie, maar een matrixorganisatie heeft een permanent karakter.

Bedrijven met een productstructuur kunnen hun productie gemakkelijker landenbreed coördineren, zodat qua productiekosten voordeel kan worden behaald. Aan de andere kant kunnen bedrijven met een geografische structuur beter reageren op lokale markttrends en -behoeften en een hele regio beter coördineren.

Sommige internationale bedrijven hebben beide capaciteiten nodig, dus hebben ze voor een complexere structuur gekozen: de matrixstructuur. De internationale matrixstructuur bestaat uit twee organisatiestructuren die elkaar kruisen. Als gevolg hiervan zijn er binnen het bedrijf twee rapportagelijnen (*dual reporting*). De twee structuren kunnen een combinatie zijn van de algemene structuren die al besproken zijn. Een matrixstructuur kan bijvoorbeeld bestaan uit productdivisies die functionele afdelingen kruisen, of geografische gebieden die internationale divisies kruisen. De twee structuren die elkaar kruisen zullen grotendeels een functie zijn van wat de organisatie als de twee dominante aspecten van haar omgeving ziet.

De typische internationale matrixstructuur is de tweedimensionale structuur waarbij de nadruk ligt op product en geografie (figuur 13.5). Over het algemeen heeft elke productdivisie de wereldwijde verantwoordelijkheid voor haar eigen business en is elke geografische divisie of gebiedsdivisie verantwoordelijk voor de buitenlandse operaties in haar regio. Als er nationale organisaties (dochterbedrijven) zijn, zijn deze verantwoordelijk voor operaties op landniveau.

Omdat de twee dimensies van product en geografie elkaar op filiaalniveau overlappen, zullen er lokale beslissingen over en plannen voor worden gemaakt. Aangenomen wordt dat gebieds- en productmanagers verschillende posities zullen verdedigen. Dit zal tot spanningen en 'creatieve' conflicten leiden. Gebiedsmanagers zullen er de voorkeur aan geven gevoelig te zijn voor factoren uit de lokale omgeving, terwijl productmanagers kostenefficiëntie en internationaal concurrentievermogen belangrijker zullen vinden. Met de matrixstructuur wordt opzettelijk een duale focus gecreëerd om ervoor te zorgen dat conflicten tussen product en geografisch gebied worden geïdentificeerd en vervolgens objectief geanalyseerd.

Deze structuur is nuttig voor bedrijven die zowel gediversifieerde producten bieden als geografisch verspreid zijn. Door productmanagement te combineren met een marktgerichte aanpak, kan aan de behoeften van zowel markten als producten tegemoet worden gekomen.

De keuze van de organisatiestructuur

In het voorgaande stuk theorie is een vijftal organisatiestructuren behandeld, maar het is natuurlijk van belang de vraag 'in welke situatie moet welke soort stuctuur gekozen worden' te kunnen beantwoorden. Het kan zelfs nodig zijn de organisatiestructuur aan te passen naar een internationale (nieuwe) bedrijfsstrategie. Als vuistregel kan men uitgaan van een tweetal belangrijke factoren:

1. *Variatie in activiteiten*: als een bedrijf slechts één product voortbrengt en dit op één markt afzet, zal het management in het algemeen kiezen voor een indeling naar functies. Indien de activiteiten zich gestaag uitbreiden, dan zal mogelijk gekozen worden voor bijvoorbeeld de divisiestructuur.
2. *De mate van veranderlijkheid van de omgeving*: deze factor zal in de huidige zich meer en meer ontwikkelende *global economy* ertoe bijdragen dat bedrijven meer informatie moeten gaan verwerken (op alle geledingen van de organisatie). Is een omgeving in grote mate te typeren als veranderlijk en het aantal activiteiten is omvangrijk in aantal en variëteit, dan zal de leiding er naar alle waarschijnlijkheid voor kiezen gedecentraliseerd te gaan werken. Bij een omgeving die in geringe mate veranderlijk is en als de bedrijfsactiviteiten beperkt zijn, dan wordt gekozen voor een gecentraliseerde, functionele organisatievorm.

De toekomstige rol van de internationale manager

Eind jaren 1980 gingen veel internationaal georiënteerde bedrijven het transnationale model gebruiken (Bartlett en Ghoshal, 1989). Dit hield in dat bedrijven op transnationaal niveau optimaal gebruik moesten maken van hun capaciteiten en hun beste praktijken moesten overdragen om internationaal voordeel te behalen en op de lokale markt te reageren. Op deze manier vermeden bedrijven de duplicatie van hun functies (productontwikkeling, productie en marketing). Voor dit model was het echter nodig dat senior managers in drie dimensies konden denken, handelen en communiceren: functie, product en geografie. Van dit soort supermanagers zijn er niet veel!

In een onderzoek door Quelch (1992) zei een manager over de veranderende rol van managers: 'Ik sta midden in het spanningsveld tussen aanpassing aan de lokale omgeving en internationale standaardisering. Mijn baas zegt tegen me dat ik internationaal moet denken maar lokaal moet handelen. Dat is gemakkelijker gezegd dan gedaan' (pag. 158).

Er is geen universele manier om het ideale profiel van een internationale manager samen te stellen, maar Quelch en Bloom (1996) hebben de 'val van de transnationale manager en de terugkomst van de landmanager' voorspeld. Ze hebben het gedrag van landmanagers in verschillende landen bestudeerd en zijn tot de conclusie gekomen dat de kansen die zich in groeiende nieuwe markten (bijvoorbeeld Oost-Europa) voordoen, door ondernemende landmanagers gegrepen moeten worden. Transnationale managers zijn geschikter voor stabiele en verzadigde markten, zoals West-Europa.

13.3 De organisatie van het global account management (GAM)

GLOBAL ACCOUNT MANAGEMENT (GAM)
Een relatiegeoriënteerde marketingmanagement-benadering die gericht is op het omgaan met de behoeften van een belangrijke internationale klant (= global account) met een internationale organisatie (dochterbedrijven over de hele wereld).

Global account management (GAM) kan gezien worden als een relatiegeoriënteerde marketingmanagementbenadering die gericht is op het omgaan met de behoeften van een belangrijke internationale klant (= global account) op de business-to-businessmarkt.

GAM kan worden gedefinieerd als een organisatievorm (een persoon of team) in een internationale leveranciersorganisatie die wordt gebruikt om activiteiten wereldwijd te coördineren en managen door belangrijke klanten vanuit het hoofdkantoor centraal te bedienen.

Een global account is een klant die van strategisch belang is voor het behalen van de bedrijfsdoelen van de leverancier, op internationale basis geïntegreerde en gecoördineerde strategieën nastreeft en een internationaal geïntegreerd product/dienstaanbod eist (Wilson en Millman, 2003).

Een global account manager is degene bij het verkopende bedrijf die de capaciteiten van zijn bedrijf voor het kopende bedrijf en de behoeften van het kopende bedrijf voor het verkopende bedrijf vertegenwoordigt en deze bij elkaar brengt.

In de toekomst zal het belang van GAM-strategieën toenemen (Harvey et al., 2002; Shi et al., 2004; Shi et al., 2005) vanwege de consolidatie (fusies, acquisities en internationale strategische allianties) die in de meeste industrieën zal plaatsvinden. Deze ontwikkeling betekent dat grote multinationale klanten nog groter en machtiger zullen worden en nog meer koopkracht zullen hebben. Multinationale klanten blijven van het grootste belang voor GAM. Deze bedrijven beseffen dat als de aankoop gecentraliseerd plaatsvindt en lokale dochterbedrijven niet meer hun eigen deals kunnen sluiten, prijzen transparanter worden. Bovendien kunnen kopers door het consolideren en centraliseren van bestellingen een grotere volumekorting eisen. Vaak weigeren nationale dochterbedrijven van multinationale klanten echter zich aan een internationaal contract te houden dat hen dwingt alle business aan één leverancier te geven. Bovendien blijkt uit onderzoek van Yip en Bink (2007) dat voor internationale klanten lagere prijzen niet zo belangrijk zijn als het feit dat de internationale prestatie van leveranciers op het gebied van dienstverlening van constante kwaliteit is. Leveranciers die aan GAM doen, kunnen dus een relatie met hun internationale klanten opbouwen die veel verdergaat dan prijskortingen.

Voor succesvolle GAM is het vaak nodig de logica achter het management van zowel product als dienstverlening te begrijpen. Bovendien zijn uitstekende capaciteiten op operationeel niveau nutteloos als het management op strategisch niveau slecht is en omgekeerd – bij GAM wordt marketingmanagement op operationeel en strategisch niveau gecombineerd.

Voor het hierna volgende wordt als uitgangspunt een bedrijf gekozen dat GAM wil implementeren. Daarna wordt vanuit een tweevoudig perspectief naar de ontwikkeling van GAM gekeken.

13.3.1 De implementering van GAM

Een bedrijf dat GAM voor geschikte global accounts succesvol wil implementeren, moet de volgende vier stappen doorlopen (Ojasalo, 2001):
1. Vaststellen wat de global accounts van het verkopende bedrijf zijn.
2. De global accounts analyseren.
3. Geschikte strategieën voor de global accounts kiezen.
4. Op operationeel niveau capaciteiten ontwikkelen om winstgevende, langdurige relaties op te bouwen, te verstevigen en te handhaven.

1. Vaststellen wat de global accounts van het verkopende bedrijf zijn

Dit betekent dat de volgende vraag moet worden beantwoord: welke bestaande of potentiële accounts zijn nu en in de toekomst van strategisch belang voor ons?

De volgende criteria kunnen worden gebruikt om te bepalen wie de strategisch belangrijke klanten zijn:
- verkoopvolume;
- duur van de relatie;
- het aandeel van de verkopende firma in de aankopen van klanten: aan de hand van het nieuwe relatiemanagementmodel kan succes worden afgemeten in termen van langetermijngroei van het aandeel van een bedrijf in de business van zijn klanten, in tegenstelling tot massamarketing, waarbij winst of verlies wordt weergegeven in termen van marktaandeelgroei die heel goed van tijdelijke aard kan zijn (Peppers en Rogers, 1995);
- winstgevendheid van de klant voor de verkoper;
- gebruik van strategische middelen: de mate van commitment van het kader/management.

Er bestaat een positieve relatie (correlatie) tussen deze criteria en de waarschijnlijkheid dat klanten als global accounts (strategische klanten) worden aangewezen.

2. Het analyseren van global accounts

Dit houdt onder andere het analyseren van het volgende in:

- *De fundamentele kenmerken van een global account.* De relevante economische aspecten en activiteitsaspecten van hun interne en externe omgeving moeten worden geëvalueerd. Hier vallen onder andere de interne input in de waardeketen, markten, leveranciers, producten en economische situatie van de account onder.
- *De relatiegeschiedenis.* Dit heeft betrekking op de relevante economische aspecten en activiteitsaspecten van de relatiegeschiedenis. Hier vallen verkoopvolume, winstgevendheid, de doelen van de global account, aankoopgedrag (het besluitvormingsproces van de account), informatie-uitwisseling, speciale behoeften, koopfrequentie en klachten onder. Bij de hier genoemde aspecten speelt vooral het kennen/inschatten van de relatiewaarde een belangrijke rol. De inkomsten uit elke global account (*customer lifetime value*) moeten hoger zijn dan de kosten van het opbouwen en onderhouden van de relatie binnen een bepaalde periode.
- *De mate en ontwikkeling van de commitment aan de relatie.* Het is belangrijk te weten wat de huidige en verwachte commitment van de account aan de relatie is, omdat hiervan afhangt hoeveel zaken met de account zullen worden gedaan.
- *Doelcongruentie van de partijen.* Doelcongruentie, of het feit dat koper en verkoper gemeenschappelijke interesses hebben, heeft een grote invloed op hun samenwerking op zowel strategisch als operationeel niveau. Gezamenlijke interesses en relatiewaarde bepalen samen of twee bedrijven partners, vrienden of rivalen zullen zijn. Bedrijven die hun doelen lager stellen dan een account in een partnerschaprelatie verwacht, lopen het risico hun aandeel in de business van die account op de lange termijn te verliezen.

- *Overstapkosten.* Het is nuttig in te schatten hoe hoog de overstapkosten voor zowel de global account als het verkopende bedrijf zijn in het geval de relatie wordt verbroken. Overstapkosten zijn de kosten die gemaakt moeten worden om een bestaande partner te vervangen door een andere. Voor de twee partijen kunnen deze kosten sterk verschillen en daarom de machtspositie in de relatie beïnvloeden. Overstapkosten worden ook wel transactiekosten genoemd; de hoogte van deze kosten hangt af van de niet-terugvorderbare investeringen die in de relatie zijn gedaan, de aanpassingen die zijn doorgevoerd en de band die is ontstaan. Hoge overstapkosten kunnen verhinderen dat een relatie wordt beëindigd, ook al is de global account niet tevreden of zelfs ontevreden over het verkopende bedrijf.

3. Het kiezen van geschikte strategieën voor de global accounts

Dit is sterk afhankelijk van de machtspositie van de verkoper en de global account. De machtsstructuur binnen accounts kan sterk verschillen. Daarom staat het het verkopende bedrijf doorgaans niet vrij een strategie te kiezen – vaak is er maar één strategisch alternatief dat een bedrijf kan kiezen als het de account wil behouden.

Misschien geeft een verkopend bedrijf er de voorkeur aan erg machtige accounts te vermijden. Soms beseffen verkopende bedrijven dat accounts die nu niet zo aantrekkelijk zijn in de toekomst aantrekkelijk kunnen worden. Bij sommige accounts kan het doel van de strategie zijn de relatie met het oog op toekomstige kansen te handhaven.

4. Het ontwikkelen van capaciteiten op operationeel niveau

Hiermee wordt verwezen naar het aanpassen en ontwikkelen van capaciteiten die betrekking hebben op het volgende:

De ontwikkeling van producten/dienstverlening en de prestatie

Op industriële en hightechmarkten voeren verkopende bedrijven en global accounts vaak gezamenlijke R&D-projecten uit. Daarnaast vergroot de toepassing van informatietechnologie in *just in time* productie- en distributiekanalen de mogelijkheid het productaanbod ook voor consumentenmarkten aan te passen.

Nieuwe producten die in een partnerschap zijn ontwikkeld, zijn niet automatisch succesvoller dan producten die intern zijn ontwikkeld. R&D-projecten kunnen echter andere langetermijnvoordelen opleveren, zoals toegang tot de organisatie van de account en kennisvergroting. Het verbeteren van capaciteiten voor het verlenen van diensten aan global accounts is uitermate belangrijk, want zelfs als het kernproduct een tastbaar goed is, is het vaak de dienstverlening die ermee gepaard gaat die het verkopende bedrijf van zijn concurrenten onderscheidt en concurrentievoordeel genereert.

Organisatiestructuur

Het organisatorische vermogen van het verkopende bedrijf om tegemoet te komen aan de behoeften van de global account kan ontwikkeld worden door bijvoorbeeld de organisatiestructuur aan de internationale en lokale behoeften van global account aan te passen en het aantal raakvlakken tussen het verkopende bedrijf en de global account te vergroten – en daarmee het aantal personen dat contact met elkaar heeft. Organisatiecapaciteiten kunnen ook ontwikkeld worden door teams te organiseren die bestaan uit mensen met de benodigde competenties en bevoegdheden om voor global accounts te zorgen.

Individuen (menselijk kapitaal)

De menselijke capaciteiten van een bedrijf kunnen ontwikkeld worden door de juiste global account managers en global account teams te kiezen en hun vaardigheden te ontwikkelen. De verantwoordelijkheden van de global account manager zijn vaak complex en van uiteenlopende aard, en daarom moeten deze mensen een groot aantal vaardigheden en kwalificaties hebben. Bij de selectie en ontwikkeling van global account managers moet hiermee rekening worden gehouden.

Het komt veel voor dat de global account managers goed zijn in het onderhouden van hun eigen relatie met contacten in de account, maar dat ze niet alle vaardigheden hebben die nodig zijn om een accountteam door een overgang in de accountrelatie te leiden. Daarom moet worden overwogen een evaluatie te maken van het totale aantal gewenste raakvlakken tussen verkoper en klant. Het kan zijn dat de relatie veranderd moet worden van de afhankelijkheid van een een-op-eenrelatie (tussen de global account manager en de hoofdinkoper) in een netwerk van organisatorische relaties dat vele verschillende projecten, functies en landen bestrijkt.

Informatie-uitwisseling

Bij GAM is informatie-uitwisseling tussen het verkopende bedrijf en een global account heel belangrijk. Een belangrijke relatiespecifieke taak is informatie over de organisatie, strategieën, doelen, potentiële problemen van de partners te zoeken, filteren, beoordelen en op te slaan. Dit hangt echter vooral af van het wederzijdse vertrouwen en de wederzijdse opvattingen van de partijen, en van de technische regelingen. Het vertrouwen van een global account is iets dat het verkopende bedrijf in de loop der tijd door zijn prestaties moet verdienen, terwijl de technische kant ontwikkeld kan worden, bijvoorbeeld door middel van IT.

Voordelen op bedrijfsniveau en individueel niveau

Voor succesvolle GAM op de lange termijn in een business-to-businesscontext is het altijd nodig global accounts zowel op bedrijfsniveau als individueel niveau voordelen te kunnen bieden.

Voordelen op bedrijfsniveau zijn rationeel en kunnen voor de korte of de lange termijn zijn, direct of indirect, en leveren doorgaans een bijdrage aan de omzet, winstgevendheid, kostenbesparing, organisatie-efficiëntie en -effectiviteit en het imago van de global account. Voordelen op individueel niveau kunnen rationeel of emotioneel zijn. Vanuit het gezichtspunt van relatiemanagement zijn internationale individuen degenen die de macht hebben de relatie voort te zetten of te verbreken. Rationele voordelen op individueel niveau leveren bijvoorbeeld een bijdrage aan de eigen carrière, het inkomen en het werkgemak van een individu. Emotionele voordelen op individueel niveau zijn onder andere vriendschap, een gevoel van zorgzaamheid en egovergroting.

13.3.2 De dyadische ontwikkeling van GAM

Het model van Millman-Wilson in figuur 13.6 laat de typische dyadische ontwikkeling van de relatie tussen koper en verkoper in vijf stadia zien – pre-GAM, vroege GAM, mid-GAM, partnerschap-GAM en synergetische GAM (Wilson en Millman, 2003).

Pre-GAM beschrijft de voorbereiding voor GAM. Vastgesteld wordt dat een kopend bedrijf het potentieel heeft een hoofdaccount (*key account*) te worden, en het verkopende bedrijf begint middelen in te zetten om wat business van dat kopende bedrijf binnen te halen. Zowel verkoper als koper zendt signalen uit (op feiten gebaseerde informatie) en wisselt boodschappen uit (interactie) voordat besloten wordt tot transacties over te gaan. Netwerken van contacten moeten worden ontwikkeld om kennis over de operaties van de klant op te doen en het potentieel voor het ontwikkelen van een relatie te evalueren.

Vroege GAM: in dit stadium houdt het verkopende bedrijf zich bezig met het vaststellen van de mogelijkheden voor accountpenetratie als de account eenmaal is binnengehaald. Dit is waarschijnlijk de meest gewone verkooprelatie, de klassieke 'vlinderdas'.

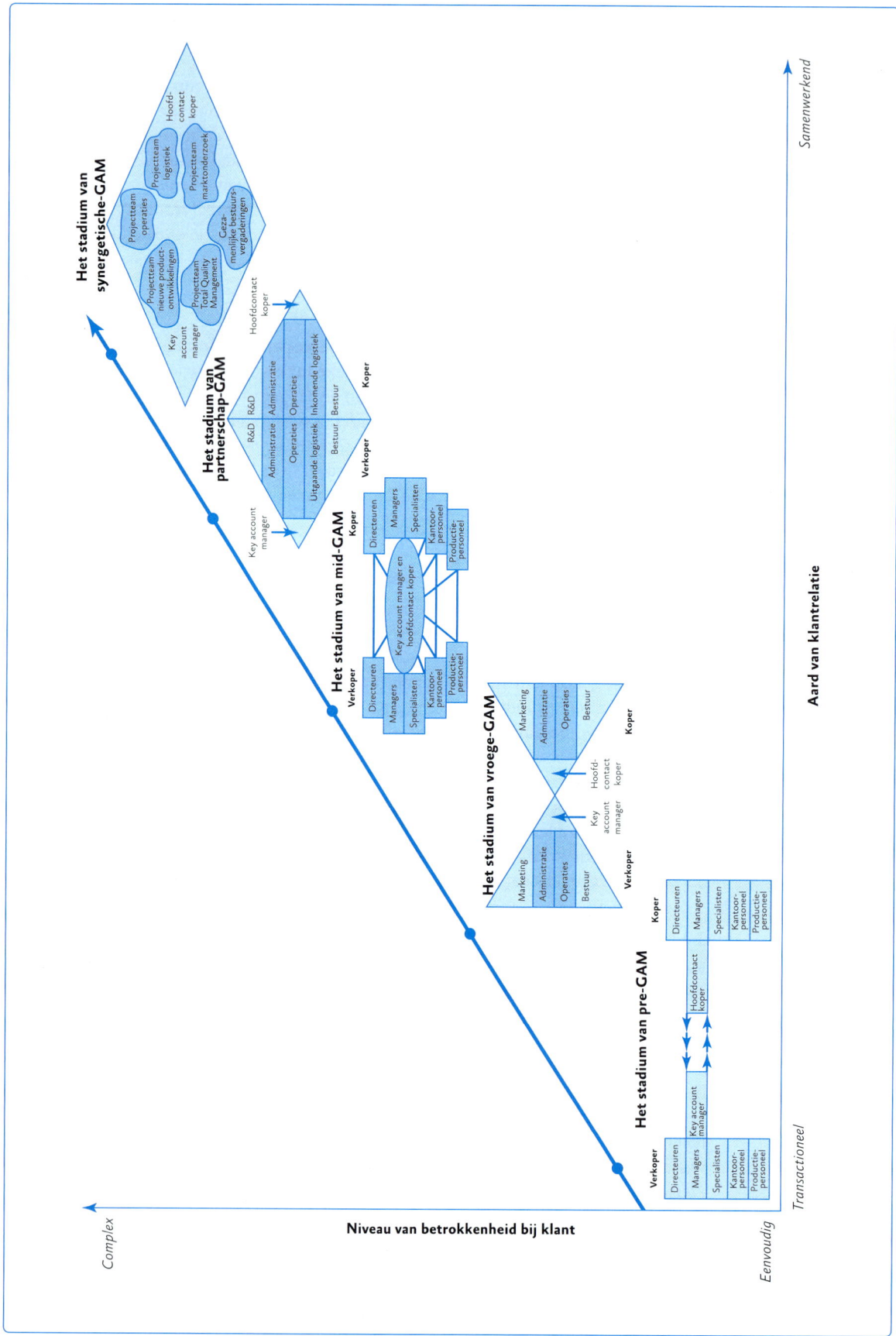

Figuur 13.6: Relatieontwikkelingsmodel

In dit stadium zijn aangepaste oplossingen nodig, en de key account manager zal zich richten op het beter begrijpen van de klant en de markt waarop die klant opereert. Het kopende bedrijf zal nog steeds andere verkopende bedrijven testen.

In dit stadium is er nog maar in beperkte mate sprake van een grondige kennis van de internationale klant en zijn kerncompetenties, een diepe relatie en een potentieel om relatiespecifieke zakelijke waarde te creëren. Nu is vastgesteld dat de account potentieel heeft, neemt de behoefte politieke vaardigheden toe te passen toe, en de global account manager wordt ingeroepen om ervoor te zorgen dat de middelen van de leverancier worden aangewend om zo goed mogelijk tegemoet te komen aan de behoeften van de klant (Wilson en Millman, 2003). Het verkopende bedrijf moet zich goed concentreren op zijn product, dienstverlening en immateriële zaken, want het kopende bedrijf wil bevestigd zien dat het productaanbod de hoofdreden voor het aangaan van de relatie is en verwacht dat die werkt.

Mid-GAM: dit is een overgangsstadium tussen de klassieke 'vlinderdas' en de 'diamant' van het stadium van de partnerschap-GAM (zie figuur 13.7).

In dit stadium heeft het verkopende bedrijf geloofwaardigheid opgebouwd bij het kopende bedrijf. Het contact tussen de twee organisaties neemt op alle niveaus toe en wordt belangrijker. Toch hebben kopende bedrijven nog steeds de behoefte aan andere leveringsbronnen. De wens van hun eigen klanten om meer keuze te hebben, kan hier de oorzaak van zijn. Het productaanbod van het verkopende bedrijf wordt nog steeds periodiek op de markt getest maar wordt gezien als een productaanbod van goede kwaliteit. Het verkopende bedrijf is nu een voorkeursleverancier.

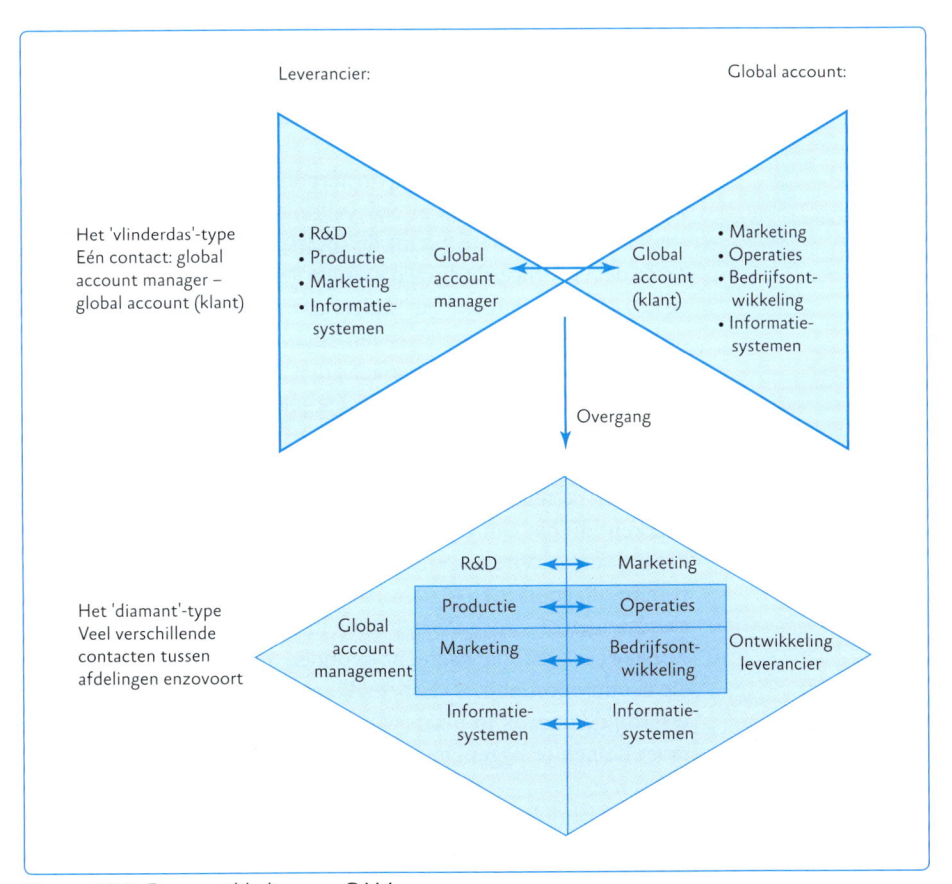

Figuur 13.7: De ontwikkeling van GAM

Partnerschap-GAM: dit is het stadium waarin de voordelen duidelijk worden. Als het stadium van partnerschap-GAM wordt bereikt, wordt het verkopende bedrijf door het kopende bedrijf gezien als een strategische externe bron. De twee bedrijven zullen gevoelige informatie delen en gezamenlijk problemen oplossen. Prijzen zullen voor de lange termijn worden gesteld en stabiel zijn, maar beide partijen zullen toestaan dat de ander winst maakt.

Een van de grote nadelen van de 'vlinderdas' van de vroege GAM is dat het verkopende bedrijf geen toegang heeft tot de interne processen van de klanten en hun markt. Het grootste voordeel van de 'diamant'-relatie is dat de global account meer 'openstaat' voor het verkopende bedrijf en dat dit bedrijf de account dus beter kan begrijpen.

Global accounts zullen alle innovaties van het leverende bedrijf testen, zodat ze als eerste toegang hebben en voordeel kunnen behalen van de nieuwste technologie. Het kopende bedrijf zal een gegarandeerde continuïteit van levering en toegang tot het beste materiaal verwachten. Expertise zal worden gedeeld. Het kopende bedrijf zal ook verwachten dat het zal profiteren van voortdurende verbeteringen. Waar dat van toepassing is, zal het geleverde product gezamenlijk worden gepromoot.

Synergetische GAM: dit is het laatste stadium van het relatieontwikkelingsmodel. De ervaring die in het partnerschapstadium is opgedaan – het coördineren van de teamverkoop en het coachen van het team in hun interfacerol – is een goed uitgangspunt om de GAM-relatie verder te ontwikkelen tot een synergetische GAM. Hoe hechter de relatie is, hoe groter de kennis over de klant en het potentieel voor het creëren van zakelijke waarde zijn.

Het verkopende bedrijf begrijpt dat het nog steeds niet automatisch het recht heeft op de business van de klant. Toch zijn uittredingsbarrières opgebouwd. Het kopende bedrijf is ervan overtuigd dat de relatie met het verkopende bedrijf een verbeterde kwaliteit en lagere kosten zal opleveren. Kostensystemen worden transparant. Gezamenlijke R&D vindt plaats. Op alle niveaus en functies van de organisaties zijn er raakvlakken. De commitment van het topmanagement blijkt uit gezamenlijke bestuursvergaderingen en verslagen. Het kopende en verkopende bedrijf hebben een gezamenlijk bedrijfsplan, gezamenlijke strategieën en voeren gezamenlijk marktonderzoek uit. De informatiestroom moet efficiënter worden en als gevolg daarvan zullen informatiesystemen geïntegreerd worden of dat al zijn.

Hoewel het voor beide partners duidelijk voordelen oplevert de verschillende GAM-stadia te doorlopen, zijn er ook valkuilen. Naarmate de contacten in de opeenvolgende stadia snel toenemen, neemt de snelheid van de activiteiten ook toe – en daarmee het risico dat er verkeerde dingen worden gezegd of gedaan. In de loop van de stadia verandert de key account manager van 'superverkoper' in 'supercoach'. In de laatste twee stadia wordt de key account manager zelfs een 'supercoördinator' die het orkest dirigeert.

Als de key account manager niet meebeweegt, is de kans groot dat hij de controle kwijtraakt, wat tot gevolg heeft dat goedbedoelende maar onbezonnen individuen hun eigen aparte weg gaan volgen.

Voor key account management zijn procesexcellentie en zeer bekwame professionals nodig om de relatie met strategische klanten te onderhouden. Voor de meeste bedrijven betekent dit dat een aantal hervormingen moet plaatsvinden. Zo moeten de kostenberekening van activiteiten en het toewijzen van die kosten worden hervormd, van productgericht of geografisch gericht naar klantgericht. Tegenwoordig zijn maar weinig financiële systemen of informatiesystemen in bedrijven geavanceerd genoeg om de hogere niveaus van key account management te ondersteunen. Ook de manier waarop een professional die verantwoordelijk is voor een klantrelatie wordt ontwikkeld, moet worden hervormd, waarbij de nadruk in plaats van op verkoopvaardigheden op managementvaardigheden moet komen te liggen, inclusief interculturele managementvaardigheden (McDonald et al., 1997).

We sluiten deze paragraaf af door de voordelen en nadelen van het invoeren van GAM op een rijtje te zetten, gezien vanuit het oogpunt van de leverancier (verkoper):

> **Voordelen van GAM voor de leverancier (verkoper)**
> - Een betere bevrediging van de internationale behoefte van de klant wanneer er één leverancier van bepaalde producten en diensten is.
> - Barrières opwerpen voor concurrenten – gezien de hoge overstapkosten zullen internationale concurrenten (van de leverancier) het moeilijk vinden de bestaande leverancier te verdringen. Als de leverancier de voorkeursleverancier wordt, wordt de klant afhankelijk van de leverancier, waardoor de macht binnen de relatie verschuift.
> - Een grotere verkoop van bestaande producten en diensten via een hechtere relatie met de key account.
> - De introductie van nieuwe producten/diensten wordt gemakkelijker – de global account is eerder bereid nieuwe producttests te doen en een completer productassortiment te voeren.
> - Het coördineren van marketing/verkoopactiviteiten over landsgrenzen heen kan de totale wereldwijde verkoopwaarde voor deze klant verhogen – de GAM-strategie stelt de leverancier in staat internationale marketingprogramma's (bijvoorbeeld standaardisering) te coördineren en tegelijkertijd productaanpassing aan de individuele landsomgeving toe te staan.
> - Een vermeend grote kans op winstgroei als gevolg van de toegenomen verkoop en internationale coördinatie. De ontwikkeling van een 'strategic fit' tussen leverancier en klant vergroot de effectiviteit van de leverende organisatie.
> - Door leereffecten te gebruiken, kan de leverancier de marginale kosten van het creëren van een aangepast programma voor elk nieuwe land/gebied verlagen. Op die manier kan door middel van de GAM-strategie geprofiteerd worden van zowel schaal- als scopevoordelen.
> - Via het internationale netwerk van de klant kan de leverancier toegang krijgen tot andere klanten wereldwijd.
>
> **Nadelen van GAM voor de leverancier (verkoper)**
> - De leverancier zal het gevoel hebben dat de internationale klanten hem onder druk zetten de internationale stabiliteit van hun prestatie te verbeteren – ze kunnen de leverancier dwingen over te gaan op GAM om zijn internationale status als voorkeursleverancier te behouden.
> - Druk kan worden uitgeoefend om prijzen op internationaal niveau te standaardiseren – de internationale klant kan proberen GAM te gebruiken als een manier om de prijzen internationaal te verlagen door te zeggen dat de prijzen voor het hele internationale netwerk van dochterbedrijven van de klant hetzelfde moeten zijn.
> - Druk kan worden uitgeoefend om alle handelsvoorwaarden op internationale basis te standaardiseren, en niet alleen de prijs. Global accounts eisen steeds vaker uniformiteit in zaken als volumekorting, transportkosten, overheadkosten, bijzondere kosten enzovoort.
> - Een leverancier kan een global account verliezen doordat grote concurrenten de GAM-strategie gaan gebruiken. Hierdoor kan de leverancier zich gedwongen voelen een GAM-team te vormen om opgewassen te zijn tegen de strategie van de key accounts of deze te neutraliseren.
> - Vaak is een GAM-strategie gelieerd aan het gebruik van een bepaalde matrixorganisatie. Dit betekent dat er in de leverende organisatie verschillende beslissingnemers zijn die vanuit verschillende gezichtspunten (bijvoorbeeld het internationale versus het lokale gezichtspunt) dezelfde beslissing nemen. Vanwege de parallelle structuren op internationaal en lokaal niveau kunnen de managementkosten oplopen. Bovendien kan door deze parallelle structuren het beslissingsproces worden vertraagd.

13.3.3 De organisatorische structuur bij global account management

Hierna worden de drie verschillende modellen besproken die in figuur 13.8 te zien zijn.

1. Model voor centrale onderhandeling tussen hoofdkantoren

Dit model laat een situatie zien waarin het product in kwestie is gestandaardiseerd. Het hoofdkantoor van de klant verzamelt de vraag vanuit de verschillende dochterbedrijven wereldwijd. Vervolgens ontmoet de klant de leverancier en vinden tussen de hoofdkantoren onderhandelingen plaats. In deze situatie oefent de klant doorgaans een aanzienlijke koopmacht uit, omdat de leverancier geen internationale organisatie heeft die deze koopmacht kan compenseren. Voor de leverancier is een gestandaardiseerde (hoge) kwaliteit

Coördinatie GAM	Model voor centrale onderhandeling tussen hoofdkantoren	Model voor gebalanceerde onderhandeling	Model voor gedecentraliseerde onderhandeling op lokaal niveau
Organisatorische structuur	Gecentraliseerde coördinatie van de GAM-relatie: (GAM-relatie waarin de klant relatief veel macht heeft): **Traditionele onderhandelingen tussen hoofdkantoren, met centrale distributie** Hoofdkantoor leverancier ↔ Hoofdkantoor klant (global account) — Land A, Land B, Land C, … Land N	Mix – coördinatie van GAM Gedecentraliseerde en lokale aanpassing van GAM Hoofdkantoor leverancier ↔ Land A, Land B, Land C, … Land N (met lokale coördinatie) ↔ Hoofdkantoor klant (global account)	Gedecentraliseerde coördinatie van de GAM-relatie: Gedecentraliseerde en lokale aanpassing van GAM Hoofdkantoor leverancier — Land A, Land B, Land C, … Land N (met lokale coördinatie) ↔ Hoofdkantoor klant (global account)
Kenmerken	• Onderhandeling tussen hoofdkantoren • Klant heeft een hoge mate van koopmacht – de leverancier heeft minder macht • Centrale controle over het nemen van beslissingen bij het hoofdkantoor van de klant • Leverancier verkoopt gestandaardiseerde producten	• Onderhandeling tussen hoofdkantoren wordt aangevuld met lokale onderhandelingen (per land) • Gebalanceerde relatie tussen leverancier en klant • Vereist een hoge mate van coördinatie van de relatie tussen leverancier en klant	• Onderhandeling op lokaal niveau (per land) • De klant heeft de beslissingsbevoegdheid gedecentraliseerd en bij de lokale dochterbedrijven (landorganisaties) neergelegd – dit kan een voordeel voor de leverancier zijn, want deze kan dan op lokaal niveau onderhandelen en misschien betere deals maken dan bij onderhandelingen op centraal niveau.
Machtrelatie: leverancier versus klant	*De relatieve macht van de leverancier neemt toe, maar de vraag om middelen (van vertegenwoordigers van ontwikkelde landen) neemt ook toe.* →		

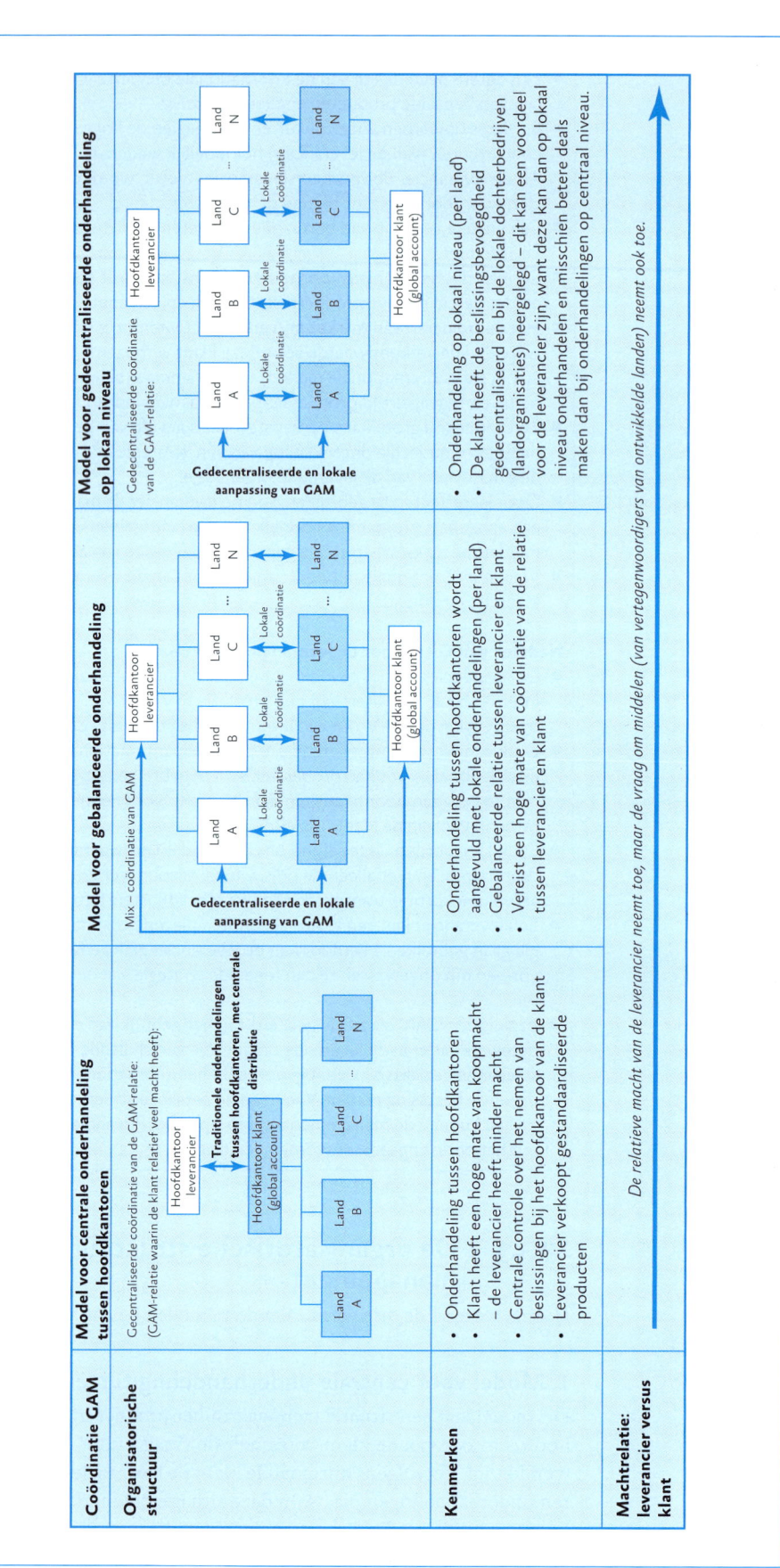

Figuur 13.8: De organisatorische structuur bij GAM

de voorwaarde om te worden uitgenodigd voor besprekingen met het hoofdkwartier van de klant. De discussie zal algauw gaan over de vraag wat de 'juiste' prijs is. De leverancier zal altijd onder druk staan de prijs te verlagen en de kosten van het produceren van het productpakket (inclusief diensten) te verlagen.

IKEA is een voorbeeld van een klant die zijn meubelleveranciers constant onder druk zet om hun prijzen te verlagen en hun productie efficiënter te maken om de kosten omlaag te brengen. De totale omzet van de 201 IKEA-winkels wereldwijd was in 2004 13.570 miljoen euro. Onlangs kwam IKEA met het plan zijn distributieopslagkosten met tien procent per jaar omlaag te brengen. Om dit doel te kunnen bereiken, laat IKEA wekelijkse prognoses maken van de internationale vraag in elk van zijn drie grootste regio's: Noord-Amerika, Azië en EMOA (Europa, het Midden-Oosten en Afrika). Aan de hand van deze vraagprognoses kunnen de voorraadniveaus via het bestelsysteem van IKEA worden aangevuld (Scheraga, 2005). Bestellingen kunnen wekelijks of dagelijks naar de leveranciers van IKEA worden gestuurd, afhankelijk van hoe actief ze zijn voor de detailhandelaar. Leveranciers van IKEA staan onder druk om meubilair vaker direct aan IKEA-winkels over de hele wereld te leveren. Als een Europese subleverancier van meubilair een internationale leverancier van IKEA wil worden, moet hij nu overwegen productie- en assemblagefabrieken te vestigen in de andere twee hoofdregio's van de wereld: Noord-Amerika en Azië.

2. Model voor evenwichtige onderhandeling

In deze situatie wordt de centrale onderhandeling tussen de hoofdkantoren aangevuld met gedecentraliseerde en lokale onderhandelingen op landenbasis. Doorgaans vindt deze plaats in de vorm van onderhandelingen tussen de lokale dochterbedrijven van de klanten en de verschillende partners (bijvoorbeeld agenten) of dochterondernemers van de leverancier. In de onderhandelingen tussen de hoofdkantoren worden de mogelijke resultaten voor de onderhandelingen op lokale basis vastgesteld. Hierdoor is enige mate van prijsdifferentiatie in de betrokken landen mogelijk, afhankelijk van de mate van aanpassing van producten aan lokale omstandigheden die nodig is. Sauer-Danfoss (www.sauer-danfoss.com) is een voorbeeld van een subleverancier die volgens dit model werkt (zie Voorbeeld 13.1).

Voorbeeld 13.1 Het GAM van Sauer-Danfoss

Sauer-Danfoss is een van 's werelds meest vooraanstaande bedrijven op het gebied van de ontwikkeling en verkoop van hydraulische transmissiesystemen – vooral voor mobiele werkvoertuigen. Het bedrijf, dat wereldwijd meer dan zevenduizend mensen in dienst heeft en in 2004 inkomsten van ongeveer 1,3 miljard dollar had, heeft verkoop- en productiecapaciteiten alsmede technische capaciteiten in Europa, Noord-, Midden- en Zuid-Amerika en Azië/Pacific. De belangrijkste internationale klanten (global accounts) van Sauer-Danfoss zijn John Deere, Case New Holland, Ingersoll-Rand, Agco en Caterpillar (zie ook de casestudy van hoofdstuk 5).

Een van de belangrijkste global accounts (OEM-klanten) van Sauer-Danfoss is Case New Holland (CNH), de nummer één van de wereld op het gebied van de productie van landbouwtractoren en combines en de op twee na grootste producent van bouwmachines. In 2004 bedroegen de totale inkomsten van het bedrijf twaalf miljoen dollar. CNH, dat in de VS is gevestigd, heeft een netwerk van dealers en distributeurs die in meer dan honderdzestig landen opereren. Landbouwmachines van CNH worden verkocht onder de merknaam Case IH, New Holland en Steyr. Bouwmachines van CNH worden verkocht onder de merknaam Case, Fiat Allis, Fiat Kobelco, Kobelco, New Holland en O&K.

Als gevolg van een fusie in 1999 is CNH een voorbeeld van consolidatie aan de kant van de OEM-klant. Het resultaat van deze consolidatie is dat minder dan de grootste tien OEM-klanten verantwoordelijk zijn voor meer dan de helft van de potentiële verkoop van Sauer-Danfoss op de middellange tot lange termijn. Er bestaat geen twijfel over dat de druk om de prijs omlaag te brengen wereldwijd blijft bestaan. In de internationale zakencultuur bestaat een tendens dat het verkoopproces aan de kant van de klant steeds professioneler moet verkopen. Door deze tendens is het nodig de organisatie van Sauer-Danfoss een nieuwe structuur te geven, en het antwoord is GAM. Zoals in de figuur hierna te zien is, heeft Sauer-Danfoss aan de eis van CNH wereldwijd productie-eenheden op te richten voldaan door lokale productiefaciliteiten en GAM-teamgroepen op te zetten in India, China, Polen, Noord-Amerika, Italië, Brazilië, Duitsland en het Verenigd Koninkrijk. In partnerschap met CNH proberen de GAM-teams kosteneffectievere oplossingen te vinden in plaats van domweg de prijzen te verlagen. Sauer-Danfoss volgt CNH naar landen waar de productiekosten laag zijn, zoals India en China. In alle productie-eenheden van CNH wereldwijd wordt er druk uitgeoefend meer aan outsourcing te doen en pakketten met een toegevoegde waarde te leveren. Sauer-Danfoss probeert aan deze eisen te voldoen door CNH vooraf geassembleerde bouwpakketten en meer systeemoplossingen te leveren.

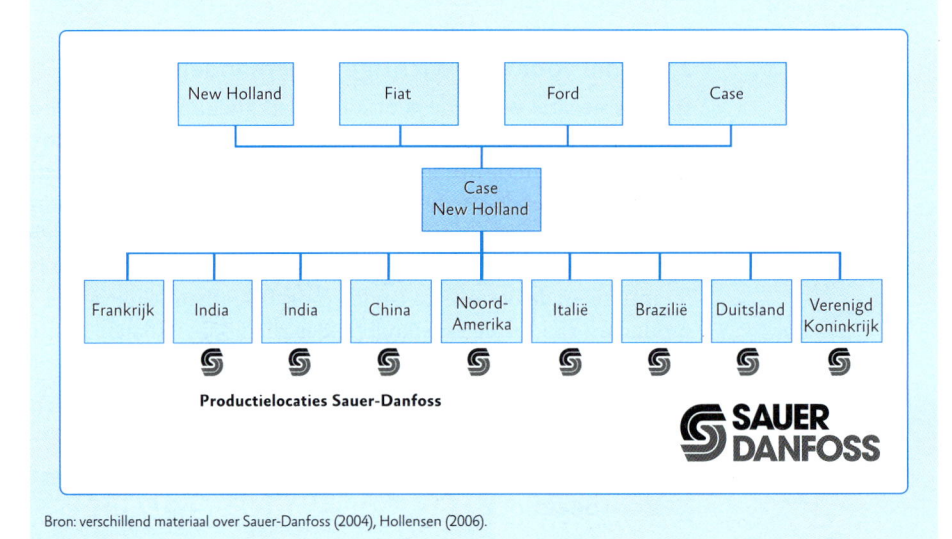

Bron: verschillend materiaal over Sauer-Danfoss (2004), Hollensen (2006).

3. Model voor gedecentraliseerde onderhandeling op lokaal niveau

Bij dit model vinden de onderhandelingen alleen op lokaal niveau plaats, deels omdat de leverancier vaak systeemoplossingen verkoopt die een hoge mate van aanpassing aan de verschillende markten (landen) vergen. Dit betekent dat de hoofdkantoren van het onderhandelingsproces losgekoppeld zijn. Een consolidatieproces in de industrie van de klant kan hier de oorzaak van zijn. Als de klant bij verschillende fusies en overnames betrokken is geweest, zal hij het algemene beeld van de beslissingsstructuren van het nieuwe gefuseerde multinationale bedrijf slecht begrijpen. In zo'n situatie zal de klant geneigd zijn alle belangrijke beslissingen gedecentraliseerd door de dochterbedrijven te laten nemen omdat hij het overzicht van het hele multinationale bedrijf kwijt is. Het kan erg moeilijk zijn beslissingsprocessen in pas gefuseerde bedrijven te controleren en te coördineren. Om die reden zullen topmanagers het nemen van aankoopbeslissingen vaak doorgeven aan lokale beslissingnemers in lokale dochterbedrijven.

Door alleen op lokaal niveau met dochterbedrijven van een klant te onderhandelen, heeft een leverancier een betere kans op suboptimalisatie. Door deze aanpak te gebruiken, bevindt de leverancier zich in een relatief betere positie om te onderhandelen. Ook kan hij door dit model te gebruiken in sommige markten betere (hogere) prijzen bedingen. Het kan echter ook zijn dat de leverancier hogere kosten maakt doordat hij aan de verschillende eisen van de lokale dochterbedrijven van de klant moet voldoen. Bovendien moet een leverancier als hij dit model wil gebruiken een gevestigd netwerk van dochterbedrijven of partners (bijvoorbeeld agenten) hebben die de productoplossingen van de leverancier kennen en de dochterbedrijven van de klant in de verschillende landen productoplossingen kunnen bieden die aan de lokale omgeving zijn aangepast (zie Voorbeeld 13.2).

Voorbeeld 13.2 AGRAMKOW – werken volgens model 3

AGRAMKOW (www.agramkow.com) is een voorbeeld van een bedrijf dat volgens dit model werkt. AGRAMKOW (Denemarken) heeft als doel een van 's werelds meest vooraanstaande ontwikkelaars en leveranciers van vulapparatuur voor vloeibare koelvloeistoffen te worden die bijvoorbeeld in koelkasten en airco's in auto's worden gebruikt. In 2004 bedroeg de totale verkoop van AGRAMKOW ongeveer 35 miljoen dollar, waarvan 95 procent buiten het thuisland (Denemarken) werd gegenereerd. Het bedrijf heeft in totaal 150 werknemers in dienst. De internationale klanten (global accounts) van AGRAMKOW zijn grote multinationals als Whirlpool (VS), Electrolux (Zweden), Samsung (Korea), Haier (China), Siemens (Duitsland) en General Electric (VS).

Het is een feit dat er door fusies en overnames steeds minder internationale klanten zijn die steeds groter worden. Het vloeistofvulsysteem van AGRAMKOW wordt bijvoorbeeld in de hele productielijn van de koelkastproducent Electrolux ingebouwd. AGRAMKOW heeft 'slechts' drie of vier dochterbedrijven wereldwijd, maar in plaats van verschillende dochterbedrijven te hebben om de lokale productie-eenheden van de grootste global accounts te ondersteunen (zoals in het geval van Sauer-Danfoss) heeft het de waarden van AGRAMKOW op distributeurs en agenten overgedragen om ze tot partner van AGRAMKOW te maken die op basis van dezelfde waarden opereert. Het management van AGRAMKOW heeft deze partnerstrategie geïmplementeerd door alle potentiële partners uit te nodigen voor gezamenlijke seminars en bijeenkomsten op het hoofdkantoor van AGRAMKOW in Denemarken. Het doel van deze bijeenkomsten was:

- het vergroten van de gezamenlijke teamspirit en de commitment aan de waarden en doelen van AGRAMKOW – dit is ook bewerkstelligd door een aantal gezamenlijke sociale activiteiten te organiseren (bijvoorbeeld sportactiviteiten);
- het vergroten van de verkoopvaardigheden om lokale business van global accounts binnen te halen;
- het vergroten van de technische competentie om apparatuur/oplossingen van AGRAMKOW te installeren, integreren, onderhouden en repareren;
- beter te begrijpen dat het noodzakelijk is constant feedback aan AGRAMKOW te leveren over de prestatie en andere marktactiviteiten (bijvoorbeeld activiteiten van de concurrentie).

Naderhand bevinden de individuele partners en hun organisatie (bijvoorbeeld een Chinese partner) zich in een betere positie om zorg te dragen voor aan de lokale omgeving aangepaste producten, lokale diensten en klantenzorg die op de lokale global account zijn gericht (bijvoorbeeld de lokale koelkastproductie-eenheid van Electrolux in China). Dit betekent ook dat AGRAMKOW zijn relatieve macht ten opzichte van een van zijn belangrijke global accounts, in dit geval Electrolux, op lokaal niveau heeft vergroot.

Ondanks deze positieve ontwikkeling zijn er problemen geweest bij het veranderen van distributeurs en agenten in partners. Organisaties die maar weinig producten en diensten van AGRAMKOW verkopen, zijn wat terughoudend geweest om aan het proces deel te nemen (Hollensen, 2006).

Kort gezegd: vanwege fusies en overnames in de meeste industrieën ter wereld zal het belang van GAM in de toekomst toenemen. De ontwikkeling van relationele contracten met een grote, internationale klant – de samenwerking tussen een klant en een leverancier ontwikkelt zich tot een internationale relatie voor de lange termijn – heeft een aantal positieve resultaten. Als men besluit een GAM-strategie te implementeren, moet daar een leerproces aan voorafgaan, want de implementatie van een dergelijke strategie betekent dat er veel op het spel staat en de uittredingsbarrières hoog zijn.

13.4 Het controleren van het internationale marketingprogramma

Het laatste maar vaak veronachtzaamde stadium van de internationale marktplanning is het controleproces. Controle is niet alleen belangrijk voor het evalueren van de prestatie, maar het maakt ook de planningscirkel rond door de feedback te bieden die nodig is om aan de volgende planningscyclus te beginnen.

In figuur 13.9 is het verband tussen het marketingplan, de marketingbegroting en het controlesysteem te zien.

Nadat het internationale marketingplan is opgesteld, moet het aan de hand van een begroting worden gekwantificeerd. De begroting vormt de basis voor het ontwerp van het marketingcontrolesysteem dat de feedback kan leveren die nodig is om het internationale marketingplan eventueel te herformuleren. Marketingbegrotingen moeten een raming weergeven van acties en verwachte resultaten, en aan de hand van deze begrotingen moeten acties en resultaten accuraat gemonitord en gecontroleerd kunnen worden. Het meten van prestaties aan de hand van de begroting is dan ook het belangrijkste (reguleren) managementbeoordelingsproces dat kan resulteren in de feedback die in 13.9 te zien is.

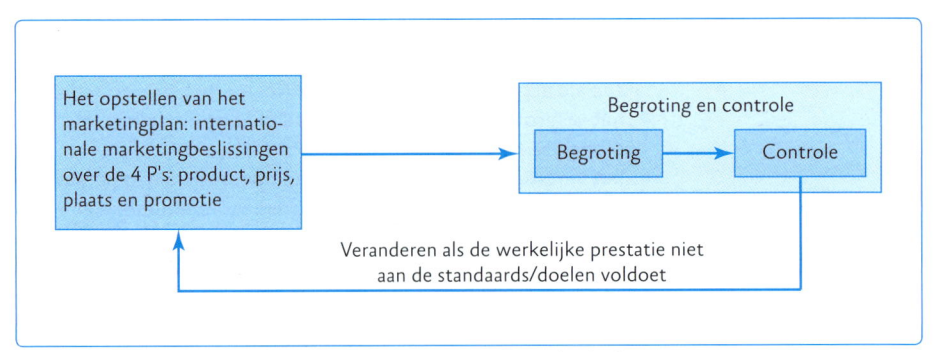

Figuur 13.9: De begroting en het controlesysteem van een bedrijf

Het doel van het opstellen van een marketingbegroting is alle inkomsten en kosten die bij marketing komen kijken in één allesomvattend document samen te brengen. Het is een managementinstrument waarmee wat uitgegeven moet worden afgewogen kan worden tegen wat men zich kan veroorloven, en het kan een bedrijf helpen prioriteiten te stellen. Vervolgens wordt het gebruikt om de prestatie in de praktijk te monitoren. De marketingbegroting is doorgaans het krachtigste instrument dat gebruikt kan worden om de relatie tussen gewenste resultaten en beschikbare middelen te onderzoeken. Het uitgangspunt van de begroting moeten de marketingstrategieën en plannen zijn die al in het marketingplan zelf zijn geformuleerd. In de praktijk lopen strategieën en plannen parallel aan elkaar en staan ze in wisselwerking met elkaar.

Helaas wordt 'controle' door de mensen van een organisatie echter vaak als iets negatiefs gezien. Als mensen bang zijn dat het controleproces niet alleen gebruikt zal worden om hun prestatie te beoordelen maar ook om ze te straffen, zal dit proces gevreesd en gehaat worden.

De evaluatie en controle van internationale marketing vormen waarschijnlijk een van de zwakste gebieden van de marketingpraktijk in veel bedrijven. Zelfs de organisaties die anderszins qua strategische marketingplanning sterk zijn, hebben slechte controle- en evaluatieprocedures voor hun internationale marketing. Er is een aantal mogelijke redenen voor; in de eerste plaats bestaat er niet zoiets als een 'standaard'-controlesysteem voor marketing.

De functie van de organisatiestructuur is het bieden van een kader waarbinnen doelen behaald kunnen worden. Om de doelen te behalen, is echter een aantal instrumenten en processen nodig waarmee het gedrag en de prestatie van organisatieleden kunnen worden beïnvloed. De cruciale vraag hier is dezelfde als bij organisatiestructuren: wat is de ideale mate van controle? Aan de ene kant moet het hoofdkantoor informatie krijgen om er zeker van te zijn dat internationale activiteiten de algemene organisatie maximaal profijt opleveren, maar aan de andere kant moet controle niet opgevat worden als een soort wet.

De internationale opgave van bedrijven is vast te stellen hoe een controlemechanisme opgesteld kan worden waarmee problemen die zich voordoen in een vroeg stadium onderschept kunnen worden. Hierna komen verschillende criteria aan de orde die van toepassing zijn op het evaluatieproces, vormen van controle, feedback en correctieve actie. Deze concepten zijn belangrijk voor alle bedrijven, maar in de internationale arena zijn ze van vitaal belang.

13.4.1 Ontwerp van een controlesysteem

Bij het ontwerpen van een controlesysteem moet het management de kosten van het opzetten en handhaven van een dergelijk systeem in aanmerking nemen en deze afzetten tegen de voordelen die het oplevert. Voor alle controlesystemen zal geïnvesteerd moeten worden in een managementstructuur en systeemontwerpen.

Het ontwerp van een controlesysteem kan verdeeld worden in twee groepen, afhankelijk van het doel van de controle:

OUTPUTCONTROLE
Regelmatige controle van de output, zoals winst, verkoopgetallen en uitgaven (gewoonlijk gebaseerd op financiële maten).

GEDRAGSCONTROLE
Regelmatige controle van het gedrag, zoals het vermogen van verkooppersoneel om met klanten contact op te bouwen (gewoonlijk gebaseerd op niet-financiële maten).

1. outputcontrole (gewoonlijk gebaseerd op financiële maten)
2. gedragscontrole (gewoonlijk gebaseerd op niet-financiële maten)

Outputcontrole kan bestaan uit uitgavencontrole, wat betekent dat uitgavenbedragen regelmatig gemonitord worden en met de begrotingsdoelen worden vergeleken, en dat besloten wordt de uitgaven te verhogen of te verlagen als het verschil nadelig wordt gevonden. Outputmaten worden regelmatig verzameld en doorgaans vanuit buitenlandse dochterbedrijven naar het hoofdkantoor doorgestuurd, waar ze op basis van een vergelijking met het marketingplan of de begroting geëvalueerd en bekritiseerd worden.

Om gedragscontrole te kunnen uitvoeren, moet invloed op gedrag kunnen worden uitgeoefend. Deze invloed kan bijvoorbeeld worden uitgeoefend door personeel in dochterbedrijven een verkoophandboek te geven of nieuwe werknemers de bedrijfscultuur eigen te maken. Voor gedragscontrole is vaak een uitgebreid socialisatieproces nodig, en informele, persoonlijke interactie staat bij dit proces centraal. Er moet een aanzienlijke hoeveelheid middelen in worden gestoken om individuen de bedrijfscultuur, dat wil zeggen 'hoe de dingen in het bedrijf worden gedaan', bij te brengen.

Om een gezamenlijke visie en gezamenlijke waarden op te bouwen, besteden managers bij het Japanse bedrijf Matsushita een groot deel van hun eerste maanden aan wat het bedrijf 'culturele en spirituele training' noemt. Ze bestuderen het bedrijfscredo, de 'Zeven Geesten van Matsushita', en de filosofie van de oprichter, Kanosuke Matsushita.

De traditie om outputcriteria (financiële criteria) te gebruiken, is echter sterk. Als bedrijven gefixeerd zijn op outputcriteria, negeren ze de minder tastbare gedragsmaten (niet-financiële maten), hoewel deze de drijvende krachten achter het bedrijfssucces zijn. Het meten van de gedragsprestatie heeft echter een zwakke kant. Tot nu toe heeft het ontwikkelen van een expliciet verband tussen gedrags- en outputcriteria weinig succes gehad. Bovendien worden bedrijven en managers nog steeds beoordeeld op basis van financiële criteria (winstcontributie). Totdat is aangetoond dat er een duidelijk verband bestaat, zullen gedragscriteria waarschijnlijk steeds met enige scepsis worden behandeld.

We gaan nu een controlesysteem voor internationale marketing ontwikkelen dat voornamelijk op outputcontrole is gebaseerd. Marketingcontrole is een essentieel onderdeel van het marketingplanningproces, omdat het een overzicht geeft van de mate waarin marketingdoelen al dan niet zijn bereikt. Een kader voor het controleren van marketingactiviteiten is te zien in figuur 13.10.

Een marketingcontrole begint met het ondernemen van een aantal marketingactiviteiten (plannen voor implementatie) door het bedrijf. Deze kunnen het resultaat zijn van bepaalde doelen en strategieën, die allemaal binnen een bepaald budget behaald dan wel bewerkstelligd moeten worden. Vandaar dat begrotingscontrole van essentieel belang is.

De volgende stap in het controleproces is het vaststellen van bepaalde prestatiestandaards die voor elk gebied of elke activiteit behaald moeten worden, willen de algemene doelen en subdoelen kunnen worden behaald. Om een specifiek verkoopdoel te behalen, kan het bijvoorbeeld nodig zijn dat voor elk verkoopgebied een prestatiedoel wordt gesteld. Hiervoor kan het nodig zijn dat alle verkopers in het gebied aan een bepaalde prestatiestandaard moeten voldoen wat bijvoorbeeld het aantal verkoopbezoeken, de omzet-

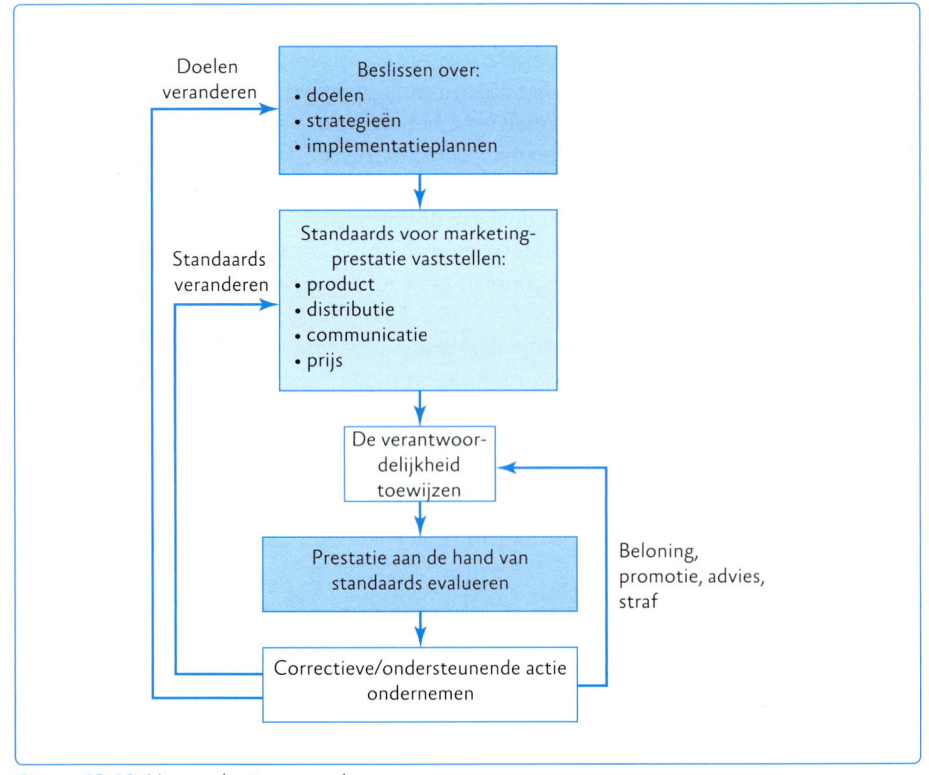

Figuur 13.10: Het marketingcontrolesysteem

frequentie en natuurlijk de orderwaarde betreft. In tabel 13.1 wordt een representatief voorbeeld gegeven van de soorten gegevens die nodig zijn. Maten en standaards voor marketingprestatie zullen per bedrijf en product verschillen en afhankelijk zijn van de doelen die in het marketingplan zijn beschreven.

De volgende stap is het toewijzen van de verantwoordelijkheid. In sommige gevallen is uiteindelijk één persoon verantwoordelijk (bijvoorbeeld de merkmanager), en in andere wordt de verantwoordelijkheid gedeeld (bijvoorbeeld tussen de verkoopmanager en het verkooppersoneel). Het is belangrijk hierbij stil te staan, omdat het nodig kan zijn corrigerende dan wel ondersteunende actie te ondernemen jegens de verantwoordelijke(n).

Om het controleproces succesvol te laten zijn, moeten de mensen die bij het proces betrokken zijn en erdoor worden beïnvloed bij zowel het ontwerp- als het implementatiestadium van de marketingcontrole worden betrokken. Boven alles moeten ze ervan worden overtuigd dat het doel van de controle het verbeteren van hun eigen succesniveau en dat van het bedrijf is. Ondergeschikten moeten betrokken worden bij het bepalen en accepteren van hun eigen prestatiestandaards, bij voorkeur via een systeem van management door middel van doelen.

Product	Distributie
■ Verkoop per marketingsegment ■ Nieuwe productintroducties elk jaar ■ Verkoop in vergelijking met potentieel ■ Groeipercentage verkoop ■ Marktaandeel ■ Contributiemarge ■ Productdefecten ■ Kosten garantie ■ Percentage van totale winst ■ Rendement op investering	■ Verkoop, kosten en contributiemarge per kanaaltype ■ Percentage winkels dat product verkoopt ■ Verkoop ten opzichte van met marktpotentieel per kanaal, soort tussenpersoon en specifieke tussenpersonen ■ Percentage 'op tijd'-leveringen ■ Verhouding tussen kosten en verkoop per kanaal enzovoort ■ Prestatie van de ordercyclus per kanaal enzovoort ■ Kosten logistiek per logistieke activiteit per kanaal
Prijs	**Communicatie**
■ Responstijd op prijsveranderingen van concurrenten ■ Prijs ten opzichte van concurrent ■ Prijsveranderingen ten opzichte van verkoopvolume ■ Kortingstructuur ten opzichte van verkoopvolume ■ Biedingstrategie ten opzichte van nieuwe contacten ■ Margestructuur ten opzichte van marketingkosten ■ Marges ten opzichte van prestatie van kanaalleden	■ Effectiviteit van reclame per type medium (bijvoorbeeld mate van merkbekendheid) ■ Feitelijke verhouding tussen publiek en doelpubliek ■ Kosten per contact ■ Aantal telefoontjes, navragen en verzoeken om informatie per type medium ■ Verkoop per verkoopbezoek ■ Verkoop per gebied in vergelijking met potentieel ■ Verhouding tussen verkoopkosten en verkoop ■ Nieuwe accounts per tijdsperiode ■ Verloren accounts per tijdsperiode

Tabel 13.1: Maten van marketingprestatie

Op basis van deze standaards wordt de prestatie geëvalueerd. Hiervoor is een efficiënt informatiesysteem nodig. Beoordeeld moet worden in welke mate succes is bereikt of is gefaald en welke correctieve of ondersteunende actie ondernomen moet worden. Dit kan verschillende vormen aannemen:
- Als het falen toe te schrijven is aan de slechte prestatie van individuen, kan dit resulteren in het geven van advies over de houding en activiteiten in de toekomst, training en/of straf (bijvoorbeeld kritiek, salarisverlaging, demotie of ontslag). Succes moet worden beloond met lovende woorden, promotie en/of salarisverhoging.
- Als het falen te wijten is aan onrealistische marketingdoelen en -prestaties, kan het management de doelen of de marketingstandaards naar onderen bijstellen. Als uit behaald succes blijkt dat de doelen niet ambitieus genoeg zijn, kunnen ze in de volgende periode naar boven toe worden bijgesteld.

Veel bedrijven nemen aan dat correctieve actie alleen ondernomen hoeft te worden als de resultaten minder dan verwacht zijn of de begroting en kosten overschreden zijn. Feit is dat zowel bij 'negatieve' (een slechte prestatie) als 'positieve' (een te goede prestatie) afwijkingen correctieve actie nodig kan zijn. Als het bedrag dat voor bijvoorbeeld de uitgaven van verkooppersoneel is begroot niet wordt uitgegeven, kan dat een indicatie zijn dat het bedrag dat er aanvankelijk voor was bestemd veel te hoog was en opnieuw bepaald moet worden. Het kan ook betekenen dat het verkooppersoneel niet zo 'actief' is als het zou moeten zijn.

Ook is het nodig zaken als meetfrequentie (bijvoorbeeld dagelijks, wekelijks, maandelijks of jaarlijks) te bepalen. Frequenter en gedetailleerder meten betekent doorgaans dat de kosten hoger zijn. Ook moeten we ervoor zorgen dat de kosten van het meet- en controleproces zelf de waarde van dergelijke metingen niet overtreffen en de activiteiten van degenen die worden gemeten niet te zeer verstoren.

Bij het ontwerpen van een controlesysteem moet de invloed van de omgeving ook in aanmerking worden genomen:

- Met het controlesysteem moeten alleen dimensies worden gemeten waarover de organisatie controle heeft. Het heeft niet veel zin beloningen of sancties uit te delen als ze gebaseerd zijn op dimensies die misschien relevant zijn voor de algemene bedrijfsprestatie maar waarover geen invloed kan worden uitgeoefend (bijvoorbeeld prijscontrole). Als het management de individuele prestatiecapaciteit van werknemers zou negeren, zou het hiermee de verkeerde signalen uitzenden en zou de motivatie van het personeel ernstig kunnen worden ondermijnd.
- Controlesystemen moeten in overeenstemming zijn met lokale voorschriften en gebruiken. In sommige gevallen moet echter gedragscontrole worden uitgeoefend die tegen lokale gebruiken ingaat, ook al kan dit de operaties negatief beïnvloeden. Dit soort situatie doet zich bijvoorbeeld voor als een dochterbedrijf op markten opereert waar het doen van clandestiene faciliterende betalingen een normale bedrijfspraktijk is.

13.4.2 Feedforward-controle

FEEDFORWARD-CONTROLE
Hierbij worden andere variabelen dan de prestatie gecontroleerd – variabelen die vóór de prestatie zelf kunnen veranderen. Op deze manier kunnen afwijkingen proactief worden beheerst, nog voordat de volle impact ervan te merken is.

Veel van de informatie die door het marketingcontrolesysteem van een bedrijf wordt aangeleverd, is feedback op wat is bereikt, zowel in financiële (winst) als niet-financiële (klanttevredenheid, marktaandeel) termen. Als zodanig is het controleproces een 'herstellend' proces. Gesteld zou kunnen worden dat controlesystemen beter vooruit zouden kunnen kijken en preventief zouden kunnen zijn en dat het controleproces op hetzelfde tijdstip als het planningproces zou moeten beginnen. Een dergelijke vorm van controle is *feedforward* controle (figuur 13.11).

Bij feedforwardcontrole worden plannen voortdurend geëvalueerd en wordt de omgeving gemonitord om veranderingen te kunnen ontdekken waarvoor doelen en strategieën aangepast moeten worden. Bij feedforwardcontrole worden andere variabelen dan

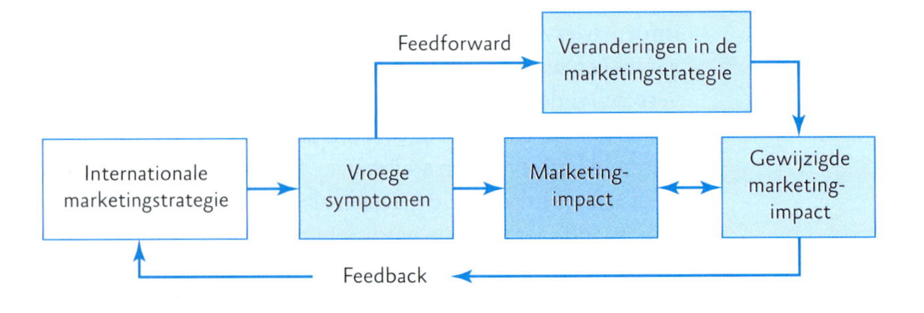

Bron: Samli et al., 1993, *International Marketing: Planning and Practice*, pag. 425. Pearson Education, Inc., Upper Saddle River, New Jersey.

Figuur 13.11: Aanpassing van de internationale marketingstrategie de prestatie gecontroleerd, variabelen die kunnen veranderen voordat de prestatie zelf verandert. Het resultaat is dat afwijkingen kunnen worden beheerst voordat hun volle impact wordt gevoeld. Een dergelijk systeem is proactief, omdat het de omgevingsveranderingen voor is, terwijl de sturende controlesystemen, de 'achteraf'-systemen, meer reactief zijn, want zij pakken de veranderingen aan nadat ze zijn opgetreden. In tabel 13.2 zijn voorbeelden van vroege symptomen (vroege prestatie-indicatoren) gegeven.

Vroege prestatie-indicatoren	Marktimplicatie
■ Plotselinge daling van de gevraagde hoeveelheden ■ Snelle afname of toename van verkoopvolume ■ Klachten van klanten ■ Een opmerkelijke afname van de business van concurrenten ■ Grote hoeveelheden teruggebrachte koopwaar ■ Buitensporig veel vraag naar onderdelen of gemelde reparaties ■ Plotselinge veranderingen in mode of stijlen	■ Problemen met de marketingstrategie of de implementatie ervan ■ Product wordt snel geaccepteerd of afgewezen ■ Product is niet goed van fouten en mankementen gezuiverd ■ Product wordt snel geaccepteerd of marktomstandigheden verslechteren ■ Problemen met het fundamentele productontwerp ■ Problemen met het fundamentele productontwerp, lage standaards ■ Product (of product van concurrenten) heeft een grote impact op de levensstijl van consumenten

Bron: Samli et al., 1993, *International Marketing: Planning and Practice*, pag. 421. Pearson Education, Inc., Upper Saddle River, New Jersey.

Tabel 13.2: Enkele belangrijke vroege prestatie-indicatoren

Feedforwardcontrole is gericht op voorspellende informatie: geprobeerd wordt te voorspellen welke problemen eraan zitten te komen. Formele feedforwardcontroleprocessen kunnen in het totale controleprogramma van marketeers worden opgenomen om de effectiviteit aanzienlijk te vergroten. Als bedrijven feedforwardcontrole zouden gebruiken, zouden planning en controle meer als gelijktijdige activiteiten worden gezien.

13.4.3 Belangrijke controlegebieden bij marketing

Kotler (1997) onderscheidt vier soorten marketingcontrole, elk met een andere aanpak, een ander doel en een andere toekenning van verantwoordelijkheid. Deze zijn in tabel 13.3 op een rijtje gezet. Hier richten we ons op de jaarplancontrole en de winstgevendheidcontrole, omdat die voor bedrijven met beperkte middelen (bijvoorbeeld MKB-bedrijven) de meest voor de hand liggende aandachtsgebieden zijn.

Jaarplancontrole

Het doel van een jaarplancontrole is vast te stellen in welke mate de marketinginspanningen van een jaar succes hebben opgeleverd. Deze controle richt zich op het meten en evalueren van de verkoop in relatie tot verkoopdoelen, marktaandeelanalyse en kostenanalyse.

Soort controle	Eerste verantwoordelijke(n)	Doel van de controle	Voorbeelden van technieken/methoden
▪ Strategische controle	▪ Topmanagement ▪ Middenmanagement	▪ Onderzoeken of de beoogde resultaten worden behaald	▪ Waarderingscijfers voor marketingeffectiviteit ▪ Marketingaudit
▪ Efficiency-controle	▪ Lijn- en stafmanagement Marketingcontroleur	▪ Onderzoeken of er manieren zijn om de efficiëntie van de marketing te vergroten	▪ Efficiëntie verkooppersoneel ▪ Efficiëntie reclame ▪ Efficiëntie distributie
▪ Jaarplan-controle	▪ Topmanagement Middenmanagement	▪ Onderzoeken of de beoogde resultaten worden behaald	▪ Verkoopanalyse ▪ Marktaandeelanalyse ▪ Verhouding tussen marketingkosten en verkoop ▪ Klanten volgen (*customer tracking*)
▪ Winstgevend-heidcontrole (begrotings-controle)	▪ Marketingcontroleur	▪ Onderzoeken waar het bedrijf winst of verlies maakt	▪ Winstgevendheid per product, klantgroep, handelskanaal enzovoort

Bron: een aanpassing van *Marketing Management: Analysis, Planning, Implementation and Control*, 9de editie, door Kotler, P., pag. 765. Pearson Education, Inc., Upper Saddle River, New Jersey.

Tabel 13.3: Soorten marketingcontrole

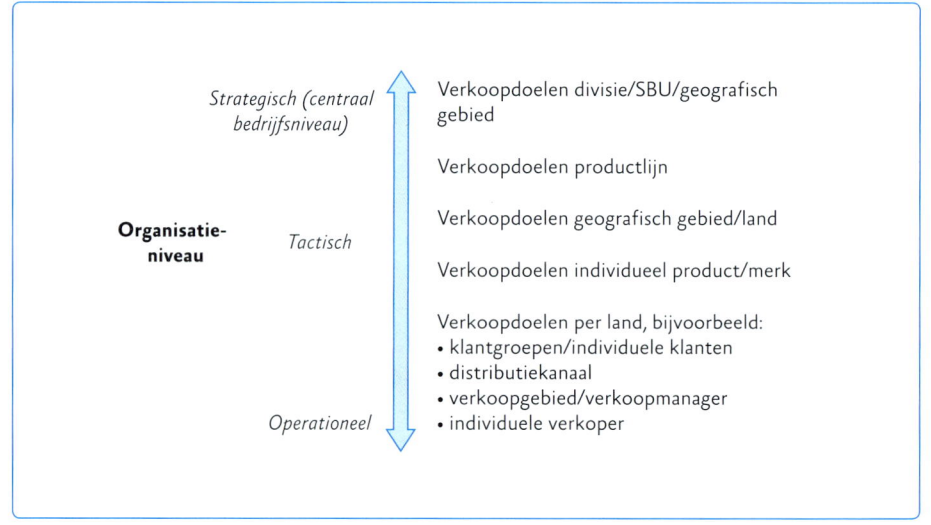

Figuur 13.12: De hiërarchie van verkoop en controle

De verkoopprestatie is een belangrijk onderdeel van de jaarplancontrole. Verkoopcontrole bestaat uit een hiërarchie van standaards op verschillende controleniveaus in een organisatie. Deze zijn onderling verbonden, zoals in figuur 13.12 te zien is.

In het diagram kunnen we zien dat afwijkingen in het behalen van verkoopdoelen op centraal bedrijfsniveau het resultaat zijn van afwijkingen in de prestatie van individuele verkopers op operationeel niveau. Op alle niveaus van verkoopcontrole moeten afwijkingen worden onderzocht om te bepalen waardoor ze worden veroorzaakt. Over het algemeen zijn afwijkingen vaak het gevolg van een combinatie van afwijkingen in volume en/of prijs.

Winstgevendheidcontrole

Naast de eerder besproken controle-elementen moeten alle internationale marketeers hun winstgevendheid controleren. Begrotingen worden meestal voor één jaar opgesteld omdat begrotingen aan het boekhoudsysteem van bedrijven gekoppeld zijn. In de volgende paragraaf gaan we nader bekijken hoe internationale marketingbegrotingen worden ontwikkeld, waarbij het uitgangspunt de GAM-organisatie en de op landen gebaseerde structuur van een bedrijf zijn.

13.5 De internationale marketingbegroting

De klassieke kwantificering van een internationaal marketingplan heeft de vorm van begrotingen. Omdat deze zo sterk gekwantificeerd zijn, zijn ze uitermate belangrijk. Ze moeten een beeld geven van acties en verwachte resultaten en moeten als controle-instrument gebruikt kunnen worden. Feit is dat het meten van prestaties aan de hand van de begroting dan ook het belangrijkste (reguliere) managementbeoordelingsproces is.

Het opstellen van een begroting is ook een organisatieproces waarbij voorspellingen worden gedaan die gebaseerd zijn op de voorgestelde marketingstrategie en -programma's. De voorspellingen worden vervolgens gebruikt om een begrote winst-en-verliesrekening (dat wil zeggen winstgevendheid) op te stellen. Een belangrijk aspect van het opstellen van een begroting is dat besloten moet worden hoe het geld tot op de laatste euro over alle voorgestelde programma's binnen een marketingplan wordt verdeeld.

Omdat marktgerichte bedrijven onderkennen dat ze zich primair op klanten moeten richten, zullen ze hun focus verleggen naar klanten en landen/markten en zich niet alleen op producten of verkochte eenheden richten. Dit is een belangrijk strategisch onderscheid, want het aantal potentiële klanten is eindig, maar aan elke klant kan een groot assortiment producten en diensten worden verkocht. Het volume van een bedrijf is het klantaandeel dat dat bedrijf op welk tijdstip dan ook op een markt met een eindig aantal klanten heeft, niet het aantal verkochte eenheden.

Internationale marketingstrategieën die invloed hebben op het klantvolume zijn onder andere marketingstrategieën waarmee het volgende wordt bereikt:
- Nieuwe klanten aantrekken om het marktaandeel te vergroten.
- De marktvraag vergroten door meer klanten in een markt te brengen.
- Tot nieuwe markten toetreden om nieuwe bronnen van klantvolume te creëren.

Bij alle marketingstrategieën is enige marketinginspanning nodig om een bepaald marktaandeel te behalen. Voor de implementering van een marketingstrategie waarmee een bepaald klantvolume moet worden behaald, zijn uitgaven op het gebied van verkoopinspanning, marktcommunicatie, klantenservice en marktmanagement nodig. De kosten van deze marketinginspanning zijn de marketinguitgaven, en deze moeten van de totale contributie worden afgetrokken om de nettomarketingcontributie te krijgen.

In figuur 13.13 worden de traditionele marketingbegroting (per land of klantgroep) en de onderliggende determinanten toegelicht. De belangrijkste maten van de winstgevendheid van marketing kunnen als volgt worden uitgedrukt:

$$\text{Contributiemarge in \%} = \frac{\text{Totale contributie}}{\text{Totale inkomsten}} \times 100$$

$$\text{Marketingcontributiemarge in \%} = \frac{\text{Totale marketingcontributie}}{\text{Totale inkomsten}} \times 100$$

$$\text{Winstmarge in \%} = \frac{\text{Nettowinst (voor belastingen)}}{\text{Totale inkomsten}} \times 100$$

Als we informatie hebben over de omvang van de activa (te ontvangen rekeningen + voorraad + gereed geld + fabriek + apparatuur) kunnen we ook het volgende definiëren:

$$\text{Rendement op activa (ROA)} = \frac{\text{Nettowinst (voor belastingen)}}{\text{Activa}}$$

ROA lijkt op de bekende maat ROI = rendement op investering

Internationale marketingbegroting Jaar = _____	Europa						Amerika		Azië/Pacific					
	VK		Duitsland		Frankrijk		VS		Japan		Korea		Andere markten	
	A	B	A	A	A	A	A	B	A	B	A	B	A	B
Nettoverkoop (brutoverkoop minus handelskorting, prijsverlagingen enzovoort) + Variabele kosten = Contributie 1 + Marketingkosten: **Verkoopkosten** (salarissen, provisie voor agenten, prestatiepremies, reizen, training, conferenties) **Kosten consumentenmarketing** (televisie- en radioreclame, gedrukte reclame, verkooppromotie) **Kosten handelsmarketing** (beurzen, tentoonstellingen, promotie in winkels, bijdragen aan promotiecampagnes van detailhandelaren) = Σ **Totale contributie 2** (marketingcontributie)														

B = begrotingsbedragen
A = feitelijke bedragen

Noot: Op de korte termijn (een jaar) zijn de exportmanagers of landmanagers verantwoordelijk voor het maximaliseren van de feitelijke bedragen voor elk land en het minimaliseren van de afwijking hiervan van het begrotingsbedrag. Samenwerking tussen de landmanagers en de internationale marketingmanager/directeur is vereist om de totale marketingmiddelen op een optimale manier te coördineren en toe te wijzen. Soms kunnen bepaalde voorraadkosten en productontwikkelingskosten ook in de totale marketingbegroting worden opgenomen (zie hoofdtekst).

Tabel 13.4: Een voorbeeld van een internationale marketingbegroting van een producent die consumentengoederen exporteert

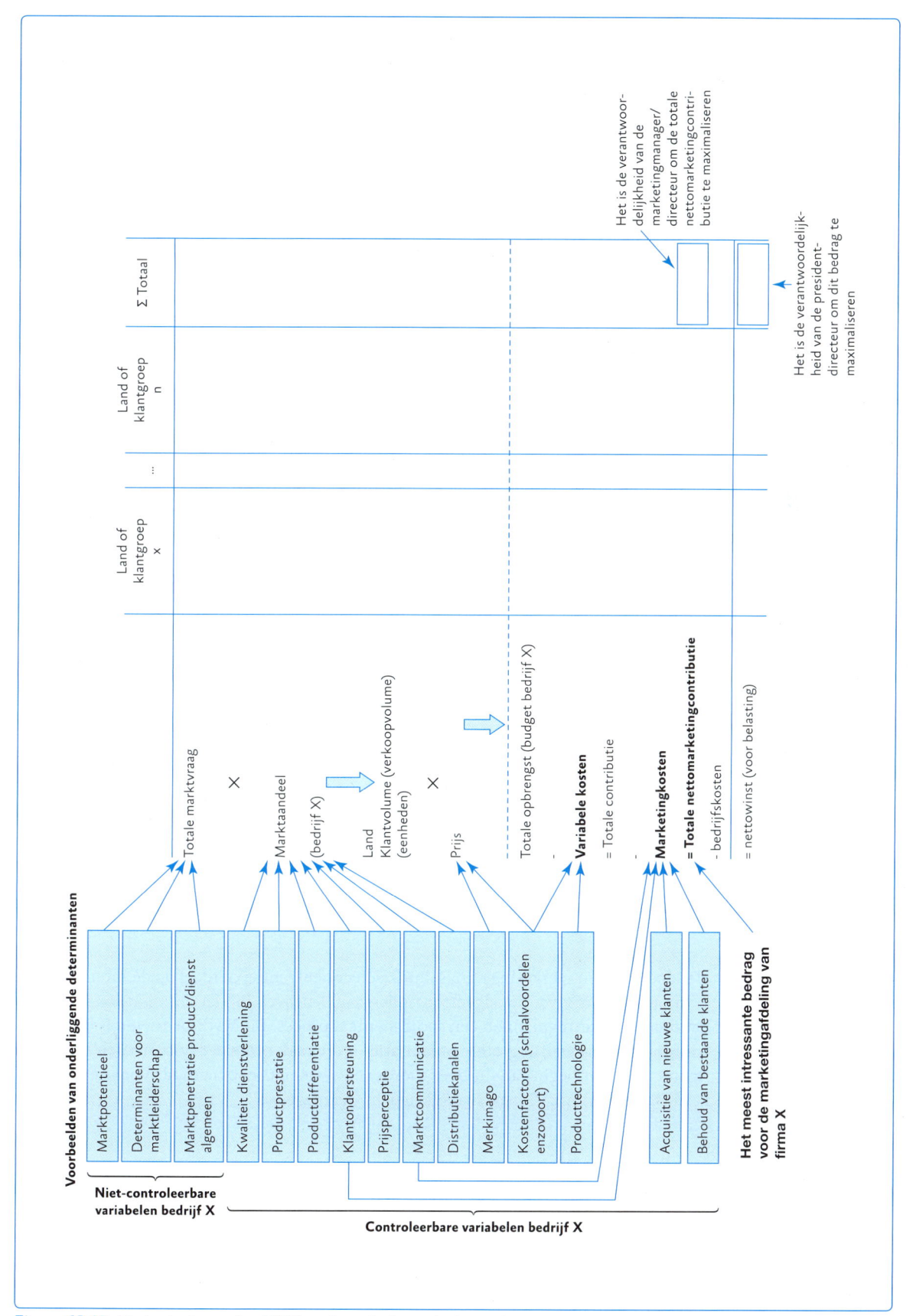

Hoofdstuk 13 HET ORGANISEREN EN CONTROLEREN VAN HET INTERNATIONALE MARKETINGPROGRAMMA

Figuur 13.13: Marketingbegroting 200X en de onderliggende determinanten

In tabel 13.4 is een voorbeeld te zien van een internationale marketingbegroting voor een producent van consumentengoederen. In de begroting zijn de marketingvariabelen opgenomen die door de verkoop- en marketingfuncties (afdelingen) in het thuisland en op de exportmarkt beheerst en veranderd kunnen worden. De enige variabele in tabel 13.4 die niet door de internationale verkoop- en marketingafdelingen beheerst kan worden, zijn de variabele kosten.

Het systeem voor een internationale marketingbegroting (zoals in tabel 13.4 afgebeeld is) wordt voor de volgende (hoofd)doelen gebruikt:

- De toewijzing van marketingmiddelen aan landen/markten om de winst te maximaliseren. In tabel 13.4 is het de verantwoordelijkheid van de internationale marketingdirecteur om de totale contributie 2 voor de hele wereld te maximaliseren.
- De evaluatie van de prestatie van een land/markt. In tabel 13.4 is het de verantwoordelijkheid van de exportmanagers of landmanagers om contributie 2 voor elk van hun landen te maximaliseren.

Naast de marketingvariabelen die in tabel 13.4 zijn vermeld, omvat de internationale marketingbegroting doorgaans ook voorraadkosten voor eindproducten. Omdat de productieomvang van deze goederen meestal is gebaseerd op input van de verkoop- en marketingafdelingen, zal de voorraad van onverkochte goederen ook de verantwoordelijkheid van de internationale marketingmanager of -directeur zijn. Bovendien kan een internationale marketingbegroting klant- of landspecifieke productontwikkelingskosten omvatten, als het voor bepaalde markten een eerste vereiste is dat bepaalde nieuwe producten worden ontwikkeld.

In tegenstelling tot begrotingen strekken langetermijnplannen zich over een periode van twee tot tien jaar uit en is hun inhoud meer kwalitatief en beoordelend van aard dan die van begrotingen. Vanwege de vermeende onzekerheid in verschillende buitenlandse omgevingen zijn voor MKB-bedrijven kortere perioden (bijvoorbeeld twee jaar) de norm.

13.6 Het ontwikkelen van een internationaal marketingplan

Het doel van een marketingplan is duurzaam concurrentievoordeel op de internationale markt te creëren. Over het algemeen ondergaan bedrijven bij het ontwikkelen van internationale marketingplannen een soort mentaal proces. Bij MKB-bedrijven is dit proces doorgaans informeel; in grotere organisaties is dit vaak een meer systematisch proces. In figuur 1.1 in het begin van dit boek wordt een systematische methode voor het ontwikkelen van een internationaal marketingplan weergegeven.

Samenvatting

Voor het implementeren van een internationaal marketingprogramma is een geschikte organisatiestructuur nodig. Als de reikwijdte van de internationale marketingstrategie van een bedrijf verandert, moet de organisatiestructuur conform de taken, technologie en de externe omgeving van het bedrijf worden aangepast. In dit hoofdstuk zijn vijf manieren om een internationale organisatie te structureren aan de orde gekomen: de functionele structuur, de internationale divisiestructuur, de geografische structuur (klantstructuur) en de matrixstructuur. Welke organisatiestructuur wordt gekozen, is afhankelijk van factoren als de mate van internationalisering van het bedrijf, het strategische belang van de internationale operaties van het bedrijf, de complexiteit van de internationale business van het bedrijf en de beschikbaarheid van geschikte managers.

Controle is het proces dat ervoor zorgt dat internationale marketingactiviteiten worden uitgevoerd zoals de bedoeling is. Het houdt onder andere in dat prestatieaspecten worden gecontroleerd en dat waar nodig correctieve actie wordt ondernomen. Het controlesysteem voor internationale marketing bestaat uit het vaststellen van marketingdoelen, het bepalen van prestatiestandaards, het toewijzen van verantwoordelijkheid, het evalueren van prestatie aan de hand van de standaards en het ondernemen van correctieve of ondersteunende actie.

Bij een controlesysteem waarbij achteraf wordt gecontroleerd, wachten managers tot het einde van de planningperiode voordat ze correctieve actie ondernemen. In een feedforwardcontrolesysteem wordt correctieve actie tijdens de planningperiode ondernomen door vroege prestatie-indicatoren te volgen en de organisatie weer richting de gewenste doelen te sturen als het uit de hand loopt.

De meest voor de hand liggende controlegebieden zijn het marketingjaarplan en de winstgevendheid. Het doel van de internationale marketingbegroting is vooral marketingmiddelen aan landen toe te wijzen om de totale marketingcontributie wereldwijd te maximaliseren.

Discussievragen

1. In dit hoofdstuk wordt gesuggereerd dat de ontwikkeling van de internationale organisatie van een bedrijf in verschillende stadia kan worden opgedeeld. Identificeer deze stadia en bespreek het verband tussen de stadia en het internationale concurrentievermogen van het bedrijf.

2. Identificeer de organisatiestructuren die geschikt zijn voor het managen van de internationale productontwikkeling. Bespreek de belangrijkste kenmerken van de structuur/structuren die wordt/worden genoemd.

3. Wat zijn de belangrijkste interne en externe factoren die invloed hebben op de organisatiestructuur? Kun je nog andere factoren bedenken? Leg uit.

4. Bespreek de voor- en nadelen van het standaardiseren van het marketingmanagementproces. Is een gestandaardiseerd proces gunstiger voor een bedrijf met een nationale marketingstrategie of een bedrijf met een internationale marketingstrategie?

5. Bespreek in welke mate het kiezen van een organisatiestructuur in wezen een keuze is tussen centralisatie vanuit het hoofdkantoor en lokale autonomie.

6. Bespreek hoe de internationale organisatie van een bedrijf invloed kan hebben op het planningproces van dat bedrijf.

7. Bespreek waarom bedrijven internationale marketingcontrole nodig hebben.

8. Wat wordt bedoeld met prestatie-indicatoren? Waarom hebben bedrijven deze nodig?
9. Het hoofdkantoor van bedrijven eist maar zelden of nooit dat de prestatie van managers en personeel van dochterbedrijven wordt beoordeeld. Waarom?
10. Identificeer de belangrijkste zwakke plekken die inherent zijn aan de internationale divisiestructuur.
11. Bespreek de voordelen die een matrixorganisatiestructuur oplevert.

Competentietraining

1. Zoek contact met een bedrijf dat internationaal actief is. Werk vervolgens een plan uit om de organisatiestructuur te verbeteren. Uiteraard moet rekening worden gehouden met het doel.
2. Beargumenteer het plan en presenteer het aan je medestudenten.
3. Ga na of het zinvol /nuttig is een productmanager in een matrixorganisatie hiërarchische en functionele bevoegdheden te geven.
4. Vraag aan een manager van een bedrijf welke mogelijkheden hij/zij ziet om een structuur aan te passen in een turbulente omgeving.

Casestudy 13.1 — iPhone: De toetreding van Apple tot de internationale markt voor mobiele telefoons

Op 29 juni 2007 is de iPhone in de Verenigde Staten gelanceerd. In de eerste twee dagen na de lancering verkocht Apple 270.000 iPhones. Als gevolg daarvan stelde het voor de twee jaar daarna nieuwe begrotingscijfers vast. In het kalenderjaar 2007 verwachtte Apple 2 miljoen iPhones te verkopen (vóór de lancering was het geschatte aantal 1 miljoen) en in 2008 7 miljoen (vóór de lancering was dat nog 5 miljoen). Het driejarendoel van president-directeur Steve Jobs is minimaal 1 procent marktaandeel van de wereldmarkt van duizend miljoen mobiele telefoons per jaar te behalen.

In juli 2007 zag alles er wat de toekomstige verkoop van de iPhone betreft veelbelovend uit. Maar toen begonnen zich problemen voor te doen. De problemen waren al begonnen toen Steve Jobs plannen aankondigde om een kleine bijdrage te leveren aan de vakantievreugde van mensen door de prijs van duurste iPhone (met een geheugen van acht gigabyte) te verlagen van $ 599 naar $ 399. Ook stopte hij de productie van de iPhone met een geheugen van vier gigabyte, die oorspronkelijk $ 499 kostte. Een verlaging van de prijs van mobiele telefoons na de lancering is in de telecommunicatiebusiness vrij normaal, maar dit was Apple, een bedrijf waarvan de reputatie op zijn minst ten dele op hoge prijzen en het niet verlenen van korting was gebaseerd. Deze actie was niet alleen riskant, maar gaf sommigen ook het idee dat Apple zich zorgen maakte over de verkoop van de iPhone.

Toen de iPhone voor Kerstmis 2007 in Europa werd gelanceerd, bleven zich problemen voordoen. Uit het Verenigd Koninkrijk en Duitsland kwamen signalen dat de eerste verkoopcijfers niet hoog genoeg waren om aan de verwachtingen en begrotingscijfers te voldoen. Begin 2008 kwamen vanuit de op een na grootste markt (qua verkoop) ter wereld, China, echter ook een paar positieve signalen. De enige twee mobiele operators, beide staatseigendom (China Mobile en China Unicom) waren allebei zeer geïnteresseerd in het distribueren en verkopen van de iPhone. De Chinese markt is zo groot dat als Apple 1 procent van de Chinese mobieletelefoonmarkt kan bemachtigen, dit het bedrijf inkomsten ter hoogte van 600 miljoen dollar per jaar kan opleveren.

Alles wel beschouwd is de toekomst voor de iPhone dus enigszins onvoorspelbaar. Toch moet het management van Apple een verkoopvoorspelling voor de iPhone doen, want deze is nodig om een driejarenbegroting op te kunnen stellen. Hoe zou de CMO (Chief Marketing Officer) van iPhone, Bill Peach, dit probleem moeten aanpakken?

Belangrijke informatie over Apple

In 1976 richtten de gesjeesde studenten Steve Jobs en Steve Wozniak in de Santa Clara-vallei in Californië het bedrijf Apple op. Nadat Jobs met zijn eerste verkoopbezoek een bestelling van vijftig eenheden had binnengehaald, bouwde het duo de Apple I in zijn garage en verkocht het zonder beeldscherm, toetsenbord of kast. Door de vraag was Jobs ervan overtuigd dat er een specifieke markt voor kleine computers was. De naam van het bedrijf (een verwijzing naar Jobs' werk op een boerderij in Oregon) en de gebruiksvriendelijke uitstraling van de computer onderscheidden de Apple-computer van andere computers.

Tegen 1977 had Wozniak de computer voorzien van een toetsenbord, kleurenbeeldscherm en acht aansluitpunten voor randapparatuur (die de machine erg veelzijdig maakten en voor derde partijen aanleiding waren speciaal hiervoor randapparatuur en software te ontwerpen). De verkoop steeg van 7,8 miljoen dollar in 1978 naar 117 miljoen dollar in 1980, het jaar waarin Apple naar de beurs ging. In 1983 verliet Wozniak het bedrijf en nam Jobs John Sculley van PepsiCo aan als directeur. Apple maakte een aantal mislukte productlanceringen goed door in 1984 met de Macintosh te komen. Na veel onenigheid met Sculley vertrok Jobs in 1985 en richtte hij het computerbedrijf NeXT Software op.

In 1997 kocht Apple NeXT en keerde Jobs terug naar Apple. In 1998 kwam Apple terug met zijn kleurrijke assortiment iMacs en zijn eerste serversoftware, de Mac OS X. In dat jaar vernieuwde het bedrijf ook het winstgevende onderdeel Claris (door 300 werknemers te ontslaan, de meeste operaties naar Apple over te brengen en de naam te veranderen in File-Maker) en stopte het met de productie van de Newton, een draagbaar apparaat, en printerproducten.

Apple begon 2001 met het op de markt brengen van een aantal productupgrades, waaronder snellere processoren, onderdelen als cd- en dvd-branders en een ultradunne versie van de Powerbook, de Titanium. Het bedrijf probeerde ook iets van zijn slinkende marktaandeel op de onderwijsmarkt terug te winnen door sofwareproducent PowerSchool over te nemen. Algauw bevestigde Apple iets waar al lang geruchten over de ronde deden, namelijk dat het van plan was in de Verenigde Staten een kleine detailhandelsketen te openen. Vervolgens nam het de sofwareproducent Spruce Technologies over. Overeenkomstig de strategie van Apple om zijn Macs te vermarkten als digitale hubs voor apparaten als camera's en andere randapparatuur, sloot het bedrijf het jaar af met de introductie van een digitale muziekspeler, de iPod.

Sinds de lancering van de iPod in 2001 heeft Apple regelmatig updates uitgebracht, zoals aanraakbeeldschermen en draadloze capaciteiten. In 2003 kondigde Apple de lancering van een online muziekservice aan, de iTunes Music Store, waar computergebruikers voor 99 cent per stuk liedjes kunnen kopen en downloaden. Sindsdien heeft Apple het aanbod uitgebreid met muziekvideo's, luisterboeken, televisieshows enzovoort. In 2006 lanceerde het bedrijf een online filmservice en blikte het vooruit op de lancering van een apparaat dat iTV werd genoemd en waarmee gedownloade content op televisie kon worden bekeken. Begin 2007 kondigde Apple aan dat het televisieapparaatje, dat nu Apple TV werd genoemd, beschikbaar was.

In 2002 stak Apple zijn iMac-lijn in een nieuw jasje, met een halfkoepelvormige basis en een plat beeldscherm op een roterende arm. Dit nieuwe ontwerp was de eerste afwijking van het originele (en voor die tijd radicaal nieuwe) alles-in-eenontwerp sinds de iMac in 1998 voor het eerst op de markt verscheen. Omdat Apple marktaandeel in de onderwijssector terug wilde winnen, introduceerde het vervolgens de eMac – een computer die op de iMac leek maar alleen aan leerlingen en onderwijzend personeel verkocht mocht worden (later lanceerde het bedrijf een detailhandelversie). Dat jaar bleef het bedrijf nieuwe producten ontwikkelen: zo kondigde het aan dat het een nieuwe inbouwserver, de Xserve, op de markt zou brengen. In 2004 kwam Apple met een gestroomlijnd ontworpen iMac, aangedreven door de G5-processor.

In 2005 kondigde Apple aan dat het chips van Intel in zijn computers zou inbouwen, en het volgende jaar had het die overstap dan ook gemaakt. Eind 2005 kondigden Apple, Motorola en Cingular Wireless (nu AT&T Mobility) aan dat ze een mobiele telefoon met iTunes-functie op de markt zouden brengen. Ook lanceerde Apple de iPod nano, een geüpdate (en nog kleinere) versie van het piepkleine iPod-model, en ook een iPod waarop video's konden worden afgespeeld.

	$m	% van totaal
Verenigde Staten	14.128	59
Europa	5.460	23
Azië/Pacific	1.753	7
Japan	1.082	5
Anders	1.583	6
Totaal	**24.006**	**100**

Bron: www.apple.com

Tabel 1: de verkoop van Apple per geografisch gebied in 2007

	$m	% van totaal
Muziekgerelateerde producten:		
▪ iPod	8.305	35
▪ iTunes Music Store en andere	2.496	10
Computers:		
▪ Draagbaar	6.294	26
▪ Desktop en server	4.020	17
▪ Randapparatuur en andere hardware	1.260	5
Allerlei:		
▪ iPhone en gerelateerde producten en diensten	123	1
▪ Software, diensten en andere	1.508	6
Totaal	**24.006**	**100**

Bron: www.apple.com

Tabel 2: De verkoop van Apple per product

Als weerspiegeling van de groeiende diversiteit van zijn productportefeuille bracht Apple in 2007 de iPhone op de markt. In deze mobiele telefoon zijn de eigenschappen van de beste mobiele telefoons gecombineerd met die van de iPod. Op de Amerikaanse markt werd AT&T aangewezen als exclusieve drager van de telefoon. In 2007 veranderde het bedrijf zijn naam ook van Apple Computer in alleen Apple.

Apple treedt toe tot de mobieletelefoonmarkt

Steve Jobs zei in april 2003 tijdens de conferentie 'D: All Things Digital' al dat hij geloofde dat het voor Apple niet goed was tot de markt voor tabletcomputers en PDA's – markten met een grote vraag – toe te treden, ondanks het feit dat hem vaak was gevraagd of Apple niet een nieuwe PDA kon ontwerpen. Hij geloofde dat mobiele telefoons belangrijke apparaten voor 'draagbare' toegang tot informatie zouden worden.

Kort nadat Steve Jobs op 9 januari 2007 had aangekondigd dat Apple in juni 2007 de iPod zou gaan verkopen, verklaarde Cisco dat het met Apple in onderhandeling was geweest over een handelsmerklicentie en verwachtte dat Apple akkoord ging met de laatste documenten die de avond daarvoor waren ingediend. Op 10 januari 2007 kondigde Cisco aan dat het een rechtszaak tegen Apple had aangespannen over de schending van de handelsmerklicentie voor iPhone; via een federale rechtbank probeerde het Apple een verbod op het gebruik van de naam op te leggen. Op 20 februari 2007 kwamen Cisco en Apple tot een akkoord. Beide bedrijven mochten de naam iPhone gebruiken. Daar stond tegenover dat beide bedrijven onderzoek zouden doen naar de interoperabiliteit tussen hun beveiligings-, consumenten- en bedrijfscommunicatieproducten.

De iPhone is iets groter dan de gemiddelde mobiele telefoon maar is uitgerust met een aanraakbeeldscherm van 90 mm dat het grootste deel van de voorkant van de telefoon beslaat. Met zijn 11,6 mm is het niet de dunste telefoon die er is, maar hij is dun genoeg om niet in de categorie 'lomp' te vallen. Standaard is de telefoon uitgerust met een geheugen van 4 of 8 GB, Bluetooth en wifi, een internetbrowser en push e-mail (met Yahoo e-mail).

De oorspronkelijke prijsstelling voor de telefoon was $ 500 voor de versie met 4 GB en $ 600 voor de versie met 8 GB geheugen.

De lancering in Europa – eind 2007

Vlak na de lancering van de iPhone in de VS begon Apple officieel concrete stappen te ondernemen om de iPhone op de Europese markt te brengen. Hier was al reikhalzend naar uitgezien. Het was belangrijk dat Apple de iPhone op tijd lanceerde, dus vóór de feestdagen in december die zo belangrijk voor de verkoop konden zijn. Ook was het belangrijk (tenminste voor de Britse versie) dat de iPhone op 3G-draadloze netwerken werkte.

Toen de iPhone op 9 november 2007 in het Verenigd Koninkrijk werd gelanceerd, werd O2, de leidende draadloze drager in dat land, de exclusieve drager voor het Verenigd Koninkrijk. De iPhone was in het Verenigd Koninkrijk in de versie met 8 GB geheugen beschikbaar voor € 269. Apple kondigde aan dat T-Mobile voor de Duitse markt de exclusieve drager zou zijn als de iPhone daar gelanceerd zou worden, wat ook op 9 november zou gebeuren. In Duitsland was de prijs van de iPhone 399 euro. Begin 2008 maakte de verkoop van de iPhone slechts twee procent uit van de totale verkoop van mobiele telefoons door T-Mobile.

In Frankrijk bracht France Telecom de iPhone via zijn draadloze tak Orange op de markt.

De reactie van de concurrentie – Nokia

Bij Nokia zullen managers nooit toegeven dat ze zijn beïnvloed door de iPhone van Apple, die door insiders in de mobieletelefoonindustrie wordt beschouwd als slim maar technologisch gezien weinig indrukwekkend. 'Wij baseren onze strategie niet op de concurrentie', zegt Anssi Vanjoki, onderdirecteur bij Nokia en algemeen manager van de afdeling multimedia. 'De consument is ons kompas.' (Ewing, 2007)

Toch kondigde Nokia op 4 december 2007 een nieuw initiatief aan dat rechtstreeks op Apple gericht lijkt te zijn. Begin 2008 verschenen Nokia-telefoons op de markt met een ingebouwde muziekservice waarmee gebruikers een jaar lang onbeperkt muziek konden downloaden. Nokia sloot een contract met Universal Music, die zijn muziekcatalogus leverde, waaronder muziek van moderne topmuzikanten als Amy Winehouse en Kanye West. De mobieltjesgigant is ook al in onderhandeling met andere grote muziekbedrijven.

Nokia is bovendien de software van de duurdere lijn mobiele telefoons aan het verbeteren door onder meer een beeldscherm te integreren waarin gebruikers met een knop van het ene naar het andere menu kunnen schuiven. Menu's voor muziek, foto's, contacten, spelletjes en andere inhoud verschijnen op 'zwevende' oppervlakken die in het zicht draaien en het voor gebruikers makkelijker moeten maken op de hoogte te blijven van alle media die ze op hun telefoon hebben verzameld. De interface lijkt iets op die van de iPhone.

Maar Nokia stelde iedereen teleur die dacht dat het een handset zou ontwikkelen waarmee het direct met de iPhone kon concurreren. Managers bij Nokia zeggen dat het hun strategie is een breed scala aan handsets te leveren en zich daarbij op speciale groepen gebruikers te richten, zoals mensen die van technische snufjes houden en jonge mensen. 'Wij vinden niet dat één toestel voor iedereen geschikt is', zei de heer Kai, onderdirecteur en algemeen manager voor mobiele telefoons – duidelijk een steek onder water aan het adres van de iPhone (Ewing, 2007).

De iPhone wordt op de Chinese markt gelanceerd

In 2007 werden ruwweg 500 miljoen van alle mobiele telefoons ter wereld (ongeveer de helft van het internationale totaal) in China geproduceerd. Ongeveer 80 procent daarvan, oftewel 400 miljoen apparaten, werd geëxporteerd. Vandaag de dag zijn er 38 bedrijven in China die mobiele telefoons maken (Einhorn en Tschang, 2007).

Aangezien meer dan 180 miljoen Chinezen regelmatig op internet surfen, is het voor deze mensen gemakkelijk om de laatste trends in de Verenigde Staten te volgen. Bovendien ruilen Chinezen uit de hogere klassen regelmatig hun mobieltje in voor het laatste model van de beste kwaliteit. En nu is er niets van betere kwaliteit dan de iPhone: volgens veel Chinezen is het de beste telefoon die er is. De uitdaging voor Apple is nu hoe het van deze populariteit kan profiteren. Aangelokt door het feit dat er 1,3 miljard potentiële klanten in het land wonen, richten andere westerse technologiebedrijven zich al jaren op China. Tenslotte is China met zijn 528 miljoen gebruikers van mobieltjes nu al de grootste markt van de wereld voor mobiele telefoons. Na de Verenigde Staten is het bovendien de grootste markt voor pc's. De Verenigde Staten is het enige land waar meer mensen internet gebruiken dan China. Bedrijven als Dell, Hewlett-Packard, Nokia en Motorola hebben de verkoop van hun producten aan China een van hun topprioriteiten gemaakt.

Begin 2008 voerde Apple besprekingen met de leidende mobiele operator van het land, China Mobile, over de iPhone. In China heeft Apple niet veel keus. De overheid staat maar twee mobiele operators toe, die beide staatseigendom zijn:

- **China Mobile** is de grootste van de twee en heeft met een marktaandeel van 70 procent en 369 miljoen abonnees een grote voorsprong op achterblijver China Unicom. In vergelijking met 2006 is het aantal abonnees van China Mobile met 23 procent gegroeid.
- **China Unicom** heeft eindelijk, na veel vertraging, de vergunning voor het gebruik van zijn G3-service gekregen.

China Mobile kampt echter met een aantal problemen. De gemiddelde inkomsten per gebruiker lopen terug. Dit jaar zijn ze met 1,5 procent gedaald, omdat het bedrijf vooral zuinige abonnees in arme plattelandsgebieden aantrekt. Een alliantie met Apple zou het bedrijf helpen meer geld binnen te krijgen door welvarender klanten in de grote steden aan te trekken.

Alles bij elkaar genomen heeft Apple China waarschijnlijk meer nodig dan China Mobile of China Unicom Apple. Het kan zijn dat Apple in plaats van de grote Chinese distributeurs te gebruiken om de iPhone te verkopen in 2008 zijn eigen winkels in China opent.

Bronnen: Ewing, J. (2007) 'Nokia Won't Play iPhone's Tune', *Business Week Online*, 5 december; Taylor, C. (2007), 'Apple inks deals for Europe iPhone launches', *Electronic News*, 8 oktober, vol. 53, nr. 41; Eindhorn, B. en Tschang, C.C. (2007) 'China's iPhone Fans Find a Way', *Business Week Online*, 5 december.

Vragen

Als specialist op het gebied van internationale marketing ben je door CMO Bill Peach als consultant ingehuurd om Apple te helpen de internationale marketingorganisatie en de internationale marketingbegroting voor de iPhone op te stellen.

1. Wat waren de motieven van Apple om tot de mobieletelefoonmarkt toe te treden?
2. Welke internationale organisatiestructuur zou jij voor de iPhone aanraden?
3. Hoe moet Apple zijn internationale marketingbegroting voor de iPhone opstellen (ingericht naar regio, land enzovoort)?
4. Welk distributiekanaal moet Apple in China gebruiken: China Mobile/China Unicom of zijn eigen winkels? Waarom?

Casestudy DEEL V
Scheerapparaten van Philips: Het behoud van de leiderschapspositie op de wereldmarkt

De geschiedenis van het scheerapparaat

Met meer dan 450 miljoen verkochte scheerapparaten zijn de scheerapparaten van Philips de best verkochte elektrische scheerapparaten ter wereld. De vele miljoenen mannen die zich met een apparaat van Philips scheren, zijn bij uitstek een bewijs van de kwaliteit van dit uitstekende scheersysteem. Sinds 1939 zijn verschillende generaties elektrische scheerapparaten ontwikkeld en op de markt gebracht.

In oktober 1937 schreef een werknemer van Philips in de Verenigde Staten naar het hoofdkantoor van Philips in Nederland dat een elektrisch scheerapparaat een interessant consumentenproduct zou zijn dat perfect in het productassortiment van Philips paste en via de radio kon worden verkocht. Om het idee beter te kunnen bestuderen, werd een doos elektrische scheerapparaten naar een groep technici in Nederland gestuurd. Toen Alexandre Horowitz de scheerapparaten die vanuit de VS waren opgestuurd onderzocht, zag hij kansen voor Philips en zei: 'Laten we eens kijken of we een draaiende versie kunnen maken.'

Dat was het begin van de Philishave, het scheerapparaat met de ronde kop. De eerste Philishave werd tijdens de lentetentoonstelling op 14 maart 1939 in Utrecht aan het publiek gepresenteerd. Op 5 april 1939 werd het merk 'Philishave' gedeponeerd en op 31 mei 1939 werd het eerste octrooi ingediend. Maar voordat het Philishave-project goed en wel van de grond was gekomen, brak de Tweede Wereldoorlog uit en liep de verkoop drastisch terug.

Na de Tweede Wereldoorlog begon Philishave langzaam maar zeker weer op te krabbelen, maar er was nog geen teken dat het merk een echte doorbraak zou maken. Er werd veel moeite gedaan om de markt voor te bereiden. Door het geven van scheerdemonstraties zorgde het bedrijf ervoor dat steeds meer mensen de voordelen van dit nieuwe systeem aan den lijve konden ondervinden. Het product werd verbeterd door de scheerkop te vergroten en het apparaat een ander ontwerp te geven, en het aantal mensen dat voor het elektrische apparaat met de ronde kop koos, groeide dagelijks. Het grootste probleem van het apparaat, dat maar één scheerkop had, was dat het scheren te lang duurde, omdat het oppervlak van de kop relatief klein was.

In hun zoektocht naar scheerperfectie kozen de ontwikkelaars de meest logische oplossing: een model met twee scheerkoppen, dat ze het 'ei' noemden. Met deze tweekoppige Philishave maakte het bedrijf in de jaren 1950 een grote doorbraak. De verkoop steeg tot ongekende hoogte, waarbij de Verenigde Staten koploper was. In het nieuwe productiecentrum in Drachten werkte men op volle toeren om deze explosieve groei bij te kunnen benen.

Het 'ei' was een grote triomf, maar tegen het einde van de jaren 1950 was hij ouderwets geworden. Om ervoor te zorgen dat de verkoop bleef groeien, moest een nieuw model worden ontwikkeld. Dit was geen eenvoudige opgave, want succes is niet gemakkelijk te herhalen. De meest voor de hand liggende innovatie was de ontwikkeling van een scheerapparaat met drie koppen. Nadat een test op de testmarkt Nieuw-Zeeland was gestart, gelastte Philips deze echter af. Een nieuw tweekoppig scheerapparaat met de bijnaam 'de pijp' werd de waardige opvolger van het 'ei'.

In de jaren 1960, het decennium van de grenzeloze welvaart, leek de vraag naar auto's, televisietoestellen en koelkasten onverzadigbaar. Philishave profiteerde ook van deze toenemende welvaart, want de productie en verkoop bereikten nieuwe hoogten. Naast het standaard elektrische scheerapparaat werd een nieuw exclusief model op de markt gebracht. Door het assortiment uit te breiden, konden consumenten uit verschillende modellen en prijzen kiezen.

In 1966 zat de detailhandel te springen om een nieuwe Philishave die de apparaten van concurrenten zou overtreffen. Met de Philishave '3' zette Philips de toon voor een nieuwe generatie scheerapparaten. De productie van het honderd miljoenste scheerapparaat, een hele mijlpaal, werd in 1970 al behaald. Ondanks goede resultaten werd het marktaandeel in de jaren 1970 regelmatig bedreigd. Er was een hevige 'strijd der scheerapparaten' gaande. De mondiale jaarcijfers bleven groeien, want er werden steeds weer nieuwe markten gevonden, maar in de belangrijkste landen liep de verkoop drastisch terug. Naast de intensieve concurrentie en de verslechterende economische situatie kreeg Philips te maken met het feit dat elektrische scheerapparaten niet meer boven aan het verlanglijstje van mannen stond. Nu was aan het management de moeilijke taak de toppositie op de markt voor de lange termijn veilig te stellen.

De oplossing van dit probleem werd gevonden in de filosofie van het wiel. Dit hield in dat de prijs moest worden verhoogd, zodat meer geld aan onderzoek en promotie kon worden besteed. Door meer ondersteuning aan de detailhandel te bieden en producten drastisch te verbeteren, zou de verkoop toenemen, zodat meer geld kon worden gebruikt voor onderzoek en promotie. Dit was de 'filosofie van het wiel' in een notendop. In 1975 schoot de verkoop omhoog. De strijd der scheerapparaten was beslecht, en de driekoppige Philishave was er als winnaar uit gekomen.

In de jaren tachtig brak een nieuwe periode van groei aan, toen het Double Action-systeem op de markt werd gebracht, dat een voelbaar beter resultaat opleverde. Nieuwe ontwikkelingen op elektronicagebied maakten een groter scheergemak en draadloos scheren mogelijk. Als gevolg van een forse uitbreiding van het productassortiment hadden consumenten een nog grotere keuze. Bovendien richtte Philips zich met speciale modellen op Zuidoost-Azië en jongeren, de scheergeneratie van de toekomst.

De val van de Berlijnse Muur symboliseerde het begin van een nieuw tijdperk in de jaren 1990: een tijdperk van vrijheid, hoogconjunctuur en grenzen die opengingen. Nieuwe ideeën op het gebied van ontwerp, ontwikkeling, productie en marketing gingen verder dan ooit tevoren. Om de productie van de driehonderd miljoenste Philishave te vieren, introduceerde Philips een speciale editie met een walnotenhouten opdruk.

In 1998, op de vooravond van een nieuw millennium, stak Philips met zijn Cool Skin de grens tussen droog en nat scheren over. De Cool Skin was een nieuwe manier van scheren, met een ingebouwd reservoir waar scheeremulsie uitkwam. Deze emulsie van Nivea for Men bereidt de huid en de stoppels voor op de scheerbeurt, wat een gladder scheerresultaat oplevert.

Tussen de eerste Philishave en de nieuwste Philips SmartTouch-XL liggen 67 veelbewogen jaren; jaren van innovatie, ongekende groei en tegenslagen die werden overkomen. Bovendien is een nieuwe mijlpaal in aantocht: de verkoop van het 500.000.000.000ste scheerapparaat in 2007.

De mondiale scheermarkt

De mondiale scheermarkt voor mannen kan in twee hoofdgroepen worden opgedeeld: elektrisch scheren en nat scheren. De markt voor elektrisch scheren wordt gedomineerd door Philips, op afstand gevolgd door Braun. De markt voor nat scheren wordt gedomineerd door Gillette, op afstand gevolgd door Wilkinson.

De waarde van de totale wereldwijde scheermarkt voor mannen werd in 2004 geschat op vier miljard euro. De wereldwijde markt voor nat scheren is ongeveer twee keer zo groot als die voor elektrisch scheren. Op wereldbasis scheert ongeveer veertig procent van de mannen zich hoofdzakelijk droog en zestig procent hoofdzakelijk nat. In de westerse wereld is nat scheren vooral populair bij jongere mannen, terwijl oudere mannen de voorkeur geven aan droog scheren (Euromonitor).

Elektrisch scheren wordt door vele miljoenen gebruikers voornamelijk geaccepteerd omdat je je er goed bij voelt en je huid goed wordt verzorgd, zonder irritatie, sneetjes of wondjes. Bovendien is het gemakkelijk en bespaart het tijd en geld.

In 2004 werd de markt voor elektrisch scheren geschat op 1,3 miljard euro. De belangrijkste regio's waar elektrisch wordt geschoren zijn Europa (waar Duitsland, het Verenigd Koninkrijk en Frankrijk de hoofdlanden zijn) en Azië (met China en Japan als hoofdlanden). Deze regio's zijn elk goed voor 34 procent van de totale verkoop. De op twee na grootste regio is Noord-Amerika, met 26 procent. Latijns-Amerika en het Midden-Oosten en Afrika sluiten de rij met respectievelijk 4 en 2 procent. Zie figuur 1.

Bron: Philips DAP/Shaving & Beauty

Figuur 1: De verkoop van elektrische scheerapparaten per regio in 2004

Figuur 2: Wereldmarktaandeel in waarde in 2004

	Europa	Azië/Pacific	Noord-Amerika	Latijns-Amerika	Midden-Oosten en Afrika
Philips	54	27	47	78	79
Braun	38	24	23	18	13
Panasonic	3	29	1	–	–
Remington	4	2	28	–	4
Andere	1	18	1	4	4

Bron: Philips DAP/Shaving & Beauty.

Tabel 1: Geografisch aandeel in procenten

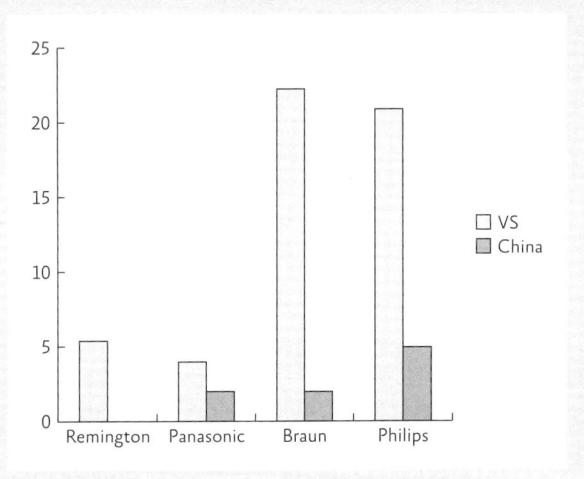

Concurrenten

In 2004 domineerde Philips de markt voor elektronisch scheren met een mondiaal marktaandeel van 44 procent. Braun, Remington en Panasonic volgden op afstand. Op elk van de markten concurreren ook lokale merken. Deze zijn ondergebracht in de categorie 'Andere/lokaal'. Zie figuur 2.

Philips en Braun zijn de twee werkelijk mondiale merken die op alle continenten met elkaar concurreren, maar hun elektrische scheerapparaten zijn op twee verschillende technologieën gebaseerd. Philips vermarkt en verkoopt alleen scheerapparaten met ronddraaiende koppen, terwijl Braun alleen scheerapparaten met een scheerblad vermarkt. Philips domineert de markt op vier continenten; alleen in Azië/Pacific staat het bedrijf op de tweede plaats. Braun staat in Europa, Latijns-Amerika en het Midden-Oosten en Afrika op de tweede plaats en in Noord-Amerika en Azië/Pacific op de derde. Voor Remington is Noord-Amerika de belangrijkste markt; het bedrijf staat daar op de tweede plaats. Buiten deze regio heeft het bedrijf geen sterke marktpositie. Remington opereert zowel in het segment scheerapparaten met ronddraaiende koppen als in het segment apparaten met een scheerblad. Panasonic opereert vooral in de regio Azië/Pacific, waar het op de eerste plaats staat. In deze regio is ook de concurrentie van lokale merken het sterkst. Zie tabel 1.

Bron: Philips DAP/Shaving & Beauty.

Figuur 3: Het totale reclamebudget voor scheren voor mannen in miljoenen euro in 2004

Het algemene beeld is dat Philips de mondiale marktleider is, maar er bestaan regionale verschillen. In het oosten van Europa gaan Philips en Braun nek aan nek, met elk een marktaandeel van ongeveer veertig procent, terwijl Philips in West-Europa duidelijk marktleider is. Ook in Australië verschilt de concurrentiesituatie van de algemene tendens: hier is Remington marktleider.

De algemene tendens is dat Philips in Noord-Amerika marktaandeel wint ten koste van Braun en Remington. Hierna volgt een beschrijving van de drie belangrijkste concurrenten.

In figuur 3 wordt gekeken naar het reclamebudget in twee belangrijke landen voor Remington, Panasonic, Braun en Philips.

Braun

Braun (www.braun.com) werd in 1921 in Frankfurt opgericht door Max Braun. Het hoofdkantoor van Braun

GmbH bevindt zich in Kronberg in Duitsland. Van 1967 tot 2005 was Braun onderdeel van de Gillette Company, die door Procter & Gamble was overgenomen. Wereldwijd heeft Braun ongeveer negenduizend werknemers in dienst; de netto verkoop in 2004 bedroeg 1392 miljoen dollar. De winst uit operaties bedroeg dat jaar 99 miljoen dollar.

Het productassortiment van het bedrijf bestaat uit tweehonderd kleine elektrische apparaten in tien categorieën: elektrische scheerapparaten, epileerapparaten, keukenmachines, koffiezetapparaten, strijkijzers, infrarood oorthermometers, bloeddrukmeters, haarverzorgingsapparaten, elektrische mondverzorgingsapparaten, klokken en rekenmachines. Braun is marktleider op het gebied van elektrische scheerapparaten met een scheerblad, epileerapparaten, handblenders, infrarood oorthermometers en elektrische mondverzorgingsapparaten. Productie vindt plaats in zeven fabrieken in vijf landen: Duitsland, Ierland, Spanje, Mexico en China. De belangrijkste scheerproducten van Braun zijn de Activator, de Syncro, de Flex en de CruZer.

Met innovatieve oplossingen helpt Braun miljoenen moderne mannen er te allen tijde goed geschoren en verzorgd uitzien. Braun biedt een brede keuze aan elektrische scheerapparaten voor een glad en zacht scheerresultaat. De scheerapparaten met een scheerblad hebben een unieke wendbare kop die de gezichtscontouren volgt voor het ultieme scheercomfort. Het drievoudige scheersysteem staat garant voor een extreem glad scheerresultaat, en met het geavanceerde elektrische reinigingssysteem 'Clean&Charge' heeft Braun de ideale manier gevonden om ervoor te zorgen dat het scheerapparaat elke dag weer brandschoon is.

De productportefeuille van Braun bestaat uit zes producten: de 360 Complete, de Syncro Pro, de FreeGlider, de Contour-serie, de Tricontrol en de CruZer.

Panasonic

Panasonic (www.panasonic.com) is onderdeel van de Matsushita Corporation, waarvan het hoofdkantoor in Osaka (Japan) is gevestigd. Het bedrijf is in 1918 opgericht, heeft een jaaromzet van 62.331 miljoen dollar en heeft 290.000 mensen in dienst. De mondiale merkslogan 'Panasonic: ideas for life' weerspiegelt de toewijdheid van werknemers van Matsushita wereldwijd, van R&D en productie tot marketing en dienstverlening, om producten en diensten te leveren met ideeën met een toegevoegde waarde, die levens verrijken en de maatschappij verbeteren.

Of je nu nat of droog scheert, het snelste scheerapparaat met de scherpste mesjes garandeert elke ochtend weer een glad scheerresultaat. Panasonic heeft een draaiend scheersysteem ontwikkeld dat scheren comfortabeler maakt, met de scherpste mesjes voor scheerprecisie en een lineaire motor die wrijving tijdens het scheren voorkomt.

Panasonic heeft geen mondiaal productprogramma, omdat het in verschillende landen productassortimenten onder verschillende namen uitbrengt. De productportefeuille van Panasonic bestaat uit zes producten: de Lamdash, de Linear smoother, de Mild smoother, de System smoother, de TwinEx en de Super razor.

Remington

Remington (www.remingtonproducts.com) is sinds 2003 onderdeel van Spectrum Brands. Vroeger heette het bedrijf Rayovac Corporation. De missie van het bedrijf is langetermijngroei in zowel de verkoop als de winst te bewerkstelligen door innovatieve producten van een hoge kwaliteit te leveren die klanten veel waarde opleveren, gecombineerd met het vormen van langetermijnrelaties met klanten, leveranciers en werknemers.

Het bedrijf wil internationaliseren en diversifiëren door de distributie in alle markten die het bedient uit te breiden en groei genereren door middel van agressieve prijsstelling, productontwerp en marketinginnovatie.

Remington heeft 's werelds eerste scheerapparaat op de markt gebracht dat roterende koppen heeft met mesjes met een titaniumlaagje en een ingebouwd schoonmaaksysteem. Het is het enige scheerapparaat waarin de scherpheid van met titanium beklede mesjes wordt gecombineerd met het vermogen zichzelf schoon te maken. Het zou andere scheerapparaten wel eens overbodig kunnen maken. Met dit product kan men zich comfortabel zeer glad scheren.

Het bedrijf biedt zowel scheerapparaten met roterende koppen als scheerapparaten met een snijblad. Bij de scheerapparaten met roterende koppen zijn de Microflex 800, de Microflex 600, de Microflex 400 en de Microflex 200 de belangrijkste producten. In het assortiment scheerapparaten met een snijblad biedt Panasonic onder andere de Microscreen 700, de Microscreen 500, de Microscreen 300, de Microscreen 100 en een scheerapparaat voor op reis. Bij beide varianten wordt het duurste apparaat ook met een schoonmaaksysteem geleverd.

Sinds kort vervaagt de scherpe grens tussen droog en nat scheren. Bij de Cool Skin van Philips komt tijdens het scheren wat scheerlotion van Nivea for Men vrij. Het apparaat is waterbestendig en kan dus onder de douche worden gebruikt. Als het apparaat volledig is opgeladen, kan er veertig minuten mee worden geschoren. De M3Power van Gillette (geïntroduceerd in 2004) maakt gebruik van een motor die op batterijen werkt om baardharen iets op te tillen, wat een beter scheerresultaat oplevert, of het apparaat nu onder de douche wordt gebruikt of niet.

Seizoensverkoop en distributiekanalen

Gezien de hoge prijs van elektrische scheerapparaten en het feit dat nieuwe productontwikkeling meestal in de duurdere klasse plaatsvindt, worden de meeste apparaten in de periode voor Kerstmis en Vaderdag verkocht. Geschat wordt dat ongeveer 45 procent van de waardeverkopen in het vierde kwartaal van het jaar plaatsvindt en dat deze elektrische scheerapparaten vooral als cadeau worden gekocht. Ook wordt geschat dat vrouwen die de producten als cadeau voor mannen kopen 40 procent van de aankopen doen. Het is dus van cruciaal belang in deze periode via promotieactiviteiten vrouwelijke consumenten aan te spreken. Hoewel de distributie via detailhandels door traditionele kanalen wordt gedomineerd, is de volumeverkoop via niet-traditionele kanalen als supermarkten/hypermarkten, speciaalzaken voor elektrische apparatuur en internet een belangrijk groeigebied, vooral tijdens de feestdagen (Euromonitor).

De vermarkting van de scheerapparaten van Philips

Toen Philips scheerapparaten begon te verkopen, gebruikte het bedrijf kleine advertenties in kranten en briefkaarten (een vroege vorm van direct mail). Het belangrijkste waren echter de productdemonstraties. Bovendien heeft Philips altijd kwaliteit boven omzet verkozen.

Na de vliegende start van het tweekoppige scheerapparaat in de jaren 1950 volgden meer reclameactiviteiten. Naast dealerreclame in lokale kranten verscheen in de grote tijdschriften reclame die een volle pagina besloeg. Reclamespots op radio en tv wakkerden de interesse nog meer aan, net als gesponsorde programma's. Het scheerapparaat verscheen zelfs in de Hollywoodfilm *The Long Wait*, waarin acteur Anthony Quinn zich een hele scène lang met het tweekoppige ei schoor – een vroege vorm van de sluikreclame die tegenwoordig zo gewoon is.

Zoals was verwacht, werd de grootste groep kopers in de jaren 1960 gevormd door mannen die al een elektrisch scheerapparaat gebruikten maar aan hun tweede of derde Philishave – het beste scheerapparaat dat je kon kopen – toe waren. Bovendien ontdekten marktonderzoekers dat de duurdere scheerapparaten vooral bij vrouwelijke kopers populair waren. Deze kochten de apparaten als cadeau voor hun vriend of echtgenoot. Alles wel beschouwd waren de uitbreidingen van het productassortiment een succes.

In de jaren 1970 werd geld noch moeite gespaard om het elektrische scheerapparaat te promoten. In de Verenigde Staten zond Philips Norelco reclamespots uit rond de populairste televisieprogramma's, zoals de *Ed Sullivan Show*. Reclame verscheen in trendsettende tijdschriften als *Time* en *Sports Illustrated*. Zelfs de maanlanding vormde de basis voor een publiciteitsstunt. Naast scheerapparaten om thuis te gebruiken introduceerde Philips de Carshaver, een scheerapparaat voor in de auto, om het potentiële gebruik van zijn scheerapparaten te verbreden.

In de jaren 1980 bleef Philips zijn producten segmenteren en richtte het zich op specifieke klantsegmenten, bijvoorbeeld op de jongere generatie met de 'New Wave Junior'. In de Verenigde Staten werd een nieuwe reclamecampagne gelanceerd waarin verschillende sporthelden beweerden dat de Philishave en Norelco hard waren voor je baard, maar niet voor je huid. In Japan gebruikte Philishave het feit dat het Roger Moore in de James Bond-film *A View to a Kill* sponsorde.

In de jaren 1990 werd scheren vermarkt als een emotie, een dagelijks ritueel. In de wereldwijde reclamecampagne 'For The Man Inside' werd deze emotionele kant van de moderne man benadrukt. In 1996 schilderde de beroemde Cobra-kunstenaar Corneille een enorm Reflex Action-model. In een aantal Europese steden trok het scheerapparaat tijdens de Philishave Moving Art Tour grote mensenmassa's. Cool Skin is ook een frappant voorbeeld van de innovatieve kracht van Philishave. De producten en de marketing zijn voortdurend in beweging.

Philishave is een merk dat de nodige ontwikkeling heeft doorgemaakt. Naast elektrische scheerapparaten en Cool Skin introduceerde Philips in de jaren 1990 baard- en haartrimmers en werd het van 'elektrisch scheerapparaat met de ronde kop' een merk voor scheer- en verzorgingsapparatuur voor mannen.

De vermarkting van de laatste innovatie, de SmartTouch-XL, is onderdeel van de merkcampagne van Philips. Hierbij is een mix van internet en traditionele media gebruikt, waaronder het F1-spel op www.williamsf1.philips.com. In deze casestudy zijn voorbeelden van reclame voor SmartTouch-XL in verschillende regio's afgebeeld.

Sinds maart 2006 hebben alle Philishave-producten de naam Philips. Philishave is een van 's werelds meest succesvolle merken op het gebied van elektrische scheerapparaten. Als consumenten echter een winkel binnengaan om een scheerapparaat te kopen, zoeken ze eerder naar de naam Philips dan naar Philishave. Uit recent onderzoek is zelfs gebleken dat de perceptie die consumenten van het merk Philishave hebben anders is dan de perceptie die ze van Philips als geheel hebben. In consumententests over mate van merkbekendheid, koopintentie en de prestatie ten opzichte van gevestigde grote merken kreeg het merk Philips meer positieve feedback dan Philishave. Het submerk Philishave weerspiegelt de merkwaarden die Philips tegenwoordig heeft niet voldoende.

De meest recente ontwikkeling – een sponsorpartnerschap met WilliamsF1

In 2006 heeft Philips een partnerschap gevormd met het Formule 1-team WilliamsF1. Dit is een van de belangrijkste namen in de sportwereld. Beide merken delen een geschiedenis van innovatie en technische expertise en een passie voor marketing.

Voordat Frank Williams in 1977 zijn eigen team vormde, had hij in de F1 al verschillende dingen ondernomen. Nadat hij Patrick Head had ontmoet, vormden de twee wat toen Williams Grand Prix Engineering heette en nu WilliamsF1 wordt genoemd. Het team debuteerde in 1977 in de Spaanse Grand Prix. In de jaren 1980 en 1990 werd het team zeer succesvol: het won negen constructeurkampioenschappen en zeven bestuurderskampioenschappen in de F1 en werd een van de zogenaamde 'Big Three'-teams van de F1 (teams die meer dan honderd raceoverwinningen behalen), naast Ferrari en McLaren.

Naast het aantrekken van een nieuwe coureur, Nico Rosberg, heeft het team van WilliamsF1 de krachten gebundeld met Philips. Het team heeft het merk uitgeroepen tot officiële 'Male Shaving Partner' (www.williamsf1.philips.com).

Bron: 'Philishave, generations of shaving excellence, an impression of 60 years of Philishave', een publicatie ter ere van het zestigjarige bestaan van Philishave, Philips DAP Groningen, 1998; GFK, NPD en import/exportcijfers, 2004.

Vragen

1. Wat zijn de kritische succesfactoren van de markt voor scheerapparaten voor mannen? Waarin verschillen deze van de belangrijkste succesfactoren van de markt voor scheerapparaten voor vrouwen?
2. Hoe kan Philips zijn mondiale aandeel op de markt voor 'droog scheren' vergroten?
3. Hoe zou jij de transnationale 'roeiboot'-reclamecampagne kenschetsen en uitleggen?
4. Wie zijn de doelgroep voor:
   - de 'roeiboot'-reclamecampagne?
   - de reclamecampagne voor scheerapparaten als cadeau?
   - de reclamecampagne met WilliamsF1?
5. Wat is het verschil tussen het samenwerkingsverband van Philips met Nivea (Cool Skin) en met WilliamsF1?

Make every stroke count.

Philips Norelco SmartTouch-XL. Three does more than one. In rowing. And in shaving. The SmartTouch-XL has three shaving rings in each of the three shaving heads, not one. So it's designed to shave more with every stroke. And it actually pivots to stay on your face and neck, catching even tricky hairs. Make your mornings more efficient. Make every stroke count.

Join us on our journey at www.philips.com/simplicity

NORELCO

PHILIPS
sense and simplicity

Noord-Amerika

Make every stroke count.

Philips SmartTouch-XL. You want a close shave every morning, but it doesn't make sense to go over your face again and again just to get it. So SmartTouch-XL was designed to shave more with each stroke, with three shaving rings in each of the three shaving heads. It actually pivots to stay on your face and neck, catching even tricky hairs. Make your morning shave more efficient.

Join us on our journey at www.philips.com/simplicity

PHILIPS
sense and simplicity

Het Verenigd Koninkrijk

Cada pasada cuenta.

Philips SmartTouch-XL. Cada mañana deseas un afeitado apurado, pero no tiene sentido que para conseguirlo tengas que dar una pasada tras otra. SmartTouch-XL ha sido diseñada para afeitar más en cada movimiento, gracias a las tres cuchillas que hay en cada uno de sus tres cabezales. De hecho, se ajusta a tu rostro y cuello alcanzando hasta el vello más difícil. Haz tu afeitado más eficaz.

Descubre un mundo más sencillo en www.philips.com/simplicity

PHILIPS
sense and simplicity

Spanje
Bron: Philips DAP/Shaving & Beauty

Jeder Zug zählt.

Philips SmartTouch-XL. Sie wünschen sich eine gründliche Rasur. Und je weniger Züge Sie dafür benötigen, desto besser. Das macht Sinn, oder? Der SmartTouch-XL wurde entwickelt, um mit jedem Zug mehr zu rasieren – mit drei Scherringen pro Scherkopf statt nur einem. Durch die innovative SmartTouch Konturenanpassung bietet er optimalen Hautkontakt und entfernt mühelos sogar schwer zu erreichende Barthaare. Machen auch Sie Ihre morgendliche Rasur effizient.

Kommen Sie mit uns auf die Reise unter www.philips.com/simplicity

PHILIPS
sense and simplicity

Duitsland

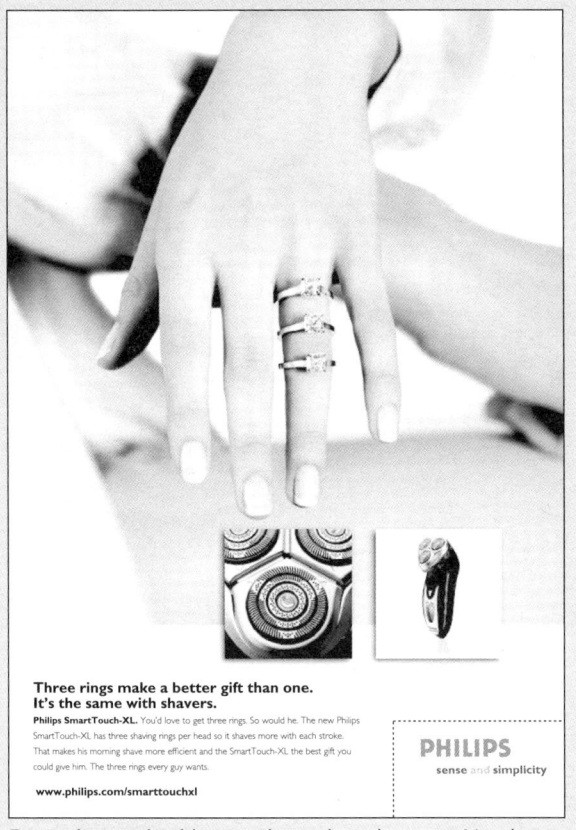

CASESTUDY DEEL V **SCHEERAPPARATEN VAN PHILIPS** 411

**Three rings make a better gift than one.
It's the same with shavers.**
Philips SmartTouch-XL. You'd love to get three rings. So would he. The new Philips SmartTouch-XL has three shaving rings per head so it shaves more with each stroke. That makes his morning shave more efficient and the SmartTouch-XL the best gift you could give him. The three rings every guy wants.
www.philips.com/smarttouchxl

PHILIPS
sense and simplicity

It's like you getting that little blue box.
Philips Norelco. This holiday, don't give him just any gift. Give him a Norelco. A shaver in a class by itself. After all, it's the world's closest rotary shave. The right shaver, the right gift.
www.philips.com/norelco

NORELCO

PHILIPS
sense and simplicity

Een ander voorbeeld van reclame: de reclame van Norelco voor de Noord-Amerikaanse markt waar scheerapparaten van Philips als cadeau worden aangeprezen.
Bron: Philips DAP/Shaving & Beauty

Ein perfektes Ergebnis. Hier...
...und hier.
Ein glatter Erfolg.
Drehen Sie ein paar Runden mit uns auf
www.philips.com/williamsf1

WILLIAMS F1 TEAM
OFFICIAL SPONSOR

PHILIPS
sense and simplicity

곡선을 위한 최첨단 성능
www.philips.co.kr/shaver

WILLIAMS F1 TEAM
OFFICIAL SPONSOR

PHILIPS
sense and simplicity

Duitsland

Korea

Bron: Philips DAP/Shaving & Beauty

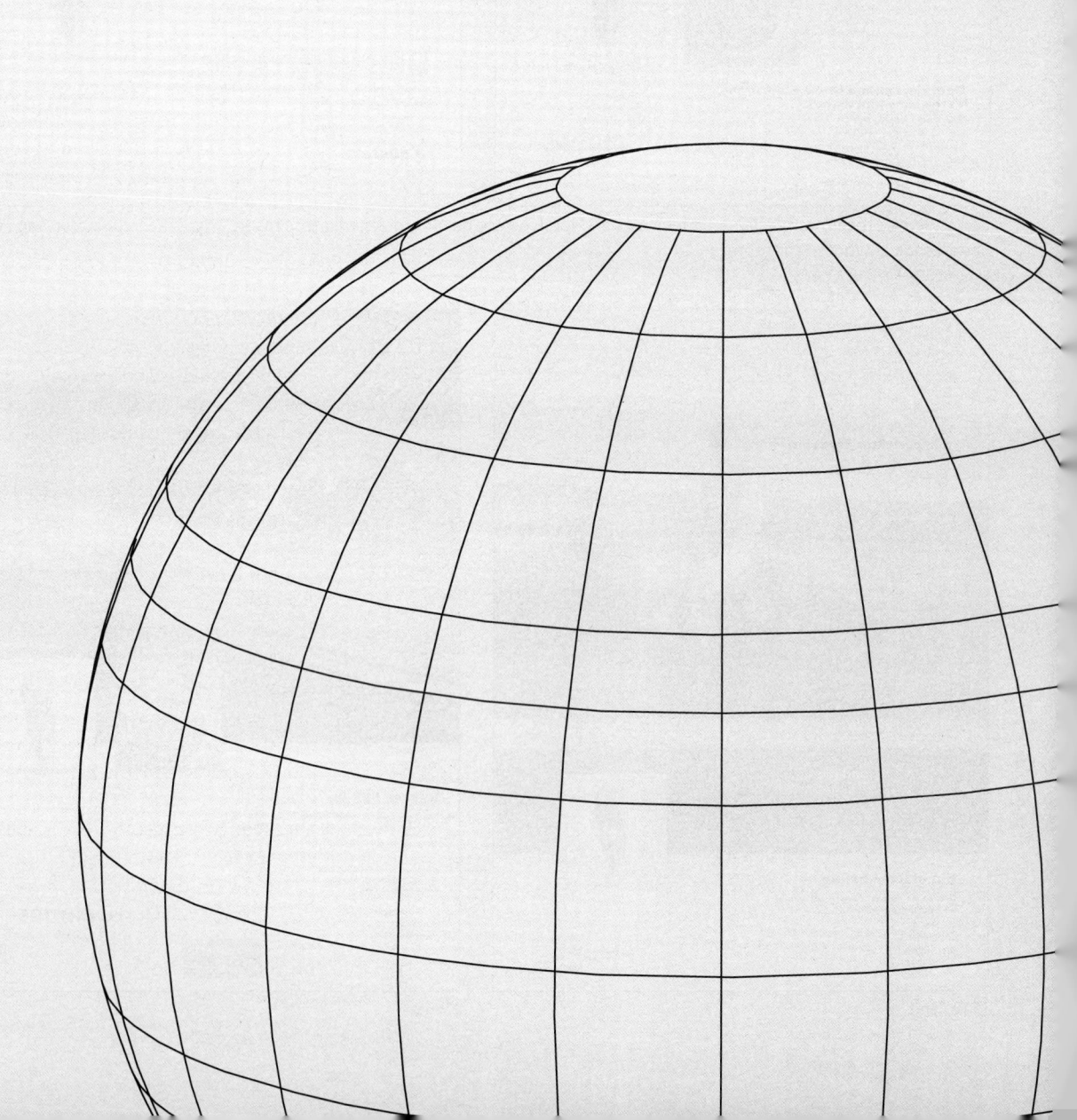

Afkortingen

APEC	Asia Pacific Economic Cooperation
ASEAN	Association of South East Asian Nations
B2B	Business to business
B2C	Business to consumer
BBP	Bruto binnenlands product
BNI	Bruto nationaal inkomen
BNP	Bruto nationaal product: de totale 'bruto waarde' van alle goederen en diensten die in één jaar in een economie zijn geproduceerd
BTW	Belasting op de toegevoegde waarde
CPU	Central processing unit
DBI	Directe buitenlandse investering: een marktstrategie waarbij een bedrijf investeert in een dochterbedrijf of partnerschap op een buitenlandse markt (joint venture)
ECB	Europese Centrale Bank
EEG	Europese Economische Gemeenschap
EER	Europese Economische Ruimte
EGKS	Economische Gemeenschap voor Kolen en Staal
EMB	Exportmanagementbedrijf
EMU	Europese Economische en Monetaire Unie
EPRG	Etno-, poly-, regio- en geocentrisch
EU	Europese Unie: de titel van de voormalige EEG sinds de ratificatie van het Verdrag van Maastricht in 1992
EVA	Europese Vrijhandelsorganisatie
GA	Global accounts
GAM	Global account management
GATT	General Agreement on Tariffs and Trade
GL	Geavanceerde landen
IMF	Internationaal Monetair Fonds
IMS	Internationale markselectie
IP	Internet provider
ISP	Internet service provider
IT	Informatietechnologie
KKP	Koopkrachtpariteit
MKB	Midden- en kleinbedrijf
MOL	Minder ontwikkelde landen
NAFTA	North American Free Trade Agreement: een vrijhandelsovereenkomst om een open markt op te richten tussen de VS, Canada en Mexico
OEM	Original equipment manufacturer: een producent die (kapitaal)goederen produceert/assembleert en daarbij merkproducten van leveranciers als componenten gebruikt. Bij de marketing van het eigen product wordt vaak het merk van de leverancier (mede) gebruikt als verkoopargument.
OESO	Organisatie voor economische samenwerking en ontwikkeling: een multinationaal forum waar de grote industrielanden economisch beleid en economische gebeurtenissen kunnen bespreken
OPEC	Organization of Petroleum Exporting Countries (Organisatie van olie-exporterende landen)
PDA	Personal digital assistant, een klein draagbaar toestel dat computer-, telefonie-, fax- en netwerkfuncties combineert
PEST	Politiek/juridisch, economisch, sociaal/cultureel, technologisch
PR	Public relations
R&D	Research and development (onderzoek en ontwikkeling)
ROA	Rendement op activa
ROI	Rendement op investering
SBU	Strategic business unit: een eenheid binnen de organisatie die min of meer als een zelfstandige (sub)organisatie functioneert
SMART	Specifiek, meetbaar, acceptabel, realistisch en tijdgebonden
SMS	Short message service
SRC	Self-reference criterion: dit verwijst naar de neiging die mensen hebben om (vaak onbewust) de normen van hun eigen cultuur te gebruiken om anderen te beoordelen
SWOT	Strengths, weaknesses, opportunities, threats - een analyse van de sterke en zwakke kanten, de kansen en de bedreigingen
URL	Uniform Resource Locator (label dat verwijst naar een webpagina)
WTO	World Trade Organisation: de Wereldhandelsorganisatie, opvolger van de GATT

Begrippenlijst

Agent
Een onafhankelijk bedrijf dat namens de producent (exporteur) producten aan klanten verkoopt. Gewoonlijk ziet het de producten niet en heeft het geen voorraad. Voor zijn werk ontvangt de agent van de producent een provisie (gewoonlijk vijf tot tien procent) die op een vooraf overeengekomen manier wordt betaald.

BERI
De Business Environment Risk Index – een handig instrument bij het grofmazige, macrogeoriënteerde screenen van internationale markten.

Binnenlandse verkoper
De verkoper is gevestigd in het thuisland van de producent en reist naar het buitenland om de producten van de producent te verkopen.

Bnp
Het bruto nationaal product is de waarde van alle goederen en diensten die door de binnenlandse economie in een jaar worden geproduceerd, inclusief inkomsten uit de internationale activiteiten van het land.

Bnp per hoofd (van de bevolking)
Het totale bnp gedeeld door het aantal inwoners van een land.

Born global
Een bedrijf dat vanaf zijn 'geboorte' snel mondialiseert zonder dat daar een lange periode van internationalisering aan voorafgaat.

Bruto binnenlands product
Het bbp plus/min de netto-inkomsten uit activa (bijvoorbeeld buitenlandse dochterbedrijven) is het bni (=bnp).

Buitenlands verkoopfiliaal
Een verlengstuk van een wettelijk deel van de producent (ook vaak verkoopkantoor genoemd). Belastingheffing op de winst vindt plaats in het thuisland van de producent.

Cobranding
Een vorm van samenwerking tussen twee of meer merken die synergieën kan creëren die alle deelnemers waarde opleveren, boven op de waarde die ze in hun eentje zouden genereren.

Contract manufacturing
De productie wordt uitbesteed aan een externe partner die gespecialiseerd is in productie en productietechnologie.

Cultuur
De aangeleerde manieren waarop een samenleving dingen begrijpt, beslissingen neemt en communiceert.

Culturen met een hoge context
Gebruiken meer factoren om de boodschap heen om hem over te brengen. De culturele context waarin een boodschap wordt overgebracht, spreekt mee. Een zeer complexe manier van communiceren.

Culturen met een lage context
Verlaten zich op gesproken en geschreven taal ('zet alles op papier in een contract'). Een weinig complexe manier van communiceren.

Demondialisering
Afstand nemen van de mondialiseringstrends en elke markt zien als iets speciaals, met zijn eigen economie, cultuur en religie.

Het diamantmodel van Porter
De kenmerken van de 'thuisbasis' spelen een centrale rol bij de verklaring van het internationale concurrentievermogen van bedrijven. Deze kenmerken zijn factorcondities, vraagcondities, gerelateerde en ondersteunende sectoren, bedrijfsstrategie, bedrijfsstructuur, mate van onderlinge concurrentie, toeval en overheid.

Directe exportmethoden
De producent verkoopt zijn product rechtstreeks aan een importeur, agent of distributeur die op de buitenlandse doelmarkt is gevestigd.

Distributeur (importeur)
Een onafhankelijk bedrijf dat in het product van een producent handelt. Het heeft een grote vrijheid om zijn eigen klanten te kiezen en zijn eigen prijs te bepalen. De inkomsten van het bedrijf bestaan uit het verschil tussen de verkoopprijs van de

producten en de prijs waarvoor het de producten van de producent heeft gekocht

Dochterbedrijf
Een lokaal bedrijf dat eigendom is van en wordt gerund door een buitenlands bedrijf, maar dat onder de wet van het gastland valt. Ook de belastingheffing vindt in het gastland plaats.

Eigen merk
Het eigen merk van een detailhandelaar (private label), bijvoorbeeld Euroshopper van Albert Heijn.

Eigen vermogen
Een investering met een bepaalde financiële waarde.

Entreestrategie
Institutionele maatregel die nodig is om de producten en diensten van een bedrijf op een nieuwe internationale markt te brengen. De hoofdtypes zijn: exportmethoden, tussenvormen en hiërarchische methoden.

Esthetiek
Wat wordt bedoeld met een goede smaak in kunst, muziek, folklore en toneel kan van cultuur tot cultuur sterk verschillen.

Expats
Werknemers die vanuit het hoofdkantoor worden uitgezonden om voor het bedrijf op buitenlandse markten te werken, vaak in dochterbedrijven.

Feedforward-controle
Hierbij worden andere variabelen dan de prestatie gecontroleerd – variabelen die vóór de prestatie zelf kunnen veranderen. Op deze manier kunnen afwijkingen proactief worden beheerst, nog voordat de volle impact ervan te merken is.

Franchising
Tegen betaling verleent de franchisegever een recht aan de franchisenemer, bijvoorbeeld het recht om tegen een afgesproken vergoeding het totaalconcept/systeem van een bedrijf te gebruiken, inclusief handelsmerken (productmerken).

De gedrevenheid van het management
De motivatie van managers die de wens en het enthousiasme weerspiegelt om internationalisering door te voeren.

Gedragscontrole
Regelmatige controle van het gedrag, zoals het vermogen van verkooppersoneel om met klanten contact op te bouwen (gewoonlijk gebaseerd op niet-financiële maten).

Global account management (GAM)
Een relatiegeoriënteerde marketingmanagementbenadering die gericht is op het omgaan met de behoeften van een belangrijke internationale klant (= global account) met een internationale organisatie (dochterbedrijven over de hele wereld).

Globalisering
De trend waarbij bedrijven in de meeste landen en streken ter wereld producten en diensten kopen, ontwikkelen, produceren en verkopen.

Glocalization, een samensmelting van globalization en localization
Het ontwikkelen en verkopen van producten of diensten die bedoeld zijn voor de internationale markt maar aangepast zijn aan de plaatselijke cultuur en het plaatselijke gedrag. (Denk internationaal, handel lokaal.)

Groene marketing
Het integreren van bedrijfspraktijken en producten die milieuvriendelijk zijn, terwijl ook tegemoet wordt gekomen aan de behoeften van consumenten.

Handelsbarrières
Handelswetten (vaak tarifair) waardoor lokale bedrijven gesteund en buitenlandse bedrijven gediscrimineerd worden.

Hiërarchische methoden
Bedrijven zijn eigenaar van en hebben de controle over de entreestrategie/organisatie op de buitenlandse markt.

Horizontale integratie
Proberen de controle over kanaalleden binnen hetzelfde kanaalniveau te krijgen, bijvoorbeeld door als producent een concurrent over te nemen.

Importagent
Een vertegenwoordiger van buitenlandse kopers die in het land van de exporteur is gevestigd. De agent biedt buitenlandse kopers zijn diensten aan, zoals het identificeren van mogelijke verkopers en het onderhandelen over de prijs.

Indirecte exportmethoden
Producenten gebruiken onafhankelijke exportorganisaties in hun eigen land (of een ander land).

Ingrediënt-branding
De leverancier levert een sleutelcomponent voor

het OEM-eindproduct. Intel levert bijvoorbeeld zijn processor aan de belangrijkste producenten van pc's.

Internationale integratie
De overeenkomsten tussen internationale markten erkennen en deze in de totale internationale strategie integreren.

Internationalisering
Zaken doen met veel landen ter wereld, maar vaak beperkt tot een bepaalde streek (bijvoorbeeld Europa).

Internationalisering naar binnen toe
Import als activiteit die voorafgaat aan de latere toetreding tot internationale markten.

Internationalisering naar buiten toe
Import als activiteit die voorafgaat aan de latere toetreding tot internationale markten.

Internationaliseringstriggers
Interne of externe gebeurtenissen die plaatsvinden om de internationalisering van een bedrijf op te starten.

Interne verrekenprijzen
Prijzen die worden gerekend voor het transport van goederen en diensten binnen een bedrijf. Hoewel deze verrekenprijzen intern zijn (binnen het bedrijf vallen), zijn ze extern belangrijk voor de belastingheffing aan de grens.

Joint venture
Een equity partnerschap, dat wil zeggen dat de partners – meestal twee – een vast aandeel in het partnerschap hebben. Twee 'ouders' creëren een 'kind' (de joint venture die op de markt opereert).

Kanaallengte
Het aantal niveaus (tussenpersonen) in het distributiekanaal.

Licentieverlening
Tegen betaling verleent licentiegever de licentienemer een recht, bijvoorbeeld het recht een bepaald gepatenteerd product tegen een afgesproken licentievergoeding te produceren.

Marktdekking
Deze dekking kan geografische gebieden of het aantal detailhandels betreffen. Er zijn drie soorten marktdekking: intensieve, selectieve en exclusieve dekking.

Marktmeerwaarde (brand equity)
Verschillende merkbaten en -lasten die in vijf categorieën kunnen worden ondergebracht: merktrouw, merkbekendheid, vermeende kwaliteit, merkassociaties en andere merkbaten. Merkmeerwaarde is de premium die een consument bereid is te betalen voor het merkproduct of de merkdienst in vergelijking met een identieke merkloze versie van hetzelfde product of dezelfde dienst.

Marktresponsiviteit
Reageren op de behoeften en wensen van elke markt.

Matrixstructuur
Het niveau onder het topmanagement bestaat uit twee organisatiestructuren (productstructuur en geografische structuur) die elkaar kruisen. Als gevolg hiervan zijn er twee rapportagelijnen (dual reporting).

Mentale afstand
Verschillen in taal, cultuur en politiek systeem die de informatiestroom tussen bedrijven en markten verstoren.

MKB-bedrijven
Deze komen in de EU en de rest van de wereld voor. In de EU worden bedrijven met minder dan vijftig werknemers als 'klein' beschouwd, bedrijven met minder dan 250 werknemers als 'middelgroot'. In de EU is 99% van alle bedrijven een MKB-bedrijf (250 werknemers of minder).

Mondiaal prijscontract
Een klant eist van de leverancier één mondiale prijs (per product) voor al zijn buitenlandse SBU's en dochterbedrijven.

Motieven voor internationalisering
De fundamentele redenen – proactief en reactief – om een bedrijf te internationaliseren.

Nationalisering
Overname van buitenlandse bedrijven door de overheid van het gastland.

Non-verbale taal
Belangrijker in culturen met een hoge context: tijd, ruimte (gespreksafstand tussen mensen), materiële bezittingen, vriendschapspatronen en zakelijke overeenkomsten.

Omkoping
Een proces waarbij een bedrijf uit een geïndustrialiseerd land illegaal een betaling aanbiedt aan een rijksambtenaar uit een ontwikkelingsland die een vermeende of echte invloed heeft op de toekenning van contracten. Bij omkoping kan de betaling bestaan uit een breed scala aan zaken, van geschenken tot grote sommen geld.

Onderhandelingsproces
Een proces waarbij twee of meer eenheden samenkomen om gezamenlijke en conflicterende belangen te bespreken met als doel tot een overeenkomst te komen waar beide partijen profijt van hebben.

Ontastbaar (tacit)
Moeilijk in woorden uit te drukken. Ontastbare kennis heeft vaak te maken met complexe producten en diensten, waarbij de functionaliteit heel moeilijk onder woorden te brengen is.

Outputcontrole
Regelmatige controle van de output, zoals winst, verkoopgetallen en uitgaven (gewoonlijk gebaseerd op financiële maten)

Partner mindshare
Het mindshareniveau dat producenten bij exportpartners (bijvoorbeeld agenten of distributeurs) hebben.

Piggyback
Afkorting van 'Pick-a-Back': kies een rug om op mee te liften. Bij piggyback gebruikt de 'meelifter' de internationale distributieorganisatie van de 'drager'.

Prijsescalatie
Alle kostenfactoren in het distributiekanaal (bijvoorbeeld de nettoprijs af fabriek, transportkosten, tarieven en de winstopslag van distributeurs) worden bij elkaar opgeteld en leiden tot prijsescalatie. Hoe langer het distributiekanaal is, hoe hoger de uiteindelijke prijs op de buitenlandse markt.

Productdivisiestructuur
Het niveau onder het topmanagement is bijvoorbeeld verdeeld in productdivisies, bijvoorbeeld Product A, B, C en D.

Regiocentra
Het regionale hoofdkantoor (het 'leidende land') coördineert en stimuleert gewoonlijk de verkoop in de hele regio.

Tarieven
Een instrument dat door overheden gebruikt wordt om lokale bedrijven te beschermen tegen concurrentie van buiten. De gebruikelijkste vormen zijn: quota, ad-valoremtarieven en discriminatoire tarieven.

Transnationale organisatie
De integratie en coördinatie van operaties (R&D, productie, marketing, en verkoop en dienstverlening) over landsgrenzen heen om op een internationale schaal synergieën te creëren.

Tussenvormen
Deze liggen tussen de exportmethoden (externe partners) en de hiërarchische methoden (interne methoden) in.

Het Uppsala-internationaliseringsmodel
In kleine, oplopende stapjes gaan bedrijven met steeds meer markten een verbintenis aan; bedrijven kiezen steeds meer geografische markten met een kleine mentale afstand en toetredingsmethoden met weinig extra risico.

Verticale integratie
Proberen de controle over kanaalleden op verschillende kanaalniveaus te krijgen, bijvoorbeeld door als producent een distributeur over te nemen.

Het vijfbronnenmodel
Net als de vijf concurrentiekrachten van Porter zijn er ook vijf bronnen voor het scheppen van samenwerkingsvoordeel.

Het vijfkrachten-model van Porter
De mate van concurrentie en winstpotentieel in een sector hangt af van vijf fundamentele concurrentiekrachten: nieuwe toetreders, toeleveringsbedrijven, afnemers, substituten en concurrenten op de markt.

Virale marketing
Online mond-tot-mondreclame is een marketingtechniek waarbij wordt geprobeerd bestaande sociale netwerken te exploiteren om zo de bekendheid van een merk exponentieel te vergroten.

Waardeketen
De categorisering van de activiteiten van een bedrijf die klanten waarde bieden en het bedrijf winst opleveren.

X-alliantie
De partners in de waardeketen verdelen hun waardeketenactiviteiten onderling. Zo kan een producent (exporteur) zich specialiseren in upstream activiteiten, terwijl de lokale partner zorgt voor de downstream activiteiten.

Y-alliantie
Elke individuele partner in de alliantie/joint venture neemt eraan deel met complementaire productenlijnen of complementaire diensten. Elke individuele partner draagt de zorg voor alle waardeketenactiviteiten binnen zijn eigen productlijn.

Referenties

Hoofdstuk 1
Asugman, G., Johnson, J.L. en McCullough, J. (1997) 'The role of after-sales service in international marketing', *Journal of International Marketing*, 5(4), pp. 11–28.
Chakravarthy, B.S. en Perlmutter, H.V. (1985) 'Strategic Planning for a Global Business', *Columbia Journal of World Business*, 20(2), pp. 3–10.
Frost, R. (2006) 'Global Packaging: What's the difference?', www.brandchannel.com, 16 januari 2006.
Ghemawat, P. (2007) 'Managing Differences – The Central Challenge of Global Strategy', *Harvard Business Review*, maart, pp. 59–68.
Knight, G. (2000) 'Entrepreneurship and marketing strategy: the SME under globalization', *Journal of International Marketing*, 8(2), pp. 12–32.
Marchand, D.A. (1999) 'Hard IM choices for senior managers', deel 10 van 'Your guide to mastering information management', *Financial Times*, 5 april.
Perlmutter, H.V. (1969) 'The tortuous evolution of the multinational corporation', *Columbia Journal of World Business*, 9 (januari–februari), pp. 9–18.
Porter, M.E. (1985) *Competitive Advantage: Creating and Sustaining Superior Performance*, The Free Press, New York.
Porter, M.E. (1986) 'Competition in global industries: a conceptual framework', in Porter, M.E. (red.), *Competition in Global Industries*, Harvard Business School Press, Boston, MA.
Quelch, J.A. (2002) 'Does globalization have staying power?', *Marketing Management*, maart/april, pp. 18–23.
Segal-Horn, S. (2002) 'Global firms: heroes or villains? How and why companies globalize', *European Business Journal*, 14(1), pp. 8–19.
Sheth, J.N. and Parvatiyar, A. (2001) 'The antecedents and consequences of integrated global marketing', *International Marketing Review*, 18(1), pp. 16–29.
Solberg, C.A. (1997) 'A framework for analysis of strategy development in globalizing markets', *Journal of International Marketing*, 5(1), pp. 9–30.
Svensson, G. (2001) ' "Glocalization" of business activities: a "glocal strategy" approach', *Management Decision*, 39(1), pp. 6–18.
Svensson, G. (2002) 'Beyond global marketing and the globalization of marketing activities', *Management Decision*, 40(6), pp. 574–583.

Hoofdstuk 2
Albaum, G., Strandskov, J., Duerr, E. en Dowd, L. (1994) *International Marketing and Export Management* (2e ed.), Addison-Wesley, Reading, MA.
Fillis, I. (2002) 'Barriers to internationalization: an investigation of the craft microenterprises', *European Journal of Marketing*, (7–8), pp. 912–927.
Fletcher, R. (2001) 'A holistic approach to internationalization', *International Business Review*, 10, pp. 25–49.
Forsman, M., Hinttu, S. en Kock, S. (2002) 'Internationalization from an SME perspective', paper gepresenteerd op The *18th Annual IMP Conference*, september, Lyon, pp. 1–12.
Freeman, S. (2002) 'A comprehensive model of the process of small firm internationalization: a network perspective', paper gepresenteerd op The *18th Annual IMP Conference*, september, Dijon, pp. 1–22.
Freeman, S., Edwards, R. and Schroder, B. (2006) 'How smaller Born-Globals Firms use Networks and Alliances to Overcome Constraints to Rapid Internationalization', *Journal of International Marketing*, vol. 14, nr. 3, pp. 33–63.
Genestre, A., Herbig, D. en Shao, A.T. (1995) 'What does marketing really mean to the Japanese?', *Marketing Intelligence and Planning*, 13(9), pp. 16–27.
Het financieele dagblad (2009) 'Hollandia Matzes kijkt over de grens', 28 mei 2009.
Knight, G.A.en Liesch, P.W. (2002) 'Information internalization in internationalizing the firm', Journal of Business Research, 55, pp. 981–995.
Liu, H. en Li, K. (2002) 'Strategic implications of emerging Chinese multinationals: the Haier case study', European Management Journal, 20(6), pp. 699–706.
Rundh, B. (2007) 'International Marketing Behaviour Amongst Exporting Firms', European Journal of Marketing, vol. 41, nr. 1/2, pp. 181–198.
Suárez-Ortega, S.M. en Àlamo-Vera, F.R. (2005) 'SMES' internationalization: firms and managerial factors', International Journal of Entrepreneurial Behavior & Research, 11(4), pp. 258–279.
Turner, C. en Gardiner, P.D. (2007) 'De-internationalisation and global strategy: the case of British Telecommunications (BT)', Journal of Business & Industrial Marketing, vol. 22, nr. 7, pp. 489–497.
Welch, L.S., Benito, G.R.G., Silseth, P.R. en Karlsen, T. (2001) 'Exploring inward–outward linkages in firms' internationalization: a knowledge and network perspective', paper gepresenteerd op The 17th Annual IMP Conference, september, Oslo, pp. 1–26.
Welch, L.S. en Loustarinen, R.K. (1993) 'Inward–outward connections in internationalization', Journal of International Marketing, 1(1), pp. 44–56.
Westhead, P., Wright, M. en Ucbasaran, D. (2002) 'International market selection strategies selected by "micro" and "small" firms', Omega – The International Journal of Management Science, 30, pp. 51–68.

Hoofdstuk 3
Aharoni, Y. (1966) *The Foreign Investment Decision Process*, Harvard Business School Press, Boston, MA.
Äijö, T., Kuivalainen, O., Saarenketo, S., Lindqvist, J. en Hanninen, H. (2005) *Internationalization Handbook for the Software Business*, Centre of Expertise for Software Product Business, Espoo, Finland.
Bell, J., McNaughton, R. en Young, S. (2001) 'Born-Again global firms: an extension to the born global phenomenon', *Journal of International Management*, 7(3), pp. 173–190.
Brewer, P.A. (2007) 'Operationalizing Phychic Distance: A Revised Approach', *Journal of International Marketing*, vol. 15, nr. 1, pp. 44–66.
Buckley, P.J. en Casson, M. (1976) *The Future of the Multinational Enterprise*. Holmes & Meier, New York.
Contractor, F.J. en Lorange, P. (red) (1998) *Cooperative Strategies in International Business*. Lexington Books, Lexington, MA.
Dunning, J.H. (1988) *Explaining International Production*, Unwin, London.
Forsgren, M. en Johansen, J. (1975) *International føretagsekonomi*, Norstedts.
Forsgren, M. en Johanson, J. (1975) *International føretagsekonomi*, Norstedts, Stockholm.

Freeman, S. en Cavusgil, S.T. (2007) 'Towards a Typology of Commitment States among Managers of Born-Global Firms: A study of Accelerated Internationalization', *Journal of International Marketing*, vol. 15, nr. 4, pp. 1–40.
Gabrielson, M. en Kirpalani, M.V.H. (2004) 'Born Globals; how to reach new business space rapidly', *International Business Review*, 13, pp. 555–571.
Harvey, D. (1996) Justice, Nature and the Geography of Difference, Basil Blackwell, Oxford.
Hymer, S.H. (1976) The International Operations of National Firms: A study of direct foreign investment, unpublished 1960 PhD thesis, MIT Press, Cambridge, MA.
Johanson, J. en Mattson, L.G. (1988) 'Internationalization in industrial systems', in Hood, N. en Vahlne, J.E. (red.), *Strategies in Global Competition*, Croom Helm, Beckenham (UK).
Johanson, J. en Vahlne, J.E. (1977) 'The internationalization process of the firm: a model of knowledge development and increasing foreign market commitment', *Journal of International Business Studies*, 8(1), pp. 23–32.
Johanson, J. en Vahlne, J.E. (1990) 'The mechanism of internationalization', *International Marketing Review*, 7(4), pp. 11–24.
Johanson, J. en Wiedersheim-Paul, F. (1975) 'The internationalization of the firm: four Swedish cases', *Journal of Management Studies*, oktober, pp. 305–322.
Kindleberger, C.P. (1969) *American Business Abroad*, Yale University Press, New Haven, CT.
Kogut, B. (1988) 'Joint ventures: theoretical and empirical perspective', *Strategic Management Journal*, 9, pp. 319–332.
Kuivalainen, O., Sundqvist, S. en Servais, P. (2007) 'Firms' degree of born-globalness, international entrepreneurial orientation and export performance', *Journal of World Business*, vol. 42, pp. 253–267.
Madhok, A. (1998) 'The nature of multinational firm boundaries: transaction cost, firm capabilities and foreign market entry mode', *International Business Review*, 7, pp. 259–290.
Madsen, T.K. en Servais, P. (1997) 'The internationalization of Born Globals: an evolutionary process?', *International Business Review*, 6(6), pp. 561–583.
Oviatt, B. en McDougall, P. (1994) 'Towards a theory of international new ventures', *Journal of International Business Studies*, 25(1), pp. 45–64.
Penrose, E. (1959) *The Theory of the Growth of the Firm*. Blackwell, London.
Prahalad, C.K. en Hamel, G. (1990) 'The core competence and the corporation', *Harvard Business Review*, mei, pp. 71–97.
Rugman, A.M. (1986) 'New theories of the multinational enterprise: an assessment of internationalization theory', *Bulletin of Economic Research*, 38(2), pp. 101–118.
Sousa, C.M.P. en Bradley, F. (2005) 'Global markets: does psychic distance matter?' *Journal of Strategic Marketing*, 13, maart, pp. 43–59.
Sousa, C.M.P. en Bradley, F. (2006) 'Cultural distance and psychic distance: two peas in a pod?', *Journal of International Marketing*, 14(1), pp. 49–70.
Törnroos, J.-Å. (2002) 'Internationalization of the firm: a theoretical review with implications for business network research', paper gepresenteerd op The *18th Annual IMP Conference*, september, Lyon, pp. 1–21.
Vernon, R. (1966) 'International investment and international trade in the product cycle', *Quarterly Journal of Economics*, 80, pp. 190–207.
Welch, L.S. en Loustarinen, R. (1988) 'Internationalization: evolution of a concept', *Journal of General Management*, 14(2), pp. 36–64.
Williamson, O.E. (1975) Markets and Hierarchies: Analysis and antitrust implications, The Free Press, New York.

Hoofdstuk 4

Booms, B.H. en Bitner, M.J. (1981) 'Marketing strategies and organization structures for service firms', in Donnelly, J.H. en George, W.R. (red.), *Marketing of Services*, American Marketing Association, Chicago, IL.
Burton, J. (1995) 'Composite strategy: the combination of collaboration and competition', *Journal of General Management*, 21(1), pp. 1–23.
Cardy, R.L. en Selvarajan, T.T. (2006) 'Competencies: alternative frameworks for competitive advantage', *Business Horizons*, 49, pp. 235–245.
Curtis, J. (2006) 'Why don't they trust you with CSR?', *Marketing*, 13 september, pp. 30–31.
Day, G.S. en Wensley, R. (1988) 'Assessing advantage: a framework for diagnosing competitive superiority', *Journal of Marketing*, 52(2), pp. 1–20.
D'Aveni, R.A. (2007) 'Mapping your Competitive Position', *Harvard Business Review*, november, pp. 111–120.
Jüttner, U en Wehrli, H.P. (1994) 'Competitive advantage: merging marketing and competencebased perspective', *Journal of Business and Industrial Marketing*, 9(4), pp. 42–53.
Kanter, R.M. (1994) 'Collaborative advantage: the art of alliances', *Harvard Business Review*, juli-augustus, pp. 96–108.
Kedia, B.L., Nordtvedt, R., Perez, L.M. (2002) 'International business strategies, decision-making theories, and leadership styles: an integrated framework', *CR*, 12(1), pp. 38–52.
Kim, W.C. en Mauborgne, R. (1997) 'Value innovation: the strategic logic of high growth', *Harvard Business Review*, 75(1) (januari/februari), pp. 102–112.
Kim, W.C. en Mauborgne, R. (2005a), *Blue Ocean Strategy: How to Create Market Space and Make the Competition Irrelevant*, Harvard Business School Publishing Corporation, Boston.
Kim, W.C. en Mauborgne, R. (2005b) 'Value innovation: a leap into the blue ocean', *Journal of Business Strategy*, 26(4), pp. 22–28.
Kim, W.C. en Mauborgne, R. (2005c) 'Blue ocean strategy – from theory to practice', *California Review*, 47(3), voorjaar, pp. 105–121.
Kotler, P. (1997) *Marketing Management: Analysis, planning, implementation, and control* (9e ed.), Prentice-Hall, Englewood Cliffs, NJ.
Levitt, T. (1960) 'Marketing myopia', *Harvard Business Review*, juli–augustus, pp. 45–56. Magrath, A.J. (1986) 'When marketing service's 4 Ps are not enough', *Business Horizons*, mei-juni, pp. 44–50.
Nair, A., Ahlstrom, D. en Filer, L. (2007) 'Localized Advantage in a Global Economy: The Case of Bangalore', *Thunderbird International Business Review*, vol. 49, nr. 5, september–oktober, pp. 591–618.
Porter, M.E. (1980) *Competitive Strategy*, The Free Press, New York.
Porter, M.E. (1985), *Competitive Advantage: Creating and Sustaining Superior Performance*, The Free Press, New York.
Porter, M.E. (1990) *The Competitive Advantage of Nations*, The Free Press, New York.
Porter, M.E. (1996) 'What is strategy?', *Harvard Business Review*, november–december, pp. 61–78.
Porter, M.E. (2008) 'The competitive forces that shape strategy', *Harvard Business Review*, januari, pp. 78–93.
Rafiq, M. en Ahmed, P.K. (1995) 'Using the 7Ps as a generic marketing mix', *Marketing Intelligence and Planning*, 13(9), pp. 4–15.
Ravald, A. en Grönroos, C. (1996) 'The value concept and relationship marketing', *European Journal of Marketing*, 30(2), pp. 19–30.
Reve, T. (1990) 'The firm as a nexus of internal and external contracts', in Aoki, M., Gustafsson, M. en Williamson, O.E. (red.), *The Firm as a Nexus of Treaties*, Sage, London.
Tampoe, M. (1994) 'Exploiting the core competencies of your organization', *Long Range Planning*, 27(4), pp. 66–77.
Veliyath. R. en Zahra, S.A. (2000) 'Competitiveness in the 21st century: reflections on the growing debate about globalization', *ACR*, 8(1), pp. 14–33.

Hoofdstuk 5

Albaum, G., Strandskov, J. en Duerr, E. (2002) *International Marketing and Export Management* (4e ed.), Financial Times/Pearson Education, Harlow.
Czinkota, M.R. en Ronkainen, I.A. (1996) *Global Marketing*, 1e ed., South-Western.
Low, B. (2007) 'Huawei Technologies Corporation: from local dominance to global challenge?', *Journal of Business & Industrial Marketing*, vol. 22, nr. 2, pp. 138–144
Whyman, P. (2002) 'Living with the euro: the consequences for world business', *Journal of World Business*, 37(3), herfst, pp. 208–215.
World Bank (2005) *Data & Statistics – Quick Reference Tables*, Washington, DC (http://web.worldbank.org/).
World Bank (2006) World Development Indicators database, 1 juli 2006, www.worldbank.org.

Hoofdstuk 6

Copeland, L. en Griggs, L. (1985) *Going International*, Random House, New York.
Craig, C.S. en Douglas, S.P. (2006) 'Beyond national culture: implications of cultural dynamics for consumer research', *International Marketing Review*, vol. 23, nr. 3, pp. 322–342.
Field, M. (1986) 'Fragrance marketers sniff out rich aroma', *Advertising Age* (special report on 'marketing to the Arab world'), 30 januari, p. 10.
Hall, E.T. (1960b) 'The silent language in overseas business', *Harvard Business Review*, mei–juni, pp. 87–97.
Harper, T. (1986) 'Polaroid clicks instantly in Moslem market', *Advertising Age* (special report on 'Marketing to the Arab world'), 30 januari p. 12.
Hofstede, G. (2007) 'Asian Management in the 21st century', *Asia Pacific Journal of Management*, vol. 24, pp. 411–420.
Lee, J. (1966) 'Cultural analysis in overseas operations', *Harvard Business Review*, maart–april, pp. 106–114.
MacKenzie, S. (1998) 'Boundary commission', *Marketing Week*, London, 29 januari.
Murdoch, G.P. (1945) 'The common denominator of cultures', in Linton, R. (red.), *The Science of Man in the World Crises*, Columbia University Press, New York.
Phillips, C. et al. (1994) *International Marketing Strategy*, Thomson Learning.
Phillips, C., Doole, I. en Lowe, R. (1994) *International Marketing Strategy: Analysis, development and implementation*, London: Routledge.
Tylor, E.B. (1881) *Anthropology: An Introduction to the study of Man and Civilization*, D. Appleton, New York.
Usunier, J.-C. (2000) *International Marketing: A Cultural Approach*, Pearson Education, Harlow.

Hoofdstuk 7

Adriaansen, C.A., Boekema, J.J., Boom, E.J., Van Bueren, E.B., Heuvel, J., Schaap, C. en Schweitzer, P.M.N. (1995) Kernstof Nima A, Wolters-Noordhoff, Groningen.
Andersen, O. en Buvik, A. (2002) 'Firms' internationalization and alternative approaches to the international customer/market selection', *International Business Review*, 11, pp. 347–363.
Andersen, P.H. en Strandskov, J. (1998) 'International market selection', *Journal of Global Marketing*, 11(3), pp. 65–84.
Brewer, P. (2001) 'International market selection: developing a model from Australian case studies', *International Business Review*, 10, pp. 155–174.
Douglas, S. en Craig, C.A. (1995) *Global Marketing Strategy*, McGraw-Hill, New York.
Green, R.T. en Allaway, A.W. (1985) 'Identification of export opportunities: a shift-share approach', *Journal of Marketing*, 49, winter, pp. 83–88.
Johanson, J. en Vahlne, J.E. (1977) 'The internationalization process of the firm: a model of knowledge development and increasing foreign market commitment', *Journal of International Business Studies*, 8(1), pp. 23–32.
Koch, A. (2001) 'Factors influencing market and entry mode selection: developing the MEMS model', *Marketing Intelligence & Planning*, vol. 19, nr. 5, pp. 351–361.
Katsikea, E.S., Theodosiou, M., Morgan, R.E. en Papavassiliou, N. (2005) 'Export market
Expansion strategies of direct-selling small and medium-sized firms: Implications for export activities', *Journal of International Marketing*, 13(2), pp. 57–92.
Papadopoulos, N.G. en Denis, J.E. (1988) 'Inventory, taxonomy and assessment of methods for international market selection', *International Marketing Review*, herfst, pp. 38–51.
Papadopoulos, N., Chen, H. en Thomas, D.R. (2002) 'Toward a tradeoff model for international market selection', *International Business Review*, 11, pp. 165–192.
Piercy, N. (1981) 'Company internationalization: active and reactive exporting', *European Journal of Marketing*, 15(3), pp. 26–40.
Rahman, S.H. (2003), 'Modelling of international market selection process: a qualitative study of successful Australian international businesses', *Qualitative Market Research: An International Journal*, 6(2), pp. 119–132.
Sakarya, S., Eckman, M. en Hyllegard, K.H. (2007) 'Market selection for international expansion –Assessing opportunities in emerging markets', *International Marketing Review*, vol. 24, nr. 2, pp. 208–238.
Sylvest, J. en Lindholm, C. (1997) 'Små globale virksomheder', *Ledelse & Erhvervsøkonomi*, 61, april, pp. 131–143.
Westhead, P., Wright, M. en Ucbasaran, D. (2002) 'International market selection strategies selected by "micro" and small firms', Omega, 30, pp. 51–68.
Yip, G.S., Biscarri, J.G. en Monti, J.A. (2000), 'The role of the internationalization process in the performance of newly internationalizing firms', Journal of International Marketing, 8(3), pp. 10–35.

Inleiding deel III

Freeman, S., Edwards, R. en Schroder, B. (2006) 'How smaller Born-Globals Firms use Networks and Alliances to Over-come Constraints to Rapid Internationalization', Journal of International Marketing, vol. 14, nr. 3, pp. 33–63.
Hollensen, S. (1991) 'Shift of market servicing organization in international markets: a Danish case study', in Vester-gaard, H. (red.), An Enlarged Europe in the Global Economy, EIBA's 17th Annual Conference, Copenhagen.
Petersen, B. en Welch, L.S. (2002), 'Foreign operation mode combinations and internationalization', Journal of Business Research, 55, pp. 157–162.

Hoofdstuk 8

Blomstermo, A., Sharma, D.D. en Sallis, J. (2006) 'Choice of foreign market entry mode in service firms', *International Marketing Review*, 23(2), pp. 211–229.
Heide, J.B. en John, G. (1988) 'The role of dependence balancing in safeguarding transaction specific assets in conventional channels', *Journal of Marketing*, 52, januari, pp. 20–35.

Johanson, J. en Vahlne, J.E. (1977) 'The internationalization process of the firm – a model of knowledge', *Journal of International Business Studies*, 8(1), pp. 23–32.
Root, F.R. (1994) Entry Strategies for International Markets: Revised and expanded edition, The New Lexington Press, Lexington, MA.

Hoofdstuk 9

Barkema, H.G., Bell, J. en Pennings, J.M. (1996) 'Foreign entry, cultural barriers and learning', *Strategic Management Journal*, 17, pp. 151–166.
Benito, G.R.G. (1997) 'Why are foreign subsidiaries divested? A conceptual framework', in
Björkman, I. en Forsgren, M. (red.) *The Nature of the International Firm*, Handelshøjskolens Forlag/Copenhagen Business School Press.
Benito, G. (1996) 'Why are subsidiaries divested? A conceptual framework', Working Paper nr. 3793, Institute of International Economics and Management, Copenhagen Business School.
Boddewyn, J.J. (1979) 'Foreign divestment: magnitude and factors', *Journal of International Business Studies*, 10, pp. 21–27.
Bradley, F. (1995) *International Marketing Strategy* (2e ed.), Prentice Hall, Hemel Hempstead. Gibbs, R. (2005) 'How to measure and master mindshare', *The Routes to Market – Journal (www.viaint.com)*, juni, pp. 2–5.
Lasserre, P. (1995) 'Corporate strategies for the Asia Pacific region', *Long Range Planning*, 28(1), pp. 13–30.
Lasserre, P. (1996) 'Regional headquarters: the spearhead for Asian Pacific markets', *Long Range Planning*, 29(1), pp. 30–37.
Lorange, P. en Roos, J. (1995) *Strategiske allianser i globale strategier*, Norges Eksportråd, Oslo.
Lowe, J. en Crawford, N. (1984) *Technology Licensing and the Small Firm*, Gower, Aldershot.
Okoroafo, S.C. (1994) 'Implementing international countertrade: a dyadic approach', *Industrial Marketing Management*, 23, pp. 229–234.
Oviatt, B.M. en McDougall, P.P. (1994) 'Toward a theory of international new ventures', *Journal of International Business Studies*, 25(1), pp. 45–64.
Perkins, J.S. (1987) 'How licensing and franchising differ', *Les Nouvelles*, 22(4), pp. 155–158.
Perlmutter, H. (1969) 'The torturous evolution of multinational corporations', *Columbia Journal of World Business*, januari–februari, pp. 9–18.
Porter, M.E. en Fuller, M.B. (1986) 'Coalition and global strategy', in Porter, M.E. (red.), *Competition in Global Strategies*, Harvard Business School Press, Boston, MA.
Raffée, H. en Kreutzer, R. (1989) 'Organizational dimensions of global marketing', *European Journal of Marketing*, 23(5), pp. 43–57.
Root, F.R. (1987) *Entry Strategies for International Markets*, Lexington Books, Lexington, MA.
Root, F.R. (1998) *Entry Strategies for International Markets: Revised and Expanded Edition*, The New Lexington Press, Lexington, MA.
Ross, W.T., Dalsace, F. en Anderson, E. (2005) 'Should you set up your own sales force or should you outsource it? Pitfalls in the standard analysis', *Business Horizons*, vol. 48, pp. 23–36.
Welsh, D.H.B., Alon, I., Falbe, C.M. (2006) 'An examination of international retail franchising in emerging markets', *Journal of Small Business Management*, vol. 44, nr. 1, pp. 130–149.
Young, S., Hamill, J., Wheeler, S. en Davies, J.R. (1989) *International Market Entry and Development*, Harvester Wheatsheaf/Prentice Hall, Hemel Hempstead.

Inleiding deel IV

Booms, B.H. en Bitner, M.J. (1981), 'Marketing strategies and organization structures for service firms', in Donnelly, J.H. en George, W.R. (red.), Marketing of Services, American Marketing Association, Chicago, IL, pp. 47–51.
Buttle, F. (1989), 'Marketing services', in Jones, P. (red.), Management in Service Industries, Pitman, London, pp. 235–259.
Håkansson, Håkan en Waluszewski, A. (2005) 'Developing a new understanding of markets: reinterpreting the 4Ps', Journal of Business & Industrial Marketing, vol. 20, nr. 3, pp. 110–117.
Kreutzer, R. (1988) 'Marketing mix standardization: an integrated approach in global marketing', European Journal of Marketing, 22(10), pp. 19–30.
Levitt, T. (1983) 'The globalization of markets', Harvard Business Review, mei–juni, pp. 92–102.
Meffert, H. en Bolz, J. (1993) 'Standardization of marketing in Europe', in Halliburton, C. en Hünerberg, R. (red.), European Marketing: Readings and cases, Addison-Wesley, Wokingham, England.

Hoofdstuk 10

Aaker, D. (1991) *Managing the Brand Equity: Capitalizing on the Value of the Brand Name*, The Free Press, New York.
Argenti, P.A. (2004) 'Collaborating with activists: how Starbucks works with NGOs', *California Management Review*, 47(1), pp. 91–116.
Bengtsson, A. en Servais, P. (2005) 'Co-branding on industrial markets', *Industrial Marketing Management*, 34, pp. 706–713.
Beverland, M., Napoli, J. en Lindgreen, A. (2007) 'Industrial global brand leadership: A capabilities view', *Industrial Marketing Management*, vol. 36, pp. 1082–1093
Boze, B.V. en Patton, C.R. (1995) 'The future of consumer branding as seen from the picture today', *Journal of Consumer Marketing*, 12(4), pp. 20–41. Czinkota, M.R. en Ronkainen, I.A. (1995) *International Marketing* (4e ed.), Dryden Press, Fort Worth, TX.
Diller, H. en Bukhari, I. (1994) 'Pricing conditions in the European Common Market', *European Management Journal*, 12(2), pp. 163–170.
Eiteman, D.K. en Stonehill, A.I. (1986) *Multinational Business Finance* (4e ed.), Addison-Wesley, Reading, MA.
Ettensén, R. (1993) 'Brand name and country of origin: effects in the emerging market economies of Russia, Poland and Hungary', *International Marketing Review*, 5, pp. 14–36.
Evans, P.B. en Wuster, T.S. (2000), *Blown to Bits: How the new economics of information transforms strategy*, Harvard Business School Press, Boston.
Fan, Y. (2007) 'Marque in the making', *Brand Strategy*, juni 2007, pp. 52–54.
Filiatrault, P. en Lapierre, J. (1997) 'Managing business-to-business marketing relationships in consulting engineering firms', *Industrial Marketing Management*, 26, pp. 213–222.
Fraedrich, J.P. en Bateman, C.R. (1996) 'Transfer pricing by multinational marketers: risky business', *Business Horizons*, 39(1), pp. 17–22.
Garda, R.A. (1995) 'Tactical pricing', in Paliwoda, S.J. en Ryans, J.K. (red.), *International Marketing Reader*, Routledge, London.
Ginsberg, J.M. en Bloom, P.N. (2004) 'Choosing the right green marketing strategy', *MIT Sloan Management Review*, herfst, pp. 79–84.
Herstein, R. en Gamliel, E. (2006) 'Striking a balance with private branding', *Business Strategy Review*, herfst, 39–43.
Hooley, G.J., Saunders, J.A. en Piercy, N. (1998) *Marketing Strategy and Competitive Positioning* (2e ed.), Prentice Hall, Hemel Hempstead.
Johansson, J.K. en Thorelli, H.B. (1985) 'International product positioning', *Journal of International Business Studies*, 16, herfst, pp. 57–75.
Johansson, J.K., Ronkainen, I.A. en Czinkota, M.R. (1994) 'Negative country-of-origin effects: the case of the new Russia', *Journal of International Business Studies*, 25, 1e kwartaal, pp. 1–21.

Keegan, W.J. (1995) *Global Marketing Management* (5e ed.), Prentice-Hall, Englewood Cliffs, NJ.
Keller, K.L. en Sood, S. (2001) 'The ten commandments of global branding', 8(2), pp. 1-12.
Kotler, P. (1997) *Marketing Management: Analysis, planning, implementation and control* (9e ed.), Prentice-Hall, Englewood Cliffs, NJ.
Kotler, P. en Pfoertsch, W. (2007) 'Being known or being one of many: the need for brand management for business-to-business (B2B) companies', *Journal of Business & Industrial Marketing*, vol. 22, nr. 6, pp. 357-362.
Kung, M. en Monroe, K.B. (2002) 'Pricing on the Internet', *Journal of Product & Brand management*, 11(5), pp. 274-287.
Lovelock, C.H. en Yip, G.S. (1996) 'Developing global strategies for service business', *California anagement Review*, 38(2), pp. 64-86.
Marketing Science Institute (1995) *Brand Equity and Marketing Mix: Creating customer value*, conferentie samenvatting, rapport nr. 95-111, september, p. 14.
Mendleson, N. en Polonsky, M.J. (1995) 'Using strategic alliances to develop credible green marketing', *Journal of Consumer Marketing*, 12(2), pp. 4-18.
Nagle, T.T. (1987) *The Strategies and Tactics of Pricing*, Prentice-Hall, Englewood Cliffs, NJ.
Narayandas, D., Quelch, J. en Swartz, G. (2000) 'Prepare your company for global pricing', *Sloan Management Review*, Fall, pp. 61-70.
Onkvisit, S. en Shaw, J.J. (1989) 'The international dimension of branding: strategic considerations and decisions', *International Marketing Review*, 6(3), pp. 22-34.
Onkvisit, S. en Shaw, J.J. (1993) *International Marketing: Analysis and strategy* (2e ed.), Macmillan, London.
Prahalad, C.K. en Ramaswamy V. (2004) *The Future of Competition: Co-creating Unique Value with Customers*, Harvard Business School Press, Boston.
Quelch, J.A. en Harding, D. (1996) 'Brands versus private labels: fighting to win', *Harvard Business Review*, januari-februari, pp. 99-109.
Sawhney, M., Verona, G. en Prandelli, E. (2005) 'Collaborating to create: The Internet as a platform for customer engagement in product innovation', *Journal of Interactive Marketing*, vol. 19, nr. 4, pp. 4-17.
Simon, H. en Kucher, E. (1993) 'The European pricing bomb – and how to cope with it', *Marketing and Research Today*, februari, pp. 25-36.
Solberg, C.A. (1997) 'A framework for analysis of strategy development in globalizing markets', *Journal of International Marketing*, 5(1), pp. 9-30.
Solberg, C.A., Stöttinger B. en Yaprak, A. (2006) 'A taxonomy of the pricing practices of exporting firms: evidence from Austria, Norway and the United States', *Journal of International Marketing*, 14(1), pp. 23-48.
Starik, M., Throop, G.M., Doody, J.M. en Joyce, M.E. (1996) 'Growing on environmental strategy', *Business Strategy and the Environment*, 5, pp. 12-21.
Theodosiou, M. en Katsikeas, C.S. (2001) 'Factors influencing the degree of international pricing strategy standardization of multinational corporations', *Journal of International Marketing*, 9(3), pp. 1-18.
Vandermerwe, J. en Oliff, M.D. (1991) 'Corporate challenges for an age of reconsumption', Columbia Journal of World Business, 26(3), pp. 6-25.
Vesanen, J. (2007) 'Commentary: What is personalization? A conceptual framework', European Journal of Marketing, vol. 41, nr. 5/6, pp. 409-418.
Weigand, R.E. (1991) 'Buy in–follow on strategies for profit', Sloan Management Review, voorjaar, pp. 29-38.
World Wide Fund for Nature (1993) Corporate Relationships, Sydney.

Hoofdstuk 11

Arnold, D. (2000) 'Seven rules of international distribution', *Harvard Business Review*, november-december, pp. 131-137.
Ariovich, G. (1985) 'The Economics of diamond price movements', *Managerial Decision Economics*, 6(4), pp. 234-240.
Balfour, F. (1993) 'Alcohol industry: companies in high spirits', *China Trade Report*, juni, pp. 4-5.
Bergenstock, D.J. en Maskula, J.M. (2001) 'The De Beers story: are diamonds forever?', *Business Horizons*, 44(3), mei-juni 2001, pp. 37-44.
Boddewyn, J.J., Soehl, R. en Picard, J. (1986) 'Standardization in international marketing: is Ted Levitt in fact right?', *Business Horizons*, pp. 69-75.
Business Week (1984) 'Advertising Europe's new Common Market', juli, pp. 62-65.
Cavusgil, S.T., Yeoh, P.-L. en Mitri, M. (1995) 'Selecting foreign distributors – an expert systems approach', *Industrial Marketing Management*, 24, pp. 297-304.
Harper, T. (1986) 'Polaroid clicks instantly in Moslem markets', *Advertising Age* (reportage over 'Marketing to the Arab world'), 30 januari, p. 12.
Hite, R.E. en Frazer, C. (1988) 'International advertising strategies of multinational corporations', *Journal of Advertising Research*, 28, augustus-september, pp. 9-17.
Honeycutt, E.D. en Ford, J.B. (1995) 'Guidelines for managing an international sales force', *Industrial MarketingManagement*, 24(2), pp. 135-144.
Jain, S. (1996) *International Marketing Management* (5e ed.), South-Western College Publishing, Cincinnati, OH.
Joensen, S. (1997) 'What hedder it now on engelsk?', *Politikken* (Danish newspaper), 24 april.
Lewison, D.M. (1996) *Marketing Management: An overview*, The Dryden, Press/Harcourt Brace College Publishers, Fort Worth, TX.
Lynch, R. (1994) *European Marketing: A Strategic Guide to the New Opportunities*, Irwin Professional Publishing.
Lynch, R. (1994) *European Marketing*, Irwin, Homewood, IL.
MacNamee, B. en McDonnell, R. (1995) *The Marketing Casebook*, Routledge, London.
Onkvisit, S. en Shaw, J.J. (1993) *International Marketing: Analysis and strategy* (2e ed.), Macmillan, London.
Ottesen, O. (1995) 'Buyer initiative: ignored, but imperative for marketing management – towards a new view of market communication', *Tidsvise Skrifter*, 15, avdeling for Økonomi, Kultur og Samfunnsfag ved Høgskolen i Stavanger.
Phillips, C., Poole, I. en Lowe, R. (1994) International Marketing Strategy: Analysis, development and implementation, Routledge, London/New York.
Pirog III, S.F. en Lancioni, R. (1997) 'US–Japan distribution channel cost structures: is there a significant difference?', International Journal of Physical Distribution and Logistics Management, 27(1), pp. 53-66.
Rogers, E.M. (1995) Diffusion of Innovations (4th ed), New York: The Free Press.
Sorenson, R.Z. en Weichman, V.E. (1975) 'How multinationals view marketing standardization', Harvard Business Review, mei-juni, pp. 38-56.
The Economist (2006) 'The Cutting edge – A Moore's law for razor blades', 16 maart.
WorldNetDaily.com (2005) 'Razor wars: 15-blade fever', 26 november.

Hoofdstuk 12

Andersen, P.H. (2003) 'Relationship marketing in cross-cultural contexts', in Rugimbana, R. en Nwankwo, S. (red.), *Cross-cultural Marketing*, Thomson, London.
Anglemar, R. en Stern, L.W. (1978) 'Development of a content analytical system for analysis of bargaining communication in marketing', *Journal of Marketing Research*, februari, pp. 93-102.
Della Cava, R.R. (1999) 'Magic Kingdoms, new colonies: theme parks are staking bigger claims in Europe', *USA Today*, 17 februari.

Gesteland, R.R. (1996) *Cross-cultural Business Behaviour*, Copenhagen Business School Press, Copenhagen.
Griffith, D.A. (2002) 'The role of communication competencies in international business relationship development', *Journal of World Business*, 37(4), pp. 256-265.
Guy, B.S. en Patton, P.W.E. (1996) 'Managing the effects of culture shock and sojourner adjustment on the expatriate industrial sales force', *Industrial Marketing Management*, 25, pp. 385-393.
Harvey, M.G. en Griffith, D.A. (2002) 'Developing effective intercultural relationships: the importance of communication strategies', *Thunderbird International Business Review*, 44(4), pp. 455-476.
Harris, P.R. en Moran, R.T. (1987) *Managing Cultural Differences*. 1e ed. Gulf Publishing Company.
Hendon, D.W., Hendon, R.A. en Herbig, P. (1999) *Cross-cultural Negotiations*, Praeger Publishers, Westport, CT.
Madsen, T.K. (1994) 'A contingency approach to export performance research', *Advances in International Marketing*, 6, pp. 25-42.
Schein, E.H. (1985) *Organizational culture and leadership*. 1e ed. Jossey-Bass Publishers, San Francisco.
Scott, J., Gilliard, D. en Scott, R. (2002) 'Eliminating bribery as a transnational marketing strategy', *International Journal of Commerce & Management*, 12(1), pp. 1-17.
Simintiras, A.C. en Reynolds, N. (2001) 'Toward an understanding of the role of cross-cultural equivalence in international personal selling', *Journal of Marketing Management*, 16(8), pp. 829-851.
Simintiras, A.C. en Thomas, A.H. (1998) 'Cross-cultural sales negotiations: a literature review and research propositions', *International Marketing Review*, 15(1), pp. 10-28.
Tagliabue, J. (2000) 'Lights, action in France for Second Disney Park', *New York Times*, 13 februari.
Zhang, M.Y. en Dodgson, M. (2007) 'A roasted duck can still fly away: A case study of technology, nationality, culture and the rapid and early internationalization of the firm', *Journal of World Business*, vol. 42, pp. 336-349.

Hoofdstuk 13

Bartlett, C. en Ghoshal, S. (1989) *Managing Across Borders: The transnational solution*, Harvard University Press, Boston, MA.
Harvey, M., Myers, M.B. en Novicevic, M.M. (2002) 'The managerial issues associated with Global Account Management', *Thunderbird International Business Review*, 44(5), pp. 625-647.
Hollensen, S. (2006) 'Global Account Management (GAM): two case studies illustrating the organizational set-up', *The Marketing Management Journal*, 16(1), pp. 244-250.
Jobber, D. (1995) *Principles and Practice of Marketing*, McGraw-Hill, New York. Kotler, P. (1997) *Marketing Management: Analysis, Planning, Implementation and Control* (9e ed.), Prentice-Hall, Englewood Cliffs, NJ.
McDonald, M., Millman, T. en Rogers, B. (1997) 'Key account management: theory, practice and challenges', *Journal of Marketing Management*, 13, pp. 737-757.
Millman, T. en Wilson, K. (1995) 'From key account selling to key account management', *Journal of Marketing Practice: Applied Marketing Science*, 1, pp. 9-21.
Ojasalo, J. (2001) 'Key account management at company and individual levels in B-t-B relationships', *The Journal of Business and Industrial Marketing*, 16(3), pp. 199-220.
Peppers, D. en Rogers, M. (1995) 'A new marketing paradigm: share of customer, not market share.' *Harvard Business Review*, juli-augustus, pp. 105-113.
Quelch, J.A. (1992) 'The new country managers', *The McKinsey Quarterly*, 4, pp. 155-165.
Quelch, J.A. en Bloom, H. (1996) 'The return of the country manager', *The McKinsey Quarterly*, 2, pp. 30-43.
Samli, A.C., Still, R. en Hill, J.S. (1993) *International Marketing: Planning and practice*, Macmillan, London.
Scheraga, P. (2005) 'Balancing act at IKEA', *Chain Store Age*, 81(6) (juni), pp. 45-46.
Shi, Linda, H., Zou, Shaoming en Cavusgil, S. Tamer (2004) 'A conceptual framework of global account management capabilities and firm performance', *International Business Review*, 13, pp. 539-553.
Shi, Linda, H., Zou, Shaoming, White, J. Cris, McNally, Regina, C. en Cavusgil, S. Tamer (2005) 'Executive insights: global account management capability: insights from leading suppliers', *Journal of International Marketing*, 13(2), pp. 93-113.
Wilson, K. en Millman, T. (2003) 'The global account manager as political entrepreneur', *Industrial Marketing Management*, 32, pp. 151-158.
Yip, G.S. en Bink, A.J.M. (2007) 'Managing Global Accounts', *Harvard Business Review*, september, pp. 103-111.

Index

A

Aaker, D. 254
aanvallen 11 september 2001 16
ABB 15, 69
acquisities 219, 220, 222
administratieve vertragingen 101
ad-valoremtarieven 99
afdingen 146
afroming (skimming) 277
agenten 197, 199, 213, 222
agentschappen
   principes 199
AGRAMKOW
   GAM 385
Albaum, G. 95
allianties
   en internet 263
   groene 271
Ansell 184
   concurrenten 185
   wereldmarkt 184
Ansoff, groeimatrix van 154
antidumpwet WHO 35
antikartelkwesties 302
Apple 398
   Chinese markt 398
   iPhone 398
   verkoop per product 400
arbeidsrechtelijke beperkingen 97
ASEAN 111, 216
assemblagefaciliteiten 215
auto-industrie 154, 268
   bijziendheid 72
   Europese 72
automobielindustrie. Zie auto-industrie
Azië/Pacific
   APEC 111
   voorbeeld van regiocentrum 217

B

B2B-markt
   diensten in 246
   merken 260
Bacardi-rum 260
Baileys Irish Cream 320
Bangalore software-industrie 68
banken en internationalisering 43
bannerreclame 332
bbp 110
bedrijf als strategische piramide 22
bedrijfsethiek 109
bedrijfsinfrastructuur 19, 20
begroting
   doelen 396
   onderliggende determinanten 393
   voorbeeld 394
   winstgevendheidcontrole 393
belasting
   dochterbedrijven 213
   regulering 97
belastingvoordeel 33, 35
benchmarking 65, 77
Benetton 23, 202
beroepsverenigingen 43, 96
beste praktijken, overdracht van 12
betaling voor diensten 246
bezittingen 'verwerken' 245
Big Mac-index/Big MacCurrencies 104
binnenlandse verkopers 213
blue ocean-strategie
     Nintendo Wii 80
Blue Ocean-strategie 77
bni 110
bnp 105, 110
boeddhisme 128
Boeing 15
born globals 58
   born-again globals 58
   versus het organische model 59
branding
   Aldi 259
Braun 405, 406
British Telecom (BT) 45
Buckley, P.J. 54
Burger King 208
Burton, J. 75
Business Environment Risk Index (BERI) 147

C

casestudy's
   Apple iPhone 398
   De Beers 337
Casson, M. 54
Chakravarthy, B.S. 12
China 34
   en Levi Strauss 133
   en Manchester United 84
   geschenken geven 348
   markt voor cognac 329
   mobiele-telefoonmarkt 398
   onderwijs en cultuur 127
   piano-industrie 251
   telecommunicatie 94
christendom 128, 129
Church & Dwight Company Inc 186
Cisco 400
Cloverfield 334
clusteranalyse 150
cobranding 256, 260
Coca-Cola 126, 165, 252, 262, 328, 363
   cobranding 260
   en Mecca Cola 363
   en Pepsi 36
   merkmeerwaarde 252
   promotiestrategie 260
cognacmarkt 329
Colgate-Palmolive 262
collectivistische culturen 351
commerciële risico's 48
commissiehuis voor de import 193
communicatie. Zie reclame
   implicaties van internet 331
   integratie en elektronische 16
   rol van 300
   taalverschillen 318
communicatie-instrumenten 320
   direct marketing 324
   persoonlijke verkoop 324
   public relations 321
   reclame 320
   sales promotions 323
   vakbeurzen en tentoonstellingen 327
   virale marketing 332
communicatieproces 317
   aanpassing 328
   concurrentieverschillen 319
   economische verschillen 319
   hoofdkenmeren van effectieve communicatie 317
   medium en boodschap 318
   onderdelen 318
   sociaal-culturele verschillen 319
   verschillen in wetten en voorschriften 319
   vertalingen 318
compensatiehandelsactiviteiten 42, 195
concept 'leidend land' 217
concurrentie
   toetredingsdrempels 75
   vijfkrachtenmodel 65, 72, 75
concurrentie-analyse in een bedrijfstak 72, 77
   afnemers 74
   concurrenten op de markt 73
   nieuwe toetreders 75
   substituten 74
   toeleveringsbedrijven 73
   vijfbronnenmodel 75
concurrentiebenchmarking 77
concurrentiedriehoek 65, 77
concurrentievermogen
   analyse van het nationale 67
   bedrijfsstrategie en -structuur onderlinge concurrentie 70
   concurrentie-analyse in een sector 72
   diamantmodel van Porter 67
   factorcondities 68
   gerelateerde en ondersteunende sectoren 69
   individueel 67
   overheid 70
   toeval 71
   vraagcondities 68
concurrentievoordeel 75
   en productpositionering 250
   en standaardisering 238
   en waardeketen 18
consumptiegewoontes 146
consumptiepatronen 144
contracten
   distributie 308
   opzeggen van 200
contract manufacturing
   nadelen 223
contractonderhandelingen 199
Contractor, F.J. 54
controlesysteem 393
   begroting 386
   efficiencycontrole 392
   feedforwardcontrole 390
   gedragscontrole 387
   impact op omgeving 390
   jaarplancontrole 391
   ontwerp van 387
   outputcontrole 387
   plannen voor implementatie 388

prestatiestandaards 388
strategische controle 392
verantwoordelijkheid toekennen 391
winstgevendheidcontrole 393
coöperatieve exportmethode 190
Courvoisier reclame 328
'criteria van Kopenhagen' 108
Cuba 92, 96
en Verenigde Staten 97
culturele afstand 13, 140, 349, 356
Amerikaans cultureel imperialisme 16
Arabische landen 121, 125
convergentie/divergentie 126
en het onderhandelingsproces 352, 362
en mentale afstand 55
kenmerken 118
culturele invloed. Zie cultuur
en de marketingboodschap 318
culturen met een hoge context 121, 134
en non-verbale communicatie 124
culturen met een lage context
121, 134, 352
convergentie van oriëntatie 14
en IMS 140
cultuur 117, 118
definitie 117
de rol van vrouwen 129
elementen 123
en het nemen van ethische beslissingen 131
en taal 143
hoge/lage context 134
invloeden 117
lagen 119
materiële bezittingen 124
zichtbare en onzichtbare onderdelen 118
cultuurschok bij expats 358
cultuurverschillen 126, 130, 133, 135, 349, 351, 353, 362
dienstverlenende bedrijven 247
diversiteitstraining 354
en marktresponsiviteit 16
en segmentatie 145
geschenken geven 134, 348
IKEA-catalogus 135
overhandigen van visitekaartjes 130
punctualiteit 130
self-reference criterion 130
customization 264

D

databasemarketing 324
De Beers 337
voorwaartse integratie 338
deelnemers aan de 7P-marketingmix 234
deelnemers (participants) in de marketingmix 234
de-internationalisering 45
Dell
klantrelaties 264
demografie en segmentatie 144
demondialisering 16
Denemarken
Gammel Dansk reclame 329
gehoorapparaten 70
deregulering en internationalisering 15
detailhandelaar
eigen merk 256
detailhandelaren
eigen merk (private label) 258
devaluatie van valuta 103
deviezenregulering 97
diamantindustrie 337

diamant (Porter) 67
diensten
bezittingen 'verwerken' 245
categorieën 244
harde en zachte 179
heterogeniteit 244
in B2B-markten 246
informatie- 244
internationale marketing van 244
kenmerken van 243
mensen 'verwerken' 245
of service 20
onscheidbaarheid 244
ontastbaarheid 243
prijsstelling 280
speciale verzoeken 245
strategieën ontwikkelen 243
supplementaire elementen 244
vergankelijkheid 244
dienstverlening en ondersteuning via internet 267
differentiatie 73
prijs 280
directe exportmethoden 196
agenten en distributeurs 196
criteria voor het kiezen van een tussenpersoon 198
het kiezen van een tussenpersoon 197
nadelen 222
voordelen 222
discriminatoire tarieven 99
distributeurs 196
contracten 308
controle 307, 311
criteria voor evaluatie 308
motiveren 310
problemen met 45
relatie ontbinden 311
zelf kiezen 306
distributiebeslissingen. Zie kanaal
dochterbedrijven
volle 219
dochterbedrijven in het buitenland 322
domesticering 98
douane-unie 107
Ducati
motorfietsen 265
Duitsland
farmaceutische industrie 70
groene kwesties 270
McDonald's 17
Dunning, J.H. 55
Durex 185
dynamische maatwerkproductie van goederen en diensten 266

E

economische integratie 106
douane-unie 107
economische unie 107
gemeenschappelijke markt 107
vrijhandelszone 106
economische omgeving 102, 143
Big Mac-index 104
classificering naar inkomen 105
de wet van de unieke prijs 103
regionale economische integratie 106
wisselkoersen 103
economische ontwikkelingsniveaus 102, 144
en segmentatie 144
economische unie 107
EDF (Environmental Defense Fund) 272

EDF, samenwerking met het 272
een tussenvorm kiezen. Zie tussenvormen
EFTA (Europese Vrijhandelsorganisatie) 106
Eigendom-Locatie-Internalisatieraamwerk 55
eigendomsrisico 96
eigendomsvoordelen 55
eigen merk detailhandelaar 256, 258
Electrolux 385
e-marketing 313
energiedranken 162
marktontwikkeling 166
entreestrategie 175
EPRG-raamwerk 12
esthetiek 128
ethische beslissingen nemen 131
continu‚m 132
ethische code 131, 132, 133
bedrijfsrelaties 132
economische relaties 132
industriële relaties 132
klantrelaties 132
politieke relaties 132
werknemerrelaties 132
etnocentrische oriëntatie 12, 211
euro 109, 110, 285
implicaties 294
Eurodisneyland
aanpassingen 354
Eurodisneyland Parijs 246
Euromerk 262
Europese Akte 107
Europese Centrale Bank 110
Europese Economische en Monetaire Unie 109, 113
Europese Economische Ruimte 107
Europese marktsegmentatie 150
Europese prijsstrategie 285
interne verrekenprijzen 286
prijscorridor 285
Europese Unie 102, 106, 107, 108, 216
antikartelkwesties 302
leden op 1 januari 2007 108
uitbreiding 108
wetten betreffende lokale inhoud 97
expats 325, 326, 358
cultuurschok 358
ondersteuning 359
repatriëring 360
selectiecriteria 358
training 359
export
franchising 206
exportagenten 43
exportkredietverzekeringen 94
exportmanagementbedrijf 193
exportmarketinggroepen 200
exportmethoden 190
coöperatieve export 200
directe export 196
importagent 193
indirecte export 192
nadelen 222, 223, 224, 225, 226
partner mindshare 190
voordelen 222
exportpromotieprogrammaís 38
exportquota 100
exportservice, organisaties die zich bezighouden met 96
exportsubsidies 93
Exxon 249

F

fastfood-franchises 208
feedforward-controlesysteem 390
Ferrari en Shell
   cobranding 261
flexibiliteit 182
franchising 206, 224
   directe en indirecte 207
   versus licentieverlening 209
Frankrijk
   groene kwesties 270
functionele structuur 368, 397
fysiek bewijs in de marketingmix 235
fysiek bewijs (physical evidence) in de marketingmix 234
fysieke afstand
   en culturele afstand 57

G

gastvrijheid naar klanten toe 245
Gatorade 165
gedrevenheid van het management 33
gemeenschappelijke markt 107
General Electric Lighting (GEL) 160
General Motors
   mondiaal prijscontract 283
geocentrische oriëntatie 12, 212
geografische afstand 140
geografische locatie en segmentatie 143
geografische structuur 370
geïndustrialiseerde landen 106
geschenken geven 134
   China en Japan 348
gewoontes en gebruiken 126
   religieuze 145. Zie cultuur
Gillette 405, 407
Glazer, Malcolm 85
global account management
   ontwikkelen van capaciteiten op operationeel niveau 376
global account management (GAM) 374
   analyseren 375
   dyadische ontwikkeling 377
   implementeren 375
   kiezen van geschikte strategieën 376
   model van Millman-Wilson 377
   model voor centrale onderhandeling tussen hoofdkantoren 381
   model voor evenwichtige onderhandeling 383
   model voor gedecentraliseerde onderhandeling op lokaal niveau 384
   nadelen voor de leverancier 381
   organisatiemodellen 381
   voordelen voor leverancier 381
global account management GAM
   relatiegeschiedenis 375
global account managent (GAM)
   global accounts vaststellen 375
glocalization 13
Granada Ventures 23
greenfield-investeringen 219, 220, 226
Greenpeace 271
grensoverschrijdende scholing 13
groene consumentenbeweging. Zie
groene marketingstrategieën 269
   allianties met milieuorganisaties 271
   strategische opties 270

H

Haier Group 38
Hall, E.T. 119, 121
hamburgers 104
handelsbarriËres 98, 99, 101
   en licentieverlening 205
handelsbedrijf 194
handelsblokken 15, 16, 106, 110
handelscentra 96
handelsmerklicentie, het verlenen van een 204
handelsmissies 95
handelsovereenkomsten 107
herintermediatie 313
hiërarchische methode
   regiocentra 225
hiërarchische methoden 180, 181, 211, 225, 226
   acquisities 219
   agent 214
   en flexibiliteit 182
   greenfield-investering 226
   greenfield-investeringen 220
   in waardeketenperspectief 212
   regiocentra 215
   transnationale organisatie 219, 225
   volle dochterbedrijven 219
hindoeïsme 128
Huawei Technologies Corporation 94

I

IBM 15
IDH-cyclus 313
IKEA 15, 135, 202, 206
   GAM 383
IMF 94, 102
importagent 193
importcontrole 275
importeren 41
IMS 139, 140
IMS bij MKB-bedrijven 140
India
   IBM in 26
   Kellogg's Basmati Flakes 250
   McDonald's in 17
   omkoping 131
   softwaresector 68
indirecte exportmethoden 192
   exportmanagementbedrijf/exporthuis 193
   handelsbedrijf 194
   importagent/commisiehuis voor de import 193
   nadelen 222, 223, 224, 225, 226
   piggyback 195
   productmakelaar 193
   voordelen 222
indrukvorming 349
industrie
   definitie 72
industriële structuur en segmentatie 144
informatie
   diensten 95
   en internationalisering 40
   over diensten 244
   pre-internationaliseringsproces 44
informatiediensten 245, 246
informatie-uitwisseling bij onderhandelingen 351
ingrediëntbranding 257, 260, 261
initiatief koper/verkoper 317
innovatie 262, 263, 265
Intel 261, 328
interculturele onderhandelingsproces 349
interculturele verkooponderhandelingen
   concessies doen 362
   evaluatie van competenties partner 357
   indrukvorming 350
   informatie-uitwisseling 351
   instrumentele strategie 351
   interculturele communicatie partner 357
   interculturele voorbereiding 356
   interpersoonlijke aantrekking 351
   invloed van de nationale cultuur 352
   invloed van de organisatiecultuur 353
   kloofmodel 352
   niet-taakgerelateerde interactie 362
   overredings- en onderhandelingsstrategie 351
   representatiestrategie 351
   statusdistinctie 350
   strategieën 356
   taakgerelateerde interactie 351, 362
   transnationale omkoping 360
   verschillende organisatieculturen 353
interculturele verkooponderhandelingen 13
interculturele voorbereiding 356
internationale divisiestructuur 369
internationale marktselectie. Zie marktscreening; marktsegmentatie
   casestudy 159
   definitie markten 142
   groot markt-/verkooppotentieel 151
   het bouwen van een model 141
   het mondiale product-/marktportfolio 156
   managementgevoel 152
   MKB-bedrijven versus grote bedrijven 140
   potentiële bepalende factoren 141
   proactieve, systematische benadering 158
internationale prijsstrategieën 277
   afroming (skimming) 277
   Europese prijsstrategie 285
   implicaties van internet 293
   landenbrede prijsstelling 280
   lokale prijsvolger 282
   marktprijsstelling 277
   mondiale prijscontracten 283
   mondiale prijsleider 283
   mondiale prijsvolger 282
   multilokale prijssteller 283
   penetratieprijsstelling 278
   prijsveranderingen 278
   valutakwesties 287
   verkoopvolume en winstcontributie 279
internationale prijsstrategieën. Zie prijsbeslissingen
internationale verkooponderhandelingen
   niet-taakgerelateerde interactie 349
internationalisering
   belemmeringen 44
   beslissing tot 5
   gereedheid. Zie; Zie
   historische ontwikkeling 53
   in netwerken 53
   levenscyclusconcept 54
   motieven voor 32
   naar binnen/buiten toe 41
   proactieve motieven 33
   reactieve motieven 36
   stadia 211
   triggers 39
   uitproberen 44
   voordelen 55
internationalisering 10

internationaliseringstheorieen
  Uppsala-internationaliseringsmodel 56
internationaliseringstheorieïn
  born globals 58
  eclectische aanpak van Dunning 55
  netwerkbenadering 55
  netwerkmodel 61
  traditionele marketingbenadering 53
  transactiekostenbenadering 54
  Uppsala/internationaliseringsmodel 54
internationalisering van MKB-bedrijven 140
internet 313, 331
  bannerreclame 332
  direct marketing 324
  en distributiebeslissingen 313
  en landenbrede prijsstelling 294
  en productinnovatie 266
  het linken van websites 332
  marketing 331
  marketing via e-mail 332
  merken ontwikkelen via 268
  rol in het koopproces 332
  samenwerking met klanten 264
  virale marketing 332
interne verrekenprijzen 286
interpersoonlijke aantrekking 349
invoerbeperkingen 97
  quota 99
invoering van internationalisering
  belemmeringen/risico's 44
  triggers 39, 40, 42
  zoeken naar informatie 43
iPhone 398
islam 128, 145. Zie moslimmarkten
Italië
  sieraden 69

J
jaarplancontrole 391
Japan 79
  cultuur 121, 127
  de visie van Matsushita 388
  distributiesysteem 302, 304
  dochterbedrijven voor de verkoop 215
  energiedranken 162
  geschenken geven 348
  handelsbedrijven 194
  McDonald's in 17
  motorfietsenindustrie 68
  onderhandelingen 348
  prijsbeslissingen 303
Johanson, J. 54, 55
joint ventures 180, 181, 182, 209, 224
  soorten 210
juridische bepalingen/lokale handelspraktijken 302

K
kamers van koophandel 41, 96
kanaalbeslissingen 300, 301. Zie distributeurs
  aard van de vraag/locatie 301
  aard van het product 301
  concurrentie 302
  en internet 313
  externe bepalende factoren 301
  juridische bepalingen/lokale handelspraktijken 302
kanaalconflict 313
kanaalmanagement 299, 306
  richtlijnen 306
kanaalstructuur
  controle/kosten 304

horizontale/verticale integratie 305
kanaallengte 304
marktdekking 303
Kanter, R.M. 75
Kellogg Company 271
  Basmati Flakes 250
  private labelproducten 259
kennis
  marktspecifieke 56
  overdracht 13
kennismanagement
  culturele context 13
keuze van entreestrategie
  bedrijfsgrootte 178
  concurrentie-intensiteit 181
  controle 182
  dienst 179
  drie regels 175
  exportmethode 175
  exportmethoden 181
  externe factoren 180
  factoren die van invloed zijn 177
  flexibiliteit 182
  gewenste kenmerken 181
  handelsbarrières 181
  hiërarchische methoden 175
  internationale ervaring 179
  interne factoren 178
  licentieverlening 181
  marktomvang en -groei 180
  prijsbeslissingen 272
  product 179
  sociaal-culturele afstand 180
  transactiekostenbenadering 176
  transactiespecifieke factoren 182
  tussenvormen 175
klanten 65, 67, 69, 71
  en m-marketing 313
  overleg en advies voor 244
  samenwerking via internet 263
klantrelaties
  en internet 267
kleur in reclame 319
kloofmodel bij internationale onderhandelingen 352
knowhow 182
  ontastbaar (tacit) 182
koopkrachtpariteit 104, 113
koppelingen 20
  externe 22
  interne 21
Korea 351
Kotler, P. 242, 391
Kraft General Foods 262, 263
kredietbeleid 94

L
landrisico 180
'land van herkomst'-effect 251
langetermijnplannen 396
Latijns-Amerika
  biermarkt 166
  cultuur 125, 126
  McDonald's 17
LEGO 261, 331
  cobranding 261
levenscyclusconcept
  internationale handel 54
levensstijlen en segmentatie 146
Levi Strauss
  ethische code 133
licentieovereenkomst 179, 181

licentieverlening 204, 223
  het nemen van een licentie 205
  het verlenen van een licentie 205
  versus franchising 209
  voordelen voor de levenscyclus van producten 206
linken van websites 332
locatie
  factoren die van invloed zijn op 67
locatievoordelen 55
Lockheed Martin
  een omkopingsaffaire 361
logistiek en internet 267
lokalisering 14
Lorange, P. 54
Loustarinen, R.K. 41
Lux 248
Lysholm Linie Aquavit 227

M
maatwerkproducten en -diensten 264
  dynamische productie 266
Madame Tussauds
  het merk 252
managementcontracten 225
managers
  rol van de global account manager 374
  status en cultuur 126
  toekomstige rol van internationale 373
Manchester United
  evolutie van het merk 84
  sponsoring 85
marketing
  aanpassing 327, 328
  m-marketing 313
  virale marketing 332
marketingbegroting 386, 393, 394. Zie budget; begroting
marketingcommunicatie. Zie communicatieproces; Zie communicatieproces
marketingcontrole. Zie controlesysteem; Zie controlesysteem
marketingmix 12, 26, 234
  7P-mix 234
  deelnemers 234
  fysieke aspecten 235
  standaardisering versus differentiatie 235
marketingplan. Zie mondiaal marketingplan
marketingstrategieën
  aanpassing 390
  groene 269
markt
  definitie 72
marktaantrekkelijkheid/concurrentiekrachtmatrix 148
marktbijziendheid 72
marktcontrole 97, 98, 112
marktentreestrategieën 175, 189, 230. Zie keuze van entreestrategie; Zie keuze van entreestrategie
  verdeling in groepen 170
marktexpansiestrategieën 154
  concentratie versus diversificatie 155
marktfactoren en prijsstelling 276
marktgrootte 149, 160, 161
marktprijsstelling 277
marktresponsiviteit 14
marktrisico's 47
marktscreening 143
  fijnmazige screening 148
  Philips Lighting 160
  preliminaire screening 146

shift-share-methode 147
marktsegmentatie 142, 143
   criteria voor 143
   micromarktsegmentatie 150
   PEST-model 143
   specifieke criteria 145
   subsegmenten in landen en over landsgrenzen heen 149
marktselectie. Zie internationale marktselectie; Zie internationale marktselectie
marktspecifieke kennis 56
markttoetredingsdrempels 75. Zie risico's; tarieven
markt van de functionele dranken 165
marktverbintenis 56
materiële bezittingen 125
materiële bezittingen en cultuur 124
Mateschitz, Dieter 162
mate van alfabetisme 145
matrixstructuur 372, 397
Matsushita
   gezamenlijke visie 388
Mattson, L.G. 55
McDonald's 126, 208
   marktresponsiviteit 17
   schaalvoordeel 17
   verpakking 17
Mecca Cola 363
MEMS-model (Market and Entry Mode Selection) 141
mensen 'verwerken' 245
mentale afstand 140
merkbeslissingen 255
   cobranding 256, 257, 260
   een merk versus verschillende merken 262
   eigen merk detailhandelaar 256, 257, 258
   ingrediëntbranding 260, 261
   lokale merken versus mondiaal merk 262
   merk versus merkloos 256
   private label 258
merk/branding
   associaties 254
   baten en lasten 254
   bekendheid 254
   en internet 268
   kwaliteit relatie 255
   meerwaarde 252
   opties 256
   redenen 255
   trouw 254
   uitbreiding
      Pocoyo 24
   vermeende kwaliteit 254
micromarktsegmentatie 150
Midden-Oosten. Zie moslimmarkten
   cultuur 126
mid-GAM 377, 379
milieukwesties 272
   groene allianties 271
milieuvervuiling 269
Millman-Wilson, model van 374, 379
minder ontwikkelde landen 105, 205, 209, 215
MKB-bedrijven
   definitie 10
   samenkomst met grote bedrijven 14
m-marketing. Zie marktsegmentatie
m-marketing (mobiele marketing) 313
mobiele marketing 313
   voordelen 314
mondiaal dorp 15
mondiaal marketingprogramma 5
   implementeren en coördineren 5

   ontwerpen 5
mondiale bedrijfsportfolio, het 156
mondiale integratie 13, 14
   krachten die een rol spelen bij 14
mondiale marketing 12
   krachten die een rol spelen bij marktresponsiviteit 14
   krachten die een rol spelen bij mondiale integratie 14
   mondialisering 10
   ontwikkeling van een marketingplan 5
   ontwikkeling van het concept 11
   waardeketen en concurrentievoordeel 18
mondiale marketingactiviteiten 367. Zie interculturele onderhandelingen
   dochterbedrijven in landen binnen een regio 371
   evolutie van de structuur 368
   functionele structuur 368
   geografische structuur 370
   het organiseren van de 367
   implementeren en coördineren 344
   internationale divisiestructuur 369
   matrixstructuur 372
   productdivisiestructuur 369
   regionale managementcentra 371
   voor diensten 244
mondiale marketingprogramma
   controleproces 386
   definitie 12
   EPRG-raamwerk 12
   het interculturele onderhandelingsproces 349
mondiale merken 262
mondiale prijscontracten 283
mondialisering 15, 16, 235
   van de concurrentie 237
   van industrieën 237
   van markten 236
moslimmarkten
   autoreclame 319
   Polaroid 129
motieven voor internationalisering 32
   belastingvoordeel 35
   concurrentiedruk 36
   gedrevenheid van het management 33
   kansen op/informatie over buitenlandse markten 34
   ongevraagde bestellingen uit buitenland 37
   overproductie/-capaciteit 37
   psychologische afstand 37
   schaalvoordeel 35
   technologische competentie/uniek product 34
   verkoop van seizoensproducten uitbreiden 37
   verzadigde binnenlandse markt 36
   winst- en groeidoelen 33
motorfietsen van Ducati 265
muziekindustrie
   en internet 268

N

NAFTA (North American Free Trade Agreement) 107, 216
NASSCOM 70
nationalisering 98
Nestlé 92, 262, 263
netwerkmodel 61, 62
netwerkorganisatie 15
niet-tarifaire barrières 99, 112
nieuwe internationale ondernemingen 216

nieuwe toetreders 72, 73, 75
Nieuw-Zeeland, McDonald's in 17
Nike 264, 269
Nintendo Wii 79
   afhankelijkheid van subleveranciers 82
   blue ocean-strategie 80
   marktaandeel 82
Nokia 401
non-verbale communicatie 124
   soorten 125

O

Okamoto 186
omgeving in het gastland 96
omgeving in het thuisland 92
   bevorderingsactiviteiten 93
   exportbevordering door particuliere organisaties 96
   exportfaciliterende activiteiten 95
   financiële activiteiten 94
   handelsbarriëres 98
   staatshandel 96
omgevingsfactoren 275
   en standaardisering 236
   prijsbeslissingen 275
omkoping en corruptie 92
   definitie 360
   en smeergeld 360
   en vergoedingen/provisie 131
   ethiek 131
   vergoedingen/provisie 361
onderhandelingen. Zie interculturele
onderlinge licentieverleningen 204
onderwijs 127
ongevraagde bestellingen uit het buitenland 37
ontastbare kennis 182
onteigening 98
ontwerp van het internationale marketingprogramma 241. Zie kanaal; communicatie; prijsstelling; product
Oostenrijk
   Red Bull 162
operaties 19, 21, 26
operationeel risico 97
opportunistisch gedrag
   van producenten 176
   van tussenpersonen voor de export 176
opvattingen, vooroordelen en smaak 146
opzeggen van overeenkomst 200
Organics shampoo 248
organisatiecultuur 120
OSRAM 160
overcapaciteit 37
overheden
   diamantmodel 70
   facilitering van de export 95
   internationalisering stimuleren 43
   rol in internationalisering 93
overheidsprogramma's voor exportbevordering 94
overleg en advies 244
overredings- en onderhandelingsstrategie 351

P

Panasonic 407
partners
   overstapkosten 376
   partner mindshare 190
   selectie 198
partnerschap-GAM 377, 379, 380
pas geïndustrialiseerde landen 105

penetratieprijsstelling 35, 278
Penrose, E. 53
Pepsi 252
  en Coca-Cola 36
perceptual mapping 250
Perlmutter, H.V. 12, 211
persoonlijke ruimte 117, 124, 125
persoonlijke verkoop 300, 321, 324, 362
persoonlijkheid en segmentatie 146
PEST-model 143
Philip Morris 328
Philips
  concurrenten 406
  mondiale scheermarkt 405
  reclame 408
  sponsorpartnerschap 409
  vermarkting 408
Philips Lighting 159
  concurrentie 159
  marktscreening 160
piggyback-marketing 195
Pizza Hut 208
Pocoyo 23
  cultuurproblemen bij de mondialisering van 24
  waardeketen 23
Polaroid 129
politieke en economische omgeving
  economische omgeving 102, 113
  EMU en euro 109
  politieke en juridische omgeving 92
  politieke omgeving 112
politieke en juridische omgeving 102, 143
  handelsbarrières 98
  omgeving in het gastland 96
  omgeving in het thuisland 92
politieke factoren en segmentatie 144
politieke risico's 48
politieke risico's 94, 96, 112, 180
  en licentieverlening 205
polycentrische oriëntatie 12, 212
Porter
  waardeketen 18, 20
Porter, M.E.
  coördinatie van activiteiten 25
  diamantmodel 67, 68
  vijf krachten 73
  waardeketen 67
pre-GAM 377
pre-internationaliseringsproces 44
prestatie-indicatoren 391, 397
prijsbeslissingen 35, 295. Zie internationale prijsstrategieën
  en keuze van entreestrategie 274
  factoren die invloed hebben op 272
  factoren op bedrijfsniveau 272
  internationale prijsstrategieën 277
  omgevingsfactoren 274
  prijsregulering door overheden 276
  productfactoren 272
  raamwerk voor internationale prijsstelling 273
  standaardisering versus differentiatie 280
prijsdifferentiatie 280
prijsescalatie 274, 295
prijsgevoeligheid 276
  en internet 294
prijsregulering 97
prijsstandaardisering 280
prijsstelling
  afdingen 146
  penetratie- 35

Prince
  reclame voor sigaretten van 329
principes voor agentschappen 199
private label 258
proces (process) in de marketingmix 234
Procter & Gamble 238, 256, 262
product
  drie niveaus 242
  schaalverdeling van de overheersing van de verschillende elementen 243
productaanpassing 249
productbeslissingen
  internet en productinnovatie 265
  merkbeslissingen 255
  samenwerking met klanten via internet 263
productbesslissingen
  maatwerkproducten 264
product/communicatiemix 247
  productaanpassing 249
  promotieaanpassing 248
  rechte extensie 248
  tweeledige aanpassing 249, 250
productdivisiestructuur 370
productie-activiteiten
  lokale 214
productmakelaar 193
productontwerp 250
productpositionering 250
  en concurrentievoordeel 250
  'land van herkomst'-effect 251
  perceptual mapping 250
professionele dienstverleningsbedrijven 247
promotieaanpassing 248
promotiemix 300, 335
promotiestrategie 319
protectionisme 16
public relations 321
  controle over de boodschap 322
  doelgroepen 322
punctualiteit 130

Q
Quaker Oats 262
quota 99, 181, 275

R
Rahman, S.H. 152
R&D 20, 219
  als drempel voor terugtrekking 221
  en productstructuur 370
  implicaties van internet voor 266
rechterhandculturen 126
reclame 320, 327
  aanpassingsstrategieën 328
  gestandaardiseerde 327
  internationale strategieën 327
  ongelukkige vertalingen. Zie e
  productaanpassing 249
  promotieaanpassing 248
  taalverschillen 318
  tweeledige aanpassing 249
Red Bull
  concurrentie 165
  distributie 164
  internationale expansie 162
  marketing 163
  marktaandeel 166
  prijs 164
  promotie/reclame 164
red oceans 77
referentiegroepen 117, 127

regenbuimethode 156, 158
regiocentra 215
  voorbeeld
  het Azië/Pacific-gebied 217
regiocentrische oriëntatie 12, 212
regionale economische integratie 106
  douane-unie 107
  economische unie 107
  gemeenschappelijke markt 107
  regionale managementcentra 370, 371
  vrijhandelszone 106
regionalisme 16
rekening voor diensten 246
relatiemanagement 15
religie 118, 128
  en segmentatie 145
Remington 407
Reve, T. 75
risicoaversie 181
risicomanagementstrategieën 48
risico's 47
  algemene markt- 47
  commerciële 48
  en keuze van entreestrategie 180
  landrisico 180
  politieke 180, 221
Robijn wasverzachter 256
Root, F.R. 175, 219
ruilhandel 195

S
SABMiller 340
sales promotions 323
  soorten 323
samenwerkingsvoordeel 76
Saoedi-Arabië
  cultuur 122, 125
  religie 129
Sauer-Danfoss 115, 383
schaalvoordeel 17, 26, 35
schaalvoordelen 16, 54, 68, 75, 80
  beweegreden voor internationalisering 35
  coöperatieve exportmethoden 200
scheermarkt 405
scholing
  en segmentatie 145
Schotse whisky 119
screening. Zie marktscreening
sectormondialiteit 10
segmentatie. Zie marktsegmentatie
self-reference criterion 130
Shell 262
  cobranding 261
shift-share-methode 147
Siemens 15, 160
Singapore
  McDonald's in 17
Skoda 252
sociaal-culturele afstand 180
sociaal-culturele omgeving 143
  culturele en ethische beslissingen 131
  cultuurelementen 123
  cultuurlagen 119
  esthetiek 128
  gewoontes en gebruiken 126
  omgaan met cultuurverschillen 130
  religie 128
  scholing 127
  sociale instituties 126
  taal 123
  technologie en de materiële cultuur 125, 126

waarden en opvattingen 127
sociaal-economische omgeving
    culturele invloeden 117
sociale instituties 126
sociale organisatie en segmentatie 144
Solberg, C.A. 10, 281
Sony 80
    PS3 80
spelcomputers 79
    mondiale markt 82
sportdranken 165
Squibb 42
SSL International 185
standaardisering
    analyse van het potentieel 237
    concurrentievoordeel 238
    factoren voor 238
    versus aanpassing 238
standaardisering versus aanpassing 327
staqndaardisering 236
statusdistinctie 349, 350
statussymbolen 146
strategische allianties 209
strategische niveaus in bedrijven 22
substituten 74
switching costs 74
SWOT-analyse 153
synergetische GAM 377, 380
Syntens 43

T

taal 117, 123
    belangrijkste talen/aantal sprekers 124
    en cultuur 119, 123
    en de marketingboodschap 318
    en segmentatie 143, 145
    non-verbale 124
    verbale 123
tabaksproducten 319
tarieven 112, 181, 274, 275
tarifaire barrières 112
technologie
    culturele convergentie 126
    en de materiële cultuur 125, 126
    ontwikkeling 19
    wereldwijd gestandaardiseerde 15
technologische omgeving 143
technologische ontwikkeling
    en segmentatie 144
terroristische dreiging 113
terugtrekking uit een buitenlandse markt 220
    aantrekkelijkheid van actuele operaties 221
    beheersproblemen 222
    strategic fit 221
    uittredingsdrempels 73
Thailand, McDonald's in 17
tijd-ruimtecompressie 58
tijdsperspectief 125, 134
toeleveringsbedrijven
    onderhandelingsmacht 73
    switching costs 74
transactiekostenanalysemodel 61
transactiekostenbenadering 176
    frictie 176
    opportunisme 176
transferrisico 97
transnationale organisatie 212, 219
triggers voor de invoering van internationalisering 39
    beroepsverenigingen 43
    concurrerende bedrijven 42
    een specifieke interne gebeurtenis 40
    externe experts 43
    internationalisering naar binnen/buiten toe 41
    marktvraag 42
    opmerkzaam management 40
Trojan 186
tussenpersonen. Zie distributeurs
    contract opzeggen 200
    evaluatie van 199
    het kiezen van 197
    relatie ontbinden 311
    rol van 305
    screenen en selecteren 307
    selectiecriteria 198
    steunen en motiveren 199
tussenpersonen voor de export 176
    compenserende investeringen 177
    opportunistisch gedrag 176
tussenvormen 201
    contract manufacturing 202
    franchising 206
    joint ventures/strategische allianties 209
    licentieverlening 204
    managementcontracten 225
    voordelen 223, 224, 225, 226
    X-allianties 211

U

uitgeven van studieboeken 264
Unilever 248, 262, 267
    het mondiale bedrijfsportfolio 156
    Robijn wasverzachter 256
Uppsala-internationaliseringsmodel 54, 61
Uppsala-model
    marktselectie 141
    stapsgewijs toetredingspatroon 54
    versus born global 60

V

Vahlne, J.E. 54
    IMS van MKB-bedrijven 140
vakbeurzen en exhibities 199
valuta
    Big MacCurrencies 104
    devaluatie 103
    en prijsstelling 278
    wisselkoersen 103
variaties in inkomen per hoofd van de bevolking 105
veranderingsinstrumenten 43
Verdrag van Maastricht 107
Verenigde Staten
    cultureel imperialisme 16
    Foreign Sales Corporation 35
    sociaal-economische groepen 145
vergoedingen 131, 361
verkoop 10. Zie interculturele verkoop
    dochteronderneming 214
    organisatie van internationale verkoopteams 324
    types verkoopteams 325
    verkoop- en productiedochter 214
verkoopfilialen 213
verkoopteams
    interculturele voorbereiding 356
    training culturele diversiteit 354
vermeende waarde voor klanten 77
Vernon, R. 54
verwerving 20
vijfbronnenmodel 76
vijfkrachtenmodel 75, 76
virale marketing 332
Cloverfield 334
    motieven voor 333
    nadelen 333
    voordelen 333
Visa creditcard 262
visitekaartjes 130
volle dochterbedrijven 219
voordelen van GAM voor de leverancier (verkoper) 381
voordelen van internationalisering 55
vraagketen
    denken vanuit de 267
vraagonzekerheid 180
vriendschapspatronen en cultuur 124, 125
vrijhandelsovereenkomsten 107
vrijhandelszone 106
vroege GAM 377, 380
vrouwen, de rol van 129

W

waardeketen
    configuratie en coördinatie van activiteiten 25
    en concurrentievoordeel 18
    horizontale koppelingen 20
    internationalisering 25
    koppelingen 20
    ondersteunende activiteiten 20
    primaire activiteiten 19, 21
    upstream en downstream 25
waardeketenanalyse 65, 77
waarden en opvattingen 127
watervalmethode 156
web. Zie internet
Welch, L.S. 41
Wereldbank 102, 110, 111
Wereldhandelsorganisatie (WHO) 16, 94
    antidumpwet 35
    en China 39
wetten betreffende lokale inhoud 97
wet van de unieke prijs 103, 104
Wiedersheim-Paul, F. 54
Wii 79
Wilkinson 405
Williamson, O.E. 54
wisselkoersen 103, 104
    en de EMU 110
wisselkoersrisico 180

X

X-allianties 211
Xbox 79

Y

Yip, G.S. 139
Yoovidhya, Chaleo 162

Z

zakelijke overeenkomsten en cultuur 125
zakengeschenken 134, 348, 360
Zam Zam Cola 364
Zinkia Entertainment 23
Zippo aanstekers 297
Zuid-Afrika 34, 37
Zuid-Afrika 92
Zweden 69